LA GUERRE CIVILE EUROPÉENNE 1917-1945

National-socialisme et bolchevisme

Du même auteur

Les mouvements fascistes. L'Europe de 1919 à 1945, Calmann-Lévy, Paris, 1969.

Le fascisme dans son époque (3 tomes), Julliard, Paris, 1970 :

L'Action française

Le Fascisme italien

Le National-socialisme

Fascisme et communisme. Correspondance avec François Furet, *Commentaire*/Plon, Paris, 1998.

Ernst Nolte

LA GUERRE CIVILE EUROPÉENNE 1917-1945

National-socialisme et bolchevisme

Traduit de l'allemand par
Jean-Marie Argelès

Préface de Stéphane Courtois

ÉDITIONS DES SYRTES
74, rue de Sèvres, 75007 Paris

Titre original : *Der europäische Bürgerkrieg 1917-1945. Nationalsozialismus und Bolschewismus* (1re éd. 1987).

Préface

Voici un livre qui, sans conteste, aurait dû être préfacé par François Furet. C'est en effet son honneur d'intellectuel français d'avoir – dans une longue note du *Passé d'une illusion* et en dépit du tollé d'indignation que cette initiative n'allait pas manquer de susciter chez les tenants du politiquement correct [1] – surmonté ses réticences à l'égard de certaines thèses de Ernst Nolte afin d'ouvrir publiquement le débat. François Furet a poursuivi par la voie épistolaire cette confrontation entre historiens, interrompue par son décès brutal [2]. Aux yeux du spécialiste de la Révolution française, Nolte présentait le mérite d'avoir très tôt passé outre à l'interdiction de mettre en parallèle communisme et nazisme, et d'avoir brisé le tabou qui, en interdisant la critique du communisme pour cause d'antifascisme historiographique, bloquait également la compréhension du fascisme. Ce n'est d'ailleurs pas l'un des moindres paradoxes de la publication en français de *La Guerre civile européenne*, que celle-ci intervienne douze ans après sa publication en Allemagne et déjà cinq ans après la parution de la note de Furet. Encore le prix à payer pour la fameuse « exception française ».

Si François Furet fit alors preuve de courage, c'est qu'il savait devoir affronter les foudres de ceux qui, entre 1986 et 1988, à travers plus de douze cents articles et une trentaine d'ouvrages, ont nourri en Allemagne la célèbre « querelle des historiens », dont Ernst Nolte et sa *Guerre civile européenne* étaient la cible unique [3]. Près de quinze ans ont passé et le caractère largement politique et idéologique de cette querelle saute aujourd'hui aux yeux, faisant mieux ressortir dans le meilleur des cas le procès d'intention à l'égard d'un chercheur qui tentait de replacer l'histoire du nazisme dans l'histoire allemande et européenne du XXe siècle, et dans le pire des cas l'opération de police de la pensée menée par une certaine

1. François Furet, *Le Passé d'une illusion,* Robert Laffont/Calmann-Lévy, 1995, pp. 194-196.

2. François Furet et Ernst Nolte, « Sur le fascisme, le communisme et l'histoire du XXe siècle », *Commentaire,* n° 79, pp. 559-576 et n° 80, pp. 795-813. Publié en ouvrage : *Fascisme et communisme, Commentaire*/Plon, 1998.

3. *Devant l'histoire,* Cerf, 1988, 354 p.

gauche et une extrême gauche qui refusaient toute contestation de la vulgate imposée par le vainqueur communiste – le principe de la responsabilité collective des Allemands dans l'épisode nazi, de la seule Allemagne dans le déclenchement de la Seconde Guerre mondiale et du seul nazisme dans les massacres de masse au XXe siècle.

Dès 1989, l'histoire trancha la querelle : la chute du Mur, la faillite de la RDA et la réunification allemande désignaient en Nolte un précurseur qui avait eu l'audace de faire abstraction de circonstances apparemment irréversibles, pour penser plus impartialement que ses prédécesseurs la relation fondamentale, le « nœud causal » selon son expression, entre l'émergence du bolchevisme au pouvoir en Russie et l'apparition du nazisme en Allemagne.

En 1991, l'implosion du système soviétique venait parachever la fin de cette histoire et dissipait les derniers aveuglements provoqués par « le charme universel d'Octobre » (François Furet). L'effondrement du vainqueur communiste de 1945 s'accompagnait de la faillite de l'historiographie qu'il avait imposée. Mais cela n'incita guère les innombrables critiques de Nolte à amorcer une autocritique. Seul le professeur Heinrich August Winkler, et c'est à son honneur, eut l'honnêteté d'admettre qu'une partie de sa critique avait été motivée par l'idée que, pour prix de sa responsabilité dans la Seconde Guerre mondiale, l'Allemagne était condamnée à vivre coupée en deux et à ne plus aspirer à un État national souverain. À la suite de la publication en Allemagne du *Livre noir du communisme*, le professeur Winkler a fait un pas supplémentaire, écrivant : « La querelle des historiens français de 1997 fait prendre conscience aux Allemands d'autre chose encore : l'ambiguïté des thèses principales de Nolte a trop longtemps masqué que son interrogation de départ était légitime et qu'elle demeurait la question du siècle. Quel rapport existe-t-il entre les *deux* types de dictature totalitaire, le plus éloigné et le plus récent dans le temps, qui sont ce que le XXe siècle a d'inédit ? En termes plus incisifs encore : sans la prise du pouvoir par les bolcheviks en 1917, les fascistes italiens auraient-ils pris le pouvoir en octobre 1922 et les nationaux-socialistes allemands en janvier 1933 ?[4] »

Cette prise de position est un signe du changement de climat intellectuel consécutif à la chute du communisme : le champ de l'histoire du XXe siècle, et en particulier des totalitarismes, longtemps dominé par les passions idéologiques et les rapports de force politiques, commence à retrouver son autonomie. On assiste à un retour marqué à l'histoire, pour preuve la récente biographie de Mussolini par Pierre Milza qui, dans un regard sur son propre parcours historien, note qu'il n'avait jusque-là « échappé ni à l'usage de quelques "concepts réifiés" qui flottaient alors dans l'air du temps, ni à ce que De Felice considérait comme des interpré-

4. Heinrich August Winkler, in Horst Möller (sous la dir. de), *Der rote Holocaust und die Deutschen*, Munich, Piper, 1999.

tations “démonologiques” du fascisme [...] »[5]. Heinrich Winkler a raison de rappeler que le rôle premier des historiens est de poser des questions, et si possible les bonnes questions, étant entendu que les réponses apportées par les uns et les autres peuvent diverger. Et précisément, Ernst Nolte a posé une bonne question, une de ces questions qu'il est inutile de chercher à contourner.

Il est parti de ce constat que la prise du pouvoir par les bolcheviks a créé en 1917 une situation totalement inédite : pour la première fois dans l'histoire moderne, un parti très minoritaire mais animé par une puissante idéologie, prenait seul le pouvoir dans un grand pays ; en outre, il prêchait et mettait en pratique une guerre civile à l'échelle nationale et internationale, et exprimait l'intention crédible de bouleverser radicalement le monde entier. Nolte émet l'hypothèse que l'émergence de ce phénomène inédit a provoqué une réaction en chaîne dont est, en partie, sorti le nazisme.

Sur cette hypothèse centrale, François Furet a montré son accord, soulignant que, « issus du même événement, la Première Guerre mondiale, les deux grands mouvements idéologiques de l'époque se définissent largement l'un par rapport à l'autre, au point qu'il est impossible d'en comprendre le développement sans les rapporter constamment l'un à l'autre, dans ce qu'ils ont d'antagoniste et dans ce qu'ils ont de commun. [...] La relation dialectique entre communisme et fascisme est au centre des tragédies du siècle[6] ».

Et en effet, Ernst Nolte dresse devant nos yeux l'histoire parallèle non seulement de l'Allemagne et de l'URSS – de la prise du pouvoir par Lénine à la disparition de Hitler, y compris dans l'étude comparée des structures des deux « États à parti unique » –, mais du parti bolchevique, du parti communiste allemand et du parti nazi. Il détaille en particulier la montée en puissance conjointe à partir de 1929 de ces deux partis anti-démocratiques et de guerre civile qu'étaient le KPD et le NSDAP.

Nolte montre comment les idéologies, par-delà les constructions doctrinales de leurs inventeurs, procèdent des vécus et des émotions fondamentales. « Elles ne sont pas le fruit de l'imagination de tel ou tel penseur ; c'est en elles, au contraire, que se décantent et s'articulent les vécus et les émotions qui, pour un grand nombre d'hommes, ont un caractère déterminant » (p. 417). Partant de cette conception, il avance l'hypothèse que Hitler, comme beaucoup d'Allemands de son temps, a été marqué par l'extraordinaire expérience bolchevique qui imposait le spectre omniprésent de la guerre civile.

Le public français aura peut-être quelque mal à accepter ce point de la démonstration. En effet, pour des raisons de culture politique – le poids de la Révolution française, de la Résistance et du communisme dans

5. Pierre Milza, *Mussolini,* Fayard, 1999, p. II.

6. François Furet, « Sur l'illusion communiste », *Le Débat,* n° 89, mars-avril 1996.

notre pays – et de circonstances – la récurrente alliance franco-russe qui a sauvé la France en août 1914 et que le général de Gaulle a tenté de revivifier en 1944 –, les Français ont entretenu une vision largement imaginaire de la réalité bolchevique puis soviétique, bien décrite par Sophie Cœuré dans *La grande lueur à l'Est*[7]. Les Allemands, au contraire, ont depuis des siècles été au contact direct, et souvent rugueux, du monde slave. Ils ont été les témoins privilégiés de la guerre de classe inaugurée par les bolcheviks, soit sur place lors de leur occupation de larges territoires de la future URSS durant l'année 1918, soit à travers les récits de centaines de milliers de Russes fuyant la terreur rouge et réfugiés en Allemagne, soit enfin par le spectacle de l'organisation systématique dans leur pays même d'une guerre civile par les communistes allemands, « conseillés » sur place par des « experts » soviétiques en révolution. Ce n'est évidemment pas un hasard si les premiers analystes pertinents du bolchevisme au pouvoir furent Rosa Luxemburg et Karl Kautsky et si le premier grand livre sur la terreur rouge fut publié par Melgounov à Berlin en 1924. Les atrocités de la révolution bolchevique ont impressionné des dizaines de milliers d'Allemands de retour du front, déjà traumatisés par la défaite et menacés d'un plus grand désastre encore : la destruction par la guerre civile de ce qui restait de la nation allemande. Pour Nolte, c'est cette peur de la révolution communiste – perçue comme révolution antinationale – qui a provoqué l'émergence des émotions violentes et des passions qui ont animé un vaste mouvement contre-révolutionnaire et antibolchevique, dont les nationaux-socialistes étaient un des groupes les plus radicaux. Le parti nazi s'est d'abord affirmé comme parti de la contre-dictature bolchevique, parti de la contre-guerre civile, l'antibolchevisme se développant rapidement en un antimarxisme qui prenait prétexte de la présence de nombreux Juifs dans les états-majors révolutionnaires, y compris en Allemagne, par exemple lors de la République des conseils de Bavière en 1919. Or, c'est à Munich que Hitler tenta sa première opération subversive en 1923. Pour François Furet, « ce type d'interprétation comporte une part de vérité, dans la mesure où la peur du communisme a nourri les partis fascistes, mais à [mon] sens, seulement une part : car elle a l'inconvénient de masquer ce que chacun des régimes fascistes a d'endogène et de particulier, au bénéfice de ce qu'ils combattent en commun »[8].

Il est certes légitime de s'interroger sur la généalogie idéologique des fascismes et sur le terreau politique, culturel et social qui a favorisé leur émergence et leur développement. Pourtant, à trop privilégier les facteurs endogènes, on risque de manquer l'événement majeur. Ainsi, l'un des principaux critiques de Nolte, Eric Hobsbawm, considère-t-il dans son *Âge des extrêmes* que « la Révolution d'Octobre fut pour ce siècle un

7. Sophie Cœuré, *La grande lueur à l'Est*, Seuil, 1999, 360 p.
8. Furet-Nolte, *art. cité.*, p. 569.

événement tout aussi crucial que la Révolution française l'avait été pour le XIXe siècle»[9]. Or cette prémisse implique un corollaire: la révolution d'Octobre ayant été caractérisée par «la violence pure érigée par Lénine en système de gouvernement»[10], il était inévitable que la terreur, le crime de masse, l'extermination de l'«ennemi» deviennent des données centrales de l'histoire du siècle et un modèle pour d'autres partis idéologiques.

C'est là ce que Nolte appelle le «nœud causal» entre le Goulag et Auschwitz: Lénine a inauguré un processus qui a conduit à l'abolition de toute distance entre le discours et les actes. Le discours marxien sur «l'abolition de la bourgeoisie» – *Manifeste du parti communiste* – a ouvert la voie à la terreur rouge, et le discours léniniste et stalinien sur «l'extermination des koulaks en tant que classe» a abouti à la famine organisée contre la paysannerie ukrainienne. De même, après avoir longtemps tenu un discours violemment antisémite, les nazis sont passés à l'acte: l'extermination des Juifs symbolisée par Auschwitz. Le «nœud causal», c'est le passage à l'acte fondateur: le crime de masse.

Furet s'interroge sur ce «nœud causal»: faut-il le repérer, comme Nolte, dans la prise de pouvoir bolchevique? Ou plutôt, comme il le pense, dans la Première Guerre mondiale et le gigantesque traumatisme qu'elle a provoqué au cœur de la société européenne? Il est incontestable que la guerre a ensauvagé toute l'Europe. La Russie a sombré dès 1918 dans cette sauvagerie. L'Allemagne a hésité quinze ans au bord du gouffre avant d'y être précipitée par ses deux partis de guerre civile. Pourtant, la paix revenue, certains pays parmi les principaux belligérants et où le chauvinisme s'était donné libre cours, n'ont pas suivi cette voie. Après quelques années de guerre civile larvée, l'Italie mussolinienne, pour dictatoriale qu'elle ait été, n'a pas pratiqué les meurtres de masse sur sa population. Et la France et la Grande-Bretagne, quant à elles, sont revenues «à la normale». Il n'y avait donc pas de caractère inéluctable d'une continuité du meurtre de masse de la guerre à l'après-guerre. En définitive, la guerre n'est qu'un moyen de la politique. Par contre, la guerre civile, elle, n'a jamais été codifiée et, en déclarant la guerre civile mondiale, Lénine a inauguré un processus incontrôlable. Comme Nolte en avance l'hypothèse, c'est de ce processus-là que Hitler s'est inspiré, et c'est d'ailleurs pourquoi il qualifie le mouvement de celui-ci de «fascisme radical», le distinguant ainsi du «fascisme normal» de l'Italie.

Le second point du travail de Nolte qui a provoqué de violentes réactions est celui du «noyau rationnel» de l'antisémitisme hitlérien: Nolte avance que, eu égard aux circonstances, l'antisémitisme hitlérien s'est nourri de la forte présence de militants d'origine juive dans le mouvement

---

9. Eric Hobsbawm, *L'Âge des extrêmes. Histoire du court XXe siècle 1914-1991*, Bruxelles, Complexe/*Le Monde diplomatique*, 1999, p. 86.

10. François Furet, *Le Passé...*, *op. cit.*, p. 196.

communiste, tant russe qu'allemand. Par là, il rappelle que l'historien ne peut pas se contenter d'évaluer les hommes et les faits à la seule aune de ses propres valeurs. S'il veut vraiment expliciter un phénomène, chercher à le rendre intelligible, à en dégager le « noyau rationnel », il doit pénétrer les valeurs et la logique des acteurs, aussi éloignées soient-elles des siennes propres. Une telle démarche ne signifie en rien adhésion à ou même justification de ce phénomène, et pourtant la publication de *La Guerre civile européenne* ne manquera pas de susciter, chez ceux que Pierre-André Taguieff appelle les « néo-antifascistes » [11], des attaques *ad hominem* contre « Nolte le négationniste », « Nolte l'antisémite » ou « Nolte qui cherche à dédouaner l'Allemagne nazie », autant de signes d'un prurit d'une autre époque et qui ne déshonorent que leurs auteurs.

François Furet est plus critique sur la thèse du « noyau rationnel ». Il cherche au contraire à montrer que, si rationalité il y a, elle est plutôt du côté du communisme et de son idéologie universaliste. À ses yeux, c'est là que réside la différence fondamentale entre les deux mouvements et les deux régimes. En outre, au début de son interrogation sur *La Guerre civile européenne*, Furet s'est inquiété de ce qu'« une interprétation de ce genre peut conduire sinon à une justification, du moins à une disculpation partielle du nazisme » [12]. En réalité, on ne voit pas en quoi le fait de montrer la rationalité interne du nazisme face à ce qu'il présentait comme une menace bolchevique et une menace juive, peut exonérer en quoi que ce soit les nazis de leur responsabilité ; d'ailleurs, le chapitre que consacre Ernst Nolte, dans ce livre, à la Shoah, fait justice de cette imputation.

En dépit de leurs divergences exprimées avec une franchise peu habituelle, et en raison même de la formidable leçon de loyauté intellectuelle donnée par Furet et Nolte, on est frappé de la complémentarité du *Passé d'une illusion* et de *La Guerre civile européenne*. Sans doute faudrait-il lire la seconde avant le premier, Nolte s'attachant à une étude de l'enchaînement des faits et de l'interaction des hommes, des passions et des circonstances, alors que Furet élargit le débat et envisage le communisme et les fascismes comme des réponses, opposées mais de même nature, à la crise de la démocratie et de la modernité.

La guerre civile européenne, décrite et analysée par Ernst Nolte, est devenue après 1945 une guerre civile mondiale qui n'a pris fin qu'en août 1991. En effet, le parti-État de guerre civile a, dans toute l'Europe de l'Est, inoculé ou aggravé des guerres civiles. Il a tenté de les attiser en Europe de l'Ouest à travers ses partis affidés, parfois avec un succès momentané comme en Grèce. Il a surtout réussi à contaminer une grande partie de l'Asie. Mais, après ces succès initiaux des années 1944-1951

11. Pierre-André Taguieff, « Les écrans de la vigilance », *Panoramiques,* n° 35, « Le lynchage médiatique », 1998.

12. François Furet, *Le Passé..., op. cit.*, p. 195.

– la guerre de Corée – et après la mort de son leader incontesté, Staline, le parti mondial de la guerre civile est entré dans une longue léthargie agitée de soubresauts, avant d'imploser définitivement entre 1989 et 1991. En effet, ce type de système se nourrit de la guerre, de la culture de la guerre (civile ou internationale) et, pour faire la guerre, il faut être deux. Dans les années 1920-1930, ce parti puis parti-État de guerre civile avait contribué à l'émergence de son partenaire-adversaire, sous la forme du fascisme et du nazisme, devenus à leur tour – mais à des degrés différents – partis-États de guerre civile et internationale. L'effondrement du fascisme en 1943, puis la défaite totale du nazisme en 1945, qui semblaient annoncer le triomphe définitif du communisme, étaient en réalité le premier signe de son déclin irrémédiable. Privé de ses partenaires de guerre civile, le communisme s'est retrouvé confronté à un système démocratique qui, certes, ne souhaitait pas la guerre et même cherchait à pacifier les relations internationales, mais qui, dans le même temps, n'était pas décidé à se laisser détruire, ni par des guerres civiles nationales, ni par une guerre internationale. Ce fut l'équilibre de la terreur, la guerre froide, la détente, et à travers elles, une progressive démobilisation du système communiste qui, s'il tentait toujours quelque opération ponctuelle, ne pouvait plus, sous peine de mort – nucléaire –, envisager une offensive générale contre le camp démocratique. Or, il n'est rien de pire pour le moral et l'efficacité d'une armée que l'inactivité et le climat de démobilisation. Le système a fini par imploser : il n'a pas résisté au décalage devenu trop criant entre le discours du combat contre un capitalisme prétendument condamné par l'histoire et le triomphe technologique, économique et politique que ce capitalisme enregistrait au même moment.

Stéphane Courtois

Avant-propos d'Ernst Nolte à l'édition française

Mon premier livre, *Le fascisme dans son époque*, de 1963, a été publié en 1970 dans sa traduction française aux éditions Julliard (un an plus tôt, déjà, un autre ouvrage, *Les mouvements fascistes,* était paru chez Calmann-Lévy). Les livres qui suivirent, *L'Allemagne et la Guerre froide*, de 1974, et *Marxisme et révolution industrielle*, de 1983, n'ont pas été traduits. Je suis donc particulièrement heureux que les éditions des Syrtes aient eu le courage de présenter au public français, dans une traduction de Jean-Marie Argelès, *La guerre civile européenne 1917-1945*. Il a souvent été dit de ce livre, en Allemagne comme en Italie, qu'il était à mettre au compte du « révisionnisme », bien que son auteur, à ses débuts, n'ait pas été un révisionniste – le révisionnisme n'étant pas ici entendu au sens de « négationnisme », mais comme une remise en question de conceptions bien établies, concernant par exemple les origines de la Seconde Guerre mondiale. Je voudrais montrer dans cet avant-propos comment je vois moi-même les rapports entre ces deux livres parus à un quart de siècle de distance.

En ce qui concerne *Le fascisme dans son époque*, on n'a pour ainsi dire jamais contesté son « originalité » ni en Allemagne ni dans les pays où il fit l'objet d'une traduction rapide après 1963. Effectivement, l'histoire du début des années soixante faisait une très large place à Bismarck et à Guillaume II, toujours en rapport avec une question fondamentale : avaient-ils eu – et si oui dans quelle mesure – une part de responsabilité dans la victoire de Hitler en 1933 et, par conséquent aussi, dans la catastrophe nationale de 1945 ? La thèse qui donna lieu aux discussions les plus passionnées était celle de l'historien Fritz Fischer, de Hambourg, selon qui même le chancelier du Reich de 1914, Theobald von Bethmann-Hollweg, dont on avait souvent loué l'amour de la paix et que l'on considérait comme une « figure tragique », avait en réalité été très proche des impérialistes pangermanistes et que, tout bien considéré, on devait attribuer à l'élite dirigeante du Reich allemand la responsabilité principale, pour ne pas dire l'unique responsabilité, dans le déclenchement de la Première Guerre mondiale. Bethmann-Hollweg, par conséquent, avait les traits d'un Hitler inachevé et les deux Guerres mondiales apparaissaient comme des étapes logiques dans une histoire nationale marquée par la faute et la culpabilité. Les amis de Fritz Fischer, en revanche, pas plus que ses nombreux ennemis, n'impliquaient Mussolini dans leurs raisonnements et le terme de « fascisme » n'était nulle part utilisé. Mon livre, lui, le fit et presque toutes les réactions qu'il suscita estimaient qu'il s'agissait là d'une interprétation de l'époque et pas seulement de l'histoire allemande ; la *Neue Rundschau* n'hésita pas à soutenir, en 1964, que l'auteur, par cet ouvrage, avait renouvelé, dans le domaine de l'historiographie, « la victoire sur le fascisme acquise dans les combats et par la violence ».

Lorsque je recherche les raisons objectives de cette « originalité » et donc aussi de jugements tels que celui que je viens de citer, je dois tout d'abord, très paradoxalement, citer un double défaut.

Je ne faisais pas partie de la « corporation » et je n'étais même pas diplômé d'histoire ; je venais bien plutôt de la philosophie de Heidegger dont j'avais suivi des cours dès 1944 et, en 1952, j'avais soutenu une thèse auprès d'Eugen Fink, un disciple de Husserl, à propos des rapports entre Marx et l'idéalisme allemand ; ensuite, pendant plus de dix années, j'avais enseigné les langues anciennes dans un lycée de Bonn. Je n'avais qu'une connaissance superficielle de l'état de l'histoire allemande de l'époque et des controverses qui l'agitaient.

Je n'avais pas été incorporé dans la Wehrmacht par suite d'une malformation de naissance sans grande gravité, si bien que je n'avais pas partagé l'expérience fondamentale de ma génération.

Ces deux handicaps n'en eurent pas moins des aspects positifs : celui qui n'entretient pas de rapport élève-professeur avec un éminent représentant d'une discipline scientifique trouve plus aisément la voie de l'originalité ; par ailleurs, le fait de ne pas avoir partagé des expériences bouleversantes peut avoir pour résultat de renforcer le désir d'objectivité.

Et s'il me manquait l'expérience concrète et majeure qui avait été celle de ma génération, j'avais eu en moi, comme une espèce de compensation *ante festum*, une « sensibilité » abstraite pour ainsi dire, qui, dès l'âge de sept et huit ans, m'avait fait prendre un intérêt très vif bien qu'enfantin aux luttes de l'époque de Weimar, en particulier aux conflits entre le monde catholique et le communisme.

Il me faut enfin citer au nombre des raisons de mon « originalité » le hasard, un hasard qui aurait difficilement pu peser plus lourd dans la détermination d'un historien de métier qu'il ne pesa dans la mienne : lors d'un séjour à Rome, en 1959, je tombai chez un bouquiniste sur un recueil de textes de Mussolini que j'achetai et que j'étudiai ensuite soigneusement pour la seule et unique raison qu'il m'était aussitôt apparu, en le feuilletant, que le jeune Mussolini s'était exprimé à propos de Marx et de Nietzsche d'une manière remarquable, en rupture avec le discours habituel.

De la sorte, ce n'est pas par le biais de Bismarck et de Bethmann-Hollweg que j'ai cherché à m'ouvrir la compréhension de Hitler et du national-socialisme, mais par celui de Mussolini – et de Charles Maurras. C'est pourquoi le sous-titre du *Fascisme dans son époque* est, comme on le sait, *L'Action française – le fascisme italien – le national-socialisme*. Mais si cette démarche s'est généralement vu attribuer le mérite de l'« originalité », elle a aussi d'emblée suscité des jugements qui s'opposaient de manière abrupte : la condamnation du national-socialisme s'accompagnait selon les uns d'une condamnation allant bien au-delà de la seule politique de l'Allemagne wilhelminienne, la condamnation de toute la tradition contre-révolutionnaire depuis Burke et de Maistre en d'autres termes – le fait d'englober la France et l'Italie dans l'examen du national-socialisme revenait pour les autres à « européiser » ce dernier et donc à le dépouiller de sa spécificité allemande. Dès le début, ces voix négatives quoique contradictoires entre elles se sont fait entendre parmi le chœur des nombreuses critiques positives.

Mais personne ne pouvait contester que le mobile principal de ma démarche était de nature tout à fait générale et que je ne me distinguais en rien, à cet égard, des autres auteurs ayant pris le national-socialisme comme objet direct ou indirect de leur travail, en particulier les auteurs allemands et juifs, mobile se résumant à cette interrogation : « Comment cela fut-il possible ? »

Ceci explique que l'orientation fondamentalement « antifasciste » de ce travail saute aux yeux de tout lecteur, l'ensemble des premiers comptes rendus de l'ouvrage la considérant comme évidente. Dès le début, en effet, on peut lire que le fascisme, certes « sous sa forme la plus extrême » qualifiée dans d'autres passages de « fascisme radical », « a commis [...] des crimes atroces auxquels nul autre ne peut être comparé dans l'histoire du monde, pas même la terreur que Staline exerça contre son propre peuple et son propre parti, parce qu'ils étaient en même temps rationnels jusqu'à la perfection et irrationnels jusqu'à l'excès » (tome I, p. 39). Le fascisme italien est pourtant lui-même décrit à l'aide de tournures très négatives ; en témoigne cette constatation que l'autoglorification à laquelle se livre le parti et la célébration exorbitante du « Duce » avaient, dès la fin des années vingt, recouvert « l'esprit critique des Italiens, jadis si aiguisé, d'une espèce de couche asphyxiante de simili-or » (p. 333 de l'édition allemande, passage non repris dans l'édition française, NdT). Comment interpréter autrement que comme une critique globale de la pensée de Maurras le fait de la caractériser comme la « défense inconditionnelle de l'État autarcique et souverain, guerrier et aristocratique de l'Ancien régime, qu'il considère comme un modèle pour la France de tous les temps » (tome I, p. 383) ? Mais lorsqu'il est question du national-socialisme, les appréciations critiques laissent la place à une condamnation sans équivoque, par exemple lorsque j'écris que le *Mein Kampf* de Hitler « formule le programme d'une guerre de spoliation et d'extermination que l'Allemagne doit mener contre ses voisins orientaux » avec tant de détermination qu'il est « absurde de vouloir en contester la signification, de tenter de l'atténuer ou de l'altérer» (tome III, p. 81). Et tandis que les ouvrages allemands du début des années soixante parlaient encore le plus souvent de la «campagne à l'Est» ou de la «guerre germano-russe», je qualifiai l'agression allemande du 22 juin 1941 de manière fort vigoureuse: «Ce fut sous de tels auspices que commença la plus effroyable guerre de conquête, d'asservissement et d'extermination de l'histoire moderne» (tome III, p. 214). Il subsistait bien sûr un profond écart entre mes conceptions et celles des communistes, même si je soulignais expressément «qu'il y a entre lui [le bolchevisme] et le fascisme une différence fondamentale, en dépit de toutes les analogies de structure qu'ils peuvent présenter» (tome III, p. 485); et j'exprimais certainement un sentiment personnel de compréhension fort positive à l'endroit de l'«antifascisme» lorsque j'appréciai comme «un processus de grande portée historique» le fait que «des bourgeois et des officiers allemands en fussent venus à s'opposer à la volonté de Hitler et à tout ce qu'il était d'une manière si absolue qu'ils voulurent faire cause commune avec les communistes plutôt qu'avec cet ennemi mortel qui était sorti de leurs propres rangs» (tome III, p. 220).

Cette «tendance fondamentale à l'antifascisme» n'était pourtant pas exclusive; elle s'accompagnait d'une tendance à l'objectivité qui, pour nombre de personnes à l'époque, était à peine moins déconcertante que l'expression insolite de «guerre d'extermination». De cette objectivité témoignait déjà le fait de ne pas concevoir le national-socialisme comme le simple résultat de la «démence» ou du «caractère démoniaque» de son Führer, mais de le rapprocher de phénomènes à l'égard desquels, en règle générale, on faisait preuve d'une compréhension non négligeable si bien qu'il apparaissait, pour le moins, comme un phénomène historiquement significatif. Les sensations premières et fondamentales de Hitler comme de Maurras n'étaient pas, à mes yeux, la «haine» mais la «peur», et je ne concevais pas cette peur comme une velléité individuelle mais bien comme le caractère de toute une époque. Si je relevais certes aussi chez Hitler des signes d'«infantilisme» et de «monomanie», je voyais surtout en lui un «médium qui révélait aux masses un esprit qui n'était autre que le leur bien qu'elles n'en eussent pas été conscientes» (tome III, p. 57). Un accent positif semble ainsi se faire entendre lorsque j'écris que l'on trouvait dans tous les discours de Hitler «des passages d'une force entraînante, d'une authenticité de ton fascinante», que «l'on n'en trouve jamais l'analogue dans ceux de n'importe quel autre orateur de son temps» et qu'il s'exprimait dans ces passages une «foi [...] qu'ont pu constater tous les observateurs, et même ceux qui lui étaient absolument hostiles» (tome III, p. 55). Ne perçoit-on pas une critique à l'égard des conceptions traditionnelles du «déclenchement de la Seconde Guerre mondiale» par Hitler dans l'affirmation que le conflit, en septembre 1939, «commença à la surprise de son auteur» (tome III, p. 206)? N'aurait-on pas affaire, même, à une espèce de glorification lorsque les apologistes de Hitler se voient reprocher de faire de leur héros « un fatal mélange de bavard et d'imbécile » (tome III, p. 358) ?

Les termes d'« antifascisme » et d'« objectivité » se révèlent toutefois insuffisants lorsqu'on prend en considération la définition finale du fascisme qui recourt de manière insolite à un concept philosophique et qui précède immédiatement la cinquième partie du volume, essentiellement consacrée à Karl Marx, Friedrich Nietzsche et Max Weber : « Le national-socialisme était l'agonie du groupe souverain, guerrier, intérieurement antagoniste. Il était une résistance pratique et violente contre la transcendance » (tome III, p. 405).

Il est, semble-t-il, possible de formuler en des termes beaucoup plus simples cette définition ambitieuse, voire prétentieuse aux yeux d'un certain nombre, par exemple en ces termes : « Le national-socialisme a été la dernière tentative désespérée pour entraver la marche irrésistible vers un monde pacifique, uni et qui ne serait plus déterminé par des antagonismes de classes. » On pourrait tirer d'une telle définition la conclusion que, une fois la dernière idéologie hostile vaincue, il resterait à combattre les obstacles pratiques subsistant sur la voie d'une unité universelle harmonieuse, par exemple l'oppression des Noirs en Afrique du Sud (encore très virulente en 1963), le traitement discriminatoire réservé aux femmes même en Occident ou « l'exploitation des travailleurs par le système capitaliste ». L'auteur du livre en question serait donc un tenant de l'école de pensée progressiste et marxiste et on pourrait éventuellement se demander de laquelle des deux branches il est le plus proche. Sa tendance à l'objectivité, y compris envers le national-socialisme, serait par conséquent acceptable dans la mesure où elle s'appliquerait à un objet mort au regard de l'histoire universelle, mais elle devrait désormais céder la place à un engagement pratique que l'on pourrait, pour faire vite, appeler un « antifascisme » qui aurait à se détourner de ses origines européennes et à s'ouvrir à l'échelle du monde.

Mon *Fascisme dans son époque* a effectivement joué un certain rôle dans la préhistoire du « Mouvement de soixante-huit », de la même façon qu'il a été une première formulation des idées qui, trente ans plus tard, ont présidé à la réalisation de l'exposition sur « la guerre d'extermination menée par la Wehrmacht en Union soviétique ». Pourtant, mes réserves subjectives à l'égard des protagonistes du néomarxisme ou d'une *néo-Aufklärung* ne furent pas les seuls éléments qui me détournèrent d'un engagement tombant apparemment sous le sens. À l'époque déjà, j'aurais objecté à un tel renversement de formulation son caractère « non-dialectique » et le fait qu'il méconnaissait que, pour moi, « progrès » et « réaction » n'étaient pas des termes aussi absolument contradictoires qu'ils l'étaient pour les néomarxistes ou les progressistes. J'aurais ajouté que le livre n'accordait donc pas non plus au marxisme tel qu'il se manifestait dans l'histoire la légitimité exclusive qu'il revendiquait et que, à plus forte raison encore, je n'aurais pas attribué au bolchevisme la signification positive qu'il conserve même lorsqu'on déplore ses « déformations staliniennes ». *Le fascisme dans son époque* renferme effectivement et incontestablement les prémices d'un questionnement plus large et débouchant sur une présentation plus complète de *La guerre civile européenne 1917-1945*. On peut quasiment toucher du doigt cette amorce dans la définition « politique » – et donc provisoire – du fascisme que l'on trouve p. 75 du tome I et que vient souligner une impression en italiques : « Le fascisme est un antimarxisme qui vise à anéantir son ennemi en développant une idéologie radicalement opposée à la sienne, encore qu'elle en soit proche, et en appliquant des méthodes presque identiques aux siennes, non sans les avoir transformées d'une manière caractéristique, mais cela toujours dans le cadre inébranlable de l'auto-affirmation et de l'autonomie nationales. »

Cette définition implique à l'évidence qu'il convient aussi de caractériser le principal adversaire du fascisme, le marxisme, comme une idéologie exterminatrice et son application pratique, le bolchevisme, comme une réalité exterminatrice. Il est impossible de voir dans le marxisme et dans le bolchevisme des phénomènes absolument positifs puisque, s'il est vrai que le concept de « système libéral », dans son acception centrale et essentiellement affirmative, se caractérise, à l'échelle de l'histoire du monde, comme la libre existence d'oppositions idéologiques, il ne se caractérise pas moins par l'axiome qu'il aura à les résoudre pacifiquement et qu'il le pourra réellement. L'existence de partis idéologiques à l'intérieur des États et, *a fortiori*, l'apparition d'États idéologiques seront donc nécessairement, pour un tel système, le plus grand de tous les défis.

Ce livre dont le titre ne mentionnait comme thème principal que l'un des deux aspects en question, le fascisme donc, ne décrivait pourtant pas avec l'exhaustivité voulue la lutte opposant les deux idéologies exterminatrices ou les deux États qu'elles avaient investis, cette dernière étant d'ailleurs simultanément, quoique sous des formes très différentes, une lutte contre le « système libéral » aussi. Mais la différence de pondération s'expliquait par les prémices mêmes de l'ouvrage, comme le montre l'expression déjà citée à propos du caractère incomparable des forfaits des deux régimes, les atrocités de l'extermination nationale-socialiste des Juifs surpassant la « terreur que Staline exerça contre son propre peuple et son propre parti ». Certes, le terme employé n'implique pas non plus dans ce domaine je ne sais quelle interdiction de comparer, il ne fait que nier l'identité des deux phénomènes ; il n'en est pas moins manifeste qu'il attribue au régime national-socialiste une volonté exterminatrice plus grande et qu'il lui impute d'avoir mis en œuvre ses desseins avec plus d'acharnement.

Il me faut ici évoquer une nouvelle fois un détail d'ordre biographique. En 1963, je ne connaissais pas encore le livre de David Shub sur Lénine et je ne connaissais pas non plus les propos de Grigori Zinoviev rapportés dans cet ouvrage. Zinoviev était à l'époque le chef du parti de la « Commune du Nord », Petrograd, et donc le troisième personnage du

Parti communiste de la Russie soviétique, derrière Lénine et Trotski ; il n'allait pas tarder à devenir le président de l'Internationale communiste. Lors d'une assemblée populaire, le 17 septembre 1918, il déclara : « Des quelque cent millions d'hommes que compte la population de la Russie soviétique il nous faut en gagner quatre-vingt-dix à notre cause. Nous n'avons pas à parler avec les autres, nous devons les exterminer. » Compte tenu de la difficulté que j'ai eue à me procurer l'article de presse rapportant ces propos, je n'ai pu vérifier le texte russe que plus tard : le mot clef est *unichtozat* et sa traduction par « exterminer » est correcte ; « éliminer » ne serait pas adéquat. Je ne me souviens pas de la date exacte de ma lecture – ce doit être en 1969 ou 1970. La phrase est en tout cas citée en 1974 dans *L'Allemagne et la Guerre froide*. Sitôt après avoir découvert ces propos je me suis dit : on peut déduire de déclarations tirées de *Mein Kampf* dont la monstruosité provient justement de ce qu'elles se rapportent au « bolchevisme juif » – par exemple l'idée que la planète recommencera à parcourir l'éther comme elle l'a fait il y a des millions d'années : il n'y aura plus d'hommes à sa surface si « le Juif » parvient, à l'aide du marxisme, à se rendre maître du monde – on peut déduire de tels propos que celui qui les tient mettra à coup sûr en œuvre, dès que l'occasion s'en présentera, un grand plan d'extermination des Juifs. On rappelle de même sans cesse la « prophétie » du 30 janvier 1939, « le Führer et chancelier du Reich » déclarant alors que, si la finance juive internationale devait une nouvelle fois réussir à précipiter les peuples dans une guerre mondiale, le résultat en serait non pas « la bolchevisation de la planète et donc la victoire de la juiverie mais l'extermination de la race juive en Europe ». Pourtant, aucun de ceux qui entendaient ces propos, et peut-être même pas Hitler, ne les comprenait comme l'annonce d'une élimination physique. Zinoviev, en revanche, a très tôt appelé à l'extermination physique de « la bourgeoisie » et de ses appendices ; l'histoire de la « Terreur rouge » des premières années du pouvoir bolchevique mettait en outre tout à fait en évidence le contenu réel de cet appel. Et il ne s'agissait pas d'une exclamation prononcée sous le coup de l'émotion suscitée par l'attentat contre Lénine ou par une situation de guerre civile. La guerre civile était terminée lorsque ce même Zinoviev prononça en allemand un grand discours, en octobre 1920 à Halle, devant le congrès de l'USPD, c'est-à-dire la gauche socialiste, congrès qui devait donner naissance au puissant « Parti communiste unifié d'Allemagne » : il tenta de justifier la terreur rouge et, dans la foulée, fit publier une brochure dans laquelle il exprima le désir de « tordre le cou » à la bourgeoisie allemande. Après cette découverte, il fut clair pour moi qu'un jour je ne me contenterais pas d'étudier « l'image de l'ennemi » des Hitler, Mussolini et Maurras, mais que j'étudierais l'ennemi lui-même, sans qui cette image n'aurait pu exister. Mais il s'écoula encore une quinzaine d'années avant que je réussisse à me consacrer à cette tâche – la rédaction de *La guerre civile européenne 1917-1945* –

car ma priorité allait à l'histoire de la *guerre froide* et à l'analyse historique du marxisme dans le cadre de la révolution industrielle.

Et c'est justement durant ces années-là que se produisit en Allemagne, et plus ou moins dans l'ensemble du « monde occidental », une évolution singulière, en sens exactement inverse de la mienne. Dans le domaine de la grande politique, il s'est agi de la phase de « détente » ou bien de la fin de la Guerre froide ou bien encore de la tendance à la convergence des systèmes jusqu'alors ennemis ; du point de vue de l'histoire des idées, on a assisté, surtout dans la République fédérale d'Allemagne, à une poussée du néomarxisme qui parut avoir rallié toute la jeunesse universitaire. On pourrait, pour faire vite et en forçant quelque peu le trait, dire que les prémices du *Fascisme dans son époque* ont été isolées de leur contexte et que, associées aux « théories marxistes du fascisme » en vigueur sous la République de Weimar, elles se sont figées et transformées en un édifice vide, mais qui répondait dans une large mesure au besoin profond d'une histoire en noir et blanc qu'éprouvait la génération de l'après-guerre, au besoin aussi qu'elle avait de mettre en accusation la « génération des pères coupables ». Au moins tendanciellement, le discours sur la guerre nationale-socialiste d'extermination qui passait pour déconcertant en 1963 encore devint un lieu commun ; le « fascisme allemand » devint l'unique cible des attaques avant de finir par être qualifié de « mal absolu ». Il n'était plus question ni du communisme soviétique, ni des offensives exterminatrices contre les « koulaks » ou la « bourgeoisie ». Certes, l'« Holocauste » mettait la nouvelle extrême gauche quelque peu dans l'embarras puisqu'elle aussi considérait que les communistes avaient constitué la véritable cible du national-socialisme et que ce n'avait été au fond qu'un hasard si les Juifs, simples « boucs émissaires », leur avaient été associés ; en Allemagne, toutefois, le souvenir concret des persécutions et des déportations entre 1938 et 1945 était suffisamment vivace pour qu'il fût impossible de refouler ou de repousser à l'arrière-plan l'extermination des Juifs, contrairement à ce qui était largement le cas en Union soviétique ou dans l'ensemble du Bloc oriental. En revanche, on refoula d'autant plus systématiquement le souvenir des exterminations qui s'étaient déroulées en Union soviétique tout comme le souvenir de la situation proche de la guerre civile qui avait caractérisé les dernières années de Weimar ; tout au plus évoquait-on ces événements en parlant du « stalinisme » ou de « la terreur des SA ».

On comprend, par conséquent, que *La guerre civile européenne 1917-1945* et l'article *Le passé qui ne veut pas passer*, paru un an plus tôt dans la presse, le 6 juin 1986, aient pu donner l'impression qu'il s'agissait du travail d'un auteur qui, de se voir si rapidement dépassé par une génération plus jeune qui l'avait à l'origine considéré comme l'un des pionniers de sa propre évolution, manifestait du dépit et du ressentiment. Bien sûr, nul n'est soustrait aux influences du monde qui l'entoure et je suis bien obligé de concéder un « noyau de vérité » à cette opinion. Au-delà pourtant de tous les sentiments personnels, il est absolument nécessaire de préciser ceci : on fait courir à la science un danger mortel lorsque, interprétant des luttes politico-idéologiques, on se limite à étudier « l'image de l'ennemi » d'un seul côté, dans une démarche exclusivement négative, sans s'intéresser à l'ennemi – qui appartient pourtant à la définition d'un phénomène idéologique ; le même danger existe lorsqu'on abolit le principe impliquant « l'effort de comprendre » et que, tout au contraire, on introduit dans l'histoire le concept métaphysique du « mal absolu » qui a justement pour effet de masquer au regard les principaux jeux d'action et de réaction entre les événements et qui amène à se détourner, en son for intérieur, du mal réel et multiforme du moment présent.

C'est ici que se situe le grand et l'impérissable mérite du *Livre noir du communisme*. La contribution de Nicolas Werth sur la Russie soviétique, notamment, illustre bien que les écrits des contemporains hostiles à ce pays étaient loin de n'être que de la « propagande de haine » et à quel point c'est faire preuve de partialité que de les caractériser ainsi. Lorsqu'on lit sans idée préconçue ce travail, on est souvent glacé d'effroi par les descriptions d'orgies exterminatrices qu'il contient, bien que d'autres passages, chez Stéphane Courtois aussi, montrent comment un amour abstrait pour les « hommes en général » fut à la base de la haine contre des hommes concrets. Le lecteur devra alors faire un pas que ne fait pas le *Livre noir* parce que tel n'est pas son propos : le pas qui conduit à constater que les contemporains ressentirent cet effroi et cette horreur avec beaucoup plus de force encore, la moindre des raisons n'étant pas qu'il s'agissait effectivement d'événements sans précédent dans l'histoire intérieure des États de l'Europe moderne : une idéologie ayant pris la forme d'un État dénonçant la paix civile interne sur des bases de principe, un chef de gouvernement qualifiant des groupes entiers de la population « d'araignées et de parasites » méritant la mort, l'exigence, formulée publiquement, de « l'extermination d'une classe », extermination qui devait bien vite dépasser les limites de la classe en question. Il s'était par conséquent produit la première « rupture culturelle » de l'époque moderne en Europe, à moins que l'on ne préfère, non sans raison, ranger la Russie et les bolcheviks dans la rubrique « Asie ».

Je ne conteste pas avoir eu aussi, de mon côté, le sentiment de livrer un combat tandis que j'écrivais *La guerre civile européenne*, mais un combat contre une mémoire tout à fait unilatérale et contre un refoulement tout aussi unilatéral. C'est pourquoi j'ai aussi cité des déclarations auxquelles on peut également reprocher leur unilatéralité mais qui émanent d'anciens communistes éminents : le marxisme serait indirectement responsable de la mort de quelque six millions de Juifs car c'est lui qui aurait le premier prêché la haine et qui aurait le premier éliminé une classe entière (*cf. infra* Hans Jaeger, introduction, note 28, p. 41), ou bien les épurations de Staline n'auraient eu d'égales dans l'histoire que les chambres à gaz de Hitler (Louis Fischer, introduction, note 19). Mais plus important est que j'ai cité toute une série de propos de Hitler jeune, dans lesquels il évoque sans cesse, avec tous les signes de l'effroi et de l'amertume, la « morgue russe », « l'assassinat de masse de l'intelligence » ou le « massacre des intellectuels ». Et c'est pourquoi je ne me satisfais pas de la constatation, exacte au demeurant, que Hitler était mal placé pour s'indigner pareillement, lui qui, plus tard, commettra des horreurs semblables ou pires. Je continue bien plutôt à tenir pour vraisemblable qu'il existe un « nœud causal » – même s'il ne s'agit certainement pas d'une causalité unique et absolue – entre les expériences initiales, transmises en grande partie par des témoins oculaires comme Alfred Rosenberg et Max von Scheubner-Richter, et les actes ultérieurs. Il est pourtant possible de comprendre jusqu'à la profonde irrationalité se manifestant dans le fait que l'entreprise exterminatrice de Hitler n'a pas été dirigée contre les communistes qui avaient en commun la volonté d'exterminer des « classes ennemies », mais contre les Juifs qui étaient en réalité profondément différents les uns des autres ; cette irrationalité devient intelligible si la thèse que je considère comme décisive est juste : Hitler éprouvait au plus profond de lui-même la nécessité « d'opposer à son ennemi principal, le communisme, une contre-foi appropriée ». Pour parler ici d'une « justification » du national-socialisme, il faut se refuser à faire une distinction élémentaire entre « rendre intelligible » et « justifier ».

On serait beaucoup plus fondé à prétendre qu'ici aussi – et pas très différemment, en dépit de toutes les modifications intervenues, de ce qui était le cas dans *Le fascisme dans son époque* – le bolchevisme se voit conférer une « compréhension » qui ne semble pas très loin d'une justification. Si transcendance signifie « dépassement », le nationalisme et le racisme représentent une résistance contre le dépassement fondamental, une tentative de se cramponner à un « existant », bien entendu un « existant » modifié. De la sorte, le bolchevisme s'oppose de manière positive au national-socialisme dont la résistance apparaît vaine, tandis que le bolchevisme ne se voit reprocher qu'une concrétisation précipitée, trop orientée en fonction des seules réalités de la révolution industrielle.

Ce livre n'est toutefois pas un plaidoyer politique pour un socialisme développé, dépouillant les oripeaux du XIXe siècle qui le vit naître. Il est – en un certain sens davantage et d'un autre point de vue moins que *Le fascisme dans son époque* – un ouvrage d'histoire qui analyse, et qui synthétise aussi ensuite, dans une perspective philosophique. Ce n'est pas ici le lieu de supputer dans quelle mesure cette perspective philosophique, loin de se dissoudre dans le récit historique, le dépassera et conduira ceux qui acceptent de la partager dans un domaine inexploré, bien que sans doute pas totalement inconnu ; c'est là une question qui relève d'un avenir dont je ne dispose plus. Mais, déjà, ma démarche a été accueillie avec un peu plus de sérieux en Italie qu'en Allemagne et j'espère que, François Furet faisant exemple, je rencontrerai en France aussi un accueil analogue – que l'on y prenne au sérieux, sans rendre méconnaissable par une phraséologie moralisante, ce qui s'est soi-même pris très au sérieux en tant que phénomène historique : le fascisme dans ses diverses versions et le bolchevisme.

Introduction

Pour une mise en perspective de l'époque des guerres mondiales

Quoi de plus banal et, pourtant, de moins évident que d'affirmer qu'il n'y a pas de perspective se prêtant mieux à l'étude du bolchevisme et de l'Union soviétique, du national-socialisme et du Troisième Reich que celle d'une *guerre civile européenne* ?

On sait généralement que le parti bolchevique, aussitôt après avoir pris le pouvoir en novembre 1917, appela les prolétaires et les opprimés du monde entier à se soulever contre le système capitaliste qui portait la responsabilité de la guerre ; les spécialistes ne sont pas seuls à savoir que le Parti communiste d'Allemagne (KPD) qui venait juste d'être fondé se retrouva plongé, début 1919, « dans la plus gigantesque guerre civile de l'histoire mondiale » [1]. Quelques mois plus tard, la Troisième Internationale crut à son tour pouvoir proclamer que le 1er mai 1919 serait le jour de la révolution prolétarienne dans toute l'Europe. Il y avait donc, depuis 1917, un État et, depuis 1919, un parti international qui appelaient partout au « soulèvement armé » et, par conséquent, à la *guerre civile mondiale*. Comme il ne s'agissait à l'évidence pas de fantasmes sectaires dépourvus de pouvoir, une réalité fondamentalement nouvelle avait ainsi fait son entrée dans l'histoire. Lorsqu'un groupe puissant veut la guerre civile, il se crée dans tous les cas une situation de guerre civile, même si ne se déroulent pas immédiatement, ou constamment, des combats sanglants. C'est ainsi que Stefan Possony a décrit l'époque en question comme « le siècle de la révolte » ; Hanno Kesting, remontant loin en arrière dans l'histoire des idées, a intitulé son travail *Philosophie de l'histoire et guerre civile mondiale* ; Roman Schnur, de son côté, a étudié comment « s'ouvrait » la guerre civile mondiale durant l'ère de la Révolution française [2].

1. *Cf. infra*, p. 108.

2. Stefan Possony, *Jahrhundert des Aufruhrs*, Munich, 1965 ; Hanno Kesting, *Geschichtsphilosophie und Weltbürgerkrieg. Deutungen der Geschichte von der Französischen Revolution bis zum Ost-West-Konflikt*, Heidelberg, 1959 ; Roman Schnur, *Revolution und Weltbürgerkrieg. Studien zur Ouvertüre nach 1789*, Berlin, 1983.

L'emploi d'un concept d'acception aussi large ne manque pas, bien sûr, de soulever des questions. Le terme de guerre civile semble impliquer que, à l'intérieur d'un État, deux groupes de citoyens armés se font face, soit que des émeutiers combattent le gouvernement, soit que deux partis disposent chacun de son propre territoire, offrant par là une nette analogie avec la guerre entre États. Le meilleur exemple en est la Guerre civile américaine, entre 1861 et 1865, puisque, dès le début, elle consista en affrontements d'armées constituées. On parle pourtant de l'époque de la guerre civile anglaise, entre 1640 et 1660, bien qu'il ait été loin de se produire des affrontements armés en chaque année de la période et bien que le parti finalement victorieux n'ait pas encore eu à sa disposition, au début de l'année 1660, de forces armées propres. Et même cette guerre civile insulaire ne resta pas dans les limites d'un seul État, car aussi bien les Puritains que les Royalistes trouvèrent outre-Manche aide et sympathie. À l'époque de la Révolution française et de Napoléon, il était souvent difficile de faire la distinction entre guerre civile et guerre entre États : un État qui inscrit sur ses drapeaux le mot d'ordre *Guerre aux palais, paix aux chaumières* est lui-même un parti de guerre civile, pour autant que les États ennemis comptent aussi de très nombreuses *maisons* et pas seulement quelques palais à côté de millions de chaumières. L'acception étroite du concept de guerre civile n'est donc pas, selon toute vraisemblance, la plus appropriée à l'objet de notre étude.

Mais cela justifie-t-il de parler d'une *guerre civile européenne* pour les années 1917 à 1945 ? Il y a eu la guerre civile russe de 1918 à 1920, il y a eu la guerre civile espagnole de 1936 à 1939, il y a eu des tentatives révolutionnaires et des soulèvements en Allemagne, en Estonie, en Bulgarie et ailleurs encore. Pourtant, ce sont les gouvernements attaqués qui, avec l'aide de la police et de l'armée, réprimèrent le soulèvement de janvier 1919, la *Märzaktion* de 1921 et le putsch de Reval, fin 1924. Et même si l'on ne doit pas sous-estimer la dureté des affrontements intérieurs en France et en Angleterre, l'acception la plus large du concept de guerre civile ne permet pourtant pas de voir autre chose dans ces pays que des luttes violentes entre partis, des troubles occasionnels et des grèves politiques isolées. Certes, il existait ça et là un parti communiste, c'est-à-dire un parti aspirant au soulèvement armé, mais il se heurtait au gouvernement de son pays ainsi qu'à une si forte majorité de la population qu'il se retrouvait, *seul* parti de guerre civile, comme empêtré dans un filet qu'il lui était impossible de briser. On peut donc incontestablement parler d'une « Europe en crise » [3], mais pas de guerre civile européenne si l'on accorde aux divers pays d'Europe une égale attention et, surtout, si on les envisage dans leurs relations réciproques.

Pourtant, même une histoire tout à fait conventionnelle et seulement narrative de l'Europe à l'ère des Guerres mondiales devra prendre acte de

---

3. Karl Dietrich Bracher, *Europa in der Krise*, Francfort-Berlin-Vienne, 1979.

l'existence d'un phénomène lui aussi inédit et totalement inattendu : il s'est formé, en Italie tout d'abord, un parti qui ne s'est pas contenté, comme les vieux partis, de s'opposer au parti du socialisme révolutionnaire ou du communisme, en association plus ou moins étroite avec le gouvernement ; après avoir ensuite réussi à repousser la tentative de prise du pouvoir, qu'elle ait été effective ou seulement ébauchée, il ne s'est pas satisfait de laisser le gouvernement toujours en place décider de son propre destin ; il est au contraire apparu un parti qui se considérait comme un deuxième *parti de guerre civile*, radicalement opposé au premier. Dans ce sens, l'arrivée au pouvoir du parti fasciste, en octobre 1922, a signifié, pas tout de suite bien sûr mais comme conséquence logique de ses options de base, l'anéantissement politique du parti communiste et, finalement aussi, celui de tous les autres partis.

Il n'est toutefois pas certain du tout que l'on puisse même parler d'une *guerre civile italienne*. Le terme ne serait incontestable et légitime que si, en dernière analyse, c'était le parti fasciste qui avait écrasé un soulèvement des communistes sur tout le territoire national. Mais un tel soulèvement *ne* s'est *pas* produit et, de surcroît, c'est le gouvernement, ou le système des partis, qui en a étouffé dans l'œuf les moindres tentatives ; on a, pour cette raison, souvent prétendu que le parti fasciste ne s'était manifesté qu'ultérieurement, qu'il fallait le considérer comme une espèce de parasite qui aurait donné un coup de pied inutile à la révolution déjà vaincue, pour ensuite rayer de la scène politique ce dont il s'était nourri, le *système*.

Cette conception est pourtant loin d'être généralement admise et, en tout cas, il existait, à partir de 1922, deux partis se donnant pour objectif la guerre civile et le justifiant par des motifs idéologiques. Ces deux partis avaient pris possession d'un État et tous deux disposaient de sympathisants et de partisans dans de nombreux pays. La situation en Europe s'en trouva profondément modifiée par rapport à ce qu'elle était avant la Première Guerre mondiale. L'opinion prévalait néanmoins largement, vers la fin des années vingt, que ces deux pays idéologiques étaient des pays marginaux, bien loin de posséder le potentiel et le dynamisme originel des grands puissances européennes, l'Angleterre, la France et l'Allemagne, et que leur audience internationale était limitée à quelques sectes sans importance. Effectivement, en France, le Parti communiste qui, en 1920, était issu de la grande majorité du Parti socialiste, perdait ses adhérents dans des proportions effrayantes, tandis que les fascistes italiens ne recueillaient que la sympathie de petits groupes, l'Action française par exemple. L'Union soviétique avait, elle, selon une opinion largement répandue, perdu son caractère révolutionnaire et était en train de construire le *socialisme dans un seul pays*. Une personne parcourant l'Europe en 1929 ne traversait nulle part des situations de guerre civile et ne rencontrait qu'en Russie et en Italie des régimes de parti unique ayant anéanti tous leurs adversaires par des moyens relevant de la guerre civile, quoique de manière fort différente.

Mais lorsque la crise économique mondiale eut imprimé sa marque dans les divers pays, le visiteur étranger fut confronté à un tout autre tableau. En Allemagne tout au moins, il était bien obligé de se demander si la situation révolutionnaire de 1919-1920 n'était pas revenue à l'ordre du jour. Près d'un cinquième des électeurs allemands semblaient s'identifier avec l'Union soviétique, comme la *Rote Fahne* l'avait fait avec un relief particulier dès 1920, en transformant un vers connu du poète-ouvrier Heinrich Lersch en une formule étonnante : « Il faut que la Russie des Soviets vive quand bien même nous devrions périr. [4] » Plus d'un tiers de l'électorat se prononçait en faveur d'un parti qui, par la bouche de son Führer, exprimait fréquemment son admiration pour le fascisme italien et son Duce. Dans les rues des villes, les troubles étaient si importants que l'on parlait sans arrêt d'une guerre civile menaçante ou sur le point d'éclater. L'arrivée au pouvoir du NSDAP fut un processus au cours duquel le pouvoir d'État et un parti gigantesque abattirent leur principal adversaire et forcèrent tous les autres à capituler, en employant des moyens qui relevaient en tous points de la guerre civile. Il est difficile de savoir si, ici comme en Italie, on a simplement parachevé, en recourant à des moyens exorbitants, une victoire d'ores et déjà acquise. En tout cas, il devint à partir de ce moment vraisemblable que l'Europe était définitivement entrée dans une époque nouvelle qu'il faut appeler l'*époque du fascisme*, compte tenu de sa caractéristique la plus nouvelle et la plus lourde de conséquences. C'est justement pour cette raison que cette époque fut aussi celle de la guerre civile européenne ; il n'y avait certes pas encore de guerre civile mondiale car, si les États-Unis d'Amérique avaient déjà connu la brève et violente panique du *red scare* [5] et refusèrent à l'Union soviétique, jusqu'en 1933, la reconnaissance diplomatique, ils n'étaient pour autant pas encore véritablement entrés dans le conflit. Il ne suffit pas, pour mettre en évidence ce caractère de guerre civile, de ne s'intéresser qu'au *fascisme dans son époque*, il faut tout autant prendre en considération ce qui en est la condition préalable la plus fondamentale, c'est-à-dire le bolchevisme ou communisme soviétique. Ces deux partis s'identifiaient à l'État et, au moins à leurs yeux, étaient des partis de guerre civile ; prendre au sérieux leur hostilité réciproque, ne pas voir en elle le simple résidu d'une époque initiale à demi oubliée, depuis longtemps remplacée par un *travail pacifique de reconstruction*, c'est donc nécessairement considérer qu'elle allait un jour donner naissance à une guerre entre États qui aurait en même temps les caractéristiques essentielles d'une guerre civile internationale.

---

4. *RF* du 2 novembre 1920, *cf.* aussi *infra*, p. 210, 454, 586-587.

5. Cette « psychose rouge », cette peur de la révolution qui toucha certains milieux des États-Unis en 1919 et en 1920, fut pour une part le fait de divers organes de presse (NdT).

Mais il faut opérer un tri sévère, et par conséquent prêter le flanc à la contestation, si l'on veut mettre en évidence ce caractère de guerre civile. Lorsqu'on écrit une histoire européenne à l'époque des guerres mondiales, on rencontre tant de relations internationales et tant de situations intérieures propres à chacun des États que l'Union soviétique et l'Allemagne ne deviennent un objet d'étude privilégié qu'en 1941, au plus tôt en 1939. Si l'on suit l'évolution des mouvements fascistes, on peut certes appréhender ce qui est spécifiquement nouveau, saisir donc le véritable caractère de l'époque, mais on ne peut en décrire concrètement la condition préalable essentielle, c'est-à-dire ce contre quoi était tourné l'antibolchevisme de ces mouvements [6]. Une histoire de l'Union soviétique, de son côté, soit s'intéresse en priorité aux évolutions intérieures, soit établit une succession d'échecs révolutionnaires qu'on peut, bien sûr, interpréter aussi dans un sens plus positif et plus profond. On ne peut faire apparaître cette époque comme étant celle de la guerre civile européenne qu'en centrant l'étude sur les deux principaux antagonistes : le bolchevisme, qui avait pris la forme d'un État depuis 1917, et le national-socialisme, qui allait le faire en 1933.

Il n'est bien entendu pas exclu que cette mise en perspective conduise justement à l'erreur et ce n'est certainement pas un hasard que personne encore ne l'ait à ce jour choisie. Les auteurs communistes d'aujourd'hui contesteront qu'on puisse sembler placer sur le même plan un phénomène réactionnaire de courte durée et un mouvement mondial séculaire qui fut certes temporairement victime de *déformations* mais qui n'a jamais perdu son caractère *progressiste*. Les libéraux se demanderont si ce questionnement ne repousse pas trop à l'arrière-plan les États ou les tendances démocratiques et libérales. Les anticommunistes auront l'impression extrêmement désagréable que l'on assimile la résistance du monde occidental, à l'époque de la Guerre froide et aujourd'hui, à l'anticommunisme du Troisième Reich dont ils pensent qu'il fut de nature totalement différente. Et les survivants de la *solution finale* ainsi que les citoyens d'Israël ne seront pas les seuls à se demander si une telle mise en perspective ne ravale pas l'antisémitisme du national-socialisme au rang de simple circonstance aléatoire.

Ce n'est qu'en développant notre démarche que nous pourrons clarifier ces problèmes et donc aussi répondre aux questions soulevées. Démarche qui implique certes des considérations d'ordre méthodologique, mais qui doit rapidement en arriver à décrire concrètement et à

---

6. Cela vaut d'abord pour mes livres *Der Faschismus in seiner Epoche* (1963), *Theorien über den Faschismus* (1967), *Die Krise des liberalen Systems und die faschistischen Bewegungen* (1968) et enfin pour Hans-Ulrich Thamer, *Verführung und Gewalt. Deutschland 1933-1945* (1986).

relever des éléments essentiels. Dans le cadre d'une telle démarche, il sera légitime d'accorder au national-socialisme un intérêt prioritaire.

Bien sûr, dès 1917-1918 le bolchevisme fut aussi un phénomène controversé et déconcertant pour les gens de l'époque. Les partisans du socialisme n'étaient pas les seuls à envisager comme vraisemblable que le *mouvement ouvrier* arrive au pouvoir, dans l'un ou l'autre des pays d'Europe occidentale ou centrale, au lendemain de la Première Guerre mondiale. Mais comment interpréter que cela se soit justement produit dans une Russie *retardataire,* très majoritairement peuplée de paysans ? Le parti socialiste qui s'était emparé ici du pouvoir contre d'autres partis socialistes dégénérait-il en instrument permettant à l'État multi-ethnique russe de s'affirmer ? Ou bien, pour des intellectuels marxistes qui dans leur exaltation initiale avaient surestimé le champ s'ouvrant à eux en Europe et dans le monde, mais qui ne démordaient pas pour autant de leur objectif de faire de la terre entière une communauté humaine sans classes ni États, la Russie se transformait-elle en simple matériau de leur volonté révolutionnaire planétaire ? Très vite, le phénomène n'a pas manqué d'ennemis qui, à l'origine, avaient été des amis. Même des partisans résolus furent très tôt en proie à des doutes sérieux.

Il n'en reste pas moins qu'aucun autre phénomène de l'histoire moderne n'a autant et aussi longtemps été condamné de toutes parts que le national-socialisme allemand et le Troisième Reich ; mais, par ailleurs, aucun autre régime n'a été caractérisé de manière aussi contradictoire ; aucun autre n'a fourni à ceux qui le critiquaient autant d'occasions de s'attaquer les uns les autres indirectement ; on pouvait en effet aisément constater qu'il existait d'étroites affinités entre ce régime et d'autres puissances ou d'autres courants d'idées paraissant encore récemment appartenir au front unique de ses adversaires. Tout fait discussion : le national-socialisme a-t-il ressemblé au capitalisme ou au communisme ? Doit-on le considérer comme allemand ou non allemand ? A-t-il été antimoderne ou modernisateur ? Révolutionnaire ou contre-révolutionnaire ? A-t-il réprimé les instincts ou les a-t-il déchaînés ? A-t-il eu des *mandants* ou pas ? A-t-il engendré un système monolithique ou une polycratie ? Sa base sociale se composait-elle de petits-bourgeois ou comptait-elle aussi une part importante d'ouvriers ? Était-il porté par des tendances appartenant à l'histoire mondiale ou n'était-il qu'une dernière révolte contre le cours de l'histoire ?

Cet état de fait est, pour la science, une donnée de base en même temps qu'un défi. L'approche scientifique exige d'abord que l'on prenne ses distances avec chacune des interprétations ayant jusqu'ici fait l'objet d'une élaboration satisfaisante et elle doit donc, avant tout, s'efforcer de bien prendre en compte la complexité interne d'un phénomène si diversement interprété ; mais, s'attachant à saisir tout ce qu'il a de complexe et de contradictoire, elle ne doit pas pour autant perdre de vue sa condamnation unanime, fait également fondamental. Contrainte de procéder aux révisions qui s'imposent éventuellement lorsqu'on compare des interprétations opposées et qu'on élabore de nouveaux questionnements, elle ne peut pour autant se contenter de récuser le consensus qui a réussi à masquer tant d'oppositions. Si elle pratiquait l'*apologie*, elle deviendrait à son tour partisane. Mais pour les opinions partisanes, ce que l'opinion opposée prend en considération est déjà apologie. Lorsque des érudits américains comme Harry Elmer Barnes et Charles C. Tansill mirent en doute, dans la deuxième moitié des années vingt, la thèse jusque-là incontestée d'une responsabilité à sens unique du Reich allemand dans le déclenchement de la guerre, il leur fut reproché de prendre le parti des ennemis du pays. En réalité, ils ouvraient la voie à une approche plus ample, intégrant les thèses opposées avancées par la propagande de guerre des deux camps en une image globale, sans pour autant tenir la balance égale entre les deux points de vue initiaux.

Mettre en perspective, c'est regarder au-delà de l'apparence et, sans ce regard qui appréhende plus que l'objet immédiat, il n'est pas d'histoire possible. Même un historien qui voudrait décrire les événements intervenus sur une île isolée n'y parviendrait pas sans recourir à la notion de non-insularité, qui permet de mieux comprendre ce que ces faits ont de particulier, leur caractère insulaire justement. Mais les phénomènes dont l'existence est directement en rapport avec d'autres phénomènes sont beaucoup plus fréquents. La Contre-Réforme suppose la Réforme et une histoire de la Contre-Réforme qui ne serait pas aussi une histoire de la Réforme, au moins sous la forme d'aperçus, est inconcevable. Les mises en perspective sont nombreuses qui permettent de rapporter le national-socialisme à une réalité plus originelle ou supérieure ; on peut néanmoins en avoir une vue d'ensemble. Les plus importantes de ces mises en perspective ne reposent d'aucune manière sur des théories érudites, elles se fondent sur les expériences concrètes de centaines de milliers d'hommes [7].

1. La plus ancienne, la plus immédiate, consiste à considérer la domination nationale-socialiste comme un stade de l'histoire allemande. Pratiquement tous les États de la terre avaient combattu le Reich allemand pendant la Première Guerre mondiale et chacun ou presque était convaincu que cet État, par son militarisme et son expansionnisme, avait déclenché en Europe centrale la conflagration mondiale [8]. À cet égard, le

7. Dans la suite de l'introduction, nous ne caractériserons ces interprétations que globalement. Pour les rattacher aux noms et aux œuvres de chercheurs et de publicistes, *cf.* Ernst Nolte, *Theorien über den Faschismus*, Cologne-Berlin, 1967 ; Pierre Ayçoberry, *La question nazie. Les interprétations du national-socialisme 1922-1975*, Le Seuil, Paris, 1979 ; Wolfgang Wippermann, *Faschismustheorien*, Darmstadt, 1980.

8. Les souvenirs du grand-amiral von Tirpitz sont au double sens du terme révélateurs lorsqu'il écrit dans son journal en novembre 1914 : « Après la guerre je ferai une descente parmi les socialos et je me choisirai des réverbères, un grand tas de réverbères. » À la vérité, pour lui, c'était la couche dirigeante qui avait failli, car elle avait

parti national-socialiste apparut très tôt, aux Français en particulier, comme le fer de lance d'un révisonnisme et d'un esprit de revanche faisant la quasi-unanimité des Allemands. Une fois Hitler au pouvoir, le parti fut, à plus forte raison encore, *identifié* à l'Allemagne, et il sembla que, dans l'histoire allemande, une ligne droite conduisait directement de Luther, voire de Hermann le Chérusque, jusqu'au Führer. Le reste de l'Europe, avec sa culture imprégnée de traditions antiques, romaines en particulier, était en opposition à cette Allemagne nationale-socialiste. Cette conception sembla se vérifier définitivement lorsqu'éclata la Seconde Guerre mondiale qui, comme en 1914 déjà, exposa à l'attaque d'une impressionnante puissance militaire allemande la France et l'Angleterre, les puissances dominantes en Europe. Cette fois, la France subit même une lourde défaite et il fallut à nouveau l'aide du monde entier pour venir à bout du plus puissant des États militaires. Hitler et son parti n'étaient donc que la forme nouvelle sous laquelle se manifestait la volonté pangermaniste de domination mondiale. Dès avant 1914, ce pangermanisme avait fait siennes des conceptions, empruntées à un darwinisme social, qui voyaient à l'œuvre dans l'histoire une lutte impitoyable entre des forces biologiques et il était devenu l'exact contraire des tendances pacifistes et démocratiques qui prévalaient en Europe. La seule solution consistait à détruire cette force accumulée et à intégrer des Allemands rééduqués à une confédération d'États, européenne ou mondiale. Les Allemands eux-mêmes purent se rallier à une telle perspective car elle leur permettait de renoncer plus aisément à la puissance, voire à l'existence d'un État national, bien que ou parce que, jusque dans l'inversion ainsi pratiquée, elle demeurait une perspective germanocentrée[9].

2. Une telle conception a néanmoins toujours présupposé une unité interne, incompatible avec la *société moderne* qui, partout, s'offre au regard du sociologue comme une société très divisée, fragmentée. Si la société allemande se compose, tout comme la société française ou

---

fait de l'Allemagne le pays le plus haï de la terre tout en en faisant un « mouton dans une peau de loup ». (Alfred von Tirpitz, *Erinnerungen*, Leipzig, 1919, p. 426, 408, 231.)

Le contre-argument, utilisé aussi par Tirpitz, pesait néanmoins d'un grand poids : l'Allemagne aurait laissé passer le moment le plus favorable pour déclencher une guerre et, au sein de son groupe dirigeant, le *parti de l'entente*, présent dans toute l'Europe face au *parti de la paix victorieuse*, aurait joué un plus grand rôle qu'en Angleterre ou qu'en France, au moins durant la dernière année de la guerre. Il fallut en effet la venue de Hitler pour que le monde comprenne ce qu'aurait véritablement été un bellicisme allemand en 1914.

9. Faire de Hitler à titre personnel et donc de l'hitlérisme le point de référence fixe n'était possible qu'à la condition de reprendre et réévaluer soit la thèse populiste voyant dans *les Allemands* la cause de tout, soit la thèse sociologico-marxiste attribuant la responsabilité aux couches dirigeantes. Une variante relativement plausible fut l'idée de la *bande de criminels*. Elle reposait essentiellement sur l'hypothèse selon laquelle ce furent Göring et la SA qui incendièrent le Reichstag. Mais on ne peut la placer à égalité avec les théories reconnues.

anglaise, d'entrepreneurs et d'ouvriers, de bourgeois cultivés et de petits commerçants, d'employés et de personnes exerçant des professions libérales, les modifications ne peuvent être l'élément décisif, ce qui importe, c'est le caractère de base. Il s'avère alors que le système économique de tous les pays européens, à l'exception de l'Union soviétique, était le même – le *capitalisme* –, que l'Angleterre et la France n'étaient pas moins impérialistes que l'Allemagne, qu'elles étaient soumises aux mêmes ébranlements, qu'elles étaient de la même façon à la recherche d'issues et que, partout, apparaissaient des mouvements et des partis qui entendaient répondre à la grande crise d'une façon analogue à celle du parti national-socialiste en Allemagne. La perspective sociologique est donc une perspective internationale et, là où elle revêtit la forme marxiste, ses tenants étaient convaincus que l'unique manière d'agir utile se situait sur un plan international : à savoir remplacer le système économique capitaliste, anarchique et porteur de crises, par une économie socialiste planifiée qui devrait englober l'Europe au moins et, si possible, le monde entier. À vrai dire, seule une partie des marxistes voyait dans l'économie planifiée soviétique le modèle à suivre et les sociaux-démocrates niaient même tout simplement qu'elle fût *socialiste*. Eux aussi, pourtant, percevaient des tendances dangereuses parmi les patrons et en particulier parmi les petits-bourgeois ; tendances qui visaient à défendre par la violence un système historiquement dépassé et qui, sous la forme du fascisme italien, s'étaient déjà emparées du pouvoir dans un grand État. Il fallait donc considérer le national-socialisme comme une des formes sous lesquelles se manifestait le mouvement international du fascisme.

3. Pour qu'une théorie puisse concevoir le national-socialisme comme un fascisme, il faut qu'elle ne se contente pas de voir dans le mouvement en question un instrument aux mains de forces déjà connues, l'industrie lourde ou le capital financier. Il faut donc qu'elle l'appréhende comme quelque chose de nouveau, surgissant de réalités historiques nouvelles ou se développant en réaction contre elles : l'effondrement des puissances moyennes, la Révolution russe, la *vague socialiste* déferlant dans la plupart des pays d'Europe en 1919 et 1920. Les marxistes soulignaient les angoisses existentielles des couches moyennes ou des petits-bourgeois en leur attribuant un facteur négatif, tandis que les non marxistes s'abstenaient de prononcer un jugement défavorable à l'égard de couches sociales entières, mais les uns et les autres considéraient comme fondamentale l'opposition entre, d'une part, le mouvement fasciste et, d'autre part, le communisme et le socialisme.

4. Pourtant, très tôt dans le courant des années vingt, est née l'idée que cette opposition n'était qu'une pseudo-opposition qui apparaîtrait comme une convergence dès qu'on choisirait la bonne mise en perspective. En se plaçant du point de vue de la démocratie qui venait justement de faire de si grands progrès en Europe et dans le monde, il conviendrait de considérer les partis fascistes et communistes comme des mouvements

de réaction aspirant à la dictature et menaçant, par leur prétention à l'exclusivité, la coexistence civilisée des diverses couches, partis et classes, coexistence qui serait le préalable et la conséquence de la liberté des individus en même temps que la véritable caractéristique d'une société moderne. C'est dès 1918 qu'on parla, en lui conférant une valeur négative, du *totalisme* des bolcheviks russes [10]. Il a suffi d'inverser la valeur d'un mot fréquemment utilisé par Mussolini pour opposer le totalitarisme des régimes dictatoriaux aux États libres et démocratiques. Le Pacte germano-soviétique a beaucoup contribué à l'élaboration scientifique de cette opposition ; il ne fait d'ailleurs aucun doute qu'elle pouvait s'appuyer sur une solide tradition intellectuelle qui, depuis le début des temps modernes, avait rejeté la tyrannie, la dictature et le despotisme, lui opposant la théorie de la séparation des pouvoirs, garante de la liberté. La coalition qui se forma pendant la guerre donna un coup d'arrêt à cette interprétation mais, depuis la fin des années quarante, la *théorie du totalitarisme* devint un peu un élément constitutif de la vision officielle qu'avait l'Occident de lui-même. Elle tendit aussi, au moins dans ses versions populaires, à placer un signe d'égalité entre les régimes de Hitler et de Staline, l'un et l'autre fondés sur la terreur et l'oppression. Son influence recula néanmoins au début des années soixante parce que la consolidation des rapports de force et la *déstalinisation* en Union soviétique amenèrent une nouvelle phase de détente.

Cela ouvrit de nouveau le champ, à l'Ouest, à une autocritique qui avait semblé presque oubliée durant la dizaine d'années d'affrontement aigu. Une génération de gens plus jeunes associa des questions nouvelles aux vieilles thèses. Les couches dirigeantes d'Allemagne n'avaient-elles pas collaboré de diverses manières avec les nationaux-socialistes, endossant ainsi de lourdes responsabilités [11] ? Du fait de leur impérialisme, les États-Unis n'ont-ils pas joué un rôle néfaste dans le Tiers monde, soutenant des dictatures en maints endroits et s'opposant aux aspirations à l'émancipation des simples gens ? N'étaient-ils pas en train, par leur intervention au Viêtnam, de se livrer à un authentique génocide ? La jeune génération israélienne posait, elle aussi, des questions très critiques : les milieux établis du judaïsme européen n'avaient-ils pas contribué par leur comportement à ce que des millions de victimes se soient laissé conduire « comme des moutons à l'abattoir » [12] ?

10. *Cf. infra*, note 13 de II-4.

11. Cela représentait un retour aux arguments du « parti de l'entente » de la Première Guerre mondiale, dirigés contre ceux « qui sont assis au banc des accusés » (Theodor Wolff dans le *Berliner Tageblatt* n° 382 du 29/7/1918), et l'on est fondé à trouver que ce débat entre la gauche libérale et les pangermanistes anticipe quelque peu sur la future lutte opposant communistes et nationaux-socialistes.

12. *Cf.* aussi sur ce point *Die Kontroverse. Hannah Arendt, Eichmann und die Juden*, Munich, 1964. C'est la contribution de Bruno Bettelheim (« Eichmann – das System – die

L'image qu'avait traditionnellement de soi le monde occidental sembla alors profondément ébranlée. Sous l'effet de cette nouvelle mise en perspective d'un monde sans répression politique et sexuelle, essentiellement fondée sur le freudo-marxisme de Wilhelm Reich et de Herbert Marcuse, les nationaux-socialistes et les résistants bourgeois, les capitalistes américains et les fascistes italiens, les staliniens et parfois aussi les léninistes, tous représentants d'une société répressive, se retrouvèrent en étroite proximité. Dans la République fédérale, cette tendance anarchiste fut associée à un germanocentrisme qui se contentait d'accuser les couches dirigeantes d'hier et d'aujourd'hui ; il donnait aussi corps à une espèce de légende dominante dont les pionniers, s'ils refusaient d'être identifiés au mythe étatique de la RDA, n'en réagissaient pas moins très vivement contre toute forme d'*anticommunisme*, sous le prétexte que ce dernier menaçait la coexistence enfin instaurée [13]. La recherche et le questionnement se poursuivirent pourtant dans le domaine scientifique et il fut possible, à mesure que le temps passait, de revendiquer une *historicisation* du national-socialisme lui aussi ; on revendiquait de pouvoir souligner plus fortement qu'on ne le faisait habituellement ses traits révolutionnaires, voire de lui attribuer un rôle positif dans le processus de modernisation de la société allemande [14]. Continuer à mettre en garde contre une renaissance du national-socialisme ou à proclamer la nécessité d'une pédagogie et d'une *éducation* civiques permanentes afin d'empêcher que ces terribles événements se reproduisent, devint également de plus en plus difficile. Dans le même temps, il intervenait dans la politique mondiale de profonds changements qui amenaient de nouveaux questionnements.

L'évolution conduisant vers une *permissive society,* vers un État-providence extrêmement complexe et divers, s'est presque partout poursuivie à l'Ouest sans provoquer de réactions sérieuses. Lorsque les

---

Opfer») qui suscite le plus la réflexion par la distance qu'il prend avec un certain moralisme conventionnel.

13. C'est dans ce contexte que se situe la *querelle des historiens*. L'amorce en fut ma conférence tenue en 1980 à Munich, publiée sous forme abrégée, la même année, dans la *FAZ* et imprimée pour la première fois in extenso en anglais, en 1985 («Die negative Lebendigkeit des Dritten Reiches», in *Frankfurter Allgemeine Zeitung* du 24/7/1980 ; «Between Myth and Revisionism ? The Third Reich in the Perspective of the 1980», in *Aspects of the Third Reich*, sous la dir. de H. W. Koch, Londres, 1985. La version allemande originale se trouve dans la documentation *Historikerstreit. Die Dokumentation der Kontroverse um die Einzigartigkeit der nationalsozialistischen Judenvernichtung*, Munich-Zurich (Piper), 1987, p. 13-35. (Édition française : *Devant l'histoire. Les documents de la controverse sur la singularité de l'extermination des Juifs par le régime nazi*, Cerf, Paris, 1988, p. 7-23.

14. *Cf.* notamment Martin Broszat, «Plädoyer für eine Historisierung des Nationalsozialismus», in *Merkur* 39 (1985), p. 373-385 ; Horst Möller, «Die nationalsozialistische Machtergreifung – Konterrevolution oder Revolution ?» in *Vjh. f. Ztg.* 31 (1983), p. 25-51 ; Michael Prinz, *Vom neuen Mittelstand zum Volksgenossen. Die Entwicklung des sozialen Status der Angestellten von der Weimarer Republik bis zum Ende der NS-Zeit*, Munich, 1986.

États-Unis abandonnèrent leurs alliés au Sud-Viêtnam en 1975 et firent preuve d'une retenue craintive, alors que des mouvements de libération *marxistes*, en lutte contre des mouvements de libération *occidentaux*, s'emparaient de grands États africains, la faiblesse de l'*impérialisme* apparut avec une netteté sans précédent. L'unique objectif de la vague conservatrice qui porta Ronald Reagan à la présidence était de prévenir la menace d'un déséquilibre politique mondial. Mais voilà que l'Union soviétique soutenait par des actions militaires de longue durée un régime afghan faible et dépendant. En Pologne, un régime communiste miné de l'intérieur ne parvenait à se maintenir que parce que des militaires du parti prenaient le pouvoir avec beaucoup de détermination et une grande brutalité initiale. La révolution, très particulière mais tout à fait classique dans sa forme, qui se déroula en, Iran étonna le monde : en usant de concepts largement admis on aurait dû dire qu'elle était *progressiste,* car elle mettait fin à l'influence américaine, et totalement *réactionnaire,* car elle établissait le pouvoir absolu d'un grand prêtre ; et ce pays révolutionnaire fut envahi par un État voisin, l'Irak ; en 1985, la guerre entre ces deux pays avait déjà duré autant que la Seconde Guerre mondiale sans que le Conseil de Sécurité des Nations unies, pourtant tout-puissant en apparence, et l'opinion publique mondiale n'aient réussi quoi que ce soit d'autre que d'étaler au grand jour leur impuissance. Cette opinion publique intervint, en revanche, lorsque Israël déclencha une guerre-éclair contre le Liban, plus exactement contre les bases de départ de son ennemi au Liban, et que la presse internationale parla de « génocide » en plus d'une occasion, évoquant même parfois une similitude entre sionistes et nationaux-socialistes. Entre-temps, le Viêtnam réunifié avait envahi le Cambodge et avait été lui-même l'objet d'une *expédition punitive* de la part de la République populaire de Chine. En République fédérale d'Allemagne, la coalition socialo-libérale s'était peu après dissoute. Mais le « tournant » attendu se manifesta essentiellement par l'apparition d'un nouveau parti, de plus en plus influent et extrêmement critique à l'égard du progrès technique ; présentant avec le national-socialisme plus que quelques ressemblances de forme, il ne s'en opposait pas moins à lui de la manière la plus résolue sur les points essentiels. L'Union soviétique connut une nouvelle vague de réformes qui, dès 1987, s'avéra être bien autre chose que les *dégels* périodiques d'antan ; en tout cas, les critiques envers Staline et envers certains aspects du passé y occupèrent une place remarquable.

L'état du monde s'est donc tellement modifié, et pas seulement depuis 1989-1991, qu'il n'est plus possible de postuler que la situation, dans son essence, serait restée la même, seule thèse en mesure de justifier la crainte du retour de certains événements. Il a de tout temps été injustifié de croire qu'en Allemagne un nouvel Hitler pourrait un jour entraîner de grandes masses sur des voies périlleuses et finir par mettre en œuvre une nouvelle version d'Auschwitz ; le croire aujourd'hui est tout simplement stupide.

Si la peur d'une répétition de l'histoire n'a pas lieu d'être et s'il est superflu de vouloir éduquer le peuple, on devrait alors enfin pouvoir franchir le pas permettant de faire du passé national-socialiste, sous son aspect central, un sujet d'étude. Et il ne faut rechercher cet aspect central ni dans des *inclinations criminelles* ni dans des *obsessions antisémites*. Ce qu'il y a dans le national-socialisme de plus essentiel, c'est son rapport au marxisme, au communisme particulièrement, dans la forme qu'il a prise grâce à la victoire des bolcheviks au cours de la Révolution russe. L'idée n'est pas nouvelle, mais son importance est masquée par deux hypothèses par trop répandues. Les communistes ont eux-mêmes avancé que le national-socialisme n'était qu'une résistance sans issue, et donc criminelle, contre l'impératif historique, la révolution socialiste; la majorité des adversaires libéraux du communisme est à l'inverse d'avis que Hitler et les siens ont utilisé la peur non justifiée du communisme comme un croque-mitaine ou un épouvantail pour s'emparer du pouvoir et qu'ainsi s'explique qu'ils aient édifié un régime par trop semblable à celui de Staline.

Le présent ouvrage procède de l'hypothèse que le rapport de Hitler au communisme, marqué par la crainte et la haine, a effectivement été au centre de ses pulsions et de son idéologie. Il aurait simplement mis en forme, de manière particulièrement forte, ce que de nombreux contemporains, allemands ou non, ressentaient, et tous ces sentiments, toutes ces craintes auraient non seulement été intelligibles, mais aussi en grande partie compréhensibles et même justifiés jusqu'à un certain point. Aujourd'hui, où les partis communistes de plusieurs pays ont à cœur de participer aux responsabilités gouvernementales et où tous, en Europe en tout cas, s'emploient à collaborer de très civile manière avec des forces de gauche « non terroristes », il faut un effort intellectuel pour se rappeler que ces « mêmes » partis communistes, entre 1919 et 1935, furent partout les partis du « soulèvement armé »; il faut un effort pour se souvenir de l'affirmation de Lénine selon qui « l'exaspération de la bourgeoisie » dans le monde entier « confinait à la démence » [15], et se souvenir qu'en 1930 encore on percevait dans toute l'Europe une *peur panique* et que Frounzé, le vice-commissaire à la guerre, écrivait en 1924: « Par le seul fait de notre existence, nous sapons les bases du vieux monde bourgeois, nous détruisons sa stabilité et inspirons de la sorte à ses défenseurs des sentiments de haine exacerbée, de peur insensée et d'hostilité invétérée. [16] » En vérité, l'étonnant est que tous les bourgeois et petits-bourgeois d'Europe et d'Amérique furent loin de ressentir cette crainte et cette haine et que, au contraire, on témoigna de divers côtés intérêt et sympathie à la *grande expérience sociale* en Russie. Les affirmations de Lénine et de Frounzé, à un tel niveau de généralité, ne correspondaient certes pas à la réalité. Rien ne serait pourtant plus stupide que de croire que seuls Hitler et un petit nombre d'hommes de son entourage auraient été tourmentés par des cauchemars imaginaires. À quiconque pense que Hitler fut en premier

15. Lenin AW, vol. II, p. 743.
16. M. W. Frunse, *Ausgewählte Schriften*, Berlin, 1956, p. 292.

lieu un pangermaniste ayant utilisé le *spectre du communisme* à seule fin de camoufler ses intentions annexionnistes, nous conseillerons de lire le livre d'Otto Richard Tannenberg, publié en 1911, *La Grande Allemagne. La tâche du* XX*e siècle*, avec son optimisme naïf et prétentieux, et de lire ensuite *Mein Kampf* : on ne peut alors manquer de se demander pourquoi il existe une différence aussi profonde entre deux ouvrages partageant si largement les objectifs pangermanistes.

Comme, dès la fin des années quatre-vingt du XXe siècle, il est apparu très clairement que les espérances de Lénine et de Frounzé ne s'étaient pas réalisées, il n'est ni possible ni licite d'exclure *a priori* que la passion anticommuniste des nationaux-socialistes ait été authentique et qu'elle n'ait pas contredit l'évolution historique effective. La question cruciale est alors la suivante : pour quelles raisons une réaction que l'on pouvait prévoir et dont l'essence a été confirmée par le cours ultérieur des choses a-t-elle pris un tel caractère d'exacerbation *(überschießend)* qu'elle a conduit non seulement à la plus grande guerre de l'histoire mondiale mais aussi à des crimes de masse d'une nature singulière *(singulär)* ? On peut, de prime abord et *grosso modo*, répondre que l'*exacerbation* est fondamentale dans toute idéologie et qu'elle est également inévitable, et précisément inévitable dans le cas où une idéologie suscite une contre-idéologie. Mais cette contre-idéologie l'a emporté dans un grand État, alors que l'exacerbation la plus lourde de conséquences – l'interprétation antisémite de l'expérience anticommuniste vécue – n'a convaincu et motivé qu'une petite partie de la nation ; pour rendre cette contradiction intelligible il faut noter que Hitler a su associer de manière convaincante à ce mobile idéologique fondamental d'autres mobiles, plus simples et considérablement plus populaires, par exemple la révision de Versailles ou l'unification de tous les Allemands. Nous n'avons fait ici qu'esquisser, par anticipation en quelque sorte, des thèses qu'il sera nécessaire d'exposer dans leur évolution historique.

Nous nous proposons de centrer la présente étude sur la relation qui, pour l'Allemagne, l'Union soviétique et le monde entier, est la plus importante de toutes, c'est-à-dire la relation entre communistes et nationaux-socialistes et, au-delà, la relation entre l'Union soviétique et le Troisième Reich. Nous demeurons sur le terrain de la théorie phénoménologique du fascisme dans la mesure où nous procédons de l'hostilité essentielle entre communistes et nationaux-socialistes et qu'à aucun moment nous ne considérons légitime de les assimiler. Mais nous ne sortons pas pour autant du cadre de la conception du totalitarisme, car nous nous référons au concept et à la réalité du *système libéral* qui, puisqu'il assure la liberté de mouvement économique et intellectuel des individus, *n'est pas* tributaire de la domination d'une idéologie ; il n'en est pas moins à l'origine de l'idéologie communiste et de l'idéologie nationale-socialiste. Gardant comme prémisse la théorie du fascisme, nous donnons la priorité à l'une des deux idéologies ; nous conférons de la sorte à la théorie du totalitarisme la dimension historico-génétique qui lui manquait jusqu'ici. Mais le mouvement historique implique aussi que l'idéologie originelle et l'idéologie réactive ne demeurent pas de simples ensembles d'idées, qu'elles soient déjà enracinées en tant que telles dans des conditions *réelles*, qu'elles revêtent la forme de mouvements et, finalement, de régimes, qu'elles entrent en interaction et s'en trouvent par conséquent modifiées. Nous ferons donc de l'*histoire des idéologies*, mais qui n'aura que très peu à voir avec une simple histoire des idées. Ce sera aussi une histoire des relations réciproques de deux grands États, qui relèvera pourtant de l'histoire comparative.

Notre entreprise ne peut guère s'appuyer sur des travaux antérieurs. Les travaux s'inspirant de la théorie du totalitarisme, notamment les œuvres classiques d'Hannah Arendt ou de Friedrich et Brzezinski, procèdent d'une comparaison politologique mais non historique à proprement parler et l'historiographie, à ce jour, n'a envisagé qu'un seul des deux phénomènes à la fois, sans s'intéresser à leurs rapports internes et externes. Les travaux spécialisés sur les luttes opposant communistes et nationaux-socialistes sous Weimar sont très peu nombreux [17]. Des thèmes comme « l'Allemagne et l'Union soviétique » ou « Staline et Hitler » n'ont été traités que dans le domaine des relations internationales ou plus précisément à propos de la guerre germano-soviétique. Cette dernière a bien entendu donné lieu à de nombreux travaux d'ensemble ou de détail [18]. De tels questionnements sont toutefois trop limités pour

17. Par exemple Eve Rosenhaft, *Beating the Fascists. The German Communists and Political Violence 1929-1933*, Cambridge, 1983 ; David Kramer, *Fascism and Communism in Germany : Historical Anatomy of a Relationship*, Ann Arbor, 1973 ; Horst Wenkel, *Zur Taktik der faschistischen Nazipartei und zu ihren Methoden im Kampf gegen die Arbeiterklasse und andere demokratische Kräfte in Thüringen 1929-1932*, thèse, Iéna, 1973 ; on peut aussi, pour quelques chapitres, citer Conan Fischer, *Stormtroopers. A Social, Economic and Ideological Analysis 1929-1935*, Londres, 1983 ; derniers en date : Christian Striefler, *Kampf um die Macht. Kommunisten und Nationalsozialisten am Ende der Weimarer Republik*, Francfort/Main-Berlin, 1993 et Klaus-Rainer Röhl, *Nähe zum Gegner. Kommunisten und Nationalsozialisten im Berliner BVG-Streik von 1932*, Francfort/Main-New York, 1994. Ces deux thèses de doctorat, tout comme celle de Kai-Uwe Merz (*infra*, p. 651) ont leur origine dans des séminaires que j'ai animés, en 1985 et 1986, à l'Institut Friedrich Meinecke de l'Université libre de Berlin, sur le sujet du présent ouvrage.

18. Parmi un très grand nombre de titres, je n'en citerai que trois, en provenance de trois pays : Sven Allard, *Stalin und Hitler. Die sowjetrussische Außenpolitik 1930-1941*, Berne et Munich, 1974 ; Günther Rosenfeld, *Sowjet-Russland und Deutschland*. 2 tomes (*1917-1922 ; 1922-1933*), Cologne, 1984 ; Alexander Fischer, *Sowjetische Deutschlandpolitik im Zweiten Weltkrieg 1941-1945*, Stuttgart, 1975. C'est à Walter Laqueur, *Deutschland und Russland*, Berlin, 1965, que l'on doit le travail le mieux documenté sur les relations non étatiques entre l'Allemagne et la Russie. Le PCUS et le NSDAP font l'objet d'une comparaison pénétrante dans le livre d'Aryeh L. Unger, *The Totalitarian Party. Party and People in Nazi Germany and Soviet Russia*, Cambridge, 1974. Andrzej Kaminski a proposé une étude comparative des systèmes terroristes, essentiellement ceux de l'Union soviétique et de l'Allemagne nationale-socialiste : *Konzentrationslager 1896 bis heute. Eine Analyse*, Stuttgart, 1982. L'essai de Gerd Koenen est tout à fait stimulant : *Der unerklärte Frieden. Deutschland, Polen und Russland. Eine Geschichte*, Francfort/Main, 1985.

pouvoir, ne serait-ce que tendanciellement, mettre en évidence la *globalité* du double phénomène. Je suis convaincu qu'il est plus facile de rendre intelligible ce caractère global en insistant sur la question des rapports entre le national-socialisme et le communisme – ce dernier étant envisagé en la personne de l'Union soviétique et de la Troisième Internationale – qu'en s'attachant à décrire les multiples événements intervenus dans le monde à l'époque moderne ou bien même durant le seul XXe siècle.

Je ne veux pas dire par là que la littérature ne comporte pas de nombreux développements, importants et dignes d'attention, sur le rapport réciproque en question. Les études scientifiques sur le national-socialisme qualifient souvent la prise du pouvoir par Hitler de révolution apparente ou de révolution contrefaite. Ce qui implique plus ou moins explicitement que la prise du pouvoir par les bolcheviks fut en revanche une révolution authentique, sur le modèle de la Révolution française. L'idée que faire référence à l'Union soviétique ou au stalinisme pourrait conduire à l'*apologie* ou mettre en cause le *caractère incomparable* des crimes nationaux-socialistes est manifestement très répandue. En fait, ce genre de rapprochement s'exprime beaucoup plus fréquemment et avec une plus grande ingénuité dans la littérature consacrée au bolchevisme ou à l'Union soviétique. Louis Fischer, par exemple, lui-même ancien communiste ayant connu de très près la réalité soviétique, écrit que les épurations de Staline n'ont eu d'égales dans l'histoire que les chambres à gaz de Hitler [19]; les historiens soviétiques Michel Heller et Alexandre Nekrich, désormais dans l'émigration, qualifient le système de Staline de « système le plus inhumain » qui ait jamais existé sur terre [20]; pour Milovan Djilas, « l'Histoire n'a jamais connu un despote aussi brutal et aussi cynique que le fut Staline » [21]; c'est Nikolaï Tolstoï qui établit l'implication la plus forte en déclarant que, comparé à Staline, Hitler était presque un légaliste [22]. Leonard Schapiro suggère lui aussi une comparaison entre Lénine et Hitler lorsqu'il avance que « l'obsession du pouvoir dominait la vision de Lénine et s'était révélée le seul élément durable de sa pensée », expliquant de la sorte sa volonté de ne passer « aucun compromis avec l'adversaire » [23]. Adam Ulam, en revanche, concentre son propos sur un laps de temps relativement réduit lorsqu'il affirme que le régime stalinien a été, entre 1936 et 1939, sans doute le plus tyrannique

---

19. Louis Fischer, *Russia's Way from Peace to War*, New York, 1969, p. 286.

20. Michaïl Heller – Alexander Nekrich, *Geschichte der Sowjetunion*, Königstein, 1981, tome II, p. 218. (Édition française : Michel Heller et Alexandre Nekrich, *L'utopie au pouvoir. Histoire de l'URSS de 1917 à nos jours*, Calmann-Lévy, Paris, 1982, p. 424.)

21. Milovan Djilas, *Gespräche mit Stalin*, Francfort/Main, 1962, p. 241. (Édition française : *Conversations avec Staline*, Gallimard, Paris, 1962, p. 208.)

22. Nikolay Tolstoy, *Stalin's Secret War*, New York, 1981, p. 28.

23. Leonard Schapiro, *Die Geschichte der Kommunistischen Partei der Sowjetunion*, Francfort/Main, 1961, p. 250. (Édition française : *De Lénine à Staline. Histoire du Parti Communiste de l'Union soviétique*, Gallimard, Paris, 1967, p. 268.)

des régimes dans le monde [24]. Les dirigeants bolcheviques eux-mêmes, dans les premiers temps de la révolution, soufflèrent pour ainsi dire à la postérité ce genre de comparaisons, Trotski par exemple qui écrivit en 1924 que la Révolution recourait aux « moyens de la chirurgie la plus cruelle » [25], ou bien Staline qui constatait sans le moindre émoi que les « propriétaires, koulaks, capitalistes et marchands avaient été éliminés » en Union soviétique [26]. Quelques-uns des propos les plus rudes proviennent justement d'anciens communistes et sont, de ce fait, dus à un retour sur soi, à une révision et non à un *anticommunisme bourgeois a priori*. Pour Leopold Trepper, l'ancien « Grand chef » de « l'Orchestre rouge », stalinisme et fascisme sont, rétrospectivement, des « monstres » au même titre l'un que l'autre [27] et, dans le fonds Hans Jaeger, qui écrivait, en 1932 encore, des articles pour *Inprekorr*, on trouve cette phrase : « Le marxisme est indirectement responsable de la mort de quelque six millions de Juifs. C'est lui qui le premier a prêché la haine, c'est lui qui le premier a éliminé une classe entière. [28] »

D'autres anciens communistes, même après 1945, ne furent manifestement pas choqués d'un point de vue moral par les mesures d'extermination prises par Staline, les considérant historiquement inévitables et justifiées : en dépit de son inhumanité, Staline aurait été un grand leader révolutionnaire, a écrit Isaac Deutscher, tandis que Hitler n'aurait été en revanche qu'un contre-révolutionnaire stérile [29]. Parmi les auteurs non communistes, Walter Laqueur opère lui aussi une distinction morale et se prononce contre une comparaison entre les camps d'extermination nationaux-socialistes et les *camps de travail forcé* de Staline [30]. Adam Ulam, pour sa part, voit avant tout une différence dans la plus grande habileté de Staline, qui aurait constamment pratiqué une politique étrangère tout à fait prudente [31]. Toutefois, assez nombreux sont les acteurs de la période

24. Adam B. Ulam, *Russlands gescheiterte Revolutionen*, Munich-Zurich, 1981, p. 499.

25. Leo Trotzki, *Literatur und Revolution*, Berlin, 1968, p. 161. (Édition française : *Littérature et Révolution*, Julliard, Paris, 1964, p. 164-165.)

26. Merle Fainsod, *How Russia is Ruled*, Cambridge, 1963, p. 371. (Édition française : *Comment l'Urss est gouvernée*, Éditions de Paris, Paris, 1957, p. 283.) La froideur avec laquelle, avant 1933, des auteurs allemands comme Klaus Mehnert ou même Otto Hoetzsche parlent de l'anéantissement des vieux intellectuels ou des koulaks est elle aussi remarquable. Le lecteur ne peut s'empêcher de se demander si, après une hypothétique victoire de Hitler, on aurait aussi parlé avec autant de détachement, au-delà des frontières allemandes, de l'anéantissement des Juifs.

27. Leopold Trepper, *Die Wahrheit. Autobiographie*, Munich, 1975, p. 345. (Édition française : *Le grand jeu*, Albin Michel, Paris, 1975, p. 344.)

28. Archives de l'Institut d'histoire contemporaine de Munich. Fonds Hans Jaeger ED 210/31, p. 78.

29. Walter Laqueur, *Mythos der Revolution*, Francfort/Main, 1967, p. 114.

30. Du même, *Deutschland und Russland*, Berlin, 1965, p. 375.

31. Adam B. Ulam, *Stalin. The Man and His Era*, New York, 1973, p. 466. (Édition française : *Staline. L'homme et son temps*. Vol. I : *La montée*, vol. II : *Le pouvoir*, Calmann-Lévy/Gallimard, Paris, 1977, vol. II, p. 43.)

et les auteurs à accuser Staline d'avoir lui-même supprimé la différence originelle entre communisme et fascisme : Walter Krivitsky, Vladimir Antonov-Ovseïenko et Franz Borkenau ont estimé que c'était du fait de Staline que le bolchevisme avait pris la forme de son adversaire, le fascisme [32].

Je crois que toutes ces opinions, aussi diverses soient-elles, ne sont pas absolument incompatibles et que même celles qui sont négatives à l'égard de Lénine ne sont pas dues à l'ignorance, à l'incompréhension ou à la simple hostilité. Dans les pages qui suivent, je pars de l'hypothèse de base toute simple que la révolution des bolcheviks a créé, en 1917, une situation totalement inédite : pour la première fois dans l'histoire moderne, un parti idéologique prenait seul le pouvoir dans une grande puissance, alors qu'il exprimait l'intention crédible de bouleverser radicalement, au moyen de guerres civiles, le monde entier ; à ses yeux, ce changement répondait aux espérances du mouvement ouvrier du XIXe siècle et faisait entrer dans la vie les prédictions du marxisme. Pour les bolcheviks eux-mêmes, il était évident qu'une telle entreprise entraînerait obligatoirement des résistances extrêmement violentes, d'autant plus que, comme la pratique l'avait montré, une fois le pouvoir conquis, le parti combattait, voire éliminait, ses nombreux adversaires, aussi bien sur le front de la guerre civile qu'à l'arrière, par une *guerre de classe* sans précédent, menée avec la plus entière résolution.

Le plus caractéristique de ces *mouvements de résistance*, le premier à l'avoir emporté, fut le Parti fasciste italien, avec à sa tête Benito Mussolini, l'ancien leader de l'aile révolutionnaire du Parti socialiste du pays. Ce seul fait montrait clairement que l'antagonisme était plus brutal et qu'en même temps il existait des affinités internes beaucoup plus marquées qu'avec les partis bourgeois qui croyaient pouvoir faire face aux deux défis à l'aide des règles habituelles du système parlementaire. Pour Hitler, Mussolini fut, dès le début, un modèle et son parti eut lui aussi d'emblée le sentiment d'être une réponse au défi communiste, car il ne se contentait assurément pas d'être une simple réaction ayant des racines historiques propres, comme par exemple la théorie pangermanique. Mais, dès le début, cette réponse eut aussi certaines des caractéristiques d'une copie *(Kopie)*, ce que montra notamment la reprise du drapeau rouge avec de simples modifications. Après l'arrivée au pouvoir, le caractère de reflet *(Abbild)* s'accentua et, dès 1933, ennemis et amis utilisèrent le terme de *Tcheka* pour désigner les procédés permettant de combattre l'adversaire. Hitler était néanmoins indubitablement convaincu d'avoir, face au défi

32. Walter G. Krivitsky, *Ich war in Stalins Dienst*, Amsterdam, 1940, p. 273 (Édition française : Général Walter G. Krivitsky, *J'étais un agent de Staline*, Champ libre, Paris, 1979, la première édition française de l'ouvrage fut publiée en 1940 par les Éditions Coopération, Paris) ; Franz Borkenau, *Der europäische Kommunismus*, Munich, 1952, p. 64.

communiste, imaginé une réponse plus efficace et plus durable que celle des *démocraties occidentales*. Et pourtant, dès l'Affaire Röhm, on se trouva en présence non plus d'une réponse *(Antwort)*, ni même d'une correspondance *(Entsprechung)* mais bien d'une sur-correspondance *(Über-Entsprechung)*. Pendant la guerre, il est incontestable que le bolchevisme, pour certains de ses éléments importants, servit de modèle *(Vorbild)* à Hitler. Dans le domaine des mesures d'extermination, il se produisit une sur-correspondance.

Dans les pages qui suivent, on décrira l'histoire des rapports mutuels *(Wechselbeziehungen)* des deux mouvements ou des deux régimes à l'aide des concepts suivants : défi *(Herausforderung)* et réponse, original *(Ursprung)* et copie *(Kopie)*, correspondance et sur-correspondance. En première approximation, on peut dire que le bolchevisme fut pour le national-socialisme à la fois repoussoir *(Schreckbild)* et modèle. La guerre civile qu'ils se livrèrent se différencia pourtant de manière spectaculaire des guerres civiles *habituelles*.

Un repoussoir est quelque chose de différent d'un épouvantail *(Schreckgespenst)*. Un épouvantail peut être irréel et une simple représentation imaginaire ; un repoussoir, en revanche, est solidement ancré dans la réalité, bien qu'il inclue d'emblée la tendance à la surenchère *(Übersteigerung)* qui est, elle aussi, une des caractéristiques de toute idéologie. Pour pouvoir parler d'épouvantails et de produits de l'imagination, il faudrait apporter la preuve que la toute première littérature antibolchevique, celle qui, sous forme de brochures ou d'articles de journaux, parvint dans les villages les plus reculés, n'avait été en soi qu'une propagande partisane et sans contenu réel notable [33]. Nous prouverons que c'est le contraire qui est vrai. Ils n'avaient pas tort ceux qui avaient alors le sentiment que la révolution bolchevique représentait, à l'échelle mondiale, le passage à une nouvelle dimension, celle de l'anéantissement social de masses humaines entières et, bien sûr aussi, celle d'une révolution industrielle d'un genre nouveau. Ceux qui pensaient que tout ceci se déroulait dans un pays *semi-asiatique* et ne pourrait avoir de répercussions significatives dans le cadre de la civilisation européenne n'avaient pas nécessairement raison. Des termes empruntés à la vie de tous les jours, comme celui de *crime* par exemple, permettent difficilement de montrer

33. D'ailleurs, pendant l'époque de Weimar, les *repoussoirs* et les *épouvantails* ne furent pas réservés à l'usage de *petits-bourgeois* prétendument très craintifs. C'est ainsi qu'au début de 1929, alors que quasiment personne ne prenait Hitler au sérieux, le député communiste Stöcker dit devant le Reichstag : « Dans le budget de la Défense figurent des centaines de millions destinés à un armement clandestin. Combien la Reichsbahn (compagnie de chemins de fer) possède-t-elle de trains blindés et combien d'entre eux sont déjà mis aux normes des voies soviétiques ? » Cette déclaration déclencha chez les députés non communistes une « bruyante hilarité » (Schulthess, 1929, p. 35 et suiv.).

qu'un anéantissement biologique et *transcendental (transzendental)* a finalement succédé à l'anéantissement social et que le reflet *(Abbild)* a dépassé en intensité l'original dans quelques domaines. Pour d'autres raisons, il est douteux que l'on puisse utiliser le terme de « tragique » comme l'a proposé George Kennan [34]. Mais il est très certainement faux de ne voir partout que des intérêts à l'œuvre durant cette période 1917-1945. La psychologie des intérêts, d'abord développée par les aristocrates français du XVIIIe siècle puis par l'utilitarisme anglais, rend de grands services chaque fois qu'il est question de calculer, de mesurer et de peser. Mais l'homme n'est pas essentiellement un être calculateur : il a peur pour son existence, il craint l'avenir, il éprouve de la haine à l'égard de ses ennemis, il est prêt à sacrifier sa vie pour ce qui lui paraît une grande cause. Lorsque de puissantes émotions de ce genre gouvernent des groupes humains relativement importants, on devrait parler d'*émotions fondamentales (Grundemotionen)*. L'indignation de nombreux ouvriers et chômeurs face aux injustices et aux inégalités du système capitaliste était l'une de ces émotions fondamentales ; la colère passionnée de nombreux Français à l'encontre des *Boches* (en français dans le texte, NdT) qui avaient dérobé à la patrie, en 1871, deux de ses plus belles provinces en était un autre exemple. Il est fort possible que la politique au jour le jour soit une affaire de calcul ou d'harmonisation des intérêts ; mais, dès qu'intervient quelque chose d'inhabituel ou de menaçant, les émotions sont pour le grand nombre beaucoup plus importantes que les intérêts, même s'il est rare qu'il y ait opposition directe entre les intérêts réels ou imaginaires et les émotions en question : indignation, colère, affliction, haine, mépris, peur, mais aussi enthousiasme, espoir, foi en la grandeur d'une mission.

Ce sont des émotions fondamentales de ce type qui animaient les soldats russes, en 1917, lorsqu'ils craignaient de devoir inutilement sacrifier leur vie dans une guerre déjà perdue ; mais ce sont aussi des émotions fondamentales du même genre qui déterminaient l'attitude d'officiers, de combattants des Corps francs et des membres de la bourgeoisie, en Italie et en Allemagne, parce qu'ils savaient parfaitement comment on avait traité leurs semblables en Russie. Plus tard, les noyaux

34. « In this way, the pattern of the events that led the Western world to new disaster in 1939 was laid from down in its entirety by the Allied Governements in 1918 and 1919. What we shall have to observe from here on in the relations between Russia, Germany, and the West follows a logic as inexorable as that of any Greek tragedy. » (George Kennan, *Russia and the West under Lenin and Stalin*, Boston-Toronto, 1960-61, p. 164.) (« Dans ces conditions, ce sont les gouvernements alliés qui nouèrent intégralement, en 1918 et 1919, le faisceau des événements qui conduisirent le monde occidental à un nouveau désastre en 1939. Ce que nous observerons ensuite dans les relations entre la Russie, l'Allemagne et l'Occident suivra une logique aussi inexorable que celle de toute tragédie grecque ».)

actifs des partis communiste et fasciste étaient eux aussi agités par des émotions fondamentales, même si une foule d'opportunistes, de gens intéressés, voire de simples criminels, s'était rassemblée autour d'eux. Retraçant l'histoire d'émotions fondamentales et de leurs formes idéologiques, nous allons ici écrire l'histoire de deux mouvements mondiaux et de leurs principaux partis; l'un de ces mouvements était plus originel et servit donc, dans un premier temps, de repoussoir à l'autre, mais ils devinrent de plus en plus l'un pour l'autre repoussoir et modèle. Nous ne partirons donc qu'à titre provisoire de la prise de pouvoir nationale-socialiste du 30 janvier 1933 et nous consacrerons par la suite autant de place à l'histoire de l'Union soviétique qu'au récit de la lutte entre communistes et nationaux-socialistes pendant la République de Weimar ainsi qu'à l'histoire de l'Allemagne nationale-socialiste.

S'il est juste de considérer le communisme et le national-socialisme d'abord comme des idéologies et, surtout, de considérer leurs chefs comme des idéologues, il est donc aussi peu correct de voir en Hitler un homme politique allemand que de voir en Lénine un homme d'État russe. Ce qui ne signifie pas que l'un n'ait pas été *aussi* un homme politique allemand et l'autre un homme d'État russe. Mais la question prioritaire qui se pose est toujours celle de l'*exacerbation (Überschießen)*, du *nouveau*, du *hiatus*, qui constituent ce qui est proprement idéologique. C'est l'idéologique qui donne naissance aux actes les plus significatifs. Il peut y avoir de profondes différences entre les idéologies, mais chacune d'elles se caractérise par ce dépassement en même temps que par un noyau d'éléments légitimes et opportuns que seul, peut-être, l'excès *(Übermaß)* idéologique est en mesure d'engendrer mais qu'il peut aussi justement détruire. Dans le *Journal* de Theodor Herzl, on peut suivre la naissance d'un projet qui marquera ultérieurement l'histoire mondiale; mais de quels espoirs exorbitants et de quelles idées irréalistes ne s'accompagne-t-il pas [35] ! Et pourtant Herzl aurait très vite jeté le manche après la cognée s'il s'était contenté d'une pensée pragmatique et rationnelle. Seule une situation nouvelle met la postérité en mesure de distinguer entre noyau *réel* et surenchère *irréelle* ; les contemporains, en revanche, s'emparent du tout ou le rejettent avec une entière passion et ce n'est qu'au cours de ces luttes que peut progressivement se révéler ce qui est noyau et ce qui est exacerbation. Hitler ne se considérait pas lui-même comme le successeur de Stresemann ou de von Papen, mais comme un anti-Lénine et il rejoignait par là Trotski, qui voyait en lui le « super-Wrangel de la bour-

---

35. Theodor Herzl, *Briefe und Tagebücher*, deuxième volume: *Zionistisches Tagebuch 1895-1899*, Berlin-Francfort-Vienne, 1983. (Édition française: *Journal 1895-1904*, Calmann-Lévy, Paris, 1992.)

36. *Cf. infra*, p. 215. C'est Ernst Niekisch (*Das Reich der niederen Dämonen*, Hambourg, 1953, p. 263) qui caractérise Hitler comme un anti-Lénine.

geoisie mondiale »[36].

Pour Trotski, bien entendu, Lénine avait absolument raison et, par conséquent, Hitler avait absolument tort ; mais à qui n'est pas convaincu de la vérité absolue d'une idéologie, s'imposera l'idée que Hitler lui-même ne peut pas avoir eu tort en toute circonstance et qu'il est également possible de discerner, dans ses idées et dans ses actes, des noyaux exprimant quelque chose de conforme aux exigences de l'époque et qui, au moins aux yeux de nombreux de ses contemporains, apparaissait convaincant et mobilisateur. Lorsqu'il exigeait que tous les Allemands soient rassemblés en un seul État, il ne demandait au fond rien d'autre que ce qu'un Mazzini avait réclamé avec succès pour tous les Italiens et, à l'image de la plupart de ses contemporains, il se situait de la sorte à l'intérieur d'une pensée nationaliste. On ne peut tenir Hitler pour responsable de la répartition géographique des Allemands en Europe à l'époque, situation si particulière que vouloir les réunir sur la base de leur appartenance ethnique devait immanquablement susciter des résistances beaucoup plus fortes que n'en avait suscitées l'unification des Italiens. En revanche, il faut considérer comme de l'idéologie pure, et donc comme une dimension inédite, le fait que, pour Hitler, son projet pangermanique ne constituait pas une fin en soi mais qu'il n'était qu'une simple étape en vue d'un objectif de plus grande ampleur. La même analyse vaut pour l'interprétation très précise et de portée universelle que Hitler donna des résistances que souleva son entreprise.

C'est le travail de l'historien, tout particulièrement de celui qui s'attache à l'histoire des idéologies, de mettre en lumière de telles relations de cause à effet. Il doit accepter l'idée qu'il sera alors critiqué par ceux qui voudraient se trouver rétrospectivement confrontés au *mal absolu* et qui croient être au service du *bien absolu*. Dans le tableau qu'il entend peindre, il n'y a place que pour des gris de diverses nuances, il lui est tout autant interdit d'utiliser le blanc que le noir[37]. C'est seulement par la représentation des choses et non par des professions de foi ou des engagements préalables qu'il peut persuader ses lecteurs que ses gris expriment des gradations. Il sait que la pensée historique et les idéologies ne sont pas fondamentalement différentes dans la mesure où l'une et les autres sont forcées de se livrer à l'abstraction et à la généralisation et sont incapables d'appréhender toute la richesse de la réalité multiforme. L'homme, en tant qu'être pensant, est obligé de façonner des idéologies et, par conséquent, de ne pas se montrer équitable. Selon les théologiens, seul Dieu est équitable parce qu'il crée les diverses choses en même temps qu'il les pense et n'a donc pas besoin de les altérer par des

37. Le livre de Hans Siemsen par exemple, *Russland Ja und Nein*, Berlin, 1931, prouve que, très tôt, les contemporains de ces événements étaient capables de peindre des tableaux tout à fait vivants à l'aide des diverses teintes de gris.

concepts. La pensée historique peut néanmoins, à partir d'une situation nouvelle, comparer entre eux les contenus de diverses idéologies et étudier les effets produits par ces dernières ; cette pensée doit être guidée par la ferme volonté de ne pas céder au désir d'atteindre des objectifs, car c'est là le désir de base de toute idéologie. Elle devra, ne serait-ce que du seul fait de son questionnement, procéder à une sélection, mais dans le cadre de ce choix elle ne devra pas se fixer d'ambition plus élevée que de dresser le tableau le plus complet et le plus fidèle de l'objet qu'elle étudie. Ce n'est pas Hitler qui, le premier, fut désigné comme l'ennemi de l'humanité, l'incarnation du mal et le destructeur de la civilisation ; l'historien sait pourtant, et il doit donc aussi le dire, que toutes ces expressions furent appliquées au bolchevisme par des observateurs sérieux, alors que personne ou presque ne savait quoi que ce soit de Hitler. Ce dernier ne fut pas le premier homme politique au pouvoir à déclarer publiquement que lui et son parti ne sauraient vivre sur la même planète qu'un groupe d'êtres humains comptant des millions de membres et que, en conséquence, il faudrait éliminer ce groupe[38]. Ce sont là des faits et quiconque les connaît et les tait contrevient à l'esprit scientifique et à la morale, parce que, parmi d'innombrables victimes, il ne veut retenir que tel ou tel groupe. Considérer que les hommes pourraient être à ce point inégaux qu'il soit exclu que soi-même et les siens, placés dans une situation identique, auraient pu se rendre responsables du même forfait que celui de ceux que l'on dénonce est faire preuve de beaucoup d'inconséquence. Il est tout de même évident que l'on ne peut nier les différences, car la différence est l'essence même de la réalité. Mais la pensée historique doit lutter contre la tendance qu'a toute pensée idéologisante et émotionnelle à durcir les différences, à estomper les connexions et à exclure de l'examen « l'autre côté », le camp adverse.

L'*impartialité* à laquelle aspire la pensée historique ne peut être de nature divine et donc infaillible. Elle n'est pas immunisée contre le risque d'une prise de parti particulièrement dissimulée ou subtile. Mais, pour user d'une image juridique, elle n'est rien d'autre que la volonté de remplacer les cours martiales et les procès à grand spectacle par des procédures régulières. En d'autres termes, il faut aussi écouter attentivement les témoins à décharge et les juges ne doivent pas être distincts des procureurs sur un simple plan formel. Les sentences varieront toutefois selon les auteurs, mais, à la différence de celles que rendent les cours martiales, elles pourront comporter des stades intermédiaires entre la peine de mort et l'acquittement. Elles ne seront pas pour autant exemptes d'erreurs et ne seront donc pas à l'abri de révisions.

La pensée historique doit d'ailleurs être prête à se réviser elle-même, dès qu'existent pour cela des raisons solides. Elle ne doit pas le faire

38. *Cf. infra,* note 41 de II-1.

pour céder aux cris d'indignation de ceux qui n'admettent pas que, dans la mesure du possible, tout soit rendu intelligible, sachant que tout ce qui est intelligible n'est pas forcément compréhensible et que tout ce qui est compréhensible n'est pas forcément justifié. Elle ne peut, pour autant, accepter de renoncer à sa propre existence, affirmation de soi qui seule autorise l'historien à une prise de parti immédiate et concrète. Si Hitler l'avait emporté [39], l'histoire n'aurait plus consisté, dans l'Europe sous la coupe allemande et dans une large partie du monde, qu'à louer les hauts faits du Führer. Autant que l'on puisse en juger, il serait impossible de procéder à une *déshitlérisation*. Peut-être les hommes, à l'exception des victimes dont il ne serait pas fait mention, seraient-ils plus heureux parce qu'il leur serait alors épargné la peine de comparer et de juger ; il est certain que nombre de ceux qui, « tardivement nés », sont aujourd'hui *antifascistes*, seraient alors des partisans convaincus et appréciés du régime. Mais il n'y aurait pas de place pour la pensée et la révision historiques et c'est pourquoi, dans un tel système, ceux qui entendent penser l'histoire passeraient pour des *opposants* et seraient privés du droit à l'existence. Le savoir ne les autorise pourtant pas, après coup, à s'impliquer dans les luttes contemporaines.

---

39. *Cf. infra*, p. 515-516.

I

Aboutissement et prélude en 1933 : la prise de pouvoir antimarxiste en Allemagne

On peut écrire l'histoire de la prise de pouvoir nationale-socialiste comme une suite d'intrigues et de crimes : Adolf Hitler, le chef d'un parti affaibli et engagé sur la voie d'un déclin inexorable, est alors « porté au pouvoir » par une ruse de l'ancien chancelier von Papen, dans l'intérêt des grands propriétaires fonciers touchés par le *scandale de l'Osthilfe* [1], par des menaces envers le fils du président von Hindenburg ou bien encore grâce à l'intervention des représentants de l'industrie lourde. Il consolide son pouvoir en faisant arrêter ses adversaires politiques et, finalement, en faisant incendier le Reichstag afin d'obtenir, pour lui et pour ses partenaires de coalition, une majorité lors des élections législatives du 5 mars 1933. Dans ces conditions, les conversations chez le banquier von Schröder, à Cologne, dans la villa des époux von Ribbentrop à Dahlem ainsi que des personnages comme Werner von Alvensleben jouent un grand rôle, tandis que le nom d'Ernst Thälmann n'apparaît généralement pas. C'est d'ailleurs le tableau que donnent la plupart des mémoires des contemporains et des protagonistes.

Mais si l'historien prend un maximum de recul par rapport à cette trop grande proximité de l'événement, le tableau est différent. Lors des élections au Reichstag du 31 juillet 1932, le NSDAP, après une ascension sans précédent dans l'histoire des partis allemands, était devenu de loin le plus puissant des partis, avec 230 mandats et près de 38 % des voix. Lorsque, dans le cadre d'un système parlementaire, un parti est considérablement plus fort que les autres, il peut se former contre lui une coalition de tous ses concurrents ou presque. Ce n'est certes pas conforme à la

1. Subventions accordées à l'agriculture de l'est du pays et que s'étaient pour l'essentiel réparties les membres de la noblesse terrienne de Prusse, les Junkers (NdT).

nature du système et, à la longue, la situation n'est guère tenable. Mais, s'il s'agit d'un parti hostile à la Constitution, cela peut être une obligation parce que, alors, rien n'est plus important que de défendre la majorité de la population contre une *minorité massive*. D'autant que cette dernière fait certainement preuve de convictions très fortes et dispose d'une très grande énergie. Toutefois, si la majorité n'arrive pas à former une coalition de cette nature, la direction de l'État, garante des intérêts de la majorité, n'a le choix qu'entre deux options : engager une lutte ouverte contre ce grand parti ou essayer de l'affaiblir sensiblement et, peut-être, de le diviser. Il se produit obligatoirement une lutte ouverte lorsque le parti en question descend dans la rue et appelle à renverser le gouvernement. Telle avait été la situation au tournant des années 1918-1919, lorsque le Conseil des Commissaires du peuple avait dû, dans la capitale, s'imposer par la force militaire à une minorité massive qui n'était pas loin d'avoir la supériorité numérique et qui entendait empêcher l'élection d'une Assemblée nationale constituante[2]. Or, s'ils menaçaient souvent de prendre le pouvoir en usant de la violence, les nationaux-socialistes ne mirent pas leur menace à exécution et s'en tinrent à leur tactique légaliste. Le président von Hindenburg refusa alors de confier la direction du gouvernement au chef du parti le plus fort, le 13 août 1932. Ce dernier aurait été en droit d'y prétendre s'il n'avait pas, selon la présentation officielle des choses, réclamé la *totalité du pouvoir*. Il nia certes avoir eu une telle exigence, mais Alfred Rosenberg n'avait-il pas encore expressément demandé « tout le pouvoir pour Adolf Hitler » dans le *Völkischer Beobachter* du 1er juin et toutes les déclarations du parti n'étaient-elles pas remplies d'attaques violentes contre *le système* ? On ne pouvait donc mener la lutte qu'en en appelant au peuple et, effectivement, lors des élections au Reichstag de novembre 1932, les nationaux-socialistes ne perdirent pas moins de deux millions de voix. Pourtant, avec 196 mandats, ils demeuraient de loin le parti le plus puissant. Le chancelier von Papen plaida alors en faveur d'une nouvelle dissolution du Reichstag et d'un gouvernement de *dictature nationale* au-dessus des partis, formule qui n'avait, il faut bien le reconnaître, trouvé que peu d'appui auprès des électeurs. Mais Hindenburg refusa d'emprunter cette voie parce qu'il redoutait de déclencher une guerre civile. Il confia donc le gouvernement à von Schleicher, qui était jusque-là le ministre de la Défense ; ce dernier se faisait fort de trouver une issue pacifique à la crise : diviser le NSDAP avec l'aide du numéro 2 du parti, Gregor Strasser, et constituer une coalition d'un genre nouveau avec l'appui des syndicats. Au bout de quelques

2. L'auteur fait ici allusion à ce qu'on a appelé la « semaine sanglante », du 4 au 13 janvier 1919, lorsque le social-démocrate Noske fit écraser par les troupes du général Maercker l'insurrection berlinoise suscitée par la révocation du préfet de police Eichhorn. Deux jours plus tard, le 15, Liebknecht et Rosa Luxemburg furent assassinés (NdT).

semaines pourtant, le plan avait échoué en raison de l'hostilité, pour des raisons opposées, de Hitler et du parti social-démocrate à son égard. Il n'y avait désormais plus de troisième solution ; Hitler devait recevoir l'investiture à la condition qu'il fasse la preuve qu'il n'aspirait pas au *pouvoir total* et se contenterait donc d'être chancelier au sein d'un cabinet où ses partisans seraient en minorité et où lui-même serait placé sous véritable tutelle par l'effet d'une disposition tout à fait inhabituelle : il ne pourrait présenter de rapport au président du Reich qu'en présence du vice-chancelier, von Papen. S'il y avait une entorse à la légalité dans la constitution de ce gouvernement, c'était alors une entorse, ou plutôt une irrégularité, dirigée contre Hitler. Apprivoiser, *encadrer* Hitler, telle était la solution qu'imposait une crise sans précédent.

Il est vraisemblable que la première manière de voir est par trop tributaire d'apparences superficielles et du besoin moral de condamner des gens et des groupes. Il ne fait pas de doute non plus que l'autre interprétation se caractérise par trop de déterminisme et de distance. Il saute pourtant aux yeux que la situation était tout particulièrement délicate en Allemagne. Même d'après les statistiques officielles, il y avait plus de six millions de chômeurs qui n'avaient pour vivre que les maigres aides de l'assistance publique. Les États-Unis étaient peut-être plus sévèrement touchés encore par la crise économique mondiale, mais il n'y avait pas chez eux de partis hostiles à la Constitution, même si la critique du *système capitaliste* grandissait sans arrêt, en particulier chez les intellectuels de la côte Est. En Allemagne, le parti des nationaux-socialistes, qui orientait sa propagande en premier lieu contre le parlementarisme de Weimar et le traité de Versailles, n'était pas le seul parti hostile à la Constitution puisqu'il avait, à côté de lui, le parti communiste qui l'avait précédé dans cette voie et qui entendait renverser le capitalisme pour, en tant que section de l'Internationale communiste, instaurer par un soulèvement armé, sur le modèle de la révolution russe, la *dictature du prolétariat*. Ce parti était le seul à avoir toujours enregistré des gains, au cours des quatre élections au Reichstag qui s'étaient succédé depuis 1928. Il était ainsi passé de 54 mandats en mai 1928 à 100 en novembre 1932. Certes, d'aucuns prétendaient que le KPD était essentiellement un parti permettant aux chômeurs de protester et que ses menaces quotidiennes n'étaient que rhétorique révolutionnaire, pur produit du sentiment d'impuissance. Mais alors pourquoi, jusqu'au 30 janvier 1933, ne pas tenir aussi pour de simples mots d'ordre mobilisateurs, pour des formules de propagande, les propos de Hitler annonçant qu'il allait anéantir le marxisme ainsi que les autres partis ?

Hugenberg[3] et von Papen avaient en tout cas de bonnes raisons de penser que la participation de Hitler à un cabinet ministériel le ramènerait

3. Alfred Hugenberg, ancien président du Conseil d'administration de Krupp, contrôlait depuis 1919 un gigantesque konzern de presse (NdT).

rapidement à la raison et à une manière sérieuse de travailler, puisque, en dehors de lui, seuls deux autres nationaux-socialistes y participaient et que les ministres principaux, celui des Affaires étrangères et celui de la Défense, avaient été directement nommés par le président du Reich. Mais ils n'avaient sûrement pas prévu la liesse et la folle allégresse qui éclatèrent dans toute l'Allemagne à l'annonce de la nomination de Hitler. Jamais encore, sous Weimar, la constitution d'un cabinet n'avait été ainsi saluée par des foules nombreuses et n'avait soulevé une telle joie. Des cortèges aux flambeaux se formèrent dans les plus petites villes des provinces les plus reculées et défilèrent devant des haies de spectateurs enthousiastes ; à Berlin, d'immenses colonnes humaines parcoururent les rues, sans protection policière, entourées de la sympathie des curieux, et, ayant traversé la Porte de Brandebourg, elles défilèrent en formation militaire, en uniformes et avec leurs flambeaux, sous les fenêtres des sièges de la présidence et de la chancellerie avec son nouvel occupant. Ce défilé aux flambeaux berlinois tourna vite à la légende et devint le sujet privilégié de livres et de films. Pourtant, s'il est certain qu'il avait été organisé et qu'il fut ensuite orchestré, les récits qu'en firent les nationaux-socialistes qui le vécurent expriment bien la spontanéité, l'atmosphère et les sentiments qui caractérisèrent aussi cette soirée du 30 janvier : « Ils ne disaient pas : Hitler est chancelier ; ils disaient juste : Hitler. Ils se le disaient dans la rue, devant les magasins, au comptoir, ils se le criaient dans le métro, dans l'autobus. Telle une étincelle électrique, le mot passait de l'un à l'autre, enflammait toute une ville immense, enflammait des millions de cœurs.[...] C'était comme en 14, lorsqu'avait battu le pouls d'un peuple entier. [...] Alarme ! L'appel saute d'une rue à l'autre. Les SA, les SS foncent dans leurs locaux. Le Stahlhelm se rassemble : défilé aux flambeaux. [...] Cela dura quatre heures. Cohorte après cohorte. [...] Et voilà aussi les premiers Stahlhelm avec leurs uniformes gris-verdâtre : le symbole du Front allemand. [...] Ils ne le disaient pas, mais le savaient tous : ce qu'ils vivaient aujourd'hui, dans cette nuit de feu, c'était le renouveau d'une nation, c'était la contre-révolution, c'était la réponse au 9 novembre [4]. »

C'est ainsi que le 30 janvier fut effectivement et d'abord ressenti : comme le jour du sursaut national, de la réponse à la honte de l'effondrement de 1918 – pas par tous les Allemands, mais par l'*Allemagne nationale*, celle pour qui les journées d'août 1914 avaient été l'annonce du salut, du retour à la vérité de la nation, celle qui avait cru aux victoires qui avaient suivi ces journées, mais pas aux défaites, celle qui n'avait pas

4. Erich Czech-Jochberg, *Vom 30. Januar zum 21. März. Die Tage der nationalen Erhebung*, Leipzig, 1933, p. 49, 53, 56. (Le 9 novembre ici évoqué est le 9 novembre 1918, jour de la proclamation de la République par Scheidemann, depuis le balcon du Parlement, NdT.)

cru à la lassitude de la guerre envahissant peu à peu les gens, et encore moins aux « Quatorze points » de l'Américain Wilson. Mais, potentiellement, cette Allemagne nationale habitait le cœur de la plupart des Allemands, car l'enthousiasme des journées d'août 1914 avait été quasi général. Et s'il est vrai que les sociaux-démocrates ont très tôt recherché une paix de compromis, il est non moins vrai qu'en 1919 c'est justement le ministre social-démocrate Scheidemann qui aurait préféré perdre sa main que de la voir signer l'unique traité de Versailles. Ce qui a vaincu, le 30 janvier, ce ne fut pas tant Hitler, dans un premier temps, qu'une certaine idée de l'histoire, la légende de l'Allemagne nationale, avec toute la force de conviction que peuvent détenir les sentiments simples et purement émotionnels. Le premier appel du nouveau gouvernement, le 1er février 1933, était au diapason de cette atmosphère et on n'a aucune raison de penser que Hitler n'aurait que feint, sans le moins du monde les éprouver lui aussi, ces accents d'un grand conservatisme et d'un nationalisme largement répandu.

Cette Allemagne nationale avait toutefois depuis longtemps exclu de ses rangs une grande partie de ceux qui avaient été d'accord avec elle en août 1914 : pas seulement les sociaux-démocrates, mais aussi les catholiques et les libéraux qui avaient œuvré, en 1917, à la résolution sur la paix adoptée au Reichstag. En un mot, tous les *partis du système* qui avaient porté à bout de bras la République de Weimar. Même dans les conditions déjà très irrégulières qui marquèrent l'élection du Reichstag le 5 mars 1933, ces partis n'obtinrent que très peu de voix de moins que le NSDAP et, s'il avait été possible de leur ajouter les voix communistes, cela aurait constitué à peu près la moitié de la population. Pourquoi cette moitié demeura-t-elle si passive et pourquoi se fit-elle si peu remarquer ? L'enthousiasme de l'Allemagne nationale peut difficilement, à lui seul, être responsable de tant de paralysie et d'immobilisme ; mais l'Allemagne du tournant des années 1932-1933, plus que toute autre nation, avait été violemment ébranlée par les conséquences de la grande crise économique mondiale. Dans un pareil contexte, on salue avec espoir tout événement tranchant sur la routine quotidienne ou l'on se montre au moins prêt à lui laisser une chance. De nombreux chômeurs qui, pour protester ou par désespoir, avaient donné leur voix au KPD en novembre 1932 peuvent fort bien avoir pensé que Hitler connaissait peut-être une issue à leur détresse. Les paysans menacés de voir leurs fermes saisies et mises aux enchères, les artisans dont le carnet de commandes n'avait cessé de se vider, les petits commerçants qui se demandaient comment ils pourraient faire face à leurs obligations, aucun d'eux ne faisait désormais plus la moindre confiance aux mesures de relance ou aux « bons d'impôt » de Papen et de Schleicher. Pour autant, ils ne se laissèrent pas convaincre par les propositions radicales de Thälmann qui visaient à rattacher, pour le meilleur et pour le pire, l'Allemagne à l'Union soviétique. Ils se fièrent alors à celui dont la résolution était entière mais qui n'en rejetait pas moins des mesures révolutionnaires aux conséquences incalculables. Bien que se réfugiant dans la passivité, ils paralysèrent ceux qui appelaient à une résistance qui ne pouvait avoir d'autre conséquence qu'un bouleversement total.

La principale force motrice du *sursaut national (nationale Erhebung)* qui devint si vite une « révolution nationale-socialiste », fut vraisemblablement la crainte que ce bouleversement fût possible et qu'il fût préparé par des forces puissantes. Plus fondamentale encore que l'enthousiasme de l'*Allemagne nationale* et que les espoirs d'une population ébranlée par la crise, était la peur d'une révolution communiste imminente qui habitait l'*Allemagne bourgeoise*. Le KPD était en effet le parti le plus puissant dans la capitale du Reich et, pendant tout février 1933, l'air résonna de rumeurs : les communistes se préparaient à déclencher la guerre civile, ils transportaient des armes clandestinement, ils s'apprêtaient même à incendier les églises et les musées allemands. Il n'est guère douteux que Hitler partageait des craintes et des préoccupations si répandues. Certes, le Comité directeur du Parti social-démocrate repoussa dès le 30 janvier la proposition des communistes d'appeler ensemble à la grève générale, refus qui n'avait rien d'étonnant compte tenu de l'hostilité réciproque entre les deux formations. Pourtant, dans tout le Reich, il se produisit un certain nombre de heurts violents dont les nationaux-socialistes n'étaient pas toujours à l'origine. Après la dispersion du défilé aux flambeaux du 30 janvier, Eberhard Maikowski, le chef d'une section d'assaut particulièrement redoutée des communistes, la *« Mordsturm 33 »*, fut abattu d'un coup de feu. Un peu plus tard, la *Rote Fahne* annonça que des ouvriers armés avaient tenu la rue à Lübeck, pendant une grève générale de vingt-quatre heures. Il ne faisait pas de doute, depuis le début, que Hitler et Göring, qui commandait désormais la police prussienne, étaient résolus à s'imposer par tous les moyens. L'incendie du Reichstag, le 27 février, accéléra le cours des choses, mais ce n'est pas lui qui fut l'élément déclencheur. Les listes qui servirent à l'arrestation de presque tous les députés communistes au Reichstag et au Landtag prussien ainsi qu'à celle de nombreux autres dirigeants et militants, avaient été préparées par la police pendant les dernières années de Weimar. *L'ordre d'ouvrir le feu* de Göring datait, lui, du 17 février. Il se serait certainement trouvé une autre occasion de déclarer l'état d'exception, si le président du Reich n'avait pas pu signer, dès le 28 février, le décret-loi sur la protection du peuple et de l'État. Sans l'incendie du Reichstag, le gouvernement de Hitler n'aurait certainement pas obtenu la majorité absolue aux élections du 5 mars, mais, même sans la majorité des mandats, il aurait exercé sur le Reichstag nouvellement élu une telle pression que ce dernier aurait tout de même adopté, avec une majorité des deux tiers, la loi sur les pleins pouvoirs, consacrant de la sorte sa propre déchéance. C'est d'ailleurs ce que firent les députés, le 23 mars, sous la pression certes du défilé des SA, mais surtout en raison des attentes de l'opinion publique.

On ne sait toujours pas qui fut l'instigateur ou qui furent les instigateurs de l'incendie du Reichstag. La question n'a d'importance qu'en relation avec une question plus large : les nationaux-socialistes au pouvoir étaient-ils animés d'émotions authentiques ou bien n'étaient-ils que des hommes de pouvoir cyniques ne reculant pas devant un crime extrêmement risqué pour conquérir un pouvoir absolu qu'ils n'auraient pu établir sans cela ? Tout semble prouver que même les chefs nationaux-socialistes agissaient sous l'empire d'émotions et de convictions qui ne rendaient pas un tel crime nécessaire, quel qu'ait été par ailleurs le déroulement concret de l'incendie. Les émotions et les convictions les plus fortes étaient toutes en rapport avec le Novembre allemand de 1918 et avec la révolution russe et il s'agissait donc d'émotions antibolcheviques ; mais elles étaient en même temps et si naturellement antimarxistes qu'elles avaient à l'évidence pour origine des sentiments *bourgeois*, même si elles allaient bien au-delà.

Le 10 février 1933, Hitler prit la parole dans le Sportpalast de Berlin. On pouvait lire en grosses lettres, au-dessus du pupitre de l'orateur : « Le marxisme doit mourir. » Et c'est autour de ce mot d'ordre que s'articula tout le discours dont les principales phrases furent les suivantes : « Le marxisme, c'est la perpétuation de la division de la Nation. [...] Pacifiste à l'extérieur, il est terroriste à l'intérieur et c'est seulement ainsi que cette philosophie de la destruction et de la négation éternelle a pu s'imposer. [...] Ou c'est le marxisme qui vaincra, ou c'est le peuple allemand. Et c'est l'Allemagne qui vaincra ! [5] »

Le 2 mars, il prononça un nouveau discours au Sportpalast et, cette fois, la prudence de l'homme d'État l'avait abandonné. Regardant au-delà des frontières allemandes, il déclara : « Là où il a remporté une victoire totale, là où il règne réellement et sans partage, en Russie, ce marxisme a-t-il éliminé la misère ? La réalité parle ici une langue vraiment poignante. Des millions d'hommes sont morts de faim dans un pays qui pourrait être le grenier du monde. [...] Ils parlent de fraternité. Nous connaissons cette fraternité. Il faut passer par les armes des centaines de milliers d'hommes, des millions, au nom de cette fraternité et comme conséquence de ce grand *bonheur.* [...] Ils disent encore qu'ils ont surmonté le capitalisme. [...] C'est le monde capitaliste qui doit payer la note avec ses crédits, livrer les machines et monter des usines, fournir les ingénieurs et les contremaîtres ; cet autre monde doit tout faire. Ils ne peuvent le nier. Et je ne peux que souhaiter à ceux qui, en Allemagne, rêvent de tels principes d'aller goûter une semaine au système de travail qui règne dans les contrées sibériennes. [...] Si une bourgeoisie faible devait capituler devant semblable démence, nous reprendrions, nous, le combat contre cette démence. [6] »

---

5. Schulthess, 74, vol. 1933, p. 42 et suiv.
6. *VB* du 4 mars 1933 (ne figure ni dans le Domarius, ni dans le Schulthess).

Dans la même édition du *Völkischer Beobachter*, on pouvait lire un grand placard publicitaire dans lequel vingt-deux ouvriers rentrant de Russie appelaient à voter Adolf Hitler en expliquant que la Russie soviétique était un enfer pour les ouvriers et les paysans qui, malgré un très dur travail, menaient une existence misérable.

Durant ces mois, les discours de Hitler ne cessent de rappeler son exigence fondamentale : anéantir le marxisme, l'éliminer avec esprit de suite et sans pitié. Cette exigence est assez souvent associée au souvenir des *spartakistes avec leur sac à dos*[7] de 1918 et si, le 3 mars, Göring proclama n'avoir d'autre mission que d'anéantir et d'éliminer ses adversaires, il leur adressa quelques jours plus tard cette accusation passionnée : « Lorsque, voici quatorze ans, nous sommes revenus du front, on nous a arraché nos épaulettes et nos décorations, on nous a traînés dans la boue, on a brûlé les drapeaux qui avaient victorieusement défié le monde entier. Vous avez à l'époque souillé notre être intime, vous avez foulé aux pieds notre cœur, de même que vous avez foulé aux pieds l'Allemagne.[8] » S'adressant aux communistes, sa question était effectivement justifiée : « Qu'auriez-vous fait si vous aviez pris le pouvoir à notre place ? Vous nous auriez raccourcis d'une tête sans autre forme de procès.[9] » Le président du Reichstag, le social-démocrate Paul Löbe, avait, dans l'esprit, dit à peu près la même chose en 1929, mais il avait attribué à son parti le mérite d'avoir empêché les deux partis extrémistes de s'anéantir mutuellement[10]. Et Hitler lui-même, dans son discours du 2 mars, avait établi, entre la prétendue mesquinerie de présidents de police sociaux-démocrates congédiés et inquiets pour leur retraite et l'esprit de résolution sanguinaire des communistes, une distinction si nette qu'on se demande presque comment il était possible de regrouper sous le même terme de marxisme deux phénomènes aussi dissemblables. Mais cet *antimarxisme* était le principal signe distinctif de l'idéologie nationale-socialiste, ce qui explique justement pourquoi elle était également dirigée contre la bourgeoisie dont elle partageait pourtant si largement les émotions ; ce qui explique aussi qu'elle ait une nouvelle fois élargi son accusation à toute l'histoire moderne, par exemple lorsque Rudolf Hess justifia ainsi, en juillet 1933, sa condamnation d'exactions commises par la SA : « La révolution française judéo-libérale baignait dans le sang versé par la guillotine. La révolution russe judéo-bolchevique résonne des millions de cris montant des cachots sanglants de la Tchéka. Aucune révolution au monde ne s'est déroulée avec autant de discipline que la révolution nationale-socialiste. [...] Chacun doit savoir que nous sommes loin de

7. Le terme de *Rücksackspartakisten* désigne les soldats ayant déserté le front et rentrant en civil en Allemagne, mais en ayant conservé leur sac à dos de l'armée (NdT).

8. UuF, vol. IX, p. 83.

9. *Ibid.*

10. *Cf. infra*, p. 227.

vouloir traiter nos adversaires avec douceur. Chacun doit savoir que nous vengerons au décuple sur la personne des chefs communistes ou marxistes tout assassinat d'un national-socialiste par un communiste ou un marxiste. [...] Mais chaque national-socialiste doit également être conscient que maltraiter des adversaires est d'inspiration judéo-bolchevique et indigne du national-socialisme. [11] »

Les déclarations de leaders nationaux-socialistes ne cessent donc de mettre en évidence que leurs sentiments et leurs actions reposaient sur une expérience originelle, une angoisse originelle, une haine originelle : ce qu'avaient dû vivre des officiers et des sous-officiers pendant la Révolution de 1918, lorsqu'ils avaient tout à coup perdu leur autorité, lorsque des corps de troupe aguerris s'étaient du jour au lendemain transformés en bandes de discutailleurs, lorsqu'on leur avait arraché les épaulettes, lorsqu'on leur crachait au visage, lorsqu'on les traitait de « criminels de guerre » et de « porcs ». Et il semble bien que cette expérience n'ait acquis son véritable poids qu'en référence à la Révolution russe. Des faits semblables s'y étaient déroulés dont les conséquences avaient été beaucoup plus tragiques, comme le montraient les souvenirs des combattants revenus du « Baltikum », les récits de nombreux émigrés russes et de nombreux réfugiés russes d'origine allemande, mais aussi l'ample littérature consacrée à la Révolution russe, que les auteurs en aient été des monarchistes ou des sociaux-démocrates. Ces officiers n'étaient d'ailleurs pas isolés. Ils se considéraient eux-mêmes comme l'élite de la bourgeoisie dont ils étaient issus, à quelques exceptions près. Nombreux étaient les bourgeois qui, au moins temporairement, ressentaient les choses à peu près comme eux, mais ils étaient loin de tous adhérer à un antimarxisme radical. Ils avaient en effet fait l'expérience que les sociaux-démocrates étaient des partenaires parfois incommodes mais néanmoins fréquentables. Ceux pourtant, officiers ou simples citoyens, qui jugeaient nécessaire de faire preuve d'esprit de suite idéologique ne pouvaient pas ne pas rechercher les raisons et les responsables de cette maladie sociale ; ils ne pouvaient alors en rester au communisme ou au marxisme, il leur fallait accuser aussi la faiblesse du libéralisme et peut-être, pour finir, trouver chez les Juifs une ultime et décisive raison.

Mais à quoi de positif pouvait-on se raccrocher en présence de tant de négatif ? En premier lieu à un peuple qui saurait préserver de tous les dangers son unité et sa santé, objectif impliquant bien sûr une très longue route. Il s'en fallait de beaucoup que tous les anciens officiers fussent prêts à suivre eux aussi cette route, une petite majorité des nationaux-allemands peut-être, même pas la totalité des militants nationaux-socialistes de la première heure. Il leur était pourtant difficile de faire échec à la constance avec laquelle, jusqu'en juillet sans désemparer, on

11. UuF, vol. IX, p. 303 et suiv.

interdit tous les partis ou on les obligea à se dissoudre, on mit en application les idées « aryennes » et on promulgua la loi sur la prévention des maladies héréditaires chez les jeunes. Pour rester d'un antimarxisme conséquent, le « sursaut national » devait devenir une révolution nationale-socialiste et il fallait aussi que Hitler déclare terminée cette révolution nationale-socialiste dès l'été 1933 : elle se voulait en effet un simple bouleversement politique donnant tout le pouvoir à un parti et à son chef, mais surtout pas un bouleversement économique sur le modèle russe qui avait déjà eu de tels effets funestes dans le pays où il avait été mis en œuvre, et Hitler n'était pas seul à le penser, mais dont les conséquences seraient plus désastreuses encore dans les pays industrialisés. Pour Hitler et tous les pionniers du « sursaut national », l'Union soviétique, en 1933, était en tous points un repoussoir. N'était-elle pas cependant, au moins en germe, une espèce de modèle pour la révolution nationale-socialiste ?

Au cours d'un entretien avec un diplomate allemand, Litvinov, le ministre des Affaires étrangères soviétique, aurait, paraît-il, dit que l'Union soviétique comprenait que l'Allemagne traite ses communistes comme l'Union soviétique traitait les ennemis de l'État [12]. En tout cas, dès le premier jour, le régime national-socialiste s'est principalement caractérisé par la dureté des mesures qu'il prit contre les communistes et leur presse. C'est en tout premier lieu contre les communistes qu'étaient dirigés l'ordre d'ouvrir le feu donné par Göring le 17 février et la création, le 22 février, d'une police auxiliaire composée de SA et de SS. Dès cet instant, on eut « sans ménagement recours aux armes » et dès cet instant des prisonniers furent « abattus au cours de tentatives de fuite ». Mais on ne peut parler de *terreur* que pour la période postérieure à l'incendie du Reichstag, et elle s'abattit tout de suite bien au-delà des rangs des communistes, alors que l'ordonnance sur la protection du peuple et de l'État n'aurait dû, en principe, servir qu'à « prévenir les actes et les violences communistes mettant l'État en danger ». Des sociaux-démocrates ainsi que quelques hommes politiques bourgeois furent eux aussi placés en *détention par mesure de sécurité* et enfermés dans les camps de concentration qui poussaient partout comme champignons après la pluie. Très peu de ces camps avaient un caractère officiel, la plupart étant ouverts et dirigés par les sections SA ou SS, sous leur propre et entière responsabilité. Outre le camp de Dachau, près de Munich, qui, lui au moins, avait un caractère officiel, on connaît l'existence de camps « sauvages », particulièrement le Columbiahaus de Berlin, Oranienburg, Kemma à Wuppertal, et tant d'autres encore. Ils se caractérisèrent surtout par l'improvisation ainsi que par la haine, souvent personnelle, mais en tout cas très concrète, qui s'exprimait dans l'attitude des gardiens envers

12. Gustav Hilger, *Wir und der Kreml. Deutsch-sowjetische Beziehungen 1918-1941. Erinnerungen eines deutschen Diplomaten*, Berlin, 1955, p. 243.

les détenus. Le camp d'Oranienburg fut ainsi ouvert dans une usine, une ancienne brasserie, et les dortoirs des détenus se trouvaient dans les anciennes chambres froides où ils ne disposèrent dans un premier temps que de sacs de paille. Kemma était aussi une usine désaffectée et il fallut un bon moment avant que soient créées les conditions indispensables à l'hébergement d'un grand nombre de prisonniers. Partout, on assista alors à la confrontation aussi rude qu'unilatérale d'adversaires politiques qui, surtout dans les camps de petite taille, ne se connaissaient que trop bien et qui, voilà quelques semaines ou quelques mois encore, s'affrontaient en d'impitoyables combats de rue. Cela donna donc lieu à un grand nombre de règlements de comptes politiques ou privés. Durant les premières années, plusieurs centaines de détenus périrent sous les coups et parfois les tortures sadiques. On déplora bientôt publiquement des *excès* et on promit d'y remédier mais, dans un premier temps, la justice ne réussit que rarement à faire libérer des victimes ou à demander des comptes aux responsables. En 1933, le nombre de ces détenus ainsi *placés sous protection* s'élevait à trois mille environ. Quiconque était relâché devait s'engager par écrit à ne rien raconter de ce qu'il avait vécu. Des bruits coururent pourtant bientôt et, en 1934, parurent les premiers récits authentiques écrits par des détenus évadés, par exemple le témoignage sur Oranienburg de celui qui avait été de longues années député SPD au Reichstag, Gerhart Seger. De manière crédible, évitant soigneusement les exagérations et les invectives, il parlait de la *chambre de torture* sur le lieu où se déroulaient les interrogatoires et où des détenus furent si effroyablement battus que plusieurs d'entre eux moururent des suites de ces traitements. Il parlait des humiliations subies par des prisonniers aussi éminents que les anciens députés SPD Ebert et Heilmann. Il parlait enfin des cachots sans lumière dans lesquels on enfermait, pendant des jours et des nuits, comme dans des cercueils de pierre verticaux, des malheureux ayant enfreint le règlement du camp. Mais Seger parlait aussi de la haine qui persistait entre détenus communistes et détenus sociaux-démocrates. Elle était telle que les communistes manifestèrent un jour leur approbation lorsque le commandant annonça l'arrivée imminente de nouveaux « bonzes sociaux-démocrates ». Seger dut certainement surmonter en lui une vieille aversion pour constater que les exercices disciplinaires chers au service militaire prussien étaient « une institution humaine, comparée à la brutalité des procédés de même nature employés par les SA » [13]. Ces camps de concentration étaient donc en

13. Gerhart Seger, *Oranienburg. Erster authentischer Bericht eines aus dem Konzentrationslager Geflüchteten. Mit einem Geleitwort von Heinrich Mann*, Karlsbad (Graphia), 1934, p. 61. Dès le début de l'année 1934, le commandant du camp publia une réponse qui n'était pas en tous points indigne de foi mais qui, surtout, faisait une peinture concrète de la situation de guerre civile : *Oranienburg. Von SA-Sturmbannführer Schäfer, Standarte 208, Lagerkommandant. Das Anti-Braunbuch über das erste deutsche Konzentrationslager*, Berlin, sans date (1934).

quelque sorte l'étape ultime d'une guerre civile au cours de laquelle le parti vainqueur fit preuve d'une extraordinaire brutalité et d'une grande cruauté parce qu'il avait l'impression qu'il s'en était fallu d'un cheveu qu'il fût vaincu. On peut encore comprendre que les détenus qui, dans un premier temps, alors qu'ils étaient toujours sous la garde de la police, chantaient parfois l'Internationale ou lançaient des vivats en l'honneur du KPD durant leur transport à Dachau, se soient entendu annoncer qu'on les traiterait selon leurs propres recettes ; mais lorsque le premier commandant de Dachau, Hilmar Wäckerle, exigea expressément de ses SS qu'ils fussent pour l'Allemagne ce que la Tchéka était pour la Russie [14], on se trouve en présence d'une outrance *(Überschritt)* symptomatique. Les traitements barbares prirent bien souvent un caractère qui, même si l'on reste très mesuré dans son jugement, allait jusqu'à mettre en cause ce que la terreur la plus extrême et la plus unilatérale au cours d'une guerre civile ne devrait pas pouvoir supprimer : la conservation de sa propre identité. C'est bel et bien le ministre de la Justice du Reich et non un adversaire évadé qui écrivit les lignes suivantes, en 1935, à propos de ce qui s'était passé dans les camps de concentration « sauvages », avant leur dissolution début 1934 : « Dans le camp de concentration de Hohnstein, en Saxe, on maintint de force des détenus sous un appareillage, spécialement monté à cet effet, qui laissait tomber des gouttes d'eau à intervalles réguliers sur la tête des suppliciés ; au bout d'un certain temps, un tel traitement occasionnait de sévères blessures qui s'infectaient. Dans un camp de concentration de Hambourg, on a crucifié quatre détenus sur une grille, pendant des journées entières, une fois même trois jours et trois nuits, une autre fois cinq jours et cinq nuits sans interruption ; ils étaient si chichement nourris de pain qu'ils faillirent mourir de faim. Ces quelques exemples révèlent une dose de cruauté qui défie à ce point la sensibilité allemande qu'il devient impossible d'évoquer ici la moindre circonstance atténuante. [15] »

S'il est interdit de ne considérer la terreur SA de la première année que comme la phase finale excessive d'une guerre civile larvée, phase à laquelle, au bout de quelques mois, les autorités gouvernementales mirent fin ou que, au moins, elles contrôlèrent, c'est pour une autre raison. Rudolf Diels, le premier chef de la *Geheime Staatspolizei* ou Gestapo, créée fin avril 1933, put certes rapporter plus tard avec fierté que, en collaboration avec d'autres autorités, il avait réussi à réduire le nombre de détenus à deux mille huit cent et à remplacer les quelque cinquante camps « sauvages » par un nombre plus réduit de camps de concentration

14. Hans-Günter Richardi, *Schule der Gewalt. Die Anfänge des Konzentrationslagers Dachau 1933-1934. Ein dokumentarischer Bericht*, Munich, 1983, p. 58, 121, 113.

15. IMG, vol. XXXIII, p. 56 et suiv.

officiels [16]; il n'en demeure pas moins que le plus grand de ces camps justement, celui de Dachau, resta aux mains de la SS. Cette dernière, grâce au sens tactique de son Reichsführer, Himmler, au départ commandant de la police politique de Bavière, put se faire attribuer de plus en plus de compétences en matière de police, si bien que la terreur fut réduite sur le plan quantitatif mais qu'elle fut en revanche systématisée et qu'elle continua à être soustraite à tout véritable contrôle judiciaire. Par ailleurs, il se créa dans quelques camps ce qu'on appela des *compagnies juives* [17], soumises à un régime particulièrement sévère. Il s'agissait certes, ici aussi, d'adversaires politiques, de communistes et de sociaux-démocrates, et tout porte à croire qu'aucun Juif n'avait été arrêté en tant que Juif, mais, *après* leur arrestation, les Juifs avaient été identifiés en tant que tels et soumis à un traitement spécial. On commençait ainsi à punir quelqu'un pour ce qu'il était et non pour ce qu'il avait fait. Ce passage s'effectua au même moment sous d'autres formes encore qui, au sens étroit, n'étaient pas des mesures disciplinaires ou terroristes, mais que l'on est bien obligé de considérer comme des actes de persécution ou d'oppression. Il convient de citer ici en premier lieu la « Loi sur le rétablissement de la fonction publique » du 7 avril 1933, dont le § 3 stipulait : « Les fonctionnaires qui ne sont pas d'origine aryenne devront être mis à la retraite. Si ce sont des employés bénévoles, on devra les congédier de la fonction publique. » On avait de la sorte introduit dans une loi censée, selon son intitulé, être dirigée contre la *Fonction publique partisane,* un principe totalement différent, le principe de l'appartenance à un groupe ou à une race. Tout au plus aurait-il pu se justifier s'il avait instauré des quotas, mais il ne pouvait qu'apparaître comme une mesure de persécution religieuse puisqu'il n'existait d'autre critère que l'appartenance à la « religion mosaïque ».

Il n'y a donc rien d'étonnant à ce que les comptes rendus de la presse étrangère aient aussitôt très fortement souligné la *persécution des Juifs.* Il n'était vraisemblablement nul besoin pour cela qu'il y eût des faits avérés, car c'était la première fois dans l'histoire mondiale qu'arrivait au pouvoir, dans un grand État, un parti s'étant expressément déclaré antisémite dans son programme. Les nouvelles publiées dans la presse étrangère étaient sans aucun doute pour une large part très exagérées, par exemple lorsque le *Herald Tribune* crut pouvoir annoncer, dès le 3 mars 1933, que l'« assassinat en masse des Juifs allemands » n'allait pas tarder ou lorsque le *Daily Herald* publia, fin avril, un article écrit depuis le « pays des tueurs de Juifs » [18]. Tout aussi problématique était la conjonction des

16. Institut für Zeitgeschichte, ZS 537, vol. IV, fol. 00010.

17. Seger, *op. cit.*, p. 31 ; *cf.* aussi Walter Hornung, *Dachau. Eine Chronik*, Zurich, 1936, chez qui il est question de *baraques juives* (p. 131).

18. Karl Böhmer, *Das Dritte Reich im Spiegel der Weltpresse*, Leipzig, 1934, p. 64.

propagandes antifasciste et projuive qui avait pour résultat que des marionnettes représentant Hitler étaient exhibées, pendues à des gibets, au cours de manifestations publiques. Il en allait presque de même avec le mouvement de boycott des marchandises allemandes lancé quelques semaines seulement après l'arrivée des nationaux-socialistes au pouvoir [19]. Mais tout cela ne reflétait somme toute, même si c'était avec exagération ou par anticipation, qu'une réalité : en Allemagne, un processus sans précédent avait commencé, on combattait et on privait de droits les Juifs *en tant que* Juifs, et ce dans un État moderne où leur émancipation, c'est-à-dire l'égalité juridique et de fait par rapport aux autres citoyens, était accomplie depuis longtemps.

Un livre, paru le 15 mai 1933 dans la maison d'édition de Jakow Trachtenberg, connue pour avoir publié de la littérature antibolchevique [20], montre bien qu'il s'agissait là de l'opposition entre la *révolution nationale-socialiste* naissante et le *sursaut national*. Il contient un certain nombre de déclarations d'organisations ou de personnalités juives dénonçant la « propagande mensongère » à l'étranger. La formulation est le plus souvent prudente, comme on pouvait s'y attendre compte tenu des pressions exercées par les nationaux-socialistes ; ces déclarations mentionnent des « mauvais traitements », des « bavures » ou des « excès », démentant toutefois les nouvelles faisant état d'authentiques atrocités. Mais on ne peut pas ne pas voir, en divers endroits, combien les grandes organisations précisément et quelques-uns des personnages les plus importants avaient des idées *nationales-allemandes* et *bourgeoises*. La Ligue juive des soldats du front prend ainsi les plus grandes distances avec la « campagne irresponsable » que « mènent à l'étranger contre l'Allemagne de prétendus intellectuels juifs » ; le président d'honneur de l'Association des Juifs nationaux-allemands, le Dr Max Naumann, ne voit dans cette propagande mensongère « rien d'autre qu'une reprise des campagnes menées pendant la guerre contre l'Allemagne et ses alliés d'alors » ; et le président de l'Association des rabbins allemands, Leo Barek, déclare que les principaux points du programme de la révolution nationale allemande, à savoir la défaite du bolchevisme et la rénovation de l'Allemagne, étaient également les objectifs poursuivis par les Juifs allemands, dont l'intégration était si profonde et si vivace qu'aucun autre pays d'Europe ne supportait la comparaison [21]. Trachtenberg lui-même, dans son

---

19. Sur ce mouvement de boycott, *cf.* le rapport « Lügenpropaganda – Boycottbewegung » in Archives politiques du ministère des Affaires étrangères, PO5 NE.

20. Par exemple Jakow Trachtenberg, *Tagebuch eines Sowjetbürgers*, Berlin, 1932.

21. *Die Greuelpropaganda ist eine Lügenpropaganda sagen die deutschen Juden* (brochure sans date).

Un rapport adressé le 28 mars 1933 au ministre du Foreign Office par l'ambassadeur britannique à Berlin, Sir Horace Rumbold, a très tôt montré ce dans quoi s'engageait Hitler lorsqu'il déclarait la guerre *aux Juifs* non plus seulement comme chef de parti mais comme chef d'État et combien cette *guerre* était contraire aux traditions de l'époque de

avant-propos, dit que la campagne contre de prétendues atrocités commises en Allemagne pourrait en définitive donner lieu à de véritables atrocités, car les instigateurs sans scrupules de la campagne mensongère voulaient « manifestement provoquer une nouvelle guerre ». Si les nationaux-socialistes n'avaient été rien d'autre que des nationalistes allemands ou de simples anticommunistes, ils auraient à l'évidence pu s'entendre facilement avec une grande partie des Juifs allemands.

Pourtant, même lorsque la plupart des organes de presse étrangers consacraient beaucoup de place aux *persécutions antijuives*, ils n'en interprétaient pas moins l'arrivée de Hitler au pouvoir comme le triomphe d'un nouveau nationalisme allemand. Le *Manchester Guardian* craignait et haïssait surtout les « Junkers et réactionnaires », ne voyant dans Hitler qu'un instrument de ces gens, et le *Times* ne croyait pas que Hitler, à la manière de Mussolini, déborderait ses alliés car il ne disposait pas des « extraordinaires capacités » du dictateur italien[22]. Les Français eux aussi redoutaient bien davantage la Reichswehr ou le Kronprinz que Hitler, souvent comparé de manière peu flatteuse au général Boulanger[23]. Dans les deux pays, donc, la gauche et la droite étaient d'accord pour ne pas voir en Hitler quelque chose de véritablement nouveau et se croyaient toujours confrontées aux réactionnaires ou aux militaristes contre lesquels on avait dû combattre si durement pendant la guerre mondiale. Seul le *Daily Mail* de Lord Rothermere considérait Hitler d'abord comme un anticommuniste et, en octobre, il ouvrit ses colonnes à un très éminent auteur, Lloyd George, premier ministre pendant la Grande Guerre, qui exposa que le communisme succéderait à un échec de Hitler[24]. Les

Weimar et même de l'époque wilhelminienne : « La jeune génération nazie ne sait rien de l'activité déployée par des Juifs allemands et par des Juifs à l'étranger durant la lutte contre les clauses accablantes du traité de Versailles. La propagande incessante et habile qui a tant contribué à améliorer la situation internationale de l'Allemagne durant ces dix dernières années se tourne à présent contre le mouvement nazi. » Mais l'ambassadeur qui est loin d'être un ami du mouvement national-socialiste écrit aussi dans le même rapport : « La vie ostentatoire que menaient des banquiers et des financiers juifs [...] suscita inévitablement la jalousie au moment où le chômage s'étendait partout. Les meilleurs éléments de la communauté juive vont maintenant avoir à souffrir et souffrent encore en raison des fautes commises par les moins bons d'entre eux et en particulier par les Juifs russes et galiciens qui vinrent ici pendant la Révolution de 1918. » (DBFP, 2. Series, vol. V [1933], Londres 1956, p. 6.) Qui connaît l'histoire du sionisme pourrait se souvenir de la prédiction de Theodor Herzl : « La lutte sociale devrait donc être livrée à nos dépens, parce que nous nous trouvons aux postes les plus exposés, aussi bien dans le camp capitaliste que dans le camp socialiste. » (Theodor Herzl, *Der Judenstaat*, in *Zionistische Schriften*, 1er vol., Tel Aviv, 1934, p. 37. Édition française : *L'État des juifs* suivi de *Essai sur le sionisme : de l'État des juifs à l'État d'Israël,* La Découverte, Paris, 1990, p. 36.)

22. Brigitte Granzow, *Mirror of Nazism. British Opinion and the Emergence of Hitler*, Londres, 1964, p. 218, 220.

23. Maurice Vaisse, « Frankreich und die Machtergreifung », in Wolfgang Michalka (sous la dir. de), *Die nationalsozialistische Machtergreifung*, Paderborn, 1984, p. 261-273.

24. Le 13 octobre 1933.

comparaisons avec la Révolution russe étaient assez peu fréquentes, mais le *Berlinske Tidende*, commentant le 8 septembre le *Livre brun sur l'incendie du Reichstag et la terreur hitlérienne*[25], fit remarquer qu'il se passait des choses beaucoup plus horribles là où les communistes étaient au pouvoir[26]. Plus rares encore étaient les remarques du genre : Hitler n'est pas plus un véritable anticommuniste qu'un conservateur. L'inquiétude était certes considérable et l'on avançait des opinions très diverses, mais aucun des journaux étrangers n'interprétait pourtant la prise du pouvoir par Hitler comme un événement lourd de conséquences pour l'histoire mondiale.

Les contemporains n'ont pas été les seuls à en user de manière très superficielle avec Hitler et le national-socialisme. On peut faire la même constatation, après plus d'un demi-siècle, à propos de la tendance intrinsèque de la science. L'étude la plus minutieuse des divers événements ayant précédé la prise du pouvoir ou lui ayant succédé peut obscurcir l'arrière-plan ou en donner une image conventionnelle, de même qu'elle peut laisser à l'auteur le champ libre à des appréciations tout à fait subjectives. Si l'on cherche à retracer les événements politiques dans leur déroulement quotidien et dans toute leur complexité, on sera facilement tenté de considérer comme sans importance des propos idéologiques que l'on rencontre occasionnellement. Si l'on a par exemple étudié Hermann Göring d'abord sous l'angle de sa toxicomanie, on traitera sans doute de verbiage sentimental ce qu'il dit des révolutionnaires de 1918 qui lui auraient « foulé le cœur aux pieds », à lui et à ses semblables. Le spécialiste de la politique parlementaire pourra considérer les communistes comme des « grandes gueules » qui ne se faisaient remarquer que de temps à autre en se livrant à des incidents bruyants ou en déposant des motions irréalistes. Pour l'observateur qui centre son attention sur le Pacte germano-soviétique, le discours de Hitler, le 2 mars 1933, apparaîtra certainement comme une provocation hypocrite et démagogique. Il convient donc de temps en temps, par esprit scientifique et quels que soient les risques, d'aller à l'encontre de cette tendance intrinsèque de la science, la tendance à toujours plus se spécialiser. Si l'on veut établir une hiérarchie de ce qui est central et de ce qui n'est que marginal, de ce qui est impulsion authentique et de ce qui n'est qu'expédient tactique, de ce qui est motivation profonde et de ce qui est motivation moins profonde, et ranger dans cette hiérarchie les diverses déclarations de Hitler à l'époque de son arrivée au pouvoir ainsi que les diverses tendances du mouvement national-socialiste, si l'on veut donner à des termes très usités comme celui de *bourgeois* un sens pertinent et précis, on devra néces-

25. *Braunbuch über Reichstagsbrand und Hitler-Terror*, Bâle, Universum-Bücherei, 1933. (Édition française : *Livre Brun sur l'incendie du Reichstag et la terreur hitlérienne*, Éditions du Carrefour, Paris, 1933.)

26. Bömer, *op. cit.*, p. 45.

sairement opérer un long retour en arrière. Cette rétrospective ne devrait d'ailleurs pas s'arrêter à la Guerre mondiale et à la Révolution allemande de novembre ; il faudra, en faisant état de détails caractéristiques, expressément remonter jusqu'à la Révolution russe à laquelle Hitler, le *Völkischer Beobachter* et tant de chefs du parti se référaient si souvent. Ainsi seulement on pourra montrer concrètement dans quelle mesure la prise du pouvoir par les nationaux-socialistes fut un aboutissement, le point final mis à l'époque de Weimar, à laquelle plus personne ou presque ne désirait revenir en 1933, et dans quelle mesure elle put en même temps servir de prélude aux événements les plus bouleversants de l'histoire mondiale, alors même que les contemporains les plus perspicaces n'y virent qu'un simple épisode.

II

Retour sur les années 1917-1932 : Communistes, nationaux-socialistes, Russie soviétique

II-1

L'effondrement de la Russie et la volonté d'une révolution mondiale : la Révolution de février et la prise du pouvoir par les bolcheviks en 1917

La révolution qu'avait engendrée l'effondrement militaire et à laquelle les nationaux-socialistes ne cessaient de se référer en actes et en paroles, s'était produite, en Russie, un an et demi plus tôt qu'en Allemagne, en mars 1917. Mais la première fut plus longue et douloureuse parce qu'elle n'avait pas été, comme la deuxième, précédée d'une défaite militaire définitive et qu'elle avait au contraire précisément eu pour but, dans un premier temps, de la prévenir. La prise de pouvoir bolchevique de novembre représenta d'une part la poursuite et l'achèvement de ce processus, mais aussi le début d'un mouvement en sens inverse qui, comme cela devait s'avérer au bout de très peu de temps, allait dissoudre la puissance et la cohésion de l'immense empire. Les bolcheviks pensaient toutefois que leur « Révolution d'octobre » [1] exauçait et mettait en œuvre les aspirations qui, pendant la *Révolution de février*, à défaut des hommes politiques, avaient animé la grande masse des soldats et du peuple : le désir de paix, de justice sociale et de liberté. Cette prise de pouvoir eut donc un rapport ambivalent avec la révolution populaire, tandis que la prise de pouvoir nationale-socialiste ne voulait avoir de rapport que négatif avec la révolution qui était née, voilà beaucoup plus longtemps, de l'effondrement allemand.

Le 8 mars 1917, dans Petrograd qui était déjà depuis quelques jours le théâtre de grèves dans de grandes usines, se déroulèrent des manifestations de protestation contre le manque de pain ; elles grossirent rapidement et se renouvelèrent les jours suivants, prenant des proportions de plus en plus imposantes. Dès le début, le président du Parlement avait

1. Le calendrier julien russe retardait de 13 jours sur le calendrier grégorien ; au 7 novembre correspondait donc le 25 octobre. C'est au début de 1918 qu'eut lieu l'harmonisation avec le calendrier en usage dans le reste de l'Europe.

instamment adjuré le tsar, qui avait pris depuis peu, en personne, le commandement suprême des armées et se trouvait dans son quartier général de Mogilev, de former au plus vite un cabinet d'union nationale, expliquant que les bataillons de réservistes des régiments de la Garde tuaient déjà leurs officiers tandis que de nombreux aspirants participaient aux manifestations. Mais Nicolas II ne put s'y résoudre et, quelques jours plus tard, la grande majorité des troupes de la capitale était passée du côté des manifestants, presque tous les postes de police de Saint-Pétersbourg avaient été incendiés et des drapeaux rouges flottaient partout, y compris sur le toit du Palais d'hiver. La dynastie des Romanov était renversée et d'immenses foules d'hommes, ivres de joie, parcouraient les artères principales. À côté d'un gouvernement provisoire, faible et composé de membres du « Bloc progressiste » au Parlement, siégeait un « Soviet des députés des soldats et des ouvriers ». « L'ordre n° 1 » de ce dernier stipulait qu'il fallait constituer des Conseils de soldats dans toutes les unités et que, dans toutes les affaires politiques, c'était lui qui exerçait le commandement. Certes, il était en même temps enjoint aux soldats d'observer la « plus stricte discipline militaire » dans l'accomplissement de leur service, mais cet ordre n° 1 eut pour effet d'affaiblir partout et durablement l'autorité des officiers ; les rapports sur les refus d'obéissance, les désertions et les assassinats de gradés s'accumulaient ; tout l'édifice de la gigantesque armée russe en fut ébranlé. Dès mars, le haut commandement militaire fut avisé, à propos de la situation à Kronstadt, que 90 % des officiers avaient été arrêtés et placés sous surveillance, mais que les officiers encore en liberté ne pouvaient se déplacer avec leurs épaulettes car « les pires éléments des équipages » les leur arrachaient aussitôt[2]. En avril, une assemblée des marins et des soldats d'Helsingfors adopta une résolution qui, protestant « contre tous les mots d'ordre guerriers propagés par la bourgeoisie », affirmait que le manque de munitions était « la faute des patrons[3] ». Les lettres de soldats du front interceptées par la censure évoquaient de plus en plus souvent une prochaine signature de la paix et la future redistribution des terres des propriétaires ; à côté de touchants témoignages d'une prise de confiance en soi, les censeurs pouvaient lire des expressions d'une sauvagerie effrayante : « L'ancien pouvoir ne nous considérait pas comme des hommes [...] maintenant, nous nous sommes tous éveillés à la vie » – « Chez nous, tous les comités travaillent et ont déjà élaboré des projets prévoyant que la terre sera remise gratuitement aux mains du peuple, sans qu'il y ait un kopek à payer. Si quelqu'un s'y oppose et agit contre la loi nouvelle, nous l'abattrons et l'anéantirons et, s'il le fallait, je n'épargnerais pas

2. *Die russische Revolution 1917. Der Aufstand der Arbeiter, Bauern und Soldaten. Eine Dokumentation*. Éd. par Richard Lorenz, Munich, 1981, p. 252.

3. *Id.*, p. 259.

mes propres parents.[4]» Il est donc très tôt apparu qu'on avait à faire à une révolution politique de soldats las de la guerre et à l'ébauche très claire d'une révolution sociale de la part de la majorité des paysans, qui croyait ses vieux désirs de s'emparer des biens de la noblesse sur le point de se réaliser. À Petrograd ainsi que dans les quelques autres centres industriels, s'exprimaient aussi les premières revendications ouvrières d'une socialisation de l'industrie. Il ne fallait pas s'attendre à ce que le Soviet des députés d'ouvriers et de soldats s'opposât radicalement à ces revendications, car il se composait en grande majorité de membres du parti paysan des socialistes-révolutionnaires et du parti ouvrier et marxiste des mencheviks, tandis que les bolcheviks étaient encore relativement faibles. Mais le Soviet savait bien entendu parfaitement que la question de la paix était beaucoup plus importante et immédiate que tous les autres problèmes et il lança donc des appels passionnés aux «prolétaires de tous les pays», et tout particulièrement aux ouvriers et aux soldats allemands, à mobiliser toutes leurs énergies et à obliger ainsi leurs gouvernements à conclure une paix générale à présent que l'autocratie était renversée en Russie et que l'argument de la nécessaire défense de l'Europe contre le despotisme asiatique était devenu sans valeur[5]. Ce Soviet-là ne voulait pas de bouleversement immédiat et il ne réclamait pas le pouvoir pour lui seul. Il était au contraire convaincu que seule la collaboration de tous les partis de gauche, y compris le parti bourgeois des «Démocrates constitutionnels» (les *Cadets*), pourrait sauver la Russie. C'est pourquoi il se considérait plutôt comme le Parlement provisoire du gouvernement provisoire dans lequel il avait, depuis le début, envoyé des représentants. Ce faisant, il s'engageait certes dans une voie qui avait été violemment contestée jusqu'au déclenchement de la guerre, y compris chez les socialistes ouest-européens, la voie de la collaboration avec l'ennemi de classe, la *bourgeoisie* ; mais il pensait à juste titre que toute autre manière de faire mènerait obligatoirement à une paix séparée désastreuse, car c'étaient les continuelles défaites des troupes russes face aux armées allemandes qui étaient en fait à l'origine du désir de paix. Les troupes des puissances des Empires centraux, de plus, avaient profondément pénétré en Russie : elles occupaient toute la Pologne et de grandes parties des provinces baltes, elles étaient aux portes de l'Ukraine. Si l'armée russe se débandait, le pays serait livré à la mainmise de la puissance militaire allemande. Seule la conclusion rapide d'une paix *générale* pourrait alors mettre les forces socialistes à l'abri du reproche d'avoir conduit le pays à la défaite. Ce qui explique que même les bolcheviks aient soutenu un gouvernement qui, à leurs yeux, devait sauver le pays «du déclin et de l'effondrement», maintenant que

4. *Ibid.*, p. 264 et suiv.
5. Schulthess 1917/II, p. 672.

la voie était libre pour fonder une « République démocratique » et pour convoquer une Assemblée constituante [6].

Le premier grand paradoxe de cette révolution aspirant à la paix était donc qu'elle n'avait été possible qu'en raison de l'attente de victoires de la part d'une opinion publique qui éprouvait une méfiance grandissante à l'égard de la Cour tsariste ; l'on prétendait à la Cour que la tsarine Maria Federovna, princesse allemande de naissance, agissait en vue d'une paix séparée avec l'empereur allemand et laissait son favori Raspoutine propager l'esprit du défaitisme. Raspoutine était effectivement hostile à cette guerre et son assassinat, en décembre 1916, fut une victoire, à la Cour, du parti de la guerre qui avait aussi de nombreux champions au Parlement, la Douma. C'était en définitive en alliance avec les démocraties occidentales, la France et l'Angleterre, que l'on faisait la guerre et l'*intelligentsia* russe ainsi que la bourgeoisie industrielle, très puissante à Saint-Pétersbourg, escomptaient depuis longtemps de cette alliance la fin de l'autocratie et la transformation de la Russie en une monarchie constitutionnelle. Voilà pourquoi une notable partie de l'opinion publique salua dans la révolution un tournant qui allait permettre à une Russie, libre et donc plus forte, associée aux peuples libres de l'Ouest, de vaincre le militarisme prusso-germanique. C'est d'ailleurs souvent ainsi qu'on vit la révolution à l'étranger et quelques Américains comparèrent le nouveau ministre-président, le prince Lvov, à George Washington [7]. Il s'en faut de beaucoup que tous les représentants des Alliés aient fait preuve d'un tel optimisme. Le secrétaire de la légation française par exemple, le comte Louis de Robien, a pressenti, dès mars et avril, l'issue probable : il a écrit dans son journal personnel que son ami, le général Stackelberg, avait refusé de céder aux revendications de la soldatesque, qu'il avait été « massacré sous les yeux de sa femme et jeté dans la Néva ». Robien ne fut pas moins inquiet lorsque, quelque temps plus tard, il s'aperçut que, « au milieu des soldats, circulaient des étudiants mal rasés, aux longues tignasses, coiffés de casquettes vertes, [...] vrais types de nihilistes russes » [8]. Il savait bien, comme tous ses collègues, que les Allemands espéraient que la révolution allait conduire à une paix séparée ; il savait aussi que, depuis un bon bout de temps, ils essayaient, à grands frais et à grand renfort d'agents, d'œuvrer dans ce sens. Ce qui ne contribua pas peu à rassurer les Alliés, ce fut la note écrite par le nouveau ministre des Affaires étrangères, Paul Milioukov, le leader des *Cadets*, qui insistait sur la volonté russe de remporter la victoire et rappelait les objectifs poursui-

6. *Illustrierte Geschichte der russischen Revolution 1917*, Berlin, 1928, p. 143.
7. Alexander Rabinowitch, *The Bolsheviks Come to Power*, Londres, 1979, p. XXII.
8. Louis de Robien, *Russisches Tagebuch 1917-1918. Aufzeichnungen eines französischen Diplomaten in Petersburg*, Stuttgart, 1967, p. 18, 23. (Édition française : *Journal d'un diplomate en Russie 1917-1918*, Albin Michel, Paris, 1967, p. 25 et 20.)

vis par son pays dans cette guerre, notamment Constantinople. À son corps défendant, il donna consistance au deuxième paradoxe de la situation, le plus important : le leader des bolcheviks, *Vladimir Ilitch Lénine*, revenu à Saint-Pétersbourg à la mi-avril depuis son exil de Zurich et solennellement accueilli dans la ville, vit alors ses « thèses d'avril » rencontrer une approbation de plus en plus large. Les mencheviks ainsi que nombre de camarades de parti de Lénine eux-mêmes avaient entendu, surpris et interloqués, ce dernier estimer que le Gouvernement provisoire était un gouvernement bourgeois, un gouvernement des capitalistes, et que les véritables socialistes devaient mener un combat acharné contre lui mais aussi, au sein des mencheviks et des socialistes-révolutionnaires « petits-bourgeois », contre les « défenseurs de la patrie » ou contre les « sociaux-chauvins ». Ceci afin de bâtir un État soviétique, une « Commune », qui supprimerait la police, l'armée, le corps des fonctionnaires, et qui permettrait le passage immédiat au socialisme. Cette polémique anti-capitalistes et anti-« bourjouïs » était populaire ; la première preuve en fut que Milioukov dut se retirer à la suite de grandes manifestations. Il fut bientôt impossible de se dissimuler que Lénine, en creusant un fossé aussi profond à l'intérieur même de la *démocratie révolutionnaire*, avait exprimé un fort et profond sentiment populaire. Il y avait d'un côté les socialistes-révolutionnaires et les mencheviks ainsi que quelques partis socialistes de moindre importance, représentant au total et dans un premier temps la grande majorité : sous la conduite d'Alexandre Kerenski, ils cherchaient à réduire le fossé séparant le Soviet et le gouvernement, ce qui eut pour résultat que le Gouvernement provisoire fut bientôt composé de socialistes pour près d'une moitié. De l'autre côté, il y avait les bolcheviks et ceux qu'on appelait les mencheviks internationalistes, regroupés autour de Julius Martov, ainsi que le petit groupe de Léon Trotski qui venait de rentrer d'Amérique. Tous exigeaient que fût donné « tout le pouvoir aux soviets », seul un gouvernement débarrassé des capitalistes et des *défenseurs de la patrie* étant à leurs yeux en position de lancer un appel crédible aux peuples des États belligérants et d'obtenir ainsi une paix générale.

À vrai dire, ce fossé était loin d'être le premier que Vladimir Oulianov, fils d'un inspecteur scolaire anobli de Simbirsk, avait creusé entre lui-même et d'autres socialistes. En 1903, il avait provoqué la scission entre bolcheviks et mencheviks au sein du Parti ouvrier social-démocrate de Russie qui venait tout juste de se créer. Il avait en effet voulu faire triompher sa conception du parti – une « organisation de cadres stable et assurant une continuité », un « petit groupe étroitement uni et fermé » de révolutionnaires professionnels – face aux idées démocratiques de Martov à qui la spontanéité de l'action de masse importait davantage que la conscience qu'avaient d'eux-mêmes les intellectuels et leur prétention à diriger le mouvement. Lénine avait ensuite inlassablement combattu les *liquidateurs*, les *fidéistes* et autres déviationnistes et, la guerre déclenchée, il avait été le seul de tous les socialistes européens à souhaiter expressément la défaite de son propre pays, demandant que l'on « transforme la guerre impérialiste en guerre civile ». En même temps, cet ami de la paix avait exprimé un mépris si grand à l'égard des petits-bourgeois pleurnichards et de leur répulsion devant le sang et l'usage des armes [9] qu'un observateur aurait eu toutes raisons de penser qu'une espèce absolument inédite de socialisme était née dans la tête de cet homme. Ni Kautsky ni Rosa Luxemburg ne le considéraient toutefois comme totalement des leurs, car sa tactique paraissait par trop taillée en fonction des particularités de l'autocratie russe. Le nombre de ses partisans, en 1914, comparé à celui des adhérents et des électeurs de la social-démocratie allemande, était encore très faible. Au début de 1917, son parti ne comptait que quelque 50 000 membres. Pourtant personne, dans aucun autre parti socialiste d'Europe, ne jouissait d'une autorité aussi forte et aussi incontestée.

Même le grand public s'aperçut de ce que, dans une situation extrême, de telles positions pouvaient signifier lorsque Lénine, en juin 1917, dans un discours devant le premier congrès des Soviets de toutes les Russies, se déclara prêt à « prendre tout le pouvoir » avec son parti, ajoutant toutefois aussi que, sitôt après, il ferait arrêter les grands capitalistes puisque, à l'image de leurs collègues français et anglais, ils n'étaient que des voleurs et de dangereux intrigants [10]. Kerenski fut encore très applaudi quand, avec tout le pathos propre au socialisme humanitaire, il condamna et qualifia d'*oriental* le projet d'arrêter et de sanctionner des gens en raison de leur seule appartenance de classe [11]. Le vieux maître de Lénine, le fondateur du marxisme russe Georgui Plekhanov, se livra à une critique tout aussi nette et sèche : il stigmatisa « la volonté quasi pathologique des bolcheviks de prendre le pouvoir » et il déclara que, par nature, Lénine était incapable de comprendre que la défaite de la Russie signifiait aussi obligatoirement la défaite de la liberté russe [12].

Pourtant, le désir des masses de pouvoir identifier des coupables et de leur demander des comptes ne cessait de grandir ; Lénine, dans ses discours depuis le balcon du palais de la danseuse Kchesinskaïa, son quartier général, propageait crûment le mot d'ordre « Volez ce qui vous a été volé ! », appelant à incendier les demeures des propriétaires fonciers. Des faits semblables se déroulaient déjà dans toute la Russie et, en maints endroits, l'activité commerciale était quasiment au point mort car les

9. Lenin AW, vol. II, p. 876 et suiv.

10. *Id.,* vol. II, p. 69 et suiv.

11. Richard Kohn, *Die russische Revolution in Augenberichten*, Düsseldorf, 1965, p. 241.

12. G. V. Plekhanov, *God na rodine. Polnoe sobranie statei i recï 1917-1918 v dvuch tomach*, Paris, 1921, vol. 1, p. 30, 33.

paysans retenaient tout simplement pour les besoins locaux des livraisons de bois ou de céréales déjà payées et destinées à des contrées plus éloignées. Mais la différence est grande entre des tensions sociales qu'on ne parvient pas à empêcher, voire que l'on comprend, et des tensions que l'on encourage et que l'on aiguise ; c'est ce qu'illustre de manière symptomatique une lettre expédiée en juin par le colonel d'un régiment sibérien à l'état-major de son armée : « Il ne reste plus, à moi-même et à mes officiers, qu'à sauver notre peau, car un partisan de Lénine, un soldat de la Ve compagnie, vient d'arriver de Petrograd. À 16 heures va se tenir une assemblée. La décision est déjà prise de nous pendre, moi, Morosko et Egorov, de s'occuper des officiers et de leur faire rendre compte. Je pars pour Loschany. [...] Beaucoup, parmi les meilleurs soldats et officiers, se sont déjà enfuis. [13] »

Il est presque incroyable qu'une armée parvenue à un tel stade de décomposition ait encore eu la force, début juillet, d'entreprendre une grande offensive, l'offensive Broussilov, qui remporta d'abord des succès. Le ministre de la Guerre, Kerenski, l'avait décidée afin, notamment, d'apaiser les doutes grandissants que les Alliés nourrissaient quant à la fidélité de la Russie à l'alliance et quant au crédit que l'on pouvait lui faire. En dépit de l'entrée en guerre de l'Amérique, le moral des adversaires des puissances de l'Europe centrale n'était pas bon et une victoire russe en Galicie aurait fortifié une foi en la victoire bien chancelante et aurait considérablement rehaussé le prestige de la Russie. Mais la retraite et une défaite catastrophiques succédèrent bientôt à la marche en avant et le nombre des soldats qui abandonnaient le front de leur seule initiative se mit à grandir inéluctablement. Il n'est pas possible de dire avec exactitude ce qui revient à la propagande bolchevique dans ces événements, mais il ne fait aucun doute que son rôle fut considérable.

En juillet, un soulèvement qui fit quelque cent morts à Petrograd et que le parti n'avait soutenu qu'avec hésitation, sembla pourtant réduire à zéro tous les succès remportés jusque-là par ce dernier. Le gouvernement ayant lancé des mandats d'arrêt contre les leaders bolcheviques et jeté plusieurs d'entre eux en prison, Lénine dit avant de passer dans la clandestinité : « Maintenant, ils vont nous fusiller tous. [14] » Mais c'étaient toujours les socialistes humanitaires qui étaient au pouvoir et Léon Trotski put écrire en prison article sur article pour les nombreux organes du parti qui n'avaient fait que changer de nom. Lénine, lui, s'était réfugié à Helsingfors chez le chef de la police locale, un sympathisant des bolcheviks. En fait, la situation du parti aurait été désespérée si le gouvernement et le Soviet s'étaient résolus à engager la lutte de toutes leurs

13. Lorenz, *op. cit.*, p. 275.

14. Leo Trotzki, *Über Lenin*, Francfort/Main, 1964, p. 61. (Édition française : *Lénine*, PUF, Paris, 1970, p. 78.)

forces, car le parti bolchevique souffrait d'une faiblesse qui aurait pu lui être fatale. Lénine, en effet, accompagné d'un certain nombre de ses principaux compagnons, avait traversé l'Allemagne pour regagner la Russie et il sautait aux yeux que le gouvernement allemand n'avait pu donner son accord que dans un but bien précis. Le parti disposait en outre de moyens étonnamment importants. Quoi de plus naturel que d'imaginer un Lénine travaillant, pour le compte des Allemands, à ce que la Russie se retire promptement de la guerre ? En réalité, il n'est depuis longtemps un secret pour personne que les dirigeants allemands, en particulier le général Ludendorff, accordaient une grande importance à ce projet et que, depuis 1915, des sommes d'argent considérables avaient été envoyées en Russie, en faveur de l'agitation révolutionnaire. C'était d'ailleurs l'ancien socialiste de gauche, Alexander Parvus-Helphand, dont la guerre avait fait un social-patriote mais qui continuait à exécrer le tsarisme, qui servait d'intermédiaire. Le secrétaire d'État von Kühlmann put donc à bon droit écrire en septembre que, sans l'ampleur et la constance de l'aide fournie par le gouvernement allemand, le mouvement bolchevique n'aurait jamais pu atteindre les dimensions et l'influence qui étaient aujourd'hui les siennes [15]. En juillet cependant, les masses populaires, et en particulier les soldats de Saint-Pétersbourg, faisaient toujours preuve d'un grand patriotisme en dépit de la lassitude de la guerre ; une des raisons, et non la moindre, était que le gouvernement avait garanti à la garnison qu'elle ne serait pas transférée au front puisqu'elle devait assurer la sécurité de la révolution dans la capitale. Il aurait donc été beaucoup plus facile de dresser les soldats contre des *agents allemands* que contre de *riches capitalistes*. Mais, c'est le moins que l'on puisse dire, les socialistes-révolutionnaires et les mencheviks ne mirent pas grande conviction à se saisir de cette chance. Leur attitude ne fut pas dictée uniquement par leur humanisme ; leur peur de la *réaction* les amenait à penser aussi qu'ils ne pouvaient se passer de l'alliance avec les bolcheviks.

La réaction en question, pour l'heure, prenait essentiellement la forme de tentatives désespérées, de la part du quartier général militaire, pour venir à bout des tendances à la désagrégation qui se manifestaient dans l'armée et dans la flotte et pour rétablir l'autorité des officiers, condition première et indispensable de la résistance à l'*ennemi héréditaire allemand*. Les généraux, dans cette tâche, bénéficiaient en principe du soutien du gouvernement et, fin juillet, la peine de mort fut réintroduite. Il est manifeste que Kerenski, ministre-président depuis juillet et sans cesse sous la pression des ambassadeurs alliés, envisageait sérieusement d'instaurer dans cette situation une sorte de dictature. En cela, ses désirs rejoignaient apparemment ceux du commandant en chef, le général

15. Ladislaus Singer, *Raubt das Geraubte. Tagebuch der Weltrevolution 1917*, Stuttgart, 1967, p. 228.

cosaque Lavr Kornilov. Mais Kerenski voulait être lui-même le dictateur alors que, précisément, une grande méfiance à son encontre s'était accumulée parmi les officiers. C'est ainsi que quelques malentendus fortuits, mais facilement compréhensibles, conduisirent, en septembre, à ce qu'on a appelé le *putsch Kornilov*. Pour se maintenir au pouvoir, Kerenski le qualifia d'entreprise dirigée contre le gouvernement et donc de haute trahison. Aussitôt, tous les partis de gauche se rassemblèrent face à cette attaque contre *la Révolution* et les bolcheviks prirent la direction du mouvement en propageant des mots d'ordre aussi mobilisateurs que celui-ci : « Un triomphe de Kornilov signifierait le déclin de la liberté, la perte du pays, la victoire et la toute-puissance du propriétaire foncier sur le paysan, du capitaliste sur l'ouvrier, du général sur le soldat. [16] » Ils lancèrent toute une armée d'agitateurs à la rencontre des troupes du généralissime marchant sur la capitale, afin de convaincre les soldats qu'ils agiraient contre leurs propres intérêts, prolongeraient la guerre et ouvriraient la voie à une restauration du tsarisme s'ils obéissaient aux ordres de leurs officiers. En réalité, ce n'est pas seulement sur les voies d'accès à Petrograd mais aussi en de nombreux endroits du pays que les troupes succombèrent à la force de conviction d'arguments qui ne faisaient qu'exprimer leurs plus intimes désirs et leurs plus intimes angoisses, même si elles n'avaient encore qu'à moitié conscience de ces sentiments. Aucun des officiers concernés ne pourra jamais oublier comment ses soldats lui échappaient, non sous le feu des obus, mais dans l'ouragan des paroles ; pour chacun d'eux, le mot de *bolchevisme* signifiera d'abord et surtout le responsable de la perte d'autorité à laquelle il avait été exposé depuis le début de la révolution. Rien ne pouvait plus désormais arrêter le cours des choses. Le front se désagrégeait de plus en plus ; ce n'étaient plus de nombreux soldats qui désertaient individuellement, c'étaient maintenant des unités entières. Les propos sur un proche partage des terres des propriétaires fonciers exerçaient sur les imaginations des paysans-soldats un choc irrésistible et ils n'aspiraient plus qu'à rentrer chez eux pour ne pas perdre leur part. L'occupation par les Allemands, en août, de Riga et des îles de Dagö et d'Ösel favorisa au premier chef l'agitation des bolcheviks, qui accusaient le gouvernement de vouloir livrer la capitale à l'ennemi pour étouffer la Révolution. Début octobre, le parti obtint la majorité absolue lors des élections au Conseil des ouvriers et des soldats de Saint-Pétersbourg. Trotski fut élu à sa tête. L'influence des mencheviks diminuait rapidement et, chez les socialistes-révolutionnaires, l'aile gauche se renforçait. Les masses étaient de plus en plus convaincues que, si la guerre n'était toujours pas finie, la faute en revenait aux capitalistes et aux *Cadets* ; dans un climat de peur et de haine portées

16. N. Ja. Ivanov, *Korniloveina i ee razgrom. Iz istorii borby c kontrrevolucieï v 1917 g.*, Leningrad, 1965, p. 126.

à leur paroxysme, la réinstauration de la peine de mort fut considérée comme l'une des preuves de l'intention du gouvernement « d'exterminer les soldats, les ouvriers et les paysans » [17].

C'est là que se situe le troisième paradoxe marquant la révolution populaire de mars et ses suites. Le deuxième congrès des soviets de toute les Russies devait se tenir début novembre et les élections donnèrent des majorités écrasantes aux partis socialistes. On s'attendait généralement à ce que le congrès dissolve le gouvernement Kerenski et qu'il décide d'organiser des élections en vue de réunir une assemblée constituante. Il serait alors possible d'adresser, avec toute l'autorité voulue, un appel aux peuples du monde entier et de s'attaquer, dans les règles, au partage des terres des propriétaires fonciers. C'est précisément le moment que choisit Lénine, alors que le triomphe de son programme semblait inéluctable, pour exiger des instances centrales de son parti avec une insistance de plus en plus grande – il alla jusqu'à dire que même une hésitation serait mortelle – qu'elles décident un soulèvement armé et donc de prendre le pouvoir avant même que ne se réunisse le congrès des soviets. C'est à l'occasion d'une session du Comité central de son parti, une réunion de douze hommes à laquelle il prit part sous un déguisement, qu'il imposa cette décision, alors même que ses plus proches collaborateurs, Zinoviev et Kamenev, la tenaient pour calamiteuse et qu'ils avaient publiquement fait part de leurs réserves. De nouveau, un hasard lui vint en aide. Le gouvernement annonça son intention d'envoyer au front une partie de la garnison de Petrograd, revenant ainsi sur une promesse solennelle. Une nouvelle agitation de grand style fut alors déclenchée ; on déclara la Révolution en danger. Le Comité exécutif central du Soviet forma un « Comité militaire révolutionnaire » qui, sous la direction de Trotski, mais sans les socialistes-révolutionnaires ni les mencheviks, entreprit de préparer avec une grande énergie l'insurrection antigouvernementale, en prétextant qu'il était nécessaire de défendre la « légalité soviétique » [18]. Il s'avéra rapidement que, si la plus grande partie de la garnison proclamait bien sa neutralité, le gouvernement ne disposait toutefois de pratiquement aucune unité sûre. Il est symptomatique que ce soit essentiellement un bataillon féminin qui ait défendu le Palais d'hiver, le siège du gouvernement. Il n'est guère de révolutions qui aient aussi peu ressemblé que celle-ci à une révolution populaire, lorsque d'immenses foules se lancent dans une lutte acharnée contre les empiétements d'un gouvernement despotique. La perspective Nevski était noire de monde, les tramways circulaient et les théâtres affichaient complet.

17. James Bunyan et H. H. Fischer, *The Bolshevik Revolution 1917-1918. Documents and Materials*, Stanford, 1961, p. 25.

18. Trotski, dans son écrit « Octobre » de 1924, revient sur le terme avec une particulière insistance.

Pourtant, quelques unités de l'armée et quelques détachements de la milice bolchevique, la *Garde rouge*, occupèrent la forteresse Pierre-et-Paul et les ponts ; le croiseur « Aurore » tira quelques coups de canon qui ne causèrent pas de dégâts notables ; les troupes gouvernementales cantonnées dans le Palais d'hiver se retirèrent discrètement pour la plupart d'entre elles, cédant la place aux émeutiers qui pénétraient lentement à l'intérieur du bâtiment et qui procédèrent à l'arrestation du gouvernement provisoire, y compris des ministres socialistes. Kerenski, en revanche, avait pu s'enfuir à temps. Lorsque s'ouvrit le deuxième congrès des soviets, on pouvait déjà lire les affiches qui annonçaient le renversement du gouvernement provisoire ; on accueillit les délégués en les informant qu'un nouveau gouvernement provisoire avait été constitué avec des membres du Parti des bolcheviks, sous la présidence de Lénine. Les délégués des socialistes-révolutionnaires et des mencheviks protestèrent avec la dernière énergie contre cette *prise de pouvoir criminelle* qui plaçait le congrès devant un fait accompli et ils quittèrent la salle, tandis que Trotski, sarcastique, leur criait que leur place était dans les poubelles de l'histoire. Dans ces conditions, la Révolution d'octobre fut en réalité avant tout le putsch d'un parti socialiste contre les autres partis socialistes ainsi que, et ce n'est pas le moins important, contre les objectifs du congrès des soviets. Ce dernier aurait sans aucun doute répondu aux vœux de l'écrasante majorité de la population et formé un *gouvernement soviétique* composé des partis socialistes, à l'exclusion de tout parti *bourgeois*. La seule idée qui ait pu animer Lénine est que l'anarchie et la désagrégation qui avaient commencé en mars se poursuivraient inéluctablement s'il se liait à Julius Markov et à Viktor Tchernov au sein d'un cabinet et que la dictature de son parti était désormais l'unique moyen d'accomplir ce qui était nécessaire à ses yeux : sauver la Russie et déclencher la révolution mondiale. En apparence, par rapport à mars ou à l'été, rien n'était changé : les drapeaux rouges, les discours sur la paix et le partage de la terre, les appels pathétiques aux peuples du monde entier, rien de tout cela n'était nouveau. Le nouveau, en revanche, c'était la volonté farouche du Conseil des commissaires du peuple et de son président ; le nouveau, ce furent par conséquent aussi les proclamations et les décrets sur la terre et la paix adoptés au petit matin du 8 novembre, dans un grand élan d'enthousiasme. C'est précisément là que la comparaison avec la prise de pouvoir nationale-socialiste du 30 janvier 1933 est la plus évidente. En Allemagne aussi, la détermination emporta la décision face aux partenaires de coalition pourtant puissants et déjà en place au gouvernement, tandis que leurs programmes coïncidaient dans une large mesure avec celui du NSDAP. On parla d'ailleurs de la *contre-révolution bolche-*

19. Peter Scheibert, *Lenin an der Macht. Das russische Volk in der Revolution 1918-1922*, Weinheim, 1984, p. 303.

vique bien avant de parler de la contre-révolution nationale-socialiste [19]. Il demeure néanmoins incontestable que les événements de novembre demeuraient bien dans la ligne de ceux de mars et que Hitler se serait rangé aux côtés du général Kornilov si, comme Alfred Rosenberg, il s'était trouvé en Russie à ce moment-là [20].

On ne peut donc pas dire que les événements des 6 et 7 novembre ne furent qu'un coup de main des bolcheviks contre leurs alliés socialistes et encore moins qu'ils furent une contre-révolution clairement identifiable. Il est manifeste que d'innombrables personnes dans toute la Russie et principalement les soldats du front ont vu dans les commissaires du peuple des défenseurs crédibles des revendications mises en avant dès mars ; en quelques jours, en quelques semaines ils réussirent en tout cas à s'imposer dans les régions les plus importantes de l'empire russe. John Reed relate comment, à la fin du deuxième congrès des soviets, tous les participants, pleins d'une foi qui les transportait, entonnèrent l'Internationale et comment, à côté de lui, un jeune soldat en larmes n'arrêtait de dire : « La guerre est terminée ! La guerre est terminée ! » De même, après que, comme précédemment celles de Kornilov, les troupes regroupées par Kerenski se furent débandées sous la pression de l'agitation, un vieil ouvrier qu'il rencontra à la périphérie de Petrograd se tourna, extasié, vers la ville, écarta les bras et dit : « À moi ! À présent, c'est tout à moi ! Mon Petrograd ! » [21]. Cette aspiration des grandes masses à s'approprier ce dont elles avaient jusqu'ici été privées, l'estime de soi, la coopération, la culture, prirent les formes les plus variées et même si Lénine l'avait voulu il lui aurait été difficile d'empêcher les ouvriers de placer bientôt les usines sous leur contrôle ; tout aussi inévitablement, il aurait été de plus en plus question d'instaurer le *socialisme* en nationalisant l'industrie, socialisme qui ne tarderait pas à vaincre et à s'étendre au monde entier. L'idée que cette révolution représentait le soulèvement de tous les esclaves contre tous leurs maîtres et qu'elle allait gagner l'ensemble des pays du globe se répandit rapidement ; mais elle impliquait aussi que quiconque ferait obstacle à la libération des ouvriers et des paysans et entraverait leur marche vers la paix et le bonheur, serait un ennemi de l'humanité et mériterait la mort.

Cette grande révolution, censée devoir déboucher sur la paix dans le

---

20. Vladimir Pourichkevitch, l'un des adversaires les plus résolus de la révolution de mars, s'exprima à l'époque sur les mesures que, à ses yeux, il aurait fallu prendre en recourant presque aux mêmes mots que Hitler utilisera quelques années plus tard dans *Mein Kampf* : « Si, sur le front, on avait passé par les armes mille, deux mille, peut-être cinq mille salopards ainsi que quelques douzaines d'autres à l'arrière, nous n'aurions pas eu à subir cette humiliation sans précédent ». (Rabinovitch, *op. cit.*, p. 45.)

21. John Reed, *Zehn Tage, die die Welt erschütterten*, Berlin, 1957, p. 188, 310. (Édition française : *Dix jours qui ébranlèrent le monde*, Le Seuil, Paris, 1996, p. 183 et 288.)

monde et sur la libération des masses, ne prit pourtant pas la forme de l'élection libre d'une assemblée constituante, d'une collaboration de tous les partis progressistes ou au moins socialistes, d'une réorganisation non anarchique des rapports sociaux à la campagne ainsi que de l'ouverture d'une période de libre développement économique ; elle s'identifia au contraire avec la prise de pouvoir des 6 et 7 novembre. Dans ces conditions, le parti victorieux ne pouvait manquer de nourrir le projet d'éliminer la classe des propriétaires fonciers et la classe des capitalistes, d'étouffer la presse *bourgeoise* et, de manière générale, la presse hostile ; il ne pouvait manquer, ensuite, de combattre sans ménagements tous les autres partis. Inversement, les autres partis ne pouvaient manquer de voir dans le parti des bolcheviks le parti de la guerre civile ayant pour programme d'action de déclarer la guerre à l'ensemble des forces politiques et sociales. C'est en ce sens que s'exprimèrent, dans les jours qui suivirent le coup de force, les représentants de tous les partis, des *Cadets* aux socialistes-révolutionnaires : la douma municipale de Petrograd déplora « la guerre civile engagée par les bolchevistes », les socialistes-révolutionnaires de droite déclarèrent que les bolcheviks faisaient tout ce qui était en leur pouvoir pour déclencher une guerre civile sanglante et les socialistes-révolutionnaires de gauche, dix jours à peine après le coup de force, se dressèrent contre « le funeste système de la terreur » qui se manifestait par l'interdiction de nombreux journaux et menait inévitablement à la guerre civile [22]. De fortes résistances se manifestèrent aussi dans les rangs du parti bolchevique et toute une série de commissaires du peuple et de membres du Comité central, entre autres Zinoviev, Kamenev, Rykov, Riazanov et Noguine, démissionnèrent de leurs responsabilités en expliquant qu'un gouvernement exclusivement bolchevique ne pouvait se maintenir au pouvoir qu'au moyen de la terreur politique [23]. Pour Lénine, l'appréciation à porter était exactement inverse : les classes et les partis s'opposant aux bolcheviks étaient déjà condamnés par l'histoire et il convenait d'exécuter le verdict. C'est ainsi que, dès les premiers jours, on réprima avec une extraordinaire brutalité un *soulèvement* d'élèves-officiers qui n'était que le prolongement de la résistance rencontrée le 7 novembre ; à cette occasion, Trotski fixa comme principe qu'il fallait, pour chaque victime bolchevique, passer par les armes cinq Junkers emprisonnés. Même la femme de Lénine, Kroupskaïa, qui n'était certainement pas sanguinaire, rapporta en 1934 encore, sans un mot de réprobation, l'exclamation d'une voisine : « Ils ont embroché un Junker au bout d'une baïonnette, comme un petit insecte. [24] » La mise en œuvre de

22. Bunyan-Fischer, *op. cit.*, p. 119, 147, 203.

23. *Id.*, p. 202.

24. N. K. Kroupskaïa, *Oktjabrskie dni*, Moscou, 1967, p. 23 (1re édition 1934). Mêmes scènes, plus épouvantables encore, chez de Robien, *Journal...*, *op. cit.*, p. 238 et suiv.

la terreur n'a pas attendu la fondation de la *Tchéka*, la « Commission extraordinaire de lutte contre la contre-révolution et le sabotage » ; au début, cette terreur ne consista guère, de la part du Conseil des commissaires du peuple, qu'à tolérer avec bienveillance, voire à encourager, la colère des masses contre les *bourjouïï* et leurs partis. Certes, les élections à l'Assemblée constituante qui suivirent de très près la prise du pouvoir montrèrent que les socialistes-révolutionnaires de droite qui avaient obtenu une majorité considérable n'étaient pas seuls : le parti des *Cadets* avait lui aussi recueilli un pourcentage étonnamment élevé de voix, dont il est difficile de croire qu'elles étaient celles des seuls bourgeois riches. Le 11 décembre, les membres de l'Assemblée nationale qui avaient pu à cette date arriver à Petrograd se rendirent au Palais de Tauride où ils devaient siéger, accompagnés d'une marée humaine qui, d'après quelques rapports d'époque, ne devait pas compter moins de deux cent mille manifestants ; les gardes n'osèrent pas leur interdire l'entrée. Compte tenu du trop faible nombre de députés, la séance ne put bien sûr être ouverte, mais il est évident que Lénine a vu dans cet événement une menace sérieuse. Il fit mettre hors-la-loi le parti des *Cadets*, déclaré ennemi du peuple pour avoir pris part à la conspiration et avoir soutenu les Cosaques révoltés. On arrêta un certain nombre de dirigeants du parti, dont les anciens ministres Chingarev et Kokochkine qui jouissaient d'un fort prestige. Quelques semaines plus tard, des marins faisant irruption dans l'hôpital de la prison y assassinèrent les deux hommes et le gouvernement déclara que les criminels étaient des anarchistes qui seraient punis sitôt qu'on aurait mis la main sur eux. Mais il ne fut pas possible d'attribuer la fin de l'Assemblée constituante à l'anarchie ou à la colère populaire ; c'est une décision du gouvernement, en date du 21 janvier 1918, qui la provoqua, les députés n'ayant siégé qu'un seul jour sous la menace des fusils des gardes et ayant choisi comme président le socialiste-révolutionnaire de droite Viktor Tchernov.

Peu après, le Conseil des commissaires du peuple fit annuler toutes les dettes intérieures et extérieures et, s'il porta de la sorte aux puissances alliées un coup très sensible, il ruina du même mouvement la bourgeoisie russe, contrainte de payer des salaires tandis qu'on bloquait ses comptes. Rien d'étonnant, donc, à ce qu'une résistance se soit manifestée en de nombreux endroits. De façon analogue, les tendances à la sécession ou au moins à l'autonomie se renforcèrent dans nombre de régions périphériques, dans la région du Don par exemple, en Ukraine, dans le Caucase ainsi que dans les provinces baltes. Mais les bolcheviks eux-mêmes encourageaient ces tendances et Lénine déclara que la Russie était prête à renoncer à son statut de grande puissance, les tsars n'ayant créé et maintenu l'empire géant qu'au prix de conquêtes et de répressions. Néanmoins, partout où il y avait aspiration à la sécession, les bolcheviks avaient aussi leurs partisans et, chez les Cosaques du Don, par exemple, ils réussirent très tôt à s'imposer par leurs seules forces contre le gouvernement du hetman Kaledine. Une nouvelle *époque de chaos* avait commencé et une décomposition de son empire n'aurait certainement pas été épargnée à la Russie si l'Assemblée constituante s'était imposée et si le parti du *pouvoir total* n'avait pas réussi à conserver ses positions.

Il s'avéra très vite que le parti de la guerre civile était aussi le parti de la paix séparée. Dès le 22 novembre, Lénine appela les soldats et les marins à engager d'eux-mêmes des négociations d'armistice avec l'ennemi. On pouvait lire, dans cette proclamation, des phrases comme celles-ci : « Soldats, la cause de la paix est entre vos mains. Ne permettez pas que des généraux contre-révolutionnaires torpillent la grande cause de la paix. Entourez-les de gardes afin de prévenir leur lynchage mais ne les soustrayez pas à la condamnation qui les frappera. [25] » Quelques jours plus tard, un groupe de soldats interpréta ce signal d'une manière dont il est difficile de dire qu'elle fut erronée : ils tuèrent de façon barbare le commandant en chef, le général Douchonine, bien que son successeur, l'aspirant Krylenko, fût présent. Les décrets gouvernementaux sur la « démocratisation de l'armée » qui suivirent firent prendre conscience avec horreur à l'un des rares généraux qui s'étaient rangés aux côtés du pouvoir soviétique, Mikhaïl Bontch-Brouïevitch, que c'était à dessein que le gouvernement détruisait les derniers restes de la vieille armée qui faisaient encore face à l'ennemi [26]. Comment les Allemands auraient-ils désormais pu encore douter qu'ils avaient remporté une victoire complète sur la scène militaire orientale ? Ils acceptèrent certes, formellement, la proposition soviétique de participer à une conférence générale de paix mais, après le refus des Alliés d'y prendre part, ce sont de simples négociations pour une paix séparée qui se déroulèrent à Brest-Litovsk. Lorsque les délégués soviétiques, avec à leur tête Abram Joffe puis Trotski, le nouveau ministre des Affaires étrangères, lançaient des appels pressants au « prolétariat allemand », ils espéraient certes manifestement une prochaine révolution en Allemagne, mais ils avaient aussi besoin de cet espoir pour justifier une démarche qui conduisait à une « paix de traîtres et d'esclaves » [27]. Lénine eut toutes les peines du monde à arracher l'accord des instances supérieures du parti en recourant à l'argument selon lequel aucun sacrifice n'était trop grand pour préserver l'unique État socialiste de la terre jusqu'à l'imminent déclenchement de la révolution en Allemagne et dans tout l'Occident. Au VIIe Congrès du parti, il se fit néanmoins accorder les pleins pouvoirs afin d'être en mesure de déchirer tous les traités de paix et de déclarer la guerre au monde entier

25. Bunyan-Fischer, *op. cit.*, p. 236.

26. M. Bontch-Brouïevitch, *From Tsarist General to Red Army Commander*, Moscou 1966, p. 222.

27. Scheibert, *op. cit.*, p. 297.

28. *Lenin Werke*, vol. 27, p. 107. (Édition française : Lénine, *Œuvres*, Éditions sociales, Paris et Éditions de Moscou en langues étrangères, 1961 ; ici, vol. 27, p. 115-116.)

lorsque l'heure serait venue [28].

Alors seulement, le gouvernement de Lénine se retrouva dans une situation vraiment dangereuse. La fraction de gauche du parti bolchevique le critiquait violemment, les socialistes-révolutionnaires de gauche qui avaient fini par entrer au gouvernement préparaient un soulèvement, d'anciens officiers conspiraient, des contre-gouvernements se constituaient en divers endroits du pays. Se révélait toutefois décisive l'hostilité maintenant déclarée des Alliés, qui voyaient dans le traité de paix de Brest-Litovsk la rupture de traités ratifiés par le droit international et qui apportaient une puissante aide financière à toute opposition dont ils espéraient qu'elle ramènerait la Russie dans la guerre contre l'Allemagne. Le soulèvement des Tchécoslovaques, d'anciens prisonniers de guerre autrichiens qui cherchaient à gagner le front en France, via Vladivostok, et qui en très peu de temps s'étaient rendus maîtres de toute la Sibérie, résulta de l'intervention des Alliés mais aussi d'ordres de désarmement prématurés donnés par Trotski, qui venait d'être nommé commissaire à la guerre et mettait sur pied une « Armée rouge ».

Lénine vit dans tout cela l'œuvre de la *bourgeoisie mondiale* et il se résolut non seulement à anéantir *en tant que classe* la bourgeoisie russe, l'*ennemi principal* à portée de main, mais aussi à procéder dans la foulée à l'élimination physique de nombreux individus lui appartenant. C'est dès juillet 1918 que le principe de la privation des droits, c'est-à-dire, dans la pratique, l'exclusion de la communauté des citoyens, prit force constitutionnelle. Et, pourtant, la résistance qu'offrit cette bourgeoisie déjà durement touchée et condamnée à végéter misérablement fut étonnamment faible, y compris celle de son élite en état de combattre, les anciens officiers tsaristes. Claude Anet rapporte le cas d'un général qui devait accompagner à Brest-Litovsk la délégation chargée de négocier l'armistice et qui, désespéré de voir se préparer une paix séparée, se suicida, sans même songer à tourner son arme contre ceux qui menaient la délégation [29]. En juillet 1918, pendant le soulèvement des socialistes-révolutionnaires de gauche et alors que le destin du gouvernement était suspendu à un fil, sous la seule protection de quelques régiments de soldats lettons, il y avait au moins vingt mille anciens officiers à Moscou ; mais ils étaient manifestement si démoralisés par leurs conditions de vie qu'ils ne bougèrent pas. Les *armées de volontaires* du général Denikine au sud et de l'amiral Koltchak à l'est virent affluer vers elles moins de recrues qu'escompté et les rares troupes d'intervention que les Alliés expédièrent à Arkhangelsk et ailleurs limitèrent pour l'essentiel leur intervention à mettre à l'abri du matériel précédemment livré. Pourtant, même si les actions de guerre ou de guerre civile proprement dites furent d'une ampleur relativement restreinte, il n'en reste pas moins que le danger était grand. Le gouvernement des bolcheviks manifesta dans ces

29. Claude Anet, *La révolution russe. La terreur maximaliste*, Paris, 1919, p. 150.

conditions une détermination si extrême que ses adversaires se demandèrent s'ils avaient à faire à des idéologues certains de vaincre ou à des hommes de pouvoir brutaux, désespérés par le caractère sans issue de leur situation.

Lorsque, en juillet 1918, les légions tchèques firent marche, depuis la Sibérie, en direction d'Iekaterinbourg où le tsar était emprisonné avec sa famille, le Soviet de l'Oural fit exécuter Nicolas II et l'on fusilla avec lui sa femme, son fils, ses filles, son médecin personnel, le cuisinier, les serviteurs et les femmes de chambre ; le gouvernement de Moscou n'en approuva pas moins expressément le forfait, même s'il tenta un moment de tenir secret l'assassinat de la tsarine et des enfants. L'histoire européenne n'avait encore jamais connu d'acte semblable ; les exécutions de Charles Ier et de Louis XVI ne peuvent lui être comparées puisque le roi d'Angleterre avait combattu les armes à la main contre les Puritains de Cromwell et que le Français avait effectivement conspiré avec l'étranger ; il y avait eu, en outre, des procédures judiciaires et, pour ce qui est de l'anéantissement familial, seule la *Terreur* française offre une lointaine analogie. Les appels à la « terreur de masse contre la bourgeoisie » se multiplièrent, mais ce furent les socialistes-révolutionnaires Leonid Kanegisser et Fanny Kaplan qui commirent, le 30 août, des attentats contre Ouritski, le chef de la Tcheka, à Petrograd et contre Lénine à Moscou. Ouritski succomba et Lénine ne fut, lui, que légèrement blessé ; mais immédiatement, dans les deux capitales, on fusilla plusieurs centaines d'officiers et de bourgeois emprisonnés ainsi qu'un nombre indéterminé d'autres dans le reste du pays, parce que quiconque résistait ne pouvait être qu'un agent de la bourgeoisie, l'ennemi par définition. Le décret sur la « terreur rouge » du 5 septembre 1918 a constitué la dernière étape sur la voie d'un anéantissement de classe dont l'histoire européenne offre aussi peu de précédents que pour l'assassinat de la famille du tsar ; il n'est pas étonnant, dans ces conditions, que ce soit sans cesse le mot *asiatique* qui soit venu aux lèvres des observateurs. Le décret stipulait « qu'il était inévitable de renforcer la République des soviets contre ses ennemis de classe en isolant ces derniers dans des camps de concentration et qu'il fallait fusiller toute personne en contact avec les organisations, les conjurations et les séditions de la Garde blanche...[30] » Quelques jours plus tôt, déjà, on avait annoncé qu'on s'en prendrait à tous les contre-révolutionnaires et à tous ceux qui les inspiraient. Les définitions étaient si peu précises que n'importe qui pouvait être fusillé sans jugement par la Tcheka et l'on ne peut même pas dire qu'il s'agissait là d'une innovation absolue puisque, depuis le début de l'année, les gardes chargés de surveiller les bourgeois contraints au travail forcé avaient ordre de faire usage de leurs armes en cas de résistance et même

30. *Dekrety sovetskoj vlasti*, Moscou, 1957, vol. 3, p. 291 et suiv.
31. Bunyan-Fischer, *op. cit.*, p. 517.

de simple contestation [31].

Il ne serait donc pas exact de prétendre que le régime bolchevique a été forcé dans ses retranchements par ses adversaires et entraîné dans une guerre civile et qu'il aurait alors fait preuve, pour se défendre, d'une grande dureté et parfois d'une extrême cruauté. Le régime fut tout au contraire, d'emblée, une force active qui, s'appuyant sur une adhésion momentanée des masses, a déclaré la guerre à toutes les forces sociales autres que les *pauvres* ou les *esclaves*, leur annonçant qu'elles seraient détruites. Et il s'avéra très vite que les ouvriers n'étaient pas eux non plus à l'abri de la répression et de la liquidation s'ils ne se soumettaient pas à la dictature du parti. Un rassemblement de protestation s'étant formé le lendemain de la dissolution de l'Assemblée constituante, la Garde rouge tira dans la foule et une vingtaine de morts restèrent sur le pavé. Le communiqué officiel affirma qu'il s'agissait de *petits-bourgeois*. Mais un mouvement ouvrier indépendant s'étant constitué dans les mois qui suivirent, on put lire dans leurs publications illégales des phrases comme celle-ci : « L'ouvrier qui se tenait près de la porte répliqua (au commissaire) que seuls des ouvriers pouvaient participer au rassemblement. Là-dessus, le commissaire dégaina son revolver et abattit l'ouvrier. [32] » Le récit qu'un autre ouvrier fit très tôt de son séjour dans la prison de la Tcheka, Taganka, se termina par la constatation que la Russie était couverte de semblables « cimetières de vivants », dans lesquels, jour après jour, dans le grondement des moteurs de camions, on procédait à des exécutions [33].

Les *pensées intempestives* sur la culture et la révolution, publiées en 1917 et en 1918 par Gorki, dans son journal *Novaïa Chisnï*, montrent de manière très émouvante comment les élans du « socialisme humanitaire » ont d'abord subsisté avant de dépérir progressivement. Il constate, dès le 20 novembre 1917, que Lénine, Trotski et leurs compagnons sont « déjà contaminés par le venin du pouvoir » ; quelques jours plus tard, il déplore que « des dogmatiques forcenés » considèrent le peuple comme un « matériau nécessaire à leurs expériences sociales » et il estime que ce n'est pas un hasard si Lénine, ce noble russe, fait preuve « d'une vraie dureté de hobereau pour la vie des masses populaires » ; il écrit aussi que « l'expulsion des *Cadets* de l'Assemblée constituante » reviendrait à s'en prendre à « des hommes qui sont parmi les plus évolués et les plus habiles du pays dans toutes les branches du travail intellectuel ». Le 1er janvier 1918, il relève les conséquences néfastes des attaques incessantes contre la « bourgeoisie » : déjà, dans les usines, il paraît que les ouvriers sans qualification ont soutenu que les ajusteurs et les fondeurs étaient des « bourgeois », tandis que des fous se déchaînent dans la *Pravda* et s'écrient : « Sus aux bourgeois, mort aux partisans de Kale-

32. *Nezavizimoe rabocie dvizenie 1918 godu. Dokumenty i materialy*, Paris, 1981, p. 227.
33. *Ibid.*, p. 295-305.

dine ! » Gorki voit dans tout cela les conséquences regrettables des vieilles traditions d'une Russie toujours marquée par l'idée « asiatique » que l'individu ne compte pour rien, une Russie où « l'extermination massive de tous les opposants » est une méthode éprouvée et où, aujourd'hui, un marin se permet de dire que l'on peut tranquillement tuer un million d'hommes s'il en va du bonheur du peuple russe. Seul « le peuple le plus pécheur de la terre » peut avoir inventé cette arithmétique de la démence et de la lâcheté : « Pour chacune de nos têtes nous prendrons une centaine de têtes de la bourgeoisie. [34] »

Après l'interdiction de son journal, Gorki finit pourtant par se ranger aux côtés des bolcheviks et il semble qu'ait également pesé dans cette décision le constat que les ennemis les plus acharnés des bolcheviks déclaraient de plus en plus souvent que les seuls coupables étaient *les Juifs* et non *les bourgeois*. Chez les rares représentants de la presse étrangère qui se trouvaient à Petrograd et à Moscou, l'évolution fut plutôt l'inverse de celle de Gorki, la sympathie initiale cédant la place à l'horreur absolue. Alfons Paquet, le correspondant de la *Frankfurter Zeitung* que les nationaux-socialistes chasseront ultérieurement de l'Académie de poésie de Prusse pour ses tendances bolchevistes en matière de culture, écrivit ainsi qu'en août 1918 la ville de Moscou, comme atteinte de fièvre, était secouée de terreur et que le moment était venu d'« en appeler à l'humanité contre les atrocités qui se déroulent à présent dans toutes les villes de Russie : l'anéantissement systématique de toute une classe sociale, la destruction d'innombrables vies humaines pourtant reliées aux autres peuples de la terre par les mille fils de la culture et de la profession » [35]. Le correspondant du *Berliner Tageblatt,* Hans Vorst, voyait pour sa part dans cette terreur massive une mise en scène organisée par le parti désireux de « réveiller les passions politiques d'un monde du travail quelque peu las » [36]. En dépit des difficultés de transmission de l'information, ce genre de récits étaient largement diffusés en Allemagne ainsi que dans les pays alliés ; quiconque, en Europe, lisait un journal à l'automne 1918 savait de manière très détaillée qu'il se passait en Russie des choses qualitativement nouvelles, inédites en Europe. Le *Vorwärts* (le journal de la social-démocratie allemande, NdT) écrivit par exemple le 3 septembre 1918 : « Tenir, avec une telle dureté, une classe pour responsable des actes d'individus est un fait nouveau dans le domaine du droit pénal et pourrait bien un jour servir à justifier que, dans une autre configuration sociale, on tienne la classe ouvrière pour responsable des actes d'un fanatique,

---

34. Maxim Gorki, *Unzeitgemäße Gedanken über Kultur und Revolution von 1917 bis 1918*. Éd. par Bernd Scholz, Francfort/Main, 1972, p. 88, 98, 106, 121, 142, 156 et suiv., 159. (Édition française : *Pensées intempestives 1917-1918*, L'Âge d'Homme, Lausanne, 1975, p. 92, 99, 108, 116, 133, 145 et 147.)

35. Alfons Paquet, *Im kommunistischen Russland. Briefe aus Moskau*, Iéna, 1919, p. 112 et suiv.

36. Hans Vorst, *Das bolschewistische Rußland*, Leipzig, 1919, p. 153.

comme cela s'est déjà souvent produit, dans des formes plus modérées. »

Et, malgré tout, même un Louis de Robien, qui avançait pourtant à l'époque déjà l'idée d'un front défensif de tous les États d'Europe contre la destruction de la civilisation à l'Est, avouait qu'il conservait une certaine sympathie pour Lénine et Trotski [37], tandis que d'innombrables soldats et ouvriers d'Allemagne et de France trouvaient lumineux l'argument des bolcheviks selon lequel la guerre était « l'assassinat de classe de millions d'hommes » [38], perpétré par la bourgeoisie sur la masse de la population ; des phrases comme celle-ci : il s'agit à présent de « gagner toute l'immense Russie, et puis le monde » leur inspiraient l'espoir [39]. Que les bolcheviks aient été des *hommes de pouvoir* s'explique essentiellement par le fait qu'ils étaient des idéologues croyant connaître le remède susceptible de sortir le monde du carnage dans lequel la politique des États l'avait embourbé : l'union de tous les *esclaves* contre tous les *seigneurs*, seuls responsables des souffrances endurées par des millions d'hommes de tous les pays. C'est cette nouvelle éthique qu'un journal de la Tchéka exprima avec un parfait classicisme : « Notre humanité est absolue ; elle se fonde sur notre idéal, qui est de détruire toute contrainte et toute oppression. Tout nous est permis, nous brandissons pour la première fois dans le monde le glaive [...] au nom de la liberté universelle et de l'abolition de l'esclavage. [40] »

C'est dans ce contexte qu'il faut replacer un propos qui, au premier abord, paraît incroyable tant il est épouvantable. Je veux parler de ces phrases que Grigori Zinoviev prononça, le 17 septembre 1918, dans une réunion du parti de Petrograd : « Des quelque cent millions d'hommes que compte la population de la Russie soviétique il nous faut en gagner quatre-vingt-dix à notre cause. Nous n'avons pas à parler avec les autres,

---

37. De Robien, *op. cit.*, p. 35. (*Journal...*, *op. cit.*, p. 191.)

38. Scheibert, *op. cit.*, p. 82.

39. Reed, *op. cit.*, p. 163. (Édition française, p. 161.)

40. Scheibert, *op. cit.*, p. 85 (*Krasnï Mec* du 18 août 1919).

41. C'est David Shub (*Lenin*, Wiesbaden, 1957) qui cite cette déclaration dans les termes suivants : « Pour combattre victorieusement nos ennemis, nous devons avoir notre propre militarisme. Des cent millions d'habitants de la Russie gouvernés par les Soviets nous devons en gagner quatre-vingt-dix à notre cause. En ce qui concerne les autres, nous n'avons rien à leur dire ; il faut les exterminer. » Il indique comme source *Severnaïa Kommuna*, édition du soir du 18 septembre 1918, p. 375.

Ce propos, en dépit de l'indication de sa source, paraissant effectivement incroyable de prime abord, je me suis efforcé de le vérifier. Il n'existe pas, en Allemagne, d'exemplaire de *Severnaïa Kommuna. Izvestia Petrogradskogo Soveta rabozich i krasnoarmeiskich deputatov* et la Bibliothèque nationale de Leningrad ne dispose pas de microfilms. J'ai fini par obtenir un microfilm de la Hoover Institution of War, Revolution and Peace de Stanford. Il s'est avéré que la citation de David Shub était correcte pour l'essentiel, à ceci près que la phrase se trouve dans le n° 109, du 19 septembre 1918, en page 2, et que la résolution dont parle Shub ne fut pas adoptée à la suite du discours de Zinoviev.

Le contexte plus large ainsi obtenu ne modifie le tableau que dans la mesure où il n'est pas d'abord question des responsables de la guerre mais des koulaks qui font

nous devons les exterminer *(ausrotten)*. [41] »

Il s'est donc agi en 1917 en Russie, comme ce sera le cas en Allemagne en 1933, de la prise du pouvoir et du maintien au pouvoir d'un parti, d'une révolution « de parti », pourrait-on dire. Mais, en Russie, tous ces événements eurent un caractère plus élémentaire et plus monumental. L'objectif dont les bolcheviks ne cessaient de se réclamer était une paix éternelle dans un monde où ne subsisteraient ni États ni classes, parce que telle était la seule condition possible d'une paix durable ; l'objectif que les nationaux-socialistes annonçaient publiquement comme le leur était de libérer l'Allemagne des entraves du traité de Versailles et, à l'intérieur du pays, d'instaurer l'harmonie d'une *communauté populaire (Volksgemeinschaft)*. Les bolcheviks prirent le pouvoir à l'époque de la défaite, à un moment où la désagrégation de l'État menaçait ; les nationaux-socialistes succédèrent au gouvernement précédent par des voies presque totalement légales et, en dépit de la crise économique, c'est à bien des égards une vie sociale moderne et multiforme qui s'offrait aux regards en Allemagne. Il est né en Russie une véritable guerre civile ; en Allemagne, les quelques coups sévères qui leur furent portés abattirent totalement les adversaires du parti qui venait de prendre le pouvoir et le nombre des morts, parmi ceux qui ne participaient pas directement aux luttes, fut beaucoup plus réduit. Ce qui n'empêcha pas Hitler de recueillir beaucoup moins de sympathie à l'étranger que Lénine et de rencontrer beaucoup moins de compréhension ; et l'on peut présumer qu'à

pression pour l'instauration de la liberté du commerce et qui trouvent même l'appui de communistes comme Larine. Dans son discours devant la septième conférence de ville des communistes de Smolny, Zinoviev s'intéresse d'abord à la situation internationale avant d'aborder les questions de politique intérieure ; d'après lui, la lutte de classe aurait atteint un sommet en ceci que les exploiteurs russes n'auraient pas été les seuls à exulter à l'annonce de l'attentat contre Lénine, mais que ç'aurait été aussi le cas de la bourgeoisie mondiale dans son ensemble, y compris les hommes à la Scheidemann. Les koulaks représenteraient un danger particulier parce qu'ils n'accepteraient de ravitailler la population des villes qu'à leurs conditions. Le « travail au village » serait donc au centre de tout. Il poursuivit en ces termes : « Nous devons nous comporter comme une base militaire d'où l'on envoie des troupes dans les villages. Si nous ne renforçons pas les rangs de notre armée, notre bourgeoisie nous massacrera. Il n'existe pas d'autre voie pour nous. Nous ne pouvons pas vivre sur la même planète, nous et eux. Nous avons besoin de notre propre militarisme socialiste pour venir à bout de nos ennemis. Des quelque cent millions d'hommes que compte la population de la Russie soviétique il nous faut en gagner quatre-vingt-dix à notre cause (littéralement : entraîner derrière nous). Nous n'avons pas à parler avec les autres, nous devons les exterminer *(unictozat)*. Nous avons une grande responsabilité devant le prolétariat mondial, qui voit que la Russie est le seul pays où le pouvoir soit passé aux mains de la classe ouvrière. » Après l'appel final à lutter de toutes ses forces pour la victoire, le discours du « chef de la commune du Nord » fut salué par un « tonnerre d'acclamations enthousiastes ».

Compte tenu de la difficulté à se procurer ce genre de sources et de l'intérêt qu'offre ce qui fut l'organe de Zinoviev, j'ai paraphrasé ou traduit dans ce qui suit quelques passages révélateurs.

cet égard l'ancienne crainte qu'éprouvaient la plupart des Européens envers l'Allemagne ne fut pas seule à jouer. Une autre raison, et non la moindre, fut l'antisémitisme que professait le régime national-socialiste : il ne reposait sur aucun principe directement social et, précisément au regard de la normalité qui caractérisait largement, en arrière-plan, la vie de tous les jours, il paraissait d'autant plus repoussant et *moyenâgeux*. Mais on ne peut se contenter d'une comparaison qui serait une simple mise en parallèle ; la principale différence réside dans le fait que, dans l'Allemagne de 1933, l'exemple de la Russie de 1917 était connu et ne pouvait être perçu que comme un repoussoir, alors que les bolcheviks de 1917 avaient, à l'intérieur même de leur propre pays, un auxiliaire et un ennemi tout à la fois, en d'autres termes le Reich allemand de Guillaume II et de Ludendorff.

La situation se modifia radicalement en novembre 1918, lorsque la même Allemagne sollicita un armistice auprès des Alliés occidentaux et qu'elle fut obligée de retirer ses troupes des profondeurs de l'espace

---

Le 31 août 1918, c'est l'assassinat d'Ouritski qui fait la une, l'attentat contre Lénine ne figurant que sous forme de *dernière nouvelle*. À propos de l'arrestation du meurtrier, Leonid Akimovic Kanegisser, il est dit qu'il s'agit d'un ancien hobereau de l'École d'artillerie Mikhaïlov, Juif et noble tout à la fois, qu'il a participé à la révolution de 1905 et n'a décidé d'assassiner Ouritski qu'après que la presse eut publié des informations sur les exécutions de masse avec les signatures d'Ouritski et de Ioselevitch. La commission d'enquête a pour principal objectif d'élucider si l'attentat est un acte isolé ou s'il est le fait d'une organisation. Comme il s'est avéré que Kanegisser avait cherché à se cacher dans l'immeuble de la Société anglaise, sur la Millionaïa, on procéda dès le lendemain à une perquisition dans l'ambassade anglaise, qui donna lieu à un échange de coups de feu et l'on eut à déplorer des victimes de part et d'autre. Il est dit aussi qu'on a arrêté tous les membres de la famille de Kanegisser pour savoir s'ils avaient à voir avec les projets criminels de ce dernier (1er septembre).

Bien que, ni à Petrograd ni à Moscou, l'enquête n'ait fourni d'indications avérées, une résolution parut dès le 2 septembre, qui précisait que le prolétariat saurait répondre aux coups de feu perfides de sorte que « la bourgeoisie tout entière, ainsi que ses hommes de main, tremblerait d'effroi ». Le même jour, il est fait mention d'un discours de Zinoviev dans lequel il exprime sa certitude de voir bientôt siéger un Soviet mondial de commissaires du peuple dont le président ne saurait être autre que le camarade Lénine. Zinoviev appela en même temps ses auditeurs à exercer une « vengeance, une vengeance impitoyable » envers tous les adversaires du peuple travailleur : « Extirpez toute pitié de vos cœurs ! » Ce même jour, on annonce depuis Moscou que l'auteur de l'attentat (Fanny Kaplan) était une intellectuelle *(intelligentka)* ayant qualifié les bolcheviks d'ennemis du peuple et Lénine de traître au socialisme (*cf. infra*, p. 467). C'est le 4 septembre qu'est notamment publié l'appel de Smilga cité *infra*, p. 393 et, le 5 septembre, paraît un communiqué du commandant de la Xe Armée, Berzine, ordonnant de « réprimer par le feu et l'épée la plus petite révolte, la plus petite tentative de soulèvement contre le pouvoir soviétique, à l'arrière et sur le front ».

Pendant tout le mois de septembre, le journal est rempli d'appels et d'ordres de ce type. On ne ressent que trop bien l'atmosphère de guerre civile qui règne alors, mais l'on perçoit aussi l'*exacerbation (Überschießen)* que les propos de Zinoviev du 17 septembre, tels que nous les avons précédemment cités, expriment avec le plus de force.

russe qu'elle occupait jusqu'au-delà de Rostov et de Charkov. On put alors avoir le sentiment qu'une force plus importante, plus ancienne et plus prestigieuse, prenait la tête de la lutte pour la paix et le socialisme, à savoir la masse des ouvriers d'industrie d'Allemagne qui s'étaient rassemblés avant la guerre dans le Parti social-démocrate d'Allemagne. Lénine était à l'évidence convaincu que les bolcheviks n'avaient pris les devants que momentanément et que le mouvement ouvrier allemand, qui avait été pour lui le grand modèle jusqu'à la déclaration de guerre, allait retrouver l'hégémonie. Effectivement, jusqu'à la révolution de février, les bolcheviks n'étaient absolument pas parvenus à trouver un point d'articulation avec la société ; ensuite, ce qu'ils avaient réalisé leur paraissait certes avoir été nécessaire, mais en même temps sortir de la norme. Le mieux, pour étudier quel phénomène ils avaient en réalité incarné, est d'examiner le parti qui, le premier dans le centre de l'Europe, s'était reconnu dans ce marxisme auquel Hitler opposait son antimarxisme.

II-2

Le Parti communiste allemand, enfant de la guerre mondiale et de la Révolution russe

Le marxisme n'a pas créé le *mouvement ouvrier*, puisqu'il fut lui-même, dans une certaine mesure, le produit du chartisme anglais. Mais il en a représenté le prolongement conceptuel le plus important, même lorsqu'il s'est contenté de reprendre certains postulats ; il a donné aux mots *ouvrier* et *classe ouvrière* un poids qui fit oublier le lien génétique avec les idées et les mentalités des compagnons artisans ; il a opposé de la manière la plus radicale *les ouvriers au capital* et il proclama que les conflits entre le *travail* et le *capital* représentaient la contradiction principale de l'époque ; il prédit que les ouvriers deviendraient « l'immense majorité » qui, un jour prochain, dans tous les pays développés de l'Europe occidentale et de l'Europe centrale en même temps, éliminerait les quelques « magnats du capital » subsistant encore et en ferait ses « serviteurs rétribués ». Il s'intégrait ainsi totalement dans le mouvement objectif qui, depuis les débuts de la révolution industrielle, engendrait, à partir de paysans, de compagnons artisans et de pauvres en tous genres, une nouvelle classe d'hommes, les ouvriers de la grande industrie. Mouvement qui avait d'abord modifié le visage de l'Angleterre et qui, dans la deuxième moitié du XIXe siècle, ne cessa de se répandre dans le reste de l'Europe [1]. Lorsque, vers la fin des années 1880, il s'avéra que le marxisme avait pris le pas sur ses concurrents dans les principaux pays d'Europe continentale – l'anarchisme de Bakounine et le syndicalisme de Proudhon, le réformisme des Possibilistes français, le socialisme d'État de Lassalle, la théorie de l'insurrection de Blanqui – on put à bon droit le considérer comme un phénomène de portée historique mondiale alors même qu'il n'était nulle part associé à un gouvernement : s'il se créait un parti ouvrier unifié, il déterminerait l'avenir plus fortement qu'aucun

1. Sur le marxisme en général, *cf.* Ernst Nolte, *Marxismus und Industrielle Revolution*, Stuttgart, 1983.

autre parti car la tendance à instaurer le suffrage universel semblait irrésistible dans toute l'Europe, depuis que les Français, par des voies certes originales, avaient emboîté le pas aux Américains et que le Reich allemand de Bismarck avait suivi l'exemple. Dès que le suffrage universel se serait partout imposé et maintenu, les partis ouvriers, selon une opinion largement répandue, obtiendraient dans tous les États européens la majorité ou, au moins, influeraient dans une large mesure sur les décisions.

Tous les partis ouvriers, même les non marxistes, se concevaient comme des partis de la paix s'opposant aux entreprises guerrières de l'impérialisme, telle la conquête de domaines coloniaux ou le viol de l'intégrité de petits États, et, de manière plus générale, à la politique de force des grandes puissances. Ils étaient aussi peu isolés sous cet aspect que l'était leur conviction du rôle politique d'avenir dévolu aux ouvriers : c'était également un vieux dogme du libéralisme de croire que l'importance grandissante du commerce et de l'industrie allait progressivement évincer les *couches féodales* traditionnelles et leur tendances belliqueuses. À la surprise générale, c'est le tsar russe qui fut à l'initiative de la convocation des conférences de la paix de La Haye, dont l'objectif était de frayer la voie à une limitation de la souveraineté des États et d'assurer ainsi la paix mondiale. Mais le marxisme, précisément, ne se satisfaisait pas de n'être qu'un élément important, mais parmi d'autres, de l'évolution mondiale : une évolution qui menait du stade agraire au stade industriel, qui conférait aux masses jusqu'ici silencieuses ou impuissantes le droit d'intervenir dans toutes les affaires, qui limitait la souveraineté des États et qui rendrait un jour la guerre techniquement impossible. Le marxisme croyait au contraire que les ouvriers auraient en main, un jour prochain, partout, le *pouvoir total* et s'en serviraient justement pour abolir tout aussi définitivement le pouvoir de certains hommes sur d'autres hommes que pour abolir l'exploitation, la misère, les rivalités nationales, les États, les classes, la professionnalisation des activités, la bureaucratie et, plus généralement, tout ce qui séparait l'homme de lui-même. Les espoirs de ce genre ne se caractérisaient toutefois nullement par leur modernité, comme pouvait l'être le fait de lier son destin à la grande industrie ou d'anticiper une modification fondamentale des relations entre États ; ils étaient au contraire très anciens, aussi vieux, d'une certaine manière, que l'humanité elle-même ; en définitive, ils renvoyaient aux idées d'un état primitif que les philosophes du XVIIe et du XVIIIe siècle opposaient, en tant que « société naturelle » *(societas naturalis)*, à la « société civile » *(societas civilis)*. Ils avaient presque toujours considéré cette société civile, à de grandes exceptions – le jeune Rousseau notamment – comme une phase de l'histoire sans retour. Mais pour que le marxisme devînt une croyance, une idéologie capable de rejeter radicalement l'existence du capitalisme dans sa totalité et d'envisager le *tout autre* d'un futur qui serait *socialiste* pour l'ensemble de l'humanité, il fallut d'abord qu'il se tournât vers un état primitif qui s'opposait à l'aliénation et au désaisissement de soi induits par la vie moderne (le communisme primitif) et que l'on devait retrouver à un *niveau supérieur*. Le marxisme donna alors naissance au grand parti de la protestation et de l'espoir, fatalement destiné à se constituer partout où les bouleversements de la révolution industrielle détruisaient des formes d'existence traditionnelles et plongeaient de grandes masses humaines dans des conditions de vie inhabituelles – dans la mesure où de tels vécus pouvaient s'organiser et trouver un libre champ d'action.

Mais Marx et Engels ne manquaient pas de ressentir combien ces protestations et ces espoirs étaient souvent liés à des idées réactionnaires ou primitivistes, chez Bakounine par exemple. C'est la raison pour laquelle ils voulurent donner à leur doctrine une caractéristique principale et exclusive : le socialisme, censé devoir dissiper toutes les dissonances dans une harmonie définitive, implique justement, pour voir le jour, que les clivages et les conflits ayant marqué le monde moderne jusqu'ici soient portés à leur paroxysme ; en somme, le socialisme ne pourrait succéder qu'à un capitalisme pleinement développé, incapable de continuer à évoluer. Ainsi le marxisme servait-il d'une part de substrat au parti de la protestation et de l'espoir à l'époque de l'ère industrielle, parti qui se déterminait en fonction d'un espace humain archaïque. Il légitimait d'autre part les convictions d'une classe montante d'ouvriers qualifiés, qui revendiquaient un droit de codécision dans une civilisation nouvelle, mais qui n'envisageaient plus guère sérieusement d'exercer une hégémonie pour ouvrir la voie à la disparition de toute domination. De nombreux observateurs de l'époque, Max Weber entre autres, ont eu conscience de l'existence de cette couche d'ouvriers et de ses caractéristiques ; plus d'une fois ils ont parlé à leur propos, avec dédain, des *Spießbürger* (petits bourgeois à l'esprit étriqué, NdT) que l'on voyait se manifester dans le mouvement ouvrier. Mais ces *Spießbürger* avaient leurs propres maîtres à penser que leurs adversaires orthodoxes traitaient de *révisionnistes* et qui s'entendaient souvent reprocher leur mentalité bourgeoise. Les révisionnistes, pour leur part, invoquaient l'époque : c'était elle qui obligeait aux révisions puisque, à l'opposé de ce qu'avait cru Marx, le nombre des *bourgeois (Bürger)*, c'est-à-dire de personnes ne travaillant pas directement dans la production ou se consacrant à toutes sortes d'activités intermédiaires, non seulement ne diminuait pas, mais grandissait au contraire dans des proportions étonnantes ; la contradiction entre capitalistes et ouvriers n'était ni figée ni uniquement négative, puisqu'il y avait un travail du capital (c'est-à-dire des patrons) et un capital du travail (qualifié et indispensable), et seule une contradiction de cette nature rendait possibles d'authentiques syndicats ainsi qu'une authentique participation des ouvriers lorsqu'il s'agissait de déterminer la part des investissements dans l'économie nationale ; l'homogénéité postulée du prolétariat n'existait même pas dans les États industriels, sans parler du reste du monde ; le destin individuel des ouvriers dépendait étroitement du destin de l'État auquel ils appartenaient ; le capitalisme n'était en aucune façon menacé d'un effondrement imminent et avait encore devant lui un grand avenir au cours duquel il évoluerait d'ailleurs de plus en plus en direction de l'État social et ne déboucherait sur le socialisme qu'au terme d'une longue période transitoire.

Certes, les révisionnistes, les Bernstein, Schippel, Vollmar et consorts, étaient eux aussi des *idéologues*, c'est-à-dire des gens cherchant à concevoir l'inconcevable totalité de l'évolution historique en procédant à des sélections et des combinaisons ; ils n'en détachaient pas moins le mouvement ouvrier de la pulsion *(Impuls)* utopique et proprement idéologique qui impliquait une foi socio-religieuse en une rédemption soudaine et un salut définitif, et ils tenaient cet évolutionnisme pour le cœur du marxisme alors qu'il n'en était en réalité qu'une des composantes.

Le comportement du monde du travail dans tous les pays, lors du déclenchement de la guerre, parut confirmer le triomphe définitif du révisionnisme. C'est précisément en Allemagne que les ouvriers, comme tous les autres citoyens, suivirent l'appel sous les drapeaux avec une unanimité, voire un enthousiasme, bien révélateurs du peu de crédit qu'ils accordaient à l'idée que le prolétariat mondial fût leur véritable patrie, et de leur conviction que la situation en Allemagne, malgré le *féodalisme* et peut-être même grâce à lui [2], leur était plus favorable que ne le seraient la situation de l'Angleterre – avec un capitalisme beaucoup plus débridé – ou la monarchie absolutiste des tsars. Si le groupe parlementaire du Parti social-démocrate avait refusé de voter les crédits de guerre, le 4 août 1914, il aurait selon toute vraisemblance été balayé par l'indignation de ses adhérents ; bientôt, quelques-uns des représentants de l'aile gauche du parti, jadis les plus radicaux, se firent les champions d'un bellicisme qui se rattachait expressément à certaines idées de Marx, peu connues, et qui interprétait la lutte de classes comme une *lutte de nations (Völkerklassenkampf)*, au cours de laquelle l'Allemagne, la puissance industrielle la plus moderne et la plus forte, battrait en brèche la suprématie, désormais obsolète, du capitalisme anglais [3]. Il se constituerait de la sorte, au travers de cette révolution mondiale que serait la guerre, un nouveau sys-

2. « Bref, ce fut notre arriération dans les domaines économique et démocratique qui nous fit prendre la tête... » – « Ce qui surprend d'abord, c'est le fait que, dans l'Allemagne *réactionnaire*, les classes laborieuses ont réussi à conquérir des positions beaucoup plus solides dans la vie sociale qu'en Angleterre ou en France. » (Paul Lensch, *Drei Jahre Weltrevolution*, Berlin, 1917, p. 26, 209.)

3. *Id.*, p. 51 : « Ainsi les pays aux économies stagnantes, l'Angleterre comme pays de la grande bourgeoisie, la France comme pays de retraités petits-bourgeois, la Russie comme puissance expansionniste à demi-barbare, se couchèrent-ils sur leurs biens, semblables à des chats trop gras, ne permettant nulle part au dynamique élément allemand de prendre sa part. [...] Il en résulta la révolution que fut la guerre mondiale, avec l'Allemagne comme porte-drapeau. »

tème politique mondial dans lequel l'Allemagne deviendrait le centre naturel d'une Europe non russe et non anglaise. Il suffirait pour cela que l'Allemagne sache s'affirmer. Une telle affirmation n'impliquait pas de conquêtes territoriales et elle pourrait, pour cette raison justement, être acceptée par les autres peuples d'Europe centrale qui y verraient une protection et le point de départ de regroupements de nature fédérale. Cette évolution supposait à vrai dire, de l'avis d'hommes comme Paul Lensch, que le Parti social-démocrate abandonnât, et pas seulement du bout des lèvres, l'attitude d'opposition qu'il avait eue jusqu'ici et se considérât comme une force motrice de l'Allemagne présente et future, sans, bien entendu, avoir la prétention irréaliste d'exercer l'hégémonie ; elle supposait aussi que ceux qui avaient été jusqu'ici les adversaires de la social-démocratie, en particulier les Junkers de l'est de l'Elbe, acceptent un affaiblissement de leurs positions et qu'ils n'émettent pas de revendications territoriales qui leur seraient dictées par un égoïsme national mais qui rendraient l'Allemagne haïssable à ses voisins. Il fallait encore, pour que prévale une telle conception, que ne se forme pas contre l'Allemagne une coalition trop puissante dont le ciment le plus solide serait la résistance à sa *prétention de devenir une puissance mondiale*, prétention qui, avec son esbroufe et ses airs bravaches, serait aussi dangereuse que superflue puisqu'une Allemagne invaincue serait de toute façon, en tant que « grand peuple au centre de l'Europe » [4], une des puissances mondiales. L'objectif d'obtenir pour l'Allemagne, par une tactique défensive, une position dominante en Europe et d'assurer une évolution non marxiste de la social-démocratie avait-il une chance de se réaliser ? C'étaient aussi ses adversaires, ceux de la droite pangermaniste et ceux de l'aile *idéologique* de la social-démocratie, qui auraient donc inévitablement à en décider.

Le soir du 4 août 1914, tous les espoirs de cette dernière semblèrent anéantis ; ce n'est qu'un petit groupe de députés qui se réunit dans l'appartement de Rosa Luxemburg pour discuter de la situation. Dans le fond, Karl Liebknecht, Rosa Luxemburg, Franz Mehring et, à ce moment-là encore, Paul Lensch, ne pouvaient se dissimuler que c'étaient les masses elles-mêmes qui avaient trahi la mission universelle qu'ils leur attribuaient et qu'il s'agissait désormais, en fait, de combattre l'*idéologie nationaliste* qui – comme il était écrit dans l'un des premiers tracts du groupe Spartakus – avait transformé de manière inquiétante les gens « jusqu'au plus profond de nos rangs » ; les choses en étaient arrivées au point que les gens avaient totalement oublié les sentiments de fraternité qui les unissaient à leurs camarades de classe des autres nations et ne voyaient plus que des ennemis russes, français ou anglais [5]. Le petit

4. *Id.*, p. 185.

5. Ernst Meyer, *Spartakus im Kriege. Die illegalen Flugblätter des Spartakusbundes im Kriege*, Berlin, 1927, p. 21.

groupe ne renonça toutefois à aucun moment à attaquer avec beaucoup de brutalité et de manière très personnelle les membres du Comité directeur et du groupe parlementaire du SPD, les traitant de traîtres ayant rompu avec l'ancienne croyance commune à tous les socialistes et ayant souillé la pureté doctrinale. L'opposition, au sein du Parti social-démocrate, de ceux qui publièrent bientôt le premier et dernier numéro de la revue *Die Internationale* et ensuite les *Spartakusbriefe* n'était, dans cette mesure, rien d'autre que l'antagonisme de traditionalistes refusant que des événements nouveaux et consternants viennent ébranler leur ancienne croyance. On peut ainsi déceler quelque chose de très défensif dans l'imposant pathos avec lequel Karl Liebknecht justifia son refus de voter les nouveaux crédits de guerre ou, après son arrestation en mai 1916, avec lequel il répliqua en ces termes à ceux qui l'accusaient d'avoir trahi la patrie : « *Trahir sa patrie*, voilà un parfait non-sens pour un socialiste internationaliste. [...] En coopération internationale avec les socialistes des autres pays, porter des coups à toutes les puissances impérialistes en même temps, telle est la quintessence de ses efforts. [6] » Mais, plus la guerre se prolongeait, et plus ce vieux pathos, largement défensif dans un premier temps, devait trouver audience auprès de ceux dont les pères, les frères et les fils remplissaient, en nombre toujours plus grand, les fosses communes des champs de bataille et qui souffraient eux-mêmes grandement de la faim, alors qu'ils devaient travailler dur et longuement dans les industries de guerre ou dans les champs. Les tracts imprimés clandestinement par le groupe « Internationale » furent alors de plus en plus lus, inquiétant sérieusement les autorités. Comment ces lignes publiées par le n° 11 des *Lettres politiques*, fin 1915, auraient-elles pu ne pas faire forte impression : « Le monde crache le sang. La masse des morts que la guerre, cette étrangleuse, a couchés, à l'Est comme à l'Ouest, s'élève déjà aujourd'hui à plus d'un million, le nombre des blessés est triple. [...] Sur terre et sur mer, c'est un sujet de plaisanterie de dire que la guerre épargne le citoyen pacifique ; son poing brutal a fait voler en mille éclats le droit international et, du sang et des cendres, monte toujours plus épais le nuage de haine qui obscurcit la conscience d'une humanité qui devrait être en marche vers la solidarité socialiste » [7] ?

Rosa Luxemburg et Karl Liebknecht voyaient donc dans la guerre le « plus grand de tous les crimes » et non pas, contrairement à leurs adversaires de droite, un *élément de l'ordre divin du monde*. Mais ils n'y voyaient pas non plus une phase inévitable de la gigantesque lutte de classe internationale qui créerait une nouvelle et durable constellation mondiale de grands États et de confédérations d'États. Si l'on examine

6. *Spartakusbriefe (Lettres de Spartakus)*. Publiées par l'Institut pour le marxisme-léninisme auprès du Comité central du Parti socialiste unifié d'Allemagne (SED), Berlin, 1958, p. 224.

7. *Ibid.*, p. 83.

les choses avec le regard qui est le nôtre dans la deuxième moitié du XXe siècle, on peut dire qu'ils avaient raison dans la mesure où les moyens techniques que cette guerre mettait en œuvre avaient déjà tendanciellement atteint la qualité qui, quelques dizaines d'années plus tard, rendrait possible une autodestruction de l'humanité et qui, en tout cas, avaient déjà conduit au seuil de pertes insupportables et de l'anéantissement de ce qu'on appelle la culture européenne. Ils avaient particulièrement raison si l'on prend en compte que cette guerre, dans le cas où elle ne connaîtrait pas une fin rapide ne lésant gravement aucune nation ni aucun groupe d'une certaine importance, susciterait obligatoirement une haine si durable que, de l'avis d'observateurs appartenant à tous les camps [8], elle donnerait naissance à d'autres guerres. La Ligue spartakiste et les socialistes internationalistes qui se réunirent en 1915 et 1916 dans les villages suisses de Zimmerwald et de Kienthal se trouvaient donc sur le terrain solide d'un Droit futur, en partie déjà existant. En partie seulement, parce que le rejet total de la guerre impliquait aussi que soient niés le courage individuel et le désir de protéger les femmes et les enfants, vertus encore possibles dans une guerre présentant deux visages, et, aussi, parce que l'hostilité à la guerre pouvait fort bien avoir pour motif la seule lâcheté. Ils n'étaient pas seuls à camper sur ce Droit, ils s'y retrouvaient avec les pacifistes de toutes tendances dont on peut résumer les conceptions prédominantes : le véritable crime est celui de toutes les parties en cause qui s'obstinent dans l'idée d'une souveraineté illimitée des États, car il en résulte obligatoirement que les conflits d'une certaine importance ne peuvent être résolus que par la guerre. Il importe donc que, une fois la guerre mondiale terminée, on renonce à cette souveraineté absolue des divers États et qu'on fonde une association de nations qui aurait comme mission supérieure de sauvegarder la paix. L'instauration du suffrage universel dans tous les grands pays garantirait que d'éventuelles envies belliqueuses de la part des militaires ou de certaines fractions des milieux dirigeants ne puissent l'emporter, l'immense majorité du peuple étant partout devenue pacifiste, au moins depuis la guerre et à cause d'elle. Cette majorité ne permettrait pas que les inévitables conflits se règlent par la guerre.

Mais ce Droit dont pouvait se prévaloir l'hostilité à la guerre était très étroitement associé, chez les spartakistes comme chez les autres socialistes internationalistes, à une interprétation bien définie des événements en cours, interprétation qu'il était peut-être permis, bien que non sans peine, de déduire du *Capital* de Marx. Dans un tract distribué à l'occasion du 1er Mai 1916 on peut lire : « C'est la deuxième fois qu'un 1er Mai

8. *Cf.* Rosa Luxemburg à propos d'une « paix imposée » à la Russie : « Ou bien alors la Russie est humiliée et perd en partie ses provinces occidentales, les plus développées et les plus transformées [...], eh bien, nous aurions dans dix ans, au plus tard dans vingt ans, une nouvelle guerre germano-russe... » (*Spartakusbriefe*, p. 70 et suiv.).

se lève sur la mer de sang du monstrueux carnage. [...] Et au profit et dans l'intérêt de qui, à quelles fins toutes ces horreurs et une pareille bestialité ? Pour que les Junkers de l'est de l'Elbe et que les profiteurs capitalistes, leurs alliés, puissent remplir leurs poches en asservissant et en exploitant de nouveaux pays, pour que les boutefeux de l'industrie lourde et les fournisseurs des armées puissent engranger des récoltes d'or sur des champs de cadavres arrosés de sang, pour que les agioteurs s'engraissent des emprunts de guerre et que ceux qui spéculent sur les produits alimentaires se gavent aux dépens du peuple qu'ils affament », voilà pourquoi, en un mot, « des millions d'hommes ont déjà donné leur vie sur ordre de la bourgeoisie »[9].

Ces propos concernent manifestement tous les pays. La guerre n'est pas considérée comme un crime parce qu'elle contrevient à une paix mondiale d'ores et déjà objectivement possible, indispensable même, mais elle apparaît comme le crime de criminels concrets, animés par des intérêts égoïstes. Cette *bande de criminels,* c'est au fond *la bourgeoisie*, même si, dans d'autres tracts, le terme n'est appliqué qu'aux supposés fauteurs de guerre d'Allemagne et d'Autriche-Hongrie.

Il convient ici de s'arrêter un instant. Il y a eu sans nul doute partout des profiteurs de guerre, des trafiquants, des spéculateurs à la Bourse, des *requins* et, partout, les simples gens les haïssaient sans mesure. Ces phénomènes étaient en partie inévitables car même l'économie de guerre allemande n'avait totalement aboli ni la liberté de mouvement économique des individus et des firmes, ni la rémunération de prestations particulières, pas plus qu'elle n'avait aboli le système des prix comme indicateur des pénuries. Mais prétendre que cette très mince couche avait provoqué la guerre pour satisfaire sa cupidité était une thèse osée, voire insoutenable. Lorsqu'il était question de bourgeoisie, on se trouvait en vérité sur le terrain familier de la *contradiction principale*, chère à Marx, entre bourgeoisie et prolétariat, entre capital et travail. Il était pourtant impossible de réduire la bourgeoisie à cette étroite couche. Tous les patrons, au moins, en faisaient déjà partie et, vraisemblablement aussi, tous ceux qui étaient au service des patrons et de l'État capitaliste : le corps des officiers, les fonctionnaires, les enseignants de toutes sortes, les professions libérales. Et l'on aurait même pu compter au nombre de cette bourgeoisie *l'aristocratie ouvrière* qu'on ne cessait d'évoquer lorsqu'on cherchait une explication sociologique à la *trahison* du 4 août. *Cette* bourgeoisie, une minorité à coup sûr, mais, dans tous les pays d'Europe occidentale et centrale, une forte minorité si on la compare aux travailleurs sans qualification et aux ouvriers agricoles, *ne profitait pas* de la guerre. En effet, comme tous les autres membres de la nation, elle envoyait ses fils au front ; c'est de ses rangs que provenaient pour ainsi

9. *Ibid.*, p. 174.

dire tous les officiers de réserve et, au total, le corps des officiers a subi deux fois plus de pertes que la troupe [10]. Rien de plus injuste que de prétendre que ce corps d'officiers *tuait* les hommes de troupe et, par-dessus le marché, pour bénéficier d'avantages matériels.

Ici aussi, les rédacteurs des articles et les auteurs des tracts de la Ligue spartakiste confondaient la cause proprement dite et les simples phénomènes accessoires. Il n'en allait pas autrement avec la *trahison* des dirigeants sociaux-démocrates. Des *instigateurs* humains, des *criminels* par conséquent, remplaçaient les grands attributs supra-individuels d'un système donné que, dans le meilleur des cas, l'on tentait de définir à l'aide du terme de « capitalisme » mais que l'on aurait pu beaucoup plus justement caractériser à l'aide du terme de *souveraineté absolue de chacun des États*. Mais, selon la doctrine marxiste traditionnelle, la révolution mondiale du prolétariat n'abolirait pas seulement ce caractère absolu mais abolirait les États eux-mêmes et, avec eux, les classes et, avec elles, la division du travail rigide. De la sorte, sans la médiation d'appareils professionnalisés, les masses pourraient exercer leur domination et créer un monde harmonieux, sans frontières politiques et nationales, peut-être même sans langues diverses.

Le pacifisme des socialistes internationalistes se distinguait donc essentiellement de celui des pacifistes *bourgeois* : c'était un universalisme illimité et militant et c'est ce qui lui permit d'entrer en opposition brutale avec la bourgeoisie, cette dernière étant entendue dans un sens une nouvelle fois différent, un sens plus large, à savoir tous ceux qui ne partageaient pas la croyance en l'avènement imminent d'une humanité pacifique, indivise et harmonieuse. Cette croyance, en vérité, était très ancienne et avait déjà trouvé dans quelques livres de la Bible une expression universellement connue. La Ligue spartakiste et les socialistes internationalistes étaient donc le parti d'une croyance, le parti des champions de Dieu, pourrait-on dire en recourant à des analogies qui tombent sous le sens, ou bien encore le parti des combattants de la justice. Mais, de tout temps, les champions de Dieu ont eu la volonté d'anéantir les sans-Dieu et de faire disparaître de la surface de la terre l'empire de l'injustice. Le grand Droit dont pouvait se prévaloir l'hostilité à la guerre se mêlait par conséquent à une croyance qui ne pouvait faire autrement que de chercher, avec Liebknecht, à remplacer la trêve politique par la *guerre politique (Burgkrieg)* ou, avec Lénine, à transformer la guerre en guerre civile. Si ce parti persistait à ne pas rendre responsables du crime originel qu'était la guerre les attributs d'un système ou une phase historique bien définie, mais à accuser, avec l'intention exterminatrice allant de pair, des instigateurs humains qualifiés de *criminels*, il devait paradoxalement devenir un parti de guerre d'une nature particulière au cas où il ne parviendrait pas à s'imposer vite, totalement et partout.

10. Schulthess, 1918/I, p. 591.

Une nouvelle étape fut franchie lorsque le parti s'écarta, dans la pratique, de la mise en accusation universelle et entreprit d'abord d'orienter son combat contre quelques coupables particuliers. D'emblée, il y avait en effet eu le grand danger que tous les socialistes des pays en guerre ne mènent pas leur combat avec la même énergie ni avec autant de réussite et que, par suite, le pays vaincu soit justement celui ayant le parti socialiste le plus puissant et le plus actif. L'argument était avancé par tous les *défenseurs de la patrie* ou *sociaux-patriotes* à l'intérieur des partis socialistes et, pour un bon bout de temps, il apparut beaucoup plus convaincant, principalement aux yeux de la masse des ouvriers allemands, que la stigmatisation, comme criminels, des profiteurs de guerre, des militaristes ou de la bourgeoisie. Pourtant, plus la guerre durait et plus la propagande de la Ligue spartakiste se tournait résolument et en priorité contre le Reich allemand qui, durant le premier semestre de 1918, semblait avoir des chances considérables de l'emporter. Dans la *Spartakusbrief* n° 9, de juin 1918, Rosa Luxemburg, qui était certes détenue mais qui, sous la domination du *militarisme prussien*, se livrait à un travail d'agitation aussi intense que celui de Trotski dans les prisons de Kerenski, reprit à son compte une distinction de Paul Lensch, mais dans un ordre de valeurs inverse : « Les impérialismes anglais et français s'enracinent dans une politique coloniale de vieille date, ils ne peuvent s'écarter de voies traditionnelles ; l'impérialisme allemand se trouvait, jusqu'au déclenchement de la guerre, à un stade embryonnaire de son développement ; ce n'est qu'au cours de la guerre qu'il a pris des dimensions énormes, qu'il continue chaque jour de croître et que, dans l'ivresse sanguinaire du massacre de millions d'hommes, il est saisi d'une soif de conquêtes mondiales qui ne connaît ni traditions, ni entraves, ni ménagements. [11] » Mais une petite couche de Junkers, de profiteurs de guerre et de spéculateurs est-elle en mesure d'accomplir de si grands forfaits ? Que pourraient-ils faire sans les *soldats du front* qui, selon les propres termes des spartakistes, n'étaient que des prolétaires déguisés et qui, à en croire leurs propres adversaires pendant la guerre, Louis de Robien par exemple et, un peu plus tard, Churchill, étaient attendus avec impatience par de grandes fractions de la population d'Ukraine et de Russie parce qu'ils apportaient avec eux *l'ordre* ? Jamais un Junker ou un bourgeois n'a eu envers les ouvriers allemands de mots plus durs ou de métaphores aussi péjoratives que ceux que l'on peut lire, en août de la même année, dans la 10e *Spartakusbrief* : « Le prolétariat allemand, en vérité, surpasse en fidélité servile l'exemple le plus célèbre : celui de la Garde suisse qui se fit tuer, devant le palais des derniers Bourbons, par les bandes de révolutionnaires qui donnaient l'assaut. [...] S'il se trouve un jour un deuxième Thorwaldsen pour sculpter dans le marbre l'image de cette saisissante

11. *Spartakusbriefe, op. cit.*, p. 423 et suiv.

fidélité d'esclaves, après quatre années de guerre mondiale, pour le seul bien de lignées lointaines, il est certain qu'il ne choisira pas pour symbole un lion mais un chien ! [12] »

Mais ces rudes paroles n'étaient pas seulement l'expression d'une confiance déçue qui pourtant, de l'avis de Rosa Luxemburg, serait un jour de nouveau justifiée ; elles prenaient déjà en compte « la grande révolution russe », comme les spartakistes appelaient la révolution de février [13] ; elles ont été prononcées alors que l'on savait que les bolcheviks avaient pris le pouvoir. Elles avaient été précédées des émeutes dans la flotte allemande qui avaient si fortement encouragé Lénine à prendre ses décisions de l'automne 1917 ; elles avaient aussi été précédées par les grèves de janvier à Berlin, par les tracts et les écrits qui avaient été introduits en Allemagne, via la Norvège, et qui contenaient des appels de ce genre : « La révolution victorieuse ne réclamera pas autant de victimes que n'en a coûtées une seule journée de combats sur les champs de la démence. [...] Abattez l'animal féroce qu'est la guerre, pendez vos bourreaux et vous serez sauvés, libres et heureux avec vos frères du monde entier. [14] » Elles prenaient aussi en compte les informations sur les exécutions massives opérées par la Tcheka et sur les atrocités dont les bolcheviks se seraient rendus coupables ; et, effectivement, Rosa Luxemburg avait formulé des remarques très critiques à propos de la dictature autoritaire de Lénine et de Trotski. Mais, pour elle comme pour ses compagnons de lutte, il était évident que toute *barbarie* et tout *chaos* provenaient essentiellement de la résistance opposée par les ennemis et que la révolution russe deviendrait *européenne* et *marxiste* à l'instant même où la révolution éclaterait enfin dans les pays capitalistes développés, libérant les camarades russes aux abois de leur néfaste isolement. C'est pourquoi elle et Karl Liebknecht, sitôt sortis de prison, en collaboration avec ceux qu'on appelait les délégués révolutionnaires et avec certaines fractions des « sociaux-démocrates indépendants » qui existaient depuis mars 1917, mais aussi avec l'ambassade soviéto-russe de Berlin, œuvrèrent avec une grande détermination à l'avènement de cette révolution qui devait apporter au monde la paix et le salut.

C'est alors qu'intervint l'effondrement militaire allemand en novembre et personne ne peut déterminer de manière certaine la part qui, outre l'échec des offensives du printemps et de l'été 1918 en France, revient dans l'événement aux révolutionnaires d'une part et, de l'autre, à Ludendorff qui souhaitait en faire porter la responsabilité au nouveau régime de la monarchie parlementaire. Karl Liebknecht et Rosa Luxemburg étaient de

12. *Ibid.*, p. 440.
13. *Ibid.*, p. 322.
14. Leo Stern (éd.), *Die Auswirkungen der großen sozialistischen Oktoberrevolution auf Deutschland*, Berlin, 1959, p. 820 et suiv. (*Archivalische Forschungen zur Geschichte der deutschen Arbeiterbewegung*, vol. 4/II).

toute façon persuadés que, sous le gouvernement des Commissaires du peuple composé de sociaux-démocrates majoritaires et indépendants, la révolution allemande – à coup sûr une révolution née d'un effondrement comme la révolution russe de février 1917 – était entrée dans son stade Kerenski et qu'il s'agissait de la mener jusqu'au socialisme, c'est-à-dire la « domination sans hégémonie » *(herrschaftslose Herrschaft)* des masses laborieuses elles-mêmes. Mais, à supposer qu'Ebert ait été le Kerenski allemand, il avait, lui, contrairement à son homologue russe, apporté la paix et il ne se lassa pas de faire référence au *chaos russe* et aux *horreurs bolcheviques* qui ne manqueraient pas de ruiner l'Allemagne et de la livrer à l'occupation alliée si *Spartakus* devait avoir le dessus. Les spartakistes furent au moins autant victimes qu'acteurs dans les troubles de novembre et décembre 1918 ; la peur éprouvée devant la *situation en Russie* joua pourtant un rôle décisif, même s'il n'est pas niable que certains éléments du lumpenprolétariat, uniquement désireux d'en découdre, se soient joints à eux et aient ainsi contribué à renforcer la répulsion et la haine à l'encontre de Spartakus. Le fait que ni Karl Liebknecht ni Rosa Luxemburg n'aient obtenu un mandat pour participer au premier congrès des conseils d'ouvriers et de soldats qui se tint à la mi-décembre à Berlin est tout à fait symptomatique. Il n'empêche que la réunion des délégués de la Ligue spartakiste, du 30 décembre 1918 au 1er janvier 1919, dans l'Hôtel des députés de Prusse, pour fonder le Parti communiste d'Allemagne (Ligue spartakiste) fut un événement très marquant.

Un fait très symbolique démontra qu'il ne s'agissait pas de la constitution d'un simple parti allemand : un important représentant du parti bolchevique, Karl Radek, prononça un grand discours. Il fut également caractéristique qu'il ait qualifié expressément le mouvement ouvrier allemand de *frère aîné* du mouvement ouvrier russe, beaucoup plus récent et inexpérimenté en matière d'organisation, ajoutant que son apparition sur la scène historique mondiale remplissait d'une joie profonde les ouvriers russes. Le nom de Karl Liebknecht, depuis sa protestation publique contre la guerre, le 1er mai 1916, et au moins jusqu'à la prise du pouvoir par les bolcheviks, était effectivement un nom beaucoup plus connu chez les adversaires de la guerre de tous les pays que celui de Vladimir Ilitch Lénine. Il était donc absolument logique que Radek exprimât l'espoir de bientôt voir se tenir à Berlin le conseil international des ouvriers, l'instance marquant la victoire définitive des adversaires de la guerre, le bolchevisme n'étant au fond rien d'autre que « les larmes des veuves et des enfants, la douleur devant la mort des siens et le désespoir des rescapés » [15]. Mais le parti n'entendait pas être seulement, ou même prioritairement, un

15. Hermann Weber (éd.), *Der Gründungsparteitag der KPD. Protokoll und Materialien*, Francfort/Main, 1969, p. 84.

parti pacifiste, comme pourrait le laisser penser ce propos émouvant de Radek. Le programme qu'il adopta et que Rosa Luxemburg avait rédigé comportait une foule de revendications de très grande portée.

Il partait d'un postulat de culpabilité : c'est la domination de la classe bourgeoise qui est la vraie responsable de la guerre mondiale, en Allemagne comme en France, en Russie comme en Angleterre, en Europe comme en Amérique. L'issue de la guerre mondiale avait rendu illégitime cette domination et pas seulement celle des Junkers en Allemagne. Elle avait créé un abîme béant et seul le socialisme pouvait éviter d'y tomber, si bien que le mot d'ordre du moment ne pouvait être que : « À bas le système du salariat ! » Mais ce n'est qu'au prix de la guerre civile la plus violente de l'histoire que le socialisme pourrait vaincre la résistance acharnée de la « classe capitaliste et impérialiste », qui utiliserait les paysans et les officiers pour conserver l'esclavage du salariat et qui exciterait même des « couches ouvrières retardataires » contre l'avant-garde socialiste [16]. La Ligue spartakiste ne devait donc en aucun cas être disposée à partager le pouvoir gouvernemental avec des « hommes de main de la bourgeoisie, avec des Scheidemann-Ebert ». D'où découlaient les revendications immédiates, et notamment : le désarmement de toute la police, de tous les officiers ainsi que des soldats non prolétariens, la formation d'une Garde rouge, l'instauration d'un Tribunal de la révolution, une journée de travail de six heures au maximum, l'annulation des dettes publiques de toutes sortes, la confiscation de toutes les fortunes à partir d'un certain niveau. Tout cela devait être mis en œuvre avec une « détermination de fer ». Certes, il était également dit que la révolution prolétarienne n'avait pas besoin de la terreur pour atteindre ses objectifs, qu'elle haïssait et exécrait l'assassinat. Mais le ton général était très différent de celui dont usait le socialisme humanitaire dans des formulations analogues, par exemple celles d'un Kurt Eisner en Bavière, surtout si l'on rapproche les passages que nous venons de citer des phrases de conclusion : « Prolétaires, debout ! Au combat ! Le moment est venu de conquérir un monde et d'engager la lutte contre un monde. Au cours de cette ultime lutte de classe de l'histoire universelle, au cours de ce combat pour les objectifs suprêmes de l'humanité, nous n'aurons qu'un mot pour nos ennemis : le pouce sur les yeux, le genou sur la poitrine ! [17] »

L'adoption d'un tel programme signifiait, en fait, qu'un parti de nature toute particulière était né.

Un parti ne peut rien se proposer de plus extraordinaire et de plus lourd de conséquences qu'un « total remodelage de l'État et qu'une totale révolution de ses fondements économiques et sociaux » [18], c'est-à-dire,

16. Hermann Weber (éd.), *Der deutsche Kommunismus. Dokumente*, Cologne-Berlin, 1963, p. 38.

17. *Ibid.*, p. 42.

18. *Ibid.*, p. 35.

en dernière analyse, l'abolition de la propriété privée des moyens de production, de l'État et d'une société structurée en classes. Un pareil programme met à la disposition d'un seul groupe, au moins pour une période transitoire, l'ensemble de la fortune nationale ainsi que tous les ressorts de l'État, et place ainsi incomparablement plus haut que n'importe quel autre parti son objectif de lutte. Ce dernier est néanmoins compatible, en même temps, avec « le plus grand des idéalismes »[19], puisqu'il se propose justement de supprimer tous les intérêts des individus et des groupes. Formellement, il n'était que l'ancien programme prérévisionniste de la social-démocratie ; pourtant, dans les conditions de l'après-guerre, il s'était transformé en quelque chose de nouveau. Il s'était détaché du sentiment qu'avaient les ouvriers qualifiés de réaliser une ascension sociale ainsi que du réformisme pratique des syndicats, si bien que l'élément idéologique et utopique était beaucoup plus fortement mis en relief. Mais il se distinguait aussi du programme des bolcheviks dans la mesure où il procédait de la situation *marxiste classique* que la Russie n'avait pas connue. Ce parti pouvait s'accorder le mérite d'avoir mis un terme à la guerre ou, au moins, se décerner la distinction d'avoir opposé à la guerre une hostilité au-dessus de tout soupçon ; il avait de la sorte conquis un assentiment qui allait bien au-delà des rangs prolétariens. Il pouvait attirer à lui, sous le drapeau de l'*anticapitalisme*, tous ceux qui se révoltaient contre les difficultés et les crises de la vie moderne. Il pouvait avancer des revendications comme celle de la journée de travail de six heures que tout autre parti était obligé de qualifier d'irréaliste et de démagogique. Il n'était pas seulement le grand parti de la protestation et de l'espoir, il était aussi le parti d'une croyance très ancienne, et donc problématique, le parti d'un grand Droit qui, pourtant, parce qu'il personnalisait les causes de la guerre, menaçait de se transformer en non-Droit ; il était enfin le parti de la guerre civile nationale et internationale. Voilà justement pourquoi il ne pouvait manquer de provoquer l'hostilité acharnée de tous ceux qui étaient propriétaires d'un bien ou espéraient le devenir, c'est-à-dire les *bourgeois*, au sens très large du terme ; il devait notamment s'attirer la haine de presque tous les officiers qui pouvaient se flatter d'avoir versé plus de sang pour défendre la patrie que n'importe quel autre groupe et qui avaient tous suivi avec assez d'attention les informations en provenance de Russie pour savoir ce que signifiait pour eux l'appel à mettre « le pouce sur les yeux et le genou sur la poitrine » ; il était enfin inévitable qu'il tienne au moins à distance respectueuse ceux qui ne pensaient pas que, de la destruction de l'ordre existant dans un État industriel d'une haute complexité, devait naître, d'une manière ou d'une autre et obligatoirement, un ordre meilleur. Ce parti avait à ses côtés, tendanciellement et en un certain sens, presque tous les Allemands ;

19. *Ibid.*, p. 36.

tout aussi tendanciellement et en un sens différent, il avait tous les Allemands contre lui.

Mais, surtout, contrairement au SPD de l'avant-guerre, il se trouvait dans la situation totalement nouvelle de devoir regarder en direction d'un parti frère qui dirigeait déjà le gouvernement d'un grand État, le plus grand État du monde, bien qu'il fût, selon les canons marxistes, plus jeune et plus immature et que, en réalité, il n'aurait pas encore été *censé* prendre le pouvoir. S'il était vrai que le KPD fût le « frère aîné », il était condamné à vaincre sans délai et à venir en aide au parti de Lénine qui, certes, n'avait plus contre lui le « géant » qu'était le militarisme allemand[20], mais qui était engagé dans un dur combat contre les *armées blanches* et aussi contre les corps expéditionnaires des Alliés et des puissances qui leur étaient associées.

20. *Lenin Werke*, vol. 27, p. 49. (Lénine, *Œuvres*, *op. cit.*, vol. 27, p. 60.)

II-3

La victoire des bolcheviks et les défaites du KPD entre 1919 et 1921

Vers la fin décembre 1918 encore, l'Allemagne, vue de l'extérieur, ressemblait à la Russie des quelques mois qui avaient suivi la révolution de février. La discipline dans l'armée avait en grande partie disparu ; partout s'étaient formés des conseils de soldats, les officiers se voyaient contester leurs prérogatives de commandement et il n'était pas rare qu'on leur arrachât les épaulettes ; des manifestations parcouraient les rues, des drapeaux rouges flottaient un peu partout, la garnison de la capitale n'était pas sûre ; à côté du gouvernement, il y avait un Conseil d'ouvriers et de soldats avec, à sa tête, un Comité exécutif.

Mais, à la différence de la Russie, la volonté de paix de la très grande majorité n'était pas tournée contre le gouvernement : l'armée, quittant le front, fut ramenée dans l'ordre au pays, sous la direction des officiers et avec la coopération des conseils de soldats. Il se produisit, ça et là, des heurts avec les conseils de soldats des villes-étapes et, pour la première fois, des craintes d'une *contre-révolution* menaçante se firent entendre. Nulle part, pourtant, il n'y eut d'assassinat d'officiers, nulle part des propriétaires ne furent chassés de leurs terres, l'administration continuait de fonctionner sans accrocs, en dépit des difficultés. Le quartier général, toujours sous le commandement de Hindenburg et de Groener, s'était placé *sur le terrain des réalités*, si bien que les officiers qui, toujours au lendemain d'une grande guerre, sont à la pointe de la *démocratisation*, demeuraient une force potentiellement importante, puisqu'on était obligé d'entendre, sous le terme de révolution, autre chose que la démocratie, cette dernière impliquant la souveraineté du peuple et l'élection d'une Assemblée nationale.

Or, si le mot d'ordre d'*assemblée nationale* n'avait pas été contesté en Russie, même après le chambardement d'octobre, il fut en revanche violemment combattu, en Allemagne, par la Ligue spartakiste ainsi que par des fractions des délégués révolutionnaires et de l'USPD (sociaux-démocrates indépendants, NdT). Rosa Luxemburg, dans la *Rote Fahne* du 20 novembre 1918, l'avait qualifié d'« héritage dépassé des révolutions bourgeoises » et d'« accessoire datant de l'époque des illusions petites-bourgeoises quant à l'unité du peuple », ajoutant que, dans l'Allemagne du moment, il ne pouvait et ne devait s'agir que de « démocratie socialiste » qui s'opposait à la « démocratie bourgeoise ». D'un point de vue formel, c'était satisfaire au postulat bien marxiste selon lequel la majorité du prolétariat, en tant que majorité du peuple, était appelée à exercer un pouvoir absolu et immédiat grâce aux conseils ; mais, dans les faits, il s'agissait de la volonté d'une minorité activiste d'exercer seule le pouvoir ; Rosa Luxemburg savait en effet parfaitement que son parti, même en collaboration avec l'USPD, était bien loin de représenter la majorité des travailleurs allemands, sans même parler de la majorité du peuple. C'est pourquoi le *Vorwärts* était en droit et dans l'obligation de lui opposer cette exigence, sous forme de mot d'ordre de la social-démoratie majoritaire : « Terreur, non, liberté oui ; dictature, non, démocratie, oui ! [1] » Effectivement, en se réclamant d'une Assemblée nationale, le gouvernement Ebert défendait la revendication émise par le *peuple empirique* et, par conséquent, la conception fondant la *démocratie occidentale*. Il gagna l'adhésion du Conseil central des conseils d'ouvriers et de soldats mais se heurta à l'opposition de la minorité la plus active, parce que cette dernière croyait la situation allemande suffisamment mûre pour qu'il devînt nécessaire de dépasser la démocratie bourgeoise ou formelle.

Mais la principale différence entre l'Allemagne et la Russie était politique. Pour les révolutionnaires russes, il n'existait dans aucun autre pays un événement qui pût servir de modèle ou de repoussoir. En Allemagne, en revanche, le gouvernement et la presse ne cessaient d'adresser des mises en garde du genre : « Que les ouvriers allemands regardent ce qui se passe en Russie et qu'ils en tirent des leçons ! », « Puis viendra le chaos russe », Spartakus est « pour l'édification d'un pouvoir asiatique apportant la famine et l'horreur comme en Russie », ce qui est projeté, c'est « une dictature sanglante de la Ligue spartakiste » [2]. La situation allemande, à elle seule, n'aurait pu fournir matière à de tels propos ; mais, la presse n'ayant pas eu besoin, durant les derniers mois, de se livrer dans ses récits à des exagérations pour faire prendre conscience à l'opinion publique allemande de ce que les bolcheviks exerçaient effectivement en Russie un régime de terreur sans précédent, des propos et des hypothèses de ce genre étaient plausibles.

Ils l'étaient d'autant plus que le gouvernement soviétique, cela ne faisait aucun doute, intervenait en Allemagne. Ainsi, dès le 11 novembre, le Conseil des commissaires du peuple s'adressa par télégramme aux

1. *Vorwärts* du 7 novembre 1918 (Schulthess 1918/I, p. 420).
2. *Vorwärts* des 2 décembre, 10 novembre, 24 décembre, 27 décembre 1918.

ouvriers allemands, les appelant à ne pas se laisser « refiler » une Assemblée nationale et évoquant l'éventualité d'envois de céréales, alors que, chacun le savait, la famine régnait en Russie [3]. Plusieurs passages du discours prononcé par Radek le 30 décembre étaient de la même eau : rien ne suscitait davantage l'enthousiasme des ouvriers russes que l'annonce de la venue possible du jour « où les ouvriers allemands les appelleraient à l'aide et où ils devraient aller combattre avec eux sur le Rhin, comme eux viendraient combattre dans l'Oural ». L'aspiration à la paix n'avait-elle pourtant pas été le mobile le plus fort de la révolution russe ? Si Radek parlait sérieusement, le même mobile devait alors, en Allemagne, jouer au profit d'Ebert cette fois.

Il se créa néanmoins, durant les premiers jours de janvier 1919, à Berlin, une situation dans laquelle la majorité du prolétariat de la capitale, et donc peut-être aussi de sa population, s'opposa au gouvernement qui, avec la convocation des élections à l'Assemblée nationale, parlait, lui, au nom de la majorité du peuple allemand mais ne disposait que de peu de pouvoirs. C'est cette situation qu'on a appelée le *soulèvement de janvier*.

Il ne fut rien d'autre, à ses débuts, qu'une gigantesque manifestation de protestation contre la destitution du préfet de police, membre de l'USPD, Emil Eichhorn, décision prise par le gouvernement désormais uniquement composé de socialistes majoritaires. Mais, contre le souhait de Rosa Luxemburg, les instances déterminantes résolurent de provoquer la chute du gouvernement ; Karl Liebknecht signa lui aussi le document, si bien que le gouvernement, de son côté, put faire savoir, le 8 janvier, en se limitant intelligemment à celui de ses adversaires déjà le plus détesté : « Spartakus lutte désormais pour conquérir le pouvoir total. [...] Le peuple n'a pas le droit à la parole. [4] » Ne disposant pas de troupes *républicaines* sûres, le commissaire du peuple Gustav Noske, collaborant avec le général von Lüttwitz, dut recourir à des unités de l'ancienne armée et aux Corps francs nouvellement constitués. La situation était en quelque sorte comparable à celle qui serait née en Russie si Kerenski et Kornilov avaient agi de concert. Quoi qu'il en soit, la *Rote Fahne* et Rosa Luxemburg s'engagèrent sans réserves aux côtés des combattants : Friedrich Ebert fut traité d'« ennemi mortel de la révolution » et le journal s'en prit avec une grande violence aux « éléments mous comme des chiques », prêts à négocier [5]. Les récits de combats s'apparentaient tout à fait à des rapports militaires, sauf qu'ils étaient rédigés avec incomparablement plus d'emphase morale, leurs auteurs étant convaincus que les ouvriers avaient historiquement raison face à la bourgeoisie et que cette dernière n'avait

3. *RF* du 18 novembre 1918.
4. UuF, vol. III, p. 67.
5. *RF* des 6 et 7 janvier 1919.

par conséquent d'autre choix que de recourir à des actes barbares comme par exemple l'exécution de parlementaires par les troupes gouvernementales. Le 14 janvier, surmonté du titre « L'ordre règne à Berlin », parut le dernier éditorial de Rosa Luxemburg, tout empli de colère et de mépris à l'égard de la « populace petite-bourgeoise de Berlin » et des « misérables vaincus des Flandres et de l'Argonne », et se concluant par l'expression d'une foi indéfectible dans le triomphe final de la révolution : « La direction a failli. Mais, ce qui est décisif, ce sont les masses, elles sont le socle sur lequel se bâtira la victoire finale de la révolution. [...] " L'ordre règne à Berlin ! " Espèce de sbires obtus. Votre " ordre " repose sur du sable. La révolution, dès demain, se relèvera " dans un cliquetis d'armes " et, à votre grande terreur, proclamera à grand renfort de trompettes : " Je fus, je suis, je serai ! " »

Le lendemain, Karl Liebknecht et Rosa Luxemburg étaient morts. Le fait qu'on ait cherché à garder secrètes les circonstances de leur mort et qu'ensuite, jusqu'en 1933, même leurs adversaires aient parlé d'un meurtre commis par quelques soldats et officiers de la division de cavalerie de la Garde, montre de manière éloquente combien, en Allemagne, prédominait encore fortement la conscience d'appartenir à un État de droit et combien on avait peu le sentiment d'être plongé dans une authentique guerre civile, prolongement de la guerre civile russe. Quelques mois plus tard, Eugen Leviné, le leader de la République des conseils de Munich, fut condamné à mort et exécuté. Un journal de l'USPD déplora alors que la responsabilité de la première condamnation politique à la peine capitale en Allemagne depuis 1848 soit précisément le fait d'un gouvernement socialiste[6]. L'acte du chasseur Runge[7] et de ses instigateurs n'était justifiable ni moralement ni juridiquement, car il s'agissait de l'assassinat de prisonniers sans défense. Mais, énoncer cette vérité, c'est quand même mentir si l'on n'ajoute pas que Karl Liebknecht et Rosa Luxemburg, certes totalement ou à moitié à l'encontre de ce qu'ils voulaient initialement, avaient pris la tête d'un soulèvement contre le gouvernement ; si l'on n'ajoute pas aussi qu'en Russie, depuis un an, la Tcheka avait passé par les armes, sans jugement, des centaines et des milliers d'adversaires détenus et donc sans défense, dont les trois cent cinquante prisonniers du soulèvement de Iaroslavl et que les officiers qui avaient poussé le chasseur Runge à commettre son acte connaissaient ces événements. L'appréciation que le KPD formula dans un communiqué d'avril 1921 consacré à la prétendue trahison de Paul Levi est beaucoup plus conforme à la réalité que les propos habituels sur « l'assassinat de

6. BAK, fonds Rosa Meyer-Leviné, vol. 32, fol. 32.

7. Nom du soldat qui assomma Rosa Luxemburg d'un coup de crosse, peu après l'arrestation de cette dernière, Karl Liebknecht étant pour sa part abattu dans le Tiergarten, à peu près au même moment et sans jugement non plus (NdT).

Karl Liebknecht et Rosa Luxemburg », propos exacts mais ne reflétant le plus souvent qu'imparfaitement la vérité ; ce communiqué disait, dans l'esprit sinon à la lettre : Paul Levi a tiré dans le dos de ses camarades de combat. Il en alla tout autrement de Karl Liebknecht et de Rosa Luxemburg. Ils étaient opposés au soulèvement de janvier 1919. Mais ils en prirent leur part et tombèrent au combat [8].

Les combats de mars 1919 se déroulèrent, eux aussi, alors que le gouvernement connaissait une situation très critique : des troubles sérieux et de grandes grèves secouaient l'Allemagne centrale et la Ruhr. La moindre des causes n'en était pas la colère envers un gouvernement qui abandonnait la socialisation promise. Mais, entre-temps, à la suite des élections du 19 janvier qui, contrairement à ce qui s'était passé en Russie, n'avaient donné qu'environ 45 % des voix aux partis socialistes, l'Assemblée nationale s'était installée à Weimar. Il n'est donc pas tout à fait infondé de suspecter le gouvernement d'avoir voulu définitivement prendre le contrôle de la situation à Berlin et d'avoir, à cet effet, littéralement pris militairement la ville d'assaut ; ce qui coûta la vie à mille deux cent personnes au total, les troupes gouvernementales ayant agi avec cette particulière brutalité qui caractérise l'action d'unités relativement réduites, confrontées à des foules importantes de civils lourdement armés. Le lieutenant Marloh fit ainsi fusiller, sans raisons valables, vingt-neuf matelots. Des rumeurs exagérées sur des atrocités commises par les spartakistes à Lichtenberg avaient fortement ému les troupes, tandis que d'autres exécutions, sous le couvert de la loi martiale, avaient suscité dans la grande masse de la population de l'Est berlinois une inextinguible rancœur à l'égard des « Noskoïdes » ou des « chiens de Noske » [9]. Il faut ajouter que la *Rote Fahne*, dans ses appels, était loin de n'être que sur la défensive et proclamait par exemple : « La révolution ne peut avancer qu'en passant sur la tombe de la social-démocratie majoritaire. [...] À bas l'Assemblée nationale ! [...] Vos frères font la grève. Les capitalistes vacillent. Le gouvernement est sur le point de s'écrouler. [10] »

À peine le gouvernement venait-il de reprendre la situation en main à Berlin que, à la suite de l'assassinat de Kurt Eisner, la République des conseils fut proclamée à Munich. Dans un premier temps, pendant la semaine précédant le 14 avril, elle fut dirigée par des socialistes libertaires, comme Gustav Landauer et Erich Mühsam, jusqu'au moment où des communistes, Eugen Léviné, Max Levien et Tobias Axelrod par exemple, les remplacèrent. Il ne se produisit pas d'actes sanglants sérieux, à l'exception de l'exécution de plusieurs otages dans le lycée

8. *RF* du 15 avril 1921.

9. Le social-démocrate Noske commandait les troupes gouvernementales qui écrasèrent, début janvier 1919, le soulèvement berlinois (NdT).

10. *RF* du 3 mars 1919.

Luitpold. Pourtant, cette *pseudo-République des conseils* anarchiste avait suffi à plonger les *bourgeois* dans une grande frayeur ; par exemple le 10 avril, lorsqu'elle annonça l'instauration de tribunaux révolutionnaires dont les jugements seraient « exécutés sur-le-champ », sans possibilité d'appel. C'est là que l'*exemple russe* se révéla avoir un effet proprement démesuré. Le gouvernement du social-démocrate Hoffmann, réfugié à Bamberg, diffusa ainsi un communiqué dans lequel on pouvait lire : « À Munich, la terreur russe, déchaînée par des éléments étrangers au pays, fait rage. [11] » Il s'agissait bien sûr davantage d'une menace que d'une réalité. Lénine, pourtant, adressa le 27 avril un salut à la République des conseils bavaroise dans lequel, sous forme d'un questionnaire, il donnait des directives d'une portée nullement négligeable : « [...] quelles mesures [avez]-vous prises pour lutter contre les bourreaux bourgeois que sont Scheidemann et Cie ? [...] Avez-vous armé les ouvriers, désarmé la bourgeoisie, [...], tassé la bourgeoisie à Munich pour installer immédiatement les ouvriers dans les appartements riches [...] [et] choisi des otages parmi la bourgeoisie ? [12] » L'aversion à l'égard *des étrangers* et de *l'immixtion étrangère* n'était cependant pas l'apanage de la droite, c'est ce que montre bien l'exemple d'Ernst Toller qui, le 26 avril, lors d'une réunion importante des instances dirigeantes du mouvement révolutionnaire, dit que le gouvernement actuel, à Munich, était une malédiction parce qu'il n'avait que cet argument à la bouche : « En Russie, nous n'avons pas fait comme ça. » Alors que « nous, les Bavarois », nous ne sommes pas des Russes [13] ! Plus caractéristique encore est la phrase écrite le 2 mai 1919 par Thomas Mann dans son journal intime, alors que retentissaient encore les coups de feu échangés entre les Corps francs investissant la ville et les spartakistes en retraite : « [...] nous avons parlé du rôle particulier et du destin de l'Allemagne [...] pour, en s'opposant au bolchevisme, empêcher la plus épouvantable des catastrophes culturelles. [...] Que l'idée kirghize de tout raser et de tout anéantir doive triompher, c'est une autre question. [...] Nous avons aussi parlé du type du Juif russe, du leader du mouvement mondial, de ce mélange explosif du radicalisme intellectuel juif et du mysticisme chrétien slave. Un monde qui possède encore son instinct de conservation doit prendre des mesures énergiques et rapides contre ce genre d'hommes. [14] »

---

11. *Revolution und Räterepublik in München in Augenzeugenberichten*, Düsseldorf, 1969, p. 327.

12. *Lenin Werke*, vol. 29, p. 314 et suiv. (Édition française : *Œuvres*, vol. 29, p. 328.)

13. Allan Mitchell, *Revolution in Bayern 1918/1919. Die Eisner-Regierung und die Räterepublik*, Munich, 1967, p. 286.

14. Thomas Mann, *Tagebücher 1918-1921*. Édité par Peter de Mendelssohn, Francfort/Main, 1981, p. 223. (Édition française : *Journal 1918-1921, 1933-1939*, Gallimard, Paris, 1985, p. 120-121. C'est, bien entendu, de Lénine qu'il est ici question, NdT.)

En Russie, les mois de mars et d'avril 1919 ont représenté le premier sommet des espoirs en une révolution mondiale imminente. Pour Lénine, la naissance du Parti communiste d'Allemagne, conduit « par ces chefs illustres, connus du monde entier [...] que sont Liebknecht, Rosa Luxemburg, Clara Zetkin et Franz Mehring » [15], signifiait déjà, dans les faits, le début de la nouvelle Internationale, l'Internationale communiste. La réunion constitutive qui se tint à Moscou, début mars, ne fut pour lui qu'une espèce de ratification formelle. Il est vrai qu'elle se déroula dans un cadre on ne peut plus modeste, presque sans délégués de partis représentatifs et, surtout, contre la volonté de Rosa Luxemburg qui estimait que l'heure n'était pas encore venue. La Russie soviétique se trouvait en réalité dans une situation très difficile : aux prises avec diverses interventions des Alliés et avec l'avance de fortes armées blanches, coupée du reste du monde pour ainsi dire et affligée d'une économie totalement désorganisée. Pourtant, l'histoire avait rarement enregistré un tel écart entre une base matérielle aussi misérable et une foi aussi enthousiaste et débordante, si universellement communicative. Les manifestes et les appels que cette petite assemblée de 51 *délégués*, des Russes pour l'essentiel, adressa au monde entier étaient parcourus d'une flamme si grande et d'un enthousiasme si contagieux qu'ils ne souffrent pas la comparaison, ni avec un quelconque communiqué de victoire des Alliés, ni avec les bonnes intentions d'un projet de Wilson. On peut ainsi lire dans les « Lignes directrices de l'Internationale communiste » rédigées par Boukharine : « Une époque nouvelle est née. L'époque de la disparition du capitalisme, de sa décomposition interne, l'époque de la révolution communiste du prolétariat. [...] Elle devra briser la domination du capital, rendre les guerres impossibles, détruire les frontières des États, transformer le monde entier en une communauté œuvrant pour elle-même, accomplir la fraternisation et la libération des peuples. » Ces exigences d'un universalisme militant se situaient en même temps dans une grandiose perspective historique : « Rejetant la tiédeur, la fausseté et la putréfaction des partis socialistes officiels et dépassés, nous, communistes unis au sein de la IIIe Internationale, nous sentons les continuateurs directs d'une longue succession de générations révolutionnaires, de Babeuf jusqu'à Karl Marx et Rosa Luxemburg, de leurs efforts héroïques et de leurs martyres. [16] » Ces espoirs et ces prédictions pleins d'assurance culminèrent dans l'appel que le Comité exécutif de l'Internationale adressa aux communistes de Bavière à l'occasion du 1er Mai, convaincu

15. *Lenin Werke*, vol. 28, p. 441 et suiv. in « Lettre aux ouvriers d'Europe et d'Amérique », le passage cité a été écrit le 12 janvier 1919, la lettre ayant été terminée le 19 du même mois. (Édition française : vol. 28, p. 451.)

16. *Manifeste, Richtlinien, Beschlüsse des Ersten Kongresses. Aufrufe und offene Schreiben des Exekutivkomitees bis zum Zweiten Kongress*, Hambourg, 1920, p. 21, 17.

qu'il existait désormais, à côté de la République soviétique russe, une République hongroise et une République bavaroise : « L'assaut commence. L'incendie de la révolution prolétarienne s'embrase dans toute l'Europe avec une force invincible. Le moment qu'attendaient nos devanciers et nos maîtres est proche. [...] Le rêve des meilleurs représentants de l'humanité devient réalité. [...] La dernière heure de nos oppresseurs a sonné. Le 1er Mai 1919 doit être le jour de l'offensive, le jour de la révolution prolétarienne dans toute l'Europe. [...] En 1919 est née la grande Internationale communiste. En 1920, ce sera la naissance de la grande République internationale des Soviets. [17] »

Un observateur sceptique aurait certes trouvé plus vraisemblable que l'année 1919 allait être celle de la fin de la République des Soviets. Dans le sud de la Russie, l'armée de volontaires du général Denikine, bien fournie en matériels et en missions militaires grâce à l'appui des Alliés et notamment du nouveau ministre de la Guerre anglais, Winston Churchill, s'enfonçait profondément en direction du nord du pays. En Sibérie, l'amiral Koltchak avait renversé le gouvernement des partis et ses troupes, qu'avaient rejointes les Tchécoslovaques, étaient devant Samara fin avril et non loin de Simbirsk. Dans les anciennes provinces baltes, des troupes allemandes et une *Armée nationale balte (Baltische Landeswehr)* se battaient toujours à la fois contre les bolcheviks et contre les Lettons et les Estoniens nationalistes bourgeois ; Petrograd demeurait menacée. Dans le nord, il y avait toujours des troupes alliées à Arkhangelsk, qui s'efforçaient de mettre en selle un régime russe conduit par un social-révolutionnaire. La zone *rouge* n'était désormais guère plus étendue que ne l'avait été le grand-duché de Moscou avant Pierre le Grand et la faim y sévissait car la zone était coupée des principales régions céréalières et ne pouvait livrer à ses paysans des produits industriels. Lénine se trouva donc dans l'obligation d'envoyer dans les villages des commandos d'ouvriers des villes qui tentaient de s'unir aux *villageois pauvres* pour d'impitoyables razzias dirigées contre les biens des *koulaks*.

Une guerre civile intérieure se déroulait parallèlement à cette guerre civile extérieure ; semblable guerre des classes était un événement caractéristique, sans précédent : jamais encore dans l'histoire moderne, un chef de gouvernement n'avait qualifié des groupes importants de sa propre population de « chiens et de porcs de la bourgeoisie à l'agonie » ou d'« araignées » et de « parasites » contre lesquels il convenait de livrer un combat sans merci [18]. Sur les divers fronts, en revanche, on combattait des deux côtés avec le même acharnement ; même des observateurs neutres ont souvent rapporté que les Blancs le faisaient avec plus de cruauté que les Rouges, ces derniers se contentant fréquemment de tuer les officiers faits prisonniers et remettant en liberté les simples soldats en

17. *Ibid.*, p. 78 et suiv.
18. Lenin, *AW*, vol. II, p. 886, 408.

leur qualité de *frères de classe*. Effectivement, le passage d'unités entières à l'ennemi a contribué pour une part essentielle à la défaite subie en mai et en juin par l'armée Koltchak, avant la jonction recherchée avec Denikine. Les Tchécoslovaques ayant été ensuite sévèrement défaits, la retraite se transforma en une fuite dramatique, sur les milliers de kilomètres du chemin de fer transsibérien, au cours de laquelle des centaines de milliers de soldats tombèrent, tandis que des civils, par centaines de milliers aussi, mouraient d'épuisement.

Au moment où Denikine progressait en direction de Moscou, Koltchak était déjà battu et, lorsque l'armée du nord-ouest du général Youdenitch parvint dans les faubourgs de Petrograd, Denikine avait déjà dû battre en retraite. Les Armées blanches, les Alliés, les Lettons et les Estoniens nationalistes, les anarchistes paysans de Makhno en Ukraine ainsi que les nationalistes ukrainiens de Petlioura, les Polonais et les Caucasiens, tous combattaient ensemble les bolcheviks et pourtant, secrètement et parfois ouvertement, ils se combattaient en même temps entre eux, les uns voulant restaurer l'empire russe, les autres voulant l'affaiblir, certains luttant pour leur indépendance, d'autres encore pour conquérir des terres ou s'assurer leur approvisionnement en matières premières. En outre, dans les faits, les socialistes-révolutionnaires et les mencheviks se rangeaient du côté des bolcheviks, en territoire soviétique comme derrière les fronts blancs, chaque fois que devenait par trop grand le danger qu'un général réactionnaire pût entrer en vainqueur dans Moscou. Lénine savait très bien qu'il devait la victoire, pour ce qui était de la guerre civile, à la division de ses adversaires, de même que sa révolution avait triomphé parce qu'il avait repris aux socialistes-révolutionnaires leur programme agraire. Vers la fin de l'année 1919, de grandes parties de l'ancien empire tsariste avaient certes conquis leur indépendance – notamment la Géorgie, en plus des nouveaux États baltes et de la Finlande –, mais les seules armées de guerre civile en état de combattre et pas encore totalement découragées étaient les troupes de Denikine au nord de la Crimée ; le général Wrangel ne tarda d'ailleurs pas à en devenir le commandant en chef. Comme puissance extérieure représentant encore une menace, il ne restait plus que les Polonais qui rêvaient de retrouver les frontières de 1772. La bourgeoisie et la noblesse russes, en revanche, n'existaient plus, même si de nombreux membres de ces deux couches avaient, à titre individuel, échappé à l'anéantissement physique et trouvé un refuge quelque part dans l'immense bureaucratie soviétique : les *classes exploiteuses* étaient *liquidées*, conformément au programme du parti, et largement plus d'un million de leurs représentants, au prix d'un des plus grands exodes que le monde ait jamais connus, s'étaient tant bien que mal recasés dans les divers pays d'Europe [19]. La révolution mondiale avait au

19. Au sujet de l'émigration, *cf. infra*, chapitre IV-7.

demeurant perdu deux pays, la Hongrie et la Bavière, durant l'année 1919. Churchill n'était pas parvenu à faire triompher contre Lloyd George ses demandes d'un soutien plus appuyé aux Blancs ; cela s'expliquait principalement par la forte inquiétude qu'inspiraient au Premier ministre les tendances révolutionnaires en Angleterre et le fait qu'il préférait voir une Russie bolchevique qu'une Angleterre bolchevique. L'année 1920 n'allait pas tarder à apporter une nouvelle avancée de la *révolution*.

En Allemagne, durant la deuxième moitié de l'année 1919, il n'avait pas été beaucoup question du Parti communiste, l'attention s'étant concentrée sur les conditions insupportables de la paix de Versailles, sur le « mensonge de la responsabilité de la guerre » exprimé par l'article 231, sur l'attitude honteuse des Alliés qui exigeaient que leur soient livrés les *criminels de guerre* allemands, notamment l'ancien empereur. Le parti était interdit et, lors d'un congrès clandestin tenu à Heidelberg, il s'était séparé de la gauche radicale qui avait mis Rosa Luxemburg en minorité, lors du congrès fondateur, sur le problème de la participation aux élections ; cette aile gauche s'était en partie retrouvée dans le sillage du *national-bolchevisme*, comme par exemple les deux Hambourgeois Heinrich Laufenberg et Fritz Wolffheim. Il n'est néanmoins pas inimaginable que le général von Lüttwitz, dont les troupes avaient sauvé le gouvernement SPD un an auparavant, ait conçu quelque inquiétude non seulement en raison de la réduction des forces militaires exigée par les Alliés mais aussi devant la montée du *bolchevisme*, car il avait essentiellement en vue l'USPD qui paraissait se renforcer sans cesse. C'est cette préoccupation en même temps que le souhait compréhensible de voir bientôt mettre en route l'élection du premier Reichstag, qui donnèrent naissance à ce qu'on appelle le putsch de Kapp qui, pendant quelques jours, mit Berlin à la merci de la « brigade Ehrhardt » qui s'était mutinée ; le gouvernement fut alors contraint de se replier à Dresde, puis à Stuttgart.

Wolfgang Kapp, le chancelier du Reich nommé par les putschistes, qui avait trouvé un fort soutien dans l'est de l'Allemagne surtout, fut bientôt obligé de se retirer. Avaient pesé contre lui la résistance du corps des fonctionnaires berlinois et la neutralité d'une grande partie de la Reichswehr, mais aussi la grève politique générale à laquelle les membres sociaux-démocrates du gouvernement avaient appelé les ouvriers. Cet appel avait au fond renoué avec la langue de la révolution prolétarienne : « Nous n'avons pas fait la révolution pour devoir aujourd'hui nous soumettre à nouveau au règne des lansquenets. Nous ne pactiserons pas avec les criminels du Baltikum. [...] Ouvriers, camarades [...] utilisez tous les moyens pour anéantir ce retour de la réaction sanglante. [...] Faites grève, arrêtez le travail et étouffez cette dictature militaire. [...] Prolétaires, unissez-vous ! [20] »

Mars 1920

20. *Illustrierte Geschichte der deutschen Revolution*, Berlin, 1929, p. 469 (fac-similé).

Il n'y eut donc rien d'étonnant à ce que cette grève générale fût aussi dirigée contre le gouvernement qui comptait Noske parmi ses membres et que l'aile gauche de l'USPD tentât alors de rattraper le temps perdu en 1918. Et ce fut apparemment une surprise pour le gouvernement de constater avec quelle vitesse se constituèrent en de nombreux endroits d'Allemagne des détachements d'une « Armée rouge » et de les voir réussir à se regrouper dans une région, la Ruhr. Dans ce dernier cas, des unités de la Reichswehr furent mises hors de combat mais aussi des détachements de police, et c'est à bon droit que certains ont parlé d'une « révolution allemande de mars »[21]. Il faut bien reconnaître que le KPD n'était que peu impliqué dans ces événements ; à l'origine, d'ailleurs, il avait voulu observer une neutralité sarcastique dans la lutte opposant « Ebertiens » et « Lüttwitzois », mais, bientôt, des rumeurs lui attribuèrent, à lui et même *à des Russes*, un rôle majeur dans les troubles. Ce qui contribua d'ailleurs à rendre les combats plus acharnés encore, au point que le gouvernement dut recourir à des troupes contre lesquelles ses membres sociaux-démocrates avaient appelé à la grève. Pour deux bonnes semaines, l'Allemagne se transforma alors en une sorte de Russie où une authentique guerre civile faisait rage entre de grandes formations armées. Un discours prononcé par Gustav Stresemann le 28 mars 1920, devant le Comité directeur de son parti, faisait entièrement référence à l'exemple russe : on avait établi que des officiers de l'Armée rouge russe avaient séjourné à Berlin et que Lénine avait envoyé en Allemagne des orateurs populaires. L'évolution de la situation en Allemagne était analogue, avec une fidélité photographique, à celle de la Russie : « On désarme chez nous des troupes et on cherche à former des bataillons d'ouvriers, c'est exactement de la sorte qu'a agi Kerenski dont Lénine poursuivit l'œuvre. Si les choses continuent ainsi, le bolchevisme sera la mer dans laquelle nous finirons par nous noyer. » Mais le pire était à ses yeux le fait que le Parti démocrate s'associait à présent aux attaques contre la Reichswehr, tournant ainsi le dos aux intérêts de la bourgeoisie. « Peut-on alors s'étonner que des officiers en train de combattre le bolchevisme hésitent ?[22] »

En définitive, pourtant, la Reichswehr n'hésitait pas et elle écrasa le soulèvement, à l'occasion avec une telle brutalité qu'un soldat confia à son journal personnel : « Au front, nous nous comportions avec les Français de manière beaucoup plus humaine.[23] » Cette brève guerre civile allemande renforça la haine de part et d'autre et elle fit perdre au centre davantage encore de sa confiance en soi et de son autorité morale : elle renforça la haine de nombreux sociaux-démocrates indépendants

21. Erhard Lucas, *Märzrevolution 1920*, 3 vol., Francfort/Main, 1970, 1973, 1978.
22. UuF IV, p. 122.
23. Hagen Schulze, *Freikorps und Republik 1918-1920*, Boppard, 1969, p. 315.

(membres de l'USPD née de la scission du SPD pendant la guerre, NdT) et de nombreux communistes envers la *soldatesque* et le gouvernement SPD qui venait à leurs yeux de trahir une nouvelle fois la révolution ; elle renforça la haine des soldats envers les *bolchevistes* et surtout envers les marxistes sociaux-démocrates qui n'arrêtaient pas de se faire sauver par les soldats, tout en ne cessant de les humilier et de les injurier. En même temps, ils éprouvaient aussi une profonde aversion, comme les *Blancs* de Russie, à l'égard de la bourgeoisie qu'ils avaient trouvée pusillanime et sans énergie, alors que, lors des combats dans le Vogtland, un Max Hölz avait fait placarder des affiches sur lesquelles il menaçait, à l'approche de la Reichswehr, d'incendier aussitôt toute la ville et d'abattre la bourgeoisie, sans distinction de sexe ni d'âge [24].

Le putsch de Kapp eut des conséquences étranges. Les élections au Reichstag eurent lieu le 6 juin 1920 et elles coûtèrent sa majorité à la coalition de Weimar. L'USPD connut une progression impressionnante et était désormais presque aussi forte que les sociaux-démocrates, mais les nationaux-allemands enregistraient eux aussi des gains considérables. Le social-démocrate Hermann Müller négocia d'abord avec le leader des Indépendants, Arthur Crispien, mais ce dernier rejeta l'offre de participer au gouvernement, l'objectif de son parti étant que « le prolétariat prenne possession du pouvoir politique et qu'il l'exerce seul jusqu'à ce que le socialisme soit réalisé » [25]. Il se constitua finalement un gouvernement bourgeois conduit par Fehrenbach, un homme du Zentrum, et, en Bavière, le social-démocrate Hoffmann ayant été remplacé par Gustav von Kahr dès le lendemain du putsch, c'étaient les partis bourgeois qui tiraient le plus grand profit de la guerre civile, alors qu'ils s'étaient au fond contentés de jouer les spectateurs.

La revendication minimale des communistes, la fin de la coalition entre sociaux-démocrates et bourgeois, était donc satisfaite, mais d'une manière tout autre qu'ils se l'étaient imaginée. Une alliance de tous les partis socialistes et un représentant des syndicats à la tête du gouvernement, voilà qui aurait tout de même été un pas dans la direction *soviétique*, un pas vers une situation qui, en fait, n'avait pu connaître d'autres développements en raison de la prise du pouvoir par les bolcheviks. Pourtant, on avait désormais l'impression absolue qu'il n'y avait plus besoin de manœuvres parlementaires pour faire éclater en Allemagne la révolution mondiale. Au printemps, Jozef Pilsudski, jadis leader du Parti socialiste de Pologne et maintenant fondateur d'un État pas encore bien assuré de ses frontières ni de son rôle, avait attaqué la Russie soviétique en alliance avec les nationalistes ukrainiens de Petlioura ; le but était de créer une grande fédération est-européenne, allant de la Baltique à la mer Noire, avec l'objectif de rendre la Russie soviétique inoffensive

24. UuF IV, p. 128.
25. *Ibid.*, p. 145 et suiv.

pour l'Europe civilisée. Pourtant, le 11 juin, il lui fallut évacuer Kiev qu'il venait juste d'occuper, puis les Polonais et les Ukrainiens alliés allèrent de défaite en défaite. La question se posa de savoir si l'on allait s'arrêter sur la ligne Curzon, mais Lénine fit triompher son point de vue et l'Armée rouge franchit pour la première fois les frontières de son pays, afin d'apporter la liberté aux ouvriers et aux paysans de Pologne opprimés par les Pany, les féodaux ; c'est du moins ce qu'annonça un nouveau gouvernement polonais, constitué à l'avance. L'objectif véritable de Lénine était en fait l'Allemagne, plus précisément la révolution en Allemagne, et Trotski lui aussi voyait désormais s'approcher le moment où Russes et Allemands livreraient ensemble à l'Entente la grande bataille sur le Rhin[26]. Chez de nombreux nationalistes allemands, la haine de la Pologne était si forte que cette perspective fut saluée avec enthousiasme ; la presse parla de manière généralement très positive des troupes soviétiques qui se trouvaient maintenant aux portes de la Prusse orientale. L'Europe occidentale retenait son souffle, paraissant totalement paralysée, ce qui se comprenait d'autant mieux que les appels du gouvernement soviétique aux ouvriers, leur demandant d'empêcher tout transport de munitions et de matériel vers la Pologne, tombaient sur un terrain particulièrement réceptif dans les syndicats anglais. Les articles de presse présentaient souvent la Pologne comme un rempart trop faible qui essayait avec le courage du désespoir de préserver l'Europe entière de l'assaut des hordes orientales. Les Américains se contentèrent d'une note du secrétaire d'État Colby mettant sur le même plan communisme militant et *autocratie militaire*, leur opposant sèchement l'*américanisme*. Les Français soutinrent l'offensive du général Wrangel, la dernière de la guerre civile russe, qui apporta quelque soulagement aux Polonais. Mais même la mission militaire du général Weygand n'aurait pu modifier le cours du destin si, chez les ouvriers et paysans polonais, la haine des Russes n'avait pas été plus forte que leur aversion à l'égard des nobles qui, depuis longtemps, n'étaient plus seuls à mener la barque. Pilsudski put alors réorganiser son armée et remporter la bataille devant Varsovie. La paix provisoire de Riga lui garantit la possession de l'Ukraine occidentale et de grandes parties de la Russie blanche et, en échange, il laissa tomber Petlioura et Wrangel, tout comme, au début de l'année, les Alliés avaient laissé tomber Koltchak. En novembre, Wrangel s'embarqua de Crimée, avec ses troupes, à destination de Constantinople. La guerre civile russe était de la sorte arrivée à son terme, un terme que de nombreux émigrants, à vrai dire, ne croyaient que provisoire[27].

---

26. Selon *Protokolle der USPD-Parteitage* (Procès-verbaux des congrès de l'USPD), vol. 3, 1920, p. 215 (Martov).

27. *Ibid.* Tous les *Blancs* étaient confrontés à une difficulté de fond, essentielle : même s'ils ne ressentaient pas la remise des terres des propriétaires fonciers aux paysans comme une injustice ou une tromperie, ils ne pouvaient non plus tout simplement sanctionner le fait

À la même époque, le Parti communiste d'Allemagne se transforma en parti de masse en s'unissant à l'aile gauche de l'USPD, donnant ainsi naissance au « Parti communiste uni d'Allemagne » (VKPD). À l'origine, il y avait eu les décisions du deuxième congrès mondial de l'Internationale communiste qui s'était justement tenu à Moscou durant les heures cruciales de la guerre soviéto-polonaise et dont les délégués, pleins d'enthousiasme, avaient suivi l'incessante progression des lignes de front sur la grande carte murale qu'on avait disposée dans le bâtiment du congrès. C'est là que Lénine avait fait adopter les vingt-et-une conditions qui apportèrent la scission dans les grands partis socialistes de gauche en Europe, dans l'USPD allemand, dans le PSI italien et la SFIO française. Ces conditions faisaient de l'Internationale communiste un parti mondial centralisé, articulé en *sections*, qui excluait de ses rangs tous les *réformistes*, les *centristes*, les *sociaux-pacifistes* et même les partisans des *fédérations syndicales jaunes*, y compris lorsqu'ils avaient été, à l'instar de l'Italien Filippo Turati, des adversaires résolus de la guerre. Ces conditions exigeaient de chacune des sections la création d'appareils parallèles clandestins afin de préparer la phase de la guerre civile, une activité de propagande et de désagrégation au sein des forces armées, l'engagement de venir en aide sans condition « à toute République soviétique » – pratiquement, donc, à la Russie soviétique – et, par son comportement, de ne laisser place à aucun doute sur le fait que l'Internationale communiste avait « déclaré la guerre au monde bourgeois tout entier et à tous les partis sociaux-démocrates jaunes [28] ». Pour tous les observateurs non croyants, de telles conditions ne pouvaient signifier qu'une chose : la Russie vaincue durant la guerre mondiale cherchait, de manière aussi subtile que sournoise, à s'affirmer et à préparer sa revanche en tentant de dresser les masses ouvrières et paysannes des pays ennemis, en mettant à profit la liberté de propagande et d'organisation qu'elle refusait, chez elle, à ceux de ses adversaires qui avaient survécu. Les socialistes de droite, de leur côté, étaient bien obligés de se dire que Lénine mettait manifestement sur le même plan *l'impérialisme occidental* et l'intégration d'une grande partie des socialistes dans le système parlementaire ; ayant commencé vers 1900 en France et ayant semblé même s'imposer

---

accompli ; il leur fallait réserver le droit de décision à un futur Parlement ou à une future Assemblée nationale librement élus. Leurs déclarations manquaient pour cette raison de contenu concret, par exemple celle-ci : « Nous nous efforçons d'instaurer un minimum d'ordre qui permettra au peuple de se rassembler librement et de librement exprimer sa volonté. » (*Vospominanïa generala Barona P. N. Wrangela*, Réimpression, Francfort/Main, 1969, p. 123).

Une émotion beaucoup plus forte habitait ceux qui prédisaient que la société démocratique européenne devrait elle-même prendre les armes pour défendre ses conquêtes culturelles et politiques contre l'ennemi de la civilisation si le sacrifice de l'armée des volontaires devait s'avérer vain.

28. Hermann Weber (*cf.* note 16, chapitre II-2), p. 206.

en Russie en 1917, elle était profondément enracinée dans l'histoire européenne et, autant qu'on puisse en juger, aurait dû empêcher une nouvelle guerre mondiale si elle avait été accomplie à une forte majorité et sans réserves. Mais de puissantes ailes gauches, dans tous les partis, partageaient à l'évidence la conviction de Lénine que les socialistes ne devaient pas participer au pouvoir mais l'exercer seuls, unique moyen de supprimer ensuite toute espèce de domination. L'enthousiasme ne pouvait naître que de cette troisième interprétation et, effectivement, aucun parti n'était en mesure de soutenir prétention plus élevée que celle mise en avant dans la dernière phrase du manifeste adopté par le congrès : « Ouvriers et ouvrières ! Il n'y a sur terre qu'un signe qui vaille la peine qu'on combatte et qu'on meure pour lui, c'est le signe de l'Internationale communiste.[29] » Et il ne s'agissait pas d'un enthousiasme gratuit. Où ailleurs dans le monde aurait-on pu montrer aux délégués la résidence d'un monarque qui, tel le château du tsar à Zarskoïe Selo, avait été transformée en foyer pour enfants ? Où, ailleurs, avait-on fait autant pour éliminer l'analphabétisme ? Où, ailleurs, les simples travailleurs avaient-ils le loisir aussi illimité de développer leurs talents d'écrivains ou d'occuper les plus hautes fonctions de l'État ? N'était-ce pas effectivement le *parti du progrès* qui avait pris le pouvoir en Russie soviétique ?

C'est en Allemagne que se manifesta avec le plus de netteté l'immense prestige que le communisme soviétique s'était acquis par sa victoire. Lorsque les délégués de l'USPD se réunirent en octobre 1920, à Halle, pour décider de l'adoption ou non des 21 conditions, l'envoyé du Komintern, Grigori Zinoviev, fut accueilli par un tonnerre d'applaudissements, bien qu'une forte minorité n'ait pas bougé le petit doigt pour le saluer. Zinoviev parla ensuite, pendant plusieurs heures, avec une telle force de conviction que quelques journaux, dans leurs comptes rendus, le qualifièrent de plus grand orateur du siècle. Avec beaucoup d'emphase, il reprocha à la *droite*, regroupée autour de Crispien et de Hilferding, que toute sa politique fût marquée par la peur de la révolution, lui opposant sa propre foi qui lui avait fait monter les larmes aux yeux, quelques semaines auparavant, lorsque, à l'occasion du congrès des peuples d'Asie en voie d'émancipation, à Bakou, des centaines de Turcs et de Perses avaient entonné l'Internationale. Ainsi la lumière viendrait-elle de l'Est pour toute l'humanité et les adversaires de l'union avaient donc totalement tort lorsqu'ils déploraient la naïveté des masses, car « cette prétendue foi religieuse et naïve des masses prolétariennes » était, « en réalité, le plus important facteur révolutionnaire de l'histoire mondiale »[30].

---

29. *Die Kommunistische Internationale*, n° 13, p. 31.

30. G. Sinowjew, *Die Weltrevolution und die III. Kommunistische Internationale. Rede auf dem Parteitag der USPD in Halle am 14. Oktober 1920*, Hambourg, 1920, p. 29 et suiv., 59.

Cette thèse recélait indubitablement une forte modification, sinon un total renversement du marxisme. Les marxistes orthodoxes, d'ailleurs, notamment Rudolf Hilferding et Julius Martov, n'avaient pas la moindre chance de recueillir autant d'applaudissements avec leurs discours de protestation « contre le diktat de Moscou », même si des cris indignés se firent entendre lorsque Martov décrivit les procédés de la Tchéka, ajoutant qu'il avait honte pour son pays dans lequel de telles choses étaient possibles [31]. La plus grande partie des délégués approuva la résolution que Zinoviev avait d'emblée placée dans une ample perspective historique lorsque, à la fin de son discours, il avait dit : « Il va se constituer à présent en Allemagne un grand parti communiste unifié et c'est le plus grand événement historique des jours que nous vivons. [32] » C'est ainsi que le petit « Parti communiste d'Allemagne, section de l'Internationale communiste » devint le grand « Parti communiste unifié d'Allemagne » (VKPD), qui était bien sûr, lui aussi, une section de l'IC. Trois cent mille membres de l'USPD franchirent le pas, trois cent mille autres restant dans l'ancien parti qui, deux ans plus tard, retrouva la social-démocratie majoritaire. Le VKPD comptait dès lors trois cent cinquante mille adhérents. Deux présidents, disposant des mêmes pouvoirs, Paul Levi, un avocat très cultivé, disciple de Rosa Luxemburg, et Ernst Däumig, venu de l'USPD, en prirent la tête.

Peu après, Zinoviev rédigea un rapport sur ses *Douze jours en Allemagne*. Il put affirmer, non sans de bonnes raisons, que l'immense majorité des ouvriers allemands était aux côtés de la révolution russe et que la propagande des intellectuels de droite et de l'aristocratie ouvrière petite-bourgeoise contre le « knout de Moscou » ou les « despotes de Moscou » était tombée sur un sol stérile. Mais les impressions retirées par le chef du parti de Petrograd où, selon tous les récits, régnaient la désolation et la faim, étaient plus intéressantes encore : les « boutiques opulentes, regorgeant de fines victuailles », et les « bourgeois repus et stupides », maîtres du terrain. « Quand, enfin, cela sera-t-il terminé ? Quand, oui, quand ce géant, le prolétaire allemand, redressera-t-il les épaules et balaiera-t-il toute cette vermine bourgeoise qui occupe le dessus de la pyramide ? Maudit soit-il, trois fois maudit, ce monde bourgeois "civilisé" qui foule aux pieds l'âme vivante et fait de millions d'hommes des valets ! [...] La voie ne sera libre que lorsqu'il ne restera plus pierre sur pierre du menchevisme allemand ; alors seulement les puissantes organisations ouvrières d'Allemagne se transformeront en un puissant levier grâce auquel la classe ouvrière allemande renversera la vieille Allemagne et achèvera la bourgeoisie. [33] » Rarement avait été aussi clairement for-

---

31. *Protokolle der USPD-Parteitage*, vol. 3, 1920, p. 217.
32. Sinowjew, *op. cit.*, p. 68.
33. G. Sinowjew, *Zwölf Tage in Deutschland*, Hambourg, 1921, p. 77 et suiv., 74.

mulé que par le président de l'Internationale communiste le rapport interne entre la critique de la civilisation et l'intention exterminatrice, rapport qui est l'une des caractéristiques du bolchevisme de la première heure. Zinoviev présentait la suppression totale de l'argent et le paiement du salaire en nature comme le remède déjà quasiment mis en œuvre en Russie. Pourtant, au bout de quelques mois seulement, le remède en question fut mis au rancart en Russie soviétique.

L'époque de la guerre civile russe avait été celle du communisme de guerre. Il comportait de grands espoirs en la réalisation imminente d'un mode de vie qui ne serait plus capitaliste (« tout appartient à tout le monde »), en même temps qu'il était marqué par une intense activité d'agit-prop et un grand élan culturel ; mais il signifiait déjà aussi un net refoulement du spontané, un renforcement du centre en ce qui concerne le parti et l'État ainsi que l'instauration de la discipline dans l'armée et l'industrie. Ainsi se trouvait posée la question du rôle que les syndicats étaient appelés à jouer dans l'*État des travailleurs* : allaient-ils continuer à défendre les intérêts des travailleurs, ou bien devenir des organes de travailleurs permettant une auto-administration de l'industrie, ou bien encore se transformer en *courroies de transmission* pour le parti, qui, un jour peut-être, réquisitionnerait la force de travail de la même façon qu'il réquisitionnait les céréales des paysans ? En 1919 et en 1920 déjà, se manifestèrent les premiers signes d'une *opposition ouvrière*, divers groupes tentant de se constituer en opposition ou en fraction. Leur principale motivation était leur refus de la bureaucratie soviétique, mais aussi du pouvoir personnel, du rôle imparti aux spécialistes, de la docilité et de l'opportunisme. Toutes choses qui, à leur yeux, avaient pour résultat paradoxal (selon la formule d'Alexandra Kollontaï) que « seule la classe la plus importante de la République soviétique » menait « dans sa masse une honteuse et pitoyable existence vouée au travail forcé » [34].

Lénine, pour sa part, ressentait de manière aiguë le caractère intolérable et sans issue de la situation. Il tenta d'y remédier en assurant un espace économique à la spontanéité, remplaçant notamment les réquisitions par des impôts en nature pour ainsi permettre aux paysans de vendre sur le marché leurs excédents. Il fallait nécessairement qu'existât une certaine dose de liberté du commerce et que naquît une couche d'hommes d'affaires et de commerçants capables de se comporter, sous des formes variées, en *capitalistes*. C'est exactement cela que Lénine appela la « Nouvelle politique économique » (NEP), dont il fit adopter les grandes lignes par le Xe Congrès, réuni début mars 1921. Mais il s'en tenait avec d'autant plus de détermination au principe de la dictature du parti et ne craignait pas d'employer le terme de « capitalisme d'État ». En

34. Frits Kool et Erwin Oberländer (éd.), *Arbeiterdemokratie oder Parteidiktatur*, 2 vol., Munich, 1972 (1re édition : Olten, 1967), vol. I, p. 184.

réalité, c'est dès 1918 qu'il avait fait de premières et étranges déclarations qu'il reprit ensuite avec force dans « À propos de l'impôt en nature » : « Si la révolution tarde encore [à éclater] en Allemagne, nous aurons pour devoir d'apprendre des Allemands le capitalisme d'État et à le reprendre à notre compte de toutes nos forces, en ne reculant devant aucune méthode dictatoriale afin d'accélérer ce transfert de la culture occidentale dans la Russie barbare, sans avoir peur d'utiliser des méthodes de lutte barbares contre la barbarie [35]. » Or, la révolution n'avait pas encore *éclaté* en Allemagne au début de 1921. La Russie était donc en passe de devenir une dictature de développement, dans laquelle les instances supérieures du parti disposeraient sans partage de la grande industrie nationalisée, tandis qu'au-dessous de ce niveau le commerce libre et un petit capitalisme de commerçants et d'entrepreneurs donneraient le ton dans une large mesure. Dans de telles conditions, il était inévitable que le pathos anarchiste et utopique qui semblait être au cœur du communisme, version soviets au pouvoir, se tournât avec une énergie redoublée contre une situation qui, selon toute apparence, était plus mauvaise que le capitalisme développé régnant à l'Ouest.

Cette critique trouva sa première expression dans la révolte des marins et des habitants de Kronstadt. Bien que d'abord dirigée contre certains phénomènes du communisme de guerre seulement, elle fut la critique du régime la plus puissante parce qu'elle fut armée et organisée. Elle coïncida avec le Xe congrès du parti, et ce ne fut pas entièrement l'effet du hasard, tant les troubles et les grèves avaient été nombreux auparavant, en particulier à Petrograd, tandis que, à l'inverse, plusieurs signes avaient déjà annoncé les assouplissements qui se préparaient.

Le 1er mars 1921, l'assemblée générale des marins des première et deuxième brigades des navires de guerre avança les revendications suivantes : nouvelles élections aux soviets sous réserve que le vote soit secret ; liberté de parole et de presse pour les ouvriers et les paysans, les anarchistes et les partis socialistes de gauche ; liberté de réunion ; liberté pour les syndicats et les associations de paysans ; libération de tous les prisonniers politiques appartenant à des partis socialistes ; élection d'une commission chargée de vérifier les dossiers d'accusation de tous les gens internés en prison ou en camp de concentration ; liberté pour les paysans de disposer de leurs terres à la condition qu'ils n'utilisent pas de main d'œuvre salariée ; liberté de production pour les artisans dans la mesure où ils travaillent seuls [36].

Il s'agissait donc pour une grande part des revendications de 1917 que le Parti communiste russe était censé avoir déjà satisfaites. Mais c'est justement cela que Lénine et le parti semblent avoir ressenti comme

35. Lenin AW, vol. II, p. 830.
36. Kool et Oberländer, *op. cit.*, vol. 2, p. 343.

une menace intolérable. On engagea aussitôt des préparatifs destinés à réprimer militairement la mutinerie et le résultat fut que les gens de Kronstadt ne cessèrent de hausser le ton : « À tous, tous, tous ! [...] Pataugeant jusqu'aux hanches dans le sang de nos frères les travailleurs, le sanguinaire feld-maréchal Trotski a le premier ouvert le feu sur Kronstadt la révolutionnaire, parce qu'elle s'était dressée contre la domination des communistes afin de rétablir le véritable pouvoir des Soviets. [...] Dans cette mer de sang, les communistes voudraient noyer toutes les grandes promesses, tous les lumineux mots d'ordre de la révolution ouvrière. [...] Vivre sous le joug est devenu plus terrible que la mort. [...] C'est ici, à Kronstadt, qu'on a jeté les fondements de la Troisième révolution, [...] qui ouvrira la voie, une voie nouvelle et plus large, à une activité créatrice dans l'esprit du socialisme. [37] »

Si l'on songe à la place centrale qu'avaient occupée dans la révolution russe les concepts de masse, de spontanéité, de libération, de suppression du pouvoir et lorsqu'on constate qu'ils étaient ici utilisés comme pièces à conviction contre cette même révolution, on ne peut que comprendre l'Internationale communiste lorsqu'elle donna l'ordre de réaliser sans plus attendre la percée en Allemagne, à l'aide du nouveau parti de masse, et de remporter la victoire ou, au moins, de détourner de Kronstadt l'attention du monde. Effectivement, durant la semaine de Pâques, en plein cœur d'une situation extraordinairement difficile pour le gouvernement bourgeois de Fehrenbach confronté à des demandes de réparations excessives de la part de l'Entente et tentant en vain d'y résister, ce qu'on a appelé l'« Action de mars » éclata. Ce fut en réalité un soulèvement de grande envergure dans les régions industrielles de l'Allemagne centrale. On pourrait tout aussi bien appeler cette « Action » la « révolution de mars » [38], surtout si l'on considère qu'il y eut aussi des actions violentes à Hambourg et dans d'autres grandes villes, tandis que le KPD lançait un mot d'ordre de grève politique générale. À la vérité, une opération de police du chef de l'administration provinciale, Hörsing, vint se glisser au beau milieu de préparatifs marqués par la prétendue théorie de l'offensive révolutionnaire : on put alors de nouveau faire état de provocations et invoquer la résistance. La *Rote Fahne* adopta un ton extraordinairement violent : « La bourgeoisie allemande et sa racaille de dirigeants sociaux-démocrates ont enlevé les armes des mains du prolétariat. [...] Le prolétariat doit faire de son côté ce que von Kahr fait pour sa part : s'asseoir sur la loi. Le moindre des contre-révolutionnaires a son arme. Les travailleurs ne doivent pas être de moins bons révolutionnaires que ces gens-là sont de bons contre-révolutionnaires. [39] »

37. *Ibid.*, p. 385 et suiv.

38. Du nom de la révolution russe de février que les Allemands nomment la révolution de mars, conformément au calendrier julien (NdT).

39. *RF* du 18/3/1921.

Cette fois-ci, il y avait pourtant une différence avec l'année précédente : les contre-révolutionnaires, que l'on assimilait en particulier à l'organisation bavaroise d'auto-défense Escherich (Orgesch), *n'avaient pas* fait de putsch. Et l'émotion spontanée, parmi les travailleurs, fut loin d'être aussi forte qu'en mars 1920, ce qui obligea le parti à mettre en œuvre une foule de moyens artificiels : attentats, sabotages à l'explosif, provocation des forces de police par des mots d'ordre du genre « Renversez les tramways, balancez des grenades ! [40] » Certes, d'après les données fournies par le parti, des centaines de milliers de gens entrèrent en lutte, soit plus qu'un an auparavant dans la Ruhr, mais non des millions, et ce n'est que s'ils avaient été des millions justement que cette guerre civile aurait pu être victorieuse. C'est pourquoi de fortes résistances s'étaient manifestées dans le parti, si bien que les envoyés du Komintern, dont Matyas Rakosi et Bela Kun, avaient dû user de toute leur autorité pour s'imposer.

Le pire dans cette défaite fut pourtant que Paul Levi, jusqu'ici leader du parti, publia dès avril une brochure où il qualifia l'action de « plus grand putsch bakouninien de l'histoire », de guerre menée par les communistes contre les quatre cinquièmes des ouvriers allemands que la *Rote Fahne* avait insultés de manière inouïe. Levi considérait les envoyés du Komintern, nommément, comme les véritables reponsables et il les dota du nom cruel de « Turkestans ».

Cela lui valut bien sûr d'être exclu du parti mais, fondant la Communauté de travail communiste (KAG), il accomplit la première scission du VKPD. Un communisme *ouest-européen* s'opposait de la sorte, semblait-il, au communisme soviétique et, désormais, il ne fut pas rare qu'on évoquât l'*antibolchevisme* de communistes hétérodoxes.

Le Parti communiste de la Russie soviétique avait donc définitivement gagné la grande guerre civile au printemps 1921, mais il semblait, sous l'effet de l'instauration de la NEP, s'être transformé de curieuse manière. Pendant la guerre, il avait été l'un des éléments du grand parti paneuropéen de la protestation et de l'espoir ; ensuite, en tant que parti russe de la guerre civile et de l'anéantissement social de classes hostiles, il avait remporté un triomphe historique. La victoire avait certes aussi impliqué de réprimer de puissants soulèvements paysans qui s'expliquaient difficilement par la seule activité des koulaks. Le parti ne devait-il pas désormais, en tant que *parti de la révolution mondiale*, s'étendre à toute l'Europe dans un premier temps ou bien se transformer en un *parti de l'industrialisation* empruntant des chemins que nul avant lui n'avait foulés [41] ? Ou bien encore deviendrait-il un « parti de la guerre », comme

---

40. *Die Enthüllungen zu den Märzkämpfen. Enthülltes und Verschwiegenes*, éd. par la Centrale du KPD, Halle, 1922, p. 20.

41. À ce sujet, *cf. Marxismus und Industrielle Revolution* (note 1, chapitre II-2), p. 520-534 et *Deutschland und der Kalte Krieg*, Stuttgart, 1985, chapitre I-3, p. 61-74.

le menchevik Noé Jordania lui en faisait le reproche [42], depuis que, en février 1921, des troupes soviétiques avaient pour la deuxième fois franchi des frontières internationalement reconnues et soumis la Géorgie à leur loi ?

Ce sont les défaites subies par le parti allemand ou par la révolution allemande qui expliquent qu'il fût confronté à un tel dilemme. Le passage à la NEP ne représentait qu'un répit et c'est l'année 1923, l'année de la grande crise en Allemagne, qui allait représenter une nouvelle époque cruciale. Mais si, en 1920 et en 1921 déjà, il y avait de l'*antibolchevisme* même dans les rangs des communistes, il aurait été plus qu'étonnant qu'entre-temps, sur le sol de ce *monde bourgeois* dont le communisme voulait être le bourreau, ne se soit pas développé un antibolchevisme beaucoup plus prononcé encore qui, au niveau des mots et des actes, pèserait lourd dans tous les choix qui se poseraient au monde à l'avenir.

---

42. Noé Jordania, *Imperialismus unter revolutionärer Maske. Eine Antwort an Trotzki*, Berlin, sans date (« Il se trouvera toujours dans chacun des pays un petit groupe de bolcheviks et, si le gouvernement de Moscou s'arroge le droit d'envoyer ses armées au secours de chaque petit groupe de bolcheviks à l'étranger, s'ouvre alors la perspective de guerres dans toutes les parties du monde [...] C'est Radek qui a dévoilé publiquement la véritable raison de cette conquête [...] lorsque, lors de la Conférence des trois Internationales à Berlin, il a déclaré que le gouvernement de Moscou avait conquis la Géorgie parce qu'il lui fallait contrôler les voies de transport du naphte de Bakou jusqu'à la mer Noire » [p. 15 et suiv.]).

II-4

Les débuts de l'antibolchevisme et la première ascension de Hitler

Plus étonnant que l'antibolchevisme est certes le philobolchevisme que l'on vit rapidement se manifester dans le camp bourgeois, c'est-à-dire, en l'occurrence, dans le camp non socialiste. À ses débuts, il avait aussi peu de motifs sociaux que l'antibolchevisme initial : il se référait au parti bolchevique, parti de la paix, bien propre à susciter une sympathie naturelle chez tous ceux qui critiquaient la guerre et les partis de la guerre. En Amérique et en Angleterre, on avait affaire à l'aile anti-impérialiste des Libéraux et au Labour Party. Bien sûr, la netteté des lignes de front s'estompa lorsque le traité de paix de Brest-Litovsk fit apparaître que la paix des bolcheviks apportait un énorme avantage au parti de la guerre allemand ; mais, la guerre finie, cette sympathie se remanifesta en partie ; une des raisons, et non la moindre, étant que l'opinion progressiste, celle des milieux libéraux ou de ceux qui avaient rallié la cause ouvrière, continuait à croire qu'il existait entre elle et le bolchevisme une affinité interne, même lorsqu'elle exprimait les réserves les plus grandes quant aux méthodes qu'il mettait en œuvre. Des hommes comme les Américains William Bullitt et Raymond Robins ou comme les Anglais M. Phillips Price du *Manchester Guardian* et Arthur Ransome du *Daily News* londonien conservèrent, à jamais ou du moins pour longtemps, leur sympathie initiale envers le bolchevisme ; ils avaient, en effet, une vue très claire de ce qu'il exprimait de nouveau dans l'histoire universelle, ce nouveau constituant par ailleurs à leurs yeux le positif de cette même histoire universelle. Même le *Berliner Tageblatt*, immédiatement après la Révolution d'octobre, fut loin de ne percevoir que l'aspect national ; il souligna au contraire avec force que cet événement allait « faire de manière gigantesque passer au premier plan la question sociale » [1]. Bien des titres

1. *L'opinion publique européenne devant la Révolution russe de 1917*, avec une introduction de Fernand L'Huillier, Paris, 1968, p. 67 (*Berliner Tageblatt*, deux jours après la victoire des bolcheviks).

donnés aux reportages sur la guerre civile russe semblaient exprimer une plus profonde sympathie encore envers les bolcheviks. Pourtant, il s'en fallut de beaucoup que tous les libéraux et tous les travaillistes pacifistes engagés dans le mouvement social se laissent guider en priorité par leur aversion envers les *réactionnaires* et les *impérialistes* de leur propre pays, au point d'aller jusqu'à approuver ce qui fut très tôt appelé la *politique d'élimination* des bolcheviks. Il n'empêche qu'un Bernard Shaw exprima un point de vue symptomatique lorsque, ne prenant qu'une très légère distance, il dit que les bolcheviks avaient posé les bonnes questions et passé par les armes les bonnes personnes [2].

Le philobolchevisme revêtit sa forme la plus singulière, en Allemagne, en la personne du national-bolchevisme bourgeois, né de l'indignation suscitée par les conditions du traité de paix de Versailles ; ce courant d'opinion ne concevait qu'un remède, le bolchevisme, dont on pensait qu'il aurait en Allemagne un caractère moins despotique qu'en Russie s'il arrivait au pouvoir avec le soutien des *milieux aisés et cultivés*. Il y eut au moins Paul Elzbacher, au nom de qui cette tendance fut pour la première fois associée, pour laisser percer une certaine sympathie en matière de politique intérieure, puisqu'il se félicita que Lénine se fût prononcé « pour un châtiment impitoyable des travailleurs négligents et paresseux » ; un des espoirs, et non le moindre, qu'il mettait dans une telle collaboration était qu'elle empêcherait « la fade “civilisation” de l'Angleterre et de l'Amérique » de détruire les vieilles cultures [3].

Pourtant, si tous les bourgeois étaient loin d'être antibolcheviques, il s'en faut de beaucoup plus encore que tous les socialistes aient été philobolcheviques ; c'est au contraire chez eux que se développa rapidement une vive hostilité, qui était d'ailleurs plus prononcée au sein des groupes dirigeants que dans les *masses prolétariennes*. Il n'y a en fait rien d'étonnant à cela si l'on garde en vue que la prise du pouvoir par les bolcheviks a eu pour effet principal la mise à l'écart des autres partis socialistes.

Les plus vieux compagnons de lutte de Lénine, les anciens membres de la rédaction de l'*Iskra*, ne voyaient, eux, dans cette prise de pouvoir, que la poursuite conséquente de la tactique bien connue de Lénine, consistant à se créer un parti d'adeptes dévoués en écartant les marxistes véritables et les esprits indépendants. Nous avons déjà cité le mot de Plekhanov sur la « soif inextinguible de pouvoir » [4] des bolcheviks. En 1918 déjà, Martov parlait de « parti de bourreaux » [5] et c'est Pavel B.

---

2. E. Malcolm Carroll, *Soviet Communism and Western Opinion 1919-1921*, Chapel Hill, 1965, p. 15.

3. Paul Elzbacher, *Der Bolschewismus und die deutsche Zukunft*, Iéna, 1919, p. 40, 21, 33 et suiv.

4. *Cf. supra*, p. 76.

5. Seeds of Conflict, Series 4 *The Opposition at Home and Abroad*, vol. 1, p. 8 (reproduction : Nendeln, 1975). Quelques années plus tard, J. Steinberg, qui, en tant que socialiste-révolutionnaire de gauche, avait été commissaire à la Justice dans le Conseil des commissaires durant l'hiver 1917-1918, contribua de remarquable manière à définir ce

Axelrod qui exerça à leur encontre les critiques les plus vives. Pour lui, le bolchevisme était « asiatique », une trahison des principes élémentaires du marxisme, une « dictature sur le prolétariat [et la paysannerie] », un groupe qui fait renaître « la barbarie, la cruauté et l'inhumanité remontant à des temps depuis longtemps révolus » et qui se constitue en tant que « nouvel ordre social dominant », dans le cadre d'un « régime esclavagiste » d'un type nouveau. D'ailleurs Axelrod avait déclaré, dès avant le déclenchement de la guerre, qu'il fallait considérer « la clique de Lénine comme une des bandes des "Centuries noires" et comme de vulgaires criminels à l'intérieur de la social-démocratie » [6].

Les anarchistes se livrèrent à une critique plus radicale encore que les mencheviks. Ils ne pouvaient certes contester que les objectifs ultimes des bolcheviks étaient identiques aux leurs – l'avènement d'une société mondiale d'individus libres –, mais ils réprouvaient les moyens auxquels ces derniers recouraient, en d'autres termes l'établissement d'un pouvoir d'État extrêmement fort ; ils ne croyaient pas que ce moyen engendrerait un jour, proche ou lointain, son contraire. C'est pourquoi l'anarchiste américain Alexander Berkman, un ami d'Emma Goldman mais moins connu qu'elle, écrivit immédiatement après l'écrasement de la révolte de Kronstadt : « L'expérience de Kronstadt montre à nouveau que le gouvernement, l'État, quels que soient son nom ou sa forme, est toujours

---

qu'il y avait de nouveau dans la terreur bolchevique. Dans son ouvrage *Gewalt und Terror in der Revolution (Oktoberrevolution oder Bolschewismus)*, Berlin, 1931, il écrit : « Je n'évoquerai qu'un acte de violence d'État socialiste ayant ouvert la voie à la future autojustice d'en haut (pas d'en bas donc). Ce fut la déclaration de décembre 1917 contre le Parti cadet bourgeois-libéral. Ce dernier fut déclaré hors-la-loi. [...] Ce décret signifiait qu'à partir de cet instant on n'accuserait plus une personne réelle d'un crime réel, qu'une abstraction politique et sociale *(le Parti cadet)* serait désigné au soupçon généralisé, à la vindicte généralisée et que, de plus, tous les hommes relevant de cette abstraction cesseraient d'exister en tant qu'êtres vivants et souffrants [...] Par cet acte en contradiction flagrante avec l'esprit du socialisme, on disait pour la première fois aux masses : lors de votre vie présente ou future, vous n'êtes plus tenues de vous interroger sur la culpabilité des coupables [...] vous pouvez tout simplement exercer des représailles contre le bouc émissaire désigné, vous pouvez vous venger directement et punir vos ennemis comme de vulgaires criminels. C'est ce décret du gouvernement des conseils qui a créé pour la première fois la responsabilité civile réciproque ainsi que l'institution de la prise d'otages qui, aujourd'hui, enserrent toute la révolution comme en un cercle de fer » (p. 35).

Le propos qui suit, emprunté au Bulletin n° 1 du Comité central du Parti des socialistes-révolutionnaires de gauche, est très éclairant du point de vue de la comparabilité des crimes de masse : « Il s'est produit, dans le gouvernement de Tambov, un soulèvement absolument spontané dans quarante communes. On l'a réprimé de la plus inhumaine des manières. On a utilisé des voitures blindées et des gaz toxiques... » (p. 71).

Page 329, l'ancien commissaire du peuple désigne expressément Lénine comme « le responsable de la terreur ».

6. *Die russische Revolution und die sozialistische Internationale. Aus dem literarischen Nachlass von Paul Axelrod*, Iéna, 1932, p. 180-205, en particulier p. 180, 183, 186 et suiv.

l'ennemi mortel de la liberté et de l'autodétermination. L'État n'a ni âme ni principes. Il n'a qu'un but, s'assurer le pouvoir et le conserver à tout prix. Telle est la leçon politique de Kronstadt. [7] »

Rosa Luxemburg elle aussi, tout comme son ami Paul Levi, aurait certainement été accusée d'antibolchevisme, en 1921, par les partisans orthodoxes de Lénine. Sa brochure sur la Révolution russe, écrite en prison en 1918 et publiée par Levi en 1922, malgré tout le respect qu'elle manifestait envers Lénine et Trotski, soulevait une série d'objections de principe. Bien sûr, lorsque Rosa Luxemburg définissait la liberté comme la « liberté de celui qui pense autrement », elle n'avait vraisemblablement pas en vue la liberté libérale accordée à chacun des citoyens, et donc aussi aux « réactionnaires » ; pourtant, associer comme elle le faisait la « vie dans les soviets » à « des élections générales, à la liberté d'une presse dégagée de toute entrave, à la liberté de réunion ainsi qu'au libre débat d'idées », impliquait la condamnation d'une dictature partisane et était un plaidoyer en faveur de cette démocratie soviétique pour tous les travailleurs socialistes que les masses de Saint-Pétersbourg avaient cherché à imposer en octobre 1917 et que les révoltés de Kronstadt avaient à nouveau exigée en 1921. Il ne fallut effectivement pas attendre longtemps pour voir le KPD entamer la lutte contre le « luxemburgisme », à qui l'on reprochait de surestimer la spontanéité des masses et de négliger le rôle du parti [8].

Il s'agissait là de débats *entre communistes*. On sent un tout autre ton dans la critique sociale-démocrate, qui se veut certes encore en partie *intrasocialiste*, mais qui n'en recèle pas moins une tendance indéniable à rejeter le bolchevisme hors du camp socialiste et à l'inclure dans le concept de *bourgeois*.

C'est ainsi que, d'après Otto Bauer, la révolution bolchevique a accompli ce que les révolutions bourgeoises avaient fait triompher en Europe occidentale : la destruction du système agricole féodal et l'établissement de la propriété bourgeoise à la campagne. Ce sont certes les prolétaires qui règnent à présent en Russie, puisque aussi bien une voix d'ouvrier compte autant que cinq voix de paysans lors des élections. Mais, très vite et de plus en plus nettement, les dirigeants du parti ont occupé une place prépondérante, de sorte que, dans le meilleur des cas, on

---

7. Alexander Berkman, *Die Kronstadt Rebellion*, Berlin, 1923, p. 29.

8. L'article de Clara Zetkin, *La position de Rosa Luxemburg à propos de la Révolution russe*, de 1922, fut une des premières tentatives entreprises pour défendre cette dernière. Le résultat en fut pourtant plutôt un plaidoyer en faveur de la terreur rouge qu'une justification du concept de démocratie soviétique. La démarche de Clara Zetkin est en effet à nouveau très symptomatique, par exemple lorsqu'elle reproche aux « Reventlow, Friedberg, Erzberger » d'avoir « envoyé à l'abattoir, sans sourciller, un million et demi d'hommes et de jeunes hommes allemands », leur déniant pour cela le droit « de pousser des cris d'orfraie contre la terreur exercée par la dictature du prolétariat » (p. 97).

peut parler de *socialisme despotique*. Cette voie n'est pas sans logique et sans nécessité historique, mais elle ne saurait en aucun cas être la voie à suivre dans les pays industrialisés européens : celle d'un développement progressif de la démocratie bourgeoise. Le communisme russe s'apparente au contraire étroitement au *socialisme prussien*, l'un et l'autre étant prisonniers de l'illusion étatiste selon laquelle « la toute-puissance d'une minorité au pouvoir pourrait et devrait contraindre les masses dociles à adopter des formes de vie supérieures » [9].

C'est avec beaucoup plus de mordant que s'exprima, dans des articles de journaux mais aussi dans diverses études, l'homme qui disposait de la plus haute autorité en matière doctrinale au sein de la social-démocratie d'avant-guerre, Karl Kautsky. Pour lui, le marxisme est partie intégrante du processus d'humanisation qui a sorti le mouvement ouvrier de son état sauvage originel, qui l'a aussi amené à s'éloigner de la phase terroriste de la Révolution française. Le bolchevisme représente par conséquent une rechute dans la bestialité, dans la mesure où il entend de nouveau remplacer la lutte des classes marxiste par la guerre civile. L'autre raison réside dans l'immaturité de la situation russe. Les bolcheviks se sont laissé entraîner par une psychose de masse, de sorte qu'ils ont vu dans la qualité sociale qui caractérise le *bourgeois* une qualité biologique à laquelle ils s'en sont pris avec toute la sauvagerie et la brutalité du mouvement ouvrier naissant. Voilà pourquoi la victoire du bolchevisme est une défaite du socialisme, ce qui se manifeste aussi dans la montée d'une nouvelle bureaucratie, d'une nouvelle classe de seigneurs, ramenant avec elle le militarisme et institutionnalisant la terreur : « Fusiller – tel est devenu l'alpha et l'oméga de la sagesse administrative des communistes. » Le bolchevisme est de la sorte une rechute antihumaine et antisocialiste dans un état de barbarie et Kautsky finit alors par le qualifier de « socialisme tartare » [10].

Pourtant, que les sociaux-démocrates éminents considèrent le bolchevisme d'abord comme une *voie russe particulière* ou bien qu'ils le considèrent comme une *régression barbare*, ils ne cessent pour autant de l'opposer nettement à l'Europe et, dans le récit du voyage qu'il fait en Russie, un social-démocrate exprime le souhait de « refranchir le plus tôt possible les frontières de la Russie soviétique », car il ne peut tout simplement pas supporter l'uniformité et l'indigence des conditions de vie, la faim, l'absence de liberté de la presse et l'épouvante permanente que suscitent les exactions de la nouvelle « Sainte Inquisition », la Tchéka [11].

---

9. Otto Bauer, *Bolschewismus oder Sozialdemokratie*, Vienne, 1920, p. 119.

10. Karl Kautsky, *Terrorismus und Kommunismus. Ein Beitrag zur Naturgeschichte der Revolution*, Berlin, 1919, p. 140, 152. (Édition française : *Terrorisme et Communisme. Contribution à l'Histoire des Révolutions*, éd. Jacques Povolozky, Paris, sans date, p. 222 et 242.)

11. Paul Olberg, *Briefe aus Sowjet-Rußland*, Stuttgart, 1919, p. 146, 113.

Mais pour ainsi dire jamais ils n'abordent, même allusivement, la question de savoir si ce caractère *européen* ne serait pas lié à la libre existence de toutes les tendances, y compris les réactionnaires, et si les socialistes non bolchevistes de Russie n'auraient pas été mieux inspirés de s'allier à Koltchak et à Denikine, parce que cela aurait été la seule chance de créer, comme en Europe, une *société aux différences sociales productives*. Ce qui a plutôt caractérisé tous les sociaux-démocrates, qu'ils l'aient exprimé ou non, c'est de s'être tenus à égale distance des bolcheviks et des réactionnaires, et c'est d'ailleurs cette équidistance qui a déterminé la politique pratique des mencheviks et des socialistes-révolutionnaires jusqu'à leur élimination totale en 1921.

Le libéralisme européen, dans sa diversité, inclinait plutôt à s'identifier à la culture européenne ou, disons, à la civilisation occidentale, dans la mesure du moins où, contrairement au libéralisme nettement marqué à gauche, il ne mettait pas au premier plan la critique des injustices sécrétées par une société par trop opaque. Pour le *Times*, « le monde n'offrait pas assez de place pour abriter à la fois le bolchevisme et la civilisation » [12]. D'un point de vue sémantique, le concept de *totalitarisme* ou de *totalisme* [13] était déjà d'usage courant, en tant que contre-concept. Ce qui permettait de mieux distinguer la frontière incertaine entre libéraux de droite et conservateurs, c'était que les uns se contentaient de constater la très forte proportion de *peuples étrangers* impliqués dans la révolution russe, tandis que les autres attribuaient aux Juifs une responsabilité particulière dans l'événement. Dès les premiers mois qui suivirent la Révolution de février, de nombreux observateurs, en particulier en France et en Italie, avaient été irrités par le fait que ceux qui militaient en faveur de la conclusion d'une paix portaient ou avaient porté si fréquemment des noms allemands, comme Zederbaum, Apfelbaum ou Sobelsohn. Plus tard, un certain nombre d'auteurs associèrent cette observation à des idées très anciennes, très courantes déjà, dans la première moitié du XIXe siècle parmi les conservateurs. C'est Winston Churchill en personne qui écrivit dans l'un de ses articles : « Ce mouvement, chez les Juifs, n'est pas nouveau. Depuis l'époque de Spartakus Weishaupt (pseudonyme du chef des Illuministes allemands au XVIIIe siècle, NdT) jusqu'à celle de Karl Marx puis, plus tard encore, celle de Trotski (Russie), Bela Kun (Hongrie), Rosa Luxemburg (Allemagne) et Emma Goldman (États-Unis), cette conjuration mondiale visant à renverser la civilisation et à révolutionner la société par désir d'empêcher toute évolution, par jalousie et envie et sous prétexte de réaliser une égalité impossible, est en pleine croissance. [...] [Ce mouvement] fut la force motrice qui se cachait

12. Carroll, *op. cit.*, p. 34.

13. Alfons Paquet, dans ses *Briefe aus Moskau*, p. 111 (*cf.* note 35, chapitre II-1), parle du « totalisme révolutionnaire de Lénine ».

derrière chacun des mouvements subversifs du XIXe siècle ; aujourd'hui, ce ramassis de personnalités extraordinaires venues des bas-fonds des grandes villes européennes et américaines a pris le peuple russe au collet et s'est pratiquement rendu le maître incontesté d'un immense empire. [14] » S'il est permis de percevoir dans de tels propos un écho de la peur d'une conjuration qu'un abbé Barruel ou un prince de Metternich ressentaient face à la Révolution, il faut ajouter que Churchill était toutefois fort loin de ramener les tendances *subversives* de nombreux Juifs à des particularités raciales immuables, communes à tous les Juifs, et c'est avec beaucoup d'insistance qu'il mettait en valeur les aspirations sionistes du Dr Weizmann, qui « concordaient tout à fait avec les véritables intérêts de l'Empire britannique » [15].

Les intérêts politiques de l'Empire britannique étaient encore bien plus présents à l'esprit de Churchill lorsqu'il émit l'idée qu'il fallait, après sa défaite, faire de l'Allemagne un rempart solide contre la menace bolchevique, en faire une « digue de paix, de légalité et de patience contre le flot de la barbarie rouge qui, venue de l'Est, vient battre nos rives » [16] ; ce même souci des intérêts nationaux pouvait d'ailleurs tout aussi bien susciter l'espoir que l'établissement de relations commerciales adoucirait ce despotisme effrayant pour des yeux européens. Ce dernier point de vue était celui de Lloyd George qui, dès 1921, établit les relations en question.

On voit que chacune des idéologies établies, chacun des partis établis, l'USPD y compris, développèrent leur propre antibolchevisme et que le phénomène a existé jusque dans les rangs du Parti communiste lui-même. Rien n'était plus compréhensible puisque le bolchevisme, selon sa propre conception, avait déclaré la guerre *au monde entier* et accusait tous les partis existants de se faire les laquais de la *bourgeoisie internationale*. Un nouveau pas important fut toutefois franchi lorsque des organisations entières mirent au centre de leurs préoccupations et de leurs efforts l'antibolchevisme.

La première née de ces organisations fut le Secrétariat général pour l'étude et la lutte contre le bolchevisme. Le fondateur en fut Eduard Stadtler, avant la guerre l'un des dirigeants de l'organisation de jeunesse du Zentrum ; fait prisonnier en Russie, il rentra en Allemagne avant même la fin des hostilités. D'après le récit qu'il fit lui-même plus tard, il se lança dès novembre 1918 dans une activité fiévreuse afin de préserver l'Allemagne du destin que connaissait la Russie. Il rencontra le soutien d'hommes politiques importants, Friedrich Naumann par exemple ou bien

14. Alex P. Schmid, *Churchills privater Krieg. Intervention und Konterrevolution im russischen Bürgerkrieg, november 1918-märz 1920*, Zurich, 1974, p. 312.

15. *Ibid.*

16. Carroll, *op. cit.*, p. 153.

Karl Helfferich. Le 10 janvier 1919, dans la Maison des associations aéronautiques, à l'occasion d'une réunion de dirigeants de l'économie à laquelle assistaient des gens comme Hugo Stinnes, Albert Vögler, Felix Deutsch, Arthur Salomonsohn et bien d'autres encore, il prononça un discours. Ses mises en garde eurent pour résultat extraordinaire la constitution d'un fonds antibolcheviste où, à l'en croire, pas moins de cinq cent millions de marks furent versés ; empruntant tous les canaux imaginables, ces moyens irriguèrent ensuite le « puissant mouvement antibolcheviste » qui avait démarré début janvier ; par exemple les Corps francs, qui recrutaient des volontaires pour défendre la patrie contre le bolchevisme et contre les Polonais à l'aide de grandes affiches et de coûteuses annonces dans les journaux ; l'argent alla également au mouvement des conseils de citoyens, notamment à la Ligue antibolcheviste ou à l'Association de lutte contre le bolchevisme, parmi d'autres organisations de même type [17]. Stadtler rédigea en personne une brochure intitulée « Le bolchevisme, comment le vaincre » [18]. Il fait preuve, dans cet écrit, d'une considération et d'une objectivité étonnantes à l'égard de ce qu'il combat et le mot de *maladie contagieuse* n'apparaît que tout à la fin. On n'y relève pas le moindre relent d'antisémitisme, comme la liste des donateurs, à elle seule, le laisse pressentir. Cet antibolchevisme engagé ne constitua d'ailleurs qu'une phase transitoire de l'activité de Stadtler, qui, à ses yeux, était manifestement la conséquence d'une situation d'urgence temporaire.

L'Organisation Escherich fut une autre organisation antibolcheviste militante ; les communistes eux-mêmes l'évoquèrent beaucoup plus souvent que, par exemple, la Ligue antibolcheviste et l'on regroupa fréquemment sous son nom les Corps francs, les organisation d'autodéfense, etc. À l'origine, et c'était d'ailleurs son trait de base, elle était une organisation bourgeoise d'autodéfense qui n'entendait pas se limiter à la Bavière et dont les principaux mots d'ordre étaient : défendre la Constitution ; protéger les personnes, le travail et les biens ; préserver l'unité et l'intégrité nationales allemandes et rejeter toute tentative de démantèlement ; maintenir la sécurité et l'ordre et prévenir tout putsch, de droite et de gauche. Ce dernier mot d'ordre exprimait certainement la principale tâche pratique que se fixait l'organisation. Même dans les dix thèses adoptées en octobre 1920, on ne trouve qu'en troisième position le « combat contre le bolchevisme et le national-bolchevisme ainsi que le refus de toutes les tentatives de désagrégation du peuple ». Pourtant ce dernier point fait ensuite l'objet d'une particulière insistance, comme le prouve le commentaire qui accompagne les thèses et qui relève de nom-

17. Eduard Stadtler, *Als Antibolschewist 1918/1919*, Düsseldorf, sans date (1935 selon toute vraisemblance), p. 46 et suiv.

18. Berlin, 1918.

breux propos subversifs de dirigeants du KPD. Cependant, il est souligné qu'Escherich a eu le mérite particulier de réussir à « tenir l'antisémitisme en lisière, ce qui, en Bavière, n'est pas une mince performance [19] ».

Pour présenter de manière concrète les conditions ayant présidé à la naissance de cette organisation antibolcheviste qui n'allait pas tarder à devenir l'une des plus connues et des plus importantes sur le plan historique, il ne faut pas se limiter au nationalisme provocant d'officiers comme Ernst Röhm et au socialisme antimarxiste de Gottfried Feder ; il faut aussi tourner son regard vers les milieux d'émigrants baltes et russes et les gens qui gravitaient autour d'eux. Tous avaient trouvé à Munich un lieu de rassemblement. Le plus important d'entre eux était le poète Dietrich Eckart qui, dès la fin de 1918, dans sa revue *Auf gut Deutsch (En bon allemand)*, s'était fait le champion d'une espèce d'antijudaïsme mystique ; il avait fallu l'expérience de la République des conseils pour le pousser à une activité pratique et partisane [20]. À ses débuts, elle était le fruit de sentiments tout à fait analogues à ceux qui s'exprimaient dans les lignes de Thomas Mann que nous avons déjà citées [21]. Au cœur de l'expérience des deux hommes, on trouve la même chose : la peur, face aux masses prolétariennes menaçantes, que la minorité bourgeoise et cultivée soit anéantie ; dans les deux cas encore, on trouve, associée à ce sentiment, une interprétation qui cherche à rendre la menace à la fois saisissable et maîtrisable : elle est le défi lancé par une couche dirigeante étrangère au monde des deux hommes. Mais ce qui, chez Thomas Mann, n'était qu'humeur momentanée, accès temporaire, devint chez Dietrich Eckart le centre d'une *Weltanschauung* et d'une activité politique qui s'en inspirait.

On peut au demeurant très sérieusement se demander si la menace d'un tribunal révolutionnaire et même l'exécution d'otages dans le lycée Luitpold auraient entraîné d'aussi lourdes conséquences si la peur d'être exterminé n'avait pas eu pour arrière-plan imposant et déterminant des expériences très concrètes, faites en Russie par des témoins. L'un des

19. Günther Axhausen, *Organisation Escherich. Die Bewegung zur nationalen Einheitsfront*, Leipzig-Berlin, 1921, p. 21.

20. À propos d'Eckart et des débuts du NSDAP, *cf.* Ernst Nolte, *Der Faschismus in seiner Epoche*, Munich, 1963, p. 385-409, surtout 403 et suiv. (Dans l'édition française, *op. cit.*, tome 3, p. 130-154, et surtout p. 140 et suiv.)

En ce qui concerne le « programme du parti » en 25 points, du 24 février 1920, il est certes formulé en termes considérablement plus durs que les premiers communiqués officiels du DAP de Drexler, mais il apparaît néanmoins clairement qu'il a été établi dans la deuxième moitié de 1919, c'est-à-dire entre l'acceptation du traité de paix et le putsch de Kapp. Comme on ne rencontre ni le terme de *communisme* ni celui de *bolchevisme* et qu'ils ne sont par conséquent pas mis en relation avec celui de *judaïsme*, ce programme n'est que partiellement représentatif de la pensée de Hitler et de son parti à leurs débuts. Ce qui pourrait expliquer le peu de considération que Hitler lui accorda par la suite.

21. *Cf. supra*, p. 116.

hommes susceptibles d'avoir transmis à Eckart ce genre d'expérience était le Dr Max Erwin von Scheubner-Richter qui, durant la guerre mondiale, avait été un certain temps vice-consul d'Allemagne à Erzeroum, où il s'était employé de toutes ses forces à empêcher les Turcs d'expulser et d'exterminer la population arménienne, desseins qu'il considérait manifestement comme *asiatiques*[22]. Mais, en 1918, il était revenu dans son pays, à Riga, et c'est là qu'il avait été témoin de la manière dont les bolcheviks autochtones et les bolcheviks en provenance de Russie avaient mis *hors la loi* la noblesse balte et, pratiquement, l'ensemble des Baltes allemands, les soumettant à une politique d'extermination qui ne paraissait pas fondamentalement différente du massacre des Arméniens, même si Scheubner-Richter savait par ailleurs très bien que ces Baltes allemands ne représentaient qu'une couche de privilégiés peu nombreux. Il se rendit ensuite à Munich où il fonda, en 1921, son « Agence de presse Aufbau sur les problèmes politiques et économiques de l'Est et leur signification pour l'Allemagne » ; cette agence suivait attentivement ce qui se passait en Russie et publiait de nombreuses traductions tirées de la presse russe en exil. C'est également dans ce cadre qu'il organisa le congrès des émigrés de Bad Reichenhall qui rassembla, en juin 1921, de nombreux monarchistes. À la tribune, ces derniers attaquèrent avec une grande violence les bolcheviks, cette « racaille de criminels étrangers à la nation et de fanatiques », mais aussi les *Cadets* qu'ils accusaient d'avoir trahi la Russie avec la complicité des Anglais et des Français. La presse allemande accueillit le plus souvent ce congrès avec les préoccupations et le mépris que l'on éprouve généralement à l'égard des vaincus qui ne veulent pas reconnaître leur défaite. Même la *Neue Zürcher Zeitung* parla des « bolchevistes de droite » qui, avec l'assentiment du gouvernement von Kahr, s'étaient rassemblés dans la ville d'eaux bavaroise ; le *Vorwärts*, lui, avait vu naître un « nouveau Coblence » peuplé de réactionnaires[23]. Il est pourtant indubitable que ces hommes trouvaient crédibles les nouvelles que nombre de contemporains considéraient, eux, comme de tristes exagérations, par exemple l'annonce que la domination du bolchevisme aurait déjà fait pas moins de trente-cinq millions de victimes, si l'on comptabilisait les personnes mortes de faim. Tout aussi crédible était, à leur yeux, la nouvelle publiée quelques mois auparavant par le *Berlingske Tidende* et reprise, quelque temps après, par le *Völkischer Beobachter*, selon laquelle la *Tchéka chinoise* se livrait maintenant à la

22. Paul Leverkuehn, *Posten auf ewiger Wache. Aus dem abenteuerlichen Leben des Max von Scheubner-Richter*, Essen, 1938, p. 46. (Le véritable auteur du livre était Erik Reger, ce que les nationaux-socialistes critiquèrent vivement : *cf.* Adolf Kriener, « Eine Ehrung für von Scheubner-Richter ? Eine notwendige Betrachtung », *Berliner Börsen-Zeitung*, n° 571 du 7 décembre 1938.)

23. *Cf.* le recueil d'articles de presse à BA, NS 26/vol. 1197. La *Rote Fahne* parla, comme on pouvait s'y attendre, du « congrès russe des Cent-noirs » (9 juillet 1921).

pire des atrocités que l'on puisse imaginer : plaçant un rat dans un tuyau ou une cage fixés sur le corps d'un condamné, elle obligeait l'animal, que l'on affolait par le feu, à se frayer un chemin à coups de dents dans le corps du supplicié [24].

En principe pourtant, Winston Churchill et Thomas Mann auraient, eux aussi, pu accorder foi à de telles nouvelles. On se trouve, en revanche, en présence d'une interprétation d'une nature qualitativement nouvelle lorsqu'on parcourt la brochure d'un autre Balte, appartenant lui aussi aux milieux entourant Dietrich Eckart, *Pest in Russland (Peste en Russie)* d'Alfred Rosenberg. Cette interprétation est fondée sur l'association de deux états de fait qui ne sont pas contestables en soi et à qui il convient tout au plus d'apporter des corrections de détail : d'une part la chute de « l'intelligence nationale russe » ainsi que de la bourgeoisie ; d'autre part, la forte proportion de « Juifs », c'est-à-dire de personnes d'origine juive, dans les postes de direction du parti et du gouvernement soviétiques. De cette association, Rosenberg tire la conclusion que des éléments « ethniquement étrangers » *(fremdvölkisch)*, en particulier des Juifs, sont en train d'exterminer systématiquement et de fond en comble la culture et la liberté. À la différence des Lettons, des Chinois et des Caucasiens, les Juifs en effet, en tant qu'« Internationale rouge », ne reprennent que le principe de leur propre « Internationale dorée », celle

24. Ute Döser, *Das bolschewistische Rußland in der deutschen Rechtspresse 1918-1925. Eine Studie zum publizistischen Kampf in der Weimarer Republik*, Berlin, 1961, p. 169. Dans *VB*, la nouvelle parut le 26 avril 1920 dans un article d'Arnold Rechberg, « Le bolchevisme en Russie ». Elle fut aussi reprise en 1924 dans le livre d'un historien considéré comme sérieux, S. P. Melgounov, un socialiste populaire, *Der rote Terror in Rußland*, Berlin, 1924, p. 247. L'étude très pénétrante et insistant particulièrement sur les faiblesses de la *démocratie révolutionnaire*, *Kak Bolseviki zachvatili vlast'*, Paris, 1953, est aussi de Melgounov. Comme preuve du sérieux de cet historien, on peut avancer qu'il accompagne d'un point d'interrogation les données chiffrées détaillées sur les victimes de la terreur rouge qu'il emprunte à un auteur du nom de Sarolea et que l'on retrouve chez Churchill et dans le *Schulthess* (*Der rote Terror*, p. 248). Ce qu'il écrit sur le ravin de la mort de Saratov (203), l'exécution d'officiers dans des foyers de chaudière et de *l'empalement* d'ecclésiastiques (248) est d'autant plus impressionnant. L'un des faits les plus anodins qu'il rapporte est que l'on obligeait en de nombreux endroits les détenus à nettoyer les toilettes à mains nues et que ce traitement ne fut pas épargné à l'ancien commandant en chef, le général Rousski (297). Mais Melgounov ne passe pas sous silence les atrocités commises sur leurs prisonniers communistes par les paysans révoltés (p. 192). C'est à juste titre qu'il voit une différence essentielle entre ces monstruosités dans le fait que, du côté des Blancs, il ne pouvait y avoir d'équivalent aux appels publics à exercer une *terreur de masse*, c'est-à-dire à exterminer en fonction de critères sociologiques. Il ressort du livre de F. Fomine, *Zapiski starogo Tchekista*, Moscou, 1964, que le terme de *tchékistes chinois* était courant chez les bolcheviks eux-mêmes, un chapitre étant consacré aux « combattants chinois de la Tchéka » (p. 54-60). Il n'est bien entendu pas fait mention ici de méthodes de torture particulières. Le procédé en question est devenu mondialement connu, toutefois, lorsque George Orwell, dans son livre *1984*, l'a décrit en tant que méthode utilisée par la police secrète du « Grand frère », sans évoquer l'emprunt à la littérature antibolcheviste.

du capitalisme, dans le but de créer « un État centralisé et organisé d'esclaves ». Mais il faut remonter plus loin encore dans l'histoire. La Tchéka, par exemple, se rattache à coup sûr, à bien des égards, à l'Okhrana, mais cette dernière était loin d'envisager « d'exercer sa cruauté avec tant de sang-froid, de l'organiser de manière si planifiée et de la mettre en œuvre avec un tel esprit de système, dépourvu de toute humanité » ; on était en effet en droit de lui accorder encore, en tout état de cause, un « caractère européen ». Les Juifs de la Tchéka, en revanche, reprennent à leur compte l'antique combat de l'Islam et des hordes de Mongols et ne représentent en définitive qu'un « nouvel assaut de l'esprit proche-oriental contre l'Europe ». Du fait de cette attaque, l'Allemagne se retrouve au cœur de l'histoire du monde, car la peste qui a déjà détruit la Russie anéantira à présent l'Allemagne elle aussi, à moins qu'une nouvelle *Weltanschauung* d'hommes allemands, nouvelle en même temps que plongeant ses racines dans la Germanie antique, s'oppose à « l'internationalisme apatride » et l'emporte sur « l'esprit asiato-syrien qui est notre ennemi mortel à tous », en arrachant l'Allemagne à la voie fatale de la « Kerenchtchina » et en permettant « d'expier les forfaits des terroristes juifs »[25].

Il ne serait absolument pas fondé de prétendre que l'antibolchevisme des Eckart, Scheubner-Richter et Rosenberg aurait été un phénomène isolé, bizarre ou même simplement incompréhensible dans le monde de l'époque. Pourtant, il témoigne en même temps de caractéristiques spécifiques qui n'autorisent pas à établir un parallèle sans réserve entre lui et des propos apparemment analogues de Thomas Mann, Churchill ou Kautsky. Sa particularité réside avant tout dans la valeur explicative attribuée, sur le plan de la théorie de l'histoire, à l'antisémitisme. Elle donne nécessairement naissance à une mythologie de l'histoire qui se veut le pendant de la théorie marxiste de l'histoire et qui ne peut que trop facilement s'opposer à tout ce qui a véritablement caractérisé l'Europe à travers les temps : le christianisme et la Renaissance, l'*Aufklärung* et l'idéalisme allemand, le capitalisme *et* le socialisme. Mais une autre qualité nouvelle fut atteinte lorsque cette théorie, déjà fort éloignée des expériences qui lui avaient servi de fondement, fut à l'origine d'une *Weltanschauung* visant à l'agitation et ayant prise sur les masses. C'est justement là que, sur un plan typologique, se situe Adolf Hitler.

Adolf Hitler n'a révéré personne davantage que Dietrich Eckart ; la seule personne qu'il ait qualifiée, avec une grande emphase, d'« irremplaçable », fut Scheubner-Richter, à la Feldherrnhalle, après sa mort ; c'est uniquement avec Alfred Rosenberg, la tête pensante du *Völkischer Beobachter*, qu'il est resté en contact permanent, sa vie durant, quand bien

25. Alfred Rosenberg, *Pest in Rußland. Der Bolschewismus, seine Häupter, Handlanger und Opfer*. Édition abrégée par le Dr Georg Leibbrandt, Munich, sans date, p. 13, 36, 30.

même il lui a longtemps refusé une position de pouvoir dans l'État. Il ne fait toutefois aucun doute que l'antisémitisme de Hitler est antérieur à sa rencontre avec ces hommes. Dans nombre d'exposés, cet antisémitisme semble n'être qu'un vestige de celui de Lueger et de la nostalgie anti-habsbourgeoise d'une Grande Allemagne qui habitait un von Schönerer; Walter Laqueur a même affirmé que l'antibolchevisme ne s'était pas du tout fait sentir chez Hitler durant les années de l'après-guerre et qu'il n'avait pas davantage accordé d'attention à la Russie [26].

Effectivement, le premier document probant, écrit de la main de Hitler, une lettre adressée à un certain Gemlich et écrite à la demande de ses supérieurs, le 16 septembre 1919, alors qu'il était encore *officier instructeur* de la Reichswehr, avant donc sa *vie de parti*, n'est imprégnée que d'un antisémitisme presque conventionnel : ce qui caractériserait avant tout les Juifs, ce serait la « danse autour du veau d'or » et, force essentielle du mammonisme, ils seraient la « tuberculose raciale des peuples » que seul un « gouvernement doté de force nationale » pourrait combattre avec succès, à condition qu'il ait pour objectif ultime et immuable d'éloigner les Juifs. Ce n'est qu'en fin de lettre, dans une phrase subsidiaire, que l'on trouve la remarque selon laquelle les Juifs « sont en effet les forces motrices de la révolution » [27].

On ne peut non plus nier que, dans les discours que Hitler prononça dans les années 1919 à 1921 pour le Parti allemand ou le NSDAP, formations encore tout à fait insignifiantes, ce sont le diktat de Versailles et des mots d'ordre comme « rien que l'Allemagne » qui étaient au premier plan.

Mais le problème est de savoir à quel instant apparaît l'impulsion motrice. Et beaucoup d'indices donnent à penser que cet instant se situe à l'époque où il commence à évoquer en permanence « l'anéantissement de l'intelligence » ou « l'assassinat massif de l'intelligence » ; il ne mettait jamais autant de sérieux, semble-t-il aussi, qu'à mettre en garde de ne pas laisser s'installer en Allemagne une situation analogue à celle de la Russie, avec les « trois cent mille exécutions » des dernières années ; le « massacre des ecclésiastiques » dans cette « maison des morts » qu'était devenue la Russie se répéterait en Allemagne si une « contre-dictature » nationale ne remédiait pas à la « funeste division de la nation en deux classes s'opposant aujourd'hui dans une lutte à mort ». Presque toujours, cette mise en garde est immédiatement suivie d'une interprétation, d'une explication : on a affaire à une « dictature sanguinaire juive », le Juif est la « sangsue » et l'« étrangleur » [28].

---

26. Walter Laqueur, *Deutschland und Rußland*, Berlin, 1965, p. 67.

27. Hitler, *Sämtliche Aufzeichnungen 1905-1924*. Édité par Eberhard Jäckel en collaboration avec Alex Kuhn, Stuttgart, 1980, p. 88-90.

28. *Ibid*, p. 202, 275, 279 et suiv., *passim*. Dans le texte, on trouve les expressions *Blutengel* (ange sanguinaire) et *Bürger* (citoyen) pour *Blutegel* (sangsue) et *Würger* (étrangleur) ; il s'agit à l'évidence de fautes de frappe ou d'impression.

De temps à autre, pourtant, le ton n'est pas le même. C'est ce que montre un récit à propos d'un discours prononcé en mai 1921 : « Ce sont des paroles empreintes d'un profond sérieux que Hitler adresse à ses frères travailleurs manuels : Débarrassez-vous de vos préjugés à l'égard d'autres classes de votre peuple ; elle n'existe pas cette bourgeoisie que l'on vous montre sur les écrans de cinéma, festoyant et buvant du mousseux ; il n'existe pas l'officier que l'on dessine à votre intention dans les journaux juifs ; il n'existe pas l'étudiant qui souhaiterait vous plier sous son joug ; regardez la réalité en face. [...] Voilà à quoi ressemblent les éléments sains de la " bourgeoisie ". Et vous, les autres, ne voyez pas dans l'ouvrier le compagnon sans patrie [...] ce n'est pas l'ouvrier allemand qui vole et pille, libérez-le de ceux qui le corrompent. Dans cette profonde détresse où nous sommes, sonne l'heure de la naissance du nouveau peuple allemand. [29] »

L'antisémitisme est ici à peine perceptible. À l'occasion, ici ou ailleurs, Hitler se présente en champion de la réconciliation des classes qui permettrait à l'État d'assurer la puissance nationale ou la prospérité ; il le fait du point de vue de l'*intelligence nationale,* dont il est manifeste qu'à ses yeux il fait partie. La critique de la doctrine marxiste de la lutte des classes joue un rôle crucial ici, de même que l'allusion à la *destruction de l'intelligence* à laquelle se livre le bolchevisme constitue son mobile le plus puissant. Il est tout à fait possible de considérer que cet antimarxisme se situait dans le droit fil de l'histoire ; en tout cas, on observe dans tous les États occidentaux une évolution comparable. Ce noyau doctrinal est à coup sûr lui aussi susceptible, en soi, de faire naître la passion. C'est ce que montre par exemple clairement le numéro du *Völkischer Beobachter* du 10 avril 1920 où, sous le titre « La bourgeoisie hors la loi », on peut lire : « Les bolchevistes peuvent faire ce qui leur plaît contre les *bourjouï*, Monsieur le chancelier du Reich [Müller] ne lèvera pas le petit doigt pour ces derniers. [...] Il est absolument inutile de chercher à masquer ou même embellir les dures réalités. Qu'on le veuille ou non, la bourgeoisie est tombée dans l'engrenage et sera de jour en jour davantage broyée si elle ne se fait pas violence pour sortir de sa passivité. » Un autre exemple, un peu plus tardif, est peut-être plus clair encore, il s'agit d'un appel de la direction du NSDAP peu après l'assassinat de Rathenau : « Souhaitez-vous attendre de voir dans chacune de nos villes des milliers d'Allemands pendus aux réverbères ? Souhaitez-vous ne rien faire jusqu'à ce que, comme en Russie, une commission bolcheviste criminelle entre en fonction dans chaque cité et envoie *ad patres*, en tant que " contre-révolutionnaires ", tous ceux qui ne voudront pas se soumettre à la dictature ? Voulez-vous attendre de trébucher sur les cadavres de vos femmes et de vos enfants qui, tout comme à Moscou ou à Saint-

29. *Ibid.*, p. 379.

Pétersbourg, “ facteurs d’augmentation de la bourgeoisie ”, doivent être mis hors d’état de nuire ? Non, crierez-vous. Et pourtant nous vous le disons : tout cela sera accompli aussi méthodiquement qu’en Russie si vous ne prenez pas conscience que c’est maintenant qu’il vous faut combattre si vous voulez vivre. [30] »

Ma citation de cet appel a omis un mot. Sans lui, ces phrases seraient, comme les précédentes, une invitation à l’autodéfense résolue, naturelle et totalement justifiée au cours d’une guerre civile, dès lors que cette dernière est effectivement engagée ou qu’elle menace de l’être. On a affaire là à un noyau rationnel si, bien entendu, une condition est réalisée, et elle ne l’était pas vraiment, même en Allemagne – à plus forte raison encore dans les autres pays occidentaux – et seul l’exemple russe pouvait faire croire qu’elle l’était. Mais introduire l’adjectif *juive* derrière le mot *dictature* est déjà une interprétation qui vient envelopper le noyau.

Il apparaît que le parti de la contre-dictature, de la contre-guerre civile ne parvenait pas, par la seule exploitation de la menace présente en Allemagne et même de l’exemple russe, à produire une véritable contre-foi, une contre-passion « exacerbée », susceptible de supporter la comparaison avec la foi et la passion de ses adversaires. C’est tout particulièrement vrai d’Adolf Hitler. Il était mû dans des proportions extraordinaires par le besoin de trouver une cause fondamentale, un agent déclencheur, un coupable ; ce coupable, il l’a trouvé dans *le Juif*. Il franchit de la sorte un pas supplémentaire dans la voie de la concrétisation sur laquelle les communistes, en mettant à la place du système historiquement dépassé d’États pleinement souverains, les *bourgeois*, eux aussi moralement coupables, l’avaient précédé. Ce pas de Hitler n’était ni arbitraire ni seulement fortuit. C’est de manière analogue, en sens opposé toutefois, que Karl Marx avait opéré le passage *des Juifs*, que de nombreux socialistes de la première heure considéraient encore comme la cause du mammonisme, aux *capitalistes* et, en définitive, au *système capitaliste*. Simultanément, il avait transformé un ancien projet d’anéantissement [31] en une notion nouvelle qui n’impliquait que d’écarter un petit groupe de *magnats capitalistes* devenu un obstacle. Hitler, en quelque sorte, en revenait aux socialistes de la première heure, s’offrant par là la possibilité d’opposer à la doctrine universelle du marxisme non seulement les propos que nous venons de citer et dont on ne peut exclure qu’ils soient pertinents, mais aussi une doctrine passionnée et créatrice de passions, une doctrine rendant compte du mal caractérisant le monde présent ainsi que des causes, aux origines historiques lointaines, de ce mal. Cet antisémitisme, toutefois, conduisait obligatoirement à tracer un signe d’égalité entre capitalisme et

30. *VB* du 19 juillet 1922.

31. *Cf.* Ernst Nolte, *op. cit.* (dans note 1 du chapitre II-2 du présent ouvrage), p. 180 et 280-285.

bolchevisme, ou bien entre libéralisme et socialisme, les uns et les autres étant des phénomènes pareillement internationaux ; il conduisait aussi, tendanciellement, à rejeter la société bourgeoise dont il était pourtant issu. Le simple nationalisme, l'autre point de départ de la doctrine, se retrouvait de la sorte confronté à des adversaires si nombreux et si forts qu'il lui fallait rechercher une base plus solide, par exemple la *race germanique*. C'est ainsi que, d'une certaine manière, bourgeoisie et nationalisme se retournaient contre eux-mêmes, se transformant en une doctrine antibourgeoise et antinationale capable de couvrir un terrain aussi large que le marxisme.

La véritable expérience qu'eut Hitler, son mobile principal, fut donc très vraisemblablement l'expérience du bolchevisme, du communisme si l'on veut, qui, par son agitation, aurait été, dans l'optique de Hitler, à l'origine de la défaite de l'Allemagne ; bolchevisme qui, en raison de sa doctrine professant une opposition irréductible entre *bourgeoisie* et *prolétariat*, diviserait la nation et qui, conformément au modèle russe, menacerait d'anéantir la bourgeoisie ou l'intelligence nationale. Et le fait d'être entouré de gens comme Eckart, Scheubner-Richter et Rosenberg, s'il a contribué à renforcer ce mobile, ne l'a pas créé. En dépit de l'hostilité des sociaux-démocrates envers les communistes, c'est assez naturellement que cet antibolchevisme s'élargit et devint un antimarxisme, évolution que connurent aussi Mussolini et le fascisme italien. L'antisémitisme, en revanche, fut une interprétation, une clef qui, certes, ne faisait que surenchérir à propos d'une authentique particularité de l'adversaire et la mettre en relief, à savoir la différence entre la direction, intellectuelle le plus souvent, et les masses ; mais cette clef permit avant tout de constituer une contre-idéologie à tendances universelles et de déployer une contre-passion fanatique dont Mussolini fut toujours exempt. En tant qu'antibolchevisme et en tant qu'antimarxisme, le national-socialisme appartient au type des mouvements fascistes ; en tant que doctrine professant la culpabilité universelle des Juifs, il représente la manifestation la plus radicale d'un tel type, il est un fascisme radical. Les premiers discours de Hitler, en 1920 et en 1921, permettent déjà d'en appréhender les traits fondamentaux.

On objectera peut-être que Hitler était déjà antisémite avant la guerre, lorsqu'il était à Vienne, que son antisémitisme était donc antérieur à ce que nous prétendons être son noyau, l'antibolchevisme. Mais la présentation des choses que fit Hitler plus tard, dans *Mein Kampf*, fait apparaître très nettement que, là aussi, l'expérience prit corps à l'occasion d'un événement social de grande ampleur, un événement très concret : les puissantes manifestations des travailleurs socialistes[32]. Un examen de l'antibolchevisme des contemporains de Hitler prouve qu'on peut opérer

32. *Cf. infra*, p. 178.

une distinction, d'ordre logique au moins, entre une expérience anxiogène et la clef d'une idéologie.

Il serait certainement pertinent d'objecter aussi que, même dans sa jeunesse, Hitler n'a nullement été un simple antibolcheviste ou antimarxiste antisémite, mais que ses motivations furent diverses et qu'elles l'unissaient dans des proportions très variées à ses contemporains.

C'est avec quasiment tous les Allemands qu'il partageait le désir de combattre Versailles et, au-delà même, avec tous les *révisionnistes* d'Europe, la Russie soviétique n'étant pas la dernière en l'occurrence, puisque Lénine soulignait avec une insistance qui n'avait rien à envier à celle de Hitler que Versailles était bien pire que Brest-Litovsk [33].

L'autre mobile, tout aussi identifiable, mais non partagé, lui, par tous les Allemands, était le mobile pan-allemand qui implique souvent, chez Hitler aussi, la revendication du droit à l'autodétermination.

Le mobile de l'espace vital ne fut que vaguement esquissé en 1919 et 1920, associé à l'idée d'un droit naturel, idée darwinienne et d'un libéralisme radical, selon laquelle il était injuste qu'un Russe se voie attribuer dix-huit fois plus d'espace qu'un Allemand [34]. On peut supposer que très peu de ses compatriotes auraient adhéré à l'idée, nécessaire à la démonstration, consistant à mettre sur le même plan terre arable et toundra. Même ici, pourtant, une expérience véritable sous-tendait cette idée, l'expérience du blocus anglais et de la domination allemande qui s'était exercée en Russie entre Brest-Litovsk et l'effondrement allemand.

Le plus européen de tous les mobiles de Hitler était le mobile antibolcheviste ; il le partageait avec presque tous les bourgeois européens et américains, le terme de *bourgeois* étant ici entendu au sens large, incluant donc les sociaux-démocrates ou socialistes de droite. Chez lui, toutefois, ce mobile s'opposait avec une vigueur toute particulière au philobolchevisme qui était lui aussi un phénomène bourgeois, même si ce n'était qu'un phénomène marginal. Mais, surtout, l'élargir en un antimarxisme et même en un antilibéralisme l'avait à ce point acéré et aiguisé qu'il était dans une ample mesure privé de valeur générale.

Le mobile antisémite, par la synthèse qu'il permettait, eut pour effet une extraordinaire concrétisation : c'est chez les Juifs qu'il fallait voir l'origine de la défaite et, avant tout, du déchirement interne de l'Allemagne, obstacle à l'apparition des conditions naturelles d'une suprématie allemande sur l'Europe ; ce déchirement interne privait également le pays d'une assurance définitive contre les menaces d'anéantissement représentées par le bolchevisme comme par l'américanisme, menaces suscitées, dans l'un et l'autre cas, par les Juifs. Même ce dernier mobile

33. Jane Degras, *Soviet Documents on Foreign Policy*, vol. 1, Londres, 1952, p. 217 et suiv.

34. Jäckel-Kuhn, *op. cit.*, p. 96.

n'isolait Hitler ni en Allemagne ni en Europe, car de fortes traditions, à gauche comme à droite, allaient dans cette direction. Mais, dans leur globalité, dans leur ordonnancement interne et, surtout, dans la passion effrénée qu'elles suscitaient et dont elles étaient à leur tour alimentées, elles avaient toutefois quelque chose d'individuel. Si l'on disait que Hitler était davantage un bourgeois allemand, voire européen, qu'un Allemand bourgeois, on aurait exprimé quelque chose d'exact en même temps qu'on se serait tout de même fourvoyé, parce qu'on procéderait par là à une identification avec trop d'autres personnes. Poussé par la nécessité interne d'opposer à son ennemi principal, le communisme, une contre-foi appropriée, Hitler était potentiellement anti-bourgeois et anti-allemand : de manière inavouée, le repoussoir haï était en même temps, d'une certaine façon, le modèle à suivre.

Mais on peut déjà dire des deux premiers mobiles, dans la forme radicale que le caractère passionné de Hitler leur donnait, que seul un « totalisme révolutionnaire » [35] était en mesure de les faire entrer dans la réalité. Si l'on envisage maintenant les mobiles dans leur ensemble, il n'est pas contestable qu'ils renferment une espèce de consentement à la guerre qui était étranger au Kaiser allemand comme au tsar russe en 1914, dont ils n'avaient même pas idée. Il ne présente d'analogie qu'avec le consentement des bolcheviks à la guerre civile et à la guerre, consentement, toutefois, qui, en raison de ses objectifs et de son arrière-plan idéologique, en constituait l'exact opposé.

Dès ces premières années donc, alors que personne ou presque ne le connaissait encore en Allemagne et que, même à Munich, il passait pour un simple bateleur et démagogue, Hitler s'installait en un lieu typologique sans équivalent au sein d'un antibolchevisme qui n'était pas seulement un phénomène allemand, mais qui concernait l'Europe entière, voire *l'Occident tout entier*. Jusqu'en juillet 1921, pourtant, il ne fut que le *publicitaire en chef* d'un parti minuscule, alors que les communistes étaient déjà depuis trois ans au centre de l'attention générale. Incarnation la plus forte d'une contre-foi et d'une contre-passion, il était néanmoins en mesure, désormais, de créer le parti du Führer (« guide » en allemand, NdT) capable de s'opposer à l'autre « organisation-guide » (*Führerorganisation*, selon l'expression de Lénine), capable de l'égaler tendanciellement et de travailler à l'anéantir. L'année 1923 fut celle de la plus grande crise qu'aient connue le Reich allemand et son système capitaliste ou bourgeois. Cette année-là allait révéler les possibilités d'anéantissement dont disposaient les camps opposés, mais elle montrerait également, tout aussi nettement, que le système qui allait se contenter d'interdire pour des durées très courtes les deux partis situés aux extrêmes du paysage politique, disposait de capacités de survie.

---

35. *Cf. supra*, même chapitre, note 13.

II-5

« Révolution mondiale » ou « gouvernement national » en Allemagne ? 1923, l'année de crise

La demande d'armistice et l'acceptation de la paix de Versailles ne signifièrent pas la fin de la défaite du Reich allemand. Des tentatives pour résister à d'autres exigences ou d'autres mesures alliées la prolongèrent à deux reprises : en 1921, le gouvernement Fehrenbach ayant trouvé exorbitant le montant des réparations demandées, les Alliés obligèrent alors le gouvernement Wirth qui lui succéda, gouvernement dit de l'*Erfüllung* (exécution des traités, NdT), à accepter leur ultimatum ; en 1923, les Français et les Belges occupèrent la Ruhr, les raisons invoquées n'étant guère que des prétextes, inaugurant ainsi ce qu'on pourrait appeler une guerre en temps de paix. À Berlin, c'était le très bourgeois gouvernement de l'industriel hambourgeois Cuno qui était en fonction, en dépit de ce que, par deux fois, une forte poussée à gauche avait traversé le pays : après août 1921, à cause de l'assassinat d'Erzberger ; ensuite au lendemain de l'attentat mortel contre Rathenau, le 24 juin 1922. Le gouvernement Cuno se sentit néanmoins assez fort pour inviter le pays à la « résistance passive » et en appeler à la « communauté nationale ». En l'occurrence, cela équivalait à une grève générale, ratifiée et payée par l'État ; les Français et les Belges à qui ne parvenaient pour ainsi dire plus de livraisons de charbon, tentèrent de s'y opposer par une foule de mesures contraignantes. Les communistes, là-dessus, appelèrent à battre Poincaré sur la Ruhr et Cuno sur la Spree. Comme l'avait fait Spartakus pendant la guerre mondiale, ils s'exclurent ainsi de la communauté nationale, exigeant, au lieu d'une trêve, que soit menée une guerre politique. Dès avril et mai 1923, ils réussirent, comme Clara Zetkin l'exposera plus tard aux participants du Ve Congrès mondial du Komintern en juin et juillet 1924, en maints endroits, et pas seulement dans la Ruhr, à prendre la tête « de mouvements pour les salaires, de grèves, de marches de la faim, de pillages de magasins, de réquisitions de vivres à la campagne opérées par des travailleurs des villes [1]». L'inflation, provoquée en premier lieu par le montant extraordinaire des dépenses publiques mais favorisée aussi par des manœuvres boursières de la part de patrons et de spéculateurs allemands, ne cessant de s'étendre et de s'accélérer et des tendances séparatistes se faisant jour, les communistes crurent que la situation était révolutionnaire et ils se préparèrent avec une grande énergie en vue de la guerre civile. Le Ve Congrès déjà évoqué est sur ce point aussi d'une grande franchise: «Nous nous sommes donné des cadres militaires, nous avons ouvert des écoles pour transmettre à nos camarades ayant déjà reçu une instruction militaire une formation d'officiers rouges, nous avons constitué des groupes de partisans et des commissions spéciales de cheminots, nous nous sommes pour la première fois attelés à la mise sur pied d'un service de renseignement [...], chargé du contre-espionnage, de détecter les mouchards, etc. [2]» Effectivement, sur ordre du Komintern, on entreprit de bâtir ce qu'on appelait un appareil M (M pour *Militär*) et un appareil N (*Nachrichten*, pour renseignement, NdT) ainsi qu'une organisation spéciale, dite militaro-politique (MP), conçue pour être une organisation de cadres destinés à une Armée rouge. C'est un général soviétique qui prit le commandement en chef de cette MP; l'Allemagne fut divisée en six grandes régions militaires, à la tête desquelles on trouvait également, en qualité de conseillers, des généraux soviétiques flanquant les responsables allemands. On créa simultanément un appareil T (Terreur) chargé d'éliminer les mouchards et d'organiser divers attentats, préludes à la terreur de masse [3].

Il faut dire que les communistes n'étaient pas les seuls à se mouvoir sur le terrain de la violence ou à se préparer à des affrontements militaires. Des groupes de sabotage des anciens Corps francs passèrent à la résistance active dans la Ruhr et, en Bavière, de nombreuses *associations nationalistes*, parmi elles la SA du NSDAP, se préparaient à la guerre civile. En mai, les Français condamnèrent à mort l'un des hommes qui avaient entrepris de faire sauter des ponts, l'ancien combattant du Baltikum, Albert Leo Schlageter, et le fusillèrent dans les environs de Düsseldorf, en dépit de violentes protestations allemandes. L'évidence de la force de la droite amena alors les communistes à compléter leurs préparatifs militaires par une nouvelle ligne politique, la ligne dite Schlageter. Karl Radek prononça le 20 juin 1923, à Moscou, son célèbre discours «Leo Schlageter, sur le chemin du Néant», dans lequel il cherchait

1. *Protokoll. Fünfter Weltkongreß der Kommunistischen Internationale*, Hambourg, sans date (1924), vol. 1, p. 323.

2. Heinrich Brandler, *Ibid.*, p. 221.

3. Erich Wollenberg, *Der Apparat. Stalins fünfte Kolonne*, Bonn, 1952, p. 10 et suiv. Wollenberg était lui-même à la tête de l'une de ces six grandes régions.

à convaincre la droite activiste qu'elle devait se ranger aux côtés des travailleurs en lutte si, à l'exemple de Gneisenau et de Scharnhorst, elle était sincèrement désireuse de s'engager dans la voie de la libération nationale. L'unique moyen de faire de la cause de la nation la cause du peuple était de faire de la cause du peuple la cause de la nation, car alors seulement naîtrait cette *phalange de fer*, composée de travailleurs intellectuels et de travailleurs manuels, dont le camp était celui du travail et non celui du capital [4]. Durant tout l'été, il y eut des discussions entre des communistes et des représentants de la droite nationale, et Radek avança à ce propos des thèses extrêmement intéressantes, à l'image de celle-ci : « Si la classe ouvrière allemande ne se montre pas capable d'inculquer cette conviction [surmonter ensemble les périls comme seule issue] à la grande masse de la petite-bourgeoisie, elle sera battue ou devra au moins voir sa victoire différée pour une longue période. [5] » Radek désigna comme bonne méthode le « gouvernement des travailleurs » qui engloberait aussi des socialistes de gauche en plus des communistes, mais qui, avant tout, gagnerait la sympathie des masses petites-bourgeoises « en préparant aussi, si cela s'avérait nécessaire, avec courage, le combat armé contre Versailles » [6]. Radek faisait montre d'un certain respect même envers les véritables fascistes, les partisans de Hitler et de Ludendorff : tandis que les communistes étaient en train de conquérir la majorité des ouvriers allemands les plus actifs, tandis qu'ils organisaient rassemblements sur rassemblements, les socialistes observaient un silence de mort. La force active de la contre-révolution se trouvait dès lors dans le camp fasciste.

De loin en loin, en application de la ligne Schlageter, il y eut même des offres d'alliance en règle. Ainsi Ruth Fischer, la principale représentante de la gauche du parti, aurait déclaré devant des étudiants, le 25 juillet 1923, dans la salle des fêtes du lycée de Dorotheenstadt, à Berlin : « Dénoncer le capital juif, c'est déjà mener la lutte des classes, même si on ne le sait pas. [...] D'accord ! Foulez aux pieds les capitalistes juifs, pendez-les aux réverbères, écrasez-les. Mais, messieurs, comment vous situez-vous par rapport aux grands capitalistes, aux Stinnes et aux Klöckner ? [7] » Il est possible que le journaliste Franz Pfemfert se soit autorisé quelques libertés poétiques dans la retranscription des propos effectivement tenus, mais on trouve assez de déclarations comparables, en 1923 ou ultérieurement, pour affirmer, à bon droit semble-t-il, que de nombreux communistes, lorsqu'ils ne se censuraient pas, avaient considéré l'antisémitisme national-socialiste, dans la mesure où il concernait

4. *RF* du 26 juin 1923.

5. *Schlageter. Eine Auseinandersetzung. Karl Radek-P. Fröhlich-Graf Ernst Reventlow-Moeller van den Bruck*, Berlin, 1923, p. 7.

6. *Ibid.*

7. *Die Aktion*, année 1923, p. 374.

les Juifs de la bourgeoisie, comme une forme primaire et inférieure des visées communistes d'anéantissement proprement dites [8].

Au total, pourtant, il est indubitable que le KPD avait la volonté non seulement de neutraliser les véritables fascistes, les partisans de Hitler et de Ludendorff, mais bel et bien de les exterminer, ce qui n'empêchait d'ailleurs pas Radek, tout comme Hitler et Ludendorff de leur côté, de voir l'Allemagne « dans un état de très profonde impuissance et d'abaissement » et de considérer « les propos pacifistes dans la bouche des représentants d'un peuple asservi et démembré » comme une « lâcheté ou un mensonge » contre lesquels devraient s'insurger tous les sains instincts populaires [9]. La direction du parti réclama par exemple, le 12 juillet, que l'on collât un fasciste sur cinq au mur s'il était dans l'intention des fascistes de fusiller un ouvrier gréviste sur dix [10] ; en avril déjà, la *Rote Fahne* avait publié le long reportage d'un communiste réfugié en Russie, qui laissait très clairement entendre que l'on n'y tenait pas l'imminente révolution pour un événement ne concernant que l'Allemagne : d'après lui, « la bourgeoisie russe à l'agonie » avait, elle aussi, tenté d'obtenir un délai de grâce en recourant exactement aux mêmes moyens qu'aujourd'hui la bourgeoisie allemande, c'est-à-dire en lançant un appel nationaliste au prolétariat. Au cours d'un entretien avec le camarade Toukhatchevski, commandant en chef sur le front occidental, l'auteur de l'article, en tant que représentant de la Centrale du KPD, avait pu se convaincre que l'Armée rouge, pleine d'enthousiasme, était prête à venir en aide au prolétariat allemand et que rien ne saurait l'arrêter dans cette voie : « L'armée russe écrasera comme un fétu de paille le rempart polonais s'il devait, à l'heure fatidique, se dresser entre elle et le prolétariat allemand. [11] »

Le Parti communiste enregistra son plus grand succès lorsque les grèves et les manifestations de masse qu'il dirigeait obligèrent le gouvernement Cuno à démissionner, le 12 août 1923. Selon toute apparence, Gustav Stresemann, qui lui succéda avec l'appui des sociaux-démocrates, se considérait comme la *dernière carte* dans une situation qui risquait de tourner très vite au bouleversement révolutionnaire et, par voie de conséquence, à la désagrégation du Reich allemand. Pourtant, en raison même de la forte participation gouvernementale des sociaux-démocrates, la droite la plus résolue au sein de la mouvance nationale-allemande réclamait un gouvernement plus énergique, un *gouvernement de dictature nationale*.

---

8. Par exemple la *Rote Fahne* du 25 juillet : « Il serait certainement nécessaire de combattre l'Entente et les capitalistes juifs, mais le problème est en premier lieu celui des Haniel, Thyssen, Klöckner, Krupp et Stinnes. »

9. *RF* du 18 septembre 1923 : « Schlageter... », cité p. 7 et suiv.

10. *RF* du 12 juillet 1923.

11. *RF* du 22 avril 1923 : « Bereitschaft im Osten » par J. Eisenberger.

Trois ordres de préparatifs se déroulaient donc simultanément. Stresemann mit fin, le 26 septembre, à la résistance passive qui, entre-temps, avait totalement ébranlé la monnaie allemande et, annonçant l'instauration d'une monnaie nouvelle et stable, il suscita un grand espoir général. Les nationaux-allemands plaçaient leur confiance dans le général von Seeckt, comptaient sur la Bavière du commissaire général von Kahr (il préside le gouvernement bavarois depuis l'écrasement de la République des conseils, NdT) ou élaboraient des projets de *Directoire national*. Le dirigeant communiste Heinrich Brandler se rendit à Moscou et eut de longs entretiens avec les dirigeants soviétiques, tous également pleins d'enthousiasme pour l'imminente révolution allemande. C'est dans ces conditions que l'on se dirigea vers l'Octobre allemand.

La *Rote Fahne* publia des lettres d'encouragement de Trotski, de Zinoviev, de Boukharine et de Staline. Celle de Staline, adressée à August Thalheimer, disait : « La révolution en marche en Allemagne est l'événement le plus important au monde en ces journées. La victoire de la révolution en Allemagne aura, pour le prolétariat d'Europe et d'Amérique, plus de signification que la victoire de la révolution russe voilà six ans. La victoire du prolétariat allemand déplacera sans aucun doute le centre de la révolution mondiale de Moscou à Berlin. [12] » Zinoviev, pour sa part, publia dans *Inprekorr* une longue série d'articles sur les « problèmes de la révolution allemande » ; s'y exprimait, de manière tout à fait touchante, le soulagement du marxiste qui, enfermé dans « la situation de sous-développement » de son pays, voit enfin s'approcher une « révolution prolétarienne classique » ; c'est dans cet esprit qu'il en arrivait à formuler une phrase qui, dans une perspective russe, peut paraître généreuse mais qui jette une lumière crue sur ce que les efforts de Radek pour attirer les masses petites-bourgeoises ou nationalistes pouvaient avoir d'absolument non crédible : l'Allemagne étant majoritairement composée de prolétaires, le prolétariat allemand pourra justement se dispenser, « au moins dans un premier temps », de passer brutalement outre aux intérêts vitaux de la petite-bourgeoisie urbaine [13].

Début octobre, les communistes entrèrent dans les *gouvernements ouvriers* de Saxe et de Thuringe, où depuis un certain temps déjà s'étaient formées des *centuries prolétariennes*. Le leader du parti, Heinrich Brandler, à en croire son propre témoignage ultérieur, s'occupa alors presque exclusivement de l'approvisionnement en armes, en sa qualité de chef de section ministériel à la chancellerie de Dresde [14]. Une conférence de conseils d'entreprises, à Chemnitz, devait appeler à la grève générale le 21 octobre, signal du lancement de la lutte pour le pouvoir. Mais, en

12. *RF* du 10 octobre 1923.
13. *Inprekorr*, n° 163 du 19 octobre 1923, p. 1387 et suiv.
14. *Protokoll. Fünfter Weltkongreß...*, *op. cit.*, p. 231.

dépit de la grande popularité des mots d'ordre exhortant à se défendre contre les « fascistes bavarois », les alliés socialistes de gauche et, au fond aussi *les masses*, hésitèrent à se lancer dans une guerre civile à visée offensive, alors que ce caractère offensif était justement ce qui était déterminant pour les directions des partis soviétique et allemand. Ce n'est qu'à Hambourg, suite à un incident dans la transmission des directives, que le soulèvement fut déclenché ; la police locale parvint à le réprimer, même si ce ne fut pas sans mal, et ne subit pas de pertes sensibles. Stresemann agit avec rapidité et une grande détermination : il fit entrer en Saxe et en Thuringe des troupes de la Reichswehr et installa un Commissaire du Reich en remplacement du gouvernement saxon du social-démocrate de gauche, le Dr Zeigner. À Freiberg, vingt-trois personnes périrent, après qu'une foule en fureur eut injurié les troupes de la Reichswehr et tenté de l'attaquer à mains nues ou à l'aide d'armes rudimentaires. Il n'y eut toutefois pas de résistance active notable. L'événement eut, à vrai dire, pour conséquence importante le départ des sociaux-démocrates du gouvernement Stresemann, choqués qu'ils étaient de ce que ce dernier ne s'en prît pas aux réactionnaires et aux nationaux-socialistes de Bavière avec la même énergie que celle dont il faisait preuve à l'égard des communistes et des sociaux-démocrates de gauche de la Saxe. Mais la *révolution nationale* projetée en Bavière échoua tout comme venait d'échouer l'*Octobre allemand*. Les deux mouvements étaient toutefois interdépendants et ces deux tentatives révolutionnaires étaient l'une et l'autre à la fois offensives et défensives. Ne prendre qu'une seule des deux en considération serait se condamner à ne voir que la moitié de ce qui fut l'année la plus agitée qu'ait connue l'État national allemand au cours de son existence.

La tentation est bien entendu grande de considérer le putsch de Hitler et ce qui l'a précédé comme un fait local, exclusivement bavarois, et même, dans ce cadre, comme une espèce de divertissement macabre. L'expression anglaise *Beer hall putsch* y invite irrésistiblement. Au demeurant, il est impossible de retracer les événements dans leur détail si l'on ne connaît pas bien le nom et l'emplacement de certaines brasseries : la Löwenbräukeller non loin de la gare centrale, la Hofbräuhaus à côté de l'hôtel de ville, la Bürgerbräukeller sur l'autre rive de l'Isar entre le Deutsches Museum et le Maximilianeum. C'est en effet là, aux tables d'habitués et lors de grandes réunions, que se faisait une bonne partie de la politique bavaroise, son enveloppe populaire en quelque sorte, avec sa couleur locale. En réalité, la politique bavaroise a toujours été à la fois politique allemande et politique européenne, y compris avec ses tendances séparatistes qui avaient communément en vue une espèce de Ligue danubienne. Entre la fin de la République des conseils et le putsch de Hitler, une multitude d'associations patriotiques, aux caractères très différents, déployèrent leur activité : le Germanenorden (Ordre germanique), la Thulegesellschat (Société de Thulé), le Bayernbund (Ligue bavaroise), le

Bund Bayern und Reich (Ligue de Bavière et du Reich), le Deutschvölkische Schutz-und Trutzbund (Alliance défensive et offensive des vrais Allemands), le Bund Oberland (Ligue du Haut-pays), la Reichsflagge (Drapeau du Reich), l'Organisation Escherich, etc. Dans ce contexte, le NSDAP n'était qu'un petit élément parmi d'autres ; à partir de la moitié de l'année 1922, du fait de sa plus forte activité militante, il conquit peu à peu une certaine prépondérance, mais toujours loin d'être absolue. C'est à peine si plus de la moitié de la population munichoise avait de la sympathie pour lui, même si l'on adjoint au décompte le Parti populaire bavarois (*Bayerische Volkspartei* ou BVP), alors au gouvernement, car le marxisme avait, après mai 1919, conservé une force tout de même considérable et les communistes étaient loin d'avoir disparu. Le 1er Mai 1923 encore, ils purent se permettre de déployer au beau milieu des défilés syndicaux des drapeaux soviétiques dont Adolf Hitler n'était pas le seul à considérer que les étoiles étaient des *étoiles juives*. Certes, il y avait alors belle lurette qu'ils avaient cessé de perturber les rassemblements de masse du NSDAP mais, au printemps 1922 encore, il arriva qu'il y eût des discussions animées et qu'Adof Hitler s'adressât à un « camarade du KPD » pour lui expliquer les choses [15].

Le *cabinet des ministres (Gesamtministerium)* de l'État libre de Bavière était par conséquent engagé dans une lutte sur trois fronts : contre les intrusions du gouvernement du Reich dans ce qui relevait de la souveraineté bavaroise, contre *le marxisme* qui continuait à être tenu pour un grand danger et, enfin, contre les associations de combat nationalistes, au nombre desquelles figurait aussi le NSDAP. Avec le Reich, on finissait toujours par trouver des arrangements : en 1921, le BVP remplaça le ministre-président von Kahr, qui avait adopté une position trop tranchée envers le Reich, par le comte Lerchenfeld, qui à son tour, ayant manifesté trop de déférence à l'égard du Reich, dut, fin 1922, céder la place à von Knilling. On ne faisait pas grande différence entre sociaux-démocrates et communistes et le BVP Fritz Schäffer put de la sorte déclarer que l'on n'aimait certes pas le NSDAP, mais que l'on était tout à fait d'accord avec lui pour faire front contre le marxisme. Aux yeux du gouvernement, le plus grand danger venait du chef d'état-major général de la guerre mondiale, Ludendorff, parce que toutes les milices armées semblaient lui obéir ; les rapports n'étaient bons qu'avec les associations au fédéralisme marqué, tel le Bund Bayern und Reich du *Sanitätsrat* (responsable de la santé publique, NdT) Pittinger.

Tous les événements de l'année 1923 se déroulèrent, dans la réalité, en relation étroite avec ceux du Reich.

À propos de l'occupation de la Ruhr, Hitler adopta une position extrême qui était l'exact complément de la volonté communiste de

15. Jäckel-Kuhn, *op. cit.* (note 27, chapitre II-4), p. 630.

déclencher la guerre civile : il fallait d'abord régler définitivement les comptes avec les « criminels de novembre », les « salopards de l'intérieur » et alors seulement on pourrait se défendre contre la France avec des chances de succès.

Le 1er Mai 1923, de graves affrontements entre les associations nationales et la Reichswehr d'une part, les manifestants syndicalistes de l'autre, faillirent éclater et Hitler perdit considérablement de son prestige.

Les 1er et 2 septembre, se déroula à Nuremberg, en grande pompe, une « Journée allemande ». Elle fut suivie de la création d'une Ligue de combat *(Kampfbund)* regroupant plusieurs milices, dont la SA du NSDAP qui, depuis ses débuts comme service d'ordre et « section gymnique et sportive », s'était de plus en plus transformée en milice. Le lieutenant-colonel Kriebel en était devenu le responsable militaire tandis que Hitler en exerçait la direction politique. C'est au même moment, donc, que deux formations *civiles*, celle des communistes et celle des nationaux-socialistes, créèrent en leur sein des organisations militaires.

Le 26 septembre, dans le contexte de l'état d'exception non militaire, von Kahr fut nommé « commissaire d'État général », c'est-à-dire dictateur, à côté du gouvernement qui continuait d'exister, état d'exception donc qui, dans la foulée, fut étendu au Reich. Puis de fortes tensions se firent jour entre Munich et Berlin. Le cœur de l'affaire était que coexistaient plusieurs conceptions de ce que devrait être un *gouvernement national*. Devait-il, dans cette situation extrêmement difficile, naître d'un remaniement du gouvernement Stresemann ? Ou ce dernier devait-il être remplacé par un « Directoire national » ? Ou bien fallait-il lancer depuis la Bavière une « marche sur Berlin » sous les ordres de von Kahr et du commandant en chef de la division bavaroise de la Reichswehr, von Lossow ? Dans cette troisième hypothèse, quelle serait la position de Hitler et de Ludendorff, sans le soutien de qui l'entreprise était vouée à l'échec ?

Hitler était convaincu d'être le seul à la hauteur de la situation, car il ne se voyait déjà plus en simple « bateleur ». On peut toujours distinguer dans ses discours l'expérience, appréhendée de manière rationnelle, et l'interprétation qui la dépasse et qui sert de *clef*. Ainsi, fin octobre, il déclara que les gens influencés par le marxisme ne représentaient pas moins de 40 % de la population et qu'ils en étaient la partie la plus active et la plus énergique. Au fond, son affirmation rejoignait là celle de Radek : les communistes avaient déjà conquis la majorité active des travailleurs. Un propos tenu début septembre 1923 avait la même signification : les communistes dirigés depuis Moscou faisaient preuve d'une volonté plus forte que les embourgeoisés bouffis à la Stresemann. Son constat que, pour les marxistes, comme le montrait l'exemple russe, il n'existait que des vainqueurs et des anéantis, correspondait, lui aussi, à des déclarations communistes. On peut présumer que Hitler était vraiment persuadé qu'un gouvernement à la Kerenski était en place à Berlin et qu'il existait déjà en Allemagne centrale une *Saxe soviétique*. Il n'en persistait pas moins fermement dans l'idée qu'à l'origine de cette situation véritablement désespérée on trouvait les Juifs.

Un article de Max von Scheubner-Richter, publié sur quatre colonnes à la une du *Völkischer Beobachter* du 21 septembre, sous le titre « Bolchevisation de l'Allemagne », est également révélateur. Scheubner-Richter y fait d'abord état de la profonde amertume que provoque en lui la cécité des élites dirigeantes allemandes, qui ne veulent pas voir « quel grand danger représente la bolchevisation de l'Allemagne, menée de manière systématique depuis Moscou, par l'intermédiaire de son chargé de mission, Monsieur Radek ». Il est, lui, conscient de ce danger depuis qu'il a pu constater, durant la dernière année de guerre, combien la propagande allemande destinée à désagréger l'armée russe pouvait avoir d'effets redoutables sur ses propres soldats. On n'avait pas pris en considération son pressant conseil de mettre en place en Russie un gouvernement national ami. Depuis lors, l'ennemi intérieur répandait son venin quasi impunément et les milieux d'affaires portaient une lourde responsabilité dans cette situation. Aussi n'était-on vraisemblablement, aujourd'hui, plus très loin du jour « où, sur le palais du président du Reich, flotterait la bannière rouge-sang de Monsieur Radek, à la place de l'étendard noir-rouge-jaune de Monsieur Ebert ». Mais « l'Allemagne nationale », en cette heure extrême, se voyait accorder un nouveau prophète, Adolf Hitler, si bien que l'article se concluait malgré tout par des paroles pleines d'espoir : « Et le combat se déroulera sous le slogan "étoile soviétique ou croix gammée". Et c'est la croix gammée qui vaincra. »

Quelques jours après, le 26 septembre, on pouvait lire dans *Inprekorr* cette phrase : « Déjà, l'étoile soviétique l'emporte toujours plus résolument sur la croix gammée. »

Hitler ne voulut pas prendre acte de l'ampleur des mesures décidées par Stresemann concernant la Saxe et la Thuringe : il vivait en état de dichotomie, tout comme les communistes.

Il faut considérer son putsch du 8 novembre comme une tentative pour enlever la direction du combat des mains incapables des Kahr, Lossow et Seisser et la remettre entre celles du *prophète*, c'est-à-dire les siennes. Les circonstances bizarres et le manque de préparation de ce putsch ne devraient pas amener à le considérer comme ayant d'emblée été voué à l'échec et comme un événement local. Bon nombre d'hommes et d'associations étaient prêts, dans le reste de l'Allemagne, à s'associer à une *marche sur Berlin* et personne ne peut savoir avec certitude si, cette fois, « la Reichswehr » aurait « tiré sur la Reichswehr », dans le cas où la division bavaroise aurait fait mouvement vers le Nord. On constate indubitablement de saisissantes analogies avec le coup de force des bolcheviks à Petrograd, bien qu'à Munich le mobile principal n'ait pas été l'aspiration à la paix, mais, dans une situation dangereuse, un désir d'affirmation de soi, social et national. Même la peur de Hitler, maintes fois attestée, que ses troupes puissent « se radicaliser à gauche » et passer du côté des communistes, avait eu un équivalent à Petrograd dans la mesure où la plus grande crainte de Lénine, semble-t-il, était de voir une vague d'anarchisme et de séparatisme enfler et de ne plus pouvoir l'arrêter. L'échec n'était absolument pas obligatoire ; il s'explique en effet d'abord par la confiance que Ludendorff accorda à la légère à Lossow, lorsque ce dernier lui donna sa parole d'officier de ne pas vouloir entreprendre quoi que ce soit contre le « nouveau gouvernement ». Pourtant, si Hitler avait effectivement réussi à s'installer à Berlin dans le rôle d'un Kapp, mais un Kapp beaucoup plus populaire que le premier et flanqué du commandant en chef de l'armée, Ludendorff, il ne fait aucun doute que les Alliés occidentaux seraient intervenus. Or, le Reich allemand ne disposait pas des vastes espaces russes pour se défendre avec succès contre des troupes bien équipées. L'alternative « étoile soviétique ou croix gammée » s'avéra donc erronée, mais le résultat de ce combat qui n'eut pas lieu fut, au sens figuré, beaucoup plus proche de Munich que de Dresde ou de Moscou : le soir du 8 novembre, à l'annonce du putsch de Hitler, c'est une version des projets *nationalistes* qui fut mise en œuvre, c'est-à-dire que l'on transféra le pouvoir exécutif au chef suprême de l'armée. Durant les quatre mois de la dictature exercée par von Seeckt, on introduisit la nouvelle monnaie, le Rentenmark, on vint à bout du séparatisme et on se livra à l'égard de la France à une sorte de capitulation libératrice. La République de Weimar entrait ainsi dans la voie de la stabilisation.

II-6

L'Union soviétique, de la mort de Lénine à l'établissement du pouvoir personnel de Staline

La stabilisation de la République de Weimar signifiait qu'un système social, qui, par-delà toutes les différences de détail, était commun au Reich allemand et aux États occidentaux et que les Allemands avaient si éminemment contribué à faire naître et évoluer [1], se maintenait et poursuivait son développement. Le terme de *capitalisme*, si populaire, ne désignait au mieux qu'une partie ou qu'un aspect du système, le fait que son économie était intégrée au marché mondial. La Russie en revanche, depuis novembre 1917, s'était engagée dans une voie qui tournait d'emblée le dos à ce système, à un point tel que l'histoire de l'Europe n'offrait aucun cas présentant une incontestable analogie. L'évolution de la Russie représentant par conséquent *le nouveau*, il apparaît opportun de l'envisager avant de revenir au destin ultérieur de l'Allemagne.

Au demeurant, la doctrine du parti au pouvoir permettait aisément de rendre compte de ce que la Russie bolchevique de l'année 1923 représentait un phénomène sans précédent : il préfigurait pour l'Europe, sous une forme encore inachevée, l'avenir qui l'attendait ; il lui fournissait le paradigme susceptible de la pousser vers son propre avenir d'une société sans classes en laissant définitivement derrière elle son passé et en aidant du même coup aussi la Russie à mener à son terme la construction d'une société communiste. Mais, dans les dernières années de sa vie, Lénine ne cessait de se rapprocher d'une vision totalement inverse : son œuvre lui paraissait de plus en plus ouvrir à la Russie une voie particulière vers la modernité, voie différant essentiellement de celle qu'avait principalement empruntée l'Europe, pour des raisons tenant aux particularités de ses conditions, avant tout l'arriération du pays et l'inculture de sa population. *Voilà pourquoi* le système européen du pluripartisme, le suffrage

1. *Cf.* le court mais décisif essai d'Ernst Fraenkel, « Deutschland und die westlichen Demokratien », in *Deutschland und die westlichen Demokratien*, Stuttgart, 1964, p. 32-47.

universel et un parlement national ne permettaient pas de résoudre les problèmes posés, voilà pourquoi Lénine et son parti se mettaient sans complexe aucun en parallèle avec le tsar et sa noblesse[2], voilà pourquoi il prenait pour modèle l'économie de guerre allemande et pourquoi Marx ne pouvait plus être pour lui un conseil et une aide. Il n'en parvenait pas pour autant à la conclusion toute naturelle que, de son propre fait et du fait de son parti bolchevique, la Russie s'était transformée en une dictature de développement qui devait suivre l'Europe, mais par d'autres chemins, et qui, un jour lointain, sur des bases nouvelles, se réconcilierait avec elle et la rejoindrait. Il gardait tout au contraire la partie négative de la doctrine marxiste, c'est-à-dire la critique de la « vieille Europe » et la conviction que la « chute de la bourgeoisie mondiale » était proche. Dans ces conditions, la révolution russe ne représentait plus le paradigme déclencheur d'une révolution marxiste classique en Europe, mais bien d'un bouleversement, d'un genre nouveau, dans les régions coloniales ou semi-coloniales du monde en révolte contre « le pillage impérialiste et l'oppression de la majorité de la population du globe »[3]. Lénine, de la sorte, n'abandonnait pas le concept de *révolution mondiale*, bien qu'il eût une claire vision de la particularité de la voie russe et bien que l'ancienne hostilité à la bourgeoisie se fût métamorphosée en une opposition nouvelle, l'opposition à la *vieille* Europe, ou à l'Europe *bourgeoise*, son *aristocratie ouvrière* incluse.

Personne ne sait quel conseil Lénine aurait donné à ses disciples et à ses fidèles s'il n'avait pas déjà été à l'article de la mort à l'automne 1923. Ce qui est certain, c'est que l'espoir d'un retour au schéma originel, suscité par la révolution en Allemagne, a été la dernière émotion qui ait réuni Trotski et Staline, Zinoviev et Boukharine. La bataille pour la succession de Lénine éclata de manière publique immédiatement après l'Octobre allemand ; elle se déroula d'abord sous la forme d'une bataille à propos de l'Octobre russe dont les *Leçons tirées des événements allemands* faisaient elles-mêmes à nouveau un sujet de litiges. Trotski d'un côté, Zinoviev et Staline de l'autre prirent parti pour l'une ou l'autre des fractions du KPD, Trotski ainsi que Radek en faveur de Brandler d'abord, Zinoviev en faveur de Ruth Fischer et de la gauche ; ensuite, à l'automne 1924, rendant publiques ses *Leçons d'Octobre*, Trotski lança l'attaque contre la troïka Zinoviev, Staline et Kamenev qui avait mis à profit une maladie de Trotski pour prendre les rênes. Trotski, en la circonstance, se plaça en position de meilleur élève de Lénine et même, d'un certain point de vue, comme son professeur, ravivant de vieilles plaies, par exemple en dénonçant l'attitude non léniniste de Staline durant les semaines qui avaient suivi la Révolution de février ainsi que la

2. Lenin, *Sämtliche Werke*, vol. XXVI, p. 351.
3. *Lenin Werke*, vol. 33, p. 335 et suiv. (*Œuvres*, vol. 33, p. 356.)

résistance opposée par Zinoviev et Kamenev lorsque Lénine avait voulu déclencher l'insurrection armée en octobre 1917. La troïka, alliée avec des hommes comme Boukharine, Bela Kun et Otto Kuusinen, menait de son côté une violente offensive non seulement contre Trotski, mais aussi contre « le trotskisme », qui aurait de tout temps été autre chose que le léninisme et qu'il convenait même, désormais, de considérer comme un « système ennemi »[4].

Ce conflit entre hauts dirigeants du parti revêtit essentiellement la forme d'un affrontement à propos de l'histoire et de la doctrine du parti, bien souvent à l'aide de détails déconcertants : Trotski, disait-on, nie le rôle de la paysannerie, sa méthode est éclectique et non dialectique, son véritable professeur et précurseur est Parvus ; il a adopté une position erronée tant en ce qui concerne Brest-Litovsk qu'envers la NEP, qui aurait conduit à refuser au pays le *temps de souffler* et aurait mené à la défaite ; il nie le rôle du parti en tant que porteur de la conscience du prolétariat et il se livre à « la tentative révoltante d'utiliser la défaite allemande d'octobre pour clouer le président du Komintern au pilori »[5]. Trotski, pour sa part, critiquait la bureaucratie, la domination de l'appareil, le manque de démocratie à l'intérieur du parti et il ne fait aucun doute qu'il comptait de nombreux partisans parmi les officiers de l'Armée rouge et au sein de la jeunesse étudiante. Mais c'est précisément lui qui, pendant la période du communisme de guerre, avait voulu *militariser* les syndicats et l'on pouvait voir dans maints de ses arguments de simples moyens au service de ses propres prétentions, qui n'étaient rien moins que dictatoriales. La méfiance qu'il suscitait chez ceux qui voyaient en lui un *Napoléon* potentiel lui était en quelque sorte consubstantielle et l'on percevait par ailleurs chez lui une hésitation à entreprendre des pas susceptibles de fournir un nouvel aliment à cette méfiance des vieux bolcheviks à son égard. Mais, dans son essence, cet affrontement tenait au fond des choses et non à des rivalités personnelles, car il tournait autour du concept trotskiste de « révolution permanente » et autour du concept du « socialisme en un seul pays » que lui opposait Staline. Il s'agissait en dernière analyse de savoir si, après l'échec de la révolution en Allemagne, le Parti communiste de l'Union soviétique pouvait conserver le pouvoir avec bonne conscience et lutter pour atteindre son objectif, le socialisme, ou bien s'il lui fallait continuer à faire dépendre son propre destin du succès de la révolution *marxiste* en Europe occidentale. On peut considérer comme acquis qu'en l'occurrence c'est Staline qui marchait sur les traces de Lénine ; ce ne fut par conséquent pas une simple

4. *Um den Oktober*. Contributions de Trotski, Kamenev, Zinoviev, Bela Kun, Staline, Boukharine, Kuusinen, Hambourg, 1925, p. 141 (Kun).

5. Ces lignes sont essentiellement empruntées à la contribution de Kun, la citation littérale l'étant à celle de Kuusinen, p. 226.

manœuvre dans une lutte pour la succession lorsque Zinoviev, en internationaliste convaincu qu'il était, s'associa, fin 1925, à Trotski et à Kamenev pour former la *nouvelle opposition* à Staline ; il s'agissait principalement d'une opposition constituée d'intellectuels et que Staline, d'ailleurs, combattit comme s'il avait affaire à une petite minorité s'étant coupée du courant représentant la volonté du parti. À nouveau, les problèmes posés étaient de grands problèmes de fond : problème de l'attitude, amicale ou hostile, envers la paysannerie, problème du rythme de l'industrialisation, problème de la bureaucratie, etc. Cette opposition était fortement marquée à gauche et comptait des amis parmi de nombreux communistes de gauche en Europe ; Staline, en revanche, du fait de son alliance avec Boukharine, apparaissait comme le champion de la droite qui préconisait d'édifier le secteur industriel et économique d'État avec lenteur et d'entretenir des rapports amicaux avec les *paysans moyens* en tant qu'alliés du prolétariat. C'est ainsi qu'il réussit à l'emporter, et certainement pas pour l'unique raison qu'il aurait su gagner l'appareil et préparer les congrès, mais parce que la masse des adhérents, que les oppositionnels eux-mêmes créditaient d'« antisémitisme » dans leur projet de programme en vue du XVe Congrès, éprouvait une forte antipathie à l'égard des *intellectuels*[6]. L'exigence de « libre discussion » dans le cadre du parti culmina en novembre 1927, en même temps qu'elle connaissait son point final, à l'occasion de manifestations de rues ; là-dessus, sans plus attendre, le congrès exclut du parti les principaux membres de l'opposition trotskiste. Trotski en personne fut peu après exilé en Asie centrale, puis, début 1929, expulsé d'URSS.

Ces années de lutte entre Staline et Trotski, qui occupent une large place dans les histoires du parti, ont été, on ne saurait l'oublier, les *bonnes années* de l'Union soviétique. La NEP et l'activité de la *nouvelle bourgeoisie* avaient provoqué un essor étonnant et, en comparaison de l'épouvantable famine des années 1920-1921, les conditions de vie de la population étaient très bonnes, l'offre en produits alimentaires étant maintenant surabondante. Bien sûr, la production industrielle était relativement faible et l'on reparlait de *l'écart* entre les prix des marchandises agricoles et ceux des produits industriels. Les chiffres du chômage étaient relativement élevés. Mais, au total, on pouvait néanmoins escompter la poursuite de l'essor. Toutefois, le ton sur lequel il était question de la *paysannerie* dans les discussions à l'intérieur du parti durant ces années-là laissait présager la suite des événements. Une statistique empruntée à un ouvrage soviétique sur la « liquidation des classes exploiteuses en URSS » donne les chiffres, pour la Russie de 1913, de dix-sept millions de prolétaires d'industrie, de quatre vingt-dix millions de

6. *Der Sowjetkommunismus. Dokumente.* Édité par Hans-Joachim Lieber et Karl Heinz Ruffmann, Cologne-Berlin, 1963, vol. 1, p. 242.

simples paysans et de vingt-deux millions d'*exploiteurs*, dont dix-sept millions de *koulaks*[7]. Entre-temps, les bourgeois et les propriétaires fonciers avaient été anéantis ; pourtant, en dépit des pertes de la guerre mondiale et de la guerre civile – qui, d'après plusieurs estimations, se montaient à plus de vingt millions d'êtres humains –, le nombre des koulaks, c'est-à-dire des paysans relativement aisés, était toujours à peu près aussi élevé que celui des prolétaires de l'industrie ; les simples paysans représentaient, aujourd'hui comme hier, l'écrasante majorité. Mais la droite elle-même qualifiait d'« ennemis » tous les koulaks sans exception et, même si elle appelait « alliés » les simples paysans, il n'était que trop clair que la majorité de la population était pratiquement privée de représentation et considérée par le parti comme un objet que la prudence commandait certes de bien traiter mais que, en cas de nécessité, on combattrait sans ménagements. Et même durant ces *bonnes années*, un paysan payait un impôt beaucoup plus élevé qu'un ouvrier à revenu égal, tandis qu'une voix d'ouvrier comptait autant que cinq voix paysannes lors des élections aux soviets locaux. Par le jeu du mode de scrutin indirect qui présidait aux élections des instances supérieures, le poids des voix paysannes diminuait jusqu'à devenir totalement insignifiant ; de la sorte, la grande majorité de la population rurale était comme de la cire molle entre les mains du « noyau », selon le nom donné par Lénine au parti qui transformait tout, le parti qui « secouait et battait » même les prolétaires, en d'autres termes la toute-puissante direction du parti[8]. D'un point de vue social et économique, le régime des bolcheviks était donc la dictature dure du prolétariat urbain sur la paysannerie, un régime de rude exploitation et d'ample destruction de la légalité.

Et pourtant, lorsque Staline donna le signal de « l'assaut contre les koulaks » et que l'on déploya tous les efforts possibles afin de surmonter les « sentiments petits-bourgeois qui s'étaient répandus au sein de la classe ouvrière[9] », les paysans ainsi que de nombreux ouvriers se souvinrent de cette époque avec nostalgie. Dès que Trotski fut éliminé et qu'on eut rejeté la théorie de la *révolution permanente*, Staline reprit à son compte les mots d'ordre de gauche réclamant l'élimination des koulaks et de la bourgeoisie issue de la NEP ainsi que l'accélération de l'industrialisation du pays ; ce qui rendit inévitable la lutte contre l'aile droite du parti à laquelle il était allié jusqu'ici. Cette fois encore, c'est Staline qui s'avéra le meilleur élève de Lénine. Boukharine, en effet, quelque

7. G. Glezerman, *Likwidacija eksploatorskich klassov i preodolenie klassovych razlitsij v SSSR*, Moscou, 1949, p. 70.

8. *Lenin Werke*, *op. cit.*, vol. 33, p. 428 et 209 (*Œuvres*, vol. 33, p. 455 et 227).

9. F. M. Vaganov, *Pravyi uklon v. BKP (B) i ee razgrom (1928-1930)*, p. 216, 218. Il est sans doute symptomatique qu'on utilise le même terme d'anéantissement *(razgrom)* pour la lutte victorieuse contre la déviation de droite et pour la victoire sur Kornilov.

distance qu'il ait prise par rapport aux koulaks, avait défendu avec tant de détermination le programme d'un *communisme de la prospérité* qu'il était allé jusqu'à croire à la suppression de tout impératif militaire et à n'envisager qu'une coopération mutuellement profitable de l'agriculture et de l'industrie. C'est de cette manière, pensait-il, qu'on parviendrait à constamment élever le niveau de vie et que les paysans finiraient « lentement » par « trouver leur place » dans le socialisme [10]. Mais cela aurait signifié que le parti, qui était avant tout un parti de lutte, n'aurait plus eu d'*ennemi* du tout dans son propre pays et qu'il aurait été entravé dans l'exercice du pouvoir si le mot d'ordre avait été désormais la coopération et non plus la lutte des classes. Dans son conflit avec la droite, Staline avait donc aussi parfaitement compris et fait sienne la préoccupation première de Lénine : conquérir le pouvoir pour le parti, le consolider et le faire triompher des épreuves ; son pouvoir personnel absolu, l'industrialisation et la collectivisation furent, dans ces conditions, plutôt des conséquences que des objectifs centraux et immédiats. C'est ainsi que Staline, en novembre 1928, exigea qu'un rapide développement de l'industrie en général, celle des moyens de production en particulier, devînt le principe de base présidant à la transformation de l'économie, prise globalement, sans craindre les tensions, même les plus extrêmes, susceptibles d'en résulter. Car, disait-il, c'est le seul moyen de parvenir à rattraper et à dépasser « la technique de pointe des pays capitalistes » : ainsi donc faisait-il passer au premier plan le souci de la capacité militaire indépendante du pays et, à trois reprises, Staline cita l'Allemagne comme exemple d'un pays capitaliste de pointe. Si l'on garde présent à l'esprit que le VIe Congrès du Komintern venait d'annoncer la fin de la stabilisation capitaliste, voyant se profiler à l'horizon une nouvelle ère de guerres et de révolutions, on serait en droit d'émettre l'hypothèse que Staline, fin 1928, a eu l'intention de lancer les préparatifs d'une guerre défensive contre l'Allemagne, quand bien même la crainte de la guerre, délibérément alimentée, concernait d'abord le Japon et l'Angleterre qui, de toutes les puissances capitalistes censées encercler l'URSS, étaient présentées comme les plus hostiles. Ou bien se préparait-il plutôt en prévision du jour où une Allemagne soviétique devrait se défendre contre les puissances occidentales ? En tout cas, cette industrialisation ne pouvait se faire sans d'énormes investissements. Où trouver de tels moyens ? Si la Russie, sous la conduite d'un tsar constitutionnel, était demeurée aux côtés de ses alliés jusqu'à la victoire, elle se serait sans aucun doute vu accorder de gigantesques crédits lui permettant de poursuivre une industrialisation déjà bien engagée. Mais les bolcheviks avaient annulé les dettes publiques de la Russie, si bien qu'il leur fallait en principe régler comptant tous les équipements industriels achetés à l'Ouest. S'il était impé-

10. *Der Sowjetkommunismus*, *op. cit.*, p. 255 et suiv.
11. *Ibid.*, p. 259 et suiv.

ratif d'industrialiser « vite », fût-ce au prix « d'une extrême tension » [11], il ne restait plus alors que la voie de « l'accumulation socialiste » que la droite, regroupée autour de Boukharine et de Rykov, qualifiait d'« exploitation militaire et féodale de la paysannerie » : de même qu'on avait annulé les dettes envers l'étranger et de même qu'on avait exproprié la bourgeoisie et l'Église orthodoxe, il fallait maintenant déposséder de ses biens la partie relativement aisée de la paysannerie, il fallait exporter des millions de tonnes de céréales, sans craindre de plonger dans la famine toute la population du pays ; il fallait aussi déboiser de vastes territoires afin de se procurer les biens d'équipement indispensables et payer les *spécialistes* étrangers. Le monde assista alors à un type de révolution industrielle encore inconnu dans l'histoire, une révolution industrielle intervenant sur ordre du sommet de l'État, une révolution industrielle dont l'assise la plus élémentaire était la *lutte de classe* menée contre une forte minorité de la population du pays lui-même, une minorité sans défense.

La politique de *liquidation des koulaks en tant que classe* et la politique de collectivisation de l'agriculture se sont traduites par la mise en œuvre, partout dans le pays, d'une extraordinaire campagne d'expropriation : les koulaks furent chassés de leurs exploitations et déportés, avec femmes et enfants, dans des régions éloignées où une grande partie d'entre eux périrent de faim ou à la tâche, dans les camps forestiers de l'Oural ou sur les chantiers de construction du canal de la mer Baltique à la mer Blanche. Les récits que firent ces paysans de leur aventure ne nous sont parvenus qu'indirectement [12], mais Merle Fainsod, dans son ouvrage *Smolensk under Soviet Rule*, a tracé un tableau détaillé de ce qui s'est passé dans cette région occidentale de la Russie, en exploitant les archives dites de Smolensk, tombées en 1941 aux mains des troupes allemandes avant d'être conservées aux États-Unis [13]. Les choses commencèrent par l'arrivée dans les villages de délégations de membres du parti ou d'agents de la Guépéou qui réquisitionnaient sans ménagement toutes les céréales des koulaks ; ces derniers ne représentaient généralement pas une couche sociale délimitée de manière stricte, puisque de nombreux liens les unissaient aux *paysans moyens* ainsi qu'aux villageois pauvres ; certains de ces pauvres furent d'ailleurs arrêtés eux aussi, sous le prétexte qu'ils étaient des koulaks *idéologiques*. On enlevait aux koulaks et à leurs femmes jusqu'à leurs sous-vêtements chauds avant de les transférer dans des régions incultes ou marécageuses. Ils étaient rassemblés par

12. On trouvera par exemple des descriptions saisissantes chez Iwan L. Solonewitsch, *Die Verlorenen*, 2 vol., 1934 et 1937. *Cf.* aussi J. Steinberg, *op. cit.* (note 5, chapitre II-4), donc en 1931, p. 332 avec l'utilisation du terme de *dékoulakisation*.

13. Merle Fainsod, *Smolensk under Soviet Rule*, Londres, 1958. (Édition française : *Smolensk à l'heure de Staline*, Fayard, Paris, 1967 ; ici, tout particulièrement le chapitre 12 : « Histoire de la collectivisation ».)

centaines et par milliers dans les villes d'une certaine importance, puis on les embarquait dans des wagons à bestiaux et on les déportait, souvent au terme de plusieurs semaines de transport, en Carélie ou dans l'Oural. La panique s'empara alors de larges fractions de la population des villes et, à en croire des rapports de la Guépéou, il était fréquent d'entendre dans la bouche de paysans pauvres ou d'ouvriers des réflexions de ce genre : « Ce sera bientôt notre tour, à nous aussi » et « Nous mourrons tous de faim ». Mais, dans la réalité, il n'est pas possible que des millions d'hommes se laissent dépouiller de leurs biens et priver de leur liberté sans opposer la moindre résistance. D'assez nombreux membres du parti furent victimes d'*actes terroristes*, des millions de têtes de bétail furent abattues. La conséquence en fut la grande famine de 1931 à 1933, qui coûta la vie à plusieurs millions de personnes et à laquelle succombèrent des villages entiers, en Ukraine notamment. En comparaison, les souffrances et les tourments que la révolution industrielle avait entraînés pour les ouvriers d'Angleterre ou d'Allemagne ne pouvaient paraître que minimes. En Allemagne précisément, on était relativement bien renseigné sur ces événements parce que de nombreux paysans victimes de cette politique étaient d'origine allemande ; l'organisation Hilfswerk Brüder in Not (Œuvre d'assistance aux frères dans la détresse) diffusait leurs bouleversants appels à l'aide [14].

Pourtant, contrairement à ce qui avait été le cas en Angleterre et en Allemagne, aucune classe bien définie ne tirait de profits visibles de cette misère. Le niveau de vie de l'ensemble de la population, déjà fort misérable, baissa encore d'un bon tiers entre 1928 et 1932 et même les femmes des commissaires du peuple, en dépit de certains privilèges dont elles jouissaient, devaient faire la queue pour se ravitailler ; il semble que seule la plus haute hiérarchie du parti n'ait pas souffert de la faim ; c'était effectivement elle qui, pour maintenir le processus en marche, avait le plus grand besoin de toute sa force de travail. On en vient naturellement à se demander si l'existence de profiteurs visibles aurait jamais permis d'atteindre un pareil niveau d'exploitation. Les récits enthousiastes de

---

14. *Brüder in Not. Dokumente des Massenmordes und der Verfolgung deutscher Glaubens-und Volksgenossen im Reich des Bolschewismus*, édité par la section d'information de la Fédération de presse évangélique en Allemagne, Berlin, 1933. Une lettre en provenance de la région de la Volga, en mars 1933 : « Le grand village (d'environ huit mille habitants) est à moitié vide.[...] Et alors les parents se rendent au soviet et demandent s'ils peuvent manger leurs enfants morts de faim. » Lettre venue du Kouban : « De jour en jour les choses deviennent plus difficiles pour nous. Il y a déjà de nombreux villages dans lesquels le tiers des habitants est déjà mort de faim et beaucoup d'autres tomberont encore. » (*cf.* p. 6 et suiv.) Le meilleur spécialiste de ces questions incline à penser que Staline a expressément cherché à anéantir une grande partie de la population ukrainienne, en particulier les intellectuels (Robert Conquest, *Harvest of Sorrow*, Londres, 1986 ; édition française : *La grande terreur. Les purges staliniennes des années 30* précédé de *Sanglantes moissons. La collectivisation des terres en URSS*, Robert Laffont, Paris, 1995. Une première traduction avait été publiée en 1970, chez Stock).

la presse communiste et philocommuniste étrangère évoquant *les hauts faits du socialisme*, par exemple la construction de Dnieprostroï et de Magnitogorsk, n'étaient néanmoins pas dénués de tout fondement : jamais encore un pays ne s'était industrialisé aussi rapidement, jamais encore une telle industrialisation n'avait été portée par l'enthousiasme spontané d'une *minorité massive* qui avait depuis longtemps cessé d'être un simple *petit noyau* et qui, au contraire, par d'incessants appels à l'abnégation et au *travail volontaire (Sturmarbeit)*, avait entraîné avec elle de larges fractions de la jeunesse. L'horrible et l'extraordinaire avaient pour racine commune la volonté et l'enthousiasme dont le parti faisait preuve ; le tableau, dans sa totale nouveauté, ne serait pas complet si l'une de ces deux moitiés venait à manquer.

Ceci explique qu'il ait effectivement été possible d'interpréter l'époque du plan quinquennal et de la collectivisation comme le rattrapage accéléré d'un processus universel et comme la création d'une agriculture extensive et collectiviste, conforme aux traditions et aux conditions de la Russie. Dans une telle perspective, les victimes apparaissaient comme le prix à payer, regrettable mais inévitable pour une entreprise de cette ampleur, et les prétentions totalitaires du parti et de son chef semblaient justifiées dans la mesure où elles permettaient de réaliser les exigences de l'heure. Ce en quoi elles étaient rationnelles.

Mais il est pour le moins tout aussi vraisemblable que la volonté d'éliminer physiquement une classe tenue pour *ennemie* était en fait le véritable mobile du parti et que c'est précisément pour cela qu'il s'en est pris aux membres les plus actifs et les plus capables de la paysannerie ; ce faisant, il a infligé à l'agriculture des dommages qu'il fut impossible de réparer pendant des dizaines d'années : la démarche n'avait donc, en même temps, absolument rien de *rationnel.*

Le titre d'un ouvrage qui parut à Berlin en 1931 et dont l'auteur était un communiste juif, Otto Heller, prouve que l'objectif était bien d'anéantir des classes et des traditions tenues pour réactionnaires, alors qu'elles ne l'étaient en réalité pas le moins du monde ou qu'elles ne l'étaient tout au plus que partiellement. Ce livre avait pour titre *Der Untergang des Judentums* (La fin du judaïsme). L'auteur n'avait pas en vue un anéantissement physique ; il envisageait en revanche la suppression de « la petite ville juive, avec sa saleté, sa décrépitude, son absence de culture », qu'allait permettre la construction du socialisme soviétique, puisque la nationalité juive se voyait désormais ouvrir, avec la création du Birobidjan, des perspectives nouvelles et modernes ainsi que la possibilité de s'établir et de vivre en s'affranchissant des pesanteurs d'une tradition révolue. Pourtant, d'après Heller, le judaïsme occidental était lui aussi en plein déclin, quoique de manière totalement différente, puisque ce déclin provenait, selon lui, de l'assimilation en cours, du recul de la natalité et de la multiplication des mariages mixtes. Sous cet angle de vue, le judaïsme devenait, en Union soviétique, le bénéficiaire et, à l'Ouest, la victime des conséquences du « péché originel de l'humanité », c'est-à-dire le passage de la production collective des temps primitifs à la société de la production marchande à laquelle les Juifs, en tant que « premiers citadins » et en tant que peuple de commerçants, prenaient une si grande part. Or, cette société était aujourd'hui supprimée sous le socialisme, si bien que les Juifs, en URSS, d'abord sur-représentés dans le parti, voyaient à cet égard leur nombre se normaliser de plus en plus, tandis qu'à l'Ouest « l'ultime avatar du nationalisme, le plus désespéré et le plus étrange d'entre eux », le sionisme, « ce produit de la petite-bourgeoisie, rendait un dernier et chétif soupir » [15].

C'est le même concept de progrès et de « loi d'airain de l'histoire » qui condamnait donc à mort, à leur tour, après les propriétaires fonciers et les bourgeois, les paysans indépendants ainsi que les Juifs s'adonnant au commerce. Une condamnation à mort qui ne devait pas *nécessairement* mais qui ne *pouvait* que trop facilement signifier extermination physique. Heller notait d'ailleurs à juste titre que la grande majorité des intellectuels juifs avaient choisi le camp du menchevisme. Les sociaux-démocrates et les socialistes de droite étaient eux aussi voués à la disparition par ce concept de progrès, le même sort étant réservé aussi à l'ordre social occidental tout entier, un ordre social aux différences fécondes qui seul avait permis de donner naissance à ce concept de progrès précisément.

Ne pouvait-on d'ailleurs aussi constater des logiques et des paradoxes identiques dans l'industrialisation soviétique ? La remarque de Staline dans son célèbre discours sur les tâches des économistes n'était-elle pas en partie exacte, si l'on se limitait au premier cinquième du XXᵉ siècle, à savoir que la Russie avait perpétuellement été défaite en raison de son arriération et qu'il n'était, « en conséquence, pas possible de rester plus longtemps à la traîne » [16] ? Mais, à développer dans les conditions d'une extrême tension son industrie lourde et par conséquent sa production militaire, le plus grand État du monde n'était-il pas condamné à vite redevenir, pour l'indépendance de ses voisins, la grave menace que Karl Marx avait perçue dans la monarchie tsariste du XIXᵉ siècle ? Et cela d'autant plus que ledit État disposait, dans les pays en question, de ses partis qui considéraient le pays des Soviets comme leur patrie.

Ni l'une ni l'autre de ces questions ne furent souvent soulevées dans l'Allemagne des années 1924 à 1929, alors que pourtant, à l'Est, le phénomène nouveau se profilait déjà en arrière-plan et que le Reich allemand voyait enfin se stabiliser *l'ancien ordre des choses*, ordre des choses qui, fondamentalement, était celui de l'Occident tout entier.

---

15. Otto Heller, *Der Untergang des Judentums. Die Judenfrage/Ihre Kritik/Ihre Lösung durch den Sozialismus*, Vienne-Berlin, 1931, p. 123 et suiv., 77, 21 et suiv., 154.
16. *Stalin Werke*, vol. 13, p. 36.

II-7

La période de stabilisation de la République de Weimar entre 1924 et 1929

Ce n'est pas la stabilisation de la monnaie qui, à elle seule, comme d'un coup de baguette magique, suffit à asseoir la situation en Allemagne : les élections au Reichstag du 4 mai 1924 se déroulèrent encore dans une atmosphère de trouble profond et les extrémistes nationalistes *(die Völkischen)* remportèrent, tout comme les communistes, des succès notables. Le Parti national-socialiste de la liberté, une formation nouvelle composée de nationalistes et de partisans de Hitler, disposait maintenant de 32 mandats, mais les communistes, avec 62 sièges, les dépassaient largement. Le SPD n'en avait plus que 100 à peu près comme les nationaux-allemands. Pourtant, Wilhelm Marx, un homme du Zentrum qui avait succédé à Stresemann en décembre 1923, parvint à se maintenir au gouvernement et, avec l'appui des nationaux-allemands, à faire ratifier le plan Dawes qui établissait de nouvelles bases pour les réparations dues par les Allemands. Les crédits étrangers affluèrent alors vers l'Allemagne et le gouvernement sut mettre à profit l'amélioration de la situation, si bien que, lors des élections au Reichstag du 7 décembre 1924, les communistes ne retrouvèrent que 45 sièges et les *Völkischen* que 14, tandis que le SPD regagnait 30 mandats et que les nationaux-allemands du DNVP confirmaient leurs positions. Les sociaux-démocrates restèrent néanmoins en dehors du gouvernement et c'est un *bloc bourgeois* qui, jusqu'en 1928, constitua les gouvernements successifs des chanceliers Luther et Marx. La composition de ces derniers variait, les nationaux-allemands y participant par exemple d'abord en 1925 jusqu'à ce qu'ils en partent, à la suite des accords de Locarno, puis qu'ils y reviennent en 1927 et 1928. Les élections au Reichstag du 20 mai 1928 valurent aux sociaux-démocrates comme aux communistes des gains substantiels et amenèrent la constitution d'un cabinet de grande coalition dirigé par le social-démocrate Hermann Müller. Les premières répercussions de la crise économique mondiale l'ébranlèrent fortement au bout d'un an et demi, fin 1929, avant que, en mars

1930, la nomination du cabinet présidentiel de Brüning ne vînt marquer la fin de l'ère des gouvernements authentiquement parlementaires.

Si l'on ne s'attache pas prioritairement aux résultats électoraux et à la politique pratiquée au Reichstag, on peut considérer que ce sont deux procédures judiciaires qui symbolisent la fin de la crise de 1923 et les débuts de la stabilisation, deux procédures qui visaient l'attitude des nationaux-socialistes et des communistes, le procès de Hitler à Munich d'une part et le *procès de la Tchéka* à Leipzig de l'autre. Les accusés s'en tirèrent à bon compte dans les deux cas, mais seul le fait que le procès de Leipzig était inséparable d'un autre procès, le procès des étudiants à Moscou, a permis d'établir pareil constat.

La procédure engagée contre Adolf Hitler, Erich Ludendorff et quelques comparses connut son épilogue judiciaire de fin février à fin mars 1924 devant le Tribunal du peuple de Munich. Il apparut très vite que c'était Hitler qui jouait les premiers rôles, endossant en personne la responsabilité principale dans les événements des 8 et 9 novembre. Pour sa défense, il affirma que ses objectifs avaient été les mêmes que ceux des détenteurs du pouvoir en Bavière, les Kahr, Lossow et Seisser : toutes les personnes impliquées avaient été animées par l'amour d'une patrie à laquelle les tentatives révolutionnaires des communistes et la faiblesse du gouvernement bourgeois-marxiste de Berlin faisaient courir un danger mortel. La seule chose différenciant les divers partenaires avait été leur degré d'énergie et de détermination, et la chance de cette tentative de sauvetage national aurait été que lui et son parti réussissent à entraîner de l'avant, sur la voie commune, l'État bavarois, la Reichswehr et la police. Il avait eu pour modèles Mussolini et Mustapha Kemal et il n'estimait pas digne « d'un grand homme » d'aspirer à des postes ministériels. « Ce que je souhaitais, c'était de devenir le pourfendeur du marxisme », car le marxisme, par son activité désagrégatrice, est responsable de la défaite lors de la guerre mondiale ; il est l'obstacle à « l'ultime jugement de Dieu auquel nous sommes désireux et prêts à nous soumettre », sous les bannières de notre passé [1].

La déclaration finale de Hitler, qui manifestement fit une très profonde impression sur le tribunal et sur le public, était donc essentiellement un acte d'accusation dont de nombreux passages étaient dirigés contre ceux qui étaient eux-mêmes la cible des communistes, les Ebert, Scheidemann et leurs camarades ; mais pour des motifs radicalement opposés : non pour une prétendue *trahison sociale*, mais pour trahison nationale et haute trahison. Au total, ce discours n'était rien d'autre qu'une déclaration de guerre potentielle adressée à un monde hostile et, au-delà, une véritable acceptation de la guerre. Il se trouvait donc en brutale opposi-

1. Jäckel-Kuhn, *op. cit.* (note 27, chapitre II-4), p. 1210, 1215 et suiv.

tion avec la passion internationaliste qui avait marqué le Ier Congrès mondial de l'Internationale communiste. Mais on ne peut nier que se faisait aussi sentir dans ce discours le souffle d'une grande passion, capable d'entraîner des masses considérables, une passion nationaliste, une passion étatique, en arrière-plan de laquelle il était néanmoins aisé de déceler aussi une passion *sociale*. Attaque et défense se mêlaient étroitement dans ce discours et, le tribunal étant manifestement traversé des mêmes émotions, Hitler, à qui furent expressément reconnus ses « mérites patriotiques », ne fut condamné qu'au minimum de la peine prévue pour haute trahison, cinq années de forteresse. On lui laissa au demeurant entrevoir qu'elle serait rapidement assortie d'un sursis.

C'est un épilogue tout différent que connut le *procès* dit *de la Tchéka* qui se déroula un an plus tard, du 10 février au 22 avril 1925, à Leipzig, devant la Haute Cour pour la défense de la République. L'objet véritable du procès était la tentative communiste de prise du pouvoir en 1923 ; il avait pu se tenir parce que les autorités avaient réussi à arrêter le chef du groupe T (Terreur), Felix Neumann, et même le commandant en chef du soulèvement, un soviétique, Alexander Skoblevski (alias Rose, ou Gorec ou « Helmut »). Neumann fit des aveux circonstanciés ; ils concernaient avant tout l'assassinat d'un *traître* mais aussi un projet d'attentat contre le général von Seeckt. Ce procès eut également un aspect largement politique et fut utilisé à des fins de propagande, dans la mesure où les avocats de la défense étaient des communistes ou des sympathisants affichés. Le président du tribunal, de son côté, ne manifestait pas la moindre indulgence à l'égard des inculpés ; les heurts furent au contraire nombreux et violents.

Le tribunal, tenant pour acquis que le *groupe de la Tchéka* avait agi sous l'autorité des instances dirigeantes du parti, opposa des arguments solides à la thèse des défenseurs expliquant que le parti n'approuvait pas la *terreur individuelle*. Mais l'objet proprement dit du procès ne concernait qu'un aspect très mineur du grand mouvement révolutionnaire de 1923, quand bien même le procureur général put développer sans être contredit l'idée que les communistes considéraient comme *fasciste* même le recours constitutionnel à la force et que la volonté de défendre les gouvernements ouvriers légaux qu'ils invoquaient n'était qu'un simple camouflage de leurs véritables intentions offensives. Trois des principaux accusés, parmi lesquels Neumann et Skoblevski, furent condamnés à mort, quelques autres étant condamnés à de lourdes peines de travaux forcés.

Les deux procès, y compris la manière dont furent conduits les débats, ont sans doute parfaitement illustré la différence de traitement réservé à la droite et à la gauche qu'un Emil Julius Gumbel en particulier dénonça publiquement dès cette époque et qui est aujourd'hui condamnée de manière quasi générale. Il conviendrait toutefois de se demander au préalable s'il était jamais arrivé dans l'histoire universelle qu'un système ainsi agressé ait traité selon les mêmes critères ceux qui étaient ses ennemis et ceux qui entendaient lui venir en aide. On pourrait aussi se demander si nier que le renversement violent du système capitaliste, en d'autres termes du système industriel européen, aurait été un événement révolutionnaire beaucoup plus grave que l'instauration d'une dictature antiparlementaire destinée à prévenir cette attaque, ne revient pas à priver les communistes d'un honneur auquel ils sont en droit de prétendre. Le plus remarquable n'est-il pas encore que le gouvernement du Reich n'ait pas engagé de procès contre ceux qu'on avait déclarés coupables de fait, à savoir les dirigeants du Parti communiste, et que les peines capitales n'aient pas été exécutées ? Ce sont sans doute des préoccupations de politique générale et de politique étrangère qui, dans le premier cas, ont pesé lourd dans la décision ; on ne peut en revanche comprendre la deuxième mesure sans prendre en compte un troisième procès, dit procès des étudiants, qui se déroula à Moscou durant les mois de juin et de juillet 1925.

Les accusés étaient des étudiants allemands, le Dr Kindermann, Wolscht et von Dittmar. Au terme d'assez longues négociations avec l'ambassade soviétique, munis de papiers en règle, ils avaient entrepris un voyage de recherche en URSS, avec une série de conférences prévues. Au bout de quatorze jours, la Guépéou les avait arrêtés et écroués à la prison de la Loubianka. Au terme d'une longue instruction, l'acte d'accusation reprocha aux étudiants d'avoir été envoyés en Russie par l'Organisation Consul afin de s'y livrer à l'espionnage et d'assassiner « Staline et Trotski ». Durant le procès, la *Pravda* et les *Isvestia* publièrent des caricatures ; l'une d'elles représentait la silhouette massive et brutale d'un étudiant armé, le brassard à la croix gammée au bras, en train de tirer à l'aide d'un pistolet sur des portraits de Staline et de Trotski. Les comptes rendus d'audience affirmaient qu'on avait affaire à la « première troupe de choc » du fascisme à s'être infiltrée en Union soviétique et qu'il avait fallu la mettre hors d'état de nuire. On citait comme instigateurs de l'entreprise le conseiller d'ambassade Hilger, le rédacteur en chef du *Berliner Tageblatt*, Theodor Wolff, et même l'ancien chancelier du Reich Michaelis. Mais c'étaient surtout le capitaine Ehrhardt et l'Organisation Consul (dissoute depuis longtemps) qui étaient dans la ligne de mire. L'ambassadeur von Brockdorff-Rantzau accorda d'abord un tel crédit aux autorités chargées de l'instruction qu'il les crut lorsqu'elles prétendirent que ces « assassins » étaient chargés de le tuer lui aussi [2] ; il fit néanmoins par la suite tout ce qui était en son pouvoir pour les défendre. La presse allemande accorda elle aussi beaucoup d'attention au procès. Le caractère mesquin et banal des faits retenus par l'accusation

2. Archives politiques du ministère des Affaires étrangères, IV Ru 366/2, vol. 1, folio 091, rapport du 28 janvier 1925.

comme preuves d'une vaste conjuration antisoviétique, par exemple des versements effectués par Theodor Wolff, apparut très vite en pleine lumière. Gustav Hilger put réfuter de manière probante les soupçons pesant sur lui. Les accusés n'en furent pas moins condamnés à mort. En Allemagne, l'indignation fut grande devant la « justice scandaleuse » prononcée à Moscou. La *Vossische Zeitung* rappela quelle sorte de principes présidaient à l'exercice de la justice révolutionnaire ; le Français Sadoul les avait exposés durant le procès fait aux socialistes-révolutionnaires en 1922 et ils étaient contraires à toutes les notions de légalité, puisque leur unique critère était « le salut de la révolution » et non la culpabilité individuelle des accusés [3]. Le *Vorwärts* s'en prit en termes violents à « la tendance pro-orientale au sein du ministère des Affaires étrangères », désireuse d'éviter à tout prix une brouille germano-russe [4]. Des amis de Kindermann firent valoir qu'il était parti pour la Russie plein de fortes illusions et qu'il ne pouvait avoir été en relation avec des organisations d'extrême droite pour la seule et bonne raison qu'il était juif. Mais il fut très vite clair aux yeux des initiés que les étudiants n'avaient été arrêtés qu'afin de servir de monnaie d'échange ; en effet, en 1925, le président du Conseil des commissaires du peuple, Rykov, avait déclaré à Brockdorff-Rantzau que la procédure engagée contre les étudiants serait classée si l'on cessait les poursuites à Leipzig [5]. C'est effectivement à ce résultat qu'aboutit toute l'affaire : en octobre, Skoblevski et Kindermann ainsi que leurs camarades respectifs furent simultanément graciés [6]. C'est ainsi qu'en définitive les autorités judiciaires de Weimar ne se montrèrent pas plus sévères envers le communiste soviétique Skoblevski qu'envers le national-socialiste autrichien Adolf Hitler.

L'évolution du Parti communiste d'Allemagne pendant son interdiction, entre novembre 1923 et mars 1924, ainsi que dans la période suivante se fit essentiellement sous le signe des affrontements internes provoqués par *la défaite d'octobre*, eux-mêmes étroitement liés aux affrontements qui opposaient Staline, Zinoviev et Trotski au sein de la direction du parti russe. Ayant sévèrement critiqué la politique de front unique de Brandler – son alliance avec les sociaux-démocrates de gauche – la gauche du parti en vint tout naturellement à occuper le devant de la scène. En effet, après chaque échec des tentatives *de la droite* pour

3. Numéro du 3 juillet 1925.

4. Numéro du 29 juin 1925.

5. Archives politiques du ministère des Affaires étrangères, IV Ru 366/3, folio 167, rapport du 24 février 1925.

6. Les sept volumes des actes confidentiels sur le procès des étudiants qui se trouvent dans les archives politiques du ministère des Affaires étrangères (sous IV Ru 366), contiennent une foule d'informations. Karl Kindermann a par la suite écrit un livre sur ce qu'il a vécu à la Loubianka, sous le titre *Zwei Jahre in Moskaus Totenhäusern. Der Moskauer Studentenprozeß und die Arbeitsmethoden der OGPU*, Berlin-Leipzig, 1931.

s'élargir en direction des travailleurs sociaux-démocrates et de certains de leurs dirigeants, le pendule revenait régulièrement vers une politique *de gauche* consistant à se démarquer de tous les hésitants et de tous les indécis. C'est ainsi que le IXe Congrès du parti, en avril 1924, à Francfort, opéra un virage radical : la gauche s'empara de la direction du parti, en la personne de Ruth Fischer, Arcady Maslow, Werner Scholem, Ernst Thälmann, Arthur Rosenberg et Iwan Katz notamment. La droite, les brandleriens, fut totalement écartée. Le discours naissant sur la *stabilisation du capitalisme* ne rencontra aucun crédit et le nouveau programme, s'il proclamait bien la nécessité d'un *front unique par le bas* qui devait aussi englober des éléments prolétarisés des couches moyennes, réclamait avec encore plus de détermination l'armement du prolétariat et le désarmement des organismes d'État bourgeois, légaux ou non ; en d'autres termes, il s'agissait de préparer les masses en vue d'une lutte finale imminente. Au demeurant, le manifeste électoral du parti à l'occasion des élections au Reichstag de mai 1924 plut apparemment à pas mal de monde, dans la mesure où il mettait en accusation avec beaucoup de violence le système de Weimar et, bien entendu, le système capitaliste dans son ensemble. Au premier rang des accusés, outre les capitalistes – « les chrétiens comme les juifs » – on trouvait les sociaux-démocrates qui, une nouvelle fois, étaient accusés d'avoir frappé par derrière le prolétariat en lutte. Hitler n'était évoqué qu'accessoirement et avec dédain – un « béotien atteint de la folie des grandeurs » et créature du grand capital –, tandis que le Parti communiste était à nouveau qualifié de « guide dans le combat de tous les opprimés pour leur libération » [7].

Toutefois, après le second scrutin de l'année pour élire un nouveau Reichstag, il n'était plus niable qu'il était effectivement intervenu une stabilisation et, tandis que l'Allemagne de Weimar, sous l'impulsion de Stresemann, le ministre des Affaires étrangères, s'efforçait de se réconcilier avec les puissances occidentales et de faire son entrée dans la Société des Nations, les communistes paraissaient s'entre-déchirer à belles dents. La direction avait en effet lancé à l'intérieur du parti une virulente campagne contre le *trotskisme* et le *luxemburgisme* et, en retour, s'était constituée une opposition d'extrême gauche qui adoptait de plus en plus des positions *antibolcheviques* ou *antistaliniennes*, critiquant la NEP et le fait que, dans la politique du Komintern, prévalaient les intérêts de politique extérieure de l'*État paysan* russe.

La brochure *Qu'est-ce que la bolchevisation ?*, parue début 1925 sous la signature du jeune Heinz Neumann, un intellectuel originaire d'une famille juive aisée, est très caractéristique de cette attitude extrême. À l'en croire, à l'époque contemporaine, celle des « incessants combats entre peuples et celle des guerres civiles », la lutte du KPD contre la

7. Hermann Weber, *op. cit.* (note 16, chapitre II-2), p. 88-93.

social-démocratie se transformerait en une lutte des classes qu'il convenait de « mener sans aucune pitié contre le parti opportuniste, le parti de l'aristocratie ouvrière ». Mais le parti ne pouvait être véritablement la section d'un parti mondial qu'au prix de la plus stricte unité et de la plus stricte centralisation ; alors seulement, il pourrait se préparer avec efficience au soulèvement armé, entretenir des formations de type militaire ainsi qu'un service de renseignement capable d'informer la Centrale du parti sur « l'emplacement des postes de police et des casernes, les implantations et les forces de l'adversaire », sur les entreprises importantes d'un point de vue militaire et aussi sur le fonctionnement de leurs systèmes de fabrication. Alors seulement, le parti pourrait œuvrer efficacement à la désorganisation de l'appareil d'État capitaliste et perturber la « paix dans le processus de production » à laquelle aspirent les capitalistes. Seule une unité bolchevique absolue, quand bien même il y faudrait de la patience et un total accord avec la Centrale internationale, mènerait le Parti communiste à la victoire : « Donnez-nous un parti bolchevique en Allemagne et nous ferons sortir l'Allemagne de ses gonds[8]. »

Il n'est pas étonnant que de telles conceptions aient rencontré une opposition dans le parti et que les adversaires, en particulier les sociaux-démocrates rangés parmi la bourgeoisie et menacés d'extermination à ce titre, en soient venus à exprimer l'idée que le KPD était tout simplement la machine de guerre et le service d'espionnage d'une puissance étrangère. Sur ces entrefaites, au printemps 1925, après la mort de Friedrich Ebert qui fut encore couvert d'insultes jusque sur sa tombe, le parti communiste assura effectivement la victoire de Hindenburg en maintenant, y compris lors du second tour des élections présidentielles, son propre candidat, Thälmann. Ce dernier avait pourtant à peine obtenu deux millions de suffrages, c'est-à-dire considérablement moins que lors des scrutins pour le Reichstag. C'était par conséquent la preuve que les communistes, dès lors qu'il s'agissait d'accorder sa confiance à un homme concret et non plus seulement d'approuver un programme de protestation radicale, n'obtenaient qu'une minorité d'à peine plus de 5 % des électeurs. Le candidat des nationaux-socialistes, Ludendorff, avait à vrai dire recueilli pour sa part moins de trois cent mille voix : au printemps 1925, Hitler et son parti n'étaient pour ainsi dire plus visibles sur la scène politique.

Il serait certes grossièrement erroné de penser que Hitler et son parti avaient touché terre dès le lendemain du 9 novembre 1923. De longues semaines après le putsch manqué, la population de Munich et de la Bavière était encore en état de forte effervescence, d'hostilité totale envers le gouvernement ; à la demande de Hitler, Alfred Rosenberg fonda alors une organisation nouvelle, la Communauté populaire pangermanique ; l'opinion publique s'était passionnée pour le procès de Hitler ; on

8. *Was ist Bolschewisierung ?,* Hambourg, 1925, p. 12, 14, 133, 101, 47.

avait diffusé à des millions d'exemplaires une carte postale représentant Hitler, prisonnier solitaire à Landsberg ; pour la première fois, même si cela fut assez bref, Hitler était devenu une figure nationale. Les succès électoraux du bloc *Völkisch* en Bavière et du Parti national-socialiste de la liberté dans le Reich dépassèrent de loin leurs attentes. Mais Hitler prit bientôt conscience que, depuis Landsberg, il ne lui était pas possible de garder la maîtrise des diverses organisations ayant succédé au NSDAP. Il se retira donc totalement de la politique quotidienne pour se consacrer entièrement à la rédaction du livre qui devait ultérieurement s'intituler *Mein Kampf*. À sa libération, à Noël 1924, dans une situation très modifiée, il rendit visite au nouveau ministre-président bavarois Held pour l'assurer de sa volonté de ne pas combattre le gouvernement et de ne combattre au contraire que le marxisme. Par son discours du 27 février 1925 dans la brasserie Bürgerbräukeller, Hitler scella la refondation de son parti. Il réussit à plonger son auditoire dans un enthousiasme délirant et à mettre en scène une touchante réconciliation de ses partisans brouillés. D'emblée, il était cette fois évident qu'il serait désormais seul à la tête du parti et qu'il ne souffrirait plus un Ludendorff à ses côtés. Certes, les autorités bavaroises lui interdirent de prendre la parole en public et la plupart des Länder allemands s'associèrent à la mesure, le privant ainsi de sa première et meilleure arme. Mais le 18 juillet 1925 parut aux éditions Eher le premier tome de *Mein Kampf*. Notre propos n'est pas, dans le cadre de cette étude, de résumer et d'analyser le contenu du livre ou d'en faire la critique ; il est plutôt de comparer ses thèmes principaux avec ceux des discours antérieurs et d'examiner en particulier si l'antimarxisme ou l'antibolchevisme en sont bien toujours l'objet central.

Le nouveau, c'est que l'histoire d'un parti commence par *l'histoire d'un destin individuel*. L'histoire du parti, de son côté, est sans cesse interrompue par de multiples réflexions sur des questions de politique générale ou de nature anthropologique. La partie autobiographique du livre met en évidence, dès les premières pages, le thème du pangermanisme et fait apparaître Hitler avant tout comme un Allemand autrichien. Mais le récit de son vécu viennois montre de manière très frappante, au delà de la stylisation de son propre personnage, combien il se sentait un *bourgeois européen*. Ce qu'il raconte de sa première rencontre, sur un chantier, avec des sociaux-démocrates en est déjà une preuve ; plus probante encore est la manière dont il narre comment, croisant un jour une manifestation d'ouvriers sociaux-démocrates, il observa, « retenant son souffle, le monstrueux serpent humain » qui se déroulait lentement devant lui : « Le cœur serré, je quittai finalement la place et rentrai chez moi[9]. » C'était là une réaction « bourgeoise » parfaitement typique, mais

9. *MK*, p. 43. (Édition française : *Mon combat (Mein Kampf)*, Nouvelles éditions latines, Paris, 1934. La citation se trouve p. 49.)

ce n'était d'aucune façon « la » réaction bourgeoise car des hommes comme Max Weber ou Clement Attlee ont réagi tout autrement. On ne peut pas ne pas voir que, dans cette réaction de Hitler, perçait l'indignation devant une prétention du mouvement ouvrier qui commençait seulement à transparaître et qu'on ignorait volontiers, la prétention totalitaire qui se manifestait par exemple par « l'ordre brutal » de n'assister qu'à des réunions rouges ou à ne lire que des ouvrages rouges. Et c'est précisément au même endroit que ce même Hitler formule le postulat, tout aussi totalitaire, selon lequel il faut opposer à la social-démocratie « une doctrine mieux fondée, à condition cependant qu'elle agisse avec autant de brutalité » [10]. Ce n'est toutefois pas inconséquence de sa part si, dans le même contexte, il critique vivement l'absence de sensibilité de la bourgeoisie à l'égard de la question sociale, soulignant ainsi sans équivoque la responsabilité de cette dernière dans le côté funeste de l'évolution en cours. Il écrit pourtant quelques pages plus loin : « Lorsque je découvris que le Juif était le chef de la Social-Démocratie, les écailles commencèrent à me tomber des yeux. [...] Je n'oublierai jamais les noms des Austerlitz, David, Adler, Ellenbogen. [11] » Hitler transforme manifestement un phénomène accessoire en un phénomène originel, au fond exactement comme les *Spartakusbriefe* accusaient les profiteurs de guerre et les spéculateurs d'être les fauteurs de guerre. Ce n'est certainement pas un hasard si certains marxistes, dans leurs autobiographies, font un si fréquent usage, eux aussi, de l'expression « écailles qui tombent des yeux [12] ». Mais, chez Hitler, la dénonciation des « fauteurs » et des « instigateurs » du désastre est infiniment plus violente, sans doute parce qu'elle est moins évidente et qu'elle peut, pour cette raison précisément, conduire à des déclarations proprement monstrueuses, par exemple lorsqu'il écrit que « la planète recommencera à parcourir l'éther comme elle l'a fait il y a des millions d'années : il n'y aura plus d'hommes à sa surface si le Juif, à l'aide de sa profession de foi marxiste, remporte la victoire sur les peuples de ce monde ». Et pourtant, c'est seulement ainsi que Hitler réussit à forger, pour lui-même et pour le « Reich germanique de la nation allemande » de son imagination, une mission qui soit, à sa manière, d'une universalité égale à celle que s'attribuait le marxisme : « En me défendant contre le Juif, je combats pour défendre l'œuvre du Seigneur. [13] » On peut donc trouver dans *Mein Kampf*, tout comme dans

10. *Ibid.*, p. 44 et suiv. (p. 50 de l'édition française).

11. *Ibid.*, p. 64, 66 (p. 66-67 et 68 de l'édition française).

12. *Cf.* par exemple Margarete Buber-Neumann, *Von Potsdam nach Moskau. Stationen eines Irrweges*, Stuttgart, 1968, p. 61 : « Ces semaines passées au sein de l'" Assistance aux enfants " furent pour moi l'occasion d'un intense apprentissage communiste.[...] Tout me sembla soudain merveilleusement simple à comprendre. »

13. *MK*, p. 69 et suiv. (les deux citations aux p. 71 et 72 de l'édition française).

les premiers discours, en plus de longs récits ou de considérations sur « le principe aristocratique de la nature » ou bien sur « le libre jeu des forces », d'un côté le pathos affirmatif et national d'une guerre vécue comme positive [14] et, de l'autre côté, le pathos négatif et social inspiré par le repoussoir toujours vivace que sont pour lui « l'exemple russe » et « l'anéantissement de l'intelligence nationale » : « Maintenant commence la grande et dernière révolution. Au moment où le Juif conquiert la puissance politique, il rejette les derniers voiles qui le cachaient encore. Le Juif démocrate et ami du peuple donne naissance au Juif sanguinaire et tyran des peuples. Il cherche, au bout de peu d'années, à exterminer les représentants de l'intelligence.[...] Un exemple effroyable de cet esclavage est fourni par la Russie. [15] »

C'est à la même époque que l'un des compagnons de lutte de Hitler les plus connus, le colonel Max Bauer, écrivit un récit de voyage, *Au pays des tsars rouges*, dans lequel il avouait avec franchise avoir changé d'avis sur l'Union soviétique et les dirigeants de son parti d'État après y avoir vu trop de choses allant dans le sens des principes du conservateur et du militaire qu'il était [16]. Comme Rosa Luxemburg l'avait été à sa manière, Hitler était lui aussi un traditionaliste, le tenant d'une croyance ancienne, et c'est à partir de ce qui, du passé, était resté vivant qu'il écrivit à l'intention de son mouvement une *bible* qui se différenciait de manière tout à fait caractéristique des ouvrages fondateurs rédigés, en

14. *Ibid.*, p. 182 (p. 167 de l'édition française) : « Des années peuvent s'écouler, jamais personne n'osera parler d'héroïsme sans penser à l'armée allemande de la guerre mondiale. Alors, émergera des voiles du passé la vision éternelle du solide front des gris casques d'acier qui ne fléchit ni ne recule. Aussi longtemps qu'il y aura des Allemands, ils auront présent à l'esprit que tels furent autrefois leurs aînés. »

15. (P. 326 de l'édition française de *Mein Kampf*.) Un reportage du *Völkischer Beobachter* des 2 et 3 avril 1926 montre combien Hitler est resté en étroit contact, même après la mort de Dietrich Eckart et de Scheubner-Richter, avec l'expérience russe (ou, si l'on veut, avec les récits d'horreur des émigrés). Ce numéro rend compte, sur six colonnes à la une, d'une réunion du NSDAP à Munich, au cours de laquelle un émigré russe, le professeur Gregor, prononça un discours bouleversant sur les exactions de la Tchéka ; les communistes auraient sérieusement perturbé son discours par leur chahut et leurs rires, faisant preuve d'une « grossièreté de cœur sans exemple ». La présence de Hitler est expressément relevée. Une telle confrontation immédiate, et non sans danger parfois pour Hitler, a duré jusqu'en 1933 sans interruption ; c'est ce qui ressort des mémoires de l'ancien Gauleiter de Halle-Merseburg, Rudolf Jordan, qui est lui-même venu au NSDAP, jeune enseignant catholique, sur la base d'émotions anticommunistes. Il relate une réunion assurée par Hitler à Halle : quittant la réunion, Hitler aurait été exposé à un réel danger lorsque des gens de l'« Antifa » auraient un court instant réussi à repousser la police qui protégeait sa voiture : « Encore muets et crispés, nous descendîmes de voiture. Hitler lui-même vibrait encore d'émotion. Il me dit avec la menace dans le regard : "Entre cette racaille d'assassins et nous il ne peut y avoir ni entente ni pardon. C'est entre eux et nous que le sort devra trancher sans appel". » (Rudolf Jordan, *Erlebt und erlitten. Weg eines Gauleiters von München bis Moskau*, Leoni, 1971, p. 49.)

16. *Land der Roten Zaren*, Hambourg, 1925.

1867, par Karl Marx à l'intention du mouvement ouvrier et, en 1902, par Lénine à l'intention du jeune bolchevisme. Aucun de ces trois ouvrages n'était certes le reflet de la réalité, pas plus qu'il n'était une projection d'avenir pertinente ; chacun d'eux, pourtant, plongeait de manière positive au cœur de puissantes évolutions historiques. Toutefois, la situation dans laquelle et pour laquelle *Mein Kampf* avait été écrit était, des trois, la moins générale, la moins reproductible. Même à ceux qui n'avaient pas repris à leur compte les sarcasmes sur le *radotage* de Hitler mais qui avaient au contraire pris son livre très au sérieux, il devait paraître plus que vraisemblable que cet homme et son parti ne seraient pas à la hauteur de leurs adversaires, démocrates ou marxistes. Sans doute un tel sentiment ne fut-il jamais aussi fondé qu'en 1926, lorsque les communistes portèrent largement devant l'opinion publique la question de l'indemnisation des princes, une grande partie des démocrates et des républicains leur emboîtant alors le pas.

Il était en fait difficile de prévoir que ce serait une direction de gauche qui mettrait en œuvre la *politique de front unique* indispensable à un pareil succès. Certes, dès l'été 1924, le Ve Congrès de l'Internationale communiste, après avoir sévèrement condamné la droite, avait aussi préconisé la ligne de la *lutte de masse*. Bien que devant prendre la forme du front unique par le bas, elle n'en offrait pas moins plus d'une occasion de prodiguer des gestes d'apaisement aux sociaux-démocrates. La direction du parti subissait en outre une pression de plus en plus forte de la part de l'extrême gauche, si bien qu'elle fut à son tour amenée à adopter quelques-unes de leurs thèses. Au sein du Komintern se fit alors jour la crainte de voir, dans un contexte marqué par le rapprochement de l'Allemagne de Stresemann avec l'Ouest, des tendances antibolcheviques ou ouest-européennes gagner du terrain à l'intérieur du KPD. C'est dans ces conditions que Staline obligea Zinoviev à envoyer aux adhérents et aux organisations du KPD une « Lettre ouverte », en date du 1er septembre 1925 ; Ruth Fischer, bien que cela signifiât la fin de sa carrière politique dans le parti, fut elle aussi contrainte de la signer. Ce long texte contenait déjà nombre des caractéristiques de la future *langue de bois du parti*, mais sa signification était claire. Il exigeait expressément de mettre en œuvre la bolchevisation pratique du parti, c'est-à-dire d'engager la lutte contre la constitution de fractions et contre les tendances antibolcheviques ; il demandait aussi de subordonner clairement et prioritairement l'activité du parti aux intérêts de l'Union soviétique ; il recommandait parallèlement de s'adonner avec plus d'énergie à la lutte de masse. La Lettre ouverte donna certes le signal d'affrontements violents, provoquant un mouvement de scission au sein de la gauche et de l'extrême gauche ; le sommet de la hiérarchie réagit pourtant conformément à ce qu'on attendait d'elle : le groupe d'Ernst Thälmann s'empara de la direction qui, peu après, se vit offrir une extraordinaire occasion d'engager une lutte de masse.

La chute des monarchies n'avait pas eu en Allemagne, en 1918-1919, les suites radicales que l'Autriche avait pour sa part choisies, c'est-à-dire la confiscation de tous les biens des maisons régnantes. Au contraire, conformément à la tradition, on avait opéré une distinction entre biens publics et biens privés, laissant le soin de faire le tri aux Länder ou aux tribunaux. L'inflation terminée, des décisions prises par les tribunaux à l'occasion des quelques conflits non encore réglés firent grand bruit. L'émotion fut à son comble lorsque quelques princes revendiquèrent notamment que leurs rentes, réduites à néant par l'inflation, soient relevées ; ce qu'ils demandaient dépassait de loin la revalorisation qui avait été accordée aux petits retraités et aux épargnants. Le KPD déposa donc, en décembre 1925, un projet de loi prévoyant l'expropriation sans indemnisation de tous les biens des anciennes familles princières.

Évidemment, cette revendication, résumée par le slogan : « Pas un pfennig pour les princes ! », était très populaire chez les victimes de la revalorisation et ne l'était pas moins chez les chômeurs et les mutilés de guerre à qui, selon le projet de loi, devaient profiter les revenus tirés de l'opération. D'un autre côté, la Constitution ne conférait pas le droit d'exproprier sans indemnité, pour des motifs politiques, des groupes entiers ; les communistes, par ailleurs, ne cachaient pas qu'il s'agissait pour eux de percer une première brèche dans l'ordre social fondé sur la propriété. Ce qui ne les empêcha pas d'agir avec beaucoup d'habileté, laissant un comité sans étiquette politique, dirigé par le professeur libéral de gauche René Kuczynski, prendre l'initiative de demander un référendum populaire. La direction du SPD se retrouva de la sorte en posture difficile, si bien que, de peur de perdre de nombreux sympathisants, elle dut agir en commun avec les communistes. Le scrutin préliminaire recueillit un nombre de voix étonnamment élevé – douze millions et demi –, beaucoup plus qu'il n'en fallait ; après que le Reichstag eut, comme prévu, repoussé le projet de loi, la voie était donc libre pour le référendum proprement dit. Se déroula alors dans l'opinion publique un affrontement passionné auquel même le président du Reich, von Hindenburg, se mêla. Le projet de loi impliquant une révision de la Constitution, il devait, pour être adopté, recueillir vingt millions de voix au référendum. Le 20 juin 1926, on ne comptabilisa que quatorze millions et demi de « oui ». Il s'agissait néanmoins d'un grand succès du KPD. qui avait obligé la direction du SPD à se mettre à sa remorque et avait en outre attiré le vote de très nombreux électeurs du Zentrum en faveur du « oui ». Pour la première fois, on eut l'impression que l'*exemple russe* avait perdu sa force dissuasive ; les électeurs avaient par ailleurs voté dans une large mesure en fonction des clivages sociologiques, si bien qu'il semblait qu'il se fût formé, sous la direction des communistes, un front commun des ouvriers communistes, sociaux-démocrates et chrétiens.

Néanmoins, la principale leçon à tirer de cette péripétie est la suivante : avec le plus populaire et, apparemment, le plus modéré de tous les mots d'ordre imaginables, le KPD avait certes réussi à amener sur sa ligne le SPD et, au-delà des prolétaires du Zentrum, à trouver l'oreille de très nombreux démocrates de gauche – dont certainement beaucoup d'intellectuels de gauche –, mais malgré tout il n'avait pas réussi à obtenir plus de 40 % des suffrages. Il était donc à peu près exclu qu'il parvienne un jour à l'emporter par des voies légales, sous ses propres mots d'ordre, par exemple celui de la dictature du prolétariat. Il avait sans conteste raison de penser que, même dans les conditions d'une crise grave, seul un « soulèvement armé » permettrait de vaincre.

Dans un tel contexte d'événements importants et, surtout, symptomatiques, la réaction des nationaux-socialistes n'eut qu'un caractère épisodique ; elle contribua à faire passer les députés du parti, Frick et ses camarades, pour des gens aussi comiques qu'insignifiants. Ils soumirent en effet au Reichstag une motion demandant que soient expropriés les biens « des princes de la banque, de la Bourse et autres parasites du peuple », c'est-à-dire l'exacte réplique du projet de loi communiste et social-démocrate ; elle n'avait bien entendu pas la moindre chance de succès, même pas de faire l'objet d'une discussion sérieuse. Mais elle était indéniablement subversive et le parti, à l'avenir, pourrait difficilement compter sur une sympathie naturelle des capitalistes à son égard. Si, en dernière analyse, le référendum avait été un échec pour les communistes, ils n'en avaient pas moins remporté sur leurs ennemis les plus radicaux un triomphe qui n'était pas que quantitatif ou matériel [17].

De toute façon, c'est à peine s'ils prenaient encore ces ennemis au sérieux, comme le prouvent sans équivoque les affrontements entre communistes qui eurent lieu les années suivantes. Le débat en effet ne portait absolument pas sur l'attitude à adopter face au fascisme, ni sur les meilleurs moyens de le combattre, mais toujours sur la *bolchevisation* du parti ; Thälmann et ses partisans ne réussirent à la poursuivre et à l'imposer qu'au prix de sévères combats. Les adversaires les plus acharnés de cette évolution étaient les communistes d'extrême gauche à qui une partie des communistes de gauche, autour de Ruth Fischer et d'Arcady Maslow, après avoir perdu la direction du parti, s'étaient ralliés. Le premier regroupement, dès 1925, s'était fait autour de Werner Scholem, Iwan Katz et Arthur Rosenberg. Ces militants reprochaient aux dirigeants en place de sembler croire que « l'armée prussienne d'avant la guerre incarnait à peu de choses près l'idéal d'un parti léniniste » [18]. On reprochait à l'inverse à l'extrême gauche de considérer le bolchevisme comme une *aberration bourgeoise,* et ce reproche contenait incontestablement quelque chose de réel. Mais, Katz, Rosenberg et Scholem étant des « intellectuels

17. On trouvera l'histoire détaillée de ce référendum chez Ulrich Schüren, *Der Volksentscheid zur Fürstenenteignung*, Düsseldorf, 1978.

18. Siegfried Bahne, « Zwischen "Luxemburgismus" und "Stalinismus". Die "ultralinke" Opposition in der KPD », in *Vjh f. Ztg* 9 (1961), p. 362.

juifs », plusieurs observateurs crurent percevoir des relents antisémites dans la campagne anti-intellectuels lancée par Thälmann sur le modèle de la polémique stalininenne contre Trotski, Zinoviev et Kamenev. Les intellectuels, toutefois, étaient fort éloignés d'être tous d'accord entre eux ; les ouvriers, à l'inverse, étaient nombreux parmi les pionniers de l'opposition. On a par moments recensé pas moins de dix groupes oppositionnels, tandis que près d'une douzaine de députés du Reichstag faisaient partie des *communistes de gauche*. La direction opéra selon une tactique très habile, excluant les groupes oppositionnels les uns après les autres. Le premier touché fut le groupe constitué autour de l'ancien responsable de la politique municipale au sein de la Centrale, Iwan Katz. C'était effectivement un groupe très radical puisqu'il se faisait un honneur d'être traité d'antibolcheviste, aussi longtemps qu'être bolcheviste signifierait « faire passer les intérêts du prolétariat international après ceux de l'État russe, en d'autres termes de la majorité paysanne et capitaliste de la Russie », et, à l'intérieur du KPD, remplacer la discipline de parti par l'obéissance aveugle. Plus tard, le groupe rejoignit, autour de Franz Pfemfert, les *communistes de conseils* qui traitaient Staline de « Napoléon paysan » et qui croyaient reconnaître dans la Russie « le dernier rempart de la bourgeoisie », en d'autres termes une grande puissance nationale-capitaliste et une ennemie du prolétariat [19].

D'autres communistes de gauche ou d'extrême gauche, comme Karl Korsch, Hugo Urbahns, Arthur Rosenberg, Arcady Maslow et Ruth Fischer, suivirent d'autres chemins, analogues pourtant : certains s'éloignèrent du communisme et même du marxisme, d'autres firent ultérieurement retour au parti. Nous ne retracerons pas ici dans le détail les scissions et les conflits [20] car, compte tenu de notre propos, une constatation s'impose prioritairement : aucun de ces groupes, ignorant les fortes oppositions séparant le communisme du national-socialisme ou du fascisme, ne s'attribua pour mérite d'être plus proche de ce mouvement que la direction du KPD. On peut faire le même constat en ce qui concerne la polémique : même lorsqu'on combattait avec une extrême vigueur le « socialisme dans un seul pays » de Staline, on ne le traitait pas de *fasciste*. Y compris lorsque Trotski, en 1930, utilisa le terme de « national-socialisme » à propos de la pratique stalinienne [21] : son intention n'était

19. *Art. cité,* p. 366, 369.

20. Hermann Weber s'est livré à ce travail avec l'exacte et nécessaire minutie dans *Die Wandlung des deutschen Kommunismus. Die Stalinisierung der KPD in der Weimarer Republik*, 2 vol., Francfort, 1969.

21. Leo Trotzki, *Wer leitet heute die Kommunistische Internationale ?*, Berlin, 1930, p. 42. (Édition française : « Qui dirige aujourd'hui l'Internationale Communiste ? », in Léon Trotsky : *L'Internationale communiste après Lénine [le grand organisateur de la défaite]*, Rieder, Paris, 1930, p. 429.) Du même, *Die Wendung der Komintern und die Lage in Deutschland*, Berlin, 1930, p. 14. (Édition française : « Le tournant de l'Internatio-

pas d'établir une relation avec le parti hitlérien ; ce dernier restait pour lui un des fruits de la contre-révolution, Staline étant au moins un thermidorien. Il en allait tout autrement, à peu près à la même époque, des affrontements à l'intérieur du NSDAP et l'on verra, dans ce fait aussi, la preuve du caractère premier du communisme et, jusqu'en 1930, de sa beaucoup plus grande importance.

En effet, un conflit opposait les nationaux-socialistes *de droite* et les nationaux-socialistes *de gauche*. Il avait débuté peu après la refondation du parti et dura jusqu'en 1930. L'organisation du parti en Allemagne du Nord passait pour être de gauche ; Hitler avait chargé de la bâtir, en mars 1925, Gregor Strasser, un pharmacien de Landshut, ancien officier du front, titulaire de hautes décorations. Il avait à ses côtés son frère Otto, ancien membre du Parti social-démocrate, qui avait commandé une compagnie d'étudiants opposée aux troupes de Kapp. Cette aile du parti avait comme vivier potentiel un milieu *völkisch* mais en grande partie *protestant.* Par ailleurs, gagner à un socialisme nationaliste les masses prolétariennes de la Ruhr et de Berlin impliquait de combattre le *capitalisme* ou, au moins, les petits-bourgeois, les *Spießbürger*. L'une et l'autre circonstances recélaient un conflit latent avec Munich car, s'il était affirmé que Hitler avait fait sa *paix avec Rome* et qu'il cherchait à entrer en contact avec des milieux dirigeants de l'économie, ce n'était pas sans raisons. Quoi qu'il en soit, un Groupe de travail des régions *(Gaue)* de l'Allemagne du Nord et de l'Ouest fut créé en septembre 1925 ; à partir du 1er octobre, il fit paraître, sous la responsabilité de Gregor Strasser, un organe, les *Nationalsozialistischen Briefe (Lettres nationales-socialistes)*, dont le rédacteur était le Dr Joseph Goebbels, administrateur du Gau de Rhénanie. Un premier projet de programme prévoyait de soumettre la grande industrie à des formes de propriété semi-publiques ou communales et de faire de tous les propriétaires terriens des emphytéotes. L'accueil réservé par Munich à ce projet fut aussi peu chaleureux que celui qu'avait connu une première résolution favorable à l'expropriation des princes. Lors d'une réunion des chefs du parti, à Bamberg, le 14 février 1926, Hitler, au terme d'un discours de plusieurs heures, fit totalement triompher son point de vue ; il gagna notamment à sa cause Goebbels, qu'il nomma Gauleiter de Berlin à la fin de l'année. L'aile du parti d'Allemagne du Nord n'en conserva pas moins des traits propres, essentiellement de gauche, et, en fondant les éditions *Kampf-Verlag*, elle se ménagea une position de force non négligeable. Ses divers journaux, notamment les *Lettres nationales-socialistes*, pouvaient de la sorte appeler à la lutte exterminatrice contre le capitalisme (international) et l'on y manifestait une grande compréhension à l'égard de la théorie marxiste de

---

nale communiste et la situation en Allemagne », in Léon Trotsky, *Comment vaincre le fascisme. Écrits sur l'Allemagne 1930-1933*, Éditions de la Passion, Saint-Maurice, 1993, p. 29.)

la lutte des classes qui, en revanche, n'était absolument pas du goût de Hitler, pour lequel il ne s'agissait que d'une invention juive. Ce qui s'exprimait surtout, dans ces milieux, c'était une orientation marquée vers l'Est, sous le motif qu'il n'était pas possible d'atteindre l'objectif suprême, l'abrogation des diktats de Versailles et de Saint-Germain, sans l'appui de l'Union soviétique et sans une alliance avec tous les peuples opprimés de la planète. Le bolchevisme en tant que tel était certes rejeté avec détermination, le plus souvent avec des justifications antisémites ; pourtant, dans le discours « Lénine ou bien Hitler ? » que Goebbels prononça en février 1926 à Königsberg, il y avait mise en parallèle du bolchevisme et du national-socialisme, les deux seuls mouvements révolutionnaires du XXe siècle ; le rapprochement allait si loin que leur opposition se résumait à ceci : Lénine aurait lui aussi voulu sauver l'Allemagne grâce au monde, tandis que Hitler aurait eu pour objectif de sauver le monde grâce à l'Allemagne [22]. Quelques nationaux-socialistes allèrent jusqu'à adresser de véritables propositions d'alliance au KPD, pensant que ce dernier et l'URSS étaient, « dans la situation actuelle et jusqu'à nouvel ordre, des alliés contre Weimar, Versailles et Wall Street », même s'ils poursuivaient en définitive d'autres buts [23]. Les sociaux-démocrates, de leur côté, utilisaient des déclarations de ce genre pour mettre en évidence la proche parenté des communistes et des nationaux-socialistes.

Il est permis de penser que c'est tout particulièrement aux nationaux-socialistes de gauche que songeait Hitler lorsqu'il écrivit, en 1925 et 1926, le second volume de *Mein Kampf*, paru en décembre 1926. Il indiquait une nouvelle fois très clairement que, chez lui, la polémique anti-bourgeoise ne signifiait en rien un affaiblissement de son antibolchevisme radical ; surtout, il avançait une théorie de l'espace vital, jusqu'ici restée à l'état d'ébauche, qui rendait impossible tout compromis avec l'idée d'une orientation vers l'Est. C'est d'ailleurs dans ce même contexte qu'il conviendrait d'apprécier l'insistance qu'il mit alors à souligner sa doctrine raciste : s'allier aux nations opprimées est totalement à exclure car leur situation s'explique par leur infériorité raciale. Le second volume est donc beaucoup plus fortement marqué que le premier par cet « européisme » endurci et acéré qui lui fait considérer comme une donnée naturelle et « raciale » [24] la domination du peuple de seigneurs qu'est, à ses yeux, le

---

22. Zwickau, sans date, p. 26.

23. Reinhard Kühnl, *Die nationalsozialistische Linke 1925-1930*, Meisenheim, 1966, p. 196.

24. Ici aussi, toutefois, il serait bon de garder à l'esprit l'extrémisme opposé, par exemple la thèse de Theodor Lessing selon qui l'unique danger qui menacerait le monde serait la race blanche, propos qu'Alfred Rosenberg attaqua vivement lors du congrès du parti de Nuremberg de 1927 (*Der Reichsparteitag der Nationalsozialistischen Deutschen Arbeiterpartei, Nürnberg, 19./21. August 1927. Der Verlauf und die Ergebnisse der Beratungen.* Édité par Alfred Rosenberg et Wilhelm Weiss, Munich, 1927, p. 37).

peuple anglais ainsi que celle des Allemands qui seront ses alliés dans un avenir proche ; d'où Hitler en déduit que l'Allemagne est en droit de s'engager à l'Est dans la « politique territoriale de l'avenir » ; c'en sera alors fini de l'État russe car, une fois les bolchevistes disparus, ces « vulgaires criminels couverts de sang », il n'y aura plus dans ce pays de couche dirigeante capable de maintenir la cohésion d'un État. Hitler, néanmoins, se détermine toujours fortement en fonction de la guerre civile russe, comme le montre le « Testament politique » par lequel il conclut le chapitre 14, chapitre intitulé « Orientation vers l'Est ou politique de l'Est » : « Ne permettez jamais que se forment en Europe deux puissances continentales. Dans toute tentative d'organiser aux frontières de l'Allemagne une deuxième puissance militaire [...] voyez une attaque contre l'Allemagne. [...] Veillez que la source de la puissance de notre pays ne soit pas dans des colonies, mais en Europe, dans le sol de la patrie.[25] » Tout comme il entend rendre compte de l'hégémonie mondiale de l'Angleterre dans la deuxième moitié du XIXe siècle par une théorie raciale qui intègre du même coup l'Allemagne à cette hégémonie, il entend aussi, à ce point de ses réflexions, revenir à la situation des années 1917-1918 : la seconde puissance militaire de l'époque, la puissance russe, avait alors disparu aux frontières de l'Allemagne, alors que cette présence avait été, tout au long des XVIIIe et XIXe siècles, une donnée de base évidente. Ce qui avait si fortement marqué les premiers discours ainsi que le premier volume de *Mein Kampf*, la peur de son propre anéantissement, se transformait de la sorte en une volonté d'anéantissement orientée vers l'extérieur, vers d'autres États. Une volonté, pour ce qui concernait la Russie, qui était fortement étrangère aux nationaux-socialistes de gauche.

Il existait donc d'authentiques différences entre Munich et l'Allemagne du Nord. Qui de l'idée hitlérienne d'identification du nationalisme et du socialisme ou de l'idée strassérienne d'un *socialisme national* avait le plus d'avenir, la question n'était pas encore tranchée en 1928. On ne pouvait pas non plus savoir s'il se produirait finalement une scission du parti ou si seul un petit groupe ferait dissidence. Les élections au Reichstag de 1928, qui constituèrent une défaite pour les nationaux-socialistes et un succès considérable pour les communistes, fournirent un premier élément de réponse.

Le principal bénéficiaire fut en fait le SPD. Il obtint 152 mandats et se retrouva donc plus fort que dans aucune des assemblées parlementaires précédentes, à l'exception de l'Assemblée nationale. À l'inverse, les nationaux-allemands passèrent de 100 à 78 sièges, les partis du centre perdant eux aussi nombre de mandats. Les communistes passèrent de 45 à 54 mandats et le NSDAP, en dépit de grand efforts de propagande, se

25. *MK, op. cit.*, p. 754 (p. 662 de l'édition française).

retrouva avec 12 sièges contre 14 précédemment. Mais, cette fois, les douze élus étaient des partisans de Hitler, tandis que, chez les communistes, il n'y avait plus aucun élu de *la gauche*. Il apparaissait néanmoins que les résultats de décembre 1924 avaient été confirmés, dans la mesure où, comparés aux communistes, les nationaux-socialistes faisaient l'effet d'un petit parti insignifiant. Effectivement, le nouveau gouvernement de *grande coalition* ne leur accorda que peu d'attention et le gouvernement prussien, de son côté, leva l'interdiction qui frappait le parti à Berlin. Un autre événement paraissait à l'époque être beaucoup plus important : une tendance radicale venait de s'imposer au sein de la formation des nationaux-allemands, parvenant, en octobre, à faire élire président du parti Alfred Hugenberg, le magnat de presse, tandis que les forces plus modérées étaient contraintes à la scission.

Rétrospectivement, on a tendance à voir dans l'époque de la grande coalition, de l'été 1928 au printemps 1930, l'ultime âge d'or de la République de Weimar. Les contemporains, pourtant, ne vécurent pas du tout les choses de cette manière-là ; l'un des signes les plus révélateurs de la faiblesse du gouvernement fut le conflit surgi à propos du cuirassé. Cette péripétie fit apparaître une très curieuse opposition entre les ministres sociaux-démocrates d'une part et la fraction SPD au Reichstag de l'autre. Mais ce qu'on a appelé le « mai sanglant » de 1929 constitua bel et bien le présage des drames à venir et fut en quelque sorte une ratification populaire du tournant ultragauchiste opéré par Staline et le Komintern en 1928.

Le conflit à propos de la construction d'un nouveau cuirassé avait commencé en 1927 et, dès cette époque, les principaux arguments avaient été échangés : le cuirassé est inutile, il est un simple jouet dangereux car la tâche de l'heure est de désarmer et non de réarmer, disaient les représentants du SPD et du Parti démocrate ; il s'agit d'une construction prévue par le traité de Versailles à titre de remplacement et indispensable à la défense de la Prusse orientale, répliquaient les nationaux-allemands et les libéraux de droite (DVP). Les partisans du projet l'emportèrent et le navire de guerre devint ainsi l'un des objets de la campagne électorale. Les sociaux-démocrates la menèrent en partie sur le thème « Du pain pour les enfants et pas de cuirassé », qui ne fut vraisemblablement pas pour rien dans leur victoire électorale. Mais les ministres sociaux-démocrates, en août 1928, ratifièrent, comme les autres membres du cabinet, la décision d'engager la construction du navire afin d'éviter que la coalition, de toute façon très fragile, ne se disloque. Néanmoins, lorsque les affrontement reprirent au Parlement, les ministres sociaux-démocrates votèrent, en tant que députés cette fois-ci, contre la décision qu'ils avaient approuvée en tant que membres du cabinet. En septembre, les communistes engagèrent une nouvelle initiative en vue de provoquer un référendum. Leur texte ne comportait qu'une phrase : « La construction de navires et de croiseurs cuirassés de toute nature est interdite. » Le nombre de voix qu'ils recueillirent cette fois demeura bien inférieur à celui des suffrages obtenus lors des élections au Reichstag. Leur démarche n'était donc pas populaire, vraisemblablement pour des raisons multiples, dont la moindre n'était pas le soupçon pesant sur la section de l'Internationale communiste de vouloir procurer à l'État dont elle se réclamait, l'URSS, une supériorité militaire. Mais l'attitude des sociaux-démocrates ne fut pas moins caractéristique, si bien qu'elle dut nourrir dans l'autre moitié du peuple allemand, la moitié de droite, une méfiance à l'égard de ce grand parti suspecté de ne pas toujours arriver à comprendre ce qu'étaient les impératifs élémentaires d'un État. En effet, leurs arguments contre le cuirassé étaient susceptibles, si on les poussait à leur terme, de conduire à l'idée que la Reichswehr était superflue et que son budget pouvait financer l'aide aux chômeurs ou une meilleure alimentation des enfants. Ainsi l'ancienne affirmation selon laquelle le *marxisme formait un tout (Gesamtmarxismus)* se trouvait-elle renforcée.

Pourtant, à peu près au même moment, les oppositions au sein du marxisme pris dans son ensemble se manifestèrent à nouveau, mais cette fois-ci de manière tout à fait sanglante, à l'occasion des événements de mai 1929.

En décembre 1928, le préfet de police social-démocrate de Berlin, l'ancien tonnelier Karl Friedrich Zörgiebel, avait interdit toutes les manifestations et tous les rassemblements en plein air, en raison des heurts sérieux qui avaient opposé, dans la dernière période, la Ligue des combattants du Front rouge (*Rotfrontkämpferbund* ou RFB) et les SA. Le ministre de l'Intérieur prussien, Albert Grzesinski, rendit publique, le 29 mars 1929, une « ultime mise en garde » dans laquelle il menaçait presque ouvertement d'interdiction le KPD. On peut néanmoins fort bien comprendre que le KPD ait développé une forte agitation contre une telle décision, car les défilés du 1er Mai représentaient un héritage particulièrement ancien et respecté du mouvement ouvrier dans son ensemble. Les autorités avaient d'ailleurs envisagé de lever l'interdiction des manifestations justement à l'occasion du prochain 1er Mai. Mais l'assassinat de deux membres de la Reichsbanner du SPD aggrava derechef la situation. De surcroît, l'agitation entretenue par le KPD s'apparentait presque à un appel au soulèvement armé : « L'élan révolutionnaire et la volonté de lutte des ouvriers allemands montreront au ministre social-démocrate de la police au service de la bourgeoisie et des trusts que le prolétariat s'assoit sur ses interdictions.[26] » De son côté le SPD, diffusant des slogans comme « Le KPD a besoin de cadavres » ou « Aux ordres de Moscou »,

26. Thomas Kunz, « Arbeitermörder und Putschisten. Der Berliner "Blutmai" von 1929 als Kristallisationspunkt des Verhältnisses von KPD und SPD vor der Katastrophe », in *IWK*, mars 1986, p. 297-317, p. 299.

contribuait également à tendre la situation. Le soir du 30 avril, les communistes lancèrent contre les agents de la circulation postés aux carrefours quelques centaines de membres de la RFB ainsi que des Jeunes Spartakistes ; le matin du 1er Mai, la *Rote Fahne* parut sous le titre « Mai de lutte 1929 », tandis que l'éditorial évoquait les « signes d'une nouvelle vague montante de la révolution prolétarienne ». Pourtant, seuls quelques milliers de manifestants se rassemblèrent dans les rues ; le parti ne s'était-il pas contenté de mobiliser les membres de la RFB, habillés en civil, pour faire de la manifestation une épreuve de force ? Tout porte à croire que telle fut bien l'interprétation de la police, qui recourut, pour disperser les défilés, à des méthodes très brutales. Vers midi claquèrent les premiers coups de feu dans les principaux centres de l'agitation, la Kösliner Straße à Wedding et la Hermannplatz à Neukölln ; ils furent vraisemblablement tirés par la police, qui avait été accueillie par une grêle de cailloux et de bouteilles ainsi que par des cris indignés tels que « Tas de bouchers ! » La police riposta alors en utilisant des véhicules blindés, en prenant d'assaut les barricades et en lançant le cri si redouté de « Éloignez-vous des fenêtres ! » car, par crainte des francs-tireurs, elle tirait sur toute fenêtre restée ouverte. Le premier soir, on comptait déjà neuf morts et soixante-trois blessés. Des heurts très violents se poursuivirent sans discontinuer jusqu'au 4 mai ; ils étaient en particulier le fait de groupes de jeunes, déclenchant des manifestations de sympathie de la part de la population. Le 2 mai, la *Rote Fahne* s'était livrée à des attaques passionnées contre le « parti des assassins » et le « gouvernement de coalition couvert de sang » ; le journal lança aussi un appel à la grève générale qui fut à peine suivi. Le Landtag de Prusse fut le théâtre de scènes agitées : le député Jendretzki fit son entrée vêtu de pied en cap de l'uniforme de la RFB ; Wilhelm Pieck jeta au visage des sociaux-démocrates un « bande d'assassins ! » puis, debout, le groupe communiste entonna l'Internationale avant de quitter le Parlement. On déplora au total plus de trente morts, en grande partie des gens non impliqués dans les troubles, dont des femmes ; la police, en revanche, ne comptabilisait aucun mort dans ses rangs et un seul de ses blessés l'avait été par balle. Cela n'empêcha pas, le 6 mai, l'interdiction de la Ligue des combattants du Front rouge, du Front rouge de la jeunesse ainsi que de la Marine rouge.

Les critiques contre la brutalité de la police, reprochant à cette dernière de s'être comportée « comme en pays conquis », furent également nombreuses dans le *camp bourgeois* et elles ne furent pas le fait des seuls *Frankfurter Zeitung* ou *Berliner Tageblatt*. En revanche, le *Vorwärts* adopta un ton militant : « Les communistes avaient besoin de cadavres et ils ont mobilisé le lumpenprolétariat. [...] À bas les liquidateurs du mouvement ouvrier ! [27] » On peut en effet, sans animosité particulière, imagi-

27. Numéro du 3 mai 1929.

ner que les communistes n'ont certes pas cherché, en la circonstance, à lancer le soulèvement armé sans cesse invoqué, mais à procéder à une répétition et que la profonde indignation désormais ressentie par de larges fractions de la population berlinoise à l'égard des « cosaques de Zörgiebel » et des « brutes policières » [28] faisait bien leur affaire. Indignation qu'ils partageaient, c'est certain. La presse de droite adopta, pour sa part, un ton d'une grande violence ; il n'était question que de l'ère Kerenski où l'Allemagne serait prétendument entrée à nouveau ; la *Deutsche Zeitung* évoqua la « dépravation accumulée de la lie de l'humanité en ce siècle machiniste » [29] et la *Deutsche Tageszeitung* proposa « d'enfumer les repaires des fauteurs de troubles de manière à ce que personne ne puisse plus s'y établir » [30]. La vieille crainte de la guerre civile et le souvenir des années 1918-1923 se réveillèrent, avec d'autant plus de force que déjà se manifestaient les premiers signes de la crise économique mondiale. Si les communistes, conformément au modèle russe, considéraient encore les sociaux-démocrates et *l'État weimarien de la bourgeoisie des trusts* comme leurs principaux adversaires au cours de la guerre civile à venir, un autre parti, pourtant, était déjà en pleine ascension ; exactement comme les communistes mais pour des raisons diamétralement opposées, il criait lui aussi : « À la porte les Grzesenski, Severing, Zörgiebel et compagnie ! » Le temps n'était désormais plus très loin où les rues d'Allemagne, les journaux et les théâtres aussi, mais dans un autre registre, allaient devenir la scène où se jouerait une guerre civile qui resterait bien sûr limitée, dans la mesure où le gouvernement, la police et la Reichswehr garderaient pour l'essentiel les choses en main. Il faut le reconnaître, il ne leur était pas aisé d'observer l'équidistance nécessaire entre les protagonistes, puisqu'ils avaient été jusque là prioritairement en butte aux attaques de celui des deux qui était de loin le plus fort.

Mais cette guerre civile mettrait en jeu un second État. Le 1er mai 1929, précisément, il s'immisça gravement dans les affaires intérieures allemandes sous la forme d'un discours de son commissaire à la Guerre. Toutefois, les interventions en provenance d'URSS ne furent ni toujours ni partout négatives et hostiles. Il est temps maintenant de jeter un regard sur les relations d'État à État entre le Reich allemand et l'Union soviétique avant d'aborder l'étude de la guerre civile interallemande.

---

28. *Die Rote Sturmfahne*, du 4 mai 1929.
29. Édition du soir du 2 mai 1929.
30. 3 mai 1929. Toutes ces citations de presse ainsi que de nombreuses autres in GStA, rép. 219, n° 47.

II-8

Les relations d'État à État entre l'Allemagne et l'Union soviétique

Les relations germano-soviétiques ont été abondamment traitées dans la littérature, retenant beaucoup plus l'attention que les rapports entre communistes et nationaux-socialistes. Les premières étant au centre de l'intérêt, il était inévitable que l'autre aspect passe à l'arrière-plan, au moins jusqu'en 1933. Les nationaux-socialistes étaient en effet les principaux représentants, dans la politique allemande à l'égard de l'Union soviétique et du communisme, de la *ligne* qu'on pourrait appeler *socio-politique*, c'est-à-dire d'une ligne surtout sensible à la volonté de révolution mondiale et d'anéantissement de la bourgeoisie animant le camp adverse. Cette ligne socio-politique rencontrait sur ce point la politique communiste, l'ordre des valeurs étant bien entendu inversé. Pour autant, la *ligne de politique extérieure* ne s'opposait pas simplement terme à terme à la ligne socio-politique ; elle a au contraire donné lieu à une multitude d'imbrications et de tensions, mais pour ainsi dire jamais à des oppositions radicales.

D'une certaine manière, la ligne de politique extérieure était même la plus ancienne : l'Allemagne, par l'appui que, pour des raisons stratégiques, elle avait fourni à la propagande révolutionnaire russe pendant la guerre et, surtout, du fait de l'autorisation accordée à Lénine de traverser son territoire, avait été en quelque sorte à l'origine de la fondation de la Russie soviétique ; après Brest-Litovsk, durant quelques mois décisifs, elle l'avait même sauvée. Certes, la découverte de la réalité de la terreur rouge, les appels à l'aide de nombreux représentants de la bourgeoisie, la propagande révolutionnaire qui sévissait au sein de l'armée allemande et à l'arrière, tout cela ne fut pas sans influencer les responsables. Tant le Kaiser que le chancelier Hertling, mais aussi le chef d'état-major de l'armée de l'Est, le général Max Hoffmann, envisagèrent de faire marcher les troupes allemandes sur Petrograd et Moscou et d'y installer un gouvernement germanophile *blanc*. Mais les *Blancs* n'étaient pas germanophiles en règle générale et une bonne partie d'entre eux était même des *Rouges* : aucun parti ne se situait aux côtés de l'Entente avec autant de détermination que les socialistes-révolutionnaires, et l'assassinat de l'envoyé allemand, le comte Mirbach, précisément par des socialistes-révolutionnaires de gauche, fit comprendre au gouvernement allemand que les bolcheviks représentaient en Russie la seule force, puissante et organisée, s'opposant radicalement à la reprise des hostilités. Le nouveau secrétaire d'État aux Affaires étrangères, von Hintze, mit alors en échec les velléités de rupture avec Brest-Litovsk [1] et conclut au contraire avec le gouvernement soviétique, fin août 1918, les traités dits « complémentaires », offrant ainsi un nouveau *répit* à Lénine.

À peine plus de deux mois plus tard, les hommes au pouvoir à Moscou, soulagés et triomphants, entraient pour la première fois en contact avec le gouvernement révolutionnaire allemand. Quelle ne fut pas leur déception devant l'accueil froid et distant que leur réserva le commissaire du peuple Haase et lorsque, peu de temps après, le gouvernement Ebert protesta avec la plus grande vigueur contre l'immixtion dans les affaires intérieures allemandes qu'étaient à ses yeux les divers appels et proclamations du gouvernement soviétique. En conséquence, les relations diplomatiques que le gouvernement impérial avait rompues à l'occasion de l'un de ses derniers actes officiels ne furent pas rétablies. Après la mort de Rosa Luxemburg et de Karl Liebknecht en qui l'on avait déjà voulu voir le futur président d'une République soviétique allemande, les relations continuèrent à se détériorer ; l'une des raisons, et non la moindre, de cette dégradation étant la résistance que les troupes allemandes opposaient toujours, dans les Pays baltes, à l'avance des *Rouges*, russes et autochtones. C'est pourtant à la même époque qu'un homme comme le ministre des Affaires étrangères, le comte Brockdorff-Rantzau, percevait très clairement le maître atout que pouvait être, dans les mains de l'Allemagne vaincue, le gouvernement soviétique : soit l'Allemagne, répondant aux préoccupations *socio-politiques* de plus en plus nettes des Alliés, en profitait pour devenir un partenaire apprécié, soit elle choisissait de s'allier plus étroitement avec la Russie contre l'Entente [2].

Cette double éventualité était le fruit obligé de la situation politique internationale ainsi que de la position géographique de l'Allemagne : soit orientation vers l'Ouest et donc accentuation de l'antibolchevisme, en d'autres termes effacement de la ligne de politique étrangère au profit de la ligne socio-politique, soit orientation vers l'Est et donc bonne intelligence avec la Russie bolchevique. La profonde déception et l'humiliation que vécut Brockdorff à Versailles firent de lui l'un des champions de la

---

1. Winfried Baumgart, *Deutsche Ostpolitik 1918. Von Brest-Litovsk bis zum Ende des Ersten Weltkrieges*, Vienne-Munich, 1966, p. 317.

2. *Cf.* son mémorandum d'avril 1919 in Herbert Helbig, *Die Moskauer Mission des Grafen Brockdorff-Rantzau* (*Forschungen zur osteuropäischen Geschichte*, vol. 2, Berlin, 1955), p. 286-344, 291 et suiv.

seconde ligne, même s'il n'alla jamais aussi loin, dans la voie d'un rapprochement avec l'Est, que le général von Seeckt. Ce dernier, prioritairement animé par le désir de voir disparaître la Pologne, était en contrepartie prêt à faire d'importantes concessions en matière de politique intérieure[3]. Ebert et la quasi-totalité des sociaux-démocrates défendaient en revanche avec obstination la ligne de rapprochement avec l'Ouest, qu'ils tenaient pour l'unique moyen de faire face aux communistes.

Mais une troisième ligne entra alors en jeu, celle de la politique économique que choisirent nombre de patrons allemands et qui, dans la mesure où elle s'accompagnait de la conviction que l'établissement de relations commerciales atténuerait le caractère *barbare* ou *asiatique* du bolchevisme, n'était pas obligatoirement apolitique ou philobolchevique en toutes circonstances. Un Lloyd George partageait en Angleterre cette même conviction et, dès 1920, Anglais et Allemands entrèrent en concurrence pour la conquête du marché russe. Du côté soviétique, c'est Karl Radek qui fit le premier pas en direction d'un arrangement pragmatique avec le gouvernement bourgeois d'Allemagne, arrangement qui, bien sûr, ne pouvait être à ses yeux que le prélude à l'unité idéologique et matérielle d'une Allemagne et d'une Russie toutes deux soviétiques : « Je suis trop peu diplomate pour feindre de croire que l'état actuel de l'Allemagne est durable. La bourgeoisie allemande ne croit d'ailleurs pas que nous-mêmes durerons longtemps. Nous sommes donc du même avis. Pourquoi alors ne pas échanger de la toile de lin contre des médicaments, du bois contre de l'appareillage électrique ? Vous n'exigez tout de même pas des gens à qui vous vendez des caleçons un certificat d'immortalité ![4] »

Les premiers contacts non informels entre les deux gouvernements furent pris afin de régler le problème des prisonniers dans les deux pays. Il y avait plus d'un million de prisonniers russes en Allemagne et, en Russie, en plus d'un nombre considérable de prisonniers de guerre allemands, de nombreux internés civils. C'est dans ces conditions que fut fondé dès le début de 1919 un Centre national pour prisonniers militaires et civils, à la tête duquel on nomma un ancien sergent-chef, du nom de Moritz Schlesinger. Couvert par Brockdorff-Rantzau, ce dernier déjoua des plans alliés visant à recruter une armée antibolchevique parmi les prisonniers de guerre allemands et, en novembre 1919, Viktor Kopp, l'homme de confiance du gouvernement soviétique, arriva à Berlin avec

3. Otto Gessler, *Reichswehrpolitik in der Weimarer Zeit*, édité par Kurt Sendtner, Stuttgart, 1958, p. 185-188.

4. Karl Radek, *Deutschland und Rußland. Ein in der Moabiter Schutzhaft geschriebener Artikel für « richtiggehende » Bourgeois*, Berlin, 1920, p. 12. Ce texte date donc du printemps 1919, lorsque Radek recevait dans sa cellule de Moabit non seulement des communistes mais aussi des hommes politiques bourgeois, des dirigeants de l'économie etc. (dont Rathenau), en quelque sorte en tant qu'ambassadeur officieux de la République soviétique. Il fut publié pour la première fois dans *Die Zukunft*, n° 19 du 7 février 1920.

pour mission de s'occuper de la question des prisonniers et, dans la mesure du possible, d'établir d'autres contacts. En avril 1920, un accord fut conclu et les représentants des deux parties, Viktor Kopp à Berlin et Gustav Hilger à Moscou, obtinrent au bout de quelque temps certains pouvoirs consulaires ainsi que l'immunité à titre personnel.

Des rumeurs ne cessaient de courir en Allemagne à propos de la participation de Russes aux mouvements révolutionnaires, en particulier après le putsch de Kapp, sans toutefois qu'aucune preuve convaincante ne soit venue confirmer ces dires. Lénine étant alors avant tout désireux de voir l'Allemagne et la Russie partager une frontière commune, les mois de juillet et d'août 1920 marquèrent le sommet des relations, non encore officielles, entre les deux pays. Le gouvernement allemand proclama sa neutralité, mais la ligne anti-occidentale et anti-polonaise d'hommes politiques aussi à droite que les gouvernants jouissait elle aussi d'un soutien considérable à la fois aux ministères de la Défense et des Affaires étrangères ; Seeckt n'était pas le seul sur cette ligne, il y avait également le diplomate Ago von Maltzan et le futur chancelier du Reich, Josef Wirth : confirmation impressionnante de la force de la tradition russophile en Allemagne et en Prusse ; cela prouvait aussi combien était grande la certitude de pouvoir redevenir une puissance politique qui compte, en mettant à profit l'opposition entre l'Est et l'Ouest. Personne en effet, au moins depuis la fondation du VKPD en décembre 1920, ne pouvait plus ignorer que la situation était désormais totalement différente de ce qu'elle avait été avant la guerre, puisque la Russie soviétique pouvait maintenant espérer disposer d'un parti en Allemagne, à bien plus juste titre que cette dernière avait pu croire avoir le sien en Russie, en 1917-1918, en la personne des bolcheviks. Lénine n'en recherchait pas moins avec opiniâtreté un rapprochement d'État à État, parce qu'il espérait lui aussi profiter des divisions occidentales et que, comme beaucoup de Russes, il tenait en haute estime l'organisation et la technique allemandes. Du côté allemand, n'entraient pas seulement en compte les considérations stratégiques de Seeckt et de Maltzan, mais aussi l'intérêt que de nombreux patrons portaient à une reprise des échanges commerciaux ; on avait donc affaire à une pression exercée par la *ligne de politique économique*, une ligne relativement autonome. Simons, le ministre des Affaires étrangères, eut ainsi au printemps 1921 des paroles amicales à l'égard de la Russie soviétique, estimant que, en dépit de leurs différends idéologiques, les deux parties pouvaient tout de même entretenir des rapports fondés sur le réalisme politique. Même les combats de mars 1921 en Allemagne centrale ne modifièrent pas fondamentalement cette attitude, bien que, cette fois, l'intervention du Komintern ne souffrît aucun doute. L'une des raisons essentielles fut certainement l'inquiétude soulevée par le § 116 du traité de Versailles, qui réservait le droit de la Russie à exiger des réparations de guerre. Wirth, appelé le *chancelier de l'exécution du traité*, était par ailleurs un adversaire déclaré de la

Pologne, *l'État-brigand*. Il y eut par conséquent, en septembre 1921, de part et d'autre, nomination de représentants, même s'ils ne jouissaient pas encore du plein statut diplomatique, le professeur Kurt Wiedenfeld à Moscou et Nicolaï Krestinski à Berlin. Après la profonde déception provoquée en Allemagne par la décision des Alliés concernant la Haute-Silésie, c'est Ago von Maltzan qui fut appelé à diriger le secteur oriental du ministère des Affaires étrangères. À peu près à la même époque, se nouèrent les premiers contacts entre la Reichswehr et l'Armée rouge. À l'Ouest, par ailleurs, on échafaudait toute une série de projets visant à constituer un consortium financier international chargé de la reconstruction économique de la Russie ; les principaux instigateurs de ces plans étaient Lloyd George ainsi que Walther Rathenau, ministre des Affaires étrangères, un inconditionnel de l'orientation vers l'Ouest. Lénine, pour sa part, voyait dans ces projets une attaque du capitalisme contre l'indépendance de son pays et les instructions qu'il donna à sa délégation à la Conférence économique mondiale de Gênes, à laquelle la Russie comme l'Allemagne étaient invitées, sont extrêmement significatives à cet égard [5]. Le résultat le plus important et le plus sensationnel de ces instructions fut la signature du traité de Rapallo, le 16 avril 1922. La conclusion proprement dite de l'accord intervint dans des circonstances étranges et, aujourd'hui encore, du fait de l'inaccessibilité des archives soviétiques, elles ne sont pas entièrement élucidées. Dans le fond, le traité se fit contre la volonté de Rathenau et d'Ebert, bien qu'il se fût agi d'un événement logique : les deux grands vaincus de la guerre mondiale se rapprochaient, renonçant mutuellement à des revendications extrêmement aléatoires bien qu'importantes du point de vue des principes – les Russes renonçant au § 116, les Allemands à des indemnités pour la nationalisation de biens allemands – et renouaient de véritables relations diplomatiques. La conclusion du traité fut un choc réel pour les puissances occidentales, car elle créait une nouvelle éventualité dans le champ de la politique internationale : l'Allemagne et la Russie étaient susceptibles de s'unir un jour au sein d'une authentique alliance contre l'Occident. L'autre éventualité, radicalement opposée, dont Churchill s'était fait le champion contre Lloyd George, paraissait avoir désormais irrémédiablement disparu, l'éventualité que l'Allemagne devînt une alliée dans une guerre de libération antibolcheviste. On peut imaginer combien le choc aurait été plus profond encore si un traité de beaucoup plus grande portée avait été conclu avec une Allemagne effectivement devenue soviétique ! Chez les communistes allemands se mêlaient en fait le triomphe et la déception car, si le traité rompait l'isolement de la Russie soviétique, il renforçait dans le même temps le gouvernement bourgeois allemand et, du même

5. *Lenin Werke, Ergänzungsband Oktober 1917-März 1923*, p. 421-423. (Édition française : *Œuvres*, vol. 45, p. 466-467.)

coup, la résistance à la révolution. Était-il réellement une *étape* sur la bonne voie ? Ne s'était-on pas déjà trompé lorsqu'on avait voulu voir dans le gouvernement Ebert de 1918-1919 une étape, c'est-à-dire un gouvernement Kerenski ? Les considérations publiées le 18 avril 1922 par la *Rote Fahne,* sous le titre « Traité de paix germano-russe », n'étaient ni convaincantes ni très convaincues, semble-t-il : « Pour l'Allemagne, le présent virage politique *peut* entraîner d'importantes conséquences. Si Rathenau profite de cette occasion et poursuit la politique ainsi engagée, toutes les questions encore pendantes entre l'Allemagne et les États de l'Entente *pourront* alors se poser sous un jour *nouveau*. Nous ne cacherons pas que nous ne faisons pas confiance à Monsieur Rathenau pour poursuivre une telle politique. Nous n'en croyons pas non plus capable un gouvernement bourgeois quel qu'il soit. »

Le *Völkischer Beobachter*, en revanche, affirmait qu'on avait « bazardé le peuple allemand », parlait du « crime de Rapallo » [6] et, au lendemain de l'assassinat de Rathenau, écrivit : « Rathenau a pris parti à Cannes pour un gouvernement supranational de banquiers. Mais c'est le nom du même homme que l'on retrouve sous le traité de Rapallo qui lie l'Allemagne à la Russie bolcheviste, soi-disant anticapitaliste jusqu'à la moelle. Nous nous trouvons en présence de l'union en une seule personne de la haute finance internationale juive et du bolchevisme international juif ».

La ligne de politique extérieure était donc une ligne moyenne et elle servait à maintenir la position d'État central de l'Allemagne. Si Brockdorff était fier des rapports de confiance qui, à l'en croire, l'unissaient à Tchitcherine, il ne cessa pour autant jamais d'être convaincu qu'il avait affaire, à Moscou, à des « fanatiques sans scrupules » qui projetaient de repousser un jour jusqu'au Rhin les « frontières de l'Asie » [7]. De son côté, Stresemann couvrait ses fonctionnaires dans tout ce qu'ils entreprenaient pour préserver les bonnes relations germano-russes, y compris lorsqu'ils faisaient preuve d'esprit de conciliation face à des tentatives de chantage ; un *mariage* avec la Russie soviétique n'en aurait pas moins signifié à ses yeux « se mettre au lit avec l'assassin de son propre peuple » [8]. Si

6. Numéros des 22 et 29 avril 1922.

7. Helbig, *op. cit.,* p. 329, 334. Les conversations secrètes de Brockdorff-Rantzau entre 1923 et 1928, rassemblées aux archives politiques du ministère des Affaires étrangères sous le titre « Kupferberg Gold », sont très instructives. Dans l'un de ses derniers entretiens (Berlin, 1er août 1928), il qualifie de « bluff jusqu'à un certain point l'intimité » des relations germano-russes, il parle de « l'entente de merde » (entretien avec le général Hasse du 21 février 1923) et il évoque « la frénésie de Monsieur Zinoviev ou Apfelbaum » (entretien avec Tchitcherine du 25 février 1925). La *Pravda* du 11 septembre 1928 publia néanmoins une nécrologie élogieuse du « comte à l'ambition et à la fierté aristocratiques, le plus loyal, le plus bienveillant, le plus abordable et par conséquent le plus agréable de tous les ambassadeurs bourgeois qu'ait connus Moscou la Rouge » (Gustav Hilger, *op. cit., cf.* note 8 du chapitre I, p. 99).

8. Günter Rosenfeld, *Sowjet-Rußland und Deutschland, 1917-1922 und 1922-1923*, Cologne, 1984, vol. II, p. 121.

Brockdorff-Rantzau et Stresemann poursuivirent la politique de Rapallo, c'est uniquement parce que l'affirmation du rôle de grande puissance de l'Allemagne leur semblait dépendre de la préservation d'une marge de manœuvre face aux Alliés occidentaux ; dans les faits, ce fut un grand service qu'ils rendirent à l'Union soviétique lorsque, par le « traité de Berlin » d'avril 1926, ils opposèrent à la politique d'accommodement avec l'Ouest un contrepoids qui excluait que l'Allemagne pût jamais servir à l'Angleterre ou à la France de base arrière pour une guerre contre l'Union soviétique. L'un des objectifs politiques, et non le moindre, poursuivis par la direction du KPD durant ces années était aussi d'empêcher que l'Allemagne ne se tourne définitivement vers l'Ouest et de s'opposer, au sein même du communisme, à des tendances « ouest-européennes »[9]. On peut douter que le gouvernement soviétique ait vraiment cru au danger de guerre dont il ne cessait de brandir l'épouvantail ; il y avait en effet de bonnes raisons de considérer comme fondée une hypothèse avancée aussi bien par des partisans que par des adversaires de l'Union soviétique, hypothèse selon laquelle se développerait, à l'arrière du front ainsi que sur leur propre sol, une résistance irrésistible, si les puissances occidentales se risquaient à une guerre offensive contre l'Union soviétique[10]. Les rapports étaient toutefois extrêmement tendus depuis que le gouvernement Baldwin, après la menace qu'avait représentée la grande grève générale de mai 1926, avait entrepris de lutter très énergiquement contre le système de propagande et d'espionnage soviétique implanté en Grande-Bretagne et depuis qu'il avait fini, au printemps 1927, par rompre les relations diplomatiques. Des titres comme *Soviet* versus *Civilization* n'avaient plus rien d'inhabituel en Angleterre et des idées que Churchill, seul ou presque, avait défendues après 1920 retrouvaient de l'audience : il existe un état de guerre virtuel entre Moscou et les États capitalistes, dans la mesure où les bolchevistes sont sans arrêt à l'offensive alors que le camp bourgeois – aujourd'hui la Grande-Bretagne, demain peut-être les États-Unis – n'ont même pas commencé à se défendre sérieusement[11]. Peu après, l'ambassadeur français à Moscou se retrouva à son tour confronté à une situation identique à celle qu'avait connue le général Hoffmann durant l'été 1918 : « on avait maintenant affaire », en Union soviétique, dirigée contre les paysans et les derniers vestiges de la bourgeoisie, « à une troisième révolution exécutée de sang-froid, en pleine paix extérieure, en plein ordre intérieur, pour exterminer tout ce qui subsistait d'indépendance individuelle et de propriété privée ». Ce qui amena Jean Herbette à suggérer à son ministre de tutelle, Aristide Briand, d'envisager une rupture des relations plutôt que de faire

9. *Cf. supra*, p. 181.
10. *Cf.* G. Hilger, *op. cit.*, p. 218.
11. Augur, *Soviet versus Civilization*, Londres, sans date (1926), p. 74 et suiv.

preuve « de complaisance envers le mal » [12]. Le souhait d'une croisade était donc tout à fait présent en Angleterre comme en France, mais jamais il ne se développa au point de devenir une volonté car, en définitive, ce qui prédominait c'était la conviction que la structure de la société ne permettrait pas de mener une guerre de nature aussi particulière.

Au nombre des obstacles, il y avait non seulement l'existence d'un fort mouvement socialiste qui était pour une bonne part soviétophile, mais aussi la politique de puissance centrale menée par l'Allemagne. De ce dernier point de vue, la Reichswehr représentait désormais en quelque sorte l'aile gauche et était la plus étroitement liée à l'Union soviétique. Alors qu'elle était justement en train d'écraser la menace de soulèvement communiste en Allemagne centrale, en 1923, il existait déjà, au sein du ministère de la Défense, un « groupe de travail spécial R », tandis que des officiers allemands et russes avaient entrepris de négocier dans le dos de l'ambassadeur allemand et qu'une usine aéronautique allemande était en construction non loin de Moscou. Cette collaboration se poursuivit après 1923 : on avait ouvert une école d'aviateurs à Lipezk, près de Voronej, une école pour l'utilisation des gaz de combat à proximité de Saratov, ainsi qu'un terrain de manœuvres pour blindés près de Kazan. Le *Manchester Guardian,* suivi quelques jours plus tard par Philipp Scheidemann dans son discours du 16 décembre 1926 devant le Reichstag, rendit publique cette collaboration jusqu'ici ultra-secrète ; le SPD et le KAPD lancèrent de leur côté une violente campagne contre les *obus soviétiques* ; mais, pour autant, rien ne changea véritablement. Il se répandait dans certains milieux de la Reichswehr une image de l'Union soviétique et de son armée infiniment plus positive que celle qu'en avaient les nationaux-allemands, sans même parler des nationaux-socialistes. Alors que des publications communistes vantaient dans l'Armée rouge une unité et une force interne « dont une armée bourgeoise ne saurait même rêver » [13], le chef du Service des armements, le général von Blomberg, au terme d'un long voyage d'inspection en URSS, en 1928, parvint à une conclusion peu différente et n'avait pas assez de mots pour louer la chaleur avec laquelle le commissaire soviétique à la Guerre, Vorochilov, avait pris position « en faveur du maintien d'étroites relations militaires avec la Reichswehr » [14].

---

12. Jean Herbette, *Ein französischer Diplomat über bolschewistische Gefahr*, Berlin, 1943, p. 147 et suiv. Édition française originale : *Un diplomate français parle du péril bolchevique. Rapports de Jean Herbette, ambassadeur de France à Moscou de 1927 à 1931.* (Documents secrets extraits des archives européennes, publiés par la « Commission des Archives » du ministère des Affaires étrangères du Reich, Berlin, 1943) ; ici, p. 147 et 148.

13. *Die Rote Armee und die Rote Flotte*, Hambourg-Berlin, 1932, p. 23.

14. F. A. Krummacher-Helmut Lange, *Krieg und Frieden. Geschichte der deutsch-sowjetischen Beziehungen. Von Brest-Litowsk bis zum Unternehmen Barbarossa*, Munich-Esslingen, 1970, p. 502 et suiv.

Ce même Vorochilov fut pourtant, l'année suivante, à l'origine d'une grave perturbation des relations germano-soviétiques. Le 1er Mai 1929, Herbert von Dirksen, successeur de Brockdorff, rapporta que, à l'occasion de la parade sur la place Rouge de Moscou, avait défilé une maquette de cuirassé allemand, assortie d'une inscription selon laquelle l'Allemagne sacrifiait quatre-vingts millions pour la construction d'un cuirassé mais laissait des chômeurs mourir de faim. Sur le navire paré aux couleurs allemandes, des personnages maquillés et caricaturés représentaient, à en croire d'autres inscriptions, les ministres sociaux-démocrates du Reich, le ministre de la Défense, le ministre de l'Intérieur de Prusse et le préfet de police de Berlin. Vorochilov, dans son discours, avait déclaré que, dans l'Allemagne qui se prétendait démocratique, le préfet de police social-démocrate Zörgiebel avait interdit les manifestations du 1er Mai mais que, en dépit de cette interdiction, les travailleurs descendraient dans la rue afin de manifester en faveur de leurs revendications. Cette fois-ci, Stresemann ne mâcha pas ses mots et ordonna à son ambassadeur de protester vigoureusement contre cet « outrage éhonté au drapeau national » et contre l'inadmissible immixtion de Vorochilov dans les affaires intérieures allemandes [15]. L'ambassadeur Krestinski, dans un entretien avec Stresemann, expliqua ces incidents en alléguant que les défilés du 1er Mai se préparaient plusieurs mois à l'avance dans les quartiers ouvriers et que même les instances du parti, et *a fortiori* le gouvernement, n'étaient pas en mesure d'intervenir dans ces préparatifs. Vorochilov, ajouta-t-il, n'avait polémiqué qu'avec le Parti social-démocrate, pas avec le gouvernement allemand [16]. Ce dernier se satisfit de ces explications, guère crédibles pourtant, mais il pouvait difficilement douter que les relations *amicales* entre les deux États reposaient sur des bases absolument fragiles. L'Union soviétique, un État pourtant, voulait néanmoins s'identifier à un parti allemand. Ce même parti allemand avait, de son côté, bâti entre-temps un vaste appareil de renseignement dont la direction était entièrement aux mains de spécialistes soviétiques [17] et il était en passe de transformer l'industrie allemande en une maison de verre qui n'aurait plus aucun secret pour Moscou ! Certes, des ingénieurs allemands, employés en Union soviétique, travaillaient eux aussi, semble-t-il, pour les services de renseignement allemands, comme cela fut affirmé lors du procès Chakty, en 1928. Mais il suffit de s'imaginer

---

15. ADAP, Série B, 1925-1933, vol. 11, p. 481.

16. *Ibid.*, p. 502 et suiv.

17. *Cf.* à ce sujet Heinz Höhne, *Krieg im Dunklen. Macht und Einfluß des deutschen und russischen Geheimdienstes*, Gütersloh, 1985, p. 270 et suiv. ; Walter Krivitsky, *Ich war in Stalins Dienst*, Amsterdam, 1940, p. 64 (p. 58 de l'édition française) ; Franz Feuchtwanger, « Der militärpolitische Apparat der KPD in den Jahren 1928-1935. Erinnerungen », in *IWK* 17/1981, p. 485-533, p. 492.

les dimensions gigantesques des appareils du KPD et des services de renseignement de l'Armée rouge et la quasi-étanchéité des frontières soviétiques, il suffit de prendre d'autre part en compte ce qu'étaient en réalité les dispositifs allemands correspondants pour se persuader qu'il était absolument disproportionné de vouloir les comparer. En Allemagne, à côté de la Reichswehr et des intellectuels regroupés, comme Thomas et Heinrich Mann, dans la Société des amis de l'Union soviétique, les meilleurs amis non communistes de l'Union soviétique étaient néanmoins, ce qui peut sembler paradoxal, les représentants de la *bourgeoisie monopoliste*. Quelques-uns d'entre eux – dont des gens aussi influents que Peter Klöckner, Ernst von Borsig et Ernst Poensgen – entreprirent au printemps 1931 un voyage en Russie, dont ils revinrent emplis de grands espoirs et de grandes attentes. En effet, on leur avait fait miroiter que l'Union soviétique allait désormais acheter en Allemagne, en plus grande quantité encore, des équipements industriels nécessaires à l'accomplissement du plan quinquennal. Bien sûr, ce même voyage suscita de vives critiques dans la presse allemande et, une nouvelle fois, en janvier et novembre 1932, les relations entre les deux États furent soumises à rude épreuve lorsque l'Union soviétique conclut des traités de non agression avec la Pologne et la France, paraissant ainsi consolider le système de Versailles dont elle avait pourtant été, depuis 1919, l'un des adversaires les plus acharnés ; Staline, d'ailleurs, déclara qu'elle entendait le rester [18]. Jamais encore l'histoire n'avait donné lieu à des relations entre États aussi étranges : sur le plan économique, les espoirs allemands de parvenir à surmonter la crise reposaient pour une part non négligeable sur les *contrats russes*, tandis que, sur le plan de la politique internationale, le pays devait sa position centrale *entre l'Est et l'Ouest* à l'existence de l'Union soviétique ; mais, sur le plan socio-politique, l'Union soviétique était en soi un parti au cœur de la guerre civile qui, au lendemain du Mai sanglant, commença à se développer en Allemagne, où, en octobre 1929, le Vendredi noir de la Bourse new-yorkaise provoqua une crise analogue à celle des années 1919 à 1923.

---

18. Staline déclara le 13 décembre 1932 à Emil Ludwig : « S'agit-il là de la reconnaissance du système de Versailles ? Non. Ou s'agit-il alors de la garantie des frontières ? Non. Nous n'avons jamais été les garants de la Pologne et ne le serons jamais. » J. W. Stalin, *Werke*, vol. 13, Berlin, 1955, p. 103 et suiv. On trouvera une autre affirmation, antérieure et plus brutale encore, de la position révisionniste de l'Union soviétique dans le même ouvrage, vol. 7, p. 235 et suiv.

II-9

La guerre civile limitée en Allemagne

S'il fallut la crise économique mondiale pour créer, en Allemagne, les conditions permettant à deux partis de guerre civile de recruter des partisans en grand nombre, ce n'est pourtant pas elle qui leur donna naissance. Au contraire, tous deux entretinrent un rapport particulier avec la crise, mais il était tout à fait vraisemblable qu'ils recueilleraient désormais une forte audience.

Le Parti communiste représentait la doctrine incarnée de la crise générale du *capitalisme*. Il fut en droit de prétendre que l'évolution des choses dans le monde lui donnait raison lorsque, ce *Vendredi noir* du 24 octobre 1929, les actions ainsi que les autres valeurs enregistrèrent une chute sans précédent à la Bourse de New York. La conséquence en fut un recul tout aussi inédit de la production, recul qui s'étendit rapidement aux autres pays industriels, en interférence avec une grave crise agricole qui se profilait depuis un peu plus longtemps. L'annonce, par le VIe Congrès du Komintern, dans l'été 1928, de la fin de la stabilisation du capitalisme avait provoqué de la surprise et même des railleries car, à l'époque, l'économie mondiale se trouvait encore en période de haute conjoncture ; au début de l'année 1930, en tout cas, le chômage ne cessa de croître, en particulier en Allemagne, et les partenaires de la grande coalition ne réussirent pas à s'accorder pour décider soit de faire porter le poids principal de la crise sur les patrons, déjà handicapés par les coûts salariaux ou sociaux et donc affaiblis dans leurs capacités concurrentielles sur le marché mondial, soit de le faire peser sur les salariés, dont les revenus n'étaient bien souvent guère éloignés du minimum vital. Le résultat en fut la chute du gouvernement Müller et la formation d'un gouvernement présidentiel de crise, fin mars 1930, dirigé par Heinrich Brüning. Ernst Thälmann affirma alors que le fascisme avait ainsi pris le pouvoir en Allemagne. Pourtant, s'il est vrai que le président du Reich exerçait désormais, par l'intermédiaire de son chancelier et en vertu de l'article 48 de la Constitution, une espèce de dictature, il s'agissait incontestablement d'une dictature provisoire qui ne se différenciait pas plus de la démocratie parlementaire normale que l'état de crise économique ne se distinguait de l'état normal d'une conjoncture économique moyenne. Et, à y regarder de plus près, il n'y avait pas non plus de différence fondamentale entre conjoncture normale et crise : dans le système capitaliste, c'est-à-dire dans l'économie mondiale de marché, la production et la consommation ne dépendent pas immédiatement l'une de l'autre comme cela peut être le cas dans une ferme autarcique ou dans une commune rurale isolée ; elles sont au contraire liées entre elles par les nombreux degrés intermédiaires que constituent les divers acteurs économiques disposant d'autonomie d'action. Le système est donc par nature en crise permanente, c'est-à-dire un incessant processus d'adaptation et de développement, au cours duquel interviennent d'ailleurs toujours des crises plus importantes, semblables à des nœuds dans un filet. Mais les communistes avaient précisément pour objectif une ferme et une commune rurale d'un tel type, leur ambition étant de les faire revivre, mais à un *niveau supérieur*, grâce à la planification de l'économie ; ils se retrouvèrent donc en position de porte-parole et de champions attitrés de tous ceux qui souffraient le plus de la crise, voire de tous ceux que heurtaient le plus les injustices et les inégalités résultant inévitablement de l'*individualisme* du système. Individualisme que l'on peut aussi appeler liberté de mouvement accordée aux individus et aux firmes afin qu'ils puissent réaliser un *profit*. Les communistes ne se demandaient pas si ce système, avec son caractère global qui n'était pas qu'économique mais qui avait été modelé par une histoire de plusieurs siècles, n'était pas tout de même plus capable, dans la mesure où il était en voie de se perfectionner, d'assurer à tous les individus simultanément plus de sécurité et de bien-être que tout autre ; pour les communistes, il allait au contraire de soi que le remplacement par le socialisme de ce système injuste, chaotique, opaque et inefficient permettrait d'éliminer à jamais la misère et l'exploitation, la haine entre les peuples et la guerre. Ils étaient donc susceptibles de redevenir, durant cette crise économique mondiale, le *grand parti de la protestation et de l'espoir* que leur condamnation du *carnage des peuples* leur avait valu d'être à la fin de la guerre.

Mais il existait incontestablement aussi des circonstances particulières qui expliquaient peut-être l'inhabituelle acuité de la crise. Au début des années vingt déjà, John Maynard Keynes en personne avait écrit un petit ouvrage sur les conséquences qu'aurait le traité de paix sur l'économie ; il y mettait en garde contre les suites imprévisibles des réparations imposées aux Allemands, car il s'agissait là, à ses yeux, de transferts de capitaux motivés par des raisons politiques et donc de transferts étrangers au système. Suspendre les contributions allemandes ne permettrait-il pas de beaucoup atténuer la crise ? Cette modeste solution était sans doute la plus réaliste, mais elle offrait néanmoins d'extraordinaires difficultés car les bénéficiaires des réparations, l'Angleterre et la France, étaient de leur côté tenus de rembourser aux États-Unis d'énormes crédits qui leur avaient été consentis pendant la guerre. Si l'Amérique n'était pas disposée à renoncer à ses droits, il devenait inévitable que l'agitation nationale-socialiste contre le paiement des contributions débouchât sur l'instauration d'une autarcie allemande. Les nationaux-allemands et les nationaux-socialistes ne redoutaient pas, en vérité, une telle conséquence puisque aussi bien, avant même le Vendredi noir, ils avaient déclenché une grande campagne contre le *plan Young* qui, selon le vœu des Alliés et du gouvernement allemand, devait remplacer le plan Dawes. Ce plan offrait à l'Allemagne des avantages considérables, mais il fixait en même temps une date pour la fin du paiement des réparations, 1988, qui semblait signifier l'*asservissement* du peuple allemand pour deux générations.

Qu'un tel plan suscitât une opposition était inévitable et conforme au système. Pourtant, la manière, particulièrement démagogique, dont le Comité pour le référendum d'initiative populaire – Hugenberg et Hitler siégeaient à égalité de droits en son sein, au côté de représentants du Casque d'acier et de la Ligue pangermaniste *(Alldeutscher Verband)* – manifesta cette opposition, fut déterminante pour conférer au NSDAP une audience nationale ; elle lui permit notamment d'augmenter sensiblement ses voix à l'occasion des élections aux Landtage et lors des élections municipales. Certes, le référendum échoua piteusement, en décembre ; pourtant, il avait été démontré de manière insolite ce dont, en dépit de sa stupidité évidente, une agitation démagogique était capable, puisque aussi bien un rejet du plan Young n'aurait pas mis fin au paiement des contributions, il aurait simplement laissé en vigueur le plan Dawes. Le président du Reich ayant dissous, en juillet 1930, le Reichstag qui avait demandé que soit abolie une ordonnance importante, le KPD n'en rendit pas moins public, en août 1930, en vue des élections proches, un « Programme de libération nationale et sociale du peuple allemand » qui dépassait de beaucoup en radicalité et en démagogie irresponsable les revendications nationales-socialistes. Le parti assurait en effet avec solennité qu'au cas où il accéderait au pouvoir il déclarerait nulles et non avenues toutes les obligations découlant de la paix de Versailles et qu'il ne paierait pas un pfennig d'intérêt pour les emprunts, les crédits et les investissements impérialistes. Il revendiquait en outre la journée de sept heures et la semaine de quatre jours de travail et promettait aux régions allemandes qui en exprimeraient le désir – donc au Tyrol du Sud et aux régions des Sudètes aussi – que leur serait assurée la possibilité de rejoindre l'Allemagne soviétique ; le tout, bien sûr, « en accord avec les travailleurs révolutionnaires de France, d'Angleterre, de Pologne, d'Italie, de Tchécoslovaquie, etc. [1] » Il était impossible de faire plus démagogique et plus naïf, si bien que Hitler, qui s'était toujours prononcé pour le

1. Texte in Hermann Weber, Der deutsche Kommunismus, op. cit. (*cf.* note 16, chapitre II-2), p. 58-65.

remboursement des dettes privées, apparaissait par comparaison comme un homme modéré et raisonnable ou, au moins, comme un homme politique tourné vers l'Ouest et désireux de ne pas rompre d'emblée les liens de l'Allemagne avec l'économie mondiale. Les communistes, eux, aspiraient dans les faits à une hégémonie germano-russe du monde, à moins qu'ils ne se soient contentés d'instrumentaliser des slogans nationalistes. Les élections du 14 septembre leur valurent pourtant un grand succès et ils ne se lassèrent pas de célébrer leur victoire, qui avait fait de leur parti le premier à Berlin et porté le nombre de leurs mandats à 77. Les nationaux-socialistes remportèrent néanmoins un succès largement supérieur : six millions et demi de voix leur valaient plus de 100 députés au Reichstag et, jamais encore dans l'histoire parlementaire allemande, un parti n'avait effectué un tel bond, soit passer de 12 à 107 députés.

La *Rote Fahne* publia avec beaucoup de fierté les félicitations de la *Pravda* et du Komintern ; son éditorial du 16 septembre 1930, plein d'assurance, évoquait la préparation de l'assaut qui allait être donné pour établir une Allemagne soviétique dans laquelle il n'y aurait plus « ni de Hitler, ni de Goebbels, mais pas non plus de fourriers sociaux-démocrates du fascisme ».

De leur côté, les nationaux-socialistes voyaient dans les résultats électoraux « un verdict d'anéantissement de toute la politique d'exécution des traités » et ils purent même se permettre de publier, le 25 septembre, un article que le magnat de presse Lord Rothermere avait écrit pour son *Daily Mail* et qui assignait aux nationaux-socialistes la mission de sauver définitivement l'Europe entière du bolchevisme, en échange de quoi ils étaient en droit d'attendre de la Pologne, mais aussi de la Tchécoslovaquie, de larges concessions.

Lors de la séance d'ouverture du Reichstag, le 13 octobre 1930, les 107 députés nationaux-socialistes firent leur entrée en uniforme brun et, prenant place à droite de la salle, y formèrent une tache de couleur voyante qui occupait de loin la plus grande surface. Deux ans et demi plus tôt déjà, c'étaient les uniformes de la RFB dans les rangs communistes qui avaient de même frappé les observateurs, ainsi que les silhouettes massives de nombre de leurs députés[2]. Le tapage et les scènes de violence ne se firent effectivement pas attendre. Deux partis de guerre civile désireux de s'anéantir mutuellement, deux partis qui n'étaient pas qu'*allemands,* si l'on prend en considération leur importance et leurs objectifs, se faisaient désormais face au Parlement, en nombre respectable. Il est donc temps maintenant de jeter un œil sur cette guerre civile qui se déroula dans les rues d'Allemagne mais aussi, sous d'autres formes certes, dans les kiosques à journaux, les librairies et, ce qui ne fut pas le moins important, au Parlement.

2. Heinrich Fraenkel-Roger Manvell, *Hermann Göring*, Hanovre, 1964, p. 57.

Il faut préalablement souligner qu'il ne s'est agi que d'une guerre civile *limitée* car le gouvernement, en dépit de toutes les bagarres de rue et de toutes les violences proférées dans les brochures et les revues, tenait en définitive fermement les choses en main. En Russie, après la prise du pouvoir par les bolcheviks, une véritable guerre civile avait fait rage entre de grandes formations armées n'obéissant à aucune instance supérieure, pour la bonne raison que le pays était encore en guerre et que le territoire était trop vaste pour que des partis victorieux puissent tout de suite et partout s'imposer dans les grandes villes. Mais en Italie aussi où, pour la première fois dans l'histoire, un gouvernement parlementaire s'était retrouvé aux prises durant deux ans, de 1920 à 1922, avec deux puissants partis de guerre civile, les combats entre socialistes et fascistes avaient temporairement occupé le devant de la scène dans plusieurs régions, l'État étant pratiquement mis hors jeu. En Allemagne, en revanche, le gouvernement présidentiel de crise, dirigé par Brüning, et, en Prusse, le gouvernement de coalition de type weimarien, en place depuis longtemps, réussirent à s'imposer en recourant à la police, en confisquant des journaux, en interdisant le port des uniformes, en limitant le droit de manifestation, voire en fixant arbitrairement le tirage des journaux. Ainsi, en Prusse, une demande de dissolution du Landtag de Prusse formulée par le Casque d'acier et le NSDAP avait été soumise à référendum; les communistes s'étaient d'ailleurs ralliés à cette demande en toute dernière minute après l'avoir baptisée « référendum rouge ». Tous les journaux furent contraints de reproduire un communiqué gouvernemental en août 1931. Cette manifestation d'autorité culmina avec l'interdiction de la SA et de la SS décrétée par le général Groener, ministre de l'Intérieur. Entre-temps, en avril 1932, Hindenburg avait été réélu président du Reich grâce aux efforts de Brüning et à la suite d'un revirement symptomatique de la part du SPD ; il avait cette fois devancé Hitler, le distançant largement. L'histoire de ce gouvernement a déjà fait l'objet de nombreux travaux et nous nous contenterons ici de quelques notations en style télégraphique : appui du SPD dont l'objectif premier était « de faire barrage à un gouvernement fasciste et anti-classe ouvrière sur le modèle italien » ; nouvelles amputations de crédit après les élections de septembre ; politique d'économies et de déflation qui aggravait la crise mais rapprochait de l'objectif de politique extérieure, qui était la suppression des réparations ; croissance du nombre de chômeurs jusqu'à atteindre le chiffre de six millions en 1932 ; échec du projet d'union douanière entre l'Allemagne et l'Autriche à la suite de mesures de rétorsion françaises ; « moratoire des dettes de guerre Hoover » en juillet 1931 ; défi lancé en octobre 1931 par le Front de Harzburg de l'*Allemagne nationale*; gonflement des voix nationales-socialistes jusqu'au maximum atteint lors de l'élection du Landtag de Prusse le 24 avril 1932 ; perte grandissante de confiance de Hindenburg en son chancelier et retrait de ce dernier le 30 mai 1932. En aucune de ces circonstances, le gouvernement n'avait été menacé de perdre le contrôle de la situation, mais il n'existait pas non plus de danger que communistes et nationaux-socialistes se retrouvent pour autre chose que des votes négatifs communs au Parlement.

Pourtant, si la guerre civile était certes limitée, elle était loin de se cantonner à des combats de rue ; elle se déroulait aussi, et même principalement, sous forme d'écrits théoriques, de brochures polémiques et d'articles de presse virulents ; en tant que guerre civile intellectuelle, elle n'avait d'ailleurs pas attendu le gouvernement Brüning pour se déclarer ; elle s'était au contraire développée depuis les tout débuts de la République, en marge des affrontements normaux opposant les partis supports de l'État et sous la forme d'une négation du droit à l'existence de l'autre à laquelle se livraient respectivement les communistes et les anticommunistes militants.

On a déjà décrit les prémices de cette guerre civile, mais on peut dire que le point de départ des affrontements ainsi que leur constituant essentiel n'avaient pas changé depuis, ni pendant la phase de stabilisation ni, ensuite, durant la crise : cet élément central résidait dans la langue qu'utilisaient les communistes, parlant sans cesse de condamnation à mort, de bourreau et de tombeau, propos qui recouvraient leur croyance en la fin imminente du système capitaliste. La description des succès remportés dans la construction du socialisme en Russie, où les travailleurs pouvaient enfin se sentir les maîtres de l'État, entretenait cette foi ; l'envoi en URSS de délégations était destiné à fournir du crédit aux visions d'avenir : bénéficiant d'un itinéraire soigneusement sélectionné et d'un accueil bien étudié, elles devaient, à leur retour, être convaincues que l'on pourrait bientôt transformer en écoles et en foyers pour enfants les villas des capitalistes allemands, procédé dont on avait usé à l'égard des palais de la noblesse russe [3]. Comment n'aurait-on pas soulevé l'indignation en soulignant que les mines d'Otto Wolff, à Mansfeld, avaient perçu sept millions de marks, prélevés dans les poches des contribuables, uniquement parce que le multimillionnaire avait menacé de licencier des ouvriers : « C'est au mur que l'on devrait coller des millionnaires licenciant des ouvriers plutôt que, de surcroît, les payer pour ça [4]. » Contrairement à ce que souhaitaient les nationaux-socialistes, on ne pouvait, au cours du combat pour assurer liberté et sécurité aux travailleurs, faire de différence entre

---

3. *Im Lande der Roten Fahne. Bericht der zweiten Arbeiterdelegation über Sowjetrußland*, Berlin, sans date (1927 certainement), p. 152. Il n'était toutefois pas absolument rare que des membres de délégations prennent, à leur retour, quelque distance avec les déclarations collectives qu'ils avaient signées en Union soviétique ; tel fut par exemple le cas d'un *libre-penseur prolétarien* qui critiqua très vivement dès 1926 l'adoration dont Lénine était l'objet ainsi que le culte de Staline. (Erich Mäder, *Zwischen Leningrad und Baku. Was sah ein proletarischer Freidenker in Sowjetrußland ?*, Windischleuba, 1926.)

4. *« Kampf um die Scholle. » Das Bauernhilfsprogramm der KPD*, Berlin, 1931, p. 19.

capitalistes chrétiens et capitalistes juifs, car les uns et les autres étaient, au même titre, des exploiteurs et pareillement condamnés à mort par l'histoire, tandis que les prolétaires allemands et les prolétaires juifs – si tant est qu'il y en eût – subissaient un sort commun [5].

Entre 1925 et 1933, en dépit de la puissante montée des nationaux-socialistes, il n'était au fond intervenu qu'une légère modulation de la stratégie communiste, puisque l'ennemi véritable demeurait le système capitaliste et que, à l'intérieur de ce système, la social-démocratie avait longtemps été la cible privilégiée. Kark Radek avait ainsi, en 1925, tout autant exploité l'affaire Barmat (les frères Barmat, des trafiquants notoires, entretenaient des relations avec des membres du SPD, notamment le ministre des PTT de Prusse et le préfet de police de Berlin, NdT) que ne l'avaient fait les nationaux-socialistes ; lui aussi, dans sa brochure *La social-démocratie à la Barmat*, parlait des « spéculateurs polono-judéo-hollando-allemands » qui, à l'en croire, étaient particulièrement prévenants à l'égard de la social-démocratie, tandis qu'un Stresemann, par exemple, s'appuyait dans une large mesure sur le konzern du « Juif russe Litvine ». Pourtant, d'après lui, la raison la plus profonde de la corruption résidait dans le soutien apporté au capitalisme par la social-démocratie. Par conséquent, seule la mise à l'écart des dirigeants de ce parti permettrait, à son avis, de créer un état de non corruption, d'assainir la situation : « Si la révolution allemande pend les Scheidemann et toute la clique sociale-démocrate à la Barmat, elle peut bien alors [...] leur faire tailler une statue dans le marbre : un chien léchant avec désintéressement le fouet de son maître. [6] »

De son côté, en 1932, Walter Ulbricht n'ignorait pas – de même que Radek, d'ailleurs, qui évoque la chose à d'autres moments – qu'une partie des ouvriers étaient eux aussi corrompus par la bourgeoisie, par le biais de salaires élevés, et que les nazis, en exploitant la politique de coalition du SPD et du syndicat, étaient en mesure d'étendre leur influence « parmi les couches petites-bourgeoises et même, pour une part, parmi les couches ouvrières ». Ce qui le conduisait à exiger que l'on fasse « la chasse aux parasites capitalistes, aux grands industriels, aux banquiers, aux Junkers, aux gros commerçants, aux politiciens bourgeois, aux ouvriers traîtres, aux spéculateurs et aux trafiquants », suivant en cela « l'exemple éclatant » de l'Union soviétique [7].

Il n'est pas difficile de comprendre pourquoi, dans ces conditions, l'opinion publique allemande ne fut pas particulièrement émue par le mot de Hitler : « des têtes vont rouler », ni même par son antisémitisme ; en

---

5. *Marxismus für Antimarxisten. Ein Wegweiser für Gegner, die ihn kennenlernen wollen*, Berlin, 1931, p. 7.

6. *Die barmatsozial demokratie,* Hambourg, 1925, p. 11, 9, 17.

7. *« Volksrevolution gegen Faschismus ». Rede des Genossen Walter Ulbricht vor den Funktionären der KPD*, Berlin, sans date, p. 25, 32.

effet, Radek en personne s'efforçait de mettre à profit des émotions antisémites et la majorité des Juifs étaient appelés à devenir eux aussi les victimes du monumental projet d'anéantissement développé par Ulbricht, quand bien même l'anéantissement évoqué se serait résumé à une expropriation totale.

En dépit de quoi, la force d'attraction qu'exerçait le communisme sur les intellectuels et les hommes sensibles à l'éthique demeurait étrangement quasi intacte. C'est ainsi qu'un pasteur de Mannheim, un certain Eckert, expliqua qu'il avait quitté le SPD pour le KPD, afin d'aller là où l'on cherchait véritablement à venir en aide à ceux qui étaient dans la peine et l'accablement : « Il faut que meure le capitalisme pour que vive le peuple. » Seul, ajoutait-il, le bolchevisme est capable de mettre un terme à l'abominable misère des masses, car le bolchevisme n'est aujourd'hui rien d'autre que le peuple en personne, le peuple qui travaille et qui souffre [8].

Il n'était pas aisé, pour la propagande nationale-socialiste, de réfuter des arguments si simples et si mobilisateurs. Même pour tous les paysans, l'exemple russe n'était pas d'emblée dissuasif, et il l'était d'autant moins que le KPD se gardait bien de parler de *collectivisation* et, quant aux ouvriers, on ne pouvait méconnaître que les conceptions marxistes étaient, chez eux, pour ainsi dire innées ; voilà pourquoi l'Organisation des cellules d'entreprise nationales-socialistes (NSBO) critiquait avec tout autant de vigueur que les marxistes l'exploitation, l'arbitraire patronal et le capitalisme en général ; tout au plus se distinguait-elle en s'efforçant de substituer un projet national au projet international.

Les nationaux-socialistes avaient la tâche plus aisée lorsqu'il s'agissait de défendre des valeurs traditionnelles. Ainsi, dans sa brochure intitulée *La guerre rouge. Mère ou camarade ?*, Hans Schemm plaçait-il le lecteur devant l'alternative « Acceptation chrétienne de la vie ou anéantissement barbare ! [...] Hitler ou Staline ! », l'adjurant, lorsque sonnait l'angelus du soir, de réciter cette prière de détresse : « Garde-nous, ô mon Dieu, de la pestilence, garde-nous de l'anéantissement que nous promet la bête bolchevique. [9] »

Joseph Goebbels fit montre de nettement plus de grossièreté dans un écrit, *Der Nazi-Sozi* ; il y laissait libre cours à la polémique antibourgeoise de même qu'à la polémique antijuive, sans qu'il ait clairement démontré qu'il y ait identité entre l'une et l'autre : « Quoi de plus hypocrite, vraiment, qu'un bourgeois gras et bien nourri protestant contre l'idée prolétarienne de la lutte des classes ? [...] Bien sûr, le Juif est aussi un être humain. [...] Mais la puce est, elle aussi, un animal, mais qui n'a

---

8. *Stadtpfarrer Eckert, Mannheim, kommt zur KPD. Kirche und Kommunismus.*, Mannheim, sans date, p. 21, 24.

9. *Der rote Krieg. Mutter oder Genossin ?*, Bayreuth, 1931, p. 29, 3.

rien d'agréable. Et la puce n'étant pas un animal agréable, nous ne sommes pas tenus [...] de la sauvegarder et de la protéger, [...] mais bien de la mettre hors d'état de nuire. [10] »

On peut mesurer à quel point ce mouvement dépendait intimement de l'autre à la lecture d'un titre comme celui-ci : « Les valets communistes des capitalistes » ; il s'agissait d'un article dont l'argumentaire reposait sur les annonces publicitaires de grands magasins dans la *Rote Fahne* ainsi que sur les crédits accordés à l'Union soviétique par Wall Street.

En ce qui concerne l'Union soviétique elle-même, il n'était bien entendu pas difficile d'opposer aux propos glorificateurs des communistes *l'envers des choses*. On le faisait notamment en citant ou en reproduisant des écrits dûs à la plume de communistes déçus, par exemple *La Russie à nu* [11], de Panaït Istrati : à partir d'expériences personnelles ou en utilisant des extraits de journaux soviétiques, l'auteur dressait un tableau dont l'objet premier n'était pas de dépeindre les atrocités de la Tchéka, mais les conditions de travail et le niveau des salaires.

On ne trouve pas, chez les nationaux-socialistes, l'équivalent des groupes d'agit-prop et de leurs manifestations, car on ne peut guère citer comme tels de premières tentatives en la matière, ni les Thingstätten, ni même le *Combat pour la culture allemande*. La caractéristique des soirées de récitation et des représentations théâtrales des groupes d'agit-prop était de ne pas se contenter d'attaquer les nationaux-socialistes, mais de s'en prendre aussi à tout ce qui était en relation avec le *capitalisme*. On peut par exemple lire les vers suivants dans une chanson satirique intitulée *Suleika Destapar,* qui tournait en dérision le Parti d'État allemand *(Deutsche Staatspartei)*, le successeur du Parti démocrate allemand (DDP) :

« ... Ce mélange, il la fout vraiment mal,
parfaitement ethno-judéo-national !
Les guiboles sont rachitiques,
Le tarin fort sémitique,
Les yeux bleus et de race pure,
Ils n'en furent pas, tous le jurent. [12] »

Le même exemplaire du *Roter Sprachrohr* publie une petite pièce de théâtre qui met en scène Hitler, Goebbels et quelques nazis de base poussant leur cri favori « Crève, youpin ! » De l'autre côté de la scène se trouvent des capitalistes, dont certains sont juifs, et l'un de ces derniers s'écrie : « Ça a malheureusement coûté gros, mais on se rattrapera. » À la fin de la pièce, les *acteurs jouant les nazis* arrachent leurs brassards et

10. Dr J. Goebbels, *Der Nazi-Sozi. Fragen und Antworten für den Nationalsozialisten*, Munich, 1929, p. 4, 7.

11. *Russland nackt,* Munich, 1930.

12. Geh. StA (archives de la Gestapo), Rep. 219, n° 68, fol. 264.

brandissent des emblèmes communistes en entonnant : « Et les Juifs aussi sont supportables à condition qu'ils souscrivent pour vous ; si, d'aventure, vous vous offrez quelque pogrome, que surtout ça ne dégénère pas en haine de classe ! [13] » À l'évidence, le national-socialisme est considéré ici comme une espèce déficiente de communisme et l'antisémitisme comme un premier pas dans la bonne direction, dans la mesure où il est tourné contre les capitalistes juifs.

Il est frappant de constater combien les *curés* et le Zentrum sont souvent l'objet de railleries ; le fait est manifestement en rapport avec la volonté de *défendre l'Union soviétique*. Un « chant de marche » formule ainsi l'aspect positif de la motivation :

« Nous protégeons l'Union soviétique, notre patrie rouge
[...] Le fascisme est une menace pour le monde entier [...]
Prolétaire, un seul moyen, la République rouge des vengeurs. [14] »

La même emphase prévaut lorsqu'il s'agit d'indiquer la direction des attaques à l'intérieur du pays : « À mort la bourgeoisie ! [...] Guerre civile ! [...] Notre patrie, c'est l'Union soviétique. [15] »

À en croire des rapports de police, des groupes d'enfants chantaient souvent des comptines d'une violence extrême : « Nous poussons à la lutte des classes, nous l'attisons, les poings prêts à frapper, à coups de pied dans le ventre de la bourgeoisie. [...] Prenez l'État bourgeois à la gorge ! » Les chœurs parlés terminés, les Pionniers rouges se ruaient alors sur les membres de la troupe qui, eux, étaient costumés en agents de police et les terrassaient sous les applaudissements frénétiques des spectateurs. On disposait ensuite divers portraits contre le mur et l'on demandait : « Sur qui allons-nous tirer en premier ? Sur Hitler [...] sur Gœbbels [...] sur Brüning [...] sur Severing [...] sur Grzesinski ! [16] »

En règle générale, les manifestations nationales-socialistes étaient exemptes de telles scènes et de semblables propos, et il est même concevable que la police prussienne, entre 1930 et 1933, ait considéré les communistes comme les ennemis principaux et les nationaux-socialistes, à l'occasion, comme de véritables alliés. Et cela d'autant plus aisément que le seul *travail de désagrégation* de ses rangs qui ait connu une certaine ampleur, activité qui ne rencontra d'ailleurs de succès que parmi une petite partie des unités de police, était exclusivement le fait du camp communiste. Qu'un responsable SPD ait estimé que le fantôme fasciste disparaîtrait alors que la question cruciale pour l'avenir était : « Pour ou contre le bolchevisme » [17], était tout aussi peu surprenant.

---

13. *Ibid.*, fol. 191 et suiv.
14. *Ibid.*, fol. 147.
15. *Ibid.*, fol. 174.
16. *Ibid.*, fol. 69.
17. *Ibid.*, N° 34, fol. 67.

Ce n'est toutefois pas dans la littérature communiste, mais bien dans l'organe des intellectuels de gauche, la *Weltbühne*, que l'on trouve la manifestation la plus stupéfiante de cette guerre civile dans les esprits ; l'attaque n'était d'ailleurs pas dirigée contre les nationaux-socialistes mais contre les couches cultivées d'Allemagne en général. Sous le titre *Campagnes danoises (Dänische Felder)*, Kurt Tucholsky écrivit durant l'été 1927 : « Que le gaz s'infiltre dans les pièces où jouent vos enfants ! Qu'ils s'affaissent lentement, les poupons. À la femme du conseiller ecclésiastique et du rédacteur en chef, à la mère du sculpteur et à la sœur du banquier, à toutes, je souhaite une mort cruelle et pleine de tourments. Parce qu'elles veulent sans vouloir. Parce qu'elles sont paresseuses. Parce qu'elles n'entendent pas, ne voient pas et ne sentent pas. [18] » Il ne fait pas l'ombre d'un doute que, en la circonstance aussi, Tucholsky obéit aux motifs pacifistes les plus nobles. Mais le pire n'est jamais la conséquence de ce qui n'est que moyen et il n'est que rarement le produit de sentiments vils. Tucholsky se livrait là à une accusation collective qui ne rendait que trop vraisemblable l'idée que les mesures d'anéantissement consécutives à une guerre civile ne s'arrêteraient pas aux *spéculateurs* si en vogue, ni même à la *bourgeoisie*, mais qu'elles n'épargneraient ni les femmes ni les enfants.

Il faut toutefois dire à la décharge de Tucholsky qu'il n'ignorait rien des brutalités commises par les *lansquenets*, brutalités qui, bien plus encore que les *exécutions sommaires* de traîtres, réels ou supposés, devaient exacerber les passions. En tout cas, il aurait pu lire, dès 1928, le récit d'une scène absolument répugnante que fit dans son opuscule, *Scènes graves et scènes plaisantes de la vie d'un putschiste*, un ancien officier des Corps francs, Manfred von Killinger, alors haut responsable SA. L'homme raconte en effet comment, pendant les combats de 1919 à Munich, on lui avait amené une *barbouilleuse* qui s'était montrée récalcitrante. Il avait alors ordonné à un sous-officier, aidé de deux soldats, de lui relever les jupes et de lui porter de salutaires coups de fouet sur les fesses ainsi dénudées [19]. Difficile, en effet, de dire qui, de l'imagination débridée d'un Tucholsky ou de la brutalité, trop réelle, d'un Killinger faisant partie de groupes vilipendés et menacés d'anéantissement, était

18. *Die Weltbühne*, 1927, n° 30, p. 152 et suiv. (« Dänische Felder » von Ignaz Wrobel.) Dans les *Gesammelte Werke (Œuvres complètes)* de Tucholsky (vol. 5, p. 266), le passage est modifié par l'adjonction de la phrase : « Malheureusement, ce n'est jamais sur les bons que ça tombe. » L'idée à la base de l'article est l'opposition entre les campagnes du Danemark, déjà en paix en 1917, et l'Allemagne de 1927 où se prépare prétendument une nouvelle guerre. Ce ne sont pas des *auteurs néonazis* comme Emil Aretz (*Hexeneinmaleins einer Lüge*, Pähl/Obb., 1973, p. 106) qui ont découvert les premiers le passage en question ; la littérature nazie l'avait déjà cité, par exemple Hermann Esser, *Die jüdische Weltpest. Judendämmerung auf dem Erdball*, Munich, 1939, p. 218. Il est donc fort possible que Hitler en ait eu connaissance lui aussi.

19. *Ernstes und Heiteres aus dem Putschleben*, Berlin, 1928, p. 14 et suiv.

susceptible de provoquer les rancœurs les plus profondes et les haines les plus effrénées.

Pour ceux qui, au milieu de ces déchaînements de haine, s'en remettaient à la raison et s'efforçaient à l'objectivité, il était extraordinairement difficile d'adopter une position réfléchie en même temps qu'efficace politiquement, car ils étaient eux-mêmes souvent en butte à des attaques violentes. Les sociaux-démocrates avaient tendance à diriger leurs critiques contre les classes dominantes d'avant 1914, qui constituaient désormais la force essentielle au sein des rangs nazis, tandis que les gens des couches moyennes et les travailleurs se trouvaient dans les faits du côté du SPD. Le député au Reichstag Anton Erkelenz écrivit qu'il y avait comme une odeur d'Asie chez le Junker prussien ou l'homme des bois de Poméranie. Mais, bien que déclarant que les communistes mettaient le fascisme en selle, il entendait néanmoins continuer de crier l'ancien « Guerre aux palais ! » contre le bain de sang de la guerre mondiale que projetaient les nazis [20].

Il était très rare de lire ou d'entendre des paroles de compréhension ou d'approbation à l'égard de la situation allemande prise dans son ensemble. C'est néanmoins ce que firent Herbert et Elisabeth Weichmann à la fin du récit de leur voyage en Union soviétique ; ils y décrivaient, sans polémique et de manière crédible, la « vie quotidienne dans l'État soviétique » : la misère uniforme et sans classes, l'absence de toute insouciance contemplative et oisive une fois l'ancienne intelligence éliminée, un « quotidien enfumé et fiévreux, plein du bruit des machines et des conflits humains ». Ils rentraient donc dans leur pays en ayant pris conscience de quelque chose de nouveau : « Nous pouvons tranquillement considérer la situation qui est la nôtre, en Allemagne, avec un peu plus de patience et un peu plus d'amour et reconnaître combien notre existence ici est plus libre et plus humaine que nous ne sommes parfois tentés de le croire. [21] »

Mais Herbert et Elisabeth Weichmann n'étaient eux aussi, aux yeux des communistes, que des *sociaux-fascistes*. La guerre civile intellectuelle se déroulait y compris dans le domaine de la théorie et de la réflexion apparemment libre d'esprit partisan. Toutefois, le terme de social-fascisme n'était pas d'abord le fruit de considérations théoriques ; il était au contraire profondément ancré, sur un plan affectif, dans un vécu et des prises de parti antérieures, en d'autres termes dans la haine qu'éprouvaient les marxistes orthodoxes à l'égard des *réformistes* puis, pendant la guerre, à l'égard des *traîtres*, des sociaux-patriotes et des sociaux-chauvins. C'est néanmoins une nouvelle étape qui fut franchie lorsque Zinoviev, au lendemain de la défaite de l'Octobre allemand, déclara en

20. *Der Rattenfänger von Braunau. Die Tragödie Deutschlands*, Meißen, 1932, p. 3, 7.

21. Herbert et Elisabeth Weichmann, *Alltag im Sowjetstaat. Wie heute der Arbeiter in Sowjetrußland lebt*, Berlin, 1932, p. 18, 79, 94.

janvier 1924 que les sociaux-démocrates de gauche n'étaient qu'une « aile du fascisme ». Staline lui emboîta le pas, en septembre 1924, lorsqu'il affirma que fascisme et social-démocratie étaient des frères jumeaux. Il relevait donc de la même logique de déclarer, après les élections de septembre 1930, que régnait désormais le « fascisme à la Brüning » et que quiconque prenait position contre la révolution prolétarienne se plaçait du côté du fascisme. Dans les faits, on était en droit de se demander ce qui peut bien caractériser le fascisme si la *démocratie bourgeoise* n'est déjà rien d'autre que la *dictature de la bourgeoisie* et si la dictature ne peut être exercée que par l'une des deux *classes principales*. L'heure imposait donc de lutter contre les deux troupes auxiliaires de la bourgeoisie à la fois : contre le NSDAP en tant que *national-fascisme* et contre le SPD en tant que *social-fascisme*, les coups principaux étant d'ailleurs réservés à la social-démocratie, puisque, des deux forces ennemies, elle était la plus sournoise.

Les groupes oppositionnels du KPD virent dans cette idée une erreur funeste et, à partir du début de 1930, ils dirent à leur direction, dans l'esprit sinon dans la lettre : « Ce symbole – le concept de social-fascisme – te sera fatal. » Le plus important de ces groupes était le KPD-O, qui rassemblait les droitiers exclus du parti, Heinrich Brandler et August Thalheimer à leur tête. Les Combattants rouges *(die roten Kämpfer)*, eux aussi, fournissaient d'importantes contributions théoriques ayant l'ambition de ramener les communistes au sein d'un mouvement ouvrier uni ; toutefois, la sévérité de leurs critiques à l'égard du bureaucratisme et de l'inféodation du parti, mais aussi leur propre attachement à l'idée de « dictature du prolétariat », rendaient d'emblée leur entreprise vaine.

Les critiques de la théorie du social-fascisme reçurent un renfort de poids en la personne de Léon Trotski, que, depuis 1929, on était en droit de ranger dans la catégorie des exilés russes. Avec beaucoup plus d'acuité que personne d'autre, Trotski décela les dangers que comportait cette lutte contre le social-fascisme menée par les communistes : elle était quasiment une invite à prendre le pouvoir, adressée au national-socialisme, et, contrairement à ce qu'escomptait le Komintern, Hitler ne serait pas renversé, au bout de quelques semaines ou de quelques mois, par les prolétaires qui se seraient enfin rangés sous la direction du KPD. Bien au contraire, le gouvernement national-socialiste serait, de tous les gouvernements bourgeois, le seul en mesure de faire la guerre à l'URSS, Hitler devenant dans cette guerre l'organe exécutif du capitalisme mondial dans son ensemble, le « super-Wrangel de la bourgeoisie mondiale » [22].

22. Leon Trotski, « Soll der Faschismus wirklich siegen ? Deutschland – der Schlüssel zur internationalen Lage », in *Schriften über Deutschland*, vol. 1, Francfort/Main, 1971, p. 157 et suiv. (Édition française : « La clé de la situation internationale est en Allemagne », in *Comment vaincre le fascisme*, *op. cit.*, p. 42.)

Un tel caractère prophétique a de quoi étonner, mais il suffisait effectivement à Trotski d'appliquer à l'Allemagne bourgeoise ce qui avait été son propre comportement à l'égard des socialistes-révolutionnaires et des mencheviks ainsi que les guerres offensives qu'il avait menées contre la Pologne et la Géorgie pour être en mesure de prévoir la suite des événements. C'est également sur une analogie avec la révolution russe, c'est-à-dire en faisant peu de cas des supériorités électorales quantitatives, que Trotski fondait ses espoirs : « Sur la balance de la statistique électorale, mille voix fascistes pèsent aussi lourd que mille voix communistes. Mais sur la balance de la lutte révolutionnaire, mille ouvriers d'une grande entreprise représentent une force cent fois plus grande que celle de mille fonctionnaires, employés de ministères, avec leurs femmes et leurs belles-mères. La masse principale des fascistes est composée de poussière humaine. [23] »

En la circonstance, c'est Trotski qui se leurrait car il négligeait un fait important : certes, des millions de petits-bourgeois et d'ouvriers peu avertis avaient afflué au NSDAP, mais le noyau du parti était constitué d'un grand nombre d'officiers de la guerre mondiale dont le parti bolchevique avait exterminé les homologues russes ou les avait contraints à entrer dans l'Armée rouge. Il reste que l'on ne pouvait douter une seconde de l'hostilité de Trotski envers le national-socialisme, pas plus que de celle du KPD-O (le PC d'opposition, NdT) ou des Combattants rouges.

Il en allait différemment avec les groupes d'opposition qui existaient à l'intérieur du mouvement national-socialiste ou sur ses marges. Eux aussi, le bureaucratisme de leur parti et le comportement de bonzes de leurs chefs les heurtaient, et la tactique légaliste adoptée par Hitler n'était pas ce qui les choquait le moins. La conclusion qu'ils tiraient de leurs désaccords n'était pas que le parti devait mener une lutte plus résolue et plus prometteuse contre le communisme ; ils réclamaient au contraire une action plus résolue contre Versailles, contre les puissances occidentales et le capitalisme ; en cela, ils se rapprochaient du KPD lorsque, tout simplement, ils ne rejoignaient pas ses positions. L'exemple le plus célèbre à cet égard est celui d'Ernst Niekisch qui, dans sa revue *Widerstand*, combattait les nationaux-socialistes en tant que puissance ennemie « romanisée », implantée sur le sol allemand et émoussant la lutte contre Versailles, contre la grande ville, la décadence bourgeoise et l'économie monétaire capitaliste ; à ses yeux, le national-socialisme rejetant le bolchevisme, rejetait du même coup le mode de vie russo-asiatique en qui seul pourtant reposaient les espoirs de voir l'Allemagne se libérer du « bourbier de la prostitution anglaise » [24]. Ce fut pourtant la conversion de

23. *Ibid.*, p. 159. (Édition française : p. 43.)

24. La citation littérale provient d'un écrit de E. Mahlmeister, *Rußland und der Bolschewismus, Rußland und wir*, Freiberg i. S., 1926, citée d'après Louis Dupeux, *Nationalbolschewismus in Deutschland 1919-1933*, Munich, 1985, p. 288 (p. 272 de l'édition

Richard Scheringer au communisme qui créa la plus grande sensation : il était l'un des trois sous-lieutenants du régiment du colonel Ludwig Beck, stationné à Ulm, qui, en 1930, avaient été condamnés aux arrêts de forteresse pour une tentative de désagrégation nationale-socialiste de la Reichswehr. Au cours de la procédure, Hitler avait prononcé le serment d'agir dans la légalité, mais c'est précisément cette tactique légaliste que Scheringer se prit à rejeter violemment après s'être retrouvé, dans la forteresse de Gollnow, dans une espèce d'Université communiste ; il y avait pris conscience qu'il ne serait possible d'engager une véritable « politique de violence à l'égard des puissances occidentales » que si, au préalable, on avait mis fin non seulement au capitalisme mais aussi au libéralisme, au pacifisme et à la décadence occidentale [25]. Après avril 1931, le KPD suivit quelque temps la *ligne Scheringer* qui correspondait à peu de chose près à la ligne Schlageter de 1923 ; il réussit par là à attirer à lui un nombre pas du tout insignifiant de nationaux-socialistes et de nationaux-révolutionnaires, parmi lesquels Bodo Uhse, le capitaine Beppo Römer, ancien leader de la ligue du Haut-pays *(Bund Oberland)*, ainsi que le comte Stenbock-Fermor. Tous, comme Richard Scheringer lui-même, avaient le sentiment profond d'être passés d'un parti qui n'avait que l'apparence de la radicalité à un parti véritablement radical. Aucun communiste éminent n'aurait pu, pour les mêmes raisons, passer chez les nationaux-socialistes. Il tombait en effet sous le sens que la lutte contre les Juifs n'était qu'une manœuvre de diversion, partielle et débile, si la véritable question était de mener un combat d'anéantissement contre le capitalisme ou contre l'Occident.

Mais l'antisémitisme n'était-il pas alors aussi le signe que l'on s'auto-illusionnait et que l'on choisissait la solution de facilité si la question essentielle était celle de la lutte contre le communisme ? Scheringer put en tout cas se permettre de souligner qu'aucun Juif ne siégeait au Comité central du KPD, alors qu'on en trouvait plusieurs à la tête du konzern de Hugenberg [26]. Penser qu'un groupe restreint et bien défini d'hommes facilement identifiables pouvait avoir été à l'origine de la création du KPD, n'était-ce pas, peut-être, se méprendre sur la véritable mesure du phénomène communiste et céder à la facilité ? Mais l'on peut tout aussi bien se demander si une telle concrétisation simplificatrice ne répondait

---

française, *National-bolchevisme dans l'Allemagne de Weimar 1919-1933*, Librairie Honoré Champion, Paris, 1979). Cet écrit est intéressant dans la mesure où il prévoit la division de l'Allemagne en une partie orientale et une partie occidentale, mais Niekisch, avec sa polémique contre la partie *romanisée* du sud-ouest de l'Allemagne, défend au fond une position tout à fait analogue.

25. *Erwachendes Volk. Briefe an Leutnant a. D. Richard Scheringer*, Berlin, 1931, p. 6.

26. *Ibid.*, p. 13. (Ancien président du conseil d'administration de Krupp, Hugenberg fonda ce konzern qui contrôlait, en 1926, 30 % de la presse allemande, notamment des journaux provinciaux, et touchait quelque huit millions de lecteurs, NdT.)

pas, en se contentant d'un degré d'abstraction moindre encore, à celle qui visait les *capitalistes*, voire les *spéculateurs*.

Quoi qu'il en soit, on doit créditer les communistes d'une large avance lorsque la guerre civile intellectuelle prit la forme de directives en vue d'une guerre civile violente. Dès 1923, ils avaient diffusé une revue ayant pour titre *Vom Bürgerkrieg (De la guerre civile)*, ensuite appelée *Oktober* ; et aussi des ouvrages contenant des conseils concrets en vue du soulèvement armé, quand bien même il s'agissait le plus souvent de récits de guerres civiles du passé, victoires ou défaites, par exemple le récit de l'Octobre russe ou ceux des soulèvements de Reval en 1924, ou de Canton fin 1927. Un livre de « A. Neuberg », paru en 1928, *L'insurrection armée*, auquel collaborèrent, outre Erich Wollenberg et Hans Kippenberger, Mikhaïl Toukhatchevski et Ho Chi Minh [27], abordait avec beaucoup de minutie les divers problèmes que pose une prise de pouvoir violente. C'est ainsi que le soulèvement de Hambourg, en 1923, était décrit jusque dans le détail, l'auteur le considérant au total comme une reproduction non intégralement réussie de la révolution de Petrograd ; la terreur individuelle en période révolutionnaire fait l'objet d'une entière approbation et, en référence à Lénine, on va jusqu'à exiger que soient « liquidés les chefs de la contre-révolution » ou « éliminée à temps la haute direction ennemie ». Ce qui est finalement décisif, c'est que soient « liquidées les forces vives de l'ennemi », de sorte qu'il faut utiliser aussi la « terreur de classe » à l'encontre de la bourgeoisie [28]. Tous ces conseils avaient pour supports des événements qui s'étaient réellement passés et il ne fait pas l'ombre d'un doute que les auteurs du livre étaient des combattants expérimentés et que ce qu'ils exprimaient au travers de mots reflétait le fond de leur pensée.

Il est difficile, en revanche, de voir autre chose qu'une expérience intellectuelle dans les Documents dits de Boxheim qui, fin 1931, soulevèrent une grande émotion ; on y vit la preuve que les nationaux-socialistes se préparaient à la guerre civile. L'auteur, le Dr Werner Best, n'élaborait aucunement des plans en vue d'une prise de pouvoir violente ; il partait bien plutôt d'une situation, hypothétique certes mais non impossible *a priori*, dans laquelle, suite à un soulèvement communiste, les autorités supérieures de l'État auraient disparu ; en conséquence, seul l'autre parti militant (SA, milices) aurait représenté la nation et l'aurait protégée. L'auteur envisageait, dans une telle situation, une intervention certes très dure mais qui n'excédait guère les mesures que les autorités militaires seraient de toute façon amenées à prendre en cas de soulèvement. La différence la plus spectaculaire consistait à limiter aux seuls « Allemands

27. Réimpression : Francfort/Main, 1971. (Livre d'abord publié en 1931 par le Parti communiste français, réédité en 1970 par Maspero, Paris.)
28. *Ibid.*, p. 217, 219.

(non juifs) » de plus de seize ans l'obligation de service, sur décision des autorités [29]. Il est certain que le document témoigne d'une combativité radicale, mais il n'est pas pour autant légitime de le mettre sur le même plan que *L'insurrection armée* ou d'autres publications communistes de même nature.

La lecture des organes centraux des deux partis permet néanmoins de constater une large similitude dans les descriptions concrètes de la guerre civile qui se déroulait dans les rues, une large similitude aussi dans les prises de position, les déclarations et les mots d'ordre.

Voici à quoi pourrait ressembler un florilège des slogans, titres et petites phrases empruntés à la *Rote Fahne* : « Assassins à croix gammée [...] bandits criminels [...] soldatesque de Zörgiebel [...] nazis et policiers armés tirent sur la maison Liebknecht [...] des hordes nazies agressent des étudiants rouges [...] Orgie d'appels au meurtre (c'est la presse bourgeoise qui est ici visée après l'assassinat des officiers de police Lenk et Anlauf) [...] repaire d'assassins nazis [...] repaire principal des assassins [...] marchez dans le quartier des fauteurs de guerre [...] allez défiler à l'ouest de la ville, le quartier des va-t-en-guerre et des fascistes [...] Ils (les soldats de l'Armée rouge chinoise) collent au mur les Siemens chinois, les officiers de police et les généraux chinois [...] à la préfecture de police de Berlin, le communiste est tout simplement un ennemi (citation empruntée à un article d'Ossietzky) [...] notre chef: Staline [...] (à propos de photos de la ville de Siemensstadt) usines de la future Leninstadt [...] aujourd'hui encore station de commande Siemens; demain usines Marx [...] aujourd'hui encore l'usine Werner [...] demain, l'usine Staline [...] guerre civile des SA contre les quartiers ouvriers de Berlin [...] la pègre criminelle brune. »

Dans le *Völkischer Beobachter*, les formules équivalentes étaient du même ordre : « sauvages et criminelles agressions de la racaille bolchevique [...] les assassins rouges sévissent toujours [...] les bas-fonds bolchevistes à Berlin [...] des communistes tirent sur des nationaux-socialistes [...] représentants de la Légion étrangère soviéto-russe [...] les rouges veulent la guerre civile [...] les bandits et criminels rouges [...] bestiales atrocités des brutes rouges [...] bandits à la Hörsing [...] la voie sanglante du marxisme : 8 359 nationaux-socialistes tués ou grièvement blessés. [30] » « Le jeune hitlérien Herbert Norkus poignardé par des communistes [...] appels au meurtre du " Front de fer " marxiste [...] Thälmann, le général de cavalerie moscovite [...] assassinat rouge en Haute-Silésie [...] la sous-humanité rouge [...] la criminelle "Bannière d'empire"».

29. UuF, vol. VII, p. 377 et suiv.

30. Dans le décompte opposé que les communistes firent paraître sur ces entrefaites, le nombre des morts et des blessés graves parmi leurs partisans s'élève à quinze mille.

La similitude des expressions n'empêche pourtant pas de notables différences : si aucun des deux partis ne mène la lutte exclusivement contre l'autre, les communistes, eux, incluent également la police parmi leurs adversaires (« bandits à la Zörgiebel »), tandis que les nationaux-socialistes mettent la « Bannière d'empire » sur le même plan que les communistes. Ces derniers sont conscients qu'ils ont tout intérêt à se livrer à des caractérisations sociologiques, accusant par exemple tout policier qui, face à une foule menaçante, a usé de son droit à la légitime défense, d'être un *assassin d'ouvriers* ; les nationaux-socialistes, de leur côté, peuvent mettre à profit le fait que les communistes eux-mêmes s'identifient à *Moscou* et aussi le fait que le *lumpenprolétariat* a principalement choisi le camp communiste. (Bien entendu, les communistes, pour leur part, utilisent aussi ce concept bien marxiste en le retournant contre les chômeurs de la SA.)

Nous allons illustrer cette guerre civile à l'aide de trois exemples.

Le 20 mars 1927, la SA berlinoise dont, à l'époque, les effectifs ne représentaient guère qu'un dixième de ceux de la Ligue des combattants du Front rouge, fêta le premier anniversaire de sa fondation lors d'une manifestation nocturne à Trebbin dans la Marche. La manifestation fut marquée par un discours du Gauleiter de la capitale, le Dr Goebbels, devant les feux de camp. Au moment de rentrer en ville, le lendemain soir, les SA s'aperçoivent que les compartiments de l'avant du train qui entre en gare sont occupés par des membres de la RFB. Ces derniers lèvent le poing en guise de salut, les SA le ressentent comme une provocation et essaient de pénétrer dans un compartiment. Les militants de la RFB sortent alors des revolvers et tiennent ainsi leurs adversaires en respect. L'émotion de ces derniers est à son comble. À chaque arrêt du train, ils bombardent le wagon de pierres. À la gare de Lichterfeld-Ost, la SA sort sur le quai et tente de prendre le compartiment d'assaut. Le *Standartenführer* est blessé au ventre d'un coup de feu. Un autre SA est touché par un tir. Le wagon des communistes, numériquement très inférieurs, est à présent fortement endommagé par les impacts des pierres et, lorsqu'enfin un détachement de police arrive sur les lieux, il s'avère que les vingt-trois communistes sont presque tous grièvement blessés. Les quelque mille SA défilent alors depuis la gare jusqu'à la place Wittenberg, traversant Steglitz et Friedenau. « Des Juifs insolents rossés sans autre forme de procès. » Pourtant, dès le lendemain, aucun SA ne pouvait plus se montrer en uniforme dans les rues de Berlin. Le gouvernement prussien prononça à cette occasion l'interdiction de la SA berlinoise [31].

31. Martin Broszat, « Die Anfänge der Berliner NSDAP 1926/27 », in *Vjh. f. Ztg.* 8, 1960, p. 85-118. Les documents reproduits ont été fournis par le fondateur du NSBO, Reinhold Muchow ; le récit des événements que nous avons rapportés se trouve aux pages 115-118. Dans son introduction, Martin Broszat écrit que c'est avant tout le KPD qui fut l'objet d'une fixation de la part de l'adversaire national-socialiste. « C'est à lui que tout, ou

Le 17 juillet 1932, la SA de Hambourg entreprit, sous protection policière, une manifestation dont l'objet principal était de défiler à travers les quartiers ouvriers d'Altona. Les communistes ainsi que, certainement, de larges fractions de la population ressentirent cette intention comme une provocation. On ignore qui tira le premier coup de feu mais, quoi qu'il en soit, les SA et la police se retrouvèrent comme en territoire ennemi, en butte, de tous les côtés, à de violentes attaques. Leur riposte fut de même nature que celle dont avait usé la police lors du Mai sanglant de 1929. Il y eut dix-huit morts et seize blessés graves, victimes d'un événement que l'on peut considérer comme résultant d'une agression communiste si le *droit de manifestation* ne souffre pas de restriction et dont on peut tenir les nationaux-socialistes pour responsables si un défilé de gens en uniforme et vraisemblablement armés dans des quartiers hostiles, n'est pas une manifestation mais une inadmissible provocation.

Lorsque le Landtag de Prusse nouvellement élu et majoritairement composé de communistes et de nationaux-socialistes, ces derniers trois fois plus nombreux que les premiers, se réunit pour sa première séance, le 25 mai 1932, un vif débat éclata aussitôt à propos de la justice prussienne, les deux camps ennemis lui reprochant avec véhémence sa partialité et ses préventions. Prenant la parole, Wilhelm Pieck s'écria à l'adresse des nationaux-socialistes : « Il a fallu que votre parti apparaisse dans la vie politique pour que s'instaure l'assassinat massif de travailleurs révolutionnaires. Il y a, dans vos travées, un nombre effrayant d'assassins.[32] » À ces mots, des députés nationaux-socialistes se ruèrent sur la tribune pour en chasser Pieck ; des membres du groupe communiste accoururent à son secours et il en résulta une bataille en règle au cours de laquelle les communistes, en infériorité numérique, furent bientôt expulsés de la salle. Plusieurs d'entre eux furent grièvement blessés. Les sociaux-démocrates, imités par le groupe du Zentrum, avaient quitté les lieux dès le début des violences, ce que les communistes leur reprochèrent vivement. Les intéressés répliquèrent alors en demandant s'il était possible de faire le coup de poing en faveur de gens qui, si souvent,

---

presque, est rapporté, il est la justification de l'existence propre, à la fois modèle et ennemi que l'on combat avec fanatisme » (p. 91). Malheureusement, Broszat utilise néanmoins des termes comme « déracinement hors de la société bourgeoise » et « populace ». La consultation des souvenirs de SA rassemblés aux Archives fédérales (NS 26/528) ne laisse pourtant quasiment aucun doute sur le fait que, des deux côtés, ce sont des *simples gens* qui forment la masse des partisans et que, souvent, la fracture traversait les familles. On trouvera une bonne description des combats pour conquérir des locaux ou des territoires en ville chez Eve Rosenhaft, *Beating the Fascists. The German Communists and Political Violence 1929-1933*, Cambridge, 1983.

32. UuF, vol. VIII, p. 444. On trouvera des descriptions de cet incident ainsi que du Dimanche sanglant d'Altona dans *VB* et dans *RF*, de même que dans de nombreux autres journaux. Les différences portent essentiellement sur la manière dont les événements sont appréciés.

vous traitaient d'« assassins d'ouvriers » et vous menaçaient d'une « justice expéditive »[33].

Pour ce qui concerne le *Dimanche sanglant d'Altona*, on a, à vrai dire, tout lieu d'en attribuer la véritable responsabilité au nouveau gouvernement du Reich, le gouvernement von Papen qui, Brüning congédié, avait été constitué sous l'influence prépondérante du général von Schleicher, alors à la tête d'un secrétariat d'État au sein du ministère de la Reichswehr. C'était le premier gouvernement du Reich dont la formation avait été partiellement déterminée par la guerre civile limitée que se livraient communistes et nationaux-socialistes ; c'était aussi le premier gouvernement qui ait sérieusement envisagé d'avoir peut-être à mener une guerre civile illimitée contre deux partis extrémistes. C'est à partir de sa constitution que l'on peut dire que l'on est à la veille de la prise du pouvoir par les nationaux-socialistes.

33. Par exemple dans *RF* du 9 juin 1931 : « Et notre justice sera expéditive. »

II-10

À la veille de la prise du pouvoir par les nationaux-socialistes

Les raisons qui amenèrent le président du Reich à retirer sa confiance à son chancelier, le 30 mai 1932, furent nombreuses. Mais le fait que Hindenburg en voulait à Brüning *à cause*, précisément, de l'élection qui avait fait de lui le candidat des *rouges* et des *« cathos »*, le coupant ainsi de la droite, n'était pas la moindre de ces raisons. Voilà pourquoi il poussait avec tant de force à un virage à droite auquel s'opposait Brüning. L'une des autres raisons essentielles tenait à l'interdiction des SA qui, pourtant, avait permis au gouvernement de faire la démonstration de son impartialité, la Ligue des combattants du Front rouge ayant, elle, été interdite dès mai 1929. Mais ni Hindenburg ni Groener n'étaient persuadés que l'on pouvait mettre communistes et nationaux-socialistes sur le même plan, l'attitude des uns et des autres face à l'État, à l'idée nationale et à la volonté de défense du pays étant fondamentalement différente. Ce qui explique que l'interdiction ait été prononcée non sans une certaine intention pédagogique, avec l'espoir que le « merveilleux matériau humain » rassemblé au sein de la SA se sépare de ceux qui, au fond, étaient des bolchevistes et puisse alors être regagné à une coopération au sein de l'État [1]. L'interdiction n'en allait pas moins trop loin pour Hindenburg, en particulier parce que les milices armées d'autres partis avaient, elles, été épargnées par ces mesures. Il songeait surtout à la Bannière d'empire, qui se considérait pourtant comme une organisation républicaine au-dessus des partis. C'est dans ces conditions que, à la surprise générale, il nomma chancelier Franz von Papen, un député peu connu du Zentrum. Papen forma un gouvernement, composé dans une large mesure de nobles, que les sociaux-démocrates n'étaient pas les seuls à appeler le *cabinet des barons*. Ce gouvernement prit aussitôt deux mesures de grande portée :

1. *Cf.* la correspondance entre l'ancien Kronprinz allemand et le général Groener, in Dorothea Groener-Geyer, *General Groener – Soldat und Staatsmann*, Francfort/Main, 1955, p. 311 et suiv.

levée de l'interdiction des SA ainsi que du port de l'uniforme et dissolution du Reichstag. Les nouvelles élections furent fixées au 31 juillet 1932. En soi, ces décisions étaient démocratiques et s'opposaient donc à la politique de Brüning, qui avait souligné, lors de la formation de son deuxième cabinet, en octobre 1931, qu'il serait désormais encore plus indépendant des partis qu'avant. Au lendemain des diverses élections qui étaient intervenues durant les derniers mois, il ne faisait aucun doute que le Reichstag élu en septembre 1930 ne correspondait plus à l'état de l'opinion publique. Pourtant, dans les conditions de l'époque, plus de démocratie signifiait nécessairement plus de radicalisation, si bien que, de ce point de vue, la décision prise n'était *pas non plus* démocratique. Le coup d'État du 20 juillet offre le même paradoxe ; il eut pour résultat la destitution du gouvernement Braun, en Prusse, au profit d'un commissaire du Reich, le chancelier von Papen en personne. Le gouvernement Braun, en effet, après sa défaite électorale du 24 avril, se contentait d'expédier les affaires courantes ; encore pouvait-il le faire en raison d'une modification, très contestée, du règlement intérieur, adoptée en toute dernière minute par l'ancien Landtag. Ce gouvernement se trouvait de la sorte placé dans une situation non démocratique et il laissait à l'évidence transparaître des signes de résignation. On trouva néanmoins, comme motifs de la destitution, des troubles à l'ordre public que, prétendument, le gouvernement Braun ne parvenait plus à maîtriser ; en fait, ces troubles, comme par exemple le Dimanche sanglant d'Altona, étaient en premier lieu imputables au gouvernement du Reich, qui avait permis que les SA en uniforme défilent en ordre de marche à travers des quartiers hostiles. Les motifs véritables étaient d'une tout autre nature : il y avait la vieille aversion des partis de droite envers le *tsar rouge*, Otto Braun, et envers le *bolchevisme culturel* que le gouvernement prussien, paraît-il, favorisait ; il y avait surtout l'inquiétude suscitée par certaines tendances à l'*antifascisme,* telles que des entretiens menés avec les communistes par le secrétaire d'État Abegg les avaient révélées. Ce qui joua aussi, ce fut la volonté de retirer aux nationaux-socialistes la possibilité de prendre le contrôle de la police prussienne au cas où, au terme d'un éventuel accord avec le Zentrum, ils se seraient retrouvés à la tête du gouvernement. L'acte autoritaire de la destitution unissait donc en lui, d'étrange manière, des aspects démocratiques et des aspects antidémocratiques, et il n'y avait donc rien d'étonnant à ce que ni le gouvernement Braun ni le Parti social-démocrate n'aient offert de résistance. Ne serait-ce qu'en raison de l'existence de six millions de chômeurs, la situation était fort différente de celle qui avait vu l'appel à la grève générale contre Kapp, en mars 1920. Pour cette autre raison aussi, bien sûr, qu'il fallait cette fois s'attendre, *a priori*, à ce que les communistes en tirent avantage pour leurs desseins propres. C'est cette même raison qui explique qu'il fût impossible de totalement se fier à la police prussienne. Fin août 1931 encore, Severing, le ministre de l'Intérieur de Prusse, avait expressément indiqué dans un décret qu'il fallait attribuer la responsabilité principale des troubles croissants de l'ordre public et du nombre grandissant des agressions aux troupes de choc communistes, qui se recrutaient essentiellement parmi les militants de la RFB dissoute, mais vraisemblablement aussi dans les rangs de la Ligue de combat antifasciste *(Kampfbund gegen den Faschismus)* [2]. On peut donc considérer que la *capitulation* du gouvernement prussien, le 20 juillet, n'était pas sans fondements et qu'elle n'était pas incompréhensible ; pourtant, dans les faits, elle constitua un pas décisif dans un processus dont la conclusion provisoire fut l'élection d'un nouveau Reichstag, le 31 juillet 1932, mais qui créa du même coup une situation sans aucun précédent dans un quelconque État moderne. Les nationaux-socialistes remportèrent un triomphe inouï, mais qui n'était pas du tout imprévisible après les résultats enregistrés lors du scrutin présidentiel et lors des élections prussiennes : ils obtinrent près de quatorze millions de suffrages et 230 mandats. Mais les communistes purent aussi, à bon droit, faire valoir qu'ils avaient remporté une grande victoire électorale : 5,3 millions de suffrages s'étaient portés sur leur liste et ils occupaient maintenant 89 sièges au Reichstag. Ils avaient dépassé les sociaux-démocrates, non plus seulement à Berlin, mais aussi dans d'importantes régions de la Ruhr et d'Allemagne centrale. Étaient-ils pour autant en passe de devenir *le parti de la classe ouvrière allemande*, leur ambition depuis les débuts de la République ? Dans la circonscription électorale de Chemnitz-Zwickau, un des plus anciens bastions du mouvement ouvrier, les nationaux-socialistes obtenaient environ cinq cent cinquante mille voix, les sociaux-démocrates deux cent soixante et les communistes deux cent trente, tandis que tous les autres partis n'en recueillaient, au total, guère plus de quatre-vingt mille. Aucun gouvernement ne disposait de majorité au Reichstag si les nationaux-socialistes demeuraient dans l'opposition car, avec les communistes, ils constituaient une majorité d'opposition de 52 % des sièges. La seule issue qui semblait se présenter était celle d'une coalition entre les nationaux-socialistes et le Zentrum ; l'hypothèse d'un Hitler chancelier fut sérieusement envisagée de multiples côtés. Ce fut le cas, apparemment, du ministre de la Reichswehr en personne, von Schleicher, qui occupait de plus en plus le devant de la scène. Mais les négociations entre les partis ne progressèrent pas véritablement et c'est Hindenburg qui trancha : il ne voulait pas d'un gouvernement soumis aux partis et encore moins d'une dictature exercée par un parti. Von Papen, pour sa part, était certes favorable à l'entrée des nationaux-socialistes dans un gouvernement, mais il ne voulait pas pour autant leur abandonner la direction des affaires. Le résultat de tout ceci fut la fameuse entrevue du 13 août, au cours de laquelle le président du Reich opposa un

2. UuF, vol. VIII, p. 339.

refus, bref et peu amène, au chef du parti de loin le plus puissant. Il allégua qu'il ne pouvait pas, en son âme et conscience, prendre la responsabilité de nommer chancelier un homme réclamant pour lui et pour son parti *tout le pouvoir*. En même temps, ce refus reposait vraisemblablement aussi sur une interprétation que certes les faits justifiaient, mais qui ne correspondait pas à la lettre de la revendication hitlérienne ; il provoqua, semble-t-il, chez l'intéressé un traumatisme aux effets durables. Le gouvernement autoritaire de von Papen dut donc se résoudre à s'opposer à la volonté populaire, une volonté non unanime qu'il avait lui-même, d'ailleurs, contribué à faire émerger. C'est dans ces circonstances qu'il édicta l'ordonnance du 9 août contre la terreur politique ; elle prévoyait la peine de mort pour les homicides à motivation politique. Il se retrouva alors très vite en situation difficile, puisque le tribunal spécial de Beuthen avait condamné à mort cinq nationaux-socialistes qui avaient sauvagement assassiné un communiste. En outre Hitler avait, dans un télégramme, assuré ses « camarades » de sa solidarité absolue face à ce « monstrueux et sanguinaire verdict ». La grâce accordée aux auteurs du crime apparut inévitablement comme une reculade, bien que, dans les faits, elle fût fondée puisque les condamnés, au moment du délit, ne pouvaient avoir connaissance de l'ordonnance. L'histoire du Reichstag le plus éphémère de la République est aussi symptomatique qu'étrange. Le 30 août, ce fut Clara Zetkin, la doyenne, qui présida la séance inaugurale ; elle prononça un discours combatif, le discours d'une communiste et d'une antifasciste, qu'elle conclut en exprimant l'espoir de pouvoir bientôt ouvrir, en tant que doyenne d'âge, le premier congrès des conseils d'une Allemagne soviétique. La dissolution du Reichstag intervint ensuite, sous des formes très particulières elle aussi : le président national-socialiste de l'Assemblée, Göring, mit aux voix, dans des conditions irrégulières, une motion de défiance déposée par les communistes ; elle fut adoptée par cinq cent douze voix contre quarante-deux (celles des nationaux-allemands). Ce fut là le plus grand triomphe qu'ait remporté une collusion, en dépit de leur hostilité réciproque, des communistes et des nationaux-socialistes, triomphe de courte durée au demeurant, puisqu'il fallut bien admettre la légalité de l'ordre de dissolution que prononça alors le président du Reich. Cela n'empêcha pas von Papen de souligner plus vigoureusement encore le principe d'un gouvernement autoritaire, mais il ne put faire autrement que de convoquer de nouvelles élections pour le 6 novembre. Ce sont ces élections qui marquèrent l'entrée dans l'immédiate antichambre de la prise de pouvoir hitlérienne.

Arrêtons-nous ici à nouveau et posons-nous cette question : quelles étaient les alternatives dans une situation aussi extraordinaire, qui n'avait guère eu comme relatif équivalent que la situation italienne en 1922, bien qu'en l'occurrence il n'ait existé qu'un parti communiste assez petit et que le parti de Mussolini, très puissant dans la rue, n'ait, par ailleurs, disposé que d'un nombre très restreint de députés au Parlement ?

Parmi les principales alternatives, la première d'un point de vue chronologique, l'alternative apparemment prédominante en 1918-1919, offrait le choix entre le *capitalisme* et le *socialisme*, entre *démocratie bourgeoise* et *démocratie socialiste*. Mais les événements de Russie et l'utilisation par les communistes du terme de dictature dans un sens positif ne tardèrent pas à considérablement l'affaiblir. Karl Kautsky, Otto Bauer, Friedrich Stampfer ainsi que, de manière générale, tous les sociaux-démocrates ont par conséquent, dès 1918 et 1919, posé en préalable cette exigence : « Démocratie, oui, dictature, non ». Ils n'entendaient pas, par là, abandonner l'alternative en question, mais ils défendaient avec détermination, face aux bolcheviks, l'opinion que la seule voie menant au socialisme était celle de la démocratie formelle ou bourgeoise. Pendant les premières années de l'après-guerre, on utilisait déjà aussi comme termes antinomiques de démocratie ceux de *totalisme* ou de *prétention à l'exclusivité (Ausschließlichkeitsanspruch)*. On se mouvait de la sorte sur le terrain qui, depuis Montesquieu, était en Europe la principale référence en matière de conception de l'État ; durant de longues années, ils furent essentiellement employés contre le bolchevisme ; c'est précisément pour cela que, très souvent, en provenance d'horizons divers, ce dernier se voyait qualifié d'*asiatique*. Dès 1920, pourtant, le terme de *« bolchevistes de droite »* fit son apparition et, en 1929, le président du Reichstag, Paul Löbe, s'adressant aux communistes et aux nationaux-socialistes, exprima sous une forme imagée la « conception du totalitarisme » naissante : « Si la volonté politique de ces messieurs de droite s'était accomplie, vous [les communistes] n'auriez eu d'autre perspective que d'être collés au mur. À l'inverse, si votre volonté politique l'avait emporté, c'est vous qui auriez collé au mur ces messieurs de droite. Le seul dommage que nous vous ayions occasionné, aux uns comme aux autres, a été de vous concéder vos droits de citoyens. Peut-être irons-nous jusqu'à assurer à Monsieur Trotski un libre asile en Allemagne. [3] » Mais c'est exactement, au fond, ce qu'exprima Alfred Hugenberg à l'intention d'Adolf Hitler, en mars 1932, lorsqu'il refusa énergiquement que tous les rouages du pouvoir soient remis entre les mains de ce dernier, déclarant que « jamais jusqu'ici, sous aucun roi, sous aucun empereur en Allemagne », chose semblable ne s'était produite [4]. C'est dans un registre différent, avec des analogies pourtant, que le gouvernement prussien, dans son appel d'août 1931, se prononça contre le référendum engagé par le Casque d'acier et les nationaux-socialistes, référendum qui devait aussi ensuite se transformer en référendum rouge : « Les nationaux-socialistes et les communistes veulent le chaos, ils veulent renverser ce qui existe. Mais chacun des protagonistes entend bien instaurer sa propre

---

3. Schulthess, 1929, p. 25.

4. Erich Mathias et Rudolf Morsey (sous la dir. de), *Das Ende der Parteien 1933*, Düsseldorf, 1960, p. 629.

hégémonie à la place de ce qui aura été renversé et pouvoir fouler aux pieds l'autre, c'est-à-dire ceux qui, jusqu'au référendum, étaient encore des compagnons d'alliance bienvenus.[5] » L'inhabituel, dans cette manière de voir, ce qui fonde en même temps sa supériorité, c'est la considération positive qui est accordée y compris aux adversaires ; il s'agit de les détourner de leur combat d'anéantissement réciproque, parce que leur existence vaut d'être sauvegardée et qu'elle est nécessaire au système. Mais, pour y parvenir, encore fallait-il être soi-même un partisan résolu de l'état des choses existant, d'être, en d'autres termes, partisan d'une évolution non révolutionnaire du *système libéral*, dans les formes qui étaient les siennes à ce moment donné. C'est bien là qu'était la difficulté pour la social-démocratie. L'alternative la plus ancienne ne cessait de peser sur elle et il n'était pas rare que des représentants éminents du parti dénoncent le *système capitaliste* avec tant de violence qu'on les distinguait à peine encore des communistes. On peut lire ainsi, dans une proclamation du Comité directeur du SPD à propos de la crise bancaire de juillet 1931, qu'on avait parlé mensongèrement d'une « mauvaise gestion marxiste » à seule fin de « détourner l'attention du public des véritables responsables : le système capitaliste et ses représentants »[6]. Un discours du député Sollmann, lors d'un débat au Reichstag, en février 1931, est particulièrement révélateur de cette ambiguïté. D'une part, le député constatait que les conditions d'existence des masses dans les pays à régime dictatorial, la Russie et l'Italie, étaient nettement moins bonnes que celles qui régnaient dans tous les pays démocratiques de la planète. Cela ne l'empêchait pourtant pas, un peu plus loin, d'affirmer : « Ce n'est pas le marxisme qui a échoué, c'est le capitalisme.[7] »

La très traditionnelle alternative, *socialisme ou capitalisme*, était donc susceptible d'entraver la première des véritables alternatives d'après-guerre, celle de la *démocratie opposée à la dictature autoritaire*. Mais cette dernière, à son tour, pouvait devenir partie intégrante de la seconde des alternatives possibles, *l'autorité ou le chaos*. C'est celle qui servait de devise à von Papen, après avoir été celle de Brüning, et tous deux pouvaient alléguer que la démocratie n'est plus une réalité susceptible d'être opposée à la dictature lorsque le fait de respecter les procédures démocratiques a justement pour effet de détruire la démocratie si une forte minorité d'électeurs, voire la majorité, la rejettent. Il devient alors évident que seule une force indépendante, en l'occurrence le président du Reich, élu au suffrage universel, et le gouvernement qui s'appuie sur sa confiance peuvent offrir un recours ; il faut, pour cela, que cette force préserve ce qui constitue le meilleur de la démocratie, par exemple l'État

5. *RF* du 7 août 1931 (ainsi que dans tous les autres journaux de Prusse).
6. UuF, vol. VIII, p. 193.
7. *Ibid.*, p. 143.

de droit, mais qu'il suspende, au moins pour un certain temps, ce qui en constitue le négatif, qu'il en abolisse les traits dangereux, comme l'agitation sans frein des partis et les mots d'ordre de guerre civile. Seul un État fort est alors capable de maîtriser une société ainsi sortie de ses gonds et de l'empêcher de s'autodétruire. Toutefois, cette conception qui donna naissance à toute une théorie du *Nouvel État* n'était pas, elle non plus, exempte de lourdes contradictions. Si elle mettait réellement sur le même pied, sans restriction, les forces aspirant à instaurer leur dictature, ses chances de l'emporter étaient minces en une époque où régnait la liberté de la presse. C'est ce qui amena Franz von Papen, dans son allocution radiodiffusée du 20 juillet, à vigoureusement refuser que l'on mît communistes et nationaux-socialistes sur un pied d'égalité : « Parce que des milieux politiques à l'influence déterminante ne parviennent pas à cesser de mettre sur le même plan politique et moral les communistes et les nationaux-socialistes, on a assisté à la naissance de ce front contre nature qui a enrôlé les forces antinationales que représentent les communistes dans un Front unique contre la montée du mouvement NSDAP. [8] » Mais il ne fallut pas attendre trois mois pour que le chancelier déclarât, dans un discours, que Hitler, le 13 août, avait revendiqué le poste de chancelier « en vertu du principe de "totalité" et d'" exclusivité " » dont se réclamait son parti, mais que le président du Reich et lui-même rejetaient cette prétention à la totalité pour des raisons de principe, car il existait une différence insurmontable entre une politique conservatrice inspirée par la foi et une foi nationale-socialiste inspirée par la politique [9]. On est toutefois en droit de se demander si une tête de l'État qui n'était que conservatrice et chrétienne possédait la force nécessaire pour s'imposer à *deux* mouvements totalitaires dont les prétentions respectives à l'exclusivité se niaient l'une l'autre. Elle aurait très certainement été en mesure de le faire s'il y avait eu, dans la Constitution, une disposition imposant aux partis respectueux de la Constitution de s'unir sitôt que les partis totalitaires auraient franchi un certain seuil électoral. Mais cette disposition n'existait pas et il était très douteux qu'un gouvernement à forte coloration chrétienne parvînt à rallier à lui les sociaux-démocrates et les démocrates. Il ne subsistait donc qu'un dernier moyen, un moyen extrême, de faire obstacle à la troisième alternative, c'était de prendre des mesures d'interdiction de grande ampleur qui impliquaient le recours sans réserves à la Reichswehr et à la police, c'est-à-dire, en définitive, de se préparer à la guerre civile.

Cette troisième alternative avait un nom : *étoile des soviets ou croix gammée* ? Elle avait été formulée pour la première fois en 1923 déjà. Pendant toute la durée du gouvernement Brüning, elle avait été largement

8. *Ibid.*, p. 575.
9. *Ibid.*, p. 658.

diffusée et popularisée. Les communistes ont certes toujours considéré cette alternative comme un simple avatar de la contradiction, à leurs yeux inaltérable, opposant socialisme et capitalisme. C'est ainsi que le député Koenen déclara en juillet 1930 devant le Reichstag : « C'est sous le signe de la grève politique de masse que se déroulera le combat entre le communisme et le fascisme, ce dernier représentant l'union de toutes les forces réactionnaires, depuis les bureaucrates du SPD jusqu'aux nazis, sous la direction du capital financier. Le parti communiste, animé d'une volonté de fer, barrera la route à cette dictature de la finance et, à la tête du monde du travail, il engagera, par des grèves politiques de masse, le combat pour une Allemagne soviétique. [10] » Un an plus tard, Hermann Remmele s'exprima, lui, en ces termes : « Une chose est aujourd'hui certaine : le monde capitaliste qui agonise et qui meurt n'a plus les moyens ni de se sauver ni de se maintenir. Il n'a plus assez de pouvoir pour cela. Nous sommes les vainqueurs de demain et la question n'est plus de savoir qui vaincra qui. Cette question-là est déjà tranchée. [11] » Cette reprise de l'alternative léniniste d'une guerre civile à mort, *Kto kogo*, se voyait opposer, avec tout autant de certitude et de détermination, les paroles du *Horst Wessel Lied* qu'on chantait en toute occasion : « Déjà, flottent dans toutes les rues les drapeaux de Hitler ; c'en sera bientôt fini de la servitude » ; c'est avec la même fermeté et la même assurance que Hitler allait répétant qu'il anéantirait le *marxisme* et que l'étoile des soviets, face à la croix gammée, allait rouler dans la poussière. Pourtant, même s'il existe sur ce point des déclarations contradictoires, la victoire annoncée de la croix gammée n'était pas comprise comme une simple mutation du capitalisme ; au contraire, il était évident qu'elle devait ouvrir la voie d'un socialisme national, contre « le Front rouge et la réaction ». C'est souvent ainsi, d'ailleurs, que l'on appréciait la situation à l'étranger ; à côté de descriptions concrètes de la misère des pauvres et de l'opulence de larges fractions de la bourgeoisie économique, le journaliste américain H. R. Knickerbocker, dans son livre *Deutschland so oder so ?* [12] – l'Allemagne sous la croix gammée ou sous la faucille et le marteau – accordait beaucoup plus de chances à Hitler qu'aux communistes de l'emporter, en sa qualité de représentant de la « résistance allemande » ; il n'en terminait pas moins son ouvrage en constatant sombrement que, si l'Amérique devait une fière chandelle à l'Océan atlantique, il n'existait malheureusement pas d'océan entre l'Europe de l'Ouest et l'Union soviétique.

Tout espoir de voir revenir l'Allemagne à un *état normal* fut ruiné le 6 novembre 1932. L'année 1924 avait elle aussi vu se dérouler deux élections au Reichstag : le nombre des voix communistes et des voix

10. UuF, vol. VIII, p. 48.
11. *Ibid.*, p. 315.
12. Berlin, 1932 (*German Crises* dans l'original).

völkisch ou nationales-socialistes avait alors fortement chuté lors du second scrutin, conformément aux attentes et aux prévisions du gouvernement. Mais, cette fois, seuls quelques optimistes avaient cru apercevoir des signes tangibles d'une amélioration de la conjoncture ; de plus, ce n'était pas, en réalité, la deuxième grande élection de l'année, mais bel et bien la cinquième. Le résultat fut en conséquence tout à fait différent de celui de 1924. Les nationaux-socialistes perdirent deux millions de voix et passèrent de 230 à 196 mandats seulement. Quelques-uns de leurs adversaires crurent déjà pouvoir attendre avec sérénité le moment où le NSDAP retournerait au néant, tout comme il avait semblé surgir du néant en 1930. Mais, en comparaison, le parti national-socialiste avait perdu beaucoup moins de voix qu'en 1924 et il avait confirmé qu'il était de loin le parti le plus fort. La plupart des voix qu'il avait perdues étaient d'ailleurs demeurées à droite, allant aux nationaux-allemands de Hugenberg. Néanmoins, il devait définitivement abandonner l'espoir d'obtenir un jour la majorité absolue par ses propres moyens, si bien que l'on pouvait caractériser ce résultat comme le renforcement des forces non radicales au sein d'une droite à peine affaiblie ; toutefois, ces forces réunies n'auraient été en mesure de constituer une majorité parlementaire qu'avec l'appoint du Zentrum. En revanche, les résultats internes à la gauche ont forcément dû apparaître comme beaucoup plus inédits et inquiétants. Les communistes avaient continué à progresser, disposant désormais de plus de 100 mandats et réalisant leurs gains aux dépens du SPD qui avait perdu 12 sièges. Au sein de la gauche, les forces radicales sortaient renforcées de l'épreuve ; le plus remarquable dans ce score des communistes était qu'à Berlin, après avoir gagné cent quarante mille voix supplémentaires, ils dépassaient largement le SPD et ils y étaient presque aussi forts que les sociaux-démocrates et les nationaux-socialistes ensemble. Ils avaient de surcroît dépassé le SPD dans toute une série de circonscriptions électorales, en particulier dans la Ruhr et en Allemagne centrale. Ils avaient donc franchi un grand pas en direction de leur objectif consistant à réduire le SPD au rang de petit parti de l'*aristocratie ouvrière*, eux-mêmes devenant le parti du prolétariat allemand. Ainsi que le montrait l'exemple de Berlin, on pouvait désormais considérer le Parti social-démocrate dans son ensemble comme un réservoir potentiel de futurs électeurs communistes.

Mais l'opinion publique ressentit comme quelque chose de plus sensationnel encore que ces résultats électoraux un événement extraparlementaire qui se déroula entre les 3 et 7 novembre : la grève dans les entreprises de transport berlinoises. Ce fut une grève *sauvage*, déclenchée de concert, contre la volonté de la direction syndicale, par l'Opposition syndicale rouge (*Rote Gewerkschaftsopposition* ou RGO), communiste, et par l'Organisation des cellules nationales-socialistes d'entreprise (*Nationalsozialistische Betriebszellenorganisation* ou NSBO). Outre trois syndicalistes indépendants, on trouvait, dans le comité de grève dirigeant le mouvement huit membres de la RGO et quatre de la NSBO. La grève était si populaire chez les employés de l'entreprise que, lors de la consultation statutaire préalable, l'indispensable majorité des trois quarts fut presque atteinte. La grève était dirigée contre un projet de réduction des salaires que les autorités municipales voulaient imposer afin d'harmoniser les salaires au sein des diverses entreprises municipales ; c'était donc une grève en faveur du maintien d'une inégalité. En dépit de quoi, ou bien précisément grâce à quoi, la radicalisation du mouvement fut considérable et, la plupart des récits le confirment, les nationaux-socialistes se montrèrent encore plus violents que les communistes. Dans les statistiques établies par la police concernant les auteurs de jets de pierres contre les voitures du tramway et les personnes ayant participé à la construction de barricades, etc., on trouve presque autant de militants du NSDAP que de militants du KPD [13]. La Société des transports berlinois eut toutes les peines du monde à maintenir un service partiel ; le jour même de l'élection au Reichstag, l'ensemble du réseau berlinois fut même quasiment paralysé. La RGO appela à la grève politique de masse pour « créer les conditions du renversement du système dominant », évoquant au passage les grèves « qui avaient balayé Cuno et Kapp » [14]. Il s'avéra rapidement, en réalité, que les autres employés des entreprises municipales ne s'associaient pas à une grève qui, dans une certaine mesure, était dirigée contre eux et que les ouvriers des grandes entreprises privées ne faisaient pas montre d'un enthousiasme plus grand. Mais, le 8 novembre, lorsqu'il ne fut plus possible d'endiguer le flot de ceux qui voulaient reprendre le travail, se tint une réunion dans les salles Hohenzollern, au cours de laquelle les quatre cents nationaux-socialistes présents votèrent pour la poursuite de la grève, tandis que la RGO se prononçait en faveur de son interruption. Les rapports d'indicateurs de police concernant des réunions que les dirigeants de la RGO tinrent à la suite des événements montrent que l'autocritique y occupa une large place, mais qu'elle fut le plus souvent faite « de gauche », certains se plaignant aussi que « la direction syndicale, les derniers temps, ne cessait d'envoyer des instructeurs [...] qui ne parlaient même pas correctement l'allemand ». Ce à quoi le responsable de la réunion répliqua « que l'on ne pouvait renoncer à la collaboration de camarades russes, car ils étaient les éléments les plus susceptibles d'éveiller dans le cœur des masses ouvrières le véritable élan révolutionnaire » [15].

Ce n'est en tout cas pas à des fins de propagande que le préfet de police de Berlin adressa un rapport au ministre de l'Intérieur, le 14 janvier 1933, à propos d'une campagne que le KPD menait dans les entreprises

13. Geh. St. A., rép. 219, n° 80, fol. 120 et suiv.
14. *Ibid.,* fol. 95, p. 259.
15. *Ibid.,* fol. 187 et suiv.

sur la base d'un questionnaire; il voyait dans cette action l'un des nombreux préparatifs du KPD en vue de mener à bien les combats décisifs auxquels il s'attendait dans un avenir assez proche. Le rapport poursuivait en ces termes: «La radicalisation de la classe ouvrière prenant toutefois des proportions toujours plus importantes, le KPD envisage certainement de bientôt réussir à s'emparer du pouvoir en Allemagne. Il entreprend de nouveaux préparatifs afin d'affronter victorieusement une guerre civile. [16]»

La grande confiance, voire le triomphalisme, dont le Comité central du KPD avait fait preuve au lendemain des élections n'était donc pas absolument sans fondement. Que non seulement «la percée opérée au sein des masses ouvrières de la social-démocratie ait été considérablement élargie», mais que l'on ait aussi gagné «des masses significatives d'ouvriers nationaux-socialistes ainsi que d'autres travailleurs sympathisant avec le mouvement hitlérien» [17], devait obligatoirement engendrer cette confiance en soi et ces espoirs. Mais, à vrai dire, on ne se dissimulait pas une grande faiblesse; un militant responsable de la RGO, lors d'une réunion interne, la formula plus crûment qu'il n'aurait pu le faire publiquement: il ne savait pas très bien, dit-il, si la raison en était que les collègues de travail avaient perdu tout sentiment révolutionnaire ou bien si cela tenait à leur peur de se faire licencier, mais ils ne voulaient pas entendre parler de grève générale [18]. C'était ce manque d'enthousiasme révolutionnaire chez les ouvriers allemands que les fameux camarades russes étaient chargés de combattre, mais il est évident que la direction communiste n'attendait pas que la véritable percée se produise à l'occasion d'une grève générale contre la formation d'un gouvernement Hugenberg ou d'un gouvernement Hitler; elle fondait bien plutôt ses espoirs sur le formidable potentiel que représentaient des ouvriers ayant voté pour les nationaux-socialistes: elle escomptait que, au bout de quelques semaines ou de quelques mois tout au plus d'un tel gouvernement, déçus et amers, ils rejoindraient le KPD par centaines de milliers, de la même façon que des milliers de travailleurs nationaux-socialistes employés dans les transports berlinois avaient participé, avec la RGO, à la grève insurrectionnelle. Alors seulement, le soulèvement armé serait victorieux, comme il l'avait été en 1917 en Russie.

Communistes et nationaux-socialistes, Union soviétique prise comme modèle ou comme repoussoir, directives et intrusions directes du Komintern, cet ensemble de forces et de tensions n'était pas le seul dans l'Allemagne des derniers mois de 1932, mais, outre la police et la Reichswehr, il était le plus important; plus déterminant, à coup sûr, que

16. *Ibid.*, fol. 259.
17. Mathias et Morsey, *op. cit.*, p. 723 et suiv.
18. Geh. St. A., rép. 219, n° 80, fol. 220.

l'ensemble formé par les partis du centre, depuis le SPD jusqu'aux nationaux-allemands en passant par le Zentrum. Ces derniers partis ne pensaient en effet qu'en termes de défensive, deux d'entre eux regardaient vers la droite, tandis que le troisième, le plus grand, ne pouvait faire autrement que se tourner avec circonspection vers la gauche pour ne pas abandonner aux communistes un plus grand nombre de partisans encore.

Il ne fait pas l'ombre d'un doute que les hommes politiques qui avaient à décider du destin de l'Allemagne au lendemain de cette *élection proprement catastrophique*, avaient une entière conscience de la situation qu'ils affrontaient. Ce furent très vraisemblablement des mobiles tactiques qui guidèrent Hitler lorsque, en novembre 1932, lors de ses négociations avec le président du Reich, il déclara qu'on assistait à la bolchevisation rapide de larges masses et que, si son propre mouvement devait s'écrouler, on se retrouverait, en Allemagne, avec « dix-huit millions de marxistes, dont peut-être quatorze à quinze millions de communistes » ; en revanche, ce qu'affirma à Hindenburg, le 18 novembre, le prélat Kaas, le leader du Zentrum, était tout à fait crédible : « Un rude hiver nous attend ; d'un côté, douze millions d'Allemands sont dans l'opposition de droite et, de l'autre, treize millions et demi sont dans l'opposition de gauche. Voilà pourquoi la concentration de toutes les forces nationales, nationaux-socialistes y compris, est un objectif incontournable. [19] » Ce fut de nouveau Hindenburg, sans doute renforcé dans ses convictions par son entourage immédiat, qui refusa de confier au leader du parti de loin le plus fort la responsabilité de constituer un cabinet présidentiel, se contentant au demeurant, cette fois-ci, d'alléguer, sans entrer dans les détails, que le NSDAP en tant que tel n'avait cessé de souligner sa volonté d'exclusivité et qu'il était à craindre, en conséquence, qu'il n'instaurât une dictature de parti. À la fin de sa réponse, pourtant, il exprima également l'espoir qu'il deviendrait possible, avec le temps, de gagner Hitler et son mouvement à « la collaboration avec toutes les autres forces nationales animées d'une volonté constructive » ; en d'autres termes, il mettait son interlocuteur en demeure de choisir la voie de la coalition et du compromis [20]. Confronté à l'aporie peut-être la plus terrible qu'ait jamais eue à résoudre un homme d'État de quatre-vingt cinq ans, Hindenburg se prononça néanmoins aussi contre la première solution alternative que lui avait proposée von Papen dans le but d'éviter Hitler : engager la lutte à la fois contre les « forces militantes des communistes et des nationaux-socialistes » et ne pas reculer devant le risque de guerre civile que cette décision recélait. D'après le récit que fit von Papen de cette entrevue, le président du Reich lui répondit, les larmes

19. *Zeitschrift für Geschichtswissenschaft* VI (1958), p. 547 et suiv.

20. UuF, vol. VIII, p. 694 (du strict point de vue de la forme, la lettre était signée du secrétaire d'État Meissner).

aux yeux, qu'il avait atteint un âge trop avancé pour, à la fin de sa vie, prendre la responsabilité d'une guerre civile et qu'il devait en conséquence, au nom de Dieu, laisser Monsieur von Schleicher tenter sa chance.

Kurt von Schleicher avait lui aussi sa solution, la deuxième des trois possibles. Il désirait s'appuyer sur les syndicats en les associant à ceux des nationaux-socialistes qui étaient disposés à coopérer. C'était la solution dite du « front transversal » [21] qui résultait de l'impossibilité d'emprunter la voie pourtant la plus évidente : amener les partis démocratiques, du DNVP au SPD, à constituer un front uni de défense contre le totalitarisme de droite et de gauche. Le SPD se montrant intraitable, il fallait que l'ADGB (Organisation syndicale, NdT) entrât en jeu et, comme Hitler semblait ne pas vouloir démordre de son exigence du *tout ou rien*, il restait à placer ses espoirs dans le numéro deux du parti, Gregor Strasser, le responsable national à l'organisation. Certes, jusqu'ici, Strasser avait toujours eu la réputation d'être l'un des plus radicaux au sein du parti et les subsides versés par quelques industriels au NSDAP avaient surtout pour objectif de soutenir le *modéré* Hitler contre les tendances socialistes de Strasser. Mais von Schleicher passait pour être un *général social* et Strasser jugea opportun d'aller dans le sens de ses projets. Von Schleicher trouva aussi une oreille favorable auprès des syndicats et l'impression prévalut un moment que l'on s'était engagé dans la voie qui ferait peut-être sortir l'Allemagne de la crise politique dans un premier temps, de la crise économique ensuite. Toutefois, Strasser était un national-socialiste trop convaincu pour se dresser contre Hitler et diviser le parti ; les représentants de l'ADGB, pour leur part, étaient trop proches de la social-démocratie pour ne pas solliciter l'avis de la direction du SPD. Cet avis fut négatif et, au bout de quelques semaines seulement, von Schleicher avait déjà perdu son pari. Il ne lui restait plus, désormais, qu'à se rabattre sur le projet de von Papen, c'est-à-dire obtenir de Hindenburg le pouvoir de dissoudre le Reichstag et de se préparer à une éventuelle guerre civile.

Que, dans une telle situation, de multiples combinaisons intellectuelles aient vu le jour et que les représentants des intérêts les plus divers se soient agités pour se faire entendre, voilà qui n'avait rien que de très naturel puisqu'il en va ainsi avant chaque formation de gouvernement intervenant dans des conditions normales. Mais, désormais, tous les intéressés n'avaient plus que le choix de se prononcer soit pour l'alternative von Papen, soit pour la « solution Hitler », telle que l'avait esquissée Meissner au nom de Hindenburg : une solution tendanciellement parlementaire, une solution de compromis. De fait, tous ceux qui accédaient à

21. S. Axel Schildt, *Militärdiktatur mit Massenbasis ? Die Querfrontkonzeption der Reichswehrführung um General von Schleicher am Ende der Weimarer Republik*, Francfort-New York, 1981.

l'expression publique ou qui disposaient d'une influence quelconque subissaient le poids de certains événements et d'éventualités qu'ils gardaient présents à l'esprit quand bien même ils n'y faisaient pas expressément référence, voire qu'ils n'aient même pas eu connaissance de tel ou tel fait. L'*Inprekorr* du 27 janvier 1933, par exemple, reproduisit un discours, prononcé à Moscou par un membre éminent du Comité exécutif du Komintern, contenant le passage suivant : « Au moins deux cent mille ouvriers font partie du NSDAP et de ses sections d'assaut. On dit qu'il se trouve plus de deux millions d'ouvriers parmi les électeurs de Hitler et, parmi eux, de nombreux chômeurs. La démagogie anticapitaliste des nationaux-socialistes les a aveuglés. [...] Il est impensable qu'ils suivent éternellement les nationaux-socialistes. Partout, déjà, se manifestent des signes de décomposition.[22] » Effectivement, la *Rote Fahne* annonça le lendemain, sous de gros titres, que pas moins de mille cinq cents SA berlinois étaient sur le point de quitter leur organisation. En contrepoint de cette « information » principale, de multiples autres faisaient état de l'adhésion au KPD de membres de la Bannière d'empire ou de leur détermination à lutter en commun dans le cadre de l'*Action antifasciste*. Mais les récits de la presse communiste concernant ce qui se déroulait dans les rues d'Allemagne étaient plus impressionnants encore. Certes, la SA avait organisé le 22 janvier une grande marche sur la place Bülow, *face à la Maison Liebknecht*, le siège central du KPD. Mais les vingt mille SA étaient escortés – et protégés – par un déploiement policier exceptionnel ; par endroits, il leur avait fallu se frayer un chemin entre la double haie que formait une foule hostile ; en d'autres endroits, il n'y avait pas âme qui vive dans les rues et sur les places. Ils ne rencontrèrent nulle part le moindre signe de sympathie, même pas, si l'on doit accorder foi au reportage de la *Rote Fahne*, dans l'ouest de la capitale où des « groupes de petits-bourgeois » manifestaient une réprobation muette. Aussi une telle ambiance avait-elle « réfrigéré » les marcheurs qui, parvenus sur la place Bülow, durent en outre constater, impuissants, que sur le toit du siège ennemi, flottait « comme un défi, le drapeau soviétique »[23]. Tout autre était l'atmosphère, trois jours plus tard, lors de la contre-manifestation du KPD, et la *Rote Fahne* intitula fièrement son reportage : « Ça, c'est la Commune ! » Quatre heures durant, le flot des combattants de Berlin la Rouge avait, à l'en croire, battu la place Bülow pour défiler devant le Comité central et le leader du parti, Ernst Thälmann ; ils étaient plus de cent mille, acclamés par la population, sans protection policière et l'on voyait parmi eux « les colonnes d'autodéfense des masses qui déjà ont su étrangler d'une main de fer la première vague de la terreur nazie et qui sauront aussi étouffer de leur masse la vague terroriste qui se prépare »[24].

---

22. 1933, n° 13 du 27 janvier (discours de Knorine).
23. *RF* du 24 janvier 1933.
24. *Ibid.*, 26 janvier 1933.

On peut, certes, voir dans les communistes une composante du *mouvement ouvrier*, une composante seulement un peu plus radicale, estimer que Hitler s'était déjà incontestablement démasqué comme le futur responsable de la *solution finale* ; être d'avis que l'Union soviétique a voulu faire obstacle à une révolution communiste en Allemagne pour ne pas perturber l'industrialisation dans laquelle elle était engagée. Mais à l'inverse, on peut aussi estimer que le NSDAP était, depuis novembre, en plein reflux et qu'il aurait perdu quelques millions de voix supplémentaires lors de nouvelles élections. Ce n'est pourtant pas ainsi que les contemporains de ces événements ont vu les choses et, en règle générale, ce n'est pas ainsi qu'ils *pouvaient* les voir. Ce qu'ils voyaient, c'étaient deux partis qui avançaient des revendications radicales et qui étaient indubitablement des partis anticonstitutionnels. Mais l'un voulait abolir le *système capitaliste* et l'autre le *système de Versailles*. L'un était hostile à l'État weimarien, l'autre à l'État en général. L'un réclamait la suppression des *contributions* de guerre, l'autre entendait aller bien plus loin et voulait abolir toutes les dettes extérieures et intérieures, c'est-à-dire couper tous les liens économiques unissant l'Allemagne au reste du monde. L'un exigeait qu'une petite minorité qui n'était pleinement assimilée que depuis la seconde moitié du XIXe siècle se voie à nouveau retirer son statut de citoyenneté ; l'autre réclamait l'anéantissement social de la bourgeoisie tout entière, y compris les officiers et les gros paysans, et ce parti s'identifiait sans réserve à un État voisin qui avait supprimé ces classes, pour une grande part physiquement, ou qui les avait au moins privées de droits et persécutées d'une manière inconcevable pour tout un chacun en Allemagne. Il était *inévitable* que, pour les contemporains, le parti communiste apparût comme le plus extrémiste des deux partis radicaux ; il était donc inévitable aussi qu'ils ressentent une très forte inquiétude à l'idée que le parti le plus nombreux en même temps que le moins extrémiste des deux puisse paraître à la veille d'un déclin aux conséquences incalculables, alors que le moins nombreux et le plus extrémiste semblait en mesure d'attirer à lui de larges fractions de l'électorat SPD et NSDAP. Certes, si l'on pensait que les anciens électeurs du NSDAP retourneraient au DNVP et aux partis libéraux, on pouvait peut-être trouver de telles craintes exagérées. Si, par ailleurs, on tenait pour justes et opportuns les objectifs du KPD, on pouvait peut-être, plein d'indignation morale, dénoncer les futures victimes du national-socialisme. La grande majorité des contemporains, eux, ayant quelque chose à perdre ou principalement préoccupés du bon fonctionnement d'un État industriel hautement complexe et intégré à l'économie mondiale par de multiples liens, voyaient les choses de manière nécessairement différente.

Pour autant, ils n'étaient pas, eux non plus, privés de la possibilité d'adopter l'autre point de vue pour se déterminer. L'appel d'Adolf Hitler à l'occasion du Nouvel An 1932, tout entier inspiré par la nécessité de faire barrage au communisme, n'en était pas moins fort optimiste ; un an plus tard, on put réentendre des propos dont l'antisémitisme ne sonnait plus du tout comme celui que l'on vient à l'instant de caractériser, mais exprimait à nouveau une radicalité historico-théorique, voire anthropologique, radicalité aussi forte que celle des communistes, bien que totalement différente quant à son contenu : « L'humanité libérale privée de ses racines religieuses et philosophiques a fait son temps. [...] Le Juif international mène dans presque tous les États du monde, dans le rôle d'inspirateur intellectuel, le combat des races inférieures, primitives et moins compétentes contre l'aptitude [...] à la création culturelle [...] d'une humanité supérieure dont la force de résistance s'était relâchée sous le règne du libéralisme. [...] Dans un État qui compte en son sein six millions de communistes, sept millions et demi de sociaux-démocrates et six millions encore d'éléments plus ou moins contaminés par le pacifisme, comment encore parler d'égalité des droits nationaux ou d'"armement" ? [...] Face à une menace aussi extraordinaire, seule une riposte d'égale violence offre des chances de salut.[25] » Si le décompte de Hitler était exact, il lui fallait priver environ quatre dixièmes de la population de leurs convictions intimes, même si, par ailleurs, il ne touchait pas à leurs biens matériels ; il lui fallait également placer l'Allemagne en une opposition vertigineuse non seulement à l'Union soviétique, mais aussi à l'Angleterre et à l'ensemble du *monde occidental* avec qui, pourtant, il était désireux de s'allier. Et n'aboutirait-il pas de toute façon à un résultat semblable s'il se contentait de priver de leurs droits nationaux les cinq cent mille Juifs allemands, dans la mesure où les liens qui unissaient ces derniers à leurs familles et à leurs amis étaient aussi étroits que l'avaient été les liens de millions de bourgeois et de koulaks russes avec leurs proches ? Et que se produirait-il si la radicalité antipacifiste qu'exprimait cet appel n'était pas une simple manœuvre d'intimidation, mais recouvrait la volonté de s'engager dans une grande guerre ?

Rétrospectivement, c'est donc la *solution von Papen* qui apparaît avoir été la meilleure ; elle comportait le risque d'une guerre civile contre les deux extrémismes mais sans y conduire obligatoirement. Il faut toutefois prendre aussi en compte qu'une guerre civile, *dans le cas où* elle se serait effectivement produite, aurait très facilement pu entraîner une division de l'Allemagne. La France ne serait pas restée derrière ses frontières si les communistes avaient menacé de prendre le pouvoir à Berlin ; l'armée soviétique, par ailleurs, était effectivement en mesure, au terme du plan quinquennal, « d'écraser la Pologne comme fétu de paille »[26] et d'avancer au moins jusqu'à l'Elbe. L'Allemagne demeurait la puissance industrielle continentale la plus forte et, si l'Europe devait réussir à

25. *VB* des 1er et 2 janvier 1933.
26. *Cf. supra*, p. 154.

s'affirmer comme une puissance mondiale à part entière, cela ne pouvait se faire sans que l'Allemagne devînt le cœur de ces nouveaux « États-Unis » ; or, compte tenu de sa faiblesse militaire du moment, si quelque chose d'inhabituel intervenait à l'intérieur de ses frontières, elle deviendrait *ipso facto* l'objet de sévères mesures préventives de la part de ses voisins. Et ses voisins étant aussi *bourgeois* qu'elle-même, la menace d'une prise du pouvoir par les communistes les inciterait bien davantage à intervenir qu'une prise du pouvoir par le NSDAP. Et en cas de danger effectif de division, la très grande majorité des Allemands auraient à n'en pas douter préféré la guerre à la guerre civile.

Il n'existe donc pas de réponse indiscutable à la question posée au début du présent ouvrage [27]. Ce qui fut dit de la responsabilité des intrigants n'est pas totalement infondé : von Schleicher fit de son ami « Franzchen » un chancelier du Reich bien qu'il le tînt pour « un chapeau, pas pour une tête » [28] ; il était lui-même un esprit trop optimiste et trop militaire pour faire un homme d'État de valeur. De tous les acteurs des dernières années de Weimar, outre Brüning, c'est encore le vieil Hindenburg qui fait meilleure figure. Pourtant, même si tous les acteurs avaient été d'éminents hommes d'État et même s'ils avaient été presque aussi avisés que le sont peut-être leurs descendants, il leur aurait fallu prendre très sérieusement en considération la solution à laquelle se rallia Hindenburg, lorsque von Schleicher exigea de lui, le 28 janvier 1933, qu'il endossât la responsabilité que von Papen avait déjà voulu lui faire endosser le 2 décembre – la responsabilité d'une possible guerre civile. Il ne s'opposa pas plus longtemps à Hitler dès lors que ce dernier parut avoir répondu à ce qu'on avait réclamé de lui le 24 novembre et qu'il se montra prêt, en dépit de réserves d'importance, à coopérer avec d'autres forces *constructives*. Il y avait en vérité une chose à laquelle Hindenburg n'avait pas songé : Mussolini lui aussi, aux débuts de son ère gouvernementale, avait coopéré avec d'autres forces. Si Zinoviev avait touché juste en remarquant incidemment, dès 1922 [29], que l'Europe était entrée dans *l'époque du fascisme*, il devenait alors inévitable que Hitler suivît une voie vers le pouvoir absolu plus rapide et plus radicale encore que ne l'avait fait Mussolini ; il était de même inévitable qu'il se retrouvât tout particulièrement confronté à l'État qui avait voulu ouvrir *l'époque de la révolution prolétarienne mondiale*.

Deux grands *États idéologiques* se retrouvaient désormais face à face en Europe, deux États dont l'attitude était, en dernière analyse, détermi-

---

27. *Cf. supra*, p. 51-52.

28. Lutz Graf Schwerin von Krosigk, *Staatsbankrott. Die Geschichte der Finanzpolitik des Deutschen Reiches von 1920 bis 1945*, Göttingen, 1974, p. 106.

29. *Protokoll des Vierten Kongresses der Kommunistischen Internationale*, Hambourg, 1923, p. 44 et suiv.

née par des conceptions qui se voulaient des interprétations de l'histoire mondiale d'hier et de ce qu'elle serait demain, qui entendaient aussi rendre compte du sens de la vie humaine. Les accusations qu'ils s'adressaient réciproquement étaient quasi exclusivement marquées par la virulence et l'esprit de propagande ; elles se fondaient pourtant sur des réalités objectives qui, de part et d'autre, enflammaient les passions de grandes masses d'hommes. Tous deux avaient des alliés idéologiques sur tout le continent et au-delà : pour l'Union soviétique, les partis communistes ; pour l'Allemagne, avec beaucoup plus d'ambivalence, les mouvements fascistes qui étaient encore le plus souvent de dimensions réduites mais aussi, potentiellement, le régime fasciste italien. En vérité, les deux États se trouvaient pris dans tout un réseau de relations et de réalités objectives et, durant de longues années, on put avoir l'impression que les rapports entre l'Allemagne et l'Union soviétique, ou bien les rapports entre les mouvements fascistes et les régimes communistes, ne constituaient, dans l'histoire du monde, qu'un objet subalterne. Finalement, pourtant, ces rapports s'avérèrent constituer l'opposition fondamentale, celle qui déterminerait le destin du monde dans une beaucoup plus large mesure que, par exemple, la guerre entre le Japon et la Chine, la conquête de l'Éthiopie par l'Italie ou les efforts de Roosevelt pour réintégrer les États-Unis dans la politique mondiale.

III

La paix entre les États idéologiques ennemis 1933-1941

III-1

L'Allemagne nationale-socialiste et l'Union soviétique communiste en 1933-1934

C'est avec étonnement et stupéfaction que de nombreux contemporains, dans le pays même ou à l'étranger, ont vu avec quelle rapidité l'Allemagne se transformait en un État national-socialiste après l'arrivée de Hitler au pouvoir. Les bolcheviks avaient certes très vite éliminé, dans les faits, les autres partis socialistes, mais ils ne les interdirent formellement qu'en 1921 ; il fallut des événements d'une nature sérieuse, la crise Matteotti par exemple, pour pousser Mussolini, quatre années après la *Marche sur Rome*, à en finir avec les partis autres que le sien. Mais, en Allemagne, le processus de conquête du pouvoir par un seul parti fut achevé dès le 14 juillet 1933, sous la forme d'un acte législatif, « la loi contre la formation de nouveaux partis ». Il ne s'agissait pas là d'une mesure simplement imposée de force, de l'extérieur. Dans chacun des partis, y compris au sein du DNVP, s'étaient manifestées des oppositions, des résistances ; mais, dans chacun d'eux également, y compris au sein du SPD, la résignation n'était pas seule à être largement répandue, on se montrait même disposé à œuvrer à la nouvelle *communauté populaire (Volksgemeinschaft)* et l'on admettait ses propres fautes et errements sous la République de Weimar [1]. Le comportement des directions et des adhérents du Zentrum et des vestiges des partis libéraux, mais également l'attitude des Églises catholique et protestante donnent de bonnes raisons de supposer

1. Déclaration de Max Westphal lors de la réunion du groupe SPD au Reichstag le 10 juin 1933 : « Mais une chose est en tout cas certaine : jamais de petits groupes de notre parti ne pourront, depuis l'étranger, ébranler cet immense mouvement (Vive approbation). » (*Das Ende der Parteien*, note 4 de II-10, p. 258.)

Julius Leber dans une lettre à sa femme, écrite dans la maison d'arrêt : « Le socialisme marxiste était trop doctrinaire et donc trop stérile et inopérant, le communisme trop russe. Mais quelque chose de nouveau est en route, peut-être pas grâce à Hitler, mais en tout cas quelque chose de nouveau. » (Dorothea Beck, *Julius Leber. Sozialdemokrat zwischen Reform und Widerstand*, Berlin, 1933, p. 249.)

que l'on s'était laissé arracher sans trop de déplaisir une approbation vers laquelle on semblait déjà auparavant assez sérieusement pencher ; dans le même temps, la *révolution nationale-socialiste* qui se dessinait avec toujours plus de force et de netteté suscitait de nouveaux sursauts de résistance. Pour les communistes eux aussi, les mois qui suivirent le 30 janvier ne furent pas simplement une période de persécutions, ils furent également marqués par la confusion et le désarroi qui n'avaient pas pour seule cause la violence inattendue des coups frappant le parti. Les souvenirs de Herbert Wehner offrent un tableau très concret de cette confusion et de la tentation largement présente chez les responsables et les adhérents de jeter le manche après la cognée, voire de capituler. Il raconte que des masses d'adhérents désillusionnés rejoignirent le NSDAP et la SA ou que deux ex-dirigeants particulièrement radicaux publièrent une brochure intitulée *De la croix des soviets à la croix gammée via le camp de concentration* ou encore que plusieurs dirigeants de haut niveau collaborèrent avec la Gestapo [2]. Ernst Thälmann fut arrêté et le bruit se répandit très vite qu'il avait été trahi par l'un de ses plus proches collaborateurs. Le poète-ouvrier Max Barthel, qui avait été de longues années un ami et un compagnon de lutte intime de Willi Münzenberg et qui appartenait d'ailleurs au SPD depuis 1923, publia dans l'*Angriff* de Goebbels une « Lettre aux amis ayant quitté le pays », dans laquelle on pouvait lire : « Comparé aux vieux partis ouvriers, le NSDAP est une prairie en fleurs au printemps. [3] » Durant l'été, une revue du Komintern reconnut que, en mars et en avril, « des ouvriers étaient passés en masse au fascisme », que s'était répandue une immense « atmosphère de panique » et que la première impression avait été celle d'un « triomphe colossal du fascisme » [4]. Elle ajoutait toutefois que le parti s'était ressaisi et qu'il s'était avéré que la NSBO avait certes regroupé une grande partie du monde du travail, mais que seule une petite fraction d'adhérents étaient « de véritables nationaux-socialistes, des hitlériens fanatiques ». Toujours selon cette source, on assistait en maints endroits à la reprise des grèves et des manifestations et, à Chemnitz, on avait même vu une troupe d'ouvriers armés prendre la tête d'un défilé de manifestants. Ce qui nourrissait l'espoir que

2. D'après les « notes » de Herbert Wehner, in *Zeugnis*, édité par Gerhard Jahn, Cologne, 1982, p. 34, 63 et suiv. Les biographies de 504 militants appartenant au corps dirigeant du KPD que présente H. Weber dans le 2e vol. de *Die Wandlung des deutschen Kommunismus* sont d'un très grand intérêt. Un seul (Bertold Karwahne) devint, dès 1927, un national-socialiste éminent. Mais un nombre non négligeable d'entre eux s'accommodèrent du Troisième Reich. Parmi ces derniers, Weber omet de mentionner la députée au Reichstag, Maria Reese.

3. Martin Rector, « Über die allmähliche Verflüchtigung einer Identität beim Schreiben. Überlegungen zum Problem des "Renegatentums" bei Max Barthel », in *Literaturwissenschaft und Sozialwissenschaften 10. Kunst und Kultur im deutschen Faschismus*, Stuttgart, 1978, p. 261-284, p. 262.

4. *Rundschau über Politik, Wirtschaft und Arbeiterbewegung*, 1933, p. 827.

la classe ouvrière tout entière n'allait pas tarder à s'unir sous les drapeaux du Parti communiste ; par là s'explique aussi que de nombreux ouvriers aient gardé cette conviction : « C'est le communisme qui succédera inévitablement à Hitler et l'étoile des soviets resplendira, victorieuse, au-dessus des décombres en décomposition de la dictature de la croix gammée.[5] » D'éminents représentants du Komintern s'exprimaient exactement dans le même registre, insistant fortement sur l'idée que la politique suivie jusqu'alors par le parti, et en particulier son combat contre le *social-fascisme*, avait été correcte et avançant sans hésitation que le parti devait désormais déployer une activité à visage découvert. Mais il ne tarda pas à s'avérer que toutes les tentatives des communistes pour se rassembler et prouver, par des distributions de tracts et la popularisation de mots d'ordre, qu'ils existaient toujours, étaient rapidement brisées par la Gestapo et se traduisaient pour le parti par de nouvelles et sévères pertes. Au contraire, les sociaux-démocrates qui ne s'étaient pas résignés et retirés dans leur coin, se contentèrent d'essayer de garder le contact entre eux dans l'attente de jours meilleurs. Il ne fallut pas très longtemps pour que, depuis le siège du Comité directeur en exil à Prague, on diffusât ces fameux *Rapports sur l'Allemagne* qui prouvaient avec quel soin de nombreux adhérents du parti interdit étudiaient la situation en Allemagne. Ils enregistraient certes, dans toutes les couches de la population, des voix qui exprimaient le mécontentement de voir que la *bataille de l'emploi* remportait plus de succès apparents que réels et que la vie, loin de s'améliorer, devenait plutôt plus difficile, mais ils devaient surtout sans cesse constater que Hitler était bien plus populaire que le NSDAP, et précisément dans de larges fractions du monde du travail[6].

En quelques mois, Hitler avait donc réussi à atteindre ce qu'aucun homme politique *bourgeois* avant lui n'avait pu faire, même de très loin : il avait éliminé de la scène politique le Parti communiste, le Parti social-démocrate et les syndicats, parvenant néanmoins à susciter une telle adhésion, y compris chez les ouvriers, que le *milieu social* caractéristique des quartiers ouvriers commençait à se désagréger et que même les *Kieze* (vieux quartiers prolétariens de Berlin notamment, NdT) n'offraient plus aux communistes recherchés par la police de sûrs refuges[7]. Dans pratiquement chaque maison ou immeuble de ces quartiers, ainsi que dans les *corons* de la Ruhr, habitait désormais presque toujours au moins un national-socialiste convaincu ou fanatique, souvent employé comme

5. *Ibid.*, p. 884.

6. *Deutschland-Berichte der Sopade. Erster Jahrgang 1934*, réimpression à Francfort en 1980, p. 10, 29 et suiv. ainsi que *passim*.

7. Detlev Peukert, *Die KPD im Widerstand. Verfolgung und Untergrundarbeit an Rhein und Ruhr 1933 bis 1945*, Wuppertal, 1980, p. 121 et suiv.

« concierge » ou « chef d'immeuble » et exerçant des fonctions de surveillance qu'aucune police, eût-elle été parfaite, n'aurait pu exercer dans un tel milieu hostile.

L'Allemagne était donc devenue un État idéologique dans lequel un homme et un parti, avec l'accord enthousiaste d'une partie considérable de la population, détenaient le pouvoir politique sans partage. Les *Rapports sur l'Allemagne* pouvaient néanmoins défendre, à l'aide de bons arguments, le point de vue selon lequel l'Allemagne, au fond, n'aurait que peu changé, car ses véritables maîtres étaient, aujourd'hui comme hier, les grands industriels, les propriétaires fonciers de l'Est ainsi que les généraux de la Reichswehr, tandis que Hitler ne faisait qu'exécuter leurs volontés. Effectivement, dès juillet 1933, Hitler avait décrété que la révolution était terminée et le fait qu'un grand nombre de *victimes de mars*[8] aient rejoint le NSDAP avait précisément eu pour résultat que l'ancien corps des fonctionnaires était pour l'essentiel resté le même ; il n'y avait pas eu non plus de modification notable à la tête de la Reichswehr ; les organisations dirigeantes de l'industrie s'étaient contentées de changer de nom et de remplacer quelques leaders ; certes, avec la signature du Concordat, l'Église catholique avait renoncé au catholicisme politique, mais elle n'en avait pas moins consolidé ses positions ; les changements étaient plus importants au sein de l'Église protestante, mais la protestation contre l'introduction de l'*Arierparagraph* et contre les tendances *völkisch* (conception ethnique ou raciale de la nation, NdT) des « Chrétiens allemands » put s'exprimer presque sans rencontrer d'obstacles. Il est certes permis de voir dans l'adoption de la « Loi sur les pleins pouvoirs », du 23 mars, l'équivalent de la dissolution de l'Assemblée constituante russe en janvier 1918 ; on le peut d'autant mieux que, cette fois aussi, des menaces directes d'emploi de la violence jouèrent un rôle ; mais aucune comparaison n'est possible entre la persécution qui frappa alors les communistes et les attaques qui avaient été menées là-bas contre *la bourgeoisie*. On doit bien sûr, outre les assassinats perpétrés à l'intérieur des camps de concentration, évoquer la terrifiante *Semaine sanglante de Köpenick*, mais il n'y eut nulle part d'exécutions de masse ; et, surtout, il n'y eut que très peu de mesures présentant la moindre analogie avec la nationalisation des entreprises, l'expropriation des propriétés foncières, la réquisition et l'évacuation de logements ainsi que la fermeture des comptes bancaires pour des catégories entières de la population. La mesure la plus spectaculaire, la plus choquante, fut le boycottage des commerces juifs à partir du 1er avril ; mais il ne rencontra que peu d'approbation dans la population et il fut levé au bout de trois jours. C'est pourquoi on a souvent pu avancer à juste titre que la prise du pouvoir par les nationaux-socialistes avait certes constitué, par ses prolonge-

8. Le terme désigne, dans son acception habituelle, les démocrates tués lors des journées révolutionnaires de mars 1848 (NdT).

ments, un bouleversement politique mais non une révolution sociale. Mais cela veut uniquement dire que ce bouleversement fut une révolution qui n'était pas née d'une guerre, qui ne conduisit pas à une guerre civile et qui ne rompit pas les liens économiques et politiques avec le reste du monde. À l'intérieur de ce cadre et compte tenu de ces conditions préalables, il s'est néanmoins agi de la révolution politique la plus globale et la plus profonde jamais intervenue dans un État européen pendant les XIXe et XXe siècles.

On peut en dire autant de la politique extérieure. La prise du pouvoir par Hitler n'a entraîné la rupture d'aucune des nombreuses relations diplomatiques qui unissaient l'Allemagne aux divers États du monde ; rien n'était plus étranger à la pensée du ministre des Affaires étrangères, von Neurath, que de vouloir « fermer la boutique », ce que Trotski avait eu l'intention de faire en 1917 en sa qualité de commissaire aux Affaires extérieures ; Hitler, par son « discours de paix » du 17 mai qui rencontra même l'approbation des sociaux-démocrates, dissipa pour une large part les inquiétudes à cet égard, certainement très fortes à Paris et à Londres ; et la conclusion du « Pacte à quatre » de juillet 1933 auquel Mussolini avait tant poussé signifia que l'Allemagne se retrouvait, à rang égal, aux côtés des grandes puissances ouest-européennes, l'Angleterre, la France et l'Italie. Pourtant, l'Allemagne se retira spectaculairement de la Société des Nations, en novembre 1933 ; il s'agissait là aussi d'un fait sans précédent en Europe car, jusqu'ici, seul le Japon avait donné un pareil exemple en mars 1933, alors qu'il était déjà pratiquement impliqué dans une guerre avec la Chine pour la possession de la Mandchourie. Sur le plan de la politique étrangère aussi, l'Allemagne nationale-socialiste était par conséquent beaucoup moins révolutionnaire que l'Union soviétique, qui n'avait pas ratifié, même rétroactivement, le traité de Versailles et qui, en 1918, par la bouche de Lénine, avait proclamé son intention « de déclarer la guerre au monde entier » lorsque l'occasion s'en présenterait[9] ; cette même Union soviétique qui avait certes reconnu l'autonomie de ses ancienne provinces baltes, mais qui n'avait jamais cessé de protester contre l'amputation de la Bessarabie qu'on lui avait imposée. Si l'Allemagne était effectivement devenue, sous Hitler, un *État idéologique*, le terme n'avait pas une signification aussi large et globale que dans le cas de l'Union soviétique.

Plutôt que par ses premières déclarations d'après la prise du pouvoir, c'est durant l'année 1932 et en deux occasions que Hitler laissa le plus clairement paraître combien son idéologie était déterminée, principalement de manière négative, par son hostilité envers l'Union soviétique et le communisme. Dans un discours prononcé le 27 janvier 1932 devant des industriels de Düsseldorf, il était parti du principe que la race blanche dominait effectivement le monde, expliquant cette domination par une

9. *Cf. supra*, note 28 du chapitre II-1.

supériorité héréditaire qui constituait donc un droit, mais un droit menacé. Car, ajoutait-il, s'est dressée contre cet état de fait une *Weltanschauung* déjà maîtresse d'un État, qui, à partir de là, va mener le monde entier à sa ruine si on ne l'anéantit pas à temps : « Dans trois cents ans, si ce mouvement continue à se développer, on verra en Lénine non seulement un révolutionnaire de l'année 1917 mais encore le fondateur d'une doctrine mondiale nouvelle qu'on adorera peut-être à l'égal de Bouddha.[10] » Il est manifeste que Hitler n'accueille pas avec mépris un « phénomène aussi gigantesque » ; il mène une véritable polémique contre les patrons qui ne croient pas possible que la Russie s'industrialise complètement. Peut-être s'identifie-t-il lui-même tout à fait au personnage que Trotski dessinait de lui en le nommant le « super-Wrangel de la bourgeoisie mondiale »[11]. La seule chose qui les sépare, c'est qu'à ses yeux tout ce qui, pour Trotski, représente le progrès et l'émancipation n'est que déclin de l'humanité et décadence, car l'industrialisation de la Russie et l'extension présumée du bolchevisme à l'Asie ne peuvent se réaliser qu'en exploitant les capacités occidentales et en maintenant impitoyablement au plus bas le niveau de vie des masses russes et asiatiques. Bien entendu, Hitler n'attribue pas pour autant au monde occidental le mérite d'avoir amélioré les conditions d'existence des Asiatiques ou d'autres peuples ; il ne craint d'ailleurs pas, à l'occasion, de se faire le champion de l'égoïsme occidental qui, pour lui, n'exprime que la domination naturelle de l'humanité supérieure et cultivée sur l'humanité inférieure et barbare. On peut considérer le propos comme une profession de foi jusqu'alors inimaginable en faveur de *l'impérialisme le plus réactionnaire* ou bien comme l'expression d'un point de vue fondamentalement juste mais exacerbé ; mais, quoi qu'il en soit, un homme ne peut rien se proposer de plus grand que de jouer, au sein d'un vaste processus historique mondial et au service d'une cause estimée juste, un rôle déterminant ; de ce point de vue, on ne peut considérer autrement qu'insatisfaisantes toutes les théories qui ne veulent voir en Hitler qu'un nationaliste allemand. Un simple nationaliste n'aurait certainement pas tenu les propos que Hitler tint au colonel von Reichenau en décembre 1932, lorsqu'il déclara que la diplomatie soviétique était à ses yeux disqualifiée en matière de négociations et de traités, car il ne pouvait se conclure de traités qu'entre protagonistes se situant au même niveau idéologique[12].

10. Max Domarus, *Hitler. Reden und Proklamationen 1932-1945*, Würzburg, 1962, vol. I, p. 68-90, p. 77 (le texte de l'allocution ne fut pas du tout tenu secret, il fut bien au contraire publié à deux reprises, l'une sous forme abrégée dans *VB* du 19 avril 1932, l'autre dans une brochure : *Vortrag Adolf Hitlers vor deutschen Wirtschaftlern im Industrie-Klub zu Düsseldorf*, Munich, 1932).

11. *Cf. supra*, p. 215.

12. Thilo Vogelsang, « Hitlers Brief an Reichenau vom 4. Dezember 1932 », in *Vjh. f. Ztg.*, vol. 7 (1959), p. 429-437, p. 434.

Il est donc inévitable que les multiples relations que Hitler eut en tant que chef d'État avec la France et l'Angleterre, l'Italie et les États-Unis, la Pologne et le Vatican n'aient joué qu'un rôle subalterne car elles étaient uniquement destinées à parer à des dangers momentanés ; on est obligé d'accorder une importance décisive à ses relations avec son adversaire principal à l'échelle de l'histoire universelle, même si ces relations ne se déroulèrent pas sur le plan diplomatique. Mais l'Union soviétique devait avoir elle aussi conscience que la situation politique mondiale s'était totalement modifiée depuis qu'existait en Europe un second État idéologique, hostile et potentiellement tout aussi puissant qu'elle. Bien sûr, des deux côtés, les diplomates s'efforçaient de calmer le jeu, ce qui n'empêcha pas le discours prononcé par Hitler le 2 mars 1933 de provoquer de vigoureuses protestations. Se produisit alors une succession ininterrompue d'incidents au cours desquels des représentations commerciales soviétiques, en particulier le réseau très ramifié des stations-service « Derop », furent la cible d'actions de commandos, parfois violentes, de la SA et de la SS. Certes, il aurait été difficile à Hitler de s'exprimer avec plus d'agressivité que les hommes politiques soviétiques lorsqu'ils s'en prenaient avec constance à la situation régnant dans les pays capitalistes [13] ; les diplomates soviétiques, de leur côté, ne pouvaient pas contester que les employés de la « Derop » étaient souvent des communistes [14]. Les relations ne s'en dégradèrent pas moins rapidement : la Reichswehr et l'Armée rouge mirent fin à leur collaboration, Karl Radek dénonça tout à coup dans la *Pravda*, avec beaucoup de fermeté, les menaces que le révisionnisme faisait peser sur la paix et les Français entreprirent de jouer leur chance avec beaucoup d'habileté [15].

L'absence de réactions à cette situation ne fut bien entendu pas totale. Hitler, au lendemain du 2 mars, évita de nouvelles agressions verbales en public, il accorda même un entretien à l'ambassadeur soviétique Chintchouk et, surtout, il se déclara prêt à ratifier le procès-verbal de

---

13. *Cf.* par exemple Staline dans son discours consacré aux résultats du premier plan quinquennal, le 7 janvier 1933 : « On refuse la nourriture aux travailleurs parce qu'ils ne peuvent pas la payer, on leur refuse un toit parce qu'ils ne peuvent pas payer les loyers. De quoi et où vivent-ils ? Ils vivent des maigres miettes qui tombent de la table des maîtres, ils fouillent les poubelles pour y trouver des aliments avariés, ils vivent dans les quartiers miséreux des grandes villes, mais le plus souvent encore, en dehors des villes, dans des cabanes misérables que les chômeurs construisent comme ils peuvent avec des planches arrachées à des caisses et de l'écorce d'arbres. » *Stalin Werke*, vol. 13, p. 177. Aucun diplomate n'était en mesure de protester contre le discours de Staline, puisqu'il ne se référait pas à un État en particulier.

14. ADAP, série C, vol. I 1, p. 252.

15. *Cf. ibid.*, p. 143. Du côté français, un Edouard Herriot joua un rôle particulièrement important. Après les élections à la Chambre de mai 1932, il avait été, en tant que leader des radicaux-socialistes, Président du conseil jusqu'en décembre de la même année. Il fit, un peu plus tard, un voyage à travers l'Union soviétique qui fut entouré d'une large publicité et souleva des critiques acerbes au-delà des seuls milieux de l'émigration russe.

reconduction du traité de Berlin qui avait été paraphé en 1931 mais n'avait pas obtenu, depuis lors, force de loi. À en croire un rapport de l'ambassadeur à Moscou, Herbert von Dirksen, daté du 15 mai, il y avait aussi dans le camp adverse des tendances diverses, l'Armée rouge et les hommes politiques proches d'elle gardant à l'égard de l'Allemagne une attitude positive et amicale, tandis que l'on notait encore chez les hommes politiques soviétiques d'origine intellectuelle « de la crispation et de l'aigreur envers l'Allemagne » [16]. Il était pourtant évident que c'en était fini des relations particulières proprement dites entre l'Allemagne et la Russie, relations reposant sur le *révisionnisme* qui leur était commun. Le 14 août, Dirksen alla jusqu'à parler de « l'inquiétude toujours grandissante, presque de l'angoisse, devant les répercussions idéologiques qu'aurait sur le bolchevisme et la révolution mondiale la victoire nationale-socialiste en Allemagne » ainsi que de « la méfiance allant jusqu'à l'hystérie à l'idée que l'Allemagne de la Révolution nationale, au mépris de toutes ses assurances officielles, pouvait mettre en œuvre des projets hostiles à l'Union soviétique (amputation de l'Ukraine) ou le faire dans un avenir proche » [17].

L'Union soviétique avait donc beau avoir des mobiles tout à fait différents de ceux de la France, le rapprochement entre elles deux s'opéra avec toujours plus d'évidence et l'Allemagne se retrouva presque totalement isolée après son retrait de la Société des Nations. Hitler conclut alors, en janvier 1934, un pacte de non agression avec la Pologne qui avait pourtant caressé l'idée d'une guerre préventive au printemps 1933 ; il prouvait ainsi qu'il était bien en selle et que, à la tête de l'État idéologique allemand, on était capable de prendre des décisions qui, parce qu'elles semblaient impliquer une reconnaissance des frontières orientales, auraient immanquablement et immédiatement entraîné la chute de tout gouvernement sous la république de Weimar. Hitler, lui, pouvait dans une large mesure se laisser guider par sa sympathie pour le maréchal Pildsudski, sympathie fondée sur l'antibolchevisme qui leur était commun. Hitler n'était pas un homme politique ayant des convictions idéologiques, comme l'avaient été Stresemann et Brüning, il était au contraire un idéologue, pourvu de volonté politique et de versatilité tactique, et personne en Allemagne, depuis le début de l'année 1934, n'était plus en mesure de contester ses décisions.

Au même moment, l'Union soviétique procédait à une modification de sa politique étrangère de plus grande portée encore. Pendant quinze années, elle avait eu pour raison de vivre d'accuser *les impérialistes*, Versailles et, de manière générale, le capitalisme dont, rituellement, la France, l'Angleterre et les États-Unis étaient considérés comme les repré-

16. ADAP, *op. cit.*, p. 418.
17. *Ibid.*, vol. I 2, p. 737.

sentants éminents. Les pactes de non agression avec la Pologne et la France ne signifiaient pas encore un changement fondamental mais, après la prise de pouvoir de Hitler, la presse soviétique adopta très vite un tout autre ton et le ministre des Affaires étrangères, Maxim Litvinov, devint le principal porte-parole, même s'il n'en était à coup sûr pas l'inspirateur, de la nouvelle ligne *occidentale* qui envisageait une alliance de l'Union soviétique avec les puissances opposées au révisionnisme ; cette ligne n'allait pas tarder à atteindre un sommet avec l'entrée de l'URSS dans la Société des Nations pourtant si longtemps assimilée à une association de va-t-en-guerre antisoviétiques. On ne trouve pas trace d'une résistance à ce changement de ligne ; en effet, un tel changement s'imposait véritablement et l'affirmation de Staline selon qui sa politique était tout entière tournée « vers l'URSS et vers l'URSS seulement » [18] était à l'évidence déjà devenue chose absolument naturelle. Si l'Union soviétique n'était pas un État ordinaire, comme le croyait d'ailleurs dur comme fer Staline, cette affirmation n'exprimait pas un simple nationalisme et, pour mettre à profit les divisions et les difficultés de *l'ennemi impérialiste,* il était toujours possible de se référer à Lénine. Staline, de surcroît, ne se liait pas totalement les mains, il cherchait au contraire à ne pas laisser se rompre l'ensemble des liens avec l'Allemagne [19] ; par ailleurs, en France et surtout en Angleterre, la méfiance envers l'Union soviétique restait vive.

Dans ces conditions, l'accomplissement du projet de Lénine – l'*électrification* du pays grâce au communisme, l'industrialisation en d'autres termes – avait été le facteur qui avait le plus profondément modifié la situation. Les communiqués triomphants sur l'achèvement de gigantesques complexes industriels et les cartes représentant les *Géants du plan quinquennal* – par exemple les usines de tracteurs de Stalingrad, le combinat sidérurgique de Magnitogorsk, la scierie « Molotov » près d'Arkhangelsk, le combinat chimique de Stalinsk, les hauts fourneaux de Dniepropetrovsk – rencontrèrent à l'Ouest, dans un premier temps, un fort scepticisme ; on avait aussi tout à fait le sentiment que ces merveilles de la technique moderne avaient été en très grande partie construites au prix du travail forcé de centaines de milliers de koulaks déportés, de la faim d'une population entière et de la mort, dans d'atroces souffrances, de plusieurs millions de paysans ; enfin, l'utilité du canal mer Baltique-mer

18. Stalin, *op. cit.,* p. 270.

19. « C'est certain, nous sommes très loin d'être enchantés de l'existence du régime fasciste en Allemagne. Mais il ne s'agit pas ici du fascisme comme le prouve à lui seul le fait, par exemple, que le fascisme en Italie n'a pas empêché l'URSS d'établir avec ce pays les meilleures relations qui soient. » (*ibid.*, p. 269) Pour Staline le problème réside bien plutôt dans ce que l'Allemagne, qui avait abandonné dès avant janvier 1933 l'ancienne ligne (celle de Rapallo), opère un tournant politique. C'est dans ce contexte qu'il cite (en janvier 1934 !) Hugenberg et Rosenberg comme des défenseurs particulièrement éminents de la nouvelle ligne.

Blanche et même de la centrale électrique de Dnieprostroï n'apparaissait pas du tout évidente. L'année 1932 avait été particulièrement sombre et difficile en Union soviétique. C'est vraisemblablement dans ce contexte qu'il faut apprécier le suicide de la femme de Staline, Nadejda Allilouïeva ; des mouvements d'opposition, qui voyaient en Staline le responsable de tous ces drames, apparurent à l'intérieur du parti. Pouvait-il y avoir de mesure plus extrême que la « Loi sur la protection de la propriété des entreprises publiques et des kolkhozes », qui prévoyait la peine de mort pour les larcins les plus minimes ? On peut dire la même chose de l'introduction, fin 1932, des passeports intérieurs qui créait une nouvelle inégalité, inimaginable en Europe, puisque les paysans kolkhoziens n'y avaient pas droit et se retrouvaient de la sorte, tout comme leurs ancêtres, attachés à la glèbe. En guise de compensation, la population se vit offrir une nouvelle exaltation du sentiment national et de la fierté envers l'histoire de la Russie ; dès 1930, Staline avait donné le feu vert à l'opération en adressant une lettre à Demian Bedny, un *poète prolétarien*, à qui il reprochait de faire apparaître, dans ses poèmes, la Russie du passé comme « un ramassis de l'horreur et de la saleté » [20]. Un peu plus tard, la conception marxiste de l'éminent historien Pokrovski dut s'effacer devant une appréciation beaucoup plus positive du passé russe, de certains tsars et de certains chefs de guerre ; dans le même temps, des termes jusqu'ici mis à l'index retrouvaient droit de cité : on était en juin 1934, moment où fut promulguée la loi sur la « trahison de la patrie », qui prévoyait la peine de mort pour les tentatives de fuir l'Union soviétique et l'envoi en camp de tous les membres de la famille du *traître*, même dans le cas où ils n'auraient pas eu connaissance de son intention [21].

Ce qui se passait en Union soviétique était donc une industrialisation en situation de guerre, appuyée sur une doctrine qui se proclamait *marxiste*. La violence qui la caractérisait ainsi que sa rapidité l'opposaient brutalement à la révolution industrielle telle qu'elle s'était déroulée, en Angleterre d'abord, puis dans le reste de l'Occident, pendant de longues décennies. Comme la priorité accordée à l'industrie lourde signifiait nécessairement que l'État le plus étendu du monde se dotait d'un énorme potentiel militaire, l'Occident tout entier en conçut non moins nécessairement peur et inquiétude ; mais cette industrialisation rencontra une forte sympathie chez les intellectuels qui critiquaient tantôt la décadence, tantôt l'aliénation et tantôt le bellicisme des États occidentaux, parfois aussi les trois à la fois. Sidney et Beatrice Webb consacrèrent un livre à l'Union soviétique en qui ils voyaient une « civilisation nouvelle », tandis que Bernard Shaw crut quitter le « pays de l'espoir » et

---

20. *Ibid.*, p. 13, 23.

21. Michail Heller-Alexander Nekrich, *Geschichte der Sowjetunion*, 2 vol., Königstein, 1981, vol. I, p. 244 et 247 et suiv. (Édition française : *L'utopie au pouvoir,* Calmann-Lévy, Paris, 1982, p. 221 et 214-215.)

retourner dans le monde de la désespérance le jour où il quitta Moscou pour Londres [22].

Ainsi les uns parlaient-ils du pays de l'esclavage d'État et d'un despotisme « néo-archaïque », tandis que les autres parlaient de l'éthique nouvelle des ouvriers russes qui « attendaient de leur travail quelque chose de meilleur et de plus grand que ce que l'on peut obtenir avec de l'argent » [23]. Les uns et les autres avaient raison à leur manière : jamais encore le monde n'avait connu d'industrialisation pareille.

La récolte de 1933 ayant été bonne et les gens pouvant pour la première fois respirer de nouveau un peu plus librement, Staline, devant le XVIIe Congrès du parti de janvier 1934, le « Congrès des vainqueurs », put dresser un bilan de victoire. En présentant les « résultats du plan quinquennal », il reprit, pour les confirmer définitivement, ses précédentes déclarations de janvier 1934 auxquelles, sur le plan international, tout le monde n'avait pas accordé le même crédit : « Nous n'avions pas d'industrie sidérurgique, la base de l'industrialisation du pays. Maintenant, nous l'avons. Nous n'avions pas d'industrie de construction de tracteurs. Maintenant, nous l'avons. [...] Nous n'avions pas d'industrie de la machine-outil. Maintenant, nous l'avons. [...] Nous n'avions pas d'industrie aéronautique. Maintenant, nous l'avons. [...] Le résultat de tout cela, c'est que notre pays agraire s'est transformé en un pays industriel. [24] » Il fit alors état de chiffres destinés à prouver que l'Union soviétique avait quadruplé sa production industrielle par rapport à 1913, tandis que les États-Unis et la France étaient restés à peu près au même niveau et que l'Angleterre ou l'Allemagne n'avaient même pas retrouvé leur niveau d'avant la guerre.

Ces chiffres étaient sans doute contestables pris séparément, mais on ne pouvait pour autant douter qu'une nouvelle grande puissance industrielle était née et qu'elle ne dépendait pas, pour son développement, d'une économie mondiale génératrice de crises et, par là même, de rééquilibrages ; c'est précisément pourquoi elle était sur le point de devenir une puissance mondiale politico-militaire. En 1926 encore, quand bien même la presse communiste de l'époque assurait que l'Union soviétique était une puissance mondiale, le « Testament politique » de Hitler dans *Mein Kampf* reposait encore sur une base solide, une base réelle ; il était maintenant devenu obsolète et il existait même de bonnes raisons de craindre que l'Allemagne, dans le domaine militaire, connût désormais un retard toujours plus important. Staline n'avait vraisemblablement pas sous les yeux le discours de Hitler du 27 janvier lorsqu'il prononça son grand rapport d'activité devant le congrès du parti ; il ne s'en livra pas moins à une confrontation directe avec lui lorsqu'il entreprit de passer au

22. *Ibid.*, p. 244 (p. 214 de l'édition française).
23. Stalin, *op. cit.*, p. 228. Déclaration de R. Robins au cours d'un entretien avec Staline.
24. *Ibid.*, p. 160 et suiv.

crible la théorie des races *supérieures* et des races *inférieures*. Il déclara : « On sait que la Rome antique jetait sur les ancêtres des Allemands et des Français d'aujourd'hui le même regard que les tenants de la "race supérieure" jettent à présent sur les peuples slaves. [...] Il en est résulté que les non Romains, en d'autres termes tous les "Barbares", se sont unis contre l'ennemi commun et ont renversé Rome. [...] Quelle garantie y a-t-il que les hommes politiques et littérateurs fascistes de Berlin aient plus de chance que n'en ont eue les conquérants romains pourtant rompus au combat ? Ne serait-il pas plus juste de supposer le contraire ? [25] »

Au cours d'un entretien, en mai 1933, avec Raymond Robins qui depuis la révolution de 1917 avait mené une campagne enfin couronnée de succès pour la reconnaissance de l'Union soviétique par les États-Unis, Staline avait, sous une forme plus générale, exprimé la même idée à l'aide des quelques phrases suivantes : « La manière différente dont les ouvriers de telle ou de telle nation maîtrisent la technique ne relève pas de la biologie, ce n'est pas une question de dispositions héréditaires, c'est une question de temps : si on ne l'a pas encore acquise aujourd'hui, on l'acquerra et on la maîtrisera demain. Chacun est capable de maîtriser la technique, même l'homme de la brousse s'il est aidé. [26] » Hitler, au contraire, avait dit que c'étaient les Allemands, et eux seuls, qui avaient édifié l'industrie de Bohême et il n'avait pas vu que l'industrie allemande, entre 1800 et 1850, avait pour une part considérable été construite par des Anglais. En dépit de tous les retours à l'histoire russe, Staline défendait donc toujours le point de vue universaliste et se référait au *temps*, alors que Hitler se faisait le champion de l'immuabilité de races substantiellement différentes. Il est hautement vraisemblable que c'est Staline qui avait raison. Mais la vision du monde des *Barbares* slaves ayant entrepris de s'affirmer face à l'attaque des *races supérieures* ne présentait plus guère de ressemblances avec les conceptions de Marx et d'Engels ; et le fait que, parmi les hommes politiques de la bourgeoisie dont les plans de guerre étaient condamnés à l'échec, Staline n'ait nommément cité que Churchill pourrait bien avoir eu valeur de sombre présage. Il est possible aussi que son assurance, lorsqu'il affirmait que, en cas de guerre contre l'URSS, le combat se déroulerait aussi « sur les arrières de l'ennemi » ait déjà été obsolète [27]. Certes, la Guépéou veillait à ce que, en Union soviétique, il n'y ait pas de combat derrière les lignes de front, mais n'avait-elle pas servi, elle ou la Tchéka, de modèle à la Gestapo, au moins de manière objective et, vraisemblablement aussi, avec la pleine conscience des acteurs ?

Staline pouvait-il d'ailleurs être certain que la Guépéou *lui* obéirait inconditionnellement ? N'y avait-il pas encore, dans son État, suffisam-

25. *Ibid.*, p. 264.
26. *Ibid.*, p. 265.
27. *Ibid.*

ment de trotskistes et de boukhariniens qui poussaient désormais à la paix et à la réconciliation ? Que pouvait bien vouloir dire le fait que Kirov, le secrétaire du parti de Leningrad, eût obtenu plus de voix que lui lors du vote intervenu au congrès du parti [28] ? La loyauté personnelle de Kirov n'était pas en cause ; c'était d'ailleurs lui qui, au cours de ce congrès justement, avait dit de Staline qu'il était « le plus grand homme de tous les temps et de tous les peuples » [29]. Mais les ennemis pouvaient fort bien se cacher derrière lui et Staline voyait partout une foule d'ennemis. Ce n'est vraisemblablement pas sans arrière-pensées et sans sous-entendus que, dans son télégramme de vœux à l'occasion du 15e anniversaire de la Guépéou, en décembre 1932, il dit de « l'œuvre d'extermination des ennemis du prolétariat » que non seulement elle n'était pas terminée, mais encore qu'elle était « compliquée » [30].

Certes, les koulaks étaient anéantis, mais Staline fournit au parti de nouveaux ennemis et de nouvelles cibles en la personne des « magasiniers, des administrateurs, des comptables, des secrétaires, etc. » des kolkhozes, qui, d'après lui, se composaient pour une bonne part encore de représentants des « ci-devant », des « classes en voie de disparition » [31]. Selon toute vraisemblance, il était courroucé contre les membres du Bureau politique et du Comité central qui l'avaient empêché de faire fusiller les *ennemis du parti* cachés dans le parti lui-même. Depuis près de dix ans se dressaient partout dans le pays des statues de Staline ; en un flot intarissable, des messages obséquieux l'appelaient le « grand guide des peuples », des villes importantes et d'innombrables rues portaient son nom, mais, tant qu'il avait des ennemis dans le parti, il n'était pas encore définitivement devenu le seul maître à bord.

Hitler non plus d'ailleurs ne détenait pas encore le pouvoir absolu en ce premier semestre de l'année 1934. La détermination avec laquelle il se débarrassa alors de ses adversaires semble avoir fortement impressionné Staline. C'était une simple copie du modèle soviétique si, dans l'Allemagne nationale-socialiste, on rencontrait partout des images montrant Hitler à côté de Frédéric le Grand, de Bismarck et de Hindenburg, et le présentant comme l'homme ayant achevé l'unification nationale ; de la même façon que, en Union soviétique, on présentait Staline, à côté de Marx, d'Engels et de Lénine, en champion de la classe ouvrière. Toutefois, avec l'affaire Röhm, c'est Hitler qui, pour la première fois, devint le modèle, au moins de manière objective et, vraisemblablement aussi, en pleine conscience de la part de son adversaire.

---

28. Jean Elleinstein, *Histoire de l'URSS*, tome II, Paris, 1973, p. 197. Le titre donné à Staline en personne, de même qu'à Kirov, Kaganovitch et Jdanov, n'était que celui de *secrétaire*, ce qui pouvait difficilement être le fruit de l'inadvertance (Leonard Schapiro, *Die Geschichte der Kommunistischen Partei der Sowjetunion*, Francfort/Main, 1961, p. 422. Édition française : *De Lénine à Staline..., op. cit.*, p. 450).

29. Heller-Nekrich, *op. cit.*, vol. I, p. 238. (*L'utopie..., op. cit.*, p. 206.)

30. Staline, *op. cit.*, p. 141.

31. *Ibid.*, p. 205, 185.

III-2

Le « putsch de Röhm » et l'assassinat de Kirov en 1934

Ernst Röhm, le chef d'état-major de la SA, n'était pas un simple disciple de Hitler mais, très puissant officier de la Reichswehr, il avait été au nombre de ses protecteurs à Munich ; la SA, par ailleurs, n'était pas seulement une « structure » interne du NSDAP mais, jusqu'au 30 janvier 1933, aux yeux de l'opinion publique, le parti lui-même, le parti visible et activiste ; ses uniformes bruns donnaient au « sursaut national » sa couleur dominante et elles le donnèrent davantage encore à la révolution nationale-socialiste. Mais cette force armée du parti au pouvoir ne remplaça pas l'ancienne armée comme l'avait fait la Garde rouge en Russie soviétique, et Hitler était bien loin de songer à suivre l'exemple de Lénine et à mener l'assaut contre la force armée de l'État dans l'intention de l'anéantir. La situation était en effet totalement différente, car la Reichswehr avait surmonté depuis longtemps les conséquences de la guerre, si bien qu'aucun homme politique d'Allemagne n'était en mesure d'accéder au pouvoir contre sa volonté. La SA, pour sa part, n'était pas *a priori* animée de sentiments hostiles à l'encontre de la Reichswehr, car son corps d'officiers se composait en grande partie, comme celui de cette dernière, d'anciens officiers de la guerre mondiale et d'anciens membres des Corps francs ; seule la proportion des uns et des autres n'était pas la même. Elle était, par conséquent, tout autant que la Reichswehr un produit de *l'expérience positive de la guerre* dont les représentants, en Russie, avaient succombé à l'assaut des masses qui haïssaient la guerre ou, au moins, la guerre *du tsar et des propriétaires terriens*. La SA était néanmoins une force qui ne considérait pas que la révolution nationale-socialiste s'était arrêtée avec le 14 juillet 1933. C'est pourquoi on pouvait entendre parler, dans ses rangs, de la seconde révolution qui devrait éliminer les réactionnaires encore nombreux dans la Wehrmacht et dans l'économie et fonder l'armée du peuple nationale-socialiste, Ernst Röhm devenant le ministre de la Guerre. De la sorte, la SA se présentait en même temps comme une nouvelle forme ou manifestation de la gauche, voire du socialisme au sein du NSDAP, et ce n'est pas par hasard qu'Otto Strasser entretenait d'excellentes et de nombreuses relations avec d'importants chefs de la SA. Tout ceci n'avait bien entendu rien à voir avec une quelconque hostilité à l'égard de Hitler; on pensait bien davantage qu'il fallait libérer le Führer de l'alliance avec la *réaction* à laquelle il s'était prêté dans le but de conquérir le pouvoir.

Il était donc tout à fait naturel que les gens menacés se retrouvent au sein d'une alliance informelle: la Reichswehr avec à sa tête le ministre Blomberg et son chef d'état-major Reichenau, les nationaux-allemands du cabinet conduits par von Papen et les industriels sous la direction de Krupp et de Thyssen. Parmi les ministres nationaux-socialistes, c'est certainement par conviction que Göring et Frick choisirent le camp des adversaires de la SA; Goebbels parut hésiter. Certes, en juillet 1933, lorsqu'il proclama la « fin de la révolution », Hitler opéra déjà un premier choix, mais il essayait toujours de jouer les entremetteurs entre les deux groupes, se réservant le rôle d'arbitre. Pourtant, alors que la Reichswehr voyait dans un premier temps ses effectifs stagner, la SA connut une expansion extraordinaire durant l'année 1933. Elle absorba entièrement le Casque d'acier, mit la main sur les Universités en instituant des Offices universitaires de la SA *(SA-Hochschulämtern)*, créa sa propre police rurale et mit en place en maints endroits des *Stabswachen*, assez souvent en association avec des *Hilfswerklager* [1]. En juillet, un arrangement provisoire intervint entre la Reichswehr et la SA: l'Obergruppenführer Friedrich Wilhelm Krüger fut nommé responsable de l'instruction militaire et la SA devint ainsi l'organisation chapeautant l'ensemble de la formation paramilitaire. Pour les unités SA de l'Est se réalisa un objectif poursuivi depuis longtemps, puisqu'elles eurent accès aux dépôts de munitions de la police de protection des frontières. Vers la fin de l'année 1933, les effectifs totaux de la SA approchaient les quatre millions d'hommes; elle se trouvait par conséquent dans une position initiale dont les communistes, lorsqu'ils appelaient à la guerre civile, n'auraient même pas pu rêver. On considérait pourtant généralement que la Reichswehr lui était encore supérieure.

Mais combien de temps cela durerait-il ? N'était-il pas inévitable que la supériorité numérique finisse par imposer sa loi ? Hitler était-il, comme on le prétendait alors dans certains milieux nationaux-bolchevistes, le Kerenski de la révolution allemande ou bien le plus important de ses chefs girondins ? On aurait toutefois pu prétendre, à meilleur droit et en référence à Mussolini, que toutes les analogies empruntées à l'histoire

---

1. Les *Stabswachen* étaient des groupes armés placés sous les ordres des instances nationales; ils auraient certainement donné naissance à une Waffen-SS avant l'heure s'il n'y avait eu le 30 juin 1934. Les *Hilfswerklager* représentaient une sorte d'assistance sociale encasernée où les SA bénéficiaires, quinze mille au total environ, payés par l'État, se rendaient utiles de diverses manières. Le passage entre *Stabswachen* et *Hilfswerklager* était assez courant (NdT).

des révolutions intervenues jusqu'ici étaient fausses parce qu'il s'agissait d'un type de révolution de nature nouvelle et donc différente, à savoir le type fasciste.

La situation dans laquelle se trouvait Hitler au début de l'année 1934 n'était pas simple. Les espoirs millénaristes du sursaut national étaient bien loin de s'être réalisés, car le chômage n'avait reculé que relativement lentement et, de surcroît, dans une large mesure grâce à un partage de l'emploi disponible entre un nombre plus élevé de personnes ; les débuts du conflit avec les Églises *(Kirchenkampf)* ainsi que l'interdiction des voyages en Autriche nourrissaient aussi beaucoup d'inquiétudes. Les salaires réels baissaient au lieu d'augmenter. Goebbels se vit dans l'obligation de lancer une campagne de propagande contre les « rouspéteurs et les bousilleurs » qui, manifestement, avaient tout loisir de se faire entendre. Si la SA était inquiète, de larges milieux conservateurs étaient, eux, insatisfaits. La nomination de Röhm, ainsi que celle de Hess, le 1er décembre 1933, comme ministre du Reich sans portefeuille, ne pouvait être considérée autrement que comme un lot de consolation. Mais Röhm se mit alors à déployer également une certaine activité diplomatique, rencontrant François-Poncet, l'ambassadeur de France, et prononçant lc 18 avril 1934, devant le corps diplomatique et la presse étrangère à Berlin, un grand discours dans lequel il déclara : « Le rempart inébranlable contre la réaction, les philistins et les pharisiens, c'est la SA, car elle incarne tout ce qui constitue le concept de révolution ! [...] La révolution nationale-socialiste en Allemagne représente la percée d'une nouvelle conception du monde. Le fait que sa mission centrale, la constitution d'une communauté populaire, soit liée à des considérations de race prouve que le nouvel et idéaliste nationalisme allemand n'est pas animé par des désirs de conquête mais qu'il tourne au contraire ses énergies vers l'intérieur[2]. »

C'est là le cœur du problème. Les diplomates étrangers étaient loin de craindre Röhm autant que ne le faisaient les conservateurs allemands, car la transformation de la Reichswehr en une armée-milice retarderait, pour ne pas dire empêcherait, tout réarmement sérieux. Bien sûr, le *Horst Wessel Lied* qui, entre-temps, était devenu un élément de l'hymne national, attaquait lui aussi la *réaction* et Hitler reprenait lui-même assez souvent publiquement à son compte cette interprétation pacifiste de son racisme, tout entière tournée vers la politique intérieure ; mais, pour l'heure, le point de son programme qui lui tenait le plus à cœur était un réarmement rapide et effectif ; et ce point, il n'était disposé à ne le laisser mettre en péril par personne. Pourtant, même s'il n'avait pas été pressé par le temps, il est difficile d'envisager qu'il aurait pu choisir le camp de Röhm, car son parti n'était absolument pas révolutionnaire au sens où

2. UuF, vol. X, p. 152.

l'entendait Röhm ; lui-même n'était pas sans savoir que de nombreux communistes étaient entrés dans la SA en espérant peut-être pouvoir faire déboucher une révolution SA sur un bouleversement plus radical encore. Il pouvait compter sur l'appui des subordonnés directs de Röhm, Himmler et Lutze ; Göring et la Gestapo étaient par ailleurs de toute façon à ses côtés. La Reichswehr répandait des informations inquiétantes sur de prétendus préparatifs de la SA en vue d'un soulèvement ; au centre de ce réseau, il y avait le partisan de Hitler le plus sûr parmi tous les officiers supérieurs, le général von Reichenau. Il semble néanmoins qu'il ait fallu du temps à Hitler pour se résoudre à franchir définitivement le pas.

Il eut encore, début juin, un long entretien avec Röhm ; il recommanda instamment à ce dernier, cela paraît certain, de partir en vacances. Röhm s'exécuta et donna même un ordre général de vacances à la SA ; mais il publia le 8 juin un ordre du jour menaçant qui, sottise incompréhensible, ne mentionnait pas le nom de Hitler. Il évoquait en revanche les ennemis de la SA et leurs vains espoirs et se terminait par cette phrase pathétique : « La SA est et demeure l'avenir de l'Allemagne. [3] »

Le 17 juin, indépendamment de Hitler, vient s'ajouter un important contrepoint. Le vice-chancelier von Papen prononce à Marburg, à l'invitation de la fédération universitaire, un discours dans lequel il parle des « scories » de la situation révolutionnaire, s'en prend une nouvelle fois à la prétention totalitaire qu'il juge antichrétienne et met en garde contre une division du peuple en Spartiates et en Ilotes. Les phrases déterminantes sont les suivantes : « Quiconque joue de manière irresponsable avec de telles idées [celles d'une seconde révolution] ne doit pas se cacher qu'une deuxième vague est facilement suivie d'une troisième, que celui qui agite la menace de la guillotine est souvent l'un des tout premiers à tomber sous le couperet. [...] Il est beaucoup question de la socialisation à venir. Avons-nous vécu une révolution antimarxiste pour maintenant accomplir le programme marxiste ? [...] Aucun peuple ne peut se permettre un éternel soulèvement par le bas s'il veut s'affirmer devant l'histoire. [...] Une éternelle dynamique ne permet pas de donner forme à quoi que ce soit. L'Allemagne ne doit pas se transformer en un train roulant à l'aveuglette dont personne ne sait quand il s'arrêtera [4]. »

Hitler n'interpréta pas ce discours comme un soutien mais comme une provocation. Il en interdit la diffusion ; celui qui l'avait rédigé, Edgar Jung, jadis un éminent pionnier de la *révolution conservatrice,* fut arrêté. Hitler se décida à combattre sur deux fronts.

Le 28 juin, il fit convoquer une réunion des chefs de la SA à Bad Wiessee et fit annoncer qu'il serait présent. Le 30 juin, après une visite à Essen, il se rendit de Hangelar à Munich en avion, en compagnie de

3. *Ibid.,* p. 157.
4. *Ibid.,* p. 157 et suiv.

Goebbels et de Lutze. Au moment même de décoller, il avait eu connaissance de nombreuses nouvelles sensationnelles, notamment celle qu'un certain Uhl, Standartenführer, préparait un attentat contre lui ; on lui transmit aussi des informations concernant certains préparatifs de soulèvement auxquels se livrait un responsable berlinois de la SA, Ernst (qui était en réalité en voyage de noces). On ne sait toujours pas exactement aujourd'hui dans quelle mesure Hitler prit ces nouvelles au sérieux et dans quelle mesure elles influencèrent sa décision. En tout cas, dès son arrivée à Munich, plusieurs responsables SA furent arrêtés et, à Wiessee, Röhm qui tombait des nues, fut appréhendé en compagnie des principaux membres de sa suite. On conduisit les prisonniers en autobus à la prison de Stadelheim. En chemin, on arrêta d'autres chefs SA qui étaient en route pour Wiessee. Dans un premier temps, Frank, le ministre bavarois de la Justice, tranquillisa Röhm en lui disant qu'il se trouvait dans un bâtiment appartenant à la Justice, mais le même Frank ayant reçu un billet signé de la main de Hitler livra à la SS dix-neuf hommes, qui furent aussitôt passés par les armes. Röhm se vit proposer de se suicider et, sur son refus, il fut tué le 1er juillet par Theodor Eicke, deuxième commandant de Dachau et futur inspecteur des camps de concentration. À Berlin, pendant ce temps, Göring et Himmler prenaient sur eux d'élargir leurs missions ; on exécuta également Gregor Strasser ainsi que les généraux von Schleicher et von Bredow. Les collaborateurs de von Papen, von Bose et Jung, furent eux aussi au nombre des victimes, le vice-chancelier étant pour sa part placé en résidence surveillée.

Hitler reçoit alors des télégrammes de remerciement de Blomberg et de Hindenburg. Le 3 juillet est rendue publique une « Loi sur les mesures de légitime défense de l'État » stipulant que les mesures mises en œuvre les 30 juin, 1er et 2 juillet afin d'écraser les entreprises de haute trahison étaient « justifiées en droit par la nécessité de défendre l'État ». Dans son discours du 13 juillet devant le Reichstag, Hitler donnera l'explication suivante : « Lorsque trois traîtres à leur pays arrangent et effectuent avec un homme d'État étranger une rencontre en Allemagne dont ils prétendent eux-mêmes qu'elle est "de service", qu'ils l'effectuent en éloignant le personnel et qu'ils donnent l'ordre exprès de me la cacher, alors je fais exécuter des hommes comme eux, même s'il devait s'avérer que, lors de cette entrevue que l'on m'a cachée, on n'a parlé que de la pluie et du beau temps, de vieilles monnaies ou d'autres choses de ce genre. [5] »

Il s'agissait là d'une justification incroyable pour un événement incroyable. Dans tous les États existent des lois réprimant les actes de trahison nationale et elles prévoient souvent la peine de mort, mais uniquement au terme d'une procédure judiciaire ! La SA, depuis le 30 janvier 1933, avait assassiné plusieurs centaines de ses adversaires, mais l'on

---

5. *Ibid.*, p. 219.

parlait d'*excès* et, le plus souvent, c'était la justice qui intervenait. En Union soviétique, ce sont des millions d'*ennemis* que l'on avait anéantis mais on invoquait un *droit révolutionnaire* et les applaudissements ne manquaient pas, y compris dans les vieux États de droit de l'Ouest. En revanche, l'histoire moderne n'avait pas encore connu de massacre de cette nature au sein de la direction d'un État, même pas en Union soviétique. Les accusations de débauche et d'homosexualité que l'on monta de toutes pièces afin de susciter l'indignation de larges fractions de l'opinion publique, accusations peu sincères, pouvaient encore moins entrer en ligne de compte que les accusations touchant à un éventuel complot; l'accusation de complot en effet, concernant le général von Schleicher, n'était tout de même pas totalement impensable. À tout ceci s'ajoutaient des circonstances extrêmement aggravantes. On exécuta, par vengeance ou en guise d'avertissement, toute une série de gens qui n'avaient pourtant aucun lien avec la SA ou qui n'étaient aucunement impliqués dans de possibles projets des milieux conservateurs: Gustav von Kahr, âgé de 73 ans, et Klausener, le président de l'Action catholique, étaient de ceux-là; la femme de von Schleicher fut tuée à ses côtés. Il n'existe pas de différences fondamentales avec les exécutions de masse qui suivirent les attentats contre Lénine et Ouritzki, et on ne peut même pas faire état, comme excuse, d'une situation de guerre civile aiguë. Il était donc apparu, en plein cœur de l'Europe, un régime qui non seulement exécutait des adversaires politiques sans épargner les membres de leurs familles et en dehors de toute procédure judiciaire, mais qui anéantissait en outre, en un bain de sang de masse, l'opposition qui se manifestait au sein de la direction elle-même. On pouvait désormais dire du régime national-socialiste lui aussi que l'alfa et l'oméga de son art de gouverner consistaient à fusiller[6].

Si, contrairement à ce que firent pendant des années les émigrés russes à l'égard des bolcheviks, on ne se contente pas du terme de «bande d'assassins», il n'y a plus guère qu'une seule justification que l'on puisse prendre au sérieux et c'est Hitler en personne qui l'avança à l'occasion du discours devant le Reichstag déjà évoqué: «En cette heure-là, j'étais responsable du destin de la nation allemande et j'étais par conséquent le justicier suprême du peuple allemand. Depuis la nuit des temps, c'est par la décimation que l'on a maté les divisions qui se mutinaient. Un seul État n'a pas eu recours aux dispositions de la loi martiale et c'est aussi la raison pour laquelle l'État en question, l'Allemagne, s'est effondré. Je n'ai pas voulu abandonner le nouveau Reich au sort de l'ancien.[7]»

6. *Cf. supra*, p. 137.
7. UuF, vol. X, p. 218.

Pourtant, même si, contrairement à la réalité, l'on prête aux chefs de la SA d'avoir effectivement eu l'intention de désobéir, l'argument, pour être retenu, suppose que le pays ait été en guerre. Ce sont les propos mêmes de Hitler qui, par conséquent, révèlent que son régime était un régime d'état de guerre en temps de paix.

Et c'est précisément en cet instant que Hitler, grâce à la mort du président Hindenburg, put établir un pouvoir absolu que Mussolini n'est jamais parvenu à instaurer à son profit et dont même Staline, à ce moment-là, ne disposait pas encore, ni dans la forme ni dans les faits. De surcroît, le ministre de la Reichswehr, von Blomberg, mit fin à l'autonomie interne des forces armées en modifiant, par une espèce de coup d'État, le serment au drapeau.

Dès le 1er août 1934, à la veille de la mort de Hindenburg, le gouvernement décida que les fonctions du président du Reich seraient confondues avec celles du chancelier, alors que même la « loi sur les pleins pouvoirs » n'offrait aucune base légale à pareille décision. Plus lourd encore de conséquences fut que von Blomberg, par voie d'ordonnance, introduisit une nouvelle formule de serment qui obligeait les forces armées à jurer désormais fidélité personnelle au « Führer du Reich et du peuple allemand, Adolf Hitler ». Cette dernière modification était elle aussi contraire au droit et, dans cette mesure, révolutionnaire. Mais le caractère personnalisé de cette prestation de serment signifiait un retour à la tradition monarchiste, ce qui explique que les officiers l'aient volontiers acceptée. Il devint évident qu'il s'était agi en l'occurrence d'une espèce de troc, lorsque Hitler, le 20 août, adressa à Blomberg un texte de remerciement dans lequel il s'engageait solennellement à considérer à tout moment comme son devoir suprême « d'asseoir l'armée dans sa prérogative de bras armé de la nation », « accomplissant ainsi le testament de l'immortel feld-maréchal » [8].

Hitler donnait donc à la Wehrmacht, en un certain sens, des garanties contre des tendances présentes dans son propre parti ; mais lui-même était devenu un souverain absolu comme l'histoire du Reich allemand n'en avait encore jamais connu : non pas un *monarque de remplacement* tel que Hindenburg, selon certains, l'avait été durant la République de Weimar, mais un super-monarque, c'est-à-dire « le Führer du Reich et du peuple allemand », aux prérogatives illimitées.

Il n'avait même plus, désormais, de vice-chancelier à ses côtés : en dépit de la profonde humiliation qui lui avait été infligée, von Papen accepta le poste d'envoyé extraordinaire à Vienne, chargé d'atténuer les conséquences de la tentative nationale-socialiste de meurtre sur la personne du chancelier fédéral Dollfuss, le 25 juillet 1934, conséquences se traduisant avant tout par un sévère conflit avec Mussolini. La seule explication

8. *Ibid.*, p. 282.

de l'attitude de la Reichswehr se trouve dans le fait qu'elle voyait en Hitler « son homme », le garant que son souhait le plus cher, c'est-à-dire la « liberté de se défendre », serait exaucé. Effectivement, il n'existait maintenant plus aucune force en mesure de s'opposer à un réarmement renforcé et performant. Hitler avança à l'automne 1934 le passage des effectifs à trois cent mille hommes que Schleicher ne voulait pas achever avant 1938. Il fallut toutefois quelque temps encore pour que le commandement de la Wehrmacht comprît enfin que le fait d'exaucer des vœux exorbitants n'allait pas sans dangers pour ceux qui les avaient formulés : certes, l'idée d'une armée nationale-socialiste et populaire avait été repoussée mais, sous le poids des masses affluant sous les drapeaux, la Wehrmacht elle-même changeait de visage, perdant son ancienne respectabilité. En outre, contrairement aux promesses, les premières formations armées de SS commencèrent à se mettre en place et il devenait vraisemblable que, dans un avenir prévisible, la Wehrmacht serait exposée à une nouvelle concurrence.

Les mesures prises par Hitler contre la SA avaient, de manière surprenante, rencontré une large approbation parmi le peuple allemand, sans doute parce que l'armée partisane était perçue comme une force menaçante et révolutionnaire. Il ne manquait toutefois pas de gens pour comprendre ce que signifiait une situation dans laquelle la révolution nationale-socialiste s'était totalement emparée, en un an et demi, du sommet suprême de l'État et s'était de la sorte placée pratiquement hors de tout contrôle : lorsque la Loi de succession fut proposée à la ratification populaire, le 19 août 1934, quatre millions et demi d'électeurs, soit plus de 10 %, votèrent « Non » en dépit des multiples trucages et manipulations qui marquèrent le scrutin. C'était là un résultat qui, en l'absence de toute contre-propagande légale, n'avait de parallèle dans aucun État totalitaire.

Rien d'étonnant, donc, à ce que de nombreux observateurs à travers le monde entier aient interprété l'affaire Röhm comme un sévère ébranlement du régime national-socialiste, voire comme le début de sa fin. Staline, toutefois, n'était pas du nombre. À en croire ce que rapporte Walter Krivitsky, qui fut par la suite le chef des services de renseignement de l'armée soviétique en Europe de l'Ouest, Staline fut « profondément impressionné par la manière dont Hitler avait liquidé son opposition » : « Il étudia jusque dans les moindres détails chacun des rapports de nos agents en Allemagne ayant trait aux événements intervenus cette nuit-là[9]. » Il indique aussi que son supérieur, le général Berzine, responsable en chef des services de renseignement ressortit de

9. Walter G. Krivitsky, *op. cit.* (*cf.* note 17 de II-8, p. 16 de l'édition française). Une des raisons qui font de Krivitsky un témoin crédible, c'est que, peu de temps après qu'il fut passé dans le camp occidental, voire américain, il fut assassiné à New York par des agents du NKVD.

la réunion du Bureau politique qui examinait les événements en question porteur d'une directive de Staline, selon laquelle ce qui s'était produit en Allemagne n'était nullement l'indice d'un écroulement du régime nazi ; cela devait tout au contraire obligatoirement se traduire par une consolidation du régime et un renforcement de la position de Hitler [10]. Il n'est guère douteux, au moins depuis les révélations de Khrouchtchev lors du XXe Congrès, que Staline ait été en personne à l'origine de l'assassinat de Kirov, le 1er décembre 1934 [11], créant ainsi les conditions d'une épuration du parti à côté de laquelle le modèle hitlérien se trouve ramené à des proportions proprement microscopiques.

Les choses avaient pourtant commencé en Union soviétique d'une tout autre manière qu'en Allemagne. Dans cette dernière, une explosion sanglante avait révélé que la triomphale unité du sursaut national dissimulait en réalité un conflit entre des conceptions et des tendances inconciliables ; dans l'Union soviétique de l'année 1934, il semblait que, au terme d'un long conflit, naquît quelque chose évoquant une réconciliation, la réconciliation, au sein du parti, de la majorité et de l'opposition qui s'étaient si longtemps combattues, chacune prétendant incarner l'attitude juste concernant les questions du socialisme dans un seul pays, de la révolution internationale, de la paysannerie et, surtout, de l'industrialisation du pays. La lutte avait connu l'un de ses paroxysmes, en 1932, avec ce que l'on a appelé la « plate-forme de Rioutine », qui voyait en Staline le seul responsable de la situation catastrophique du pays ; à l'époque, Staline aurait volontiers répliqué à ces critiques par des condamnations à mort s'il avait eu les moyens de s'imposer. Mais on avait encore trop en mémoire le testament de Lénine adjurant les bolcheviks de ne répéter en aucune circonstance l'erreur des Jacobins et ne pas en venir à se livrer entre eux à une lutte exterminatrice ; c'est pourquoi, au cours de tous les affrontements violents avec les trotskistes et les partisans de Zinoviev, aucune condamnation à mort ne fut prononcée ; si l'on exécutait un membre du parti ayant joué depuis longtemps un rôle important, par exemple l'assassin du comte Mirbach, Bloumkine, il fallait qu'il y ait eu contre lui des faits susceptibles d'être interprétés comme relevant de la « haute trahison » ou de forfaits de même nature. Trotski lui-même n'avait été qu'expulsé du pays. Rioutine n'était pourtant, semble-t-il, que la pointe de l'iceberg. La Guépéou n'avait cessé de rapporter que, parmi

---

10. *Ibid.*, p. 18.

11. Khrouchtchev ne cite pas expressément le nom de Staline et se contente de dire qu'« on » a cherché à effacer toute trace des organisateurs de l'assassinat de Kirov en faisant ultérieurement exécuter les responsables du NKVD. « Les mouvements » dans la salle dont fait état la retranscription des débats montrent d'ailleurs avec suffisamment de netteté comment ses auditeurs l'ont compris. (« Chruschtschows historische Rede » in *Ost-Probleme*, 8e année, 1956, p. 867-897, p. 875). (*Cf.* Branko Lazitch, *Le Rapport Khrouchtchev et son histoire*, Le Seuil, Paris, 1976, p. 74 à 100, ici p. 79-80.)

la jeunesse, se développaient des tendances à renouer avec les traditions de la Narodnaïa Volgia et d'autres associations terroristes. Ivan Zolonevitch a rencontré en 1934, dans un camp d'internement du grand Nord, des étudiants de ce type, fils de hauts dirigeants du parti, qui lui racontèrent avec beaucoup de franchise comment ils avaient tenté d'assassiner Staline à l'occasion d'une soirée théâtrale [12]. Il semble que Kirov ait fait partie de ceux qui se prononcèrent avec le plus de détermination contre la peine de mort que voulait instaurer Staline envers les *instigateurs intellectuels*. Néanmoins, Kirov était incontestablement un fidèle partisan de Staline et, ayant succédé à Zinoviev à Leningrad, il s'était acquis de grands mérites dans l'application de la politique du secrétaire général. Mais, à partir de l'été 1933, la situation dans le pays s'était considérablement détendue, la bonne récolte qui s'annonçait y contribuant pour une large part. Personne ne pouvait plus mettre en doute que le premier plan quinquennal avait effectivement été mené à bon terme en quatre ans, et l'on se disait avec une confiance grandissante qu'à l'avenir il ne serait plus nécessaire que des millions d'êtres humains meurent de faim afin que le parti et l'État puissent atteindre leurs grands objectifs. Il apparaissait au contraire que, désormais, il serait possible de ralentir le rythme et de sensiblement soulager la peine des hommes. On eut l'impression que Staline en personne n'entendait pas se soustraire à cette atmosphère ; à l'occasion du XVIIe Congrès, quelques anciens oppositionnels purent prendre la parole, Kamenev notamment. Au même moment, Maxime Gorki, qui jouissait alors d'une grande influence auprès de Staline, faisait de grands efforts afin de provoquer une réconciliation avec les intellectuels du parti et de soutenir le « libéralisme » de Kirov. L'entourage proche de Staline, au contraire, Kaganovitch et Iejov en tête, s'opposait à cette tendance et cherchait à renforcer la méfiance de Staline, méfiance qui lui faisait apercevoir partout à l'œuvre la main d'*ennemis*. Il est vraisemblable qu'elle fut réactivée lorsque le Comité central, réuni en assemblée plénière, en novembre 1934, décida d'accélérer la mutation de Kirov à Moscou, mutation décidée lors du dernier congrès et devant permettre au responsable de Léningrad d'occuper son poste de secrétaire du parti aux côtés de Staline.

Le 1er décembre 1934, un jeune communiste du nom de Nikolaïev assassina Kirov dans sa résidence officielle de Leningrad, le Smolny. Staline se rendit aussitôt à Léningrad afin de prendre personnellement la direction de l'enquête. Il s'avéra très vite que les hommes du NKVD (ainsi s'appelait depuis peu la Guépéou) avaient très manifestement négligé une de leurs tâches, la protection de Kirov. Ils ne furent pourtant condamnés qu'à des peines légères lorsqu'ils ne succombèrent pas sim-

12. Iwan Solonewitsch, *Die Verlorenen. Eine Chronik namenslosen Leides*. Deuxième partie : *Flucht aus dem Sowjetparadies*, Berlin-Essen-Leipzig, 1937, p. 150 et suiv.

plement à des accidents de la circulation. Nikolaïev lui-même était un membre émérite du parti, mais qui, depuis un certain temps, était au nombre des insatisfaits parce que la bureaucratisation grandissante le choquait ; il déplorait la disparition, au sein du parti, des relations personnelles et vivantes qui avaient caractérisé la période de la guerre civile et les premières années du régime. Lui aussi s'était ensuite retourné vers un passé plus éloigné, se plongeant dans les écrits des terroristes russes du XIXe siècle. Il n'avait, selon toute vraisemblance, pas eu de complices, bien que, comme son journal intime le révélait, il ait eu de fréquents entretiens avec des oppositionnels qui ne dissimulaient pas leur attitude critique envers la politique actuelle de la direction du parti. C'était pourtant Kirov en personne qui avait fait preuve de clémence à l'égard des restes de l'opposition zinoviéviste dans l'espoir de les rapprocher du régime ; il avait ainsi, par exemple, autorisé l'un des oppositionnels les plus anciens et les plus acharnés, David Riazanov, l'ancien éditeur des œuvres complètes de Marx et d'Engels, à résider de nouveau à Léningrad. Le successeur de Zinoviev faisait-il partie tout de même, aux yeux du vieux communiste déçu, des traîtres à la révolution ? Mais qui, alors, pouvait avoir eu intérêt à laisser sans protection le pionnier du libéralisme stalinien (si l'on peut se permettre cette formule) et l'offrir en quelque sorte au revolver de son adversaire ? Étaient-ce vraiment les oppositionnels critiques ou bien n'était-ce pas plutôt Staline lui-même, qui cherchait un motif pour se débarrasser définitivement de ses anciens opposants ? Il ne peut aujourd'hui guère subsister de doutes, bien que de nombreux points demeurent mystérieux dans toute cette affaire qui, par de nombreux aspects, offre d'indéniables similitudes avec celle de l'incendie du Reichstag.

Une troisième explication était bien entendu possible, à savoir qu'une puissance étrangère avait armé la main de Nikolaïev ; c'est notamment Radek qui défendit la thèse de la « main de la Gestapo ». Cette thèse présentait l'avantage de faire sortir les anciens oppositionnels de la ligne de tir et, surtout, de ne pas faire surgir des questions trop dangereuses. Effectivement, le *dégel* ne prit pas aussitôt fin, bien que la polémique à l'intérieur du parti se renforçât contre l'opposition ; il y eut même un premier procès contre Zinoviev et Kamenev qui se termina par la condamnation des accusés à des peines d'emprisonnement. Le parti élabora, le jour même de l'attentat, une directive qui enjoignait d'accélérer les procédures contre tous ceux qui étaient accusés d'avoir préparé ou commis des actes terroristes ; mais elle resta secrète et, véritable « charte de l'absence de toute loi », elle ne s'appliqua, dans un premier temps, qu'aux « Gardes blancs » faits prisonniers [13].

13. Schapiro, *op. cit.* (*cf.* III-1, note 27), p. 425. (*De Lénine..., op. cit.*, p. 453 et 454.)

Le plus important fut encore que ces événements amenèrent Staline à soupçonner que, lors de l'entretien privé qu'il avait eu avec Kamenev et à la fin duquel ce dernier avait fait acte de soumission, beaucoup de choses lui avaient été dissimulées ; il semble bien que Staline ait vu dans cette omission un crime passible de la peine de mort, exactement comme Hitler avait réagi vis-à-vis de Röhm. Pourtant, dans les jours qui suivirent immédiatement l'assassinat de Kirov, Staline se contenta de créer les conditions de la grande purge à venir ; la politique de clémence et de réconciliation parut tout d'abord suivre son cours. On mit en route des préparatifs en vue de l'adoption d'une nouvelle Constitution, censée être « la plus démocratique du monde », Boukharine en personne y prenant une part essentielle. Il put même se rendre à Paris, où il eut de longues conversations avec Boris Nikolaïevski ; le fruit de ces discussions fut consigné dans la *Lettre d'un vieux bolchevik*, qui a fourni la plupart de nos informations sur la situation en Russie dans le contexte de l'assassinat de Kirov [14]. Staline venait en effet juste de procéder, en matière de politique extérieure, au virage qui impliquait une coopération avec les puissances occidentales et cet objectif aurait été sérieusement compromis si le traitement de l'affaire Kirov avait donné lieu à trop de publicité négative dans la presse étrangère.

14. Janet D. Zagoria (sous la dir. de), *Power and the Soviet Elite. « The Letter of an Old Bolshevik » and other Essays by Boris I. Nicolaevsky*, Londres, 1966, p. 26-65. C'est essentiellement à ce texte que je me réfère dans ce qui précède.

III-3

Politique mondiale en 1935-1936

Trotski prit en charge le commissariat aux Affaires étrangères, en 1917, persuadé qu'il aurait pour mission essentielle de « fermer la boutique ». Il pensait en effet qu'il ne pourrait continuer à y avoir une politique étrangère au sens traditionnel du terme et que c'était au contraire la politique intérieure de la Russie des Soviets, orientée vers la suppression du capitalisme, qui allait très vite devenir le véritable objet de la politique mondiale, puisque le prolétariat allait anéantir le capitalisme dans l'Europe entière d'abord, dans le monde ensuite. Les conceptions de Hitler se situaient à l'opposé de celles de Trotski, mais lui non plus ne faisait pas une nette distinction entre politique intérieure et politique extérieure. La plupart des Européens voyaient en lui et en son régime le fer de lance du révisionnisme allemand et donc une menace pour la paix ; plus il insistait sur son désir de paix, plus Rudolf Hess, par exemple, décrivait avec conviction les horreurs de la guerre [1], et plus il augmentait ses chances de réaliser par des voies pacifiques ce qui était, à n'en pas douter, l'un de ses principaux objectifs de politique extérieure – « briser les chaînes du diktat de Versailles ». Objectif différé certes, mais qu'un Reich ayant retrouvé ses forces pourrait atteindre en se contentant d'exercer les moyens de pression à sa disposition. Les discours lénifiants et les déclarations diplomatiques n'étaient pourtant pas les seuls éléments entrant en ligne de compte. L'Allemagne, compte tenu de sa situation de grande puissance au cœur de l'Europe, était étroitement liée au reste du monde et incapable, contrairement à l'Union soviétique, de fermer totalement ses frontières ; il était par conséquent inévitable que chaque événement de politique intérieure réagît directement ou indirectement sur la politique mondiale. Par exemple, les partis que Hitler avait interdits ou qu'il

1. *Weltgeschichte der Gegenwart in Dokumenten 1934/35*, tome 1, ouvrage présenté par Michael Freund, p. 65 et suiv. (discours au congrès du Gau de Prusse orientale, à Königsberg, le 8 juillet 1934.)

avait contraints à s'autodissoudre continuaient d'exister, sous une forme ou une autre, dans le reste de l'Europe et il aurait été bien étonnant qu'une certaine solidarité ne s'exprimât pas à leur égard. D'ailleurs, quelques-uns des partis allemands, même avec les modifications que leur imposait l'histoire, continuaient d'exister en tant que tels à l'intérieur de l'espace linguistique allemand : le Zentrum en Autriche et dans la Sarre, la social-démocratie en Tchécoslovaquie, et même à Dantzig, pourtant gouvernée par les nationaux-socialistes. Si les mencheviks russes avaient beaucoup fait pour que les partis sociaux-démocrates européens adoptent, après 1918, une attitude antibolchevique, comment le comité directeur du SPD, en exil à Prague, aurait-il pu ne pas exercer d'influence sur les autres partis de l'Internationale socialiste ouvrière ? Mais les sentiments de solidarité et, par conséquent aussi, leurs effets sur la politique internationale étaient plus forts encore au sein des Églises et des confessions qu'au sein des partis.

Bien sûr, les confessions se caractérisaient par une plus grande ambivalence, même si cette dernière n'épargnait pas certains partis, par exemple le Parti chrétien-social d'Autriche qui, comme le NSDAP, était un adversaire de la social-démocratie et entretenait par conséquent avec Mussolini les relations amicales que Hitler aurait aimé avoir. Mais, pour l'Église catholique comme pour l'Église évangélique, le national-socialisme était à la fois une menace et une promesse.

L'Église catholique, dans un premier temps, avait été plus sensible à la menace contenue dans l'article 24 du programme du parti ; cet article rattachait en effet le « christianisme positif », dont se réclamait le parti, aux « sentiments moraux et éthiques de la race germanique », ce qui remettait en question le caractère absolu et universel de la doctrine de l'Église. Rien que de très normal, donc, à ce que l'Église interdît à ses fidèles, jusqu'en 1933, d'adhérer au NSDAP. D'un autre côté, il existait de bonnes raisons pour que l'Église sympathisât avec le sursaut national ; les anciennes interdictions furent donc levées en mars 1933, mais les attendus de cette décision laissent transparaître une certaine préoccupation. Le concordat du 20 juillet 1933 s'explique par ces sentiments contradictoires : l'Église abandonna le catholicisme politique pour conserver une position juridique solide permettant de défendre le noyau spirituel de la doctrine. Pour Hitler, être reconnu par la puissance internationale qu'était le Vatican représentait un grand succès diplomatique, qui lui valut plus de prestige que la reconduction du traité de neutralité germano-soviétique, en mai, ou la signature du Pacte à quatre, en juin. Dès 1934 et 1935 pourtant, de fortes tensions apparurent qui s'exprimèrent notamment dans la lutte menée par l'Église contre le *Mythe du XXe siècle* d'Alfred Rosenberg ou contre le « néopaganisme ». Les affinités patriotiques et anticommunistes n'en demeurèrent pas moins ; elles se manifestèrent par exemple lors du référendum sarrois de janvier 1935, mais également à l'occasion de nombreux sermons clouant au pilori les camps de concentration soviétiques, même si les camps allemands étaient toujours implicitement visés eux aussi.

Chez les protestants, les affinités et les oppositions étaient d'une autre nature. Beaucoup plus ouverts que les catholiques aux idées nouvelles, y compris donc aux idées nationalistes et ethniques, ils avaient par ailleurs une relation beaucoup plus étroite avec l'Ancien Testament. C'est ainsi que les tendances rénovatrices, restées marginales dans l'Église catholique, devinrent une force considérable au sein des Églises évangéliques provinciales ; regroupés dans les Chrétiens allemands, leurs adeptes voyaient dans le national-socialisme une « deuxième Réforme », une répétition de l'œuvre de « l'Allemand Luther ». La résistance à laquelle ils se heurtèrent, marquée du sceau de l'orthodoxie, était d'une certaine manière réactionnaire, puisqu'elle se dressait contre ce à quoi aspiraient les « Chrétiens allemands », la démocratisation et la parlementarisation, et donc aussi la centralisation qui allait de pair. Mais la Ligue de défense des pasteurs et l'Église confessante mirent ensuite de plus en plus au premier plan de leur activité la lutte contre l'*Arierparagraph* (législation antisémite de 1933, NdT) et contre la discrimination frappant les chrétiens juifs, tandis que nombreux étaient, parmi les Chrétiens allemands, ceux qui se rapprochaient à l'inverse du Mouvement des croyants allemands, organisation antichrétienne qui utilisait fréquemment des expressions telles que « la mauvaise herbe vénéneuse du christianisme asiatique et judéo-marxiste »[2]. Personne, néanmoins, n'aurait pu surpasser le nationalisme de l'ancien commandant de sous-marin et ancien combattant des Corps francs, Martin Niemöller, qui allait pourtant bientôt devenir, dans le monde, la figure la plus connue de la résistance religieuse.

D'ailleurs, même les Juifs qui étaient victimes de l'antisémitisme national-socialiste et qui donc le combattaient, n'étaient pas totalement exempts d'une certaine affinité avec les idées auxquelles ils étaient en butte ; il est tout aussi certain que les Juifs n'étaient pas les seuls à se sentir menacés par l'hostilité antijuive, hostilité elle aussi complexe, au sein de laquelle on peut distinguer quatre éléments principaux aux origines historiques distinctes :

L'antisémitisme national-socialiste était une sorte de « socialisme à voie étroite », concentrant sur les Juifs tous les reproches adressés au capitalisme par les socialistes : exploitation, parasitisme et cosmopolitisme. Nombre des premiers socialistes avaient d'ailleurs déjà combattu Rothschild et les Juifs, ces « rois de l'époque » à leurs yeux ; c'est Karl Marx qui avait le premier transféré cette critique sur un objet beaucoup plus large, le *capitalisme*, bien qu'il eût lui aussi dit du monde moderne qu'il était « juif jusqu'au tréfonds »[3].

---

2. Hans Buchheim, *Glaubenskampf im Dritten Reich*, Stuttgart, 1953, p. 170.
3. *MEW*, tome 2, p. 116.

L'antisémitisme national-socialiste comportait toutefois, à côté de sa composante sociale, un élément national dont on ne peut manquer de relever la ressemblance avec son pendant juif, le sionisme. Ce dernier était certes essentiellement une réaction à l'antisémitisme, le russe et le français surtout, mais, outre cela, il s'enracinait aussi dans une montée du sentiment national que le mouvement italien de libération et d'unification avait par exemple illustrée. Le rapprochement saute aux yeux dans le livre fondateur du sionisme, *Rome et Jérusalem*, que Moses Hess publia en 1862. Que, dès avant 1914, la volonté d'émigrer en Palestine ait été un préalable obligatoire à l'adhésion au mouvement sioniste allemand n'était donc pas qu'une mesure défensive.

L'antisémitisme national-socialiste, lui, fondait sa légitimation historique sur une variante de la légende du « coup de poignard dans le dos » : les Juifs, pendant la guerre mondiale, se seraient soustraits au service armé et auraient trahi avant même que l'Empire ne s'effondre ; pourtant, ce ne sont manifestement pas les affirmations, douteuses ou erronées, quant au pourcentage de Juifs en place dans la bureaucratie de l'économie de guerre, qui constituent le noyau actif de ce troisième élément de l'antisémitisme allemand, mais le souvenir du rôle joué au cours de la Révolution par des Juifs comme Leviné, Eisner et Rosa Luxemburg ; on a donc déjà affaire là à l'argument du *bolchevisme juif*, à l'opposé exact des deux premiers mobiles.

L'antisémitisme national-socialiste a culminé dans une étiologie, idéologique en même temps que mythifiante, qui expliquait tous les maux de l'histoire mondiale par l'action d'une force démoniaque, celle *du Juif*. C'est ainsi que le Reichsführer Heinrich Himmler, dans un exposé public sur « La SS, organisation de combat antibolchevique », voyait « au cours des âges étinceler sans relâche le glaive du bourreau de Cannstatt et de Verden », s'embraser les bûchers des procès en sorcellerie, l'Inquisition dépeupler l'Espagne et la Terreur révolutionnaire massacrer les meilleurs fils du peuple français. Et, à l'en croire, dans tout cela se dissimulait la main de « l'ennemi éternel, le Juif, quel que fût le manteau sous lequel il se dissimulait, quelle que fût l'organisation dont il se servait ». C'est néanmoins le même homme, au cours du même exposé, qui faisait découler, avec la même apparence de logique, toutes les épreuves et toutes les catastrophes qu'avait connues l'histoire allemande de la soif de liberté et de l'individualisme germaniques. D'où il apparaît à l'évidence que l'expérience à la base de son raisonnement était exclusivement celle du bolchevisme et qu'il transformait de la sorte le *kto kogo* ? de Lénine en une thèse : les luttes raciales de cette nature ne pouvaient se conclure par une paix ; la défaite, pour un peuple, signifiait donc la mort [4].

4. Munich, sans date, p. 5, 8.

C'est le premier élément de l'antisémitisme allemand, le plus concret, qui s'est avéré le moins effectif et le moins fort des quatre. On a rapidement mis fin au boycott du 1er avril 1933 qui visait particulièrement les magasins juifs et, jusqu'en 1938, les Juifs purent se livrer avec une relative liberté à des activités économiques, notamment grâce à la protection du ministre de l'Économie Schacht.

C'est sur le deuxième élément que reposaient les « Lois de Nuremberg », qui faisaient des Juifs de simples « ressortissants ». Certes, elles allaient bien au-delà de cet aspect de droit public dans la mesure où, selon le modèle féodal et même américain, elles introduisaient le concept de « sang » dans la législation et où elles transformaient en délits les mariages et les rapports extraconjugaux entre Juifs et Allemands. Néanmoins, l'accord sur les transferts *(Haavara)*, destiné à faciliter l'émigration des Juifs vers la Palestine, fut entièrement de caractère *sioniste*.

Le troisième élément constitua un mot d'ordre permanent, mais il relevait plutôt de la propagande.

Le quatrième, par les conséquences qu'il entraîna, représenta le sommet du caractère révolutionnaire du national-socialisme et on ne peut éviter de se demander s'il n'était pas une véritable déclaration de guerre à l'« Occident », dont, contrairement à Ernst Niekisch et à d'autres nationaux-révolutionnaires, on se prétendait pourtant avec force les meilleurs défenseurs.

Sa politique de persécution des Églises et de discrimination des Juifs avait valu à Hitler, dans de nombreux États, en Angleterre surtout, des ennemis qui, sinon, auraient observé une simple neutralité à l'égard du nationalisme allemand. C'est ce qu'illustre, parmi bien d'autres exemples, ce propos d'une Anglaise : « Je croyais que l'époque des persécutions racistes était révolue.[5] » Par ailleurs, Nahum Goldmann rapporte dans ses Mémoires qu'il avait certes appelé, lors du congrès juif mondial, au « boycott de l'Allemagne nazie par les Juifs », mais qu'il avait en même temps, malgré les violentes attaques que cela lui avait values, plaidé avec énergie en faveur de l'accord sur les transferts[6].

Tout semblait donc indiquer que le régime, après s'être attiré de puissants ennemis par sa politique intérieure, se heurterait ensuite à la ferme opposition de tous les autres États, sitôt qu'il cesserait d'essayer de revenir sur les traités par les seules voies de la propagande et de la diplomatie mais qu'il entreprendrait de sérieusement réarmer. C'est encore en Europe que se jouait le destin du globe, même si la Première Guerre mondiale et la montée de puissances non-européennes, comme les États-Unis et le Japon, avaient affaibli sa suprématie mondiale. L'Allemagne, potentiellement, était la puissance continentale dominante, mais elle était

5. Martin Gilbert, *Britain and Germany between the Wars*, Londres 1964, p. 73.
6. Nahum Goldmann, *Mein Leben als deutscher Jude*, Munich, 1980, p. 311.

aussi la plus redoutée ; même sa culture ne comptait plus guère d'amis ni d'amoureux depuis qu'un mouvement antisémite avait pris la direction du pays. Il paraissait donc absolument évident qu'allait se former contre elle une coalition armée pratiquant une *politique de grande résistance.* Mais une telle politique impliquait que l'Union soviétique y fût associée. Cette dernière était en réalité toute disposée à le faire car, plus que n'importe quel autre État, elle se sentait particulièrement menacée. Mais, par la voix de ses partisans, n'avait-elle pas solennellement proclamé qu'elle serait « le fossoyeur de la société bourgeoise » [7] ? N'avait-elle pas, quinze ans durant, prôné une brutale politique de révision des frontières ? N'avait-elle pas entrepris, bien avant les nationaux-socialistes, avec plus de rigueur et d'efficacité encore, de persécuter les Églises ? N'avait-elle pas privé le sionisme de toute liberté de mouvement et d'action au moment où, en Allemagne, les communautés juives pouvaient encore mener une intense vie interne, le sionisme étant même l'objet d'encouragements ? Briand n'était certes plus en vie, mais on a peine à croire qu'on avait oublié, à Paris, au ministère des Affaires étrangères, les mises en garde de Jean Herbette contre « le Mal ». Beaucoup d'Anglais, par ailleurs, continuaient à penser comme « l'augure » [8]. En septembre 1934, se posa la question de l'entrée de l'Union soviétique dans les instances de la Société des Nations et le conseiller fédéral suisse Motta exprima à cet égard une méfiance profonde, fondée sur le souvenir qu'il avait conservé de l'immédiat après-guerre : « Notre légation de Saint-Pétersbourg fut pillée en 1918 et l'un de ses membres massacré. Nous n'avons jamais reçu l'ombre d'une excuse. En 1918, une tentative de grève générale menaça de dégénérer en guerre civile et, compte tenu de son implication dans la subversion, nous avons dû éloigner par les armes une mission soviétique dont nous avions toléré la présence à Berne. [...] Le communisme représente en tous domaines [...] la négation la plus totale des idées qui fondent notre identité et notre existence [...] Ce qui l'anime, c'est la volonté de se propager par-delà les frontières. Renoncer à cet objectif serait pour lui se renier. S'il y reste fidèle, il sera l'ennemi de chacun, car il sera une menace pour tous. [9] »

Motta ne put empêcher l'admission de l'Union soviétique, mais Litvinov, en dépit de tous ses discours et de tous ses efforts, ne put lui non plus dissiper totalement l'alternative radicale que les théoriciens communistes avaient si longtemps considérée comme inhérente au capitalisme et donc inévitable : une *politique de grande entente* entre les puissances capitalistes, en d'autres termes le feu vert donné à l'Allemagne pour que, une fois le régime communiste anéanti, elle établisse son hégé-

7. Jane Degras, *The Communist International 1919-1943*, tome 1, Londres, 1956, p. 348.
8. *Cf. supra* (chapitre II-8)
9. *Weltgeschichte der Gegenwart*, *op. cit.*, p. 209 et suiv.

monie dans l'est de l'Europe. Il est manifeste qu'une telle politique répondait aux intentions profondes de Hitler et elle semblait d'autre part garantir la pérennité des empires coloniaux de l'Angleterre et de la France. Elle rencontrait, par conséquent, des sympathies dans des milieux occidentaux influents. Si elle eut peu d'échos publics, elle n'en affaiblit pas moins considérablement la politique de grande résistance. Certes, Pierre Laval, le ministre français des Affaires étrangères, conclut avec l'Union soviétique une alliance défensive en mai 1935 ; mais ce fut d'abord pour des raisons de politique intérieure, puisqu'il amena de la sorte Staline à se féliciter publiquement de la politique française de réarmement. Par ce coup sévère porté à la violente agitation antimilitariste des communistes français, il ouvrait aussi la voie, mais à son corps défendant, à la politique de Front populaire qui, dans les douze mois qui suivirent, allait rassembler communistes, socialistes et radicaux-socialistes sous un mot d'ordre inédit, celui de l'« antifascisme ». Laval, en tout cas, ne tenta pas de faire ratifier cet accord par la Chambre et le Sénat, car il était en réalité déjà devenu un précurseur de la *politique de petite résistance*.

Cette dernière politique avait pour axe l'Italie fasciste de Mussolini. Réussir à faire de Mussolini un partenaire fiable des puissances occidentales, c'était prendre Hitler en tenailles et le contraindre à la modération, sans qu'il soit pour autant nécessaire de s'allier avec l'Union soviétique, éventualité aux conséquences imprévisibles et que l'Angleterre redoutait particulièrement. La Conférence des trois puissances de Stresa, en avril 1935 [10], fut le point culminant de cette politique : on condamna fermement la violation du traité de Versailles perpétrée par Hitler lorsque, le 16 mars 1935, il avait réinstauré le service militaire obligatoire, prétendument en réponse à la décision française de porter à deux ans la durée de sa propre obligation militaire. Il avait ainsi levé tous les doutes sur la réalité d'un réarmement allemand de vaste ampleur. Mais Mussolini se crut autorisé à exiger des puissances occidentales, en échange de sa collaboration, un prix exorbitant, c'est-à-dire qu'elles tolèrent son intention de faire de l'Italie, à l'image de ses partenaires, une grande puissance coloniale ; qu'elles le laissent conquérir l'Éthiopie, pourtant membre depuis 1923 de la Société des Nations et donc placée sous la protection de la Sécurité collective. Bien que n'ayant reçu aucune garantie à ce sujet, le Duce se risqua à rassembler des millions de personnes sur les places d'Italie, le 2 octobre 1935, et à adresser à l'« Italie prolétarienne et fasciste » un appel à mener une campagne militaire en Afrique orientale et à enfin conquérir cette « place au soleil » que lui refusaient

10. Conférence entre la France, la Grande-Bretagne et l'Italie, du 11 au 14 avril dans la petite ville de Stresa sur le lac Majeur, visant à faire face au réarmement de l'Allemagne (NdT).

depuis si longtemps les nations occidentales bourgeoises. Il ruina ainsi, en un tournemain, la politique de petite résistance, mais l'avenir devait montrer qu'elle demeurait néanmoins assez vivace pour que le Duce finisse par réussir dans son entreprise.

Entre-temps, la Grande-Bretagne avait effectué quelques pas importants en direction de la deuxième *petite* éventualité de la politique mondiale, la *politique de petite entente*. Peu après la réintroduction du service militaire obligatoire en Allemagne, le cabinet britannique avait fait demander à Hitler si la visite de Sir John Simon, ministre des Affaires étrangères, et d'Anthony Eden, ministre de la Justice, prévue depuis quelque temps déjà, était toujours la bienvenue. On conçoit que Hitler ait répondu positivement et, lors des entretiens des 25 et 26 mars 1935, il semble avoir favorablement impressionné ses hôtes anglais qui, *a priori* convaincus de venir rencontrer un démagogue, eurent le sentiment d'avoir affaire à un homme d'État. Simon et Eden poursuivirent certes leur route en direction de Moscou, mais, à leur retour, ils reprirent à leur compte une suggestion de Hitler: de rapides négociations menées avec l'ambassadeur extraordinaire Joachim von Ribbentrop ouvrirent la voie à un accord naval dont l'opinion publique prit connaissance avec surprise le 18 juin. La flotte de guerre allemande était autorisée à atteindre 35 % du potentiel britannique, tandis qu'elle se voyait même reconnaître le droit à la parité en matière de sous-marins. La Grande-Bretagne réalisait de la sorte son objectif, qui était de lier Hitler par de nouveaux traités, les dispositions de Versailles étant devenues entre-temps caduques. Mais elle passait du même coup l'éponge sur les violations antérieures des traités et elle laissait croire à Hitler qu'il ne se heurterait pas à une résistance farouche lorsqu'il briserait les dernières et principales entraves jadis imposées à l'Allemagne vaincue.

C'est Mussolini qui créa les conditions nécessaires à l'accomplissement de ce dessein. Les troupes qu'il avait lancées contre l'Éthiopie rencontrèrent une résistance inattendue et, au bout de quelques semaines, cinquante pays adoptèrent des sanctions contre lui. Le Duce fit néanmoins preuve d'un calme à toute épreuve et les membres de la Société des Nations s'abstinrent de mettre le régime en danger. Le 2 mars 1936, Flandin, le nouveau ministre français des Affaires étrangères, lançant un « dernier appel », fit une nouvelle fois différer une décision d'embargo sur le pétrole.

Pendant ce temps, le gouvernement français, toujours prioritairement préoccupé de l'Allemagne, avait soumis le pacte franco-soviétique au corps législatif, revenant de la sorte à la politique de grande résistance Mais la droite et des éléments du centre y étaient vigoureusement opposés, et Hitler, avec une intuition psychologique sûre, en retira la conviction que les Français, à la veille d'élections législatives décisives que le Front populaire comptait bien remporter, n'auraient aucune envie de prendre des décisions cruciales. Il pensait par ailleurs, certainement à juste titre, que ce pacte, bien que faisant référence aux statuts de la Société des Nations, constituait un élément politique nouveau que Stresemann n'avait pu prévoir lorsque, en 1925 à Locarno, il s'était déclaré prêt à accepter la « démilitarisation » de la Rhénanie. Destinée à apaiser la France, cette concession entérinait d'extraordinaires pertes de souveraineté pour une durée indéterminée. Donc, peu après la ratification du pacte par la Chambre française, le 7 mars 1936, Hitler fit entrer des troupes allemandes en Rhénanie, commettant ainsi la plus grave de toutes les violations de traités à laquelle il se soit jamais livré. On sait, par de nombreux témoignages, qu'il fit preuve d'une extrême nervosité durant les quarante-huit heures qui suivirent et l'on sait aussi que ses troupes avaient ordre de se retirer si nécessaire. On peut se demander si le régime national-socialiste aurait survécu à une occupation étrangère de Mayence et de Cologne.

Mais il s'avéra que les militaires français avaient aussi peur que les militaires allemands. Ils ne s'estimèrent pas en état d'engager une épreuve de force sans que soient prises des mesures de mobilisation, ce que les hommes politiques leur refusèrent. On se contenta donc d'en appeler à la Société des Nations. L'attaché militaire allemand de l'époque rapporte quc l'homme de la rue, en Angleterre, était plutôt d'avis qu'il faudrait être fou pour retourner sur la Somme et à Paschendaele uniquement parce que les Allemands occupaient leur propre pays [11]. Hitler s'en sortait donc une nouvelle fois à son avantage ; il se dépêcha de fixer au 28 mars des élections pour le Reichstag qui lui permirent de remporter un véritable triomphe, la liste nationale-socialiste obtenant 98,8 % des inscrits pour une participation électorale de plus de 99 %.

Mussolini était lui aussi sur la voie du succès. Le 5 mai 1936, sous le commandement du maréchal Badoglio, les Italiens firent leur entrée à Addis-Abeba et ce fut en vain que le délégué éthiopien, dans un discours enflammé, dénonça le 11 mai, devant la Société des Nations, le « crime » par lequel les Italiens, « recourant aux moyens les plus cruels de la civilisation moderne », avaient privé de liberté les Éthiopiens et « exterminé » une bonne partie de la population [12]. La levée des sanctions ne se fit pas attendre, les puissances occidentales signifiant ainsi que, en dépit du pacte franco-soviétique, elles essaieraient encore de revenir à la politique de petite résistance. Mais c'est Hitler qui avait permis à Mussolini de triompher et Mussolini qui avait rendu possible le succès de Hitler. Rien d'étonnant, donc, à ce qu'ils se rapprochent l'un de l'autre, Hitler ayant d'ailleurs toujours manifesté son admiration pour Mussolini et le fascisme, Mussolini, de son côté, ayant fréquemment souligné, même dans les

---

11. Freiherr Geyr von Schweppenburg, *Erinnerungen eines Militärattaché, London 1933-1937*, Stuttgart, 1949, p. 88.

12. *Weltgeschichte der Gegenwart*, *op.cit.*, tome 3, p. 248 et suiv.

périodes de forte tension entre les deux États, les affinités idéologiques ainsi que les similitudes structurelles des deux régimes. Un signe de Mussolini lui en ayant fourni l'occasion, Hitler put conclure, le 11 juillet 1936, un accord avec l'Autriche. L'indépendance du pays était certes formellement confirmée, mais Kurt von Schuschnigg, le successeur de Dollfuss, subissait une espèce de mise au pas. Hitler était sorti de l'isolement : il s'était produit tant d'interférences entre les trois principales politiques de résistance réaliste qu'aucune d'elles n'avait pu être mise en œuvre de manière conséquente.

Mais qu'en était-il de la quatrième éventualité, la plus ancienne, celle de la grande entente ? Les déclarations officielles des hommes d'État occidentaux à l'époque ne permettent pas d'affirmer que cette éventualité fut envisagée d'un œil favorable. Mais il semble bien qu'au moins Laval se soit sérieusement demandé si la meilleure solution ne serait pas d'orienter vers l'Est la dynamique allemande. Par ailleurs, les milieux occidentaux influents de l'époque laissaient filtrer assez de propos et d'allusions allant dans ce sens pour que William Dodd, l'ambassadeur américain à Berlin, en conçût une véritable indignation. Certes, les tendances opposées étaient considérablement plus fortes, mais il faut dire que leur expression publique était surtout le fait d'écrivains qui considéraient avec beaucoup de sympathie la *grande expérience sociale* en cours en Union soviétique. En France, le Front populaire l'avait emporté lors des élections parlementaires du 3 mai et l'antifascisme gagnait aussi du terrain en Angleterre, même si les conservateurs disposaient toujours d'une confortable majorité au Parlement. La diplomatie mise en œuvre par Litvinov s'accordait parfaitement avec ces tendances. Elle tranchait tellement, dans le fond et dans la forme, avec les déclarations des années vingt qu'on doit admettre, pour expliquer pareil revirement, qu'il s'était passé quelque chose d'extraordinaire. Il est toutefois très douteux que Staline ait véritablement éprouvé les craintes qu'il exprima lorsque, devant le XVIIe Congrès du PCUS, il distingua dans la politique allemande une ligne « ancienne » et une ligne « nouvelle » qui se seraient opposées avant même l'arrivée de Hitler au pouvoir : la politique de Rapallo d'une part et, de l'autre, la tendance à réactiver la politique de l'ex-Empereur allemand, l'homme qui avait « occupé un certain temps l'Ukraine, mené une campagne militaire contre Leningrad et, dans ce dessein, transformé les pays baltes en base d'attaque » [13]. C'était la moindre des choses que, usant d'une métaphore très imagée, il annonçât aux tenants de cette politique nouvelle que la récente puissance industrielle et militaire de l'Union soviétique les empêcherait de venir « fouir de leurs groins le jardin soviétique » [14]. Ne craignait-il pas plutôt que

13. *Stalin Werke*, tome 13, p. 270.
14. *Ibid.*, p. 272.

les puissances occidentales considèrent *sa* nouvelle ligne, la politique de Litvinov, comme un simple stratagème et qu'elles finissent par se reconvertir à la politique de grande entente ? Mais, dans cette hypothèse, une éventuelle campagne militaire de l'homme au pouvoir en Allemagne et une intervention des Alliés ne seraient plus, comme en 1918, dirigées l'une contre l'autre, mais coordonnées. Il est donc impensable que l'Allemagne n'ait pas été au centre de ses préoccupations. Il pouvait nourrir deux espoirs : celui de voir l'Allemagne revenir à la politique de Rapallo et, d'autre part, l'espoir paradoxal de voir une Allemagne dont le fascisme accusait pourtant la nature capitaliste se couper d'États capitalistes moins actifs. Il était en tout cas obligé de renforcer une politique d'armement dont il avait jeté les fondements dès 1928 avec le premier plan quinquennal. En mai 1935, Staline donna de la collectivisation l'explication la plus convaincante pour des oreilles occidentales lorsque, dans un discours prononcé devant des officiers frais émoulus des écoles de l'Armée rouge, il dit qu'il s'était agi, pour un pays retardataire sur le plan technique, presque misérable et quasiment peuplé d'analphabètes, de « sortir des ornières du Moyen Âge et de l'ignorance afin d'accéder à la voie royale de l'industrie moderne et d'une agriculture mécanisée ». Il ajouta qu'on y était parvenu et que l'Union soviétique disposait dès lors d'une industrie puissante et de première valeur ainsi que d'une Armée rouge bien organisée, parfaitement armée sur le plan technique [15]. Peu avant, Mikhaïl N. Toukhatchevski, l'adjoint du commissaire du peuple à la Défense, avait fourni des précisions à l'occasion du VIIe Congrès des Soviets, en janvier 1935 : les dépenses du commissariat du peuple à la Défense s'étaient élevées à près de cinq milliards de roubles en 1934 et les prévisions étaient de six milliards et demi pour 1935. Les effectifs de l'Armée rouge atteignaient neuf cent soixante mille hommes et l'objectif était « qu'aucune armée au monde ne puisse rivaliser avec elle » [16].

L'Allemagne étant au centre des préoccupations de Staline, il était inévitable que Hitler s'intéressât essentiellement à l'Union soviétique, même si, pour l'heure, il s'occupait en priorité de l'Italie, de la France, de l'Angleterre et de la Pologne. Staline affirmait que l'Union soviétique s'armait en réaction à la prise du pouvoir par Hitler ; en fait, elle avait commencé de le faire bien avant et, en tout cas, l'ampleur de l'effort consenti dépassait de si loin celle de l'effort allemand qu'à Berlin même un gouvernement autre que national-socialiste en aurait conçu une extrême inquiétude. En 1934, Hitler n'avait en aucun cas dépensé plus de

---

15. Stalin, *Fragen des Leninismus*, Berlin, 1955, p. 665-668. (Édition française : *Les questions du léninisme*, Éditions en langues étrangères de Moscou, 1961 ; ici : réédition par Norman Bethune, Paris, 1969, le passage cité figure p. 730 du tome II, le discours p. 730-735.)

16. *Weltgeschichte der Gegenwart*, *op. cit.*, 1934/35, 1re partie, p. 408-413.

trois milliards de marks pour le réarmement. Or, cinq milliards de roubles représentaient le quadruple de cette somme et l'on sait que les statistiques d'une économie planifiée ne permettent pas d'appréhender les dépenses d'armement indirectes.

Il ne peut faire l'ombre d'un doute que l'Union soviétique et le bolchevisme étaient bien, en 1935-1936 aussi, au centre de l'univers émotionnel et psychique de Hitler. Lors de son entretien avec Sir John Simon et Anthony Eden, à en croire le témoignage de son interprète Paul Schmidt, « son excitation à décrire les dangers que faisait planer le bolchevisme sur l'Europe était telle qu'elle faisait légèrement frémir les ailes de son nez ». « Avec émotion et passion », il souligna que des centaines de ses camarades de parti avaient été assassinés par les bolcheviks et que de nombreux soldats et civils allemands étaient tombés dans la lutte contre les soulèvements bolchevistes. Toujours d'après Schmidt, le « sujet favori » de Hitler, l'Union soviétique, occupa une bonne partie de l'entretien et c'est plein de colère que le Führer dit de la Tchécoslovaquie, qui venait de conclure un pacte d'assistance avec Moscou, qu'elle était le « prolongement du bras russe » [17].

Tout cela n'était pas *simple tactique* ; il s'agissait en fait d'un plaidoyer quelque peu voilé en faveur de l'idée maîtresse de Hitler en matière de politique extérieure : parvenir à une grande entente qui aurait été en parfaite harmonie avec sa démarche intérieure du moment, l'alliance avec von Papen et Hugenberg, conclue pour abattre l'ennemi commun. Cette dernière alliance était, elle aussi, autre chose que simple tactique, elle correspondait à quelques-unes de ses convictions les mieux ancrées.

Voilà pourquoi il ne faudrait pas envisager dans le seul contexte d'objectifs de politique étrangère à court terme la grande polémique contre l'Union soviétique et le bolchevisme à laquelle Hitler se livra dans son discours au Reichstag du 21 mai 1935. Il est peu d'autres occasions où Hitler ait aussi clairement exprimé que son mouvement et lui-même étaient une *réponse* au bolchevisme : en tant que doctrine, le national-socialisme n'avait en vue que le peuple allemand, tandis que le bolchevisme insistait, lui, sur sa mission internationale ; le national-socialisme était convaincu que le bonheur et le succès de l'Europe dépendaient étroitement de l'existence d'un système d'États nationaux libres, alors que le bolchevisme appelait à édifier un empire mondial et ne connaissait que des sections d'une Internationale centrale ; le bolchevisme mettait en œuvre la révolution mondiale par les armes de la terreur et de la violence, le national-socialisme luttait, lui, pour aplanir, avec esprit de suite, les contradictions inhérentes à l'existence et pour rassembler les énergies

17. Paul Schmidt, *Statist auf diplomatischer Bühne 1923-1945*, Bonn, 1950, p. 294 et suiv.

de tous en vue de réaliser ensemble de grandes choses ; le bolchevisme sacrifiait à une théorie des millions de vies humaines et d'inestimables valeurs de la culture traditionnelle sans parvenir à dépasser un très faible niveau de subsistance, tandis que le national-socialisme était heureux d'appartenir à une culture européenne commune dont l'esprit avait si fortement marqué le monde tel qu'il était ; le national-socialisme voyait dans la propriété privée une « forme supérieure de l'évolution économique de l'humanité », le bolchevisme, lui, anéantissait non seulement la propriété privée mais aussi l'initiative individuelle et l'esprit de responsabilité [18].

Ces considérations étaient certes des lieux communs de la pensée contemporaine, en Europe et en Amérique. Mais rien n'indique qu'elles ne correspondaient pas en même temps, chez Hitler, à de sincères convictions. Une politique de grande entente était inconcevable sans le partage de valeurs innées. Il était inévitable que la réponse allemande fût aussi, pour une large part, identique à celle de l'Europe et des États-Unis. Pourtant, un discours de Hitler devant le Reichstag, dès le début de l'année 1934, aurait pu permettre à chacun de saisir que cette réponse avait ceci de particulier que, au moins dans ses linéaments, elle était déjà une copie : « Monsieur Staline, dans son dernier grand discours, a exprimé la crainte que des forces antisoviétiques puissent être à l'œuvre en Allemagne ; je voudrais donc ici apporter une correction à cette opinion : de même qu'on ne tolérerait pas en Russie l'existence d'une tendance nationale-socialiste allemande, de même l'Allemagne ne souffrira pas qu'une tendance communiste existe chez elle, ni même qu'elle y fasse sa propagande. [19] » La *liberté* de la culture européenne commune ne consistait-elle justement pas à tolérer la propagande et même les activités hostiles parce qu'elle laissait, par principe, le champ libre à toutes les opinions et à toutes les activités, et qu'elle avait jusqu'ici été assez forte po[ur] tirer profit, dans son développement, de cette attitude ? Si cette volonté de répondre du tac au tac était poussée à l'extrême, ne courait-on pas le danger de voir interdire toute activité libre et toute expression d'opinion individuelle ? Le sort réservé à von Papen et à Hugenberg ne constituait-il pas nécessairement une leçon et un avertissement pour Simon et Eden ? Hitler n'était-il pas à son tour le principal obstacle à l'accomplissement de la politique qui lui tenait le plus à cœur ? Bertrand Russell n'avait-il pas raison de dire avec, bien sûr, un rien de défaitisme : « En essayant de les stopper, nous deviendrons comme eux » [20] ? Ce n'étaient pas seulement les anciens sentiments anti-allemands qui s'exprimaient de la sorte, c'étaient aussi les convictions antitotalitaires profondément enracinées

18. UuF, tome X, p. 342 et suiv.
19. *Weltgeschichte der Gegenwart*, *op. cit.*, 1934-1935, 1re partie, p. 162.
20. Gilbert, *op. cit.*, p. 82.

dans la culture occidentale. Les obstacles qui se dressaient devant la politique de grande entente étaient donc au moins aussi importants que ceux auxquels se heurtait la politique de grande résistance.

Le fait incontestable, en ce milieu de l'année 1936, était en tout cas que les deux vaincus de la Guerre mondiale avaient retrouvé leur rang de grandes puissances militaires et que chacun avait de bonnes raisons de se sentir menacé par l'autre. Aucune réponse définitive n'avait encore été apportée à la question de savoir laquelle des quatre principales éventualités politiques qui se dessinaient dans le monde après la prise du pouvoir par Hitler, se réaliserait. La cinquième éventualité majeure semblait avoir disparu, celle pourtant à laquelle Staline avait fait allusion, non sans nostalgie, dans son discours : des retrouvailles entre l'Allemagne et l'Union soviétique, à l'image du traité de Rapallo. Cette éventualité parut bien lointaine lorsque, au lendemain du soulèvement du général Franco, les deux puissances donnèrent la parole aux armes, à vrai dire en dehors des territoires où s'exerçait leur souveraineté : elles s'engagèrent dans la guerre civile espagnole, chacune dans l'un des deux camps opposés.

III-4

L'Allemagne et l'Union soviétique dans la guerre civile espagnole

L'un des facteurs décisifs du déclenchement, les 17 et 18 juillet 1936, par l'armée espagnole, du soulèvement contre le gouvernement des partis du Front populaire aurait été, à en croire certains témoins impliqués dans les événements, l'existence de rumeurs : des navires soviétiques auraient apporté des armes en vue d'une prise du pouvoir par les forces bolcheviques ; jusqu'à nos jours, on a aussi souvent affirmé que Hitler aurait été impliqué dans la préparation du soulèvement. Les rumeurs étaient infondées, les affirmations sont hautement invraisemblables. Les racines de la guerre civile espagnole furent espagnoles. Pourtant, très tôt et non sans raisons, on a comparé les événements intervenus en Espagne entre 1931 et 1936 à ceux qu'avait connus la Russie entre février et octobre 1917 ; en novembre 1936, d'ailleurs, des avions et des blindés soviétiques et allemands, avec des équipages allemands et soviétiques ou sous commandement allemand et soviétique, s'affrontèrent lors de la bataille acharnée pour Madrid. C'est le fort engagement, par l'Italie fasciste, d'unités militaires et miliciennes régulières qui fit la décision et leur intervention commune amena l'Allemagne et l'Italie à constituer l'« Axe ». Du côté des *républicains* ou des *rouges*, c'est un combat d'une tout autre nature qui fut mené, en secret et sans que l'opinion publique mondiale en eût d'abord vraiment connaissance, un combat entre bolcheviks et mencheviks dans lequel les fronts auraient été inversés et que l'on peut considérer comme la répercussion du caractère diamétralement opposé de la première et de la dernière phase de la révolution russe.

L'État espagnol, tout comme l'État russe, était né de la lutte contre une puissance non chrétienne et, quand bien même la domination des Maures avait été bien plus ancienne que celle des *Tatars*, le souvenir en était resté vivace, l'une des conséquences ayant été, comme en Russie, la grande importance dévolue à une religion d'État. En Espagne aussi, jusqu'à la Première Guerre mondiale, l'industrie ne s'était développée que de manière inégale, la plus grande partie du territoire demeurait rurale et les paysans sans terre et les petits paysans formaient dans de nombreuses régions la majorité de la population. En Espagne aussi, parmi les intellectuels, les *Européisateurs* s'opposaient violemment aux *traditionalistes*, ce qui, à soi seul, prouve combien l'Espagne, comme la Russie, avait un rapport difficile à l'*Europe*. En Espagne aussi, les troubles sociaux s'associaient, sous des formes multiples, aux tendances autonomistes des régions qui, dans le cas des Basques et des Catalans, prenaient purement et simplement le caractère d'une lutte de libération nationale contre la suprématie castillane.

Bien entendu, les différences étaient aussi considérables. Depuis la fin de la première guerre carliste, en 1839, l'Espagne comptait au nombre des monarchies libérales ; elle avait continuellement été exposée à des ébranlements révolutionnaires qui, la plupart du temps, débutaient ou se concluaient par un *pronunciamento* de l'armée ; depuis 1889, les élections se déroulaient au suffrage universel ; le Parti socialiste ouvrier menait une existence légale, tandis que les anarchistes diffusaient leur doctrine non seulement parmi les paysans d'Andalousie, mais aussi parmi les ouvriers d'usine de Catalogne. C'est ainsi que la monarchie fut remplacée par la Deuxième République, en 1931, à la suite d'élections, et cette dernière non seulement se donna une Constitution calquée sur celle de la République de Weimar, mais paraissait encore ne guère se distinguer du système des partis caractérisant les autres États européens, seule l'inhabituelle force des anarchistes faisant exception.

Il n'y a rien d'étonnant à ce que le nouvel État ait été confronté à de rudes adversaires, la droite monarchiste comme la gauche anarchiste, car il fut d'abord gouverné par certaines forces de la bourgeoisie libérale qui entreprirent de faire encore régresser l'Église, de réduire l'armée ainsi que la grande propriété foncière. Circonstance aggravante, les socialistes, sous la conduite de Largo Caballero qui avait étroitement collaboré jusqu'en 1930 avec le dictateur Primo de Rivera, transformaient toujours davantage leur parti en un parti révolutionnaire, alors que le parti chrétien-démocrate de Gil Robles n'abandonnait pas son hostilité de principe envers le nouveau régime. C'est pourtant la situation internationale qui fut en partie responsable de l'une et de l'autre évolutions : pour les socialistes, ce fut l'arrivée de Hitler au pouvoir ainsi que la répression violente des sociaux-démocrates autrichiens en février 1934 ; pour le parti chrétien, le CEDA, ce fut le climat né du culte du chef et de l'apparition de formations en uniformes, phénomènes dont les effets étaient sensibles presque partout en Europe. Le soulèvement de 1934 dans les Asturies, réprimé par le général Franco et sa Légion étrangère au cours de sanglants combats, contribua énormément à aviver les oppositions : il n'était désormais pas désagréable aux oreilles de Largo Caballero de s'entendre appeler le « Lénine espagnol » ; d'importantes fractions du CEDA sympathisaient maintenant avec la Phalange, qui venait d'être fondée, et avec son chef, José Antonio Primo de Rivera.

Les élections du 16 février 1936 montrèrent que deux blocs d'électeurs d'importance à peu près égale se faisaient face, à droite et à gauche, tandis que le centre était pour ainsi dire laminé ; mais le système électoral était tel qu'il permit une grande victoire du Front populaire, qui comprenait à présent aussi les anarchistes. Il en résulta de forts troubles sociaux dans une grande partie du pays car les travailleurs agricoles, notamment, réclamaient l'accomplissement immédiat des promesses électorales, occupant sans autre forme de procès, en maints endroits, les terres des grands propriétaires fonciers. En ville et à la campagne, des douzaines d'églises furent incendiées et les morts se comptèrent par centaines. La presse socialiste parlait abondamment de l'imminente révolution prolétarienne et ce n'est pas sans quelques raisons que certains observateurs virent la main du Komintern à l'œuvre dans l'unification des associations de jeunesse socialiste et communiste en Catalogne. Dans l'autre camp, la Phalange, par des attentats, se livrait du mieux qu'elle pouvait à la provocation, tandis que les carlistes de Navarre se préparaient presque ouvertement à la guerre civile. En même temps, il y avait un nombre grandissant de généraux de l'armée, républicains ou monarchistes, qui se persuadaient que l'agitation sociale et séparatiste représentait pour le pays une menace de désagrégation et que le chef de l'État, le président Manuel Azaña, type même du bourgeois cultivé de gauche, était le Kerenski d'une révolution espagnole.

C'est dans ces conditions que se prépara un soulèvement qui, dans l'esprit de ceux qui allaient le diriger, ne serait pas une révolte mais aurait pour objectif de s'emparer du pouvoir et de rétablir l'ordre, sur le modèle des *pronunciamentos* du XIXe siècle ou du coup d'État de Primo de Rivera en 1923. L'assassinat du monarchiste Calvo Sotelo par des membres d'une espèce de police du régime en fournit l'occasion plus qu'il n'en fut le motif et, le soir du 17 juillet 1936, les unités les plus aguerries de l'armée espagnole, stationnées en Afrique du Nord où elles avaient connu une alternance de défaites et de victoires, prirent le contrôle de la colonie ; le lendemain, de nombreuses autres unités se mutinèrent dans la métropole. Mais ce n'est que dans le nord ou l'extrême-sud du pays que les soldats réussirent à prendre la situation en main, avec l'accord et la participation de la population ou bien au prix d'un coup de force ; dans les grandes villes en revanche, des masses d'hommes en proie à la fureur se rassemblèrent rapidement et exigèrent des armes du gouvernement. Bien qu'une partie considérable de l'armée et des forces de police ainsi que la quasi-totalité des forces aériennes et navales fussent restées loyales [1], le gouvernement présidé par un nouveau Premier ministre céda à cette exigence ; en quelques jours, le soulèvement de

1. On trouvera des chiffres précis chez Raymond Carr (éd.), *The Republic and the Civil War in Spain*, Londres, 1971, p. 161.

l'armée fut défait à Madrid, à Barcelone, à Valence et à Badajoz, en Catalogne et dans l'Estrémadure. Mais, en même temps, la révolution se propagea dans l'Espagne *loyaliste* comme un incendie de broussailles, si bien que le pouvoir du gouvernement de la gauche bourgeoise ne fut bientôt plus qu'une coquille vide. Des masses armées emplissaient les rues, brûlaient les églises, pourchassaient ou assassinaient les patrons et surtout les prêtres et les moines, fondaient des coopératives et organisaient la défense. Il régnait presque partout une atmosphère de fête : ici aussi, les *esclaves* avaient chassé leurs maîtres et s'aménageaient une vie égalitaire, souvent avec des retours émouvants à des époques révolues, en particulier en Catalogne où de nombreuses communautés villageoises se mirent à s'administrer comme des États indépendants, interdisant tous les signes du luxe et du vice comme le café et l'alcool, se lançant aussi, à l'occasion, dans des expériences de planification de l'économie à grande échelle. Partout dans le monde, la gauche n'avait d'yeux que pour la libération et la liesse, le renouveau et l'enthousiasme des masses ; la droite, elle, observait partout, avec un sentiment d'horreur, les assassinats, le désordre et les expropriations ; elle se mit aussitôt à parler de *bolchevisme* en Espagne. La gauche dénonçait les exécutions de masse auxquelles procédaient les *blancs* en maints endroits et la droite diffusait des reportages sur les crucifixions de prêtres et les noyades atroces d'innocents auxquelles se livraient les *rouges*. La polarisation de l'opinion publique était beaucoup plus marquée encore que pendant la guerre civile russe. Les prises de position libérales en faveur des républicains et des loyalistes furent beaucoup plus nettes qu'elles ne l'avaient jamais été ; pourtant, le *New York Time* lui-même exprima, début août, ses craintes de voir les communistes très vite l'emporter en cas de victoire du gouvernement [2] et, en Angleterre, les conservateurs ne furent pas les seuls à s'indigner de ce que les marins, sur quelques navires de la marine de guerre espagnole, aient jeté leurs officiers par-dessus bord, exactement comme Sergueï Eisenstein l'avait filmé dans son *Cuirassé Potemkine*.

De pareils événements ne pouvaient laisser aucun État indifférent. Dès le soir du 23 juillet, la presse française de droite publia des informations selon lesquelles le gouvernement français aurait reçu du Premier ministre espagnol Giral une demande de livraisons d'armes et selon lesquelles il envisageait d'y répondre favorablement. Mais, en France, c'était désormais Léon Blum qui tenait la barre en sa qualité de chef du cabinet de Front populaire. On pouvait se douter qu'il existait entre les deux hommes une affinité idéologique, même si l'on ignorait que Giral avait conclu son télégramme par la formule « avec mes salutations fraternelles » [3]. La droite française soutenait que cette affinité ne tarderait pas à

2. John F. Coverdale, *Italian Intervention in the Spanish Civil War*, Princeton, 1975, p. 81.

3. David W. Pike, *Les Français et la guerre d'Espagne*, Paris, 1975, p. 65.

provoquer en France les mêmes conséquences qu'en Espagne ; elle s'opposa donc à cette intervention avec la plus grande énergie et de sombres menaces. Il est vraisemblable que Hitler n'avait pas besoin de ces informations de presse pour se montrer favorable à la demande de Franco, qui souhaitait la livraison de vingt avions de transport, demande qui lui fut transmise le soir du 25 juillet, à Bayreuth, par deux hommes d'affaires allemands. Elle avait tous les caractères de l'improvisation et le ministère des Affaires étrangères l'aurait sans aucun doute rejetée, considérant que les risques étaient trop grands et ne voulant pas, en outre, mettre en danger la vie des Allemands résidant en Espagne. Mais Hitler eut aussitôt la conviction que le bolchevisme gagnait l'Espagne et qu'il fallait lui barrer la route. Aucun de ses conseillers ne se risqua à le contredire et, à partir du début août, les avions « Junker » contribuèrent de manière décisive à transporter les troupes marocaines et les hommes de la Légion étrangère de Franco jusque sur la route menant de Gibraltar à l'Andalousie. Seule cette intervention rendit possible la poursuite de la guerre civile, qui prit désormais la forme d'un affrontement armé entre régions et, jusqu'à un certain point, entre classes. La Catalogne aux mains du syndicat anarchiste CNT était unie en un front unique avec Madrid, essentiellement sous le contrôle des socialistes, et avec le Pays basque, catholique et non révolutionnaire ; tous trois faisaient face à la Navarre, avec ses milices carlistes, à la Vieille Castille où la Phalange était très puissante et aussi aux régions de l'Andalousie, où les ouvriers des villes et les ouvriers agricoles s'étaient laissé surprendre par un coup de main du général Queipo de Llano, un républicain convaincu et déclaré pourtant.

Tout aussi vite que Hitler et que Mussolini, qui envoya lui aussi quelques avions, l'Internationale communiste entra elle aussi dans la lutte, mais avec beaucoup plus de détermination ; elle aurait été impuissante sans l'organisation et les moyens financiers que les services secrets de l'Armée rouge et la Guépéou mirent à sa disposition. En réalité, il s'agissait donc d'une intervention soviétique, mais elle n'aurait pas été possible, sous cette forme, si un grand nombre de personnes, et pas seulement des communistes, loin s'en faut, n'avaient été prêts à mettre leur vie en jeu pour briser l'« attaque fasciste ». En France et en Angleterre par exemple, de nombreux volontaires affluèrent aux centre de recrutement, des émigrés allemands et italiens les rejoignirent, des hommes arrivèrent de Yougoslavie et de Grèce par des itinéraires clandestins, et les Américains furent même si nombreux à se présenter qu'ils finirent par pouvoir former leur propre bataillon. Le camp adverse eut lui aussi ses volontaires en provenance de l'étranger, des Français, des Anglais, des Irlandais ; mais le fait qu'il n'y ait pas eu, parmi eux, un seul Américain, est très symptomatique du climat antifasciste qui régnait à l'époque. Une fois terminés les amples préparatifs et le transport des volontaires, les Brigades internationales furent mises sur pied en octobre ; tous les récits s'accordent à dire que ces troupes, où se mélangeaient tant de nationalités et des convictions si variées, étaient pleines d'un grand enthousiasme et que, pour elles, « l'Internationale » chantée dans un grand nombre de langues, était vraiment l'hymne d'une humanité nouvelle et meilleure. À vrai dire, les postes d'officiers de haut rang étaient presque exclusivement occupés par des communistes, tandis que le « Cinquième régiment » passait pour être l'instrument très utile du parti qui, avec ses exigences de « discipline, de hiérarchie et d'organisation »[4], se distinguait on ne peut plus nettement des anarchistes et de leurs milices indisciplinées.

Certes, la France soutenait les « loyalistes » sous des formes diverses mais, officiellement, elle avait fermé ses frontières lorsque l'Angleterre lui avait proposé avec une grande insistance de travailler à une politique générale de non-intervention. Il est certain que l'attitude anglaise ne s'expliquait pas seulement par la perspective d'une politique de petite résistance susceptible, peut-être, d'une réactivation maintenant que la campagne militaire de Mussolini en Éthiopie était terminée ; mais il est incontestable qu'a joué aussi dans cette prise de position l'idée qu'une victoire du gouvernement madrilène, c'est-à-dire des forces révolutionnaires, compromettrait vraisemblablement les énormes investissements anglais en Espagne. Dans les faits, ce sont presque tous les États européens qui se rallièrent à cette politique, que l'on pourrait appeler une politique de limitation des interventions, car personne ne mettait en doute que des armes allemandes, soviétiques et italiennes parvenaient en Espagne et continueraient à y parvenir.

Entre-temps, les troupes *nationales* avaient réussi à opérer près de Badajoz la jonction entre les régions qu'elles contrôlaient au nord et au sud du pays et, fin septembre, elles libérèrent les officiers et les cadets qui avaient résisté, deux mois durant, dans l'Alcazar de Tolède, à des forces considérablement supérieures qui les encerclaient. La chute de Madrid semblait imminente.

En Union soviétique, sitôt après le déclenchement de la guerre civile, on avait organisé de grandes manifestations de solidarité et de protestation ainsi que des collectes d'argent, on avait aussi tenu de nombreux propos acerbes contre les agissements fascistes qui mettaient la paix en danger ; il semble pourtant que, dans un premier temps, Staline ait cru que l'organisation des Brigades internationales suffirait à assurer une aide immédiate. Dans la situation politique internationale du moment, rien n'aurait pu lui être plus désagréable que de voir produire publiquement la preuve qu'il était en train de réaliser en Espagne une révolution bolchevique sur le modèle de celle qui avait eu lieu en Russie. À soi seul déjà, le simple soupçon tant soit peu fondé d'une semblable intention

4. Burnett Bolloten, *The Grand Camouflage. The Communist Conspiracy and the Spanish Civil War*, Londres, 1961, p. 221. (Édition française : *La révolution espagnole. La gauche et la lutte pour le pouvoir*, Ruedo iberico, Paris, 1977, p. 289.)

aurait détruit toutes les chances que se mette en place une politique de grande résistance et aurait suscité le risque d'un accord entre l'Angleterre et l'Allemagne, risque qu'il s'était justement efforcé de conjurer au VIIe Congrès du Komintern, en juillet-août 1935, en annonçant la politique de front populaire. Mais il ne pouvait rester passif si l'Allemagne envoyait des armes en Espagne.

C'est ainsi que, dès septembre, convergèrent à Berlin, en provenance des ambassades à l'étranger, des informations selon lesquelles des troupes russes et des armes avaient été embarquées à Odessa ou avaient déjà débarqué dans des ports espagnols [5] ; on indiquait aussi qu'il sortait d'Espagne de grandes quantités d'or, qui étaient manifestement destinées à payer les fournitures de matériels de guerre. C'est presque au même moment, en octobre, que des tanks allemands ou italiens et des tanks soviétiques firent leur apparition des deux côtés des champs de bataille. Lorsque, début novembre, débuta la bataille pour Madrid, un grand nombre d'avions allemands et soviétiques participèrent aux combats. Les conseillers soviétiques ne prenaient pas une part directe aux hostilités, mais les « Rata » russes, contre toute attente, s'avérèrent supérieurs aux « He 51 » allemands ; il en allait de même pour les chars. C'en fut bientôt fini de la supériorité aérienne des *Nationaux* ; le 10 novembre, les XIe et XIIe Brigades internationales défilèrent dans les rues, sous les vivats de la population, avant de s'engager dans la bataille ; les Marocains, qui avançaient en direction de la ville, se retrouvèrent alors bloqués dans les faubourgs et la capitale resta aux mains du gouvernement dirigé, depuis le début de décembre, par Largo Caballero.

Mais, au même moment, l'aide allemande prit pour la première fois une grande envergure ainsi qu'un caractère systématique ; c'était la conséquence du soutien des Soviétiques, mais ce fut en même temps, pour ces derniers, le prétexte à un renforcement de leur intervention. Depuis la mi-novembre, se trouvait en Espagne un fort détachement de la Luftwaffe, la « Légion Condor », avec cinq mille hommes environ, officiellement des volontaires, appuyé par quelques unités blindées et des troupes au sol principalement occupées à dispenser aux Espagnols une formation militaire. La livraison de quelques chasseurs Messerschmitt rétablit pour l'essentiel la supériorité aérienne antérieure, mais la Légion Condor ainsi que le commandement allemand durent faire l'expérience que les succès militaires n'étaient que des éléments parmi d'autres, dans un conflit d'une telle ampleur, lorsque, fin avril 1937, dans le contexte de l'offensive déclenchée par Franco sur le front nord, les avions allemands détruisirent la ville de Guernica. Une vague d'indignation submergea alors les pays occidentaux. Les Italiens subirent une expérience plus dure

5. ADAP, série D, vol. III, Deutschland und der Spanische Bürgerkrieg, p. 95, 102, 104 et suiv., etc.

encore bien qu'ils aient transféré en Espagne, depuis décembre, des divisions entières, soit un total approximatif de cinquante mille hommes. Certes, les Chemises noires s'emparèrent de Malaga le 8 février 1937, pour une bonne part en raison de la défaillance des milices qui y étaient stationnées, mais, lorsqu'elles se heurtèrent fin mars, à Guadalajara, aux Brigades internationales parmi lesquelles combattait le bataillon italien « Garibaldi », elles subirent un cuisant échec. Le plus lourd de conséquences dans cette déroute, c'était moins qu'il leur fallut recéder la plus grande partie des territoires conquis que l'affirmation, chez leurs adversaires, d'un moral et d'une combativité supérieurs aux leurs. Le général Mario Roatta en personne reconnut que les Brigades internationales combattaient « avec habileté » et, surtout, avec fanatisme et haine [6], tandis que les Chemises noires manquaient manifestement de motivation. Pire encore, les antifascistes italiens, avec leur propagande, parvinrent à trouver l'oreille des soldats-miliciens, si bien que des unités entières se rendirent sans qu'elles aient été réduites à cette issue, quand elles ne passèrent pas tout simplement à l'ennemi. En revanche, les appels à la *solidarité prolétarienne* et la propagande contre l'absurdité et l'iniquité de cette guerre restèrent sans aucun écho parmi les officiers et les soldats de la Légion Condor, exception faite de quelques rares prisonniers. Pour autant qu'ils ne se considéraient pas comme de simples techniciens de la guerre, l'Espagne n'étant pour eux qu'un terrain de manœuvre, les combattants allemands partageaient tous, peu ou prou, la conviction de défendre la culture contre une sauvage agression ; tous, sans exception, avaient la certitude d'appartenir à un ordre supérieur, si bien que, souvent, ils ne manifestaient que mépris et condescendance à l'égard des Espagnols des deux camps. Bien sûr, des doutes se firent occasionnellement entendre et l'affirmation d'un témoin d'après-guerre n'est pas invraisemblable du tout, selon qui c'étaient justement les nationaux-socialistes qui, parmi les légionnaires, se demandaient s'ils ne combattaient pas du mauvais côté [7]. Ce genre d'interrogations ne résultait pourtant pas d'une sympathie naturelle pour l'adversaire, mais de leur aversion envers les généraux *réactionnaires* et exagérément prudents ainsi qu'envers le trop grand rôle joué par l'Église catholique dans le camp nationaliste espagnol.

Si les Russes, à l'occasion de ce premier engagement militaire contre des Allemands depuis la fin de la Première Guerre mondiale, s'étaient demandé, indépendamment de tout préjugé, quelles conclusions l'on pouvait en tirer, ils auraient à coup sûr constaté qu'il était encore moins possible d'ébranler les troupes de l'Allemagne nationale-socialiste par un assaut de propagande semblable à celui qui avait permis de vaincre Kornilov que cela n'avait été possible avec l'armée allemande de 1918 ;

6. Coverdale, *op. cit.*, p. 258.

7. Wilfried von Oven, *Hitler und der Spanische Bürgerkrieg. Mission und Schicksal der Legion Condor*, Tübingen, 1978, p. 61.

peut-être auraient-ils même été obligés de constater que cette victoire sur Kornilov avait été une exception due à des circonstances tout à fait particulières et que, depuis lors, tous les « Kornilov », de Horthy à Franco, l'emportaient ou avaient du moins de bonnes chances de le faire, sans même parler de figures aussi inattendues que l'avaient été Mussolini et Hitler. Les Allemands, de leur côté, auraient pu trouver ample matière à réflexion dans le simple constat que ce n'avait été aucunement le fait d'agitateurs juifs si les masses espagnoles s'étaient soulevées et avaient provoqué le *chaos bolcheviste*, contrairement à ce qui s'était peut-être passé en Russie : en Espagne, en effet, il n'existait pratiquement pas de minorité juive. Dans ces conditions, il n'y avait certes rien d'étonnant à ce qu'au « congrès de l'honneur » de septembre 1936 il fût beaucoup question de l'Espagne et à ce que Rudolf Hess fixât au congrès l'objectif de « développer la grande opposition du siècle entre thèse et antithèse, entre bolchevisme et national-socialisme » ; il est pourtant impossible que les plus intelligents parmi les nationaux-socialistes n'aient pas trouvé de profonds motifs d'inquiétude en entendant Alfred Rosenberg reprendre la vieille antienne des « youpins soviétiques » et Goebbels définir une nouvelle fois le bolchevisme comme la « dictature des êtres inférieurs » [8]. À perpétuer ainsi sans modifications les impressions de 1917-1918, on courait le grand risque de mésestimer un adversaire dont l'industrie fournissait des armes aussi excellentes et dont les partisans au sein des Brigades internationales, une partie non négligeable d'entre eux étant des Juifs, accomplissaient des exploits dont des *êtres inférieurs* ou des *sous-hommes* n'auraient même pas pu rêver. Mais ç'aurait dû être un choc pour les porteurs de conceptions traditionnelles des deux camps d'entendre Joseph Goebbels, à Nuremberg, dénoncer nommément, comme représentant particulièrement sinistre du bolchevisme, un homme qui, quelques mois plus tard, devait disparaître sans laisser de trace après avoir subi des attaques d'une extrême violence de la part de la presse communiste : Andrés Nin, le principal leader du POUM, le parti communiste de gauche.

---

8. *Der Parteitag der Ehre vom 8. bis 14. September 1936. Offizieller Bericht über den Verlauf des Reichsparteitages mit sämtlichen Kongreßreden*, Munich, 1936, p. 27, 82, 98. Un passage du discours de clôture prononcé par Hitler aurait pu, à vrai dire, considérablement modifier ce tableau : « Nous n'avons pas, dans le passé, repoussé d'Allemagne le bolchevisme parce que nous aurions eu l'intention de conserver le monde bourgeois ou même de lui redonner des couleurs. Si le communisme n'avait eu pour objectif que de l'épurer quelque peu, en éliminant diverses branches pourries chez nos fameux dix mille de la haute ou bien chez nos philistins qui ne valent pas mieux, on aurait pu le regarder faire quelque temps sans broncher. Mais le bolchevisme n'a pas pour but de débarrasser les peuples de leurs éléments pathologiques, son but est tout au contraire d'éliminer ce qu'il y a en eux de sain, voire de plus sain, pour mettre à sa place ce qu'il y a de plus vil. » (*Ibid.*, p. 294 et suiv.) Dans les « Propos de table », Hitler parlera plus tard souvent de manière très positive des « Espagnols rouges » et, à l'inverse, de manière négative des forces réactionnaires entourant Franco.

Ce que le monde extérieur, pour autant qu'il ne sympathisât pas avec elle, voyait dans l'Espagne *rouge*, c'était avant tout le *chaos* et la *terreur bolchevistes* : les masses mal vêtues et armées de fusils dans les rues, les *promenades* au cours desquelles les adversaires étaient abattus, les bandes d'anarchistes indisciplinés, les nonnes momifiées arrachées à leurs tombes et exposées dans la rue, les appropriations violentes, les collectivisations forcées. Mais, au cœur de ce chaos, il y avait une force qui d'emblée prit parti pour l'*ordre*, qui se prononça contre les *socialisations* et qui, dans ses propres prisons, bien loin de ne retenir prisonniers et de n'assassiner que de grands capitalistes ou que des officiers, réservait le même sort à des *bolchevistes* aussi ; cette force, c'était le Parti communiste d'Espagne. Il n'était certes pas le seul à professer l'idée qu'il s'agissait avant tout de gagner la guerre et qu'il fallait par conséquent la mener avec efficacité. Largo Caballero, en tant que ministre-président, s'efforçait lui aussi de soumettre les milices anarchistes à un commandement unifié ; il était lui aussi partisan de créer une armée régulière avec des grades et une discipline stricte ; lui aussi se prononçait en faveur de l'abolition des conseils de soldats et, de manière plus générale, contre la « domination des comités ». Mais les communistes ne se contentaient pas, payant d'exemple de manière remarquable, de prendre la tête des luttes, ils défendaient depuis le début des thèses qui, chez leurs alliés socialistes et plus encore chez les anarchistes, suscitaient un fort malaise : le peuple espagnol, d'après elles, ne combattait pas pour établir la dictature du prolétariat mais pour défendre l'ordre républicain qui impliquait de respecter la petite et moyenne propriété ; il fallait rejeter la collectivisation forcée telle que la pratiquaient les anarchistes ; il fallait réouvrir les églises et garantir publiquement la liberté des cultes ; ce qu'il fallait liquider, ce n'était pas seulement le fascisme mais, au même titre, les trotskistes et les « incontrôlables » (c'est-à-dire les anarchistes radicaux). C'est tout à fait dans le même esprit qu'était rédigée une lettre, signée de Staline, Vorochilov et Molotov, et remise en décembre 1936 au ministre-président Caballero par l'ambassadeur Marcel Rosenberg : il importait de gagner la petite et moyenne bourgeoisie, on devait la protéger contre la confiscation de ses biens et, dans la mesure du possible, assurer la liberté du commerce. Il était extrêmement important d'avoir de bons rapports avec les forces bourgeoises de gauche groupées autour du président de l'État Azaña, car le pire danger menaçant la victoire de la cause commune serait l'apparition du sentiment que l'Espagne était devenue une République communiste [9].

L'étroit rapport entre la politique intérieure du Parti communiste d'Espagne et la politique extérieure de Staline saute ici aux yeux, et il est

9. Pierre Broué-Emile Témine, *La révolution et la guerre d'Espagne*, Paris, 1961, p. 242 et suiv.

également indéniable que le parti de Lénine, pendant la guerre civile russe, était intervenu avec tout autant de détermination contre les anarchistes et le manque de discipline. On est malgré tout en droit de constater que le Parti communiste d'Espagne défendait les thèses mêmes que les mencheviks avaient soutenues en Russie : l'idée que la situation n'était pas mûre pour l'instauration du socialisme, qu'il fallait coopérer avec la bourgeoisie et que la seule révolution possible était la *révolution bourgeoise*. Il n'y a donc rien d'étonnant à ce que le Parti communiste soit devenu, en Espagne, en quelque sorte la puissance protectrice des paysans indépendants, des petits commerçants, des artisans et qu'un flot d'adhésions en provenance de ces milieux n'ait pas peu contribué à l'énorme augmentation de ses effectifs. Mais il est tout aussi peu surprenant que Camillo Berneri, un émigré italien qui était le porte-parole intellectuel des anarchistes catalans, ait accusé le parti communiste d'être « la Légion étrangère de la démocratie et du libéralisme espagnols » [10]. Il existait donc, au sein de ce *bolchevisme* espagnol, au moins deux partis se vouant une haine mortelle réciproque. Les communistes, en l'occurrence, étaient les agresseurs et les accusations qu'ils lançaient, tout particulièrement à l'adresse du POUM, le parti communiste de gauche ou anarchiste de droite d'Andrés Nin, constituaient déjà, à elles seules, des menaces de mort : ce parti était trotskiste et infiltré par les phalangistes, il avait une attitude négative envers l'aide russe et, profitant de ses fortes positions en Catalogne, il s'opposait à l'effort de guerre. Début mai 1937, on en arriva effectivement à Barcelone à une situation de guerre civile à l'intérieur de la guerre civile : des partisans de la CNT et du POUM résistèrent par la force à l'ordre de quitter le central téléphonique qu'ils contrôlaient et, pendant quelques jours, ils rétablirent un pouvoir illimité sur la ville ; finalement, pourtant, ils furent battus par les troupes gouvernementales, le plus souvent communistes, qu'on avait en hâte rappelées. On compta au moins cinq cents morts. Andrés Nin fut arrêté et, après avoir été sévèrement torturé, il fut assassiné, de même que Berneri.

Le puissant anarchisme catalan se retrouvait de la sorte brisé, mais c'en était également fini de l'élan révolutionnaire et de la spontanéité. Désormais, c'étaient deux armées régulières qui s'affrontaient en Espagne et, Caballero ayant été remplacé par Juan Negrin, il y avait à la tête du gouvernement un homme qui passait pour être un intellectuel libéral et cultivé. Mais les communistes et les conseillers soviétiques avaient sur lui une influence beaucoup plus forte que n'en avaient les officiers allemands et italiens sur le général Franco. Ce dernier se refusa même à payer à leur juste prix les énormes fournitures qui lui avaient été livrées, tandis que les Espagnols *rouges* remboursaient l'aide soviétique rubis sur l'ongle, grâce aux stocks d'or de la banque d'État. Les Allemands

10. *Ibid.*, p. 254.

et les Italiens demeurèrent des corps auxiliaires étrangers et comptaient peu d'officiers jouissant d'une expérience remontant aux années 1918-1920. Les conseillers soviétiques et les chefs des Brigades internationales, en revanche, étaient en grande partie des vétérans de la révolution et de la guerre civile, par exemple le consul général soviétique à Barcelone, Antonov-Ovseïenko, les généraux « Kleber » et « Lukacs », les commandants en chef Ludwig Renn et Hans Kahle. Il n'est pas douteux qu'ils restaient fermement ancrés dans leurs anciennes convictions, la lutte contre les anarchistes ne changeant rien à l'affaire, pas plus d'ailleurs que le ralliement de leurs camarades espagnols à la République bourgeoise. Un certain nombre de faits n'étaient d'ailleurs absolument pas de nature à leur faire perdre leur conviction d'être du bon côté : par exemple que les plus grands succès militaires étaient remportés par Franco et ses troupes auxiliaires allemandes et italiennes ou que l'Allemagne et l'Italie, pour ce qui était de la grande politique, se rapprochaient de plus en plus l'une de l'autre en leur qualité de « puissances de l'Axe ». Autre fait de nature à les renforcer dans leurs convictions : Mussolini, lors de sa visite triomphale en Allemagne, vers la fin septembre 1937, avait dit du bolchevisme qu'il était « la forme moderne du despotisme byzantin le plus sombre » et s'était risqué à prédire que l'Europe de demain serait fasciste [11]. Les nouvelles en provenance de l'Union soviétique, en revanche, ne pouvaient que les inquiéter.

Ilia Ehrenbourg rendant visite, en juin 1937, à la XIIe Brigade internationale sur le front d'Aragon, parla aussi à cette occasion avec un « homme petit, trapu et à la mine particulièrement sombre », manifestement un officier supérieur appartenant aux rangs des conseillers russes ; il avait devant lui un numéro de la *Pravda*. L'homme buvait du thé froid et demanda soudain : « Connaissez-vous les dernières nouvelles ? Toukhatchevski, Iakir et Ouborevitch ont été condamnés à mort et seront fusillés. Ce sont des ennemis du peuple. [12] »

Pendant que nombre de ses meilleurs soldats ainsi que la fine fleur de l'Internationale communiste combattaient en Espagne, Staline avait mis en œuvre, à Moscou, la « grande purge ». Beaucoup de ceux qui avaient fait la guerre en Espagne en furent victimes et, parmi eux, Antonov-Ovseïenko, célèbre en Union soviétique pour avoir pris d'assaut le Palais d'hiver. Hitler, en l'occurrence, était soit un participant actif soit une dupe. Pour autant, l'Union soviétique n'abandonna pas le pathos de la construction qui dominait le pays depuis les origines et, plus particulièrement, depuis 1928.

---

11. *Weltgeschichte der Gegenwart in Dokumenten*, vol. 5, p. 340 et suiv.

12. Ilja Ehrenburg, *Menschen, Jahre, Leben. Autobiographie*, vol. 2, Munich, 1965, p. 184. (Édition française : Gallimard a publié les cinq tomes de l'autobiographie d'Ilya Ehrenbourg : tome I : *Les années et les hommes*, 1962 ; tome II : *Un écrivain dans la Révolution*, 1963 ; tome III : *Les deux pôles*, 1964 ; tome IV : *La nuit tombe*, 1966 ; tome V : *La Russie en guerre*, 1968.)

III-5

La « grande purge » et le pathos de la construction en Union soviétique

Pour l'opinion publique mondiale, la « grande purge » commença le 19 août 1936, lorsque, dans la « salle Octobre » de la Maison des syndicats, à Moscou, s'ouvrit un procès contre un certain nombre de vieux bolcheviks ; il avait été précédé d'une campagne de presse, et des reporters étrangers ainsi que des spectateurs soviétiques triés sur le volet furent autorisés à assister aux débats. Sur le banc des accusés, il y avait d'anciens oppositionnels et, parmi eux, Grigori Zinoviev et Lev Kamenev, qui avaient été jadis les plus proches collaborateurs de Lénine et qui, entre 1924 et 1926, avaient constitué avec Staline, unis dans un front commun contre Trotski, la troïka dirigeante du pays. Et voilà qu'ils avouaient à présent avoir préparé, en tant que membres d'un *centre trotskisto-zinoviéviste*, l'assassinat des dirigeants les plus en vue de l'Union soviétique, en particulier celui de Staline. D'après leurs déclarations, ils étaient parvenus à leurs fins pour ce qui était de Kirov. Presque tous les accusés étaient passés au aveux. Zinoviev admit même avoir rejoint le fascisme après s'être rallié au trotskisme. Kamenev, pour sa part, appela le peuple à suivre Staline car il estimait équitable le verdict le frappant, lui et ses camarades. Un vieux bolchevik du nom de Mratchkovski, à n'en pas douter quelqu'un d'aussi déterminé et courageux que les combattants en Espagne, alla jusqu'à réclamer d'être fusillé, parce que son exemple avait apporté la preuve que même des ouvriers pouvaient devenir des contre-révolutionnaires. L'avocat général Vychinski demanda effectivement que « ces chiens enragés » fussent « fusillés, tous sans exception » et le tribunal suivit ses réquisitions [1].

1. Robert Conquest, *Am Anfang starb Genosse Kirow. Säuberungen unter Stalin*, Düsseldorf, 1970, p. 145 (Titre original : *The Great Terror*, édition française : *La grande terreur*, Robert Laffont, Paris, 1995, p. 506). Des comptes rendus sténographiques des trois procès à grand spectacle ont été publiés à Moscou en 1936, 1937 et 1938 en français et en anglais. Ils ne présentent plus aujourd'hui d'intérêt que du point de vue de la psychologie sociale, ou mieux encore, de la psychologie de parti.

Vingt-quatre heures plus tard à peine, un communiqué annonça que les accusés avaient été exécutés.

L'*opinion publique* manifesta sa satisfaction en Union soviétique. Les journaux avaient mené une véritable campagne de haine et, partout dans le pays, des assemblées de masse avaient adopté des résolutions réclamant la mort pour de pareils traîtres. À l'Ouest, en revanche, de nombreux doutes s'exprimèrent. Pouvait-on vraiment croire que ces vieux bolcheviks qui avaient tant de fois fait leurs preuves, aient pu devenir des terroristes et des assassins dans l'intention de nuire à leur propre parti, à leur propre régime ? Quels faits ou quelles personnes avaient bien pu les amener à s'accuser eux-mêmes de tels forfaits ? L'accusation ne reposait-elle pas, en quelques points, sur des faits manifestement inexacts, par exemple les noms des hôtels étrangers où se seraient tenues des réunions secrètes avec des émissaires de Trotski ? Néanmoins, l'opinion qui prévalut généralement chez les observateurs occidentaux fut que les déclarations des accusés étaient crédibles et de célèbres juristes anglais certifièrent que la procédure n'avait rien eu de choquant. Dans ces conditions, les premières vagues d'émotion s'apaisèrent rapidement, et cela d'autant plus aisément que l'on se trouvait au faîte des espoirs soulevés par la nouvelle « Constitution de Staline » : l'Union soviétique paraissait être définitivement entrée dans le cercle des puissances démocratiques et tous les partisans occidentaux de la politique de grande résistance se montraient persuadés que l'on pouvait désormais mettre un terme à l'expansion du fascisme, grâce une alliance antifasciste de toutes les puissances éprises de paix.

Pourtant, le choc aurait vraisemblablement été très rude, même pour les *compagnons de route* les plus convaincus, si l'on avait su combien il s'était déjà déroulé d'enquêtes, de préparatifs, d'épurations à l'intérieur du parti et de procès à huis clos durant l'année et demie qui avait suivi l'assassinat de Kirov ; si l'on avait eu conscience de quelle étrange manière le renforcement de la propagande patriotique, la dissolution de la Société des anciens bolcheviks en mai 1935 et la sévérité continuellement renforcée de la législation pénale – par exemple, l'extension de la peine de mort aux enfants de plus de douze ans – se complétaient pour former un ensemble cohérent. Et l'inquiétude aurait été plus grande encore si le télégramme que Staline et Jdanov avaient adressé depuis Sotchi, le 25 septembre 1936, à quelques-uns des membres du Bureau politique à Moscou avait été connu. Il disait : « Nous estimons absolument nécessaire et urgent que le camarade Iejov soit désigné au poste de commissaire du Peuple aux Affaires intérieures. Iagoda a définitivement fait la preuve qu'il était incapable de démasquer le bloc trotskiste-zinoviéviste. La Guépéou a quatre ans de retard dans cette affaire. Cela a été remarqué par tous les militants et par la majorité des représentants du NKVD[2]. » Il est évident que le télégramme faisait allusion à l'affaire

2. Chruschtschow, *op. cit.* (*cf.* note 10 de III-2), p. 875. (Édition française : Branko Lazitch, *Le Rapport Khrouchtchev...*, *op. cit.*, p. 81.)

Rioutine. On allait accomplir à présent ce que Staline n'avait pas pu réaliser en 1932, à la différence près qu'au lieu du seul Rioutine ce seraient maintenant des dizaines de milliers, voire des centaines de milliers de membres du parti qui seraient les victimes. Iagoda lui-même qui, en tant que chef de la Guépéou, était devenu en 1934 le responsable du commissariat à l'Intérieur ne serait pas épargné. Ce fut le début de la *Iejovchina*.

On n'avait pas remarqué, dans un premier temps, qu'au cours du procès contre Zinoviev et Kamenev l'un des accusés mineurs avait avoué avoir eu des contacts avec la Gestapo et que, dans certaines déclarations, les noms de dirigeants du parti et de hauts militaires avaient été cités alors qu'ils n'avaient pas été inquiétés jusqu'ici. Mais un nouveau procès s'ouvrit le 23 janvier 1937, le procès contre le *centre parallèle trotskiste*, et, cette fois, quelques-unes de ces personnes étaient au banc des accusés. L'accusation n'était plus principalement centrée sur des attentats terroristes, mais sur le sabotage et sur des contacts avec l'ennemi allemand ainsi qu'avec l'ennemi japonais. On reprochait maintenant à Grigori Piatakov en personne, cet homme que Lénine avait distingué et nommé dans son testament et qui avait été l'organisateur sans égal de l'industrialisation, on lui reprochait d'avoir eu l'intention, en même temps que ses co-inculpés, de faire régresser l'industrialisation, de faire des concessions territoriales à l'Allemagne et de se livrer au sabotage en cas de guerre. Lors d'un rendez-vous avec Trotski, à Oslo, Piatakov aurait entendu ce dernier dire qu'une rencontre avec Rudolf Hess avait eu lieu, où avait été décidée une collaboration en temps de paix comme en temps de guerre. Un autre fait mit tout particulièrement en relief l'implication de l'Allemagne nationale-socialiste dans le procès : la présence au banc des accusés de Karl Radek, l'homme qui avait été en 1919 l'émissaire de Lénine dans la révolution allemande et qui, en 1923, dans son discours sur Schlageter, avait réclamé une alliance entre les communistes et les nationaux-révolutionnaires allemands. Radek confirma expressément que Trotski voulait pour la Russie un régime « bonapartiste » et qu'il était prêt à céder l'Ukraine à l'Allemagne. Vychinski traita les accusés de « Judas », qui étaient tombés plus bas que les pires partisans de Denikine ou de Koltchak ; tous furent condamnés à mort et fusillés, à l'exception de Radek et de Sokolnikov, l'un des douze hommes qui, le 23 octobre 1917, avaient pris la décision du soulèvement. Tous deux furent condamnés à dix ans de prison, mais, selon toute vraisemblance, ils succombèrent bientôt dans l'un ou l'autre des camps de travail.

Ce procès fit sur l'opinion publique occidentale comme sur un certain nombre de communistes une impression plus profonde que le premier ; une des raisons, et non la moindre, fut que Trotski organisa à New York une espèce de contre-procès, au cours duquel la preuve de graves inexactitudes fut apportée. Il était à présent fréquent d'entendre demander si Staline ne voulait pas anéantir physiquement tous les vieux bolcheviks et les compagnons de combat de Lénine, après les avoir depuis déjà longtemps privés de tout pouvoir. Certains, parfois, exprimaient l'hypothèse que la Guépéou avait dû arracher ces aveux étranges en faisant appel à la loyauté envers le parti, profondément enracinée chez ces hommes. Il ne passa pas inaperçu non plus que Nikolaï Iejov avait remplacé Iagoda depuis la fin septembre. Pourtant, nombreux restaient encore les observateurs occidentaux qui tenaient pour vraisemblables les aveux et qui trouvaient que les débats avaient été menés de manière correcte. Parmi eux, le nouvel ambassadeur américain, Joseph Davies qui, bien sûr, en tant que capitaliste ami de Staline, accompagnait cette crédulité de l'espoir que le régime connaîtrait une transformation de grande ampleur.

Le monde prit enfin conscience qu'il se passait quelque chose de monstrueux en Union soviétique lorsque fut annoncé, le 11 juin 1937, qu'un certain nombre de membres du haut commandement de l'Armée rouge avaient été arrêtés, soupçonnés de haute trahison ; pas plus tard que le lendemain, on rendit public que les personnes en question avaient été jugées et exécutées, dont le maréchal de l'Union soviétique, Mikhaïl Toukhatchevski, ainsi que les commandants de régions militaires Iakir et Ouborevitch. Certes, on pouvait tout naturellement supposer que Staline avait voulu par là mettre un terme définitif aux débats portant sur la réintroduction de l'institution des commissaires politiques, débats qui, semble-t-il, avaient précédé la décision finalement prise dans ce sens, en mai ; plus frappant pour l'opinion publique était néanmoins que les huit chefs militaires, parmi lesquels se trouvaient plusieurs Juifs, avaient été qualifiés de traîtres et d'agents allemands. Il n'y eut jamais d'informations plus précises, il n'y eut jamais de procès public ; les officiers supérieurs qui firent fonction de juges furent, peu après, pour la plupart d'entre eux fusillés à leur tour ; on sait pourtant, d'après des déclarations d'officiers SS, que, sous la direction de Reinhard Heydrich et manifestement avec l'accord de Hitler, on constitua un faux dossier sur Toukhatchevski ; ce dernier avait effectivement eu, pendant l'époque de Weimar, des relations tout à fait officielles avec la Reichswehr, si bien que l'on disposait, dans les archives, de signatures de sa propre main [3]. Ce dossier fut transmis à Staline par l'intermédiaire de Beneš et il n'est pas exclu qu'il y ait accordé foi. Hitler et Heydrich avaient bien entendu agi dans l'espoir d'affaiblir ainsi le potentiel militaire de l'Armée rouge ; mais il existe d'autres indices donnant à penser que ce serait au contraire précisément Staline qui aurait suggéré cette falsification aux Allemands afin de les abuser sur leurs propres possibilités et les répercussions qu'ils pouvaient en attendre. En tout état de cause, il est impossible que Staline ait pu considérer comme des agents allemands et japonais les innombrables officiers qui furent exécutés par milliers au cours du véritable assaut que livra à l'armée, jusqu'à fin 1938, la police secrète. Sur les cinq

3. Walter Schellenberg, *Aufzeichnungen*, Wiesbaden et Munich, 1979, p. 44-50 (d'abord paru à Londres sous le titre *The Schellenberg Memoirs*).

maréchaux que comptait l'Union soviétique, deux seulement survécurent, sur les quatorze généraux et commandants d'armée, deux également ; aucun des huit amiraux ne survécut, tandis que soixante des soixante-sept généraux de corps d'armée furent fusillés, le même sort étant réservé à cent trente-six des cent quatre-vingt-dix-neuf généraux de division [4]. Aucune armée au monde n'avait encore subi, sous les coups de l'ennemi, autant de pertes qu'en connut l'Armée rouge, au niveau du corps des officiers de haut rang, durant les années de paix que furent les années 1937 et 1938. Mais Iakir mourut en criant : « Vive le Parti, vive Staline ! » et il fut loin d'être le seul à demeurer fidèle, même dans la mort, à l'homme et au parti qui le couvraient de boue, lui et ses camarades, et qui les exterminaient. On ne trouve en tout cas, dans les rapports secrets des diplomates allemands, pas le moindre indice permettant d'accréditer un tant soit peu les auto-accusations de Radek et Piatakov, pas plus que les accusations portées contre les officiers. L'ambassadeur allemand à Moscou, le comte von der Schulenburg, qualifia de « totalement absurde » l'idée que l'Allemagne puisse, au terme d'une guerre contre l'Union soviétique, vouloir porter au pouvoir à Moscou Trotski-Bronstein et Radek-Sobelsohn. Il considérait que le véritable objectif du deuxième procès était de donner un avertissement à tous ceux « qui refusaient de comprendre la politique que menait Staline en vue d'augmenter le potentiel militaire de la Russie et qui se promenaient partout avec, sous le bras, les manuels de Lénine ». Le but était en même temps aussi de stigmatiser l'Allemagne et le Japon, en leur imputant une immixtion dans les affaires intérieures de l'Union soviétique et d'ainsi prêter faussement aux adversaires « ce à quoi Moscou en personne se livrait » [5]. En ce qui concerne les officiers, von Schulenburg, dans un rapport ultérieur, n'excluait pas qu'ils aient pu être « germanophiles », mais il considérait comme plus important que Staline ait craint que « des chefs et personnalités militaires faisant preuve d'esprit d'indépendance » puissent « cristalliser sur eux les mécontentements ou les ambitions éventuelles » et qu'il ait en conséquence cherché à les éliminer à temps [6].

Mais les coups qui attendaient les persécuteurs n'étaient pas moins rudes que ceux qui avaient frappé les persécutés, lesquels avaient été, de leur côté, les vainqueurs et les persécuteurs au cours de la guerre civile. La destitution de Iagoda entraîna une vague d'auto-accusations et de dénonciations réciproques au sein de la Guépéou ; Krivitsky en a fourni une description très concrète [7]. À peu d'exceptions près, les juges

4. Conquest, *op. cit.*, p. 577. (Édition française, p. 949 ; les chiffres diffèrent ici légèrement de ceux de l'édition allemande, NdT.)
5. ADAP, C, vol.VI, 1, p. 381 et suiv.
6. *Ibid.*, vol. VI, 2, p. 913 et suiv.
7. Krivitsky, *op. cit.* (*cf.* note 17 de II-8), p. 167 et suiv. (Édition française, p. 150 et suiv.)

d'instruction qui avaient, grâce au système des interrogatoires se prolongeant des nuits entières ou bien grâce à la torture, provoqué les aveux de Zinoviev et de Kamenev, de Radek et de Piatakov, furent à leur tour finalement éliminés et remplacés par les hommes de Iejov, qui étaient pires encore.

Ce sont ces derniers qui préparèrent le troisième procès à grand spectacle, le plus important de tous ; il fut mené, à partir du 2 mars 1938, contre le *Bloc des droitiers et des trotskistes*. Figuraient cette fois au banc des accusés trois anciens membres du Bureau politique de l'époque de Lénine : Boukharine, Rykov et Krestinski. À leur côté, étaient assis plusieurs anciens commissaires du peuple, dont Iagoda, qui se voyait à présent accusé d'avoir assassiné Kirov et, par-dessus le marché, Gorki. Il fut de nouveau prétendu que Trotski était prêt à céder l'Ukraine aux Allemands, Boukharine le confirmant sans toutefois s'identifier au projet. L'accent principal était désormais mis sur des actes criminels, des empoisonnements par exemple, et, si le tableau qui se dégageait de telles accusations était exact, se trouvait alors vérifiée la thèse que développaient *les plus réactionnaires* parmi les émigrés, thèse selon laquelle les dirigeants soviétiques (à l'exception de Staline et de ses plus proches collaborateurs) n'avaient été, y compris dans leur comportement entre eux, qu'un ramassis de bandits. Cette fois, Vychinski compara les accusés à des « chiens galeux », avant de réclamer contre eux la peine de mort, peine que tous, sauf trois, subirent. Boukharine, néanmoins, n'avait fait que des aveux partiels et il rejeta jusqu'au bout l'affirmation selon laquelle le Bloc aurait été organisé à l'instigation des services secrets fascistes. Ceci, joint à l'écho très largement négatif que suscita l'affaire à l'Ouest, amena Staline à la conclusion que de nouveaux procès à grand spectacle n'avaient désormais plus lieu d'être.

La terreur, pour autant, était loin d'être terminée et la *Iejovchina* redoubla de virulence. Il y avait beau temps que l'anéantissement ne touchait plus seulement les *cadres dirigeants*. Il régnait dans tout le pays, y compris dans les organisations de base du parti, une véritable hystérie faite d'accusations réciproques et d'auto-accusations, dans laquelle l'origine familiale, tel un stigmate ineffaçable, jouait un grand rôle. On *démasqua* d'innombrables adhérents du parti, coupables d'être les fils et les filles de koulaks ou de commerçants, même s'ils n'avaient plus aucun lien avec leurs parents depuis des années ; il suffisait même, parfois, du reproche d'avoir une nièce qui fût en contact avec un « élément trotskiste » pour se voir exclu du parti, avec toutes les conséquences que cela comportait. Un ami de Krivitsky fut arrêté et disparut sans laisser de trace parce qu'il avait reçu une lettre du mari de son ancienne épouse et parce que son frère avait laissé afficher la moitié du visage de Radek au mur d'un club ouvrier[8]. On peut trouver dans les archives de Smolensk

8. *Ibid.*, p. 175.

des auto-accusations de ce genre : « Après que le Comité central eut démasqué la bande des espions, partisans de Trotski et de Boukharine, qui sévissaient dans la Région Ouest, sous les ordres d'Ouborevitch, de Roumianzev et de Schilman, le plenum de l'obkom (Direction régionale du parti) démasqua encore des ennemis du peuple et les chassa des postes de direction qu'ils occupaient. Mais ils laissèrent en exercice un bureau composé d'anciens fonctionnaires qui ne pouvaient pas apporter une aide efficace dans la lutte contre les ennemis du peuple. Je me sens moi-même coupable de ce genre de mollesse [9]. »

Il était d'une certaine manière logique qu'un parti qui avait toujours avant tout combattu et anéanti des ennemis, se mît maintenant à rechercher les ennemis dans ses propres rangs. Mais la population ordinaire qui avait déjà beaucoup souffert fut loin de rester épargnée. Il est impossible que les quelque huit millions d'êtres humains qui furent déportés dans des « camps de redressement par le travail » aient tous été des membres du parti ; il suffisait, pour être déporté, d'affirmer, propos aussi anodin qu'exact, que les chaussures soviétiques étaient de mauvaise qualité. Ces camps, qui dépendaient du département principal « GOUlag » du NKVD, avaient depuis longtemps acquis une telle importance économique qu'ils étaient tout simplement devenus indispensables, particulièrement dans les régions immenses et encore vierges du nord de la Sibérie, comme la Kolyma. Mais un nombre non négligeable de ces camps étaient d'authentiques camps d'extermination, dans lesquels l'espérance de vie moyenne était de deux ans, si bien que, au bout d'un an, la moitié des détenus avaient déjà succombé. Dans le fonctionnement quotidien de la machine à broyer les vies humaines qui sévissait dans le pays, c'était presque un événement banal que Iejov envoie par télégramme au responsable du NKVD d'une assez grande ville la directive suivante : « Vous êtes chargé d'exterminer dix mille ennemis du peuple. Rendez compte de vos résultats par radio-télégramme [10]. » À Vinnitsa, on a découvert pendant la guerre des fosses communes renfermant plus de neuf mille cadavres. Toutes les victimes avaient été tuées d'une balle dans la nuque ; on a estimé que le massacre datait de l'été 1938. Les estimations parviennent à un total d'environ un million de personnes exécutées et d'au moins deux millions d'autres qui périrent dans les camps [11]. C'est donc la population dans son ensemble qui fut frappée et il existe peu de familles relativement nombreuses dont un membre au moins n'ait été soit déporté soit passé par les armes. Un traitement particulièrement dur fut réservé aux membres de la famille des hauts dirigeants du parti ou des

9. Merle Fainsod, *Smolensk…, op. cit.*, p. 424. (Édition française : *Smolensk…, op. cit.*, p. 446.)

10. Conquest, *op. cit.*, p. 629. (Édition française, p. 744.)

11. *Ibid.*, p. 634. (Édition française, p. 746 à 749.)

officiers d'un rang élevé, bien que la promesse d'épargner les épouses et les enfants ait joué un rôle important pour arracher des aveux aux accusés. Presque tous les proches de Toukhatchevski périrent dans ces conditions. Pour mettre quelqu'un en accusation, il suffisait de la mention « épouse d'un ennemi du peuple » [12]. Il arriva fréquemment que des enfants soient contraints d'approuver publiquement l'exécution de leurs parents.

Les communistes étrangers et les réfugiés connurent eux aussi un destin particulièrement cruel. Ce ne sont pas moins de quatre membres du Bureau politique du KPD qui disparurent, dont Heinz Neumann et Hermann Remmele ; ce dernier avait composé, en 1932, dans un ouvrage en deux tomes, un véritable hymne à la gloire de l'Union soviétique [13]. Hans Kippenberger fut lui aussi aspiré dans ce tourbillon mortel, tout comme Hugo Eberlein, qui avait été le seul Allemand ayant participé à la fondation de la Troisième Internationale. L'épuration provoqua un nombre impressionnant de victimes chez les Juifs, les Lettons, les Polonais et, de manière générale, chez les ressortissants de minorités nationales. Zinoviev, Kamenev, Gamarnik, Iakir et de nombreux autres étaient juifs ; le général J. K. Berzine qui, de longues années durant, avait dirigé les services secrets de l'armée soviétique puis qui avait occupé d'éminentes fonctions pendant la guerre d'Espagne, était un Letton ; presque tous les Polonais travaillant au Komintern périrent, tandis que le Parti communiste polonais fut dissous parce qu'il était prétendument noyauté par des agents fascistes. Les coups réservés aux directions des Républiques de l'Union qui avaient réussi à conserver une certaine autonomie ou qui s'étaient même contentées de chercher à préserver les traditions et l'identité de leurs peuples, furent à peine moins rudes. En Ukraine, on se débarrassa ainsi de Skrypnik, un communiste à toute épreuve qui s'était distingué dans la lutte contre le « nationalisme bourgeois », et Khrouchtchev élimina aussi dans les rangs inférieurs de la hiérarchie tous ceux qui rêvaient encore d'autonomie ukrainienne dans le cadre de la Fédération des conseils.

Avant la fin de l'été 1938, le parti de Lénine était pratiquement anéanti, à l'unique exception des partisans de Staline les plus avérés. C'est à ce moment-là que Iejov vit ses pouvoirs réduits et, en décembre, il fut remplacé à la tête du NKVD par Lavrenti Beria, un compatriote de Staline, qui se mit alors, à son tour, à épurer les épurateurs, envoyant à la mort presque tous les hommes de Iejov. Lorsque le XVIIIe Congrès du PCUS se réunit, en mars 1939, pas moins de mille cent-huit des mille neuf cent soixante-six délégués au XVIIe Congrès étaient morts ou disparus. Mais, des survivants, seuls cinquante-neuf se retrouvaient dans la salle

12. *Ibid.*, p. 365. (Édition française, p. 633-634.)
13. Hermann Remmele, *Die Sowjetunion*, 2 vol., Hambourg-Berlin, 1932.

du congrès. Aucun parti communiste dans le monde n'avait jusque-là subi un pareil massacre, même pas le KPD sous Hitler. Jamais encore, en temps de paix, sa propre direction n'avait infligé à un peuple de semblables pertes. En comparaison, l'Allemagne nationale-socialiste de 1937 et 1938, avec ses quelques camps de concentration et ses prisonniers politiques dont le nombre s'élevait tout au plus à trente mille, faisait presque figure d'État ouest-européen normal.

Au beau milieu de tous ces événements qui ne pouvaient manquer de plonger chacun, à l'unique exception de Staline, dans la peur perpétuelle de perdre sa fonction présente ou sa vie, l'Union soviétique demeurait néanmoins le pays de la construction et du pathos de la construction. Le second plan quinquennal, moins ambitieux que le premier, s'acheva sur un succès ; d'innombrables komsomols continuèrent à se porter volontaires et, pleins d'enthousiasme, partirent pour des contrées désertes édifier, dans les conditions les plus difficiles, de nouveaux et gigantesques combinats industriels ; si les journaux célébraient en des panégyriques fiévreux les grands exploits des aviateurs et des explorateurs polaires soviétiques, il ne s'agissait pas seulement de propagande ; il est difficile de croire que seules des manipulations auraient suffi à amener plusieurs centaines de milliers de personnes à se rassembler dans des meetings de masse pour y réclamer, en proie à une excitation passionnée, la « mort des traîtres ». Les touristes qui affluèrent relativement nombreux à Moscou durant l'été 1937 en retirèrent l'impression d'une ville animée et vivante, tandis que Sidney et Beatrice Webb, dans les multiples rééditions de leur ouvrage, continuaient à célébrer dans l'Union soviétique, sans susciter beaucoup de contradicteurs, le début d'une « civilisation nouvelle », le pays ne connaissant ni les crises ni les « revenus immérités » des existences parasitaires.

C'est vraisemblablement une erreur, dans ces conditions, de vouloir expliquer la grande *Tchistka* (purge) par la seule soif illimitée de pouvoir habitant Staline. Elle fut en tout cas, avec ses millions de victimes, la troisième grande révolution qui se soit déroulée en Russie puis dans l'Union soviétique, et l'on pourrait par conséquent dire qu'elle eut sa logique. Au cours de la guerre civile qu'il avait lui-même déclenchée en s'emparant du pouvoir, le Parti bolchevique avait anéanti ceux en qui il voyait des « ennemis de classe » et qu'il avait du même coup justement transformés en ennemis inconciliables ; il s'était agi, effectivement, de classes entières – la noblesse, l'intelligentsia, la bourgeoisie – et, au-delà, des ennemis du parti qu'étaient les socialistes-révolutionnaires et les mencheviks. Durant la période de la collectivisation, l'assaut prit pour cible la paysannerie économiquement indépendante et relativement aisée, et il n'est pas aberrant d'imaginer qu'on essayait ainsi d'éradiquer définitivement les tenta-

14. Président du Conseil de 1906 à 1911, il a tenté une réforme agraire afin de remettre une partie de la terre aux petits paysans les plus entreprenants (NdT).

tives réformatrices de Stolypine [14], qui n'étaient dénuées ni de racines ni de perspectives et qui visaient à engager, en réaction à la tradition collectiviste du *Mir*, un processus de développement agricole occidental et individualiste et, par contrecoup, un processus d'industrialisation. Mais cette tendance occidentale et individualiste existait dans le parti également. L'auteur de la *Lettre d'un vieux bolcheviste* portait sur lui-même et sur les siens un jugement certainement exact lorsqu'il écrivait: « Involontairement, nos pensées s'orientent dans une direction critique par rapport à l'ordre existant ; nous recherchons partout les points faibles. Bref, nous sommes tous des esprits critiques, destructeurs, nous ne sommes pas des forces constructives. [...] Il est impossible de construire quoi que ce soit avec un tel matériel humain, avec des esprits critiques et des sceptiques [15]. »

Certes, si le marxisme n'était pas individualiste dans son contenu, il n'en était pas moins totalement issu de la tradition occidentale de la *critique* ; il s'était ainsi très vite avéré que l'on pouvait, dans une intention critique, utiliser des concepts marxistes et les appliquer aussi, et précisément, à la réalité soviétique : les concepts de *classe*, d'*exploitation* et d'*autonomisation du pouvoir d'État* par exemple. Staline, depuis le milieu des années vingt, était l'incarnation du parti ; si l'on voulait établir une véritable identité entre le parti et son incarnation, il fallait éliminer l'élément critique et concurrentiel, tel qu'il se manifestait dans des figures comme Trotski et Zinoviev ou dans de nombreuses figures de moinde importance. En définitive, ce qui s'accomplissait ainsi c'était la prédiction de Trotski, en 1904, selon laquelle l'organisation léniniste du parti prendrait d'abord la place du Parti lui-même, le Comité central prendrait la place de l'organisation et enfin un dictateur prendrait la place du Comité central [16]. L'élimination se trouva facilitée par le fait que les principaux représentants des tendances critiques, occidentales ou intellectualistes, étaient pour une part essentielle des Juifs, bien que l'Union soviétique fût le seul État au monde où l'antisémitisme était passible de la peine de mort [17]. On ne doit pas ignorer le caractère xénophobe de la grande purge. Aux tendances critiques au sein du parti correspondaient les inclinations anarchistes ou bien autonomistes de la population et des diverses nationalités : l'horreur omniprésente obligeait en même temps chacun des individus à pressentir la force du collectif uni et, par conséquent, la sienne propre ; cette horreur était donc source non seulement de peur mais aussi de fascination. Le corps des généraux supérieurs, de son côté, se recrutait pour une large part parmi les vétérans de la guerre civile et il est fort vraisemblable que nombre d'entre eux se considéraient vrai-

15. Zagoria, *op. cit.* (*cf.* note 13 de III-2), p. 61.
16. Merle Fainsod, *How Russia...*, *op. cit.*, p. 42. (Édition française : *Comment l'URSS...*, *op. cit.*, p. 43.)
17. *Stalin Werke*, vol. 13, p. 26.

ment, en raison de leurs mérites propres, comme des « camarades » de Staline et non comme les enfants parfaitement obéissants du « père des peuples » et du « plus grand homme de tous les temps ». L'anéantissement largement consommé du parti et du corps des officiers finit par libérer un grand nombre de postes, comme cela avait déjà été le cas lors de la première et de la deuxième révolutions, et Staline pouvait de la sorte compter sur la loyauté inconditionnelle des nouveaux dirigeants du parti et des nouveaux officiers. Pour pouvoir enfin comprendre cet événement inouï que fut la *Tchistka* et ne pas la prendre pour une explosion de démence collective, le mieux est de voir en elle, pour reprendre une formule de Hitler, le processus de création d'un « corps de peuple aussi dur que l'acier » qui, dans une unité absolue, soit au service de la volonté de sa propre incarnation, le *Vojd*, et soit apte à supporter même le pire, sans succomber ni à la division, ni même à la décomposition.

Mais quel était l'objectif assigné à cette unité par laquelle on entendait préparer la mentalité populaire (ainsi pourrait-on peut-être dire) à affronter une épreuve extraordinaire ?

La réponse paraît simple. Au cours de tous ces événements des années 1936 à 1938, il saute aux yeux qu'il est continuellement fait référence à l'Allemagne et au fascisme, ainsi qu'aux Japonais. Il fallait ancrer dans l'esprit du simple citoyen, avec une force sans pareille, l'idée que les fascistes allemands se tenaient prêts à l'attaque et qu'ils disposaient de nombreux auxiliaires dans le parti et dans l'armée soviétiques. On peut par conséquent estimer que la grande purge fut une mesure inévitable, nécessaire à la préparation d'une guerre défensive, une question de vie ou de mort. Il est aisé de faire entrer dans une telle interprétation les mesures que des observateurs étrangers ont souvent jugées réactionnaires ou non marxistes : le renforcement de la famille, la mise en valeur des traditions nationales, notamment la réévaluation d'Alexandre Nevski, le vainqueur des Allemands, l'élimination des historiens exagérément marxistes qui n'avaient cessé de faire preuve d'esprit critique envers l'histoire russe.

Pourtant, à côté de cette interprétation dominante, il en existe depuis longtemps une autre que Walter Krivitsky fut, semble-t-il, le premier à avancer et qui a encore présentement des défenseurs. Selon ses tenants, Staline aurait très tôt eu l'objectif de s'allier à Hitler, qu'il redoutait et admirait tout à la fois. Il apparaît clairement qu'il lui fallait briser l'ancien parti et envoyer à la mort les héros de la guerre civile s'il envisageait sérieusement d'opérer un tel tournant. Un troisième schéma d'explication présente Staline comme l'inébranlable révolutionnaire mondial qui devait éliminer les rhétoriciens de la révolution mondiale pour pouvoir consolider l'unique citadelle du combat contre le capitalisme et contre le fascisme. À cette dernière conception s'oppose brutalement, quatrième possibilité, l'idée que Staline, au cours de cette purge, serait devenu un despote oriental, voire une espèce de national-socialiste.

Toutes ces variantes existaient déjà en 1938, ne serait-ce que sous la forme de mises en cause et de propos sans prétention théorique. C'est ainsi qu'Antonov-Ovseïenko jeta, plein de mépris, à la face du juge d'instruction du NKVD qui l'avait traité d'ennemi du peuple, cette phrase : « C'est vous qui êtes un ennemi du peuple. Vous êtes un véritable fasciste.[18] » Le juge d'instruction n'était pourtant qu'un simple instrument. Pour avoir un sens, le reproche devait s'adresser à Staline.

S'il était fondé, il s'agissait alors de l'une des plus grandes victoires que Hitler ait remportées au cours de la triomphale année que fut pour lui l'année 1938. S'il était faux, commençait alors en cette année, pour Staline, personnification d'une Union soviétique bolcheviste et championne de la révolution mondiale, la plus périlleuse de toutes les épreuves de vérité.

18. Conquest, *op. cit.*, p. 547. (Édition française : p. 920.)

III-6

Les triomphes de Hitler et le consensus de la communauté populaire *(Volksgemeinschaft)*

Tandis que Staline, selon la conviction d'observateurs qualifiés, affaiblissait son armée et désorganisait son parti, Hitler remportait en 1938 des succès dont aucun chef d'État, avant lui, n'avait pu se prévaloir en temps de paix : se référant au droit à l'autodétermination, il avait rattaché dix millions d'êtres humains au Reich allemand, au prix de la disparition d'un État d'Europe centrale et de l'amputation d'un autre. Il avait de la sorte fait de l'Allemagne l'État de loin le plus puissant en Europe ; il avait en même temps si largement éliminé l'Union soviétique du concert des puissances qu'il semblait avoir établi le grand accord qu'il s'était toujours efforcé de réaliser. Pourtant, les *moyens pacifiques* qu'il avait utilisés avaient, en fait, consisté en menaces de guerre et en méthodes auxquelles, autant qu'on puisse en juger, l'on ne peut recourir qu'*une fois*. Par ailleurs, le plus grand triomphe qu'ait jamais connu le droit à l'autodétermination était en soi rempli de contradictions. C'est ainsi que sa grande année 1938 se termina pour Hitler dès les mois d'octobre-novembre et que, sous l'effet même de ses propres actes, le traqueur devint rapidement le traqué, transformant Staline en arbitre des destinées européennes.

Le 5 novembre 1937, Hitler rassembla ses plus proches collaborateurs pour un entretien à la chancellerie du Reich ; il y avait là le ministre des Affaires étrangères von Neurath, le ministre de la Guerre von Blomberg, les commandants en chef de l'armée de terre, de la marine et de la Luftwaffe Fritsch, Raeder et Göring. Était aussi présent un aide de camp de la Wehrmacht, le colonel Hossbach, qui consigna par écrit, peu après, le contenu de la réunion. Une copie de ces notes tomba, après la guerre, aux mains des Alliés ; c'est ce qu'on a appelé le procès-verbal Hossbach [1]. L'intention de Hitler, en convoquant cette réunion, était

1. ADAP, série D, vol. I, p. 25 et suiv.

manifestement d'annoncer à cette petite équipe dirigeante le passage imminent à une politique étrangère plus active. La situation objective était favorable : certes, le réarmement était loin d'être achevé, mais l'Allemagne, durant les deux années écoulées, y avait consacré des moyens plus importants que les puissances occidentales réunies, États-Unis compris ; après la visite de Mussolini, l'amitié entre les puissances de l'Axe paraissait solide ; la victoire du Front populaire en France avait été en même temps, selon toute apparence, une victoire de la paresse, comme tous ceux qui avaient visité les chantiers français et allemand lors de l'exposition universelle de 1937 avaient pu le constater ; en Angleterre, Neville Chamberlain avait succédé à Baldwin à la tête du gouvernement en mai 1937, ce qui signifiait une avancée considérable du climat d'*appeasement* ; l'Union soviétique traversait les tourments de la grande purge, si bien que, lors d'un entretien avec William C. Bullitt, l'ambassadeur américain à Paris, Göring put soutenir qu'il n'y avait plus lieu de considérer l'Armée rouge comme une force militaire sérieuse, précisant que, des cinq mille tracteurs produits chaque année en Union soviétique, aucun ne serait plus utilisable deux ans plus tard[2]. Mais Hitler n'eut pas un mot pour indiquer que cette heureuse constellation offrait enfin aux Allemands l'occasion de faire valoir leur droit à l'autodétermination. Il évoqua tout aussi peu la possibilité qui se présentait de régler maintenant son compte au bolchevisme en tant qu'ennemi du monde en général. Il fut uniquement question, dans ses considérations, d'une « solution du problème allemand » ; il n'entendait, par là, rien d'autre que la satisfaction du « besoin d'espace » des Allemands, en d'autres termes la conquête d'un plus grand espace vital : selon ses propres termes, il s'agissait d'une aspiration qui, de tout temps, avait présidé à la formation des États et aux déplacements des peuples ; l'époque présente était l'ère des empires économiques, dans lesquels l'instinct de colonisation se rapprochait à nouveau de l'état originel, ce dont témoignaient les exemples de l'Italie et du Japon, tandis que, de manière fort compréhensible, les « États repus » avaient pour seul souci de préserver leurs possessions. Dans un cas comme dans l'autre, les facteurs décisifs étaient les « facteurs économiques » ; c'était uniquement en Europe que l'Allemagne pouvait chercher l'espace nécessaire à la satisfaction de ses besoins alimentaires. Le recours à la force était inévitable, l'Allemagne était « contrainte à l'offensive » et voilà pourquoi il avait pris la décision irrévocable de résoudre au plus tard en 1943-1945 la question de l'espace vital allemand. Les circonstances imposeraient éventuellement d'agir plus tôt et, le cas échéant, le premier objectif pourrait être d'« abattre la Tchéquie et l'Autriche du même coup ». L'absorption de ces deux États pourrait « représenter le gain de produits alimentaires pour cinq à six

2. IMG, vol. XXXVII, p. 594 et suiv.

millions d'êtres humains », à condition que « l'on réussisse à faire émigrer de force deux millions de personnes de la Tchéquie et un million d'autres de l'Autriche ». À titre expérimental, Hitler imagina alors le scénario d'une guerre opposant l'Italie à la France ainsi qu'à l'Angleterre, ce qui créerait une situation favorable à la réalisation de ces projets.

C'était en tous points le Hitler du « Testament politique » de *Mein Kampf* qui s'exprimait ici [3], et, au début de son intervention, il avait effectivement qualifié ses considérations de « legs testamentaire » pour le cas où il viendrait à disparaître prématurément. Hitler se révélait à nouveau pour ce qu'il était : un homme faisant une fixation totale sur 1917-1918 et, en l'occurrence, sur le blocus allié, mais qui, simultanément, sans en avoir peut-être même conscience, incarnait de manière exemplaire l'attitude que l'on adopte sitôt que l'on coupe la doctrine marxiste de la lutte des classes de ses composantes que sont l'internationalisme et l'humanisme ; attitude dont Marx et Engels eux-mêmes, d'ailleurs, avaient de temps à autre dessiné les linéaments [4]. Mais on ne saurait réduire Hitler au marxiste biologiste ou au darwiniste social qu'il était. Sous l'assurance du champion de la « race supérieure » assoiffé de conquêtes, on voyait néanmoins poindre une préoccupation, une peur même, celle de celui qui observe un processus qu'il ne parvient pas à bien faire entrer dans son image biologiste du monde, c'est-à-dire d'un monde caractérisé par les « perturbations économiques dues au bolchevisme » ; il mettait ces perturbations en parallèle avec « l'effet dissolvant provoqué par le christianisme », dont le résultat fut que l'Empire mondial de Rome succomba à l'assaut des Germains, Empire mondial dont la taille et la durée représentaient indéniablement pour Hitler une référence. Il lui aurait manifestement suffi d'un tout petit pas pour arriver jusqu'au responsable supposé de cette désagrégation, mais il ne prononça pas le mot « Juif ». Hitler évoqua certes l'éventualité d'une « intervention militaire de la Russie », mais, prenant en compte le problème du Japon, il balaya rapidement l'hypothèse.

Le problème est de savoir pourquoi Hitler s'est montré si unilatéral et si provocateur en présence de ses plus proches collaborateurs. La réponse la plus vraisemblable est qu'il entendait les soumettre à une sorte d'épreuve. Effectivement, Neurath et Fritsch lui portèrent une contradiction assez appuyée, invoquant la supériorité militaire française ; peu de temps après, Neurath souffrit d'ailleurs de crises cardiaques. Hitler fut donc bien obligé de constater qu'il ne lui était pas possible de mener une *politique extérieure active* avec les Neurath, Fritsch et même Blomberg. Il disposait certes d'un pouvoir absolu, mais à l'intérieur d'un système

---

3. *Cf. supra*, p. 186-187.

4. *Cf.* Ernst Nolte, *op. cit.* (*cf.* note 1 de II-2), p. 466 et suiv. (p. 448 et suiv. de l'édition française).

dont les éléments présentaient des restes non négligeables de leur ancienne indépendance. C'est pourquoi il était encore très loin d'avoir le pouvoir voulu pour les démettre de leurs fonctions. Il sut néanmoins mettre à profit, rapidement et sans scrupules, une occasion qui s'offrit à lui peu de temps après ; en cette circonstance également, il apparut que son ancienne détermination, si les conditions du moment en tempéraient certes les effets ou les modifiaient, n'avait absolument pas changé de nature profonde.

La Wehrmacht était toujours très loin d'être une *armée brune*. Elle incarnait bien davantage, dans chacune de ses composantes essentielles, trois périodes différentes de l'histoire allemande : l'armée de terre était chrétienne, prussienne et conservatrice, la marine était bourgeoise et nationale-allemande et l'on pouvait qualifier de nationale-socialiste la Luftwaffe. Les rivalités entre l'Office de la Wehrmacht *(Wehrmachtamt)*, dirigé par le général Keitel au sein du ministère de la Guerre, et l'état-major général de l'armée, avec à sa tête Ludwig Beck, avaient un arrière-plan idéologique. C'était encore plus vrai des tensions entre l'armée et la SS, qui constituait peu à peu des formations armées sous l'appellation de « police de protection de l'État ». Un état d'esprit national-socialiste issu de la base pénétrait également l'armée de terre par l'intermédiaire des jeunes officiers et suite à l'instauration du service militaire obligatoire. Pratiquement aucun des généraux de l'armée de terre, composante toujours nettement la plus importante de la Wehrmacht, n'était un national-socialiste ; il était difficile, toutefois, de considérer que Ludwig Beck lui-même avait été, avant 1938, un adversaire politique de Hitler. Tous étaient pleinement occupés à mettre en œuvre le réarmement qui était tout de même, depuis longtemps, leur vœu le plus cher. Mais aucun d'entre eux n'avait de penchant pour les *aventures*, tous se laissaient guider par une vision objective des *préparatifs* et se montraient peu ouverts aux facteurs psychologiques et politiques. Hitler leur était à cet égard supérieur. Mais leur sentiment justifié que les méthodes de Hitler pouvaient se révéler dangereuses pour l'existence du peuple allemand, constituait les prémisses d'une résistance, apparemment pragmatique, mais qui était aussi de principe.

Blomberg commit alors l'erreur « de vieillesse » d'épouser une femme qui « avait un passé »[5] ; ce fut, pour Hitler, l'obligation bienvenue de se séparer du ministre de la Guerre ; mais une scandaleuse intrigue, ourdie par Göring et la Gestapo, fournit l'occasion de congédier simultanément le commandant en chef de l'armée de terre, décapitant ainsi la direction de la Wehrmacht. Lorsqu'il apparaît que les accusations visant Fritsch n'étaient pas fondées, il est trop tard, sauf pour une réhabilitation

5. Blomberg épousa en secondes noces une femme qui figurait sur les fiches de la police des mœurs (NdT).

de pure forme, car la grande réorganisation avec les changements de personnes intervenus le 4 février 1938 a déjà eu lieu : Hitler a pris directement et personnellement le commandement suprême de la Wehrmacht, et l'Office de la Wehrmacht de l'ancien ministère de la Guerre a été transformé en Haut commandement de la Wehrmacht (*Oberkommando der Wehrmacht* ou OKW), sous ses ordres directs ; le général de corps d'armée von Brauchitsch devient le commandant en chef de l'armée de terre, le national-socialiste Joachim von Ribbentrop remplace Neurath à la tête du ministère des Affaires étrangères. Göring, s'il n'a pas atteint son objectif qui était de devenir ministre de la Guerre, est toutefois nommé feld-maréchal. L'indépendance et le traditionnnel sens de l'honneur de la Wehrmacht ont subi un nouveau coup sévère. S'il s'agissait effectivement d'une purge, elle n'était pourtant en rien comparable, ni par son ampleur ni par son caractère, à celle dont a été victime l'Armée rouge : en lieu et place des dizaines de milliers d'exécutions, il n'y eut que quelques mises à la retraite ; ce en quoi, au demeurant, se manifestait aussi la différence des systèmes sociaux. Mais il y a à présent sept hommes qui peuvent pleinement mesurer la véritable portée des changements intervenus : les trois qui, parmi eux, avaient porté la contradiction à Hitler, le 5 novembre 1937, ou qui s'étaient montrés hésitants ce jour-là, ont été éliminés, la voie étant de la sorte ouverte pour une *politique extérieure active*, c'est-à-dire une politique de guerre directe ou de menace concrète de guerre. Cette politique, reposant sur un *vécu positif de la guerre*, était conforme aux origines du national-socialisme ; l'Union soviétique l'avait certes également pratiquée durant les toutes premières années de l'après-guerre, mais pour d'autres raisons et avec d'autres objectifs, et elle l'avait abandonnée depuis un bon moment.

Simultanément, Hitler utilisait à nouveau comme un moyen la politique étrangère, qui était pourtant pour lui une fin. Une notation du journal personnel du colonel Jodl, le 31 janvier 1938, met en lumière cet aspect des choses : « Le Führer veut détourner les projecteurs de la Wehrmacht, tenir l'Europe en haleine et, en occupant diverses positions, non pas donner une impression de faiblesse mais d'une concentration de ses forces. Il ne faut pas que Schuschnigg s'enhardisse, il faut au contraire qu'il tremble...[6] »

De nombreux observateurs avaient prédit que la question autrichienne, au printemps 1938, serait mûre pour une solution. Il s'agissait, en vérité, de l'un des problèmes les plus difficiles de l'histoire allemande ; à elle seule, son existence était un symptôme de la situation singulière du peuple allemand en Europe, car ni les Anglais, ni les Français, ni les Italiens ne vivaient dans deux États. Mais ce n'était pas une puissance étrangère qui avait imposé cet état de fait, c'était la Prusse de Bismarck,

6. IMG, vol. XXVIII, p. 356 et suiv.

le fondateur du Reich, qui, en véritable « État séparé victorieux » qu'elle était, avait exclu l'Autriche de la Confédération allemande (ou Empire allemand), dont elle avait été partie intégrante de longs siècles durant, opérant de la sorte la « division de l'Allemagne ». En 1918-1919, le moment parut venu où l'Autriche allemande *(Deutsch-Österreich)*, dernier vestige de la monarchie détruite des Habsbourg, allait fusionner, conformément à la volonté de l'écrasante majorité de sa population, avec le Reich bismarckien, désormais déchargé de ses minorités et confirmé dans son existence, donnant ainsi naissance au véritable État national de tous les Allemands ; mais cette unification aurait signifié que l'Allemagne, en dépit de sa défaite, serait ressortie de la guerre mondiale de loin le plus grand État de l'Europe non russe, si bien que les Alliés qui, à en croire leurs proclamations, avaient combattu pour la démocratie et l'autodétermination, firent passer leur vision politique des rapports de force avant leurs principes et, par une « interdiction de rattachement », refusèrent aux Allemands l'autodétermination qu'ils accordaient aux nations slaves occidentales des Polonais et des Tchèques. Il s'avéra certes bientôt que l'indépendance autrichienne n'était pas purement artificielle, mais les Alliés n'en avaient pas moins suscité une *irredenta* au cœur de l'espace germanophone et donc créé une situation qui ressemblait de manière frappante à celle dont l'Union soviétique se prévalait par rapport au mouvement ouvrier du monde entier. L'Allemagne nationale-socialiste pouvait soutenir dans l'État voisin un mouvement populaire qui était à l'évidence révolutionnaire, puisqu'il niait l'existence de l'État en question ; mais on pouvait aussi reprocher à ce grand État de n'utiliser ce mouvement populaire, incapable de devenir majoritaire, que comme un moyen au service d'objectifs expansionnistes. Le mouvement national accomplissait ainsi de spectaculaire manière, sous le regard très attentif du monde entier, ce que le mouvement « classiste » n'avait pas réussi à faire jusqu'en 1938, ou dans des régions marginales seulement, durant sa coopération avec l'État soviétique. Il ne pouvait donc s'agir de simplement « vaincre » l'Autriche. Même après l'accord de juillet 1936, les nationaux-socialistes radicaux demeurèrent une opposition extrêmement active, les milices fascistes et italianophiles perdirent de plus en plus de leur force dans un État schuschniggois que caractérisait un catholicisme militant en même temps que nettement *allemand,* tandis que, sur le plan extérieur, le soutien italien s'affaiblissait de plus en plus. La situation était par conséquent quasi désespérée lorsque Hitler reçut Schuschnigg, le 12 février 1938 à Berchtesgaden, pour un entretien qui eut peu de chose à voir avec une conversation normale entre deux chefs d'État. Hitler traita le chancelier fédéral autrichien comme le chef d'un parti gouvernemental solidement établi peut traiter un oppositionnel récalcitrant ; il se flatta d'avoir créé en Allemagne un peuple qui ne connaissait plus « ni partis, ni classes, ni dispersions » et au sein duquel tout le monde voulait la même chose. Schuschnigg au contraire, ajouta-t-il, était dans son petit État un oppresseur et un persécuteur qui ne pourrait pas résister un seul instant si lui, Hitler, peut-être « le plus grand Allemand de l'histoire », entrait, comme cela pourrait bien arriver, en l'espace d'une nuit à Vienne, pareil à une « tempête de printemps » [7]. Après que Schuschnigg eut fait de grosses concessions et qu'il eut tenté de résister une dernière fois en envisageant d'organiser un référendum, la tempête printanière éclata effectivement le 12 mars ; elle prit toutefois, au début, la forme de la menace et de la manipulation, sous la baguette de Göring, même envers les nationaux-socialistes modérés comme Seyss-Inquart, le futur gouverneur du pays *(Reichsstatthalter)*. Mais, derrière ces événements qui occupaient le devant de la scène, les nationaux-socialistes radicaux d'Autriche entreprenaient, comme en février et mars 1933 en Allemagne, d'organiser des manifestations de masse et des actions violentes qui ne rencontraient plus de résistance résolue. La menace par le haut et la violence par le bas se révélèrent toutefois rapidement sans objet lorsque, dans une explosion inattendue et quasi unanime d'enthousiasme, les troupes allemandes entrant dans le pays furent couvertes de fleurs et que Hitler en personne fut célébré comme un sauveur par des masses en liesse. L'histoire sembla concentrer tous ses paradoxes à la fois, lorsque le matérialiste biologiste qu'avait révélé l'entretien consigné par Hossbach transforma en l'un de ses succès les moins sanglants le droit démocratique à l'autodétermination, en même temps qu'il anéantissait, en Autriche cette fois-ci, les vestiges du marxisme. Mussolini approuva, c'est à peine si les puissances occidentales bougèrent, tandis que l'Union soviétique, qui s'était pourtant affirmée pendant tant d'années comme la plus grande ennemie du *statu quo*, dénonçait les menées des « États agressifs ».

La prédiction, formulée de divers côtés, selon laquelle ce serait à présent « au tour » de la Tchécoslovaquie n'était que trop fondée. En juin 1937 déjà, Blomberg avait signé une « directive pour la coordination des préparatifs de guerre de la Wehrmacht » ; elle distinguait un cas « rouge » (Ouest) et un cas « vert » (Sud-Est), ce dernier concernant prioritairement la Tchécoslovaquie et étant expressément qualifié d'attaque par surprise *(Überfall)* [8]. Le plan était certes de nature défensive pris globalement, mais ce caractère était d'emblée oblitéré par la phrase introductive disant que l'Allemagne n'avait probablement aucune attaque à craindre. Le 21 décembre 1937, le texte reçut une adjonction dans laquelle il était question d'une « guerre d'agression » *(Angriffskrieg)* contre la Tchécoslovaquie, guerre qu'il fallait mener afin de résoudre le problème de l'espace allemand, même si l'une ou l'autre des grandes puissances ouvrait les hostilités avec l'Allemagne [9]. L'objectif de cette guerre était

7. Kurt von Schuschnigg, *Ein Requiem in Rot-Weiß-Rot,* Zurich, 1946, p. 38-44.
8. IMG, vol. XXXIV, p. 734 et suiv.
9. ADAP, série D, vol. VII, p. 547 et suiv.

de « rapidement s'emparer de la Bohême et de la Moravie en réglant par la même occasion la question autrichienne dans le sens d'une intégration de l'Autriche au Reich allemand ». Les événements de mars ne modifièrent pas fondamentalement ce plan, bien que Hitler ait émis l'opinion qu'il fallait d'abord digérer l'Autriche et que, s'il n'y avait pas provocation, il n'entrait pas dans ses intentions d'abattre militairement la Tchécoslovaquie dans un avenir proche. On gardait en effet toujours en réserve la possibilité de mettre à profit une occasion particulièrement favorable et l'on envisagea curieusement un « incident » comme « l'assassinat de l'ambassadeur allemand à la suite d'une action anti-allemande » [10].

Mais, s'il s'était contenté de mettre en œuvre ce genre de projets militaires, Hitler aurait aussitôt déclenché la guerre mondiale sur la base de la *grande résistance*. En la circonstance aussi, sa chance fut de ne pas être uniquement un agresseur militaire.

Le problème posé par les Allemands des Sudètes était de même nature que celui posé par les Autrichiens allemands, mais la situation dans son ensemble était aggravée et envenimée. Les trois millions et demi d'Allemands qui vivaient dans la bordure montagneuse de la Bohême avaient constitué, sous la monarchie des Habsbourg, le groupe dirigeant dont l'influence était forte, même à Prague ; après l'effondrement de 1918, ils s'étaient prononcés pour un rattachement à l'Allemagne, bien qu'une partie d'entre eux fût séparée d'elle, géographiquement parlant. Si l'on avait suivi la volonté de la population, les Autrichiens et les Allemands des Sudètes seraient à l'époque devenus des citoyens du Reich allemand. Mais dans le cas des Allemands des Sudètes, la volonté des Alliés n'était pas seule à faire obstacle à cette solution, il y avait aussi le long passé et la puissante réalité de la Bohême que, de longs siècles durant, ses habitants avaient considérée comme leur patrie commune. D'un autre côté, les « conflits de nationalités » constituaient une tradition très ancienne dans cette région où, aussi bien du côté des Tchèques que du côté des Allemands, étaient nés beaucoup plus tôt qu'ailleurs des partis d'un genre nouveau qui se dénommaient « nationaux-socialistes ».

Au moins potentiellement, les affrontements s'aiguisèrent lorsque, dès la fin de la Guerre mondiale, les Tchèques, sous la direction de Masaryk et de Beneš, réussirent par d'adroites manipulations à intégrer à leur État, en les soustrayant au patrimoine national hongrois, les Slovaques, qui avaient certes la même origine ethnique qu'eux mais qui présentaient de très grandes différences sociales et culturelles ; leur État était ainsi devenu l'un des piliers du « système de Versailles » dirigé contre l'Allemagne. Les problèmes et les difficultés des Allemands de Tchécoslovaquie attiraient pourtant beaucoup moins l'attention dans

10. IMG, vol. XXV, p. 415.

l'Allemagne de Weimar, et même au début du Troisième Reich, que ceux des Allemands de Pologne. Et cela d'autant moins que l'on pouvait non sans de bonnes raisons expliquer ces problèmes et ces difficultés par la situation économique défavorable que connaissaient ces régions les plus industrialisées du pays. Mais, comme c'est partout et toujours le cas, l'économie et la politique étaient ici aussi intimement liées ; il n'était donc pas non plus injustifié d'attirer l'attention sur les discriminations systématiques dont les habitants des districts des Sudètes étaient l'objet de la part du gouvernement de Prague, même si, depuis 1926, les partis allemands *activistes* étaient représentés au Parlement.

La revendication d'une autodétermination n'était par conséquent ni incompréhensible ni *a priori* illégitime, mais elle se heurtait à de bien plus grandes difficultés que dans le cas de l'Autriche : les Allemands n'étant qu'une minorité, un rattachement à l'Allemagne détruirait obligatoirement le « droit national de Bohême » et donc aussi une communauté séculaire. Il porterait en même temps gravement préjudice au droit des Tchèques à l'autodétermination, c'est-à-dire à leur revendication de disposer d'un État souverain ; comment, en effet, sept millions de Tchèques, entourés sur trois côtés d'une *mer allemande* de soixante-quinze millions d'hommes, pourraient-ils préserver une authentique indépendance ? Tous les problèmes que soulève un droit à l'autodétermination d'apparence si évidente, étaient ici comme unis au sein d'un miroir ardent, et l'on peut considérer comme absolument cruciale la question suivante : pouvait-on concilier l'autodétermination des peuples slaves de l'Ouest, que le traité de Versailles avait garantie, avec l'autodétermination des Allemands, ou bien l'une était-elle exclusive de l'autre et, au cas où celle des Allemands primerait, faudrait-il rétablir l'ancien état de dépendance et de non émancipation des Polonais et des Tchèques, alors que ces derniers venaient tout juste de se libérer de la domination des Allemands (et des Russes) ?

Les sociaux-démocrates allemands des Sudètes prirent vraisemblablement trop à la légère la réponse à cette question, en se fixant pour règle prioritaire d'être en bons termes avec le « monde slave en plein essor » [11], car ils oubliaient, ce faisant, l'inconséquence et la démesure qui avaient présidé à l'autodétermination des Polonais et des Tchèques en raison d'un état de faiblesse temporaire des Allemands et des Russes. La conception opposée pouvait toutefois avoir pour conséquence beaucoup plus grave encore de nier par principe le droit des petits peuples à l'autodétermination. Il reste qu'un concept supérieur permettant de dépasser les contradictions du droit à l'autodétermination, un concept comme Lénine en avait un, ou croyait l'avoir, dans le concept de socialisme, n'existait en Europe centrale qu'en tant que postulat impuissant ;

11. Wenzel Jaksch, *Europas Weg nach Potsdam. Schuld und Schicksal im Donauraum*, Stuttgart, 1958, p. 509.

d'ailleurs, au moins pendant la grande purge, on fut bien obligé de se demander très sérieusement si ce *concept supérieur* ne dissimulait pas simplement, en Union soviétique, la vieille réalité de la suprématie russe. Hitler ne disposait que d'un concept *contraire*, c'est-à-dire le concept de la domination de la nation, voire de la race, la plus grande et la plus forte ; c'est pourquoi le concept d'autodétermination était, pour lui aussi peu que pour Lénine, une maxime suprême. Il sut par conséquent en user tout aussi habilement.

Qu'Hitler ait pu songer à mettre le droit à l'autodétermination au service de ses véritables objectifs s'explique par la force interne du concept ; mais il y a aussi que le concept de socialisme, concept *supérieur*, avait empêché la désintégration de l'empire russe et donné naissance à une prétention universelle qui était ressentie comme la pire des menaces dans de nombreux pays d'Europe, et pas du tout par les seuls cercles restreints de la *bourgeoisie*. La politique d'*appeasement* du gouvernement Chamberlain, politique de la plus grande partie des conservateurs, appuyée par le *Times* et – ce n'était pas le soutien le moins important – par ce qu'on appelait le *Cliveden set* de la famille Astor, avait certes des motivations variées : tentative pour gagner du temps, volonté de préserver l'intégrité de l'Empire britannique, amour de la paix et une certaine sensibilité aux injustices engendrées par le traité de Versailles. Mais, lorsque lord Halifax, encore lord du Sceau privé avant de devenir peu après ministre des Affaires étrangères, rendit visite à Hitler, le 19 novembre 1937 à l'Obersalzberg, il se pourrait bien qu'il ait intérieurement approuvé les propos de Hitler pour qui l'unique catastrophe serait le bolchevisme et que tout le reste pouvait faire l'objet d'arrangements. En effet, dès le début de l'entretien, il avait qualifié l'Allemagne de « rempart de l'Ouest contre le bolchevisme » [12]. L'antibolchevisme était de la sorte le point central de l'accord entre les deux hommes politiques ; pourtant, la profonde différence qui les séparait sauta aux yeux même lorsqu'il fut question d'une question apparemment purement pratique, celle des tout prochains pas à franchir. Halifax sembla certes concéder à son interlocuteur des « modifications de l'ordre européen » et il cita expressément, au nombre des problèmes entrant en ligne de compte, « Dantzig, l'Autriche et la Tchécoslovaquie » ; mais il lia la solution de ces problèmes au choix d'une « voie d'évolutions pacifiques », suggérant de surcroît que l'Allemagne réintégrât la Société des Nations et qu'elle revînt à l'idée du désarmement [13].

Halifax, au cours de cet entretien, était donc bien loin des projets que l'Union soviétique, dans de nombreuses déclarations, a prêtés au gouvernement Chamberlain. Elle était d'ailleurs bien obligée de les lui

12. ADAP, série D, vol. I, p. 55, 47.
13. *Ibid.*, p. 52.

prêter pour que se vérifie l'affirmation selon laquelle l'Allemagne et l'Angleterre présentaient une similarité due à leur essence commune, le *capitalisme*, et donc relevant aussi de leur hostilité commune au *socialisme* : le gouvernement anglais, en conséquence, était supposé vouloir encourager le *fascisme allemand* à agresser l'Union soviétique. C'est ainsi que Staline déclara à l'ambassadeur américain Davies que, derrière la politique des éléments réactionnaires anglais défendue par le gouvernement Chamberlain, se dissimulait en définitive l'intention de renforcer la puissance allemande face à la Russie. Cette politique allait probablement échouer, ajouta-t-il, « parce que les dictateurs fascistes exigeront trop pour s'entendre avec lui » [14]. Le même jour ou presque, l'ambassadeur français à Washington rapportait que, dans un entretien qu'il avait eu avec lui, le président Roosevelt avait laissé libre cours à « son aversion contre les États totalitaires et leur politique de conquêtes brutales » et qu'il avait finalement ajouté, « d'un ton de profonde conviction » : « Si la France devait sombrer, il est tout à fait évident que nous sombrerions avec elle. » L'ambassadeur retirait de cet entretien l'assurance que l'Amérique se tiendrait fermement aux côtés de la France et de l'Angleterre, au cas où ces pays se retrouveraient en guerre « avec les puissances fascistes », pour la défense de la démocratie et de la liberté [15]. La politique de Hitler impliquait donc incontestablement la possibilité que tous les adversaires d'une nouvelle guerre mondiale, l'Amérique y compris, s'unissent sous le nouveau drapeau d'un *antifascisme* militant, tourné vers l'extérieur. D'un autre côté, Roosevelt entendait certes manifestement le terme de *totalitaire* au sens de *fasciste*, mais il est tout aussi manifeste que sa sollicitude allait en tout premier lieu à l'Angleterre et à la France, et il n'y a guère lieu de supposer qu'il tenait l'Union soviétique de Staline pour une *démocratie libérale*. Face à la conception antifasciste de la politique internationale, il y avait donc la conception anticommuniste et, en puissance, la conception antitotalitaire. Si l'idéologie communiste était juste, c'était la conception anticommuniste qui devait s'avérer la plus forte puisque, d'après cette idéologie, l'unité du capitalisme l'emportait sur ses différences internes. Mais si l'Union soviétique, l'Angleterre et les États-Unis étaient prioritairement *antifascistes*, c'est que la théorie de Lénine était erronée et que le monde se trouvait alors dans une autre époque que celle de la révolution prolétarienne mondiale.

Staline était toutefois obligé, en chaque circonstance, de recourir à la recette recommandée par Lénine à sa délégation partant pour la conférence de Gênes en 1922 : essayer de séparer la fraction pacifiste de la bourgeoisie de sa composante activiste. Litvinov fit de son mieux pour

14. Joseph E. Davies, *Als USA-Botschafter in Moskau...*, Zurich, 1943, p. 266. (Édition française : *Mission à Moscou*, Éditions de l'Arbre, Montréal, 1944, p. 302-303.)

15. *Roosevelts Weg in den Krieg...*, Berlin, 1943, p. 47 et suiv.

maintenir l'Union soviétique en jeu et renforcer l'idée de la résistance collective *contre les puissances agressives* ; mais une réflexion de l'ambassadeur français à Moscou, Robert Coulondre, illustre combien la conception anticommuniste était également répandue parmi les cercles dirigeants français ; d'après le récit qu'a fait de leur entretien le comte von der Schulenburg, il lui aurait dit en août 1938 : « J'espère de tout mon cœur qu'on n'en arrivera pas à un conflit franco-allemand. Vous savez tout aussi bien que moi pour qui nous travaillerions si nous nous prenions aux cheveux [16]. »

Mais l'Union soviétique détenait une position clé. Elle était liée par des pactes d'assistance avec la France ainsi qu'avec la Tchécoslovaquie, et la politique de grande résistance que toutes les prémisses paraissaient imposer dépendait totalement de son bon vouloir. D'un autre côté, la méfiance qu'éprouvait à son égard même un pays comme la Tchécoslovaquie était apparente dans la clause qu'avaient voulu inscrire les Tchèques et qui stipulait que l'assistance due par l'URSS ne pourrait pas entrer en vigueur avant que la France n'ait rempli sa propre obligation. En outre, la Tchécoslovaquie et l'URSS n'avaient pas de frontière commune. Pour passer à l'offensive, les troupes russes devaient traverser la Pologne ou la Roumanie, et il était certain qu'aucun des deux pays n'accepterait cette éventualité. Certains officiers français ne reculaient certes pas devant l'idée qu'il faudrait, dans ce cas, *forcer* la Pologne et la Roumanie à faire preuve de compréhension, mais Staline devait avoir la conviction que, en dépit de toutes les assurances qu'il avait données de respecter les traités, il garderait sa liberté de manœuvre dès que les puissances occidentales et l'Allemagne seraient entrées en guerre. D'après Schulenburg, telle était bien l'idée des choses que se faisait l'ensemble du corps diplomatique à Moscou et cette idée coïncidait exactement avec l'opinion qu'avait effectivement Staline, mais qu'on ne connaissait pas encore puisque c'est dans un discours tenu secret qu'il l'avait formulée en 1925 : l'Union soviétique ne pourrait se dérober à une guerre, mais elle serait la dernière à y entrer [17].

Cette conjecture ou ce pressentiment introduisaient toutefois un grave facteur de tension entre, d'une part, la réaction première de toute puissance politique qui est de résister à une puissance rivale chaque fois que cette dernière se renforce hors de toute proportion et, d'autre part, l'antibolchevisme militant et tourné vers l'extérieur sur lequel s'accordaient tous les États européens non russes, à des degrés bien entendu très différents. Par ailleurs, la volonté d'autodétermination des Allemands des Sudètes, en voie de radicalisation incessante, n'était qu'apparemment et provisoirement conforme à la manière dont Hitler entendait résoudre le

16. ADAP, série D, vol. II, p. 501 et suiv.
17. Jane Degras, *op. cit.* (*cf.* note 33 de II-4), vol. II, p. 2.

problème de l'espace vital. Au total, il y eut, du printemps à l'automne 1938, une telle intrication des mobiles et des tactiques qu'il était difficile de démêler les lignes générales du tableau. En simplifiant et en corsant quelque peu notre propos, nous pourrions formuler les choses ainsi : la combinaison objective de la volonté d'autodétermination des Allemands des Sudètes et de la volonté de Chamberlain de *satisfaire* et d'*apaiser* l'Allemagne, avec en arrière-plan sa peur des intentions ultimes de Staline, permirent à Hitler de remporter son plus grand triomphe ; il paraissait, avec ce succès, que le droit à une autodétermination pangermaniste l'avait emporté, alors qu'il n'était que le point de départ d'une intention ultime, intention opposée à celle de Staline bien qu'une nouvelle fois apparentée. Le véritable facteur clef résidait donc dans l'existence des deux nouveaux États idéologiques. Elle conférait à l'ensemble des problèmes et des tensions qui continuaient de se manifester à l'intérieur du système des puissances européennes, un caractère qui aurait été inimaginable avant 1914 ; à l'époque, en effet, il n'y avait pas deux partis supranationaux, les philofascistes et les antifascistes, pour diviser l'Europe et la plonger dans une guerre civile potentielle.

On peut à présent faire un récit rapide des principaux événements : le 20 février 1938, un discours de Hitler consacré aux « dix millions d'Allemands opprimés » et contenant des attaques extrêmement violentes contre le communisme et l'Union soviétique [18], donna le coup d'envoi officiel à la question des Sudètes, avant même que la question autrichienne fût réglée. Hitler donna en mars au leader du Front patriotique des Allemands des Sudètes, Konrad Henlein, l'ordre de ne cesser de revendiquer des choses impossibles à satisfaire. La mobilisation tchèque partielle du 20 mai, provoquée par des informations trompeuses publiées par des journaux anglais, plongea Hitler dans une véritable fureur car elle semblait signifier pour lui une perte de prestige. Elle n'empêcha en tout cas pas le parti de Henlein d'obtenir les voix d'environ 90 % des Allemands lors des élections municipales qui se déroulèrent à peu près au même moment. Les propos de la presse allemande sur la « Tchécoslovaquie bolcheviste », qui servirait de porte-avions de l'Union soviétique en Europe centrale, prirent alors le caractère d'une campagne de propagande déchaînée qui trouva néanmoins plus d'un relais dans la presse de la droite française et dans les journaux britanniques de lord Rothermere ;

18. « Il n'y a qu'un seul État avec lequel nous n'avons eu aucun rapport et avec lequel d'ailleurs nous ne souhaitons pas en avoir : la Russie soviétique. Plus qu'avant encore, nous voyons dans le bolchevisme l'incarnation de l'instinct humain de destruction. Mais nous ne rendons pas responsable de cette horrible idéologie de l'anéantissement le peuple russe en tant que tel. Nous le savons : c'est une petite couche privilégiée d'intellectuels juifs qui a réduit un grand peuple à cet état de démence. C'est pourquoi toute tentative pour étendre le bolchevisme, en quelque endroit qu'elle se produise, ne nous inspire que dégoût et se heurtera, là où elle nous menacera nous-mêmes, à notre hostilité... » (UuF, vol. XI, p. 377).

les protestations du parti des Allemands des Sudètes contre les « éléments bolchevistes et hussites » que le gouvernement tchèque ne parviendrait prétendument plus à contrôler [19], perdirent elles aussi de plus en plus les références à un vécu qu'elles avaient pu avoir pour se transformer en pilonnage de propagande. L'envoi de lord Runciman comme médiateur et divers articles du *Times* eurent pour effet d'amener le président Beneš et le gouvernement tchécoslovaque à faire en septembre de très amples concessions, qui satisfaisaient pratiquement les revendications d'autonomie du programme dit « de Karlsbad ». Dans l'autre camp, la volonté de guerre de Hitler provoquait pour la première fois chez les généraux et les diplomates allemands de véritables résistances qui relevaient toutes de motifs patriotiques, c'est-à-dire de la crainte d'une *finis Germaniae* et qui ne furent pas loin de déboucher sur un coup d'État militaire contre Hitler [20]. Hitler et Göring, au congrès du parti à Nuremberg, ne purent donner d'autre fondement à la charge émotionnelle, effrénée et arrogante tout à la fois, de leurs discours qu'en invoquant des nouvelles à sensation publiées par les journaux allemands faisant état de *persécutions,* allégations qui avaient été inventées ou arrangées par un fonctionnaire du ministère de la Propagande. En réalité, l'agresseur était déjà le Corps franc des Allemands des Sudètes et ce qui s'était déroulé en 1921 en Géorgie – le soutien apporté à des soulèvements intérieurs par une puissance étrangère – devenait, dans des conditions tout à fait différentes, une réalité palpable en plein cœur de l'Europe. Mais la visite de Chamberlain à Berchtesgaden, en avion, le 15 septembre, rendit irréels les projets de l'opposition allemande et, le 21 septembre, le gouvernement de Prague, soumis à une pression très dure, dut accepter la proposition de céder la région des Sudètes. Lorsque le Premier ministre anglais rencontra une deuxième fois Hitler à Godesberg, le 23 septembre, ce dernier exigea néanmoins, en invoquant à nouveau de prétendues atrocités commises par les Tchèques, que des troupes allemandes occupent aussitôt les territoires en question et il continua de réclamer que le problème des autres minorités en Tchécoslovaquie fût résolu. Les négociations menacèrent alors d'échouer et Hitler prononça le 26 septembre, au Sportpalast de Berlin, un discours qui, par ses attaques contre Beneš et les Tchèques, était un incomparable morceau de démagogie sans vergogne. Les masses rassemblées en ce lieu le submergèrent littéralement de leur enthousiasme frénétique ; dès le lendemain, toutefois, il dut bien se rendre à l'évidence que le défilé spectaculaire d'une division blindée à travers les rues de Berlin, bien loin de déclencher un enthousiasme guerrier, ne sus-

---

19. *Ibid.*, vol. XII, p. 341.

20. L'expression *finis Germaniae* se trouve dans les notes rédigées par Beck en vue d'un exposé et destinées au commandement en chef de l'armée de terre (Wolfgang Foerster, *Ein General kämpft gegen den Krieg. Aus nachgelassenen Papieren des Generalstagschefs Ludwig Beck*, Munich, 1949, p. 102).

citait au contraire que crainte et effroi. Un appel de Roosevelt resta sans écho ; Hitler accepta en revanche une proposition de médiation faite par Mussolini et, le 29 septembre, il rencontra Chamberlain, Daladier et Mussolini lors de la conférence de Munich qui satisfit, à quelques minimes modifications près, toutes ses exigences. Aucun représentant de l'Union soviétique n'avait été invité. Hitler et Chamberlain signèrent de surcroît, le 30 septembre, une déclaration dans laquelle ils exprimaient avec optimisme le souhait des deux peuples « de ne plus jamais se faire la guerre » ; revenu à Londres, Chamberlain parla de la « paix honorable » qu'il ramenait d'Allemagne et qui lui faisait espérer que la paix régnerait « aussi longtemps que nous vivrons ». Beneš quitta Prague quelques jours plus tard et s'exila. Les troupes allemandes, lorsqu'elles entrèrent dans les Sudètes, furent accueillies par la population au milieu d'une allégresse encore plus unanime que ce n'avait été le cas en Autriche. Même les adversaires les plus acharnés de Hitler ne pouvaient guère douter désormais que, en dépit de la peur de la guerre qu'il lui avait fallu surmonter, l'écrasante majorité de la nation allemande, unie en une « communauté du peuple », soutenait l'homme qui, en cet instant, pouvait passer pour la personnification de l'esprit du peuple, l'esprit de ce peuple dont Lénine et Lansing, Rosa Luxemburg et l'*Humanité*, vingt ans plus tôt, avaient prédit que, d'une manière ou d'une autre, il manifesterait sa volonté de réparer « l'injustice de Versailles » [21].

Rétrospectivement et du point de vue de la politique internationale, la conférence de Munich apparaît comme la dernière occasion qu'aient eue les puissances européennes de résoudre un probléme européen pour leur propre compte, en dehors de l'Union soviétique ainsi que des États-Unis. Dans ce concert des quatre puissances, c'est incontestablement Hitler qui assuma le rôle dirigeant. L'Angleterre et la France durent céder, mais on ne peut dire qu'elles aient été violées car, en définitive, elles ne firent que dire oui aux conséquences de leurs propres principes. Certes, ni Chamberlain ni Daladier n'étaient *germanophiles*, mais Hitler ne pouvait espérer trouver en Angleterre et en France des gouvernements qui lui fussent plus favorables, car des barrières infranchissables séparaient du pouvoir des hommes comme Oswald Mosley et Marcel Déat. Son intérêt bien compris, pourrait-on penser, aurait dû amener Hitler à inscrire sa politique dans les voies tracées par la déclaration anglo-germanique d'abord, puis par la déclaration franco-germanique qui suivit peu après, et à s'efforcer de vouer le plus rapidement et le plus complètement possible au passé la menace brutale, le mensonge, l'arrogance et la légèreté de comportement, tous ingrédients de sa politique qui apparaissaient dans

21. Les prédictions annonçant qu'il ne sortirait de la paix de Versailles ou d'une *paix forcée* qu'une nouvelle guerre ou du moins une violente réaction nationaliste, furent si nombreuses en 1919 et durant le début des années vingt que nous n'avons nul besoin de les attester dans le détail.

les propos de quelques-uns de ses proches sous un jour plus effrayant encore que dans ses propres discours[22]. Il n'existe certes pas le moindre indice permettant d'affirmer que l'un des hommes d'État responsables, en France et en Angleterre, l'aurait un jour encouragé, en 1938 ou en 1939, ne serait-ce qu'à travers une allusion, à faire la guerre à l'Union soviétique. Mais il pouvait compter, en Angleterre, sur un fort courant de fond que l'ambassadeur polonais à Londres, Edward Raczynski, décrivait en décembre 1938 en expliquant que, à un niveau inférieur à celui de l'« opinion publique », la population appréciait tous les événements et tous les problèmes en Europe de l'Est comme un « moindre mal » qui avait le mérite de détourner le danger de l'Empire britannique[23]. Par ailleurs, toutefois, l'homme politique dont on aurait pu supposer que, compte tenu de ses antécédents, il serait le premier à faire sienne l'idée d'une *croisade contre le bolchevisme*, Winston Churchill en l'occurrence, se tenait au contraire à l'avant-garde de l'opposition à cette attitude. Les diplomates de Hitler en Angleterre et aux États-Unis n'avaient cessé de souligner avec insistance auprès de ce dernier que la « presse juive incendiaire » était loin d'être la seule à nourrir la méfiance des simples gens d'Angleterre et d'Amérique contre l'Allemagne nationale-socialiste, mais qu'une tradition séculaire était choquée par l'étouffement de la liberté de la presse ainsi que par les mesures antijuives et antireligieuses. Aucun idéologue n'a jamais manifesté de la mesure dans la victoire, mais Hitler, lui, n'a même pas fait preuve d'habileté tactique. Dès octobre 1938, il prit la décision de prononcer un discours tournant le dos à une politique *raisonnable* et, en novembre, il toléra même des événements antisémites qui eurent pour la première fois le caractère d'un pogrome de grande ampleur. Dans ces conditions, sa grande année 1938 se termina, pour lui, plusieurs semaines avant le 31 décembre ; la destruction de *ce qui restait de la Tchéquie*, en mars 1939, provoqua un changement de situation, à la suite duquel Staline, qui était à cet instant en quelque sorte l'« homme malade de l'Europe »[24] et était presque devenu une figure marginale, fut de plus en plus courtisé par deux groupes de puissances rivales.

---

22. Ribbentrop d'après ADAP, D, II, p. 473 ; le Gauleiter Forster d'après la même source, p. 529 et suiv.

23. *Dokumente und Materialien aus der Vorgeschichte des Zweiten Weltkrieges*, vol. I, Moscou, 1948, p. 323.

24. D'après l'expression utilisée par William Bullitt au cours d'un entretien avec l'ambassadeur polonais à Washington, le comte Jerzy Potocki, le 19 novembre 1938 (*Polnische Dokumente zur Vorgeschichte des Krieges. Erste Folge*, Berlin, 1940, p. 8 et suiv.).

III-7

L'échec du projet anticommuniste et du projet antifasciste dans la grande politique européenne

Il semble que Hitler ait donné une forte tonalité hostile envers les démocraties occidentales à son discours du 8 octobre 1938, à Sarrebruck, sous le coup de la déception que lui avait procurée l'écho négatif soulevé par les accords de Munich dans une large partie de la presse anglaise, française et américaine. Certes, aucun homme raisonnable ne pouvait, après un tel transfert de puissance, espérer rencontrer un enthousiasme unanime dans les États qu'il avait obligés à céder, mais Hitler ne se contenta pas de remarques critiques : il se laissa bien plutôt aller à formuler, sous sa forme la plus générale cette fois, la plus ancienne de ses considérations causales, en d'autres termes à ne plus seulement présenter l'antisémitisme comme la pointe de l'antibolchevisme, mais aussi comme une raison d'attaquer les tendances fondamentales du monde occidental, c'est-à-dire celles du libéralisme. Il parla certes avec respect de Chamberlain et de Daladier, mais dénonça avec force la « construction interne » de leurs pays autorisant qu'à tout moment des hommes comme eux puissent être remplacés par des figures comme celles de Duff Cooper et Winston Churchill, qui parlaient ouvertement de leur intention d'entreprendre une nouvelle guerre mondiale. Hitler ignora en la circonstance le bien naturel *« au cas où »* exprimé par Churchill et Cooper – au cas où l'Allemagne continuerait à mener sa politique à grand renfort de chantages et d'agressions – et il poursuivit par une formulation qui n'était pas sans équivoque : « Nous savons aussi qu'aujourd'hui comme hier se tient à l'affût à l'arrière-plan, menaçant, l'ennemi international juif qui a trouvé dans le bolchevisme son assise étatique et sa marque distinctive. Et nous connaissons en outre la puissance d'une certaine presse internationale qui ne vit que de mensonges et de calomnies [1]. » Le *« en outre »* pouvait difficilement exprimer une simple addition ; il est plutôt probable que Hitler

1. Domarus, *op. cit.* (*cf.* note 9 de III-1), vol. 1, p. 954 et suiv.

n'était pas encore désireux d'étaler au grand jour, sans détour, son idée d'une similarité essentielle entre le bolchevisme et la presse internationale. Au lieu de quoi, il se montra directement vexant à l'égard de Chamberlain et de Halifax lorsqu'il dit n'avoir besoin « ni de gouvernante ni de tutelle » et qu'il conseilla aux Anglais de plutôt se soucier des événements de Palestine.

Ce n'est donc pas un incident fortuit, l'assassinat du secrétaire de légation Ernst von Rath par le jeune Herschel Grynszpan, âgé de dix-sept ans, le 7 novembre 1938, dans l'ambassade parisienne du Reich, qui peut expliquer la réapparition spectaculaire de l'antisémitisme, à l'instant justement où tout semblait indiquer que seule la mise en avant de l'anticommunisme était la politique susceptible de déboucher sur des succès. Après les lois de Nuremberg, les Juifs allemands avaient connu quelques années de relative tranquillité durant lesquelles on encouragea leur départ pour l'étranger, le grand nombre de ceux qui demeuraient dans le pays pouvant alors mener une vie communautaire d'une diversité et d'une vitalité étonnantes. Sur le plan économique, les positions juives ne paraissaient guère atteintes si l'on était attentif au fait que, au bas des lois relevant de l'économie politique, il n'était pas rare de voir les signatures de plusieurs banquiers juifs côtoyer celle de Hitler ; il n'était nul besoin d'être économiste pour croire que les forces économiques *réelles* s'imposeraient facilement face à la *seule idéologie* du parti. Cette idéologie du parti semblait même s'être retirée dans son antre le plus méprisable, la feuille incendiaire et pornographique de Julius Streicher, *Der Stürmer*, qui était néanmoins affichée jusque dans les villages allemands les plus reculés et qui ne cessait d'appeler à « écraser la tête du serpent youpin ». En fait, la troisième phase de la politique nationale-socialiste envers les Juifs avait commencé dès avril 1938, avec l'« ordonnance contre l'aide au camouflage des petites entreprises industrielles ou commerciales juives » ainsi qu'avec l'ordre de procéder à l'enregistrement des entreprises juives et de déclarer les biens juifs. Certes, selon toute vraisemblance, il n'existait pas de plan d'ensemble précis à l'époque et personne n'est en mesure de dire comment les choses auraient tourné si Grynszpan n'avait pas commis l'assassinat en question.

Mais il est tout aussi peu certain que la « Nuit de cristal », comme on a ultérieurement dénommé les événements dans le but de les minimiser, ait été une conséquence *fatale* de l'incident. Certes, il y eut de l'indignation spontanée et pas chez les seuls SA extrémistes. Mais, lorsqu'en 1936 le jeune David Frankfurter avait assassiné le chef de l'organisation nationale-socialiste suisse, Wilhelm Gustloff, dans l'intention manifeste de provoquer un événement spectaculaire, la haute direction de l'État, eu égard à l'imminence des Jeux olympiques, avait empêché que se produisent des exactions. Cette fois, pourtant, c'était davantage que le bon déroulement des Jeux olympiques qui était en jeu. Ce n'est pas de retenue que fit preuve la direction du pays, tout au contraire. Les événements apparemment spontanés eurent à l'évidence leur origine dans la réunion, à Munich, de la « Vieille garde », à l'occasion de l'anniversaire de la marche sur la Feldherrnhalle, et plus particulièrement dans une conversation chuchotée entre Hitler et Goebbels. Dans presque toute l'Allemagne des actions antijuives se déroulèrent sous la conduite des chefs du parti et de la SA. Elles ne furent pas toujours aussi habiles et discrètes que Goebbels l'aurait souhaité. Durant toute une nuit, l'Allemagne offrit le visage de la Russie tsariste : synagogues incendiées, magasins juifs pris d'assaut et pillés, ouverture de cabinets médicaux par effraction, instruments médicaux jetés dans la rue ; de nombreux Juifs furent battus et maltraités, des milliers conduits dans des camps de concentration, plusieurs douzaines assassinés ; les dégâts matériels s'élevèrent à plusieurs centaines de millions de marks. Il est impossible de ne pas voir dans ces événements un moment de la lutte des classes, par exemple dans le fait que ce furent avant tout des Juifs aisés qui furent arrêtés ou bien que, lors du transfert dans les camps, des menaces de ce genre furent proférées : « On va s'occuper de vous faire perdre vos gros ventres[2]. » Mais les suites furent beaucoup plus significatives encore que les événements proprement dits qui, si l'on s'en tient au nombre des morts, ne sont ni de près ni de loin comparables aux grands pogromes que connut la Russie tsariste et encore moins aux amples *luttes de classe* de la révolution russe. Le Dr Joseph Goebbels, ministre du Reich, publia dans le *Völkischer Beobachter* du 12 novembre un article dans lequel il écrivit qu'il fallait voir la toile de fond de l'assassinat dans les campagnes de haine menées par les grands journaux juifs à travers le monde, terminant ainsi son papier : « Le Juif Grünspan était le représentant de la juiverie. L'Allemand von Rath était le représentant du peuple allemand. La juiverie a par conséquent tiré à Paris sur le peuple allemand[3]. » Le même jour, le feld-maréchal Hermann Göring imposa aux Juifs allemands dans leur ensemble une « amende » d'un milliard de marks et il confisqua même au bénéfice du Reich les sommes versées par les assurances, si bien que les Juifs durent régler eux-mêmes les dégâts qu'on leur avait causés. Si, donc, les événements en tant que tels furent loin d'égaler les événements correspondants en Russie, leur caractère n'en fut pas moins beaucoup plus repoussant, parce qu'ils avaient été mis en œuvre à l'encontre des faibles par ceux qui détenaient la toute-puissance et qu'ils avaient été expressément approuvés par les plus hauts dirigeants de l'État. Certes, l'attribution d'une responsabilité collective considérant les actes individuels comme le simple fruit d'une mentalité ou d'intérêts collectifs, était partie intégrante et fondamentale de la théorie raciale du national-socialisme comme de la théorie marxiste des classes et de la pratique

2. UuF, vol. XII, p. 585.
3. *Ibid.*, p. 581.

bolchevique de la lutte des classes, mais c'était la première fois qu'un tel principe apparaissait en pleine lumière, sous la forme d'actes visibles dont l'opinion publique internationale pouvait prendre pleine connaissance ; l'effet produit à l'étranger fut extraordinaire. Il arriva fréquemment alors qu'on cessât de compter l'Allemagne au nombre des États civilisés ; il suffisait de se rappeler qu'un jugement identique avait frappé la Russie bolchevique en 1918 et en 1919 et que, conséquence des procès de Moscou, il l'avait souvent frappée de nouveau en 1937 et en 1938 – alors que les sacrifices humains avaient été très inférieurs dans le premier cas – pour constater que s'écarter des simples normes de la civilisation et des principes de l'État de droit dans un contexte relativement ouvert encore, représentait quelque chose de plus grave que des actes analogues commis au beau milieu de l'effondrement général, en pleine guerre civile et à l'intérieur d'un régime parfaitement autoritaire.

Mais, pour Hitler, tirer ce genre de conclusion, aussi évidente fût-elle, n'était que le symptôme d'une conjuration malveillante ; le facteur antisémite, qui ne cessait d'être l'une de ses motivations les plus profondes même si elle était parfois recouverte par d'autres, ne tarda guère à réapparaître sous une forme qui ne s'était jusqu'ici encore jamais manifestée dans aucun des propos publics du « Führer et chancelier du Reich ». Dans son fameux discours du 30 janvier 1939 devant le Reichstag, le plus symptomatique et le plus frappant n'est pas la célèbre prédiction, plus tard sans cesse citée, de « la destruction de la race juive en Europe » – au cas où « la juiverie internationale de la finance » entraînerait « une nouvelle fois le monde » dans une guerre mondiale – car d'autres propos tenus à la même époque font apparaître comme vraisemblable qu'il n'était pas ici question de destruction physique. Une autre phrase était beaucoup plus révélatrice : « Le mot d'ordre juif "Prolétaires de tous les pays, unissez-vous" sera vaincu par une prise de conscience supérieure, "Travailleurs qui appartenez à toutes les nations, distinguez votre ennemi commun" [4]. » Jamais encore, Hitler n'avait donné si nettement à entendre au monde que l'antibolchevisme, l'antimarxisme et l'antisémitisme constituaient à ses yeux une unité et que son objectif n'était pas seulement de réviser Versailles, de faire triompher le droit à l'autodétermination du peuple allemand ou bien encore de créer dans l'Est de l'Europe un espace vital pour le « Reich germanique », mais qu'il professait en même temps une théorie visant au salut du monde, une théorie s'adressant par principe à tous les hommes et correspondant exactement à la doctrine marxiste en dépit de sa signification opposée.

Il n'est pas exclu que ce soit aussi par calcul tactique que Hitler ait fait intervenir ici son antisémitisme, dans le but de s'allier aux courants antisémites d'Angleterre et d'Amérique. Il ne vit pourtant pas que si, en

4. Domarus, II, 1, p. 1058.

Angleterre et en Amérique, une espèce d'aversion naturelle contre les Juifs était largement répandue, en particulier au sein des couches supérieures, Chamberlain et Halifax, eux, n'étaient ou ne pouvaient être des antisémites au sens idéologique du terme. Si son but était maintenant, au niveau international, de réaliser une alliance placée sous le signe de l'anticommunisme, son antisémitisme ne pouvait que se révéler contre-productif, à la différence de ce qui était le cas en Allemagne avec des gens comme Hugenberg et von Papen.

Pourtant, ceux, et ils furent assez nombreux, qui entendirent Hitler prononcer deux discours secrets dans les mois qui séparèrent Munich de Prague, auraient même pu se demander si l'antisémitisme de Hitler était vraiment tout entier ou bien même seulement prioritairement tourné contre les Juifs en tant que groupe clairement circonscrit et si son antimarxisme était effectivement aussi éloigné du marxisme que le croyaient ses alliés à l'intérieur de son camp national.

Dans la soirée du 10 novembre 1938, Hitler parla devant quelque quatre cents représentants de la presse, lors d'une réception donnée dans le *Führerbau* de Munich. Il se félicita des succès remportés durant l'année écoulée et rendit hommage à la propagande et, par conséquent, à la presse allemande pour la part qu'elles y avaient prise. Mais, poursuivit-il, on n'était pas près d'en avoir fini d'éduquer la conscience de sa propre valeur, et ce d'autant moins que le disque pacifiste qu'il avait dû faire jouer jusqu'ici n'était plus d'aucune utilité. Ce qui avait déjà ébranlé cette conscience de soi durant la guerre mondiale, c'était « l'hystérie de nos couches intellectuelles ». En cas d'insuccès, ce « peuple de poules » serait à coup sûr une nouvelle fois défaillant et briserait l'unité de la nation : « Quand je regarde ces couches intellectuelles chez nous, là ; malheureusement, on a besoin d'elles ; sinon, on pourrait peut-être un jour, je ne sais pas, moi, les éliminer ou quelque chose comme ça[5]. » Les Juifs, en définitive, furent-ils jamais autre chose, pour Hitler, qu'une partie particulièrement typée des intellectuels ? Ne suffirait-il pas de franchir un seul pas pour voir surgir une question : les intellectuels allemands n'auraient-ils pas fini par connaître, sous Hitler, un destin identique à celui de l'*intelligentsia* russe sous Lénine, bien que l'effroi face à « l'extermination de l'intelligence nationale » en Russie ait été l'une des émotions les plus originelles de Hitler ? La fascination se dissimulait-elle dans la peur et le modèle dans le repoussoir ?

Et n'est-il pas permis aussi de se poser une question analogue à propos de la bourgeoisie allemande, qui, pourtant, pour une part très importante d'entre elle, s'était justement alliée à Hitler afin de se débarrasser définitivement des menaces du communisme ? En tout cas, plus d'un bourgeois

5. Wilhelm Treue, « Rede Hitlers vor der deutschen Presse (10 novembre 1938) », in *Vjh. f. Ztg.*, 1958, p. 175-191, p. 188.

aurait pu qualifier de *marxiste* la conclusion tirée par Hitler d'un souvenir personnel qu'il raconta en ces termes à de jeunes officiers, le 25 janvier 1939, dans la chancellerie du Reich : « Combien de fois, en particulier lorsque les temps étaient durs, suis-je passé devant des colonnes d'ouvriers employés à la construction des routes ? Il y avait là des goudronneurs, crasseux et sales, et les voitures devaient s'arrêter ; une file de dix, douze automobiles. Il n'y avait dans les voitures que des bourgeois aisés, des commerçants, des banquiers et des gens comme ça ; sur la route, il y avait ces prolétaires et, quand je comparais les têtes, chez plus d'un de ces cantonniers, sous la crasse et la saleté je voyais briller un tel regard que je ne pouvais m'empêcher de me dire : en vérité, c'est ce type-là qu'il faudrait mettre dans une voiture et l'autre, là, il faudrait le mettre au travail sur la route [6]. » Le marxisme et sa thèse centrale de l'opposition insurmontable entre une bourgeoisie à l'agonie et un prolétariat montant avaient-ils en définitive raison, et Hitler était-il en train de transformer cette thèse centrale en réalité ? Sans doute Hitler aurait-il répondu à une telle question qu'il avait en vue des prolétaires pris isolément et non pas *le prolétariat*, et qu'il n'avait pas pour objectif une société sans domination où régnerait une égalité générale, mais qu'il entendait au contraire constituer une « nouvelle élite sociale », capable d'exercer sa domination sur l'Europe. Mais Lénine, avec ses propos sur le « petit noyau » que représentait le parti en train de tout transformer et sur la Russie, « l'État le plus puissant du monde », était-il si éloigné de lui ? En tout cas, chacun des auditeurs de Hitler et, au fond, chacun des lecteurs de ses livres et de ses discours devait fatalement voir que l'antisémitisme de Hitler n'était pas une simple *hostilité envers les Juifs* et que son antimarxisme était plus proche du marxisme réel de l'Union soviétique que les marxistes doctrinaires et lui-même ne l'auraient admis.

À vrai dire, les journalistes et les écrivains d'Angleterre et des États-Unis n'étaient pas du nombre de ceux qui avaient entendu ces discours et très peu d'entre eux avaient lu *Mein Kampf*. On ne saurait néanmoins contester l'affirmation que, en Angleterre, en Amérique et à plus forte raison encore en France, il se serait développé une grande inquiétude sur la seule base des discours publics et des actes intervenus entre octobre 1938 et mars 1939, même s'il n'y avait pas eu dans ces pays le moindre journaliste juif ni le moindre financier juif. Même les anticommunistes les plus résolus n'auraient pas pu échapper à cette inquiétude.

Il fallut pourtant attendre que Hitler détruisît ce qui restait de la Tchéquie pour voir se manifester une nouvelle qualité de critique et de résistance ; cet acte donna le coup de grâce au projet anticommuniste de grande entente, bien qu'il en subsistât de faibles vestiges. On n'a pas,

6. Hans-Adolf Jacobsen et Werner Jochmann, *Ausgewählte Dokumente zur Geschichte des Nationalsozialismus. Lieferung II 1933-1945*, Discours du 25 janvier 1939, p. 7.

à ce jour, tiré au clair de manière convaincante les raisons qui ont amené Hitler à passer du mobile de l'« autodétermination » à celui de l'« espace vital », avant même d'avoir sérieusement mis à l'ordre du jour la plus ancienne des revendications allemandes d'autodétermination, celle de Dantzig et des Allemands de Pologne. Bien sûr, on voit aisément en quoi les vues de Hitler se rattachaient aux idées de Friedrich Naumann, entre autres, sur l'Europe centrale et en quoi elles reflétaient l'ancienne réalité autrichienne, mais le nouveau gouvernement de Prague était parfaitement convaincu de la nécessité absolue pour lui d'une collaboration avec le Grand Reich allemand ; de plus, le problème slovaque avait semblé réglé à la satisfaction générale après qu'une diète slovaque eut élu le prêtre Josef Tiso ministre-président d'un État fédéral autonome. Mais il y avait aussi des extrémistes slovaques qui ne se satisfaisaient pas d'une telle solution et, dès la mi-octobre 1938, Göring leur fit connaître son opinion selon laquelle il était « très important pour la Luftwaffe de disposer en Slovaquie d'une base aérienne pouvant servir contre l'Est » [7]. Un facteur personnel au sens le plus étroit du terme pourrait néanmoins avoir été décisif, facteur qui n'avait pas d'équivalent du côté de Staline : le sentiment qu'avait Hitler qu'il n'avait plus longtemps à vivre et qu'il lui fallait en conséquence prendre très tôt les « grandes décisions ». Il est toutefois probable que le goût beaucoup plus banal pour les succès spectaculaires et les entrées triomphales dans les régions annexées a joué aussi un rôle. C'est en tout cas par des menaces à peine voilées qu'il a poussé les Slovaques extrémistes sur la voie du séparatisme, auquel le gouvernement central de Prague s'opposait pour l'unique raison qu'il était dans l'ignorance des désirs du gouvernement du Reich. La destitution de Tiso par le nouveau chef de l'État Hacha, le 10 mars 1939, fut l'occasion qu'attendait Hitler et qu'il suscita. Le 12 mars, il fit élaborer par la Wehrmacht des « exigences pour un ultimatum ». La minorité allemande de Brünn, Iglau et Presbourg (Bratislava, NdT) descendit dans la rue, cherchant à provoquer les Tchèques ; le succès fut partout relativement réduit. Hitler promit aux Hongrois l'Ukraine subcarpatique qu'il leur avait refusée lors de l'arbitrage de Vienne du 2 novembre 1938, tandis qu'à Presbourg les extrémistes de la *Rodobrana* prenaient la direction de la Slovaquie indépendante. Hitler reçut dans la chancellerie du Reich Hacha et le ministre des Affaires étrangères Chvalkovsky, dans la nuit du 14 au 15 mars. Hacha se révéla fragile et fit preuve d'humilité, mais il fallut néanmoins les menaces les plus sévères pour l'amener à signer le « traité » incorporant la Tchéquie, en tant que « protectorat », au Reich allemand. Ces événements eurent non seulement pour effet d'annuler l'émancipation étatique de 1918, mais également d'introduire un nouveau statut juridique inférieur, inconnu jusqu'ici en Europe et même,

7. ADAP, D, vol. IV, p. 76.

sous l'action des mouvements anticoloniaux, en recul dans le reste du monde. D'ailleurs, la presse allemande relata l'occupation de la Tchéquie sous les traits indéniables d'une conquête militaire : « Le drapeau à la croix gammée flotte sur Prague », annonça en manchette un des journaux, Hitler en personne prenant possession du Hradschin comme si, au terme d'une guerre victorieuse, il avait fait son entrée dans la capitale ennemie. Seulement, cette fois, les troupes entrant dans le pays ne furent pas accueillies dans la liesse, avec des fleurs et des baisers : les poings étaient serrés, les larmes coulaient sur les joues et les femmes crachaient au visage des soldats allemands.

La conception anticommuniste de la grande entente connaissait donc l'échec avant d'avoir pu se manifester complètement, car même ceux qui, à l'Ouest, avaient les premiers envisagé une orientation de ce type étaient animés par le postulat implicite que Hitler n'utiliserait pas la force et ne rechercherait pas une nouvelle expansion ; en d'autres termes, on ne songeait pas à aller au-delà d'une reconnaissance *a posteriori* du droit à l'autodétermination nationale. Si les gouvernements anglais et français avaient eu une attitude purement anticommuniste, c'est-à-dire antibolcheviste, ils auraient bien entendu considéré l'incorporation de la Tchéquie dans le Reich allemand comme un nouveau renforcement de positions indispensables dans la perspective du combat décisif qui s'annonçait ; c'est effectivement ainsi qu'ils auraient dû réagir s'ils s'étaient sentis les représentants du *capitalisme*. Mais pouvaient-ils avoir la certitude que Hitler était un pur *anticommuniste*? L'anticommunisme n'était-il pas pour lui, en fin de compte, qu'un instrument au service d'autres objectifs, tout comme l'était manifestement le droit à l'autodétermination ? Pourtant, même si Chamberlain et Halifax avaient fait confiance à Hitler, l'opinion publique de leur pays ne leur aurait pas laissé les mains libres car elle était devenue, entre-temps, majoritairement *antifasciste*, même si, indéniablement, des courants contraires existaient. Un rapport de l'ambassadeur de Pologne à Washington, Jerzy Potocki, est très révélateur à cet égard ; dans ce texte, il écrivait dès le 7 mars à son ministre des Affaires étrangères, avec une nette pointe de réprobation et de critique, que le président Roosevelt et la presse travaillaient l'opinion publique américaine dans le but « de susciter de la haine envers tout ce qui sent le fascisme » [8] et que, ce faisant, on rangeait l'URSS dans le camp des États démocratiques tout comme, pendant la guerre civile espagnole, on avait vu dans les *loyalistes* les défenseurs des idées démocratiques. En Angleterre, le Labour Party, paradoxalement d'accord sur ce point avec l'opposition conservatrice autour de Churchill, professait des opinions analogues et, en France, les partis du Front populaire étaient encore assez puissants pour œuvrer eux aussi en faveur d'un retour à la politique de

8. *Roosevelts Weg in den Krieg*, *op. cit.* (*cf.* note 14 de III-6), p. 73.

grande résistance sous le drapeau de l'antifascisme. Inévitablement, avec l'occupation de Prague, cette tendance était appelée à connaître partout à l'Ouest une puissante impulsion.

Les propos de Chamberlain furent dans un premier temps d'une remarquable prudence, mais il se vit ensuite contraint, le 17 mars à Birmingham, d'exprimer expressément sa crainte que l'on se trouve en présence d'une tentative pour « dominer le monde par la violence » et il conclut son discours par cette phrase : « La plus grave faute que l'on pourrait commettre serait de croire que notre nation, parce qu'elle tient la guerre pour une chose absurde et atroce, [...] aurait à ce point perdu de sa vigueur qu'elle ne relèverait pas un tel défi jusqu'à l'épuisement de ses forces, si jamais ce défi devait être lancé » [9]. C'est avec des mots plus brefs encore et plus saisissants que Halifax, peu après, dit à l'ambassadeur von Dirksen qu'il pouvait comprendre le goût de Hitler pour les victoires sans effusion de sang mais que, la prochaine fois, ce dernier serait obligé d'en verser [10]. Il était en principe indifférent de savoir ce que serait cette *prochaine fois*. Si l'on veut appeler *volonté de guerre* cette volonté de résistance, il ne fait alors aucun doute que, à partir de l'occupation de Prague, l'Angleterre était résolue à faire la guerre, *pour peu que* Hitler émît de nouvelles revendications territoriales et qu'il entreprît de les faire triompher par la force. Mais il s'agissait en même temps d'un retour à la politique internationale normale ; le profond changement qu'avait subi cette politique internationale du fait de l'existence des États idéologiques fut mis entre parenthèses, sans toutefois totalement disparaître. En tout cas, les événements ne firent pas plus de Chamberlain et de Halifax des *antifascistes* qu'ils ne le firent de Daladier et de Bonnet, ne serait-ce qu'en raison de leur volonté de ne pas heurter Mussolini.

L'étrange fut que Hitler avait effectivement déjà avancé de nouvelles revendications, mais qu'il l'avait d'abord fait dans un esprit tout à fait amical, résolument anticommuniste, et qu'il ne s'agissait pas, au sens strict du terme, de revendications territoriales, puisqu'elles impliquaient au contraire, de sa part, des renoncements auxquels Stresemann n'aurait consenti en aucune circonstance. En effet, rien n'avait été plus douloureux et plus insupportable pour les Allemands de la République de Weimar que l'existence du « corridor » polonais séparant la Prusse orientale du territoire du Reich ; l'indépendance de la « ville libre de Dantzig » était donc tout aussi intolérable à leurs yeux. Nulle part ailleurs, les Allemands n'étaient plus fondés qu'ici à se plaindre des discriminations, voire des privations de droits ou des persécutions frappant leurs compatriotes.

9. *Blaubuch der Britischen Regierung über die deutsch-polnischen Beziehungen und den Ausbruch der Feindseligkeiten zwischen Großbritannien und Deutschland am 3. September 1939*, Bâle, 1939, p. 5-12.

10. The Earl of Birkenhead, *Halifax. The Life of Lord Halifax*, Londres, 1965, p. 434.

Hitler, en janvier 1934, avait radicalement tourné le dos aux positions de la République de Weimar à propos de Dantzig et, à part lui, nul n'était en mesure de faire pareille concession. La raison de son geste avait manifestement été la sympathie anticommuniste qu'il éprouvait envers le régime du maréchal Pilsudski, qui aurait peut-être écrasé les bolcheviks en 1920 s'il avait accepté de soutenir la dernière armée russe blanche. Lorsque Hitler, fin octobre 1938, chargea Ribbentrop de transmettre à l'ambassadeur polonais la proposition d'accepter que Dantzig fasse retour au Reich et qu'une autoroute ainsi qu'une ligne de chemin de fer extraterritoriales traversent le corridor, il avait en vue un « règlement d'ensemble » de toutes les sources de frictions encore existantes, règlement qui serait « le couronnement de l'œuvre entreprise par le maréchal Pilsudski et par le Führer » [11]. Il y avait indéniablement en arrière-plan d'une telle proposition la perspective d'un combat commun contre l'Union soviétique ; dans les entretiens ultérieurs que Hitler et Ribbentrop eurent les mois suivants avec Lipski et Beck, le ministre polonais des Affaires étrangères, il fut souvent question de l'Ukraine, non sans rapport avec le problème en discussion, et la Pologne ne manifesta pas l'intention de décliner la proposition. Mais, d'un autre côté, Lipski indiqua d'emblée que Dantzig avait pour la Pologne une particulière signification symbolique et qu'une autoroute extraterritoriale représentait une lourde perte de souveraineté. Effectivement, Hitler avait certes déjà, en fonction de ses objectifs supérieurs, procédé à un règlement d'ensemble des problèmes avec l'Italie en renonçant solennellement au Tyrol du Sud, mais, dans le cas présent, c'est lui qui réclamait quelque chose même si, pour l'essentiel, ce n'était que l'abandon d'une situation juridique, à savoir que la ville libre de Dantzig ne soit plus intégrée à la zone douanière polonaise. Hitler n'a pas mesuré qu'il était certes possible à un État radical-fasciste, compte tenu de ce que ses objectifs ultimes se situaient à beaucoup plus longue échéance, de pratiquer une politique de renoncement, mais qu'un nationalisme fascistoïde était le plus mal placé pour faire de même. Dans de telles conditions, l'atmosphère amicale du début des entretiens se dégrada progressivement, tandis que l'état de l'opinion publique polonaise se détériorait à vue d'œil ; on s'indignait de ce que l'Allemagne, lors de l'arbitrage viennois, ait fait obstacle à ce que la Pologne et la Hongrie aient une frontière commune, et la minorité allemande commença à faire l'objet de mesures assez drastiques.

Mais la situation ne se durcit définitivement que le 15 mars. C'est alors que l'opinion publique polonaise eut la conviction que « le tour de la Pologne » était maintenant venu ; il est incontestable que la *protection* allemande accordée à la Slovaquie représentait une extraordinaire dégradation de la position stratégique de la Pologne, dans la mesure où ce pays

11. ADAP, D, vol. V, p. 87 et suiv.

ne se considérait pas comme un partenaire et un allié du Reich allemand mais comme un adversaire. Beck n'en refusa pas moins la proposition qui tombait le plus sous le sens et que lui fit alors le gouvernement britannique : la Pologne devrait signer avec l'Angleterre, la France et l'Union soviétique une déclaration exprimant la volonté d'une résistance commune contre toute menace envers l'indépendance politique de quelque pays européen que ce soit. Pour la Pologne de la guerre victorieuse contre la Russie soviétique, en 1920, il était inévitable que même une politique de grande résistance fût pleine de périls ; le régime polonais des colonels, beaucoup moins encore que le gouvernement du parti conservateur en Angleterre, ne pouvait accepter la tendance à l'antifascisme idéologique qui se manifestait indéniablement. Beck plaida donc en faveur d'un accord bilatéral et, le 31 mars, Chamberlain fit à la Chambre des Communes une déclaration indiquant que le gouvernement britannique accorderait au gouvernement polonais toute l'aide en son pouvoir au cas où se produirait une action « menaçant clairement l'indépendance polonaise et contre laquelle le gouvernement polonais estimerait donc indispensable de résister par un recours à ses forces armées »[12]. La formulation n'était pas d'une totale clarté et les propositions de Hitler n'étaient pas obligatoirement une menace contre l'indépendance de la Pologne. On pouvait néanmoins considérer cette déclaration comme une garantie unilatérale, absolument sans précédent dans l'histoire anglaise, qui obligeait le gouvernement britannique à intervenir militairement, même dans le cas où le gouvernement de Dantzig proclamerait le rattachement de la ville au Reich et où la Pologne s'y opposerait par les armes. Le soin de choisir entre la paix et la guerre avait donc été remis aux seules mains de la Pologne, bien que Beck eût dissimulé à Londres des faits essentiels et que Henderson eût jugé la cause allemande « absolument pas injustifiée ou immorale » et qu'il eût qualifié les Polonais de « héros certes, mais aussi de dingues »[13]. De fortes réticences s'exprimèrent, y compris au sein des milieux dirigeants polonais. C'est ainsi que l'ambassadeur polonais à Paris, Juliusz Lukasiewicz, porta un jugement très négatif sur les motivations de politique intérieure de Chamberlain, qui l'amenaient, à ses yeux, à poursuivre une « lutte idéologique contre l'hitlérisme » et à chercher à provoquer un coup d'État en Allemagne[14].

Beck, de son côté, déduisait de l'anticommunisme de Hitler la conviction qu'il lui serait tout simplement impossible ne serait-ce que d'envisager un arrangement antipolonais avec l'Union soviétique[15].

---

12. *Blaubuch, op. cit.*, p. 44 et suiv.

13. DBFP, séries III, vol. V, p. 422 et suiv.

14. *Polnische Dokumente zur Vorgeschichte des Krieges. Erste Folge*, Berlin, 1940, p. 28 et suiv.

15. Grigore Gafencu, *Europas letzte Tage. Eine politische Reise im Jahre 1939*, Zurich, 1946, p. 53 et suiv. (Cet ouvrage est postérieur à *Préliminaires de la guerre à l'Est*,

Dans ces conditions, les négociations en vue d'un pacte d'assistance mutuelle menées entre les puissances occidentales et l'Union soviétique durant les mois d'été n'auraient pas non plus été très prometteuses, même si l'on avait pu s'entendre sur une ligne commune de lutte contre le *fascisme hitlérien*. Le problème prioritaire était en effet celui de la Pologne et la Pologne, justement, ne pouvait espérer une aide contre l'Allemagne qu'au cas où elle permettrait aux troupes soviétiques d'entrer sur son territoire. Mais, Beck et le maréchal Rydz-Smigly en avaient la conviction, cela entraînerait la perte des territoires orientaux que l'on avait enlevés aux Russes par la paix de Riga et à peu près personne, en Pologne, n'était disposé à choisir entre la peste et le choléra, à livrer Brest-Litovsk et Lemberg aux Soviétiques pour pouvoir défendre Dantzig contre les Allemands. Comme l'Union soviétique mettait de surcroît à l'ordre du jour la question de la *sécurité* des États baltes, les négociations étaient obérées, au-delà de toute vraisemblance, d'une très profonde méfiance réciproque : les Russes craignaient que les puissances occidentales veuillent laisser l'Union soviétique et l'Allemagne s'épuiser mutuellement sur les champs de bataille polonais, tandis qu'au sein du ministère britannique des Affaires étrangères un soupçon inverse, plus ancien, était toujours vivace, le soupçon que l'Union soviétique ait l'intention d'entraîner les puissances occidentales dans une guerre contre l'Allemagne pour pouvoir ensuite s'emparer de l'Europe entière et la soumettre au système soviétique. Les négociations que menait, en juillet et en août, une mission militaire anglo-française à Moscou avec le maréchal Vorochilov ne progressaient donc que lentement. C'est alors qu'éclata comme un coup de tonnerre dans un ciel modérément couvert la nouvelle que le ministre allemand des Affaires étrangères, von Ribbentrop, arriverait le 23 août à Moscou pour conclure un pacte de non-agression entre l'Allemagne et l'Union soviétique. La conception antifasciste qui n'avait jamais été davantage qu'une simple tendance à l'intérieur de la politique de grande résistance, venait elle aussi d'échouer. Ce qui triomphait, c'était la cinquième éventualité de la politique mondiale, celle qui paraissait impossible pour des raisons idéologiques et à laquelle on n'avait longtemps que peu prêté attention : une entente entre ennemis, qui semblait être une reprise de la politique de Rapallo. La menace de guerre mondiale s'en trouvait détournée mais l'événement mettait par la même occasion fin à l'espoir assez fondé de parvenir à lier les mains de Hitler. Le coup d'envoi était donné pour une guerre européenne partielle, au cas où les puissances occidentales persévéreraient à vouloir respecter leurs engagements envers la Pologne.

---

du même auteur, Grégoire Gafenco, publié en 1944 par Egloff à Fribourg [Suisse], et nous n'avons donc pu retrouver cette citation, pas plus que celle de la note 17 du chapitre III-8, NdT.)

III-8

Le pacte germano-soviétique, début du prélude européen à la Seconde Guerre mondiale

La nouvelle, en vérité, ne fut pas une surprise totale. En 1938 et au début de l'année 1939, la presse française et anglaise avait sans arrêt fait état d'informations et de commentaires qui annonçaient, ou présentaient comme possible, un rapprochement entre l'Allemagne et l'Union soviétique. Mais il pouvait parfaitement s'agir là d'informations tendancieuses et les déclarations antisoviétiques de Hitler, comme par exemple celles que contenait son discours du 30 janvier 1939, avaient, semble-t-il, rapidement rendu sans objet ces espérances ou ces craintes. Le ministre français des Affaires étrangères savait toutefois depuis début octobre 1938 qu'un haut diplomate soviétique avait réagi à l'accord de Munich par cette exclamation : « Pour nous, je n'aperçois plus d'autre issue qu'un quatrième partage de la Pologne [1] ! » Et chacun était libre de penser ce qu'il voulait lorsque Staline, le 10 mars 1939, à l'occasion du XVIIIe Congrès de son parti, prononça son fameux discours, dit des « marrons », qui répartissait de manière égale les reproches entre les deux camps mais suspectait les puissances occidentales de vouloir dresser l'Allemagne contre l'Union soviétique pour ensuite faire leur entrée sur la scène, sans avoir entamé leurs forces, et dicter leurs conditions aux belligérants affaiblis. Il exprima en tout cas le refus de l'Union soviétique de « tirer les marrons du feu » pour ceux qui espéraient provoquer une guerre. Trois semaines plus tard, Hitler utilisa à son tour la métaphore des marrons, cette fois à l'occasion d'un discours qu'il prononça à Wilhelmshaven. Pourtant, le 3 mai, le monde fut surpris par la nouvelle de la destitution de Litvinov, le ministre soviétique des Affaires étrangères, et de son remplacement par le président du conseil des commissaires du peuple, Viatcheslav I.

1. Robert Coulondre, *Von Moskau nach Berlin, 1936-1939*, Bonn, 1950, p. 240. (Édition française originale : *De Staline à Hitler. Souvenirs de deux ambassades, 1936-1939*, Hachette, Paris, 1950, p. 165.)

Molotov. Pourquoi le principal pionnier de l'orientation soviétique vers l'Ouest était-il destitué au moment même où l'accord avec les puissances occidentales paraissait inévitable ? Staline, en agissant de la sorte, ne voulait-il pas manifestement donner à entendre que *lui*, en tout cas, n'était pas obligé de s'entendre avec un partenaire bien défini et que, voici quelques mois encore totalement isolé sur la scène internationale, il était maintenant devenu la figure clef, décisive pour l'avenir de l'Europe et du monde ?

Mais, en Allemagne non plus, la « ligne Rapallo » n'avait jamais totalement disparu et Hermann Göring s'était beaucoup employé afin de ne pas laisser se briser les fils ténus qui existaient encore entre les deux puissances et que le représentant commercial soviétique à Berlin, David Kandelaki, s'efforçait pour sa part de maintenir et de renforcer. Derrière le feu roulant de la propagande se faisaient entendre depuis quelque temps en Allemagne des réflexions de la part de certains, qui croyaient voir s'affaiblir les oppositions idéologiques et qui, tout à fait dans la ligne des idées développées quinze ans plus tôt au sein de l'émigration russe, constataient une « nationalisation du bolchevisme ». C'est ainsi que Hitler en personne, s'il avait certes rejeté en 1937 déjà un ballon d'essai lancé par Kandelaki, avait néanmoins déclaré à l'adresse de Neurath : « Il en irait différemment si les choses devaient évoluer en Russie dans le sens d'un despotisme absolu, appuyé sur les militaires. Dans ce cas, bien sûr, nous ne devrions pas laisser passer l'occasion de nous réinsérer dans le jeu en Russie[2]. » Or les prémices de base du national-socialisme offraient la possibilité de monter en épingle l'opposition aux Juifs de l'Ouest qui pourrait alors se manifester en Russie. Si l'on peut considérer comme un fait établi le refus des Polonais et des Roumains de voir les Soviétiques traverser leurs territoires, ce furent alors les contacts germano-soviétiques qui, au printemps et durant l'été 1939, pesèrent d'emblée du poids le plus lourd.

L'initiative de ces contacts revint davantage à l'Union soviétique qu'à l'Allemagne et, effectivement, le risque couru du côté allemand était beaucoup plus grand. En cas d'indiscrétions, les puissances occidentales n'auraient certainement vu qu'une ruse habituelle et pardonnable dans le fait que Staline cherche, en prenant contact avec l'Allemagne, à améliorer ses positions dans la négociation avec elles ; en revanche, pour le prestige de Hitler ainsi que pour ses relations avec le Japon et l'Italie, les choses auraient pu devenir lourdes de conséquences si Staline avait rendu publics les ballons d'essai avant de finalement s'arranger avec les puissances occidentales. Il n'est pas étonnant que, dans ces conditions, un tel événement historique ait été essentiellement préparé au niveau de fonctionnaires de troisième rang[3].

---

2. *Cf. infra*, chap. IV-7.
3. *Cf.* ADAP, série D, vol. VI, 2 et *passim*.

Sitôt Litvinov destitué, Astakhov, le chargé d'affaires soviétique, s'adressa à Schnurre, le conseiller de légation du département politico-économique du ministère allemand des Affaires étrangères, pour essayer de savoir si cet événement amènerait l'Allemagne à changer d'attitude à l'égard de l'Union soviétique. Quinze jours plus tard, Molotov en personne parla certes à l'ambassadeur allemand à Moscou, von der Schulenburg, de la nécessité de créer une « base politique » en vue des négociations économiques envisagées, mais ne condescendit pas à préciser ce qu'il entendait par là. Le 3 juin, les Russes utilisèrent les services de l'ambassadeur estonien qui, dans un entretien avec le secrétaire d'État von Weizsäcker, confia qu'à Moscou la méfiance était plus grande envers les États démocratiques qu'envers les États totalitaires et qu'on semblait ne plus attendre qu'un geste public de prévenance pour donner libre cours à cet état d'esprit. Astakhov fut encore plus clair lors d'une conversation avec l'ambassadeur bulgare, le 15 juin, propos qui furent bien entendu rapportés sans délai au ministère allemand des Affaires étrangères : l'Union soviétique avait le choix entre trois attitudes possibles, dit-il, et elle donnait « intuitivement » la préférence à un rapprochement avec l'Allemagne. Si l'Allemagne, par un accord de non-agression, supprimait les craintes russes d'une attaque à travers le territoire des États baltes ou à travers la Roumanie, l'Union soviétique s'abstiendrait certainement de conclure un traité avec l'Angleterre[4]. Comme, au même moment, les négociations entre l'Allemagne et le Japon à propos d'un pacte militaire demeuraient dans l'impasse, il semble que Hitler et Ribbentrop aient pour la première fois envisagé d'une manière sérieuse l'éventualité d'un pacte de non-agression. C'est néanmoins à un niveau inférieur que fut accompli le pas important suivant, à savoir lors d'un dîner au restaurant Evest auquel Schnurre avait invité le 27 juillet le chargé d'affaires Astakhov ainsi que le responsable de la représentation commerciale, Barbarine. Durant le repas, Schnurre exprima des conceptions extrêmement curieuses quant aux rapports unissant le bolchevisme et le national-socialisme, propos qui, en d'autres temps, auraient à coup sûr conduit les fonctionnaires soviétiques à protester énergiquement ou à s'enfuir : au-delà de toutes les différences, il y avait néanmoins quelque chose de commun aux idéologies de l'Allemagne, de l'Italie et de l'Union soviétique, à savoir leur hostilité aux démocraties capitalistes ; on ne saurait plus longtemps parler d'une franche opposition entre l'Allemagne et l'Union soviétique, car, à ses yeux, le Komintern n'occupait plus de position dominante, le bolchevisme se fondait toujours davantage dans l'histoire nationale de la Russie et Staline avait renvoyé aux calendes grecques la révolution mondiale. Il ajouta qu'en conséquence il imaginait parfaitement comment les deux États se rejoindraient en trois étapes.

4. *Ibid.*, p. 529.

Dans sa réponse, Astakhov souligna combien cet entretien avait été précieux pour lui et il ne fait pas l'ombre d'un doute qu'il rédigea sur-le-champ un rapport à l'intention de Molotov [5].

Ensuite, l'initiative passa d'emblée du côté allemand, avec un caractère de plus en plus pressant, tandis qu'à Moscou on négociait avec la mission militaire franco-anglaise qui avait fait le voyage par la voie maritime. Le 3 août, Ribbentrop informa Molotov que les Allemands souhaitaient établir les relations germano-soviétiques sur des « bases nouvelles et définitives » et, le 14, il fit savoir qu'il était disposé à se rendre à Moscou afin d'y conclure un pacte de non-agression, car il était indéniable que les « démocraties occidentales capitalistes étaient des ennemis irréductibles » de l'Allemagne comme de l'Union soviétique [6]. Molotov prit connaissance de l'information « avec le plus grand intérêt », mais il souligna la nécessité de préparer soigneusement le voyage du ministre des Affaires étrangères du Reich et, pour la première fois, il fit mention d'un « protocole spécial » qui devrait faire partie intégrante du pacte envisagé. Le même jour, Ribbentrop se déclara prêt à négocier sur le procès-verbal en question et insista pour que les choses aillent rapidement. Une insistance de cette nature confère bien entendu au partenaire de la négociation une éminente position de force, si bien que Molotov, le 20 août, signala de nouveau à l'ambassadeur qu'une « préparation » était nécessaire. Mais, une demi-heure après la fin de l'entretien, l'ambassadeur était déjà reconvoqué au Kremlin où lui fut remis un projet de pacte de non-agression, le gouvernement soviétique se déclarant d'accord pour que Ribbentrop arrive à Moscou le 26 ou le 27 août. Il paraît évident que c'est Staline en personne qui a donné une telle directive. C'est également le même jour que Hitler intervient personnellement. Dans un télégramme à « Monsieur Staline, Moscou », Adolf Hitler demande de manière pressante que son ministre des Affaires étrangères soit reçu à Moscou dès le 22 août, au plus tard le 23. Le soir du 21 août, Staline télégraphie de son côté « au chancelier du Reich d'Allemagne, Monsieur A. Hitler », que « le gouvernement soviétique » est d'accord pour que Ribbentrop arrive le 23 août [7].

Ainsi, en l'espace de quelques jours voire de quelques heures, une décision fut prise qui modifiait de fond en comble la situation internationale et qui obligea la mission militaire franco-anglaise à un départ peu glorieux. La politique de grande résistance volait en éclats après que toutes les tentatives pour maintenir tout de même virtuellement en vie la politique de petite résistance furent devenues obsolètes, au plus tard avec la signature, le 22 mai, du «Pacte d'acier» germano-italien. Mais ni

---

5. *Ibid.*, p. 847 et suiv.
6. *Ibid.*, vol. VII, p. 52.
7. *Ibid.*, p. 140 et suiv.

petite ni grande entente entre les puissances occidentales et l'Allemagne n'étaient non plus intervenues, en dépit des négociations, apparemment prometteuses, menées, en juillet encore, par le chef de section ministériel Wohltat avec sir Horace Wilson ; d'après l'impression qu'en avait Dirksen, Chamberlain entendait poursuivre en secret, par ces négociations, « le seul objectif qui fût important et digne d'efforts, l'accord avec l'Allemagne » [8]. Mais l'Angleterre n'était pas en mesure d'offrir à Hitler ce qu'il s'employait à obtenir avec toute son énergie, l'écrasement de la Pologne, et elle était tout aussi peu en mesure de concéder à l'Union soviétique ce que Hitler pouvait maintenant lui offrir. Certes, en dépit des « pleins pouvoirs » dont il était muni, Ribbentrop fut obligé, le 23 août, de demander à Hitler s'il pouvait satisfaire la surprenante exigence de Staline et de Molotov, qui voulaient que les ports lettons de Libau et de Wittau soient reconnus comme faisant partie de leur « sphère d'intérêts » ; la réponse de Hitler fut immédiate : « Oui, d'accord ». La voie était ainsi définitivement libre pour la signature du pacte de non-agression et du protocole annexe secret.

Le pacte de non-agression avait certes pour base initiale le projet soviétique, mais il fut modifié, manifestement à la demande de Ribbentrop, d'une manière symptomatique. Dans le projet, l'Union soviétique et l'Allemagne se disaient guidées « par le désir de renforcer la cause de la paix entre les peuples » ; dans le texte définitif, il n'est plus question que de renforcement de la paix entre l'Allemagne et l'URSS. Dans le projet, l'article décisif, l'article II, était ainsi rédigé : « Au cas où l'une des parties contractantes ferait l'objet d'un acte de violence ou d'une agression de la part d'un pays tiers, l'autre partie contractante ne soutiendra pas les actes de cette tierce puissance, quels qu'en puissent être la nature et la forme. » La version définitive, en revanche, ne parlait plus que « d'actions guerrières de la part d'une tierce puissance » dont ferait l'objet l'une des parties contractantes, entérinant ainsi expressément la guerre d'agression, tout comme l'avait fait le Pacte d'acier [9].

Ce n'est pourtant que le « protocole annexe secret » qui mit en pleine lumière la différence radicale qui distinguait ce pacte de l'idéologie de la Société des Nations et même du Pacte d'acier ; il relevait exclusivement de l'initiative soviétique, bien que Ribbentrop, plusieurs semaines auparavant, eût certainement envisagé quelque chose d'analogue, pour ce qui était du contenu, en se portant garant des intérêts russes. L'accord avait pour point de départ, pour condition interne et pour objectif non dissimulé, « l'éventualité d'une transformation politico-territoriale » dans les pays baltes ainsi qu'en Pologne. C'est en fonction de cette éventualité

8. *Dokumente und Materialien zur Vorgeschichte des Zweiten Weltkrieges*, Moscou, 1948, vol. II, p. 127.
9. ADAP, *op. cit.*, vol. VII, p. 12 et suiv., 205 et suiv.

que l'on délimita les sphères d'influence des deux États en traçant une ligne passant par la frontière septentrionale de la Lituanie ainsi que par la ligne Narev, Vistule et San. Une phrase levait toute incertitude quant au sens réel de cette disposition : « Seul le cours des évolutions politiques ultérieures permettra de répondre définitivement à la question de savoir si les intérêts bilatéraux feront apparaître comme souhaitable que subsiste un État polonais indépendant et quelles seraient alors les limites de cet État [10]. »

Ainsi ne subsiste-t-il pas le moindre doute quant à la signification du pacte : l'Union soviétique laissait les mains libres à l'Allemagne pour une guerre contre la Pologne, il s'agissait d'un pacte de guerre. Cette guerre devant en même temps conduire à un partage de l'Europe orientale en sphères d'influence, le pacte représentait un pacte de partage. Le partage, au moins en ce qui concernait la Pologne, ne se limitant pas à déterminer des zones d'influence mais suggérant au contraire la disparition de ce pays en tant qu'État, le pacte était un pacte d'anéantissement. En tant que pacte de guerre, de partage et d'anéantissement, il n'avait pas d'équivalent dans l'histoire européenne des XIXe et XXe siècles. Il fallait que les deux États qui l'avaient conclu fussent des États de nature toute particulière.

C'est un entretien de nature toute particulière aussi qui eut lieu dans la nuit du 23 au 24 août, au Kremlin, entre Ribbentrop et Staline, accompagné de Molotov. Staline rendit la « sottise des autres pays » responsable de ce que l'Angleterre dominât le monde et Ribbentrop prétendit que le Pacte AntiKomintern n'était pas, au fond, dirigé contre l'Union soviétique, mais bien contre les démocraties occidentales. Molotov leva son verre en l'honneur de Staline et souligna que c'était ce dernier qui, par son discours du 10 mars, avait engagé ce tournant dans les relations politiques ; Staline lui-même, « spontanément » (comme l'écrivit le rédacteur allemand du procès-verbal), porta un toast à Adolf Hitler : « Je sais combien le peuple allemand aime son Führer ; c'est pourquoi je voudrais boire à sa santé. » Ribbentrop, de son côté, avait indiqué qu'en Allemagne c'étaient « précisément les simples gens » qui saluaient le rapprochement avec l'Union soviétique. À la fin de la rencontre, Staline assura au ministre des Affaires étrangères du Reich que le gouvernement soviétique prenait très au sérieux le nouveau pacte et qu'il pouvait donner sa parole d'honneur que l'Union soviétique ne tromperait pas son partenaire [11].

Quelle signification fallait-il accorder, dans l'immédiat, à un événement qui provoqua dans le monde entier la plus grande des surprises et, un peu partout, la stupéfaction ou l'indignation pure et simple ? Dès le premier instant, une constatation s'imposa : il ne s'agissait pas d'un pacte

10. *Ibid.*, p. 206 et suiv.
11. *Ibid.*, p. 191 et suiv.

de non-agression habituel. À elle seule, la formulation de l'article II le faisait apparaître et le départ de Moscou de la mission militaire alliée souligna cette réalité. Il s'était en tout cas produit un déplacement, lourd de conséquences, des rapports de force politiques à l'échelle internationale ; les premiers commentaires allemands soulignèrent avec beaucoup de satisfaction les retrouvailles de deux peuples qui, disait-on, avaient déjà été unis lors des guerres de libération anti-napoléoniennes et qui, quelque quinze années auparavant, avaient signé le traité de Rapallo. On put, ici et là, avoir l'impression que l'on accueillait le pacte comme un retour à Bismarck et à la raison, après l'amitié, tout sauf naturelle, que Hitler avait manifestée jusqu'ici à la Pologne. Effectivement, un bloc germano-russe était inattaquable et invincible et, plus tard, Staline exprimera à maintes reprises, avec une nuance de regret, des idées rejoignant cette constatation. Mais ce qui apparut avoir été détruit, ce fut la crédibilité des deux États en tant que puissances exerçant une hégémonie idéologique. Certes, Lénine avait conclu le traité de Brest-Litovsk et, certes, Radek s'était fait le propagandiste, en 1923, de la possibilité de faire cause commune avec les nationalistes allemands. Mais, dans le premier cas, il s'agissait d'une question de survie pure et simple et, dans le deuxième cas, il n'était pas difficile de savoir qui serait aux commandes. Même si, dans le cas présent, on pensait qu'il était exact que *la révolution* était si faible que seule l'existence de l'Union soviétique la maintenait en vie, l'État de la révolution pouvait-il pour autant faire n'importe quoi sous ce prétexte et tendre la main au pire de ses ennemis ? Il ne pouvait à l'évidence s'être agi de survie : l'existence, aux frontières orientales de la Pologne, d'une grande puissance hostile aurait rendu impossible que Hitler agressât ce pays. Et effectivement, y compris pour beaucoup de communistes à l'Ouest, ce pacte fut, après les procès de Moscou, le deuxième profond ébranlement d'une fidélité jusque là si solide ; ils furent alors assez nombreux à se détourner définitivement de l'homme et de la grande puissance qui avaient, à leurs yeux, trahi le front antifasciste uniquement pour s'assurer des positions de force. Ou bien il fallait que le Komintern recourût désormais à l'interprétation, véritablement déroutante, proposée par Schnurre et Ribbentrop lorsqu'ils avaient fait allusion à une analogie interne entre les deux régimes, ou bien il lui fallait choisir, au moins à mots couverts, l'explication la plus évidente et la plus convaincante, à savoir que Staline avait attiré son ennemi mortel dans une guerre épuisante avec ceux qui étaient *objectivement* ses amis et qu'il lui porterait le coup de grâce dès qu'il serait en mesure de faire, après tous les autres et avec des forces intactes, son entrée sur le champ de bataille. C'était pourtant développer là l'idée d'une *guerre révolutionnaire mondiale* dont Marx lui-même avait certes déjà, à l'occasion et accessoirement, dessiné les contours, mais qui ne manquerait pas de transformer en ennemis d'un État aussi belliqueux jusqu'aux derniers des *pacifistes bourgeois*.

Hitler, toutefois, avait définitivement perdu sa crédibilité en tant que pionnier de la cause anticommuniste. Une déclaration comme celle de lord Halifax à l'adresse d'un envoyé de Hitler, un an plus tôt seulement, ne serait désormais plus jamais possible : ses efforts, précisait-il, avaient pour objectif de voir entrer dans le palais de Buckingham, sous les applaudissements de la foule, le Führer en compagnie du roi d'Angleterre [12]. Même les meilleurs amis de l'Allemagne parmi les hommes d'État anglais et français étaient à présent bien obligés de considérer Hitler tel qu'il s'était lui-même révélé, le 22 août, lors des deux allocutions prononcées devant ses généraux : comme un partisan impitoyable de la politique de force qui avait, par ses « manœuvres », placé la Pologne dans une situation telle qu'il lui était possible de passer à la phase d'« anéantissement de l'ennemi » ; comme un homme croyant avoir Staline à sa main parce que ce dernier devrait tout autant craindre une victoire de ses soldats que leur défaite [13]. Le pacte provoqua également chez les vieux nationaux-socialistes convaincus un ébranlement difficile à surmonter. « J'ai le sentiment que ce pacte de Moscou se vengera un jour ou l'autre du national-socialisme », écrivit Alfred Rosenberg, le 25 août, dans son journal intime. Ce pacte représentait à ses yeux un appel au secours lancé par une révolution à la tête d'une autre révolution qu'elle cherchait à écraser depuis vingt ans. « Comment pouvons-nous encore parler de sauver et de façonner l'Europe, alors que nous sommes obligés de demander l'aide du destructeur de l'Europe ? » Rosenberg n'en voulait pas moins considérer Ribbentrop comme le principal responsable de l'opération, le qualifiant même de « criminel », parce que, à l'en croire, celui-ci n'avait pas de convictions politiques, en dehors de sa haine de l'Angleterre [14]. Et Hitler, pour garder de l'estime à ses propres yeux, n'avait-il pas obligatoirement dû, de son côté, lorsqu'il céda à Staline la Finlande et les États baltes, la moitié orientale de la Pologne et la Bessarabie, prendre la résolution de mener un jour lui aussi une espèce de guerre révolutionnaire mondiale ?

C'est en tout cas ce que suggère le « plus étrange des propos qu'il ait jamais tenus », à en croire le récit que fit Carl J. Burckhardt, haut-commissaire de la Société des Nations à Dantzig, le 11 août, au cours d'un entretien à l'Obersalzberg : « Tout ce que j'entreprends est dirigé contre la Russie ; si l'Ouest est assez bête et assez aveugle pour ne pas le comprendre, je serai obligé de m'entendre avec les Russes, de battre l'Ouest et ensuite, après sa défaite, de me tourner avec toutes mes forces réunies contre l'Union soviétique. J'ai besoin de l'Ukraine afin que l'on

12. *Ibid.*, p. 541.

13. *Ibid.*, p. 170.

14. Hans-Günther Seraphim (éd.), *Das politische Tagebuch Alfred Rosenbergs aus den Jahren 1934 : 35 und 1939/1940*, Göttingen, 1956, p. 75, 72.

ne puisse pas, comme pendant la dernière guerre, nous affamer [15]. » Cette dernière parole renvoyait pourtant elle-même davantage à l'homme politique préoccupé d'espace vital qu'à un anticommuniste révolutionnaire en appelant à la soif de liberté de peuples opprimés et souhaitant débarrasser le monde du cauchemar d'une dictature terroriste sans précédent. Un autre propos que celui qui vient d'être rapporté, plus étrange encore, prouve toutefois combien, en arrière-plan de tous les calculs de rapports de force et derrière la volonté et la certitude de victoire affichées, les vieilles angoisses et les vieilles préoccupations demeuraient vivaces chez Hitler ; il le tint dès le 19 avril 1939 à l'intention du ministre roumain des Affaires étrangères : « Et à quoi servira un tel massacre ? À la fin des fins, tous, vainqueurs et vaincus, nous serons ensevelis sous les mêmes ruines et le seul qui en tirera profit, ce sera le type de Moscou [16]. »

Néanmoins, durant dix journées décisives, il offrit encore une fois au monde le visage du simple révisionniste, du combattant opposé à l'injustice du traité de Versailles. Et, à ce moment-là, Staline courut un grand risque. Pour Hitler, l'objectif immédiat du pacte était de dissuader les puissances occidentales d'intervenir en faveur de la Pologne. S'il y parvenait, c'est en vain que Staline aurait signé le pacte, car il se retrouverait seul face à l'impressionnante puissance de Hitler. La situation de la Pologne était désespérée. Beaucoup de choses plaidaient en faveur de la justesse de la prophétie émise par Hitler, selon laquelle l'Empire britannique ne survivrait en aucun cas à une guerre. Voilà pourquoi il persista à ne réclamer que Dantzig et le Corridor, voilà pourquoi il offrit même, dans ses dernières propositions publiques, d'organiser dans le Corridor un référendum qui n'avait guère de chances de tourner à l'avantage de l'Allemagne. Il assura à Henderson, en toute sincérité subjective, qu'il désirait plus que tout au monde l'amitié britannique et qu'il était prêt à offrir des garanties à l'Empire mondial des Anglais. Le 26 août, il retira l'ordre déjà donné d'attaquer la Pologne, en dépit de la perte considérable de prestige personnel que cela représentait auprès des militaires, son adversaire le plus résolu parmi les officiers supérieurs, le colonel du contre-espionnage Hans Oster, pouvant même se permettre alors de prédire la fin prochaine de Hitler. Tout ce qu'il fit en direction de l'extérieur, durant les journées en question, avait l'apparence de la raison et de la mesure. Le camp adverse se caractérisa par de flagrantes erreurs d'appréciation : Josef Lipski s'attendait à des soulèvements en Allemagne et escomptait que les troupes polonaises marcheraient sur Berlin ; Chamberlain ne prit manifestement pas au sérieux l'idée que l'Empire pût s'écrouler. Mais tout ce que pouvait dire et faire Hitler était déprécié

---

15. Carl J. Burckhardt, *Meine Danziger Mission 1937-1939*, Munich, 1960, p. 339 et suiv.

16. Gafencu, *op. cit.* (*cf.* note 15 du chapitre III-7), p. 88.

par les précédents de « Munich » et de « Prague » ; Beck et Chamberlain suivirent l'opinion publique de leurs pays qui n'aurait pas toléré une reculade de dernière heure. Le concept de *l'honneur* avait repris ses droits et il fut la pierre qui déclencha l'avalanche. Molotov, de son côté, repoussa d'un jour, au 31 août donc, la ratification du pacte.

Dans la matinée du 1er septembre, des troupes allemandes franchirent les frontières polonaises par l'ouest, le nord et le sud et Hitler prononça, devant le Reichstag, un discours qui évoquait davantage les débordements d'un homme aux abois que la tranquille assurance de quelqu'un de convaincu de son bon droit : « Depuis 5 heures 45, nous répliquons aux tirs adverses. Et, à partir de maintenant, il sera rendu bombe pour bombe. [...] Il existe un seul mot que je n'aie jamais connu, c'est celui de capitulation... Mais je voudrais assurer le monde qui nous entoure d'une chose : jamais plus ne se reproduira un novembre 1918 dans l'histoire allemande ! [17] » Hitler ne trouva pas un traître mot susceptible d'émouvoir ou de se graver dans les esprits comme Guillaume II avait su le faire en 1914 en déclarant : « Je ne connais plus de partis, je ne connais que des Allemands. » Il n'y eut pas, contrairement à 1914, de foules joyeuses et excitées pour envahir les rues ; une atmosphère lourde et oppressante pesait sur l'Allemagne. Deux longues journées durant, la balance sembla n'avoir pas encore définitivement penché dans le sens de la grande guerre et Mussolini fit une dernière tentative de médiation. Mais Hitler n'ayant pas voulu et, sans doute aussi, n'ayant pu accepter l'exigence des Alliés qui demandaient que ses troupes, d'ores et déjà partout victorieuses, se replient jusqu'aux frontières du Reich, les ambassadeurs anglais et français remirent, le 3 septembre, les déclarations de guerre de leurs pays. Hitler avait commis une erreur d'appréciation et Staline avait eu raison de prévoir que les puissances occidentales ne céderaient pas une nouvelle fois et que Hitler ne pourrait résister à la tentation de la ligne Narev-Vistule-San. Staline, de la sorte, avait accompli un exploit plus grand que celui de Lénine : non seulement il avait joué les *puissances capitalistes* les unes contre les autres, mais il les avait en outre entraînées dans une guerre entre elles qui, une fois qu'elles se seraient, selon toute probabilité, mutuellement épuisées, lui permettrait de l'emporter sur les deux parties à la fois.

Ce que Hitler avait perdu allait bien au-delà d'un simple stratagème déjoué en dépit de son caractère astucieux. En matière de politique intérieure, sa recette victorieuse avait consisté à anéantir l'ennemi révolutionnaire avec l'appui de ses alliés conservateurs, avant de largement priver ces alliés de leur pouvoir. Dans le domaine extérieur, il lui fallait procéder selon les mêmes règles s'il voulait l'emporter. Mais, après la grande purge, l'ennemi révolutionnaire, aux yeux de ses alliés potentiels, paraissait représenter une menace beaucoup plus faible que celle en qui

17. Domarus, vol. II, 1, p. 1315.

von Papen et Hugenberg avaient cru en 1933, face aux cent mandats communistes au Reichstag ; par ailleurs, l'accord avec ces alliés potentiels était moins réel et profond parce que, pour Chamberlain et Halifax, l'anticommunisme n'était pas intimement lié à l'antisémitisme. C'est dans ces conditions que Hitler, dans l'espoir d'avantages relativement réduits, passa alliance avec son ennemi et attaqua ses amis. Si une issue imprévue ne se présentait pas à lui, il avait déjà perdu la guerre lorsqu'il fit tirer le premier coup de feu.

Le 3 septembre, Adolf Hitler adressa un appel au NSDAP, dans lequel il rendit responsable de la guerre « l'ennemi international judéo-démocratique », qu'il assimilait également aux « fauteurs de guerre capitalistes de l'Angleterre et de ses satellites »[18]. Non seulement il s'était allié avec son ennemi, mais il avait de surcroît repris son langage. Comment pourrait-il jamais reparler de manière crédible de « l'ennemi bolcheviste à l'échelle internationale » ou même du « bolchevisme juif » ?

Bien sûr, Hitler ne menait pas encore une guerre mondiale. L'agression contre la Pologne donna le signal d'une guerre européenne qui devait d'ailleurs, dans un premier temps, n'être qu'une sorte de demi-guerre. Il n'y aurait de prélude à une guerre mondiale que lorsque Hitler soit s'allierait pour le meilleur et pour le pire avec Staline, soit chercherait à l'abattre, bien qu'il n'existât plus la moindre des conditions nécessaires à une entente avec les puissances conservatrices ou établies. Il était au plus haut point invraisemblable que les États-Unis, qui pour l'heure avaient encore les mains liées par leur législation neutraliste, se tiennent à l'écart dans un cas comme dans l'autre.

En vérité, deux événements de nature tout à fait particulière indiquèrent que cette guerre était déjà beaucoup plus qu'une *guerre normale* qui, comme en 1870-1871, s'était déroulée entre certaines des grandes puissances européennes.

Hitler fit dater du 1er septembre un décret chargeant le Reichsleiter Bouhler et le docteur Karl Brandt, « d'élargir les compétences de médecins nommément désignés à cet effet afin qu'ils puissent, après s'être livrés à un examen on ne peut plus consciencieux de l'état de santé des intéressés, pratiquer l'euthanasie sur des malades qui, autant qu'on puisse en juger, sont incurables »[19]. On pouvait avoir l'impression que Hitler cherchait, délibérément et expressément, à démontrer qu'une nouvelle époque s'était ouverte avec le déclenchement des hostilités, une époque durant laquelle le national-socialisme serait affranchi de toutes les entraves que l'état de paix lui avait imposées et qu'il pourrait de la sorte accélérer l'*assainissement (Gesundung)* du peuple que son idéologie exigeait. Il fallut donc attendre le début de la guerre pour que le

18. UuF, vol. XIII, p. 637.
19. IMG, vol. XXVI, p. 169.

national-socialisme réalisât sa nature exterminatrice spécifique, *biologique* en tout cas, tandis que le bolchevisme avait manifesté sa volonté d'anéantissement social dès les tout débuts de sa domination et, précisément, au nom du *combat pour la paix*.

Le 5 septembre, le *Times* publia le texte d'une « Lettre ouverte » que le Dr Chaïm Weizmann, président de la Jewish Agency for Palestine, avait adressée au Premier ministre britannique. Weizmann y confirmait la déclaration qu'il avait déjà donnée, avant le 1er septembre, et selon laquelle les Juifs se tiendraient aux côtés de la Grande-Bretagne et combattraient avec les démocraties. Certes, la Jewish Agency for Palestine n'était pas le gouvernement d'un pays, mais elle n'était pas non plus une simple organisation privée. Et si quelqu'un au monde était autorisé à parler au nom de tous les Juifs et non pas seulement au nom des Juifs de Palestine, c'était bien Chaïm Weizmann qui, en 1917, avait négocié avec lord Balfour et qui avait présidé durant de longues années l'organisation sioniste mondiale. De prime abord, il n'est donc absolument pas faux de parler d'une « déclaration de guerre juive ». Et Weizmann ne fit qu'exprimer ce que pratiquement chaque Juif au monde *était obligé* de ressentir. C'est beaucoup plus tôt, en effet, que Hitler avait déclaré la guerre aux Juifs, et pas simplement en tant que chef d'un parti, mais également en tant que chef d'État, au plus tard le 30 janvier 1939. Cette *déclaration de guerre* était donc une réponse, et de plus une réponse totalement justifiée. Mais elle n'était pas une *quantité négligeable* (en français dans le texte, NdT) et il ne convient pas de la taire, comme c'est le cas dans presque tous les exposés des faits. Hitler s'était fait d'un groupe d'hommes des ennemis mortels, qui étaient certes loin d'être aussi puissants qu'il ne cessait de le prétendre, mais qui, en Angleterre et en Amérique, disposaient indubitablement d'une grande influence. La question n'est pas encore tranchée de savoir si la déclaration de Weizmann n'était pas tout de même maladroite ou bien si, au contraire, elle n'était pas par trop adroite, faite dans l'intention de peut-être provoquer l'internement des Juifs et par conséquent de permettre leur protection et de leur assurer un destin, certes difficile, mais pourtant assuré, tel que le connaissaient les citoyens allemands en France et en Allemagne. En revanche, il est totalement exclu que Weizmann ait pu pressentir, même très vaguement, l'existence d'un lien entre l'antisémitisme de Hitler et le décret biologique du 1er septembre qu'il ignorait totalement. Ce que Weizmann pouvait par contre savoir, *c'est que* la guerre de 1939 se différencierait fondamentalement de la Première Guerre mondiale non seulement en raison du pacte germano-soviétique, mais aussi en raison de sa propre déclaration ; il ne pouvait bien entendu pas s'imaginer, en septembre 1939, *à quel point* elle s'en différencierait finalement, pas plus d'ailleurs, selon toute vraisemblance, que Himmler et Heydrich, qui se disposaient pourtant déjà à mener en Pologne un « combat ethnique » d'une extrême dureté.

III-9

L'alliance fragile : triomphes, conquêtes, tensions

C'est aussitôt que l'imprévu se manifesta ; il n'offrit pourtant, en tant que tel, aucune issue. En quelques jours seulement, l'agression concentrée de l'État industriel national-socialiste infligea aux armées de l'État agraire nationaliste des défaites décisives, en raison notamment de la maîtrise des airs qu'elle sut rapidement conquérir. Dès le 8 septembre, le corps blindé du général Hoepner atteignit les faubourgs de Varsovie. Les « félicitations et salutations » que Molotov fit transmettre ce même jour au gouvernement du Reich [1] pouvaient donc difficilement avoir été adressées d'un cœur joyeux et le gouvernement soviétique se retrouva, semble-t-il, dans l'embarras lorsque Berlin lui demanda d'avoir à procéder à son tour à l'occupation de la zone d'influence prévue. Ce ne fut que le 17 septembre, alors que l'essentiel des armées polonaises avait été anéanti dans la grande bataille de la boucle de la Vistule, que l'Armée rouge pénétra dans les territoires de la Pologne orientale afin de « venir en aide aux Ukrainiens et aux Biélorussiens apparentés par le sang » [2], mais le monde ne pouvait à présent plus se faire d'illusions sur le fait que le « pacte de non-agression » avait été, en réalité, un pacte de partage ; l'esprit des traités avec la Pologne (non leur lettre, bien sûr) aurait dû amener les puissances occidentales à déclarer la guerre à l'Union soviétique tout autant qu'à l'Allemagne. Si, au vu des premières informations, quelques doutes avaient encore subsisté, le discours prononcé par Molotov le 31 octobre les aurait dissipés ; le commissaire du peuple y mettait en grand relief les relations amicales avec l'Allemagne et y soulignait, plein de fierté, que « deux coups portés avec rapidité, d'abord par la Wehrmacht allemande, ensuite par l'Armée rouge », n'avaient rien laissé subsister du « disgracieux produit du traité de Versailles » [3].

1. ADAP, D, vol. VIII, p. 27.
2. Degras, *op. cit.* (*cf.* note 33 du chapitre II-4), vol. III, p. 374.
3. *Ibid.*, p. 190 et suiv.

Mais les puissances occidentales ne firent pas mouvement, même pas sur les fronts les séparant de l'Allemagne, et c'est ainsi que commença cette « drôle de guerre » ou « guerre sur place » ou *phony war* qui devait se prolonger jusqu'en mai de l'année suivante. L'Allemagne et l'Union soviétique étaient pourtant unies, depuis le 28 septembre, le jour de la seconde visite de Ribbentrop à Moscou, par un « traité frontalier et d'amitié », complété par plusieurs protocoles secrets ou confidentiels. Il avait été décidé, suivant en cela une suggestion de Staline, qu'il ne subsisterait pas d'État croupion polonais et que la mission d'assurer aux couches populaires vivant dans l'ancienne Pologne « une existence pacifique correspondant à leurs particularités ethniques » reviendrait exclusivement à l'Allemagne et à l'Union soviétique[4]. L'Union soviétique adoptait donc, elle aussi, le langage de son ennemi allié. Le protocole annexe secret du 23 août connut une substantielle modification du fait d'une disposition stipulant que la Lituanie, à l'exception de la pointe de Mariampol, tombait dans la sphère d'influence de l'Union soviétique, tandis que l'Allemagne prenait possession de la plus grande partie de la Pologne ethnographique, si bien qu'à quelques petites différences près c'était la « ligne Curzon » de 1920 qui formait désormais la frontière occidentale de l'Union soviétique. Il s'agissait là d'une modification d'un poids extraordinaire, car elle fermait aux Allemands jusqu'à la vue sur les États baltes, tandis qu'elle leur laissait tout le fardeau de la domination sur la Pologne. Ribbentrop n'en donna pas moins son accord au cours d'une « négociation-éclair » qui, certes, présenta des analogies avec la « guerre-éclair » sous l'aspect temporel mais non sous l'aspect des succès foudroyants que cette dernière avait permis de remporter. Que les deux parties s'engagent « à ne pas tolérer dans les régions sous leur contrôle une agitation polonaise qui ait des effets dans les régions sous le contrôle de l'autre partie »[5], contribuait donc aussi à l'*inégalité* de la disposition supplémentaire en question. On pouvait en revanche considérer comme un avantage extraordinaire pour l'Allemagne la déclaration commune des deux gouvernements, qui rendait l'Angleterre et la France responsables de la poursuite de la guerre, si elles se soustrayaient aux efforts entrepris en commun par les deux autres puissances pour rétablir la paix. L'Union soviétique avait manifestement de bonnes raisons d'être persuadée que les puissances occidentales *ne céderaient pas* et son propre comportement contribuait d'ailleurs puissamment à ce qu'elles ne le fassent pas, puisque l'attitude de l'Union soviétique avait soulevé, en Angleterre et en France, une tempête d'indignation ; il était par conséquent inimaginable que les puissances occidentales puissent exiger, pour prix de la paix, moins que le rétablissement de l'État polonais dans ses droits, y compris sur ses territoires orientaux.

4. *Dokumente der deutschen Politik und Geschichte*, vol. V, Berlin, sans date, p. 131.
5. ADAP, D, vol. VIII, p. 129.

C'est, en revanche, dans le domaine des réalités immédiates que se situait la convention suivant laquelle l'Union soviétique permettrait à tous les Allemands relevant du Reich dans les frontières d'avant ou d'après 1938 *(Reichs-und Volksdeutsche)* et se trouvant dans sa propre sphère d'influence d'émigrer en Allemagne. Cela signifiait en pratique la fin de la présence allemande dans les pays baltes et c'était en même temps un funeste présage concernant le destin des États limitrophes de l'Union soviétique ; elle ne conclut avec ces derniers, dans un premier temps, que des « pactes d'assistance » qui avaient pour effet d'autoriser le stationnement de troupes soviétiques en des points déterminés. Tout aussi réalistes étaient les accords économiques, qui comportaient de grands avantages pour les deux parties : un flot de matières premières en provenance de l'Union soviétique allait se répandre sur l'Allemagne qui, en contrepartie, livrerait un grand nombre de machines de qualité supérieure, notamment une importante quantité de matériel de guerre. L'Union soviétique avait rendu possible le déclenchement de la guerre, elle créait à présent les conditions de sa poursuite.

Mais ces accords, publics ou secrets, étaient moins caractéristiques que ce qui se déroulait dans l'obscurité des deux zones d'occupation en Pologne ; ces événements, pour une très large part, n'étaient même pas connus du gouvernement polonais en exil à Londres. Sur les deux rives du Bug, les deux révolutions qui avaient proclamé leur intention d'anéantir leurs ennemis, la révolution première de 1917 et la révolution-réaction de 1933, étaient désormais à l'œuvre, à proximité immédiate l'une de l'autre.

À l'est de la frontière se produisit ce qui s'était produit en 1917-1918 et ce à quoi Ribbentrop devait s'attendre lorsqu'il signa le protocole annexe secret. L'Armée rouge proclama la « libération » des Ukrainiens et des Biélorussiens jusqu'ici opprimés ; les grandes propriétés foncières furent confisquées et, soi-disant, remises aux paysans ; on commença très rapidement à pourchasser les propriétaires des grands domaines, les officiers et les intellectuels, qui étaient presque sans exception des Polonais et représentaient au total une partie considérable de la population, celle qui avait des positions dominantes dans la culture. On abattit fréquemment sur place les propriétaires fonciers et les officiers, assez souvent avec l'aide de la population autochtone, et la bourgeoisie polonaise et juive des villes, épargnée dans un premier temps, se retrouva, une fois opérée l'intégration dans une République soviétique ukrainienne et biélorusse, exposée aux mêmes mesures que l'avait été la bourgeoisie russe après 1917 : expropriations et déportations. Il semble bien que ce soient au total un million et demi de personnes qui aient été transférées jusqu'à l'intérieur de l'Union soviétique ; on n'a jamais pu élucider combien d'entre elles avaient succombé à pareil traitement. On interna dans des camps tous les officiers dont on réussit à s'emparer et on ne retrouva trace que de cinq mille à peine parmi les milliers et les milliers d'entre eux dont le monde extérieur perçut les derniers signes de vie au printemps 1940 ; à vrai dire, ce ne furent que des cadavres que l'on retrouva lorsque les troupes allemandes mirent au jour des charniers près de Katyn ; ils avaient été abattus d'une balle dans la nuque par le NKVD. C'est ainsi que cette petite localité des environs de Smolensk devint le symbole des actions exterminatrices qui découlaient logiquement du concept d'« ennemi de classe », concept que l'on pouvait facilement étendre à des « ennemis du peuple » de nationalité étrangère.

Mais ces actions exterminatrices reposaient sur une réalité sociale. Dans la presse des régions sous contrôle allemand ou dans les reportages de la presse allemande, cette réalité n'apparaissait que de manière tout à fait marginale. L'*Illustrierte Zeitung* berlinoise publia par exemple, au terme de la campagne de Pologne, un dessin représentant l'intérieur fastueux d'un château appartenant à un magnat polonais, que des paysans ont envahi et qu'ils sont en train de piller [6]. Ce qui occupait bien davantage le devant de la scène, c'était l'impitoyable *combat national* contre *tout ce qui était polonais*. Dans les immenses territoires du *Warthegau* (correspondant à la Poznanie élargie, NdT) rattachés au Reich, on procéda à la saisie d'innombrables petites exploitations agricoles et leurs anciens propriétaires furent affectés en tant qu'ouvriers agricoles à de grandes propriétés foncières ou transportés en Allemagne en tant que « population ouvrière sans chef » [7]. Dans le Gouvernement général (*Generalgouvernement*, soit la partie de la Pologne occupée par les Allemands mais non annexée, NdT), le gouverneur général Frank qui résidait au Wawel, à Cracovie, fit expressément de l'extermination des intellectuels polonais l'un des points de son programme ; des Groupes d'intervention *(Einsatzgruppen)* de la SS accomplirent des « missions politiques nationales » qui consistaient fréquemment à exécuter arbitrairement des Polonais et des Juifs ou à les soumettre à des traitements abominables. Certes, ce ne fut nul autre que le commandant en chef à l'Est, le général de corps d'armée Blaskowitz, qui émit à plusieurs reprises de vives protestations contre « un avilissement sans mesure et une dépravation morale » qui étaient à ses yeux responsables du massacre « de quelque dix mille Juifs et Polonais » [8]. Mais cela ne lui valut, de la part de Hitler, que de sévères reproches visant son « attitude puérile » envers les problèmes du combat national à l'Est [9]. Hitler n'accorda manifestement pas d'importance à l'observation du général, qui constatait qu'à procéder de la sorte on poussait également dans le camp de l'adversaire les nombreux petits-

6. Numéro du 28 décembre 1939, p. 1959.

7. « Denkschrift Himmlers über die Behandlung der Fremdvölkischen im Osten (Mai 1940) », in *Vjh f. Ztg.*, 1957, p. 194-198, p. 198.

8. UuF, vol. XIV, p. 171.

9. Martin Broszat, *Nationalsozialistische Polenpolitik 1939-1945*, p. 41.

paysans qu'il était tout à fait possible de gagner à la cause allemande ou au moins de maintenir dans la neutralité. Pour Hitler, les anciennes oppositions du combat national mené à l'époque de l'Association de la Marche orientale *(Ostmarkenverein)*, c'est-à-dire les conflits entre « Allemands » et « Polonais », constituaient la véritable réalité, alors même qu'il allait bientôt parler d'« Aryens » et que, jusqu'à un passé récent, il avait parlé de « bolchevistes ».

C'est bien entendu d'une qualité nouvelle que témoignent les idées de Himmler, qui entreprit d'enlever leurs enfants aux familles polonaises « de bonne race » et de les envoyer dans le territoire du Reich afin de les y « germaniser » [10]. Tel était le seul genre de « libération » qu'il connaissait, si bien que les Allemands n'avaient pas en Pologne de *mot d'ordre*, contrairement à l'Armée rouge, et que les agissements de la SS, les exécutions et les expropriations auxquelles elle procédait, étaient, en tant que telles, des copies des méthodes soviétiques, mais des copies dénuées de toute force d'appel et de conviction, parce qu'elles ne savaient qu'opposer une nation à une autre nation et qu'elles suscitaient chez les Allemands eux-mêmes des sentiments d'amertume tels qu'un Helmut Stieff, alors lieutenant-colonel, put s'écrier : « J'ai honte d'être allemand [11]. » Ce qui avait jadis jeté la consternation et réclamait une réponse, était maintenant sur le point de chercher une issue dans une copie déformée. Pourtant, la dépendance originelle entre les deux phénomènes restait toujours très apparente et lorsque Himmler, durant l'été 1940, se préoccupa du « traitement à réserver aux nationalités étrangères à l'Est », envisageant de réduire les Polonais au rang d'analphabètes et qualifiant les Ukrainiens ainsi que les Gorales (Polonais habitant à l'ouest des Carpathes, NdT) de « peuples groupusculaires » *(Splittervölker)*, il se crut toujours fondé à rejeter, « avec la plus intime conviction, la méthode bolcheviste d'extermination physique d'un peuple comme impossible et contraire à la germanité » [12]. Mais, des deux horreurs qui s'étaient abattues sur ce malheureux pays, la plus ancienne n'était-elle pas, en soi, plus conséquente et vouée à un plus long avenir dans un monde où certes la propagande et la désinformation étaient *à l'ordre du jour*, mais non l'extension de l'analphabétisme ?

Une chose n'était en tout cas pas niable, au vu de ce qui se déroulait en Pologne orientale : le bolchevisme était resté le même dans sa manière de procéder et il était, aujourd'hui comme hier, pertinent de parler de « bolchevisation ». Adolf Hitler, pourtant, dans son appel au NSDAP du 1er janvier 1940, tourna sa colère exclusivement contre les « puissances

---

10. In « Denkschrift », *op. cit.*, p. 197.

11. Hans Rothfels, Ausgewählte Briefe von Generalmajor Helmut Stieff, in *Vjh. f. Ztg.*, 1954, p. 291-305, p. 300.

12. « Denkschrift », *op. cit.*, p. 197.

ploutocratiques » et « l'ennemi mondial judéo-capitaliste » qui courait à sa perte, tandis que l'avenir appartenait aux « jeunes nations et aux jeunes systèmes » [13]. À entendre cette expression, la constatation s'imposait qu'il comptait également l'Union soviétique au nombre des « jeunes systèmes ». Effectivement, dans les mois qui suivirent, il prononça les déclarations les plus positives qu'il ait jamais faites sur l'Union soviétique ; pour la première fois, d'ailleurs aussi, dans sa correspondance privée. C'est ainsi que, le 8 mars 1940, il écrivit à Mussolini que la Russie connaissait sans aucun doute, après la victoire définitive de Staline, une métamorphose du principe bolcheviste, ce dernier s'infléchissant vers une forme d'existence nationale russe, et que, compte tenu de ce tournant qui faisait date et dont le ministre des Affaires étrangères du Reich pouvait parler pour en avoir fait l'expérience à titre personnel, il n'existait désormais aucun motif ni aucun intérêt à poursuivre le combat contre ce pays ; et ce d'autant moins que les deux espaces économiques se complétaient de manière extraordinaire [14]. Ce fut alors Mussolini qui se mit à jouer le rôle d'un *fasciste radical*, adjurant Hitler de ne pas « abandonner le drapeau antisémite et antibolcheviste » et de continuer ses efforts pour anéantir le bolchevisme, ce qui résoudrait du même coup son problème d'espace vital [15]. Mais quels résultats pouvait-il attendre de son intervention, lorsqu'il s'entendit affirmer par le ministre des Affaires étrangères du Reich en personne que ce dernier, à l'occasion de sa seconde visite à Moscou, avait eu l'impression, tout comme d'ailleurs le Gauleiter Forster, de parler « avec de vieux camarades de parti » [16] ?

Entre-temps, l'une des contingences imprévisibles de la guerre avait fait surgir la première des grandes alternatives, celle d'une authentique alliance, voire d'une communauté de destin, entre l'Allemagne et l'Union soviétique. Cette situation avait pour origine la première des imitations grâce à laquelle, en un peu plus de six mois à peine, Staline reprit à son compte, à sa manière propre, les méthodes de Hitler et réitéra ses succès, si bien que, invoquant les nécessités de la défense nationale ou des réalités historiques, voire géographiques, ou bien encore le droit à l'autodétermination, il incorpora à son Empire, sans avoir à mener de grande guerre, plus de pays et plus de peuples que Hitler n'avait réussi à le faire avant août 1939. Les exigences qu'il formula à l'intention de la Finlande, en octobre, ne différaient pas essentiellement de celles qu'avaient dû satisfaire les trois pays baltes ; elles impliquaient néanmoins la cession de territoires finlandais sur l'isthme de Carélie, abandon en échange duquel, tout de même, était offerte une compensation territo-

13. *Jahrbuch für auswärtige Politik*, 7e année, 1941, p. 183 et suiv.
14. ADAP, D, vol. VIII, p. 685 et suiv.
15. *Ibid.*, p. 474 et suiv.
16. *Ibid.*, p. 695 et suiv.

riale. Comparées à la prétendue « menace sur Leningrad », les affirmations allemandes à propos de la Tchécoslovaquie assimilée à un porte-avions avaient été de nature intelligible et rationnelle ; les Finlandais, par ailleurs, avaient autant le sens de *l'honneur* que les Polonais. C'est dans ces conditions que l'Union soviétique mit à profit l'incident de Mainila qu'elle avait elle-même provoqué – une espèce de *Gleiwitz* (provocation allemande à l'origine du déclenchement de la guerre contre la Pologne, NdT), moins fourbe et à plus grande échelle –, pour, fin novembre, attaquer la Finlande sans déclaration de guerre. Staline put néanmoins se permettre ce que Hitler n'avait pu ou voulu faire : il fit se constituer, sous la direction d'un membre éminent du Komintern, le Finlandais Otto Kuusinen, un « gouvernement populaire » basé dans la petite localité de Terioki, à proximité immédiate de la frontière. De la sorte, les combats n'étaient prétendument pas dirigés contre le « peuple finlandais ». À vrai dire, les hommes et les femmes de Finlande, quasiment sans exception, se rangèrent au côté de leur gouvernement *bourgeois* et *réactionnaire* et l'Armée rouge subit dans un premier temps de sévères défaites. Il est toutefois permis de supposer que l'on avait fondé, à Moscou, d'authentiques espoirs sur les socialistes de gauche et que Kuusinen et ses hommes n'avaient pas recours à de simples formules de propagande lorsqu'ils disaient de la Finlande « bourgeoise » qu'elle était « pour la classe ouvrière un enfer de gardes blancs »[17]: en 1917-1918, les bolcheviks avaient effectivement été très forts en Finlande et ce n'est que grâce à l'aide des Allemands que les Blancs, sous les ordres du général Mannerheim, étaient parvenus à défaire les troupes rouges et, en recourant d'abord à des méthodes très brutales, à asseoir leur domination. En 1939, c'était justement ce même Mannerheim, un « propriétaire foncier balte », l'ancien commandant des « Gardes blancs » de 1917-1918, qui était à la tête de l'armée finlandaise, en qualité de maréchal cette fois-ci. À Moscou également, cachées derrière la langue diplomatique et les problèmes de l'heure, les émotions fondamentales de 1917-1918 n'étaient manifestement pas moins vivaces qu'à Berlin. La situation avait toutefois radicalement changé. L'Allemagne s'en tint au protocole annexe secret et laissa les mains libres à l'Union soviétique dans la sphère d'influence de cette dernière ; pourtant, en Suède et en Norvège, en Angleterre et en France, mais aussi et tout autant en Amérique, l'indignation que souleva cette « agression » d'une grande puissance contre une « petite nation courageuse » fut immense. Pour la première fois, dans ces pays, on opposa l'Allemagne nationale-socialiste et la Russie bolcheviste, en tant qu'États « totalitaires » et « rapaces », aux démocraties éprises de paix ; ce n'était plus seulement le fait de telle ou telle étude érudite, mais le résultat d'une vague d'émotions ; en maints endroits, on exigea une intervention armée en faveur de

17. *Der völkerrechtliche Hintergrund des russisch-finnischen Konfliktes*, Stockholm, 1940, p. 37 et suiv.

la Finlande. Bien sûr, il apparut très vite la même difficulté que quelques mois auparavant à propos de la Pologne : en dépit de toute la sympathie qu'elles pouvaient éprouver envers la Finlande, la Suède et la Norvège ne voulurent pas accorder aux troupes alliées le droit de traverser leurs territoires. Mais les états-majors alliés envisagèrent, sans beaucoup de scrupules, un projet qui était une violation de la neutralité, et ils le firent d'autant plus aisément qu'il s'accordait avec un autre projet, de portée beaucoup plus grande : détruire par des attaques aériennes les puits de pétrole soviétiques de la région de Bakou, une région appartenant en principe à un allié donc, et priver de la sorte l'Allemagne de cette source d'approvisionnement sans laquelle elle aurait été incapable de poursuivre la guerre [18]. Si ces plans s'étaient réalisés, l'Allemagne et l'Union soviétique auraient été soudées l'une à l'autre pour le meilleur et pour le pire et la guerre aurait connu un tout autre cours. Rien ne serait plus invraisemblable que de s'imaginer, comme c'était le cas à Londres et à Paris, qu'elle aurait pu se terminer par un écroulement rapide des deux États totalitaires. Mais, après que l'Union soviétique eut jeté dans les combats d'énormes quantités de troupes, la guerre de Finlande, en mars, se conclut pour elle de manière heureuse. Le traité de paix du 12 mars 1940 repoussa la nouvelle frontière à une distance considérable de Leningrad, même si l'URSS dut laisser tomber Kuusinen ; la manière peu glorieuse dont s'était, pour elle, déroulée la guerre confirma aussi bien les Alliés que les Allemands dans une sous-estimation de l'Armée rouge qui devait influer, dans une large mesure, sur le cours ultérieur de l'histoire, et d'abord de l'histoire de la Seconde Guerre mondiale.

En même temps que l'alternative au nord, il était apparu une alternative à l'ouest. Hitler faisait pression pour qu'une attaque fût rapidement menée contre la France, dès l'automne, en violant la neutralité de la Belgique et de la Hollande, tandis qu'une forte opposition à ce projet se développait parmi ses généraux, pour l'essentiel sous l'effet du souvenir qu'ils gardaient de la Première Guerre mondiale et de la haute opinion qu'ils avaient de l'armée française. Les arguments du haut commandement ainsi que des généraux de corps d'armée von Leeb et von Rundstedt se renforçaient de la claire conscience qu'ils avaient des lacunes entraînées par le caractère précipité du réarmement et, surtout, de l'absence d'un « réarmement en profondeur ».

Mais, pour une partie de l'opposition, c'était justement la nouvelle amitié avec l'Union soviétique qui était le plus fort de tous les arguments. Un mémorandum rédigé par Hasso von Etzdorf, l'homme assurant la liaison entre le ministère des Affaires étrangères et le haut commandement de l'armée de terre, disait que jamais l'Allemagne n'avait été aussi éloignée de ses meilleures traditions et si proche du bolchevisme qu'elle

18. *Cf. Die Geheimakten des französischen Generalstabes,* Berlin, 1941.

l'était après six années de régime hitlérien. Ce régime, poursuivait-il, a réussi à livrer vingt millions d'hommes au bolchevisme et il a très gravement compromis les perspectives très prometteuses d'une politique allemande de révision en entreprenant un « raid sur le Hradschin » aussi insensé que superflu. Seul le renversement du régime hitlérien permettrait cette « modération dans le succès » à la manière de Bismarck, unique moyen de garantir à l'Allemagne la possibilité de vivre dans ses frontières ethnographiques et d'exercer son influence légitime en Europe centrale ; elle permettrait du même coup de satisfaire l'intérêt le plus élémentaire des puissances occidentales, à savoir empêcher le bolchevisme de continuer son extension en Europe [19]. Des contacts, qui semblaient très prometteurs, furent effectivement pris avec le gouvernement anglais et il sembla, durant toute une période, que le général d'armée von Brauchitsch, commandant en chef de l'armée de terre, allait prendre la tête d'une conjuration. À côté de l'alternative de l'alliance de guerre des « jeunes systèmes » contre les peuples occidentaux déclinants surgit l'autre alternative, celle d'une grande entente entre les États civilisés d'Europe, une fois acquis le succès d'une révision de Versailles opérée dans le sens du droit à l'autodétermination ; une alternative à l'intérieur de laquelle Hitler et son parti auraient été un instrument provisoirement utile. Et même l'Union soviétique n'aurait pas eu besoin de craindre davantage une telle entente qu'un éventuel traité de paix entre Hitler et les puissances occidentales, traité qu'elle semblait devoir favoriser par ses propres prises de position.

Mais Bismarck n'avait-il pas dû, lui aussi, aller d'abord jusqu'au bout de la lutte avec l'Autriche avant de pouvoir faire preuve de modération à Nikolsburg ? Hitler n'était-il qu'un homme politique parmi d'autres que l'on pouvait renverser sans que son parti se soulevât ? L'Angleterre et la France ne faisaient-elles vraiment que lutter contre une démesure ambitionnant de « conquérir le monde par la force », ou bien combattaient-elles l'Allemagne précisément parce qu'il s'agissait de la puissance qui exerçait l'hégémonie en Europe centrale, comme von Etzdorf l'écrivait ? Il est difficile de croire que seuls des hasards ont fait obstacle à la réalisation de la deuxième alternative, l'alternative pacifique.

Hitler avait vraisemblablement raison de dire, dans son discours du 23 novembre 1939 devant les commandants en chef, que les chances de vaincre la France étaient à ce jour bien meilleures qu'au début de l'offensive de Ludendorff de 1918 et que l'ensemble de son projet ne signifiait pas la conduite d'une action isolée, mais avait pour objet de mettre un terme à la guerre mondiale. Si l'on se rappelle les innombrables prédictions formulées de divers côtés, en 1918 et 1919, notamment celles de Rosa Luxemburg, selon lesquelles une paix imposée par la force, qu'elle

19. Erich Kordt, *Nicht aus den Akten...*, Stuttgart, 1950, p. 359 et suiv.

soit dirigée contre la Russie ou contre l'Allemagne, ne serait qu'un armistice et contiendrait assurément en germe une nouvelle guerre, les auditeurs de Hitler durent effectivement se demander si leur interlocuteur, dans sa soif indomptable de victoire, n'était pas véritablement l'incarnation de la nécessité historique et de l'esprit national allemand, quelle que fût par ailleurs l'aspiration à la paix chez les Allemands et bien plus encore chez les Français. Mais, en même temps, les généraux en question durent être tout simplement épouvantés par une telle incarnation de *l'esprit national* et par une telle nécessité historique lorsqu'ils entendirent Hitler leur déclarer : « On me reprochera de n'offrir que la lutte et encore la lutte. Je vois dans la lutte le destin de tous les êtres vivants. [...] Établir un bon rapport entre le nombre d'Allemands et le sol dont ils disposent est un problème éternel. [...] L'intelligence subtile n'est pas ici de mise, la seule solution réside dans l'épée. [...] Nous pouvons aujourd'hui parler d'une lutte raciale. Nous luttons aujourd'hui pour des régions productrices de pétrole, pour le caoutchouc, pour les matières premières, etc. Je veux anéantir l'ennemi. [...] Je triompherai dans cette lutte ou je succomberai. Je ne survivrai pas à la défaite de mon peuple. Pas de capitulation à l'extérieur, pas de révolution à l'intérieur[20]. » Ils avaient affaire là à un homme prêt à tout miser sur une seule carte et paraissant ne rien connaître d'autre que la victoire totale ou l'anéantissement total. Comment aurait-on pu attendre de lui de la modération dans la victoire ?

Vouloir une pareille victoire ne représentait-il pas déjà une défaite face au marxisme ? Hitler, en effet, s'exprimait exactement de la façon dont, selon la thèse marxiste, agissent les États capitalistes lorsqu'ils luttent pour avoir la maîtrise des trésors du monde. Et ne se dévoilait-il pas d'ailleurs comme un semi-marxiste à attaquer si fréquemment, durant ces quelques mois, le « monde judéo-capitaliste », les magnats de la finance, les « barons juifs et non-juifs de la banque internationale » ? La concentration de masses humaines sur des territoires industriels exigus et tournés vers l'exportation engendrant inévitablement le communisme, ne serait-il pas obligatoire, à en croire ses propres déclarations, que seule la conquête d'espace vital permettrait de fonder son « meilleur socialisme », la « communauté populaire et sociale d'Allemagne » avec son assistance sociale et son élimination des différences de classe[21] ? La « solution raisonnable » qu'il conseillait aux Anglais d'adopter parce que, sinon, tôt ou tard, interviendrait la « solution démentielle »[22], c'est-à-dire le bolche-

20. IMG, vol. XXVI, p. 327 et suiv.

21. *Deutschland im Kampf*, édité par A. I. Berndt et le lieutenant-colonel von Wedel, Berlin, 1939, 5e livraison, p. 28 et suiv.

22. Hillgruber, *op. cit.* (*cf.* note 28 du chapitre III-9), vol. II, p. 552 et suiv. *Der Großdeutsche Freiheitskampf. Reden Adolf Hitlers*, vol. I/II, Munich, 1943, p. 276.

visme (c'est ainsi qu'il fallait sans aucun doute l'entendre), cette solution raisonnable n'était-elle pas déraisonnable, très déraisonnable même ?

Dans ces conditions Hitler ne fit qu'en apparence preuve de raison et de mesure lorsque, en entreprenant lui-même une opération d'une hardiesse presque incroyable, il mit en échec l'opération organisée en Norvège par les Anglais, désireux de le couper de matières premières indispensables, et lorsque, au prix d'une marche triomphale sans précédent entre le 10 mai et le 23 juin 1940, il obligea la France à capituler. L'« offre de paix » qu'il adressa aux Anglais à l'occasion de son discours du 19 juillet devant le Reichstag était faite dans des termes si vagues et dans un tel contexte de triomphalisme d'une part, d'extrême polémique d'autre part, qu'Oswald Mosley aurait certainement été le seul à l'accepter ; Mosley en qui certes beaucoup, avant son époque fasciste, avaient vu le futur Premier ministre anglais, mais qui était maintenant en prison. Ce n'était même pas lord Lothian qui était à présent à la tête de l'Angleterre et qui aurait peut-être été homme à engager des négociations, c'était Winston Churchill et cela constituait l'un des paradoxes les plus étranges de cette guerre. Churchill avait été le plus résolu de tous les antibolchevistes en Angleterre, mais, du fait de son attitude originale envers la guerre, il était également celui des Anglais que l'on pouvait le mieux comparer à Hitler. Il voulait maintenant sauver le monde de la sombre « malédiction hitlérienne » [23] avec la même force de conviction qu'il avait mise jadis à vouloir le sauver du bolchevisme ; voilà qu'il parlait désormais de la Gestapo en utilisant les mêmes tournures qu'il avait jadis employées pour parler de la Tchéka. Il ne s'était toutefois pas contenté de passer par exemple de l'antibolchevisme à l'antitotalitarisme, il avait en même temps fait sienne la vieille conception anglaise de l'équilibre et il combattait tout aussi durement *les Allemands* qu'il combattait *les nazis*. Qu'il fût dur au combat, c'est ce qui s'avéra immédiatement après l'armistice, lorsqu'il n'hésita pas à anéantir, à Mers-el-Kébir, la majeure partie de la flotte française qui était pourtant encore une alliée, avec pour argument que le « danger aurait été mortel » si elle était jamais passée du côté allemand [24] et, est-il permis d'ajouter, parce que cela aurait représenté une autre alternative encore au milieu de toutes les vicissitudes de cette guerre. Pourtant, lorsque trois jours après avoir été nommé Premier ministre, le 13 mai, il avait déclaré que, en dehors de la victoire, il n'y aurait pas de salut pour l'Empire britannique dans le monde, il avait tort par rapport à Hitler qui, lui, le prévint le 19 juillet, que, en cas de refus de son offre, un grand empire mondial serait détruit. Ce fut le paradoxe le plus étrange de cette guerre que Hitler, par amour de l'Empire britannique, ait probablement offert à Churchill la chance de

23. *Winston Churchill. His Complete Speeches*, vol. VI, Londres 1974, p. 6250.
24. *Ibid.*, p. 6242.

défendre victorieusement son île, lorsque, fin mai, il ordonna à ses troupes blindées de s'arrêter devant Dunkerque, sauvant ainsi le corps expéditionnaire anglais de l'anéantissement. Il est par conséquent permis de se demander si ce sont les chasseurs de la Royal Air Force, le mauvais temps ou plus encore l'anglophilie de Hitler qui ont sauvé l'Angleterre. Quoi qu'il en soit, l'« opération Lion de mer » ayant dû être reportée *sine die* en septembre, Hitler, en dépit de sa grande victoire, se retrouva dans une situation extrêmement difficile et c'est l'Union soviétique qui en était responsable au premier chef.

Elle avait en effet continué à imiter Hitler mais, pour autant, elle ne s'exposait plus à de sérieux reproches de la partie anglaise ; elle rencontrait bien davantage, venant de ce côté, des efforts désespérés pour améliorer les relations bilatérales et pour la faire entrer dans la guerre. Après des menaces à caractère d'ultimatum, l'Union soviétique avait occupé militairement les États baltes en juillet et, au terme de l'habituelle *soviétisation*, les avait annexés ; en juillet encore, en menaçant la Roumanie d'une invasion, elle l'obligea à lui céder la Bessarabie et, allant au-delà de la lettre du protocole annexe secret, la Bukovine du Nord. Elle était de la sorte arrivée très près de la région pétrolifère de Ploesti, qui était absolument indispensable à l'économie de guerre allemande. De nombreux indices montraient que la Finlande allait être soumise à d'autres exigences qui, elles aussi, entraîneraient une annexion. Mais, surtout, l'expérience avait prouvé que l'Union soviétique, en fonction des circonstances, réduisait, interrompait ou augmentait ses livraisons de matières premières à l'Allemagne. Cela ne pouvait que faire naître le soupçon qu'elle entendait certes maintenir Hitler dans l'état de guerre, mais qu'elle cherchait par tous les moyens à l'empêcher de vaincre définitivement.

Si l'on fait abstraction de tout ce qui, dans les présupposés, les conditions et les circonstances, était particulier et si l'on s'abstient de porter des jugements moraux, on peut dire de la situation à l'automne 1940 qu'elle n'était ni fortuite ni contre nature. Elle signifiait que le système de Versailles était arrivé à son terme définitif et que les deux plus grands peuples du continent, les Allemands et les Russes, jouaient désormais, avec leurs États satellites et les régions sous leur dépendance, le rôle éminent qui, *de par nature*, leur revenait, beaucoup plus en tout cas qu'à la France d'après 1919. On aurait pu, dès à présent, formuler le propos du Staline de 1949 pour qui ces deux peuples étaient ceux qui étaient « potentiellement, en Europe, les mieux à même d'accomplir de grandes actions d'importance mondiale » [25]. Mais, de situation comparable, il n'y avait encore jamais eue, pas même à l'époque napoléonienne, car il avait toujours existé sur le continent d'autres grandes puissances ; par là seule-

25. *Dokumente zur Deutschlandpolitik der Sowjetunion*, vol. I, Berlin, 1957, p. 238 et suiv.

ment la « politique d'équilibre » de l'Angleterre avait été rendue possible, politique qui avait aidé les puissances plus faibles à s'affirmer face aux puissants du moment.

En principe, le système germano-russe aurait pu être aussi stable s'il avait été la pentarchie du XIXe siècle, c'est-à-dire à la condition qu'aient été respectées les dispositions des traités et qu'aucune des deux puissances ne se soit immiscée, ne fût-ce qu'à travers la propagande, dans la sphère d'influence de l'autre. Mais l'une de ces deux puissances était en guerre, en guerre contre une île qui, aux confins de l'Europe, possédait encore un Empire mondial et dont les arrières étaient assurés par une grande puissance, apparemment neutre mais déjà partiellement en état de guerre. Il est probable que de nombreux Anglais croyaient combattre pour l'ancien équilibre ; pourtant, ils luttaient en réalité, appuyés sur les États-Unis, pour la survie d'un système politico-idéologique qui était le bien commun de l'Europe et qui semblait à l'époque avoir été éliminé de l'Europe entière.

Mais, quand bien même ce système n'aurait pas sombré en Allemagne et se serait par ailleurs imposé en Russie, de sorte que la suprématie des deux puissances vaincues en 1918 n'aurait été instaurée qu'au terme d'une évolution *normale* bien que guerrière, les responsables du Reich allemand n'auraient pas pu agir autrement que ne l'a fait Hitler à ce moment-là : ils auraient fait élaborer par leur haut commandement des plans dans l'éventualité d'une guerre contre la Russie, en même temps qu'ils auraient travaillé en vue de parvenir à un arrangement fiable. Il était impossible de tolérer une situation dans laquelle l'État neutre était à tout moment en mesure de couper l'État en guerre de ses sources d'approvisionnement les plus élémentaires. Il s'agissait principalement du pétrole roumain, mais aussi du nickel finlandais et, de manière plus générale, de « la paix en mer Baltique ». L'Union soviétique, de son côté, était toutefois en droit de se plaindre d'ingérences dans sa sphère d'influence. Après avoir dû céder la Bessarabie et la Bukovine du Nord à l'Union soviétique et de grandes parties de la Transylvanie à la Hongrie, la Roumanie, qui avait été l'un des principaux bénéficiaires du traité de Versailles, se trouvait réduite à ses frontières ethnographiques les plus strictes ; les puissances de l'Axe, sans consultation préalable de l'Union soviétique, accordèrent à la Roumanie une garantie que Moscou ressentit manifestement comme une violation des traités et un affront. De surcroît, l'Allemagne envoya dans le pays des « troupes d'instruction ». Un autre fait tout aussi préoccupant pour l'Union soviétique était la présence de troupes allemandes en Finlande, même si elle n'était prétendument que temporaire, motivée par leur transit vers le nord de la Norvège. Il existait d'autres problèmes, la question des Détroits et celle de la Bulgarie, objectifs traditionnels de la politique russe.

Hitler chargea son grand état-major d'élaborer des plans militaires en vue d'une éventuelle « mise hors d'état de nuire » de la Russie, dès la fin juillet 1940, soit à un moment où la préparation de l'opération « Lion de mer » battait apparemment son plein ; un arrangement général qui n'était toutefois pas à exclure fut à l'ordre du jour de la visite de Molotov à Berlin, du 12 au 14 novembre. Il prévoyait l'entrée de l'Union soviétique dans le pacte à trois qui avait été signé le 27 septembre entre l'Allemagne, le Japon et l'Italie, alliance défensive dirigée contre les États-Unis et ne contenant aucune disposition territoriale ; mais il devait être remodelé de manière à ce que chacune des quatre puissances se voie attribuer un immense espace comme zone d'influence ainsi qu'une fraction de l'« actif de faillite » de l'Empire britannique. Il s'agissait donc d'un plan de « redivision du monde » entre de nouvelles grandes puissances pleines d'ambition, plan dont il était si souvent question dans la théorie marxiste. C'était la part la plus précieuse, certes aussi la plus éloignée, qui était réservée à l'Union soviétique, à savoir l'Inde. Molotov ne se montra absolument pas hostile à ces projets, mais il mit une grande insistance à faire porter les discussions sur les problèmes plus immédiats ; il fut par ailleurs assez franc pour, en réponse à une question de Hitler, répondre qu'à ses yeux le « règlement » concernant la Finlande devait être « d'aussi grande ampleur que celui concernant la Bessarabie et les États limitrophes »[26]. Quinze jours plus tard, c'est par écrit, et officiellement aussi, que l'Union soviétique se déclara prête à adhérer au pacte des quatre puissances, mais elle réitéra ses exigences à propos de la Finlande, de la Bulgarie ainsi que d'une base militaire sur les Détroits ; elle réclamait de surcroît une modification, à savoir que l'espace au sud de Batoum et de Bakou, dans la direction générale du Golfe persique, soit reconnu comme centre de gravité de ses aspirations ; elle demandait, en d'autres termes, qu'on lui concède la domination sur les zones pétrolifères du Proche-Orient. Hitler ne daigna même pas répondre à la lettre et fit mettre la dernière main au plan opérationnel « Barbarossa », qui prévoyait d'abattre l'Union soviétique au cours d'une campagne rapide. Il est difficile de comprendre pour quelles raisons Staline et Molotov n'ont pas apprécié cette absence de réponse pour ce qu'elle était, c'est-à-dire l'annonce de l'alternative guerrière ; mais ils étaient de toute façon engagés dans une puissante entreprise de préparation à la guerre et, selon toute apparence, ils s'attendaient à ce que Hitler finît par leur faire une offre de négociations en forme d'ultimatum.

Si la décision de Hitler n'avait relevé que d'une politique de force, il aurait certes été permis de s'attendre à une dernière tentative de cette nature. Mais Hitler était comparable à une plante disposant de racines de différentes longueurs. Le simple calcul politique auquel se serait livré tout autre chef d'État pénétrait, pour lui, aussi peu profondément en terre que le mobile révisionniste. Ce sont des racines atteignant des couches

26. ADAP, D, vol. XI/1, p. 462 et suiv.

autrement profondes qui lui firent dire à Mussolini qu'il avait l'intention de faire s'installer les Tyroliens du Sud dans une belle région, qui n'était pas encore en sa possession mais qui ne tarderait certainement pas à l'être, tandis que, dans le même mouvement, il présentait Staline comme un « autocrate absolu » (et donc comme un partenaire sur lequel il était possible de compter) [27].

Mais ce qui le caractérise le mieux, c'est que, vers la fin de l'année 1940, il redécouvrit en quelque sorte le bolchevisme et même le « bolchevisme juif » ; en d'autres termes, il le rappela des profondeurs où il l'avait refoulé et en refit un objet de préoccupation totalement conscient. C'est ainsi qu'il déclara le 20 novembre au président du Conseil des ministres hongrois, le comte Teleki, que la Russie, selon les circonstances, donnait d'elle un visage soit bolcheviste soit national-russe [28]. Et, le 3 décembre, au cours d'un entretien avec l'ambassadeur bulgare Draganoff, c'est à nouveau l'auteur de *Mein Kampf* qui réapparut sans conteste. Il affirma qu'il ne voulait pas laisser la Roumanie et la Bulgarie se transformer en ce « désert bolchevisé » qu'étaient aujourd'hui les États baltes, où l'on avait éliminé les intellectuels et les couches moyennes pour mettre à leur place des commissaires incapables. « Il décrivit en termes très forts le terrorisme qui y régnait, les exécutions et les déportations d'intellectuels dans des trains qui ne parvenaient jamais nulle part. Pour des cerveaux européens, la situation y était tout simplement épouvantable. Il en allait de même en Galicie. [...] En Bessarabie aussi, alors que nos compatriotes y résidaient encore, les bolcheviks, dit-il, ont fait massacrer des propriétaires terriens et d'autres représentants des couches dirigeantes par des gens à eux qu'ils avaient chauffés à blanc et qui étaient conduits par des Juifs ; il ajouta qu'un sort analogue attendait les Balkans. » Aux yeux de Hitler, même dans la question des Détroits, les Russes n'étaient pas uniquement préoccupés de s'assurer des points d'appui, mais entendaient aussi « procéder à la bolchevisation de cette partie de l'Europe à partir de ces points d'appui » [29].

Il était donc certain, à la fin de l'année 1940, que, compte tenu de ce que la guerre avec l'Angleterre durait, le nouveau système européen ne serait pas un système germano-russe mais que, au terme d'un combat décisif, seuls les Allemands ou seuls les Russes auraient le dessus, à moins qu'ils ne parviennent, à un moment ou à un autre, à conclure une paix de compromis, ou à moins que les Anglo-Saxons ne réussissent à redonner vie à la démocratie et à une réplique du système de Versailles dans une partie de l'Europe. Pourtant, en raison de la diversité des

---

27. ADAP, D, vol. IX, p. 1 et suiv.

28. Andreas Hillgruber (éd.), *Staatsmänner und Diplomaten bei Hitler. Vertrauliche Aufzeichnungen über Unterredungen mit Vertretern des Auslandes 1939-1941*, Francfort/M., 1967, p. 345.

29. *Ibid.*, p. 384 et suiv.

mobiles de Hitler et de la force de chacune des traditions sur lesquelles ces mobiles s'appuyaient, il n'était pas encore possible, à partir d'une telle situation, de faire quelque prévision que ce soit sur la manière dont la guerre serait menée. Un combat décisif, engagé en vue de mettre en œuvre une politique d'hégémonie, ne ressemblerait pas à une *croisade* antibolcheviste et une guerre menée sous le drapeau de la *libération* se distinguerait essentiellement d'une campagne destinée à conquérir un *espace vital*. Les plans établis durant les derniers mois donnaient déjà d'importants renseignements à cet égard, mais seuls les événements du deuxième semestre 1941 permirent de porter un jugement définitif.

Dans un premier temps, pourtant, quelques-uns des hasards les plus étranges de cette guerre vinrent modifier la situation initiale. Fin octobre 1940, Mussolini, sous l'effet d'une pure blessure d'amour-propre, attaqua la Grèce sans consulter Hitler et subit une défaite inattendue dans la région frontalière de l'Albanie. Comme, dans le même temps, les troupes italiennes ne parvenaient pas à s'imposer en Afrique du Nord, la confiance des Anglais s'accrut considérablement et l'intervention allemande devint inévitable. Il était maintenant devenu impossible de ne pas voir que l'Italie n'était plus le plus petit des *partenaires de l'Axe*, mais l'un des États supplétifs et satellites de l'Allemagne. Début avril, un petit nombre d'officiers fit un putsch contre le gouvernement yougoslave de Cvetkovic qui, comme auparavant la Bulgarie, avait adhéré au pacte des trois puissances ; l'Union soviétique soutint aussitôt le nouveau gouvernement Simovic, signant avec lui un pacte de non-agression et d'amitié. La Wehrmacht s'ébranla à nouveau pour l'une de ses campagnes éclair triomphales et, quelques semaines plus tard, tous les Balkans et même la Crète étaient aux mains de Hitler. Il avait pourtant dû engager dans l'opération une partie des forces destinées à « Barbarossa », si bien que la date de déclenchement prévue pour cette dernière opération ne put être respectée.

Le prélude européen à la Seconde Guerre mondiale touchait à présent à sa fin. Pourtant, du côté allemand aussi, assez nombreux furent ceux qui attendirent jusqu'au dernier moment que débutent des discussions décisives qui auraient, selon toute vraisemblance, amené l'Union soviétique à faire de grandes concessions et de grandes promesses. Si l'on ne tenait pas compte des circonstances, on pourrait dire que le caractère de la guerre n'était pas alors le seul élément toujours incertain, et que la même incertitude existait aussi quant à l'attitude des Anglais et, surtout, quant à celle des Américains. On ne pouvait *a priori* exclure une alliance de l'Allemagne avec les forces antibolchevistes ou antirusses qui, probablement, continuaient d'exister en Union soviétique, et il était encore moins invraisemblable que la théorie léniniste des « voleurs » qui en viennent aux mains ne finît par l'emporter en Amérique, en une inversion de sens paradoxale.

Mais ce ne sont ni *l'Allemagne* ni *la Russie* qui entrèrent en guerre le 22 juin, ce furent la Russie bolcheviste et l'Allemagne nationale-socialiste qui, de manière très différente, étaient l'une pour l'autre à la fois repoussoir et modèle. Le moment est donc venu, avant de décrire à grands traits cette guerre et après avoir donné à voir ses antécédents depuis 1918 ainsi que les interactions intervenues depuis 1933, de nous intéresser, dans une démarche comparative, à quelques-unes des structures des deux systèmes. Pour cela, nous devrons à chaque fois nous consacrer en premier lieu à l'Union soviétique, dans la mesure où elle est le plus ancien des deux systèmes, et nous aurons à mettre en évidence à la fois le caractère d'appel international à la guerre civile qui est inhérent à chacune des deux idéologies, et les particularités nationales qu'aucune idéologie n'est en mesure de totalement supplanter.

IV

Les structures de deux États à parti unique

IV-1

Les partis d'État et leurs chefs

Aucune idée n'était plus étrangère aux pionniers du jeune *mouvement ouvrier* que la perspective de voir un jour des partis socialistes dominer totalement un État et disposer, à sa tête, d'un chef ou d'une instance dirigeante réduite. Les partisans du *socialisme communal* [1], tels Fourier ou Owen, confrontés aux débuts de l'opposition entre État et société, en tirèrent la conclusion diamétralement opposée et voulurent évincer l'État au profit de la société ; mais une société composée d'innombrables communes, de phalanstères ou encore de « villages de l'unité et de la coopération », où les hommes mèneraient une existence libérée de toutes les barrières dressées par la nationalité, la division du travail et la superstition religieuse, chacune de ces petites communautés étant à elle seule un cosmos autosuffisant et susceptible d'être embrassé par l'esprit. Il saute aux yeux que cette idée n'était rien d'autre qu'une riposte au *nouveau* que déjà, peu après 1800, l'on appelait souvent la « révolution industrielle » ; riposte, en d'autres termes, à la naissance d'un système de relations économiques, extraordinairement mobile et animé, qui comportait pour chacun de ceux qui en relevaient une grande part de risques et d'incertitudes, mais qui offrait aussi des chances de réussite inouïes ; ces chances, au demeurant, dépendaient beaucoup plus de l'organisation que de ce que, traditionnellement, l'on appelait le *travail*. Ce système était celui de l'économie mondiale de marché à ses débuts, système que l'on a souvent qualifié, à l'époque, de système concurrentiel et, ultérieurement, de mode de production capitaliste.

---

1. Sur les distinctions terminologiques et sur la question des rapports entre socialisme des origines et marxisme, *cf.* Ernst Nolte, *Marxismus und Industrielle Revolution*, *op. cit.* (*cf.* note 1 du chapitre II-2), en particulier p. 272-280, 457-460, ainsi que, notre contribution, « Vormarxistischer Sozialismus, utopischer Sozialismus. Frühsozialismus – Probleme der Begriffsbildung », in *Sozialismus vor Marx*, sous la direction de Manfred Hahn et Hans-Jörg Sandkühler, Cologne, 1984, p. 19-24.

Le mouvement ouvrier naissant, et non pas seulement le socialisme communal, se caractérisait principalement par son refus de ce nouveau et des réalités qui l'accompagnaient, comme le profit ou les intérêts et aussi la distinction entre patrons et ouvriers. Mais le mouvement ouvrier que constituaient peu à peu les compagnons artisans et la population paysanne échouée dans les villes industrielles, était lui-même un élément de type nouveau et, s'il était patent que Fourier et Owen avaient en vue une idylle « horticole », leur volonté de se faire les défenseurs d'une « science sociale » et les partisans sans réserves de la technique, dans la mesure où l'on pouvait s'en servir pour alléger le travail dans les phalanstères, était en même temps d'une grande modernité.

D'autres penseurs, en revanche, ont clairement discerné l'aspect rétrograde et passéiste du socialisme communal, lui préférant l'idée d'un socialisme étatiste qui extrapolait d'autres caractéristiques de la révolution industrielle et qui réclamait que le postulat fût mené à son terme logique : l'« anarchie de la production » devrait être remplacée par une économie planifiée, dans laquelle l'État serait l'unique patron et se soucierait du bien-être de chacun. Mais ce projet éliminait aussi, en même temps que la concurrence, les profits individuels ainsi que toute espèce de revenus sous forme de rentes, si bien qu'il reviendrait à *la société* de répartir et de réguler le travail. Par conséquent, on ne pouvait pas se passer de concepts comme ceux de *division du travail* ou d'*administration*, si bien que l'existence d'un parti d'État qui gouverne n'était plus inimaginable. Le socialisme étatiste lui aussi, pourtant, se rattachait à des idées qui poursuivaient l'objectif exactement inverse, c'est-à-dire l'objectif de supprimer les sources du conflit entre les États tout comme celles du conflit entre individus ; ces sources, il les voyait dans la propriété particulière, individuelle ou collective, dans l'existence de formations armées ou répressives à l'intérieur des États antagonistes, dans la cupidité, dans la subordination des individus à des nécessités matérielles restreignant leur *bonheur*. De la sorte, le socialisme étatiste, tout comme le socialisme communal, établissait un lien avec le très ancien concept de l'*état naturel*, état dans lequel, selon la doctrine des philosophes antiques mais aussi des pères de l'Église chrétienne, toutes ces caractéristiques existaient déjà, avant qu'un péché originel ou l'irruption de la soif de possession ne soient venus les détruire. Mais aucun de ces socialistes étatistes, que ce soit Louis Blanc ou Constantin Pecqueur, ne se montra capable de prouver, de manière convaincante, que les États, en tant que patrons uniques, *ne disposeraient pas* d'une propriété particulière.

Les adversaires des socialistes, et même certains socialistes, nourrirent donc très tôt le soupçon que la destruction espérée de tout pouvoir pourrait précisément conduire à une concentration du pouvoir encore inconnue à ce jour. Dans ces conditions, si la naissance d'un *mouvement ouvrier* était de la plus haute nécessité historique, puisqu'il était immédiatement lié au plus profond bouleversement de l'histoire européenne récente, la révolution industrielle, son évolution ultérieure ne possédait pas le même caractère de nécessité : le mouvement ouvrier pouvait chercher à obtenir par la lutte, dans le cadre du système qui lui avait donné naissance, les meilleures conditions possibles pour ses partisans, comme le firent, depuis leur création, les *Trade Unions* anglaises ; il pouvait aussi se faire le champion d'un système de nature totalement nouvelle, dont les traits fondamentaux s'inspiraient justement de conceptions archaïques en même temps que, en partie aussi, ils préfiguraient un avenir probable ; il pouvait enfin se débarrasser, dans la pratique ou même sur le plan théorique, de l'idée de l'humanité à laquelle il était si étroitement lié à ses débuts, et se transformer alors en un socialisme d'État de nature particulière. On pouvait présumer que ces tendances coexisteraient et se heurteraient sans que, nécessairement, les frontières entre elles fussent nettement délimitées. En tout cas, il était inévitable que le mouvement ouvrier en tant que tel ainsi que ses diverses orientations, jouent un rôle important dans l'évolution ultérieure s'il inscrivait sur ses drapeaux la revendication du suffrage universel, qui semblait devoir être le mot d'ordre victorieux du siècle. Mais n'était-il pas inévitable qu'apparaissent *à l'intérieur du* mouvement ouvrier de nouvelles différenciations si les divers États adoptaient des attitudes totalement différentes à l'égard du suffrage universel, s'il fallait un jour distinguer entre des pays absolutistes, des pays semi-absolutistes et des pays démocratiques et libéraux ?

Ce n'est pas ici le lieu de montrer combien le marxisme se voulut une synthèse, dans le mouvement ouvrier, des tendances réformistes misant sur la patience et acceptant le capitalisme, en tout cas pour le présent immédiat, des tendances cosmopolites fondées sur un droit naturel et des tendances socialistes étatistes. Nous ne montrerons pas non plus comment il ne fit pourtant que prolonger en son sein les contradictions qu'elles impliquaient. Pourtant, le fait que, parmi les socialistes, les adversaires les plus résolus de l'État et de l'autorité, les anarchistes de Bakounine, aient d'emblée vu dans le marxisme une forme du socialisme étatiste autoritaire et tendanciellement dictatorial, fut une anticipation d'un avenir encore éloigné. Mais il n'y eut quasiment pas de marxiste pour prendre au sérieux la critique de Bakounine ou pour céder à l'inquiétude devant des ambiguïtés lorsque la IIe Internationale – une association de partis marxistes – proclama, en 1890, le 1er Mai jour de la fête universelle du travail, exprimant de la sorte la prétention de libérer dans un avenir proche l'humanité travailleuse de la domination capitaliste et de l'impérialisme.

Néanmoins, lorsque des partis sociaux-démocrates originaires de régions relevant de l'Empire russe vinrent frapper aux portes de l'Internationale, même les marxistes les plus convaincus durent rapidement constater qu'il fallait procéder à de profondes différenciations au sein de l'« armée du prolétariat mondial ». Le Parti social-démocrate du royaume de Pologne et de Lituanie, fondé en 1894, rejetait résolument, sous la conduite de Rosa Luxemburg, Leo Jogiches et Felix Dzerjinski, la revendication de l'autodétermination nationale parce qu'il considérait comme progressiste le grand espace économique que représentait la Russie et qu'il voulait mener son combat dans ce seul cadre ; le Parti socialiste polonais de Josef Pilsudski, en revanche, voyait dans la conquête de l'indépendance de la Pologne une première phase indispensable, la liberté nationale conditionnant la libération sociale. Les congrès de l'Internationale furent par conséquent le théâtre d'affrontements extrêmement vifs entre les représentants des deux *partis ouvriers* concurrents, qui concevaient de manière si différente les rapports entre l'élément national et l'élément social comme entre les facteurs économiques et les facteurs politiques, et qui étaient tous deux dirigés par des descendants de la petite noblesse ou de la bourgeoisie. Le parti ouvrier de la Russie n'était pas non plus exempt de différences comparables, car 1897 vit la création du Bund, l'association des ouvriers juifs de Ruthénie et d'Ukraine, qui avaient certes une « conscience de classe » fortement développée mais qui tous, ou presque, étaient employés dans des entreprises relevant du petit artisanat ou de la petite industrie, et qui se différenciaient des ouvriers russes du seul fait, déjà, que leur jour de repos était le jour du sabbat. Un an plus tard, les Russes les suivirent en organisant, à Minsk, un congrès de fondation auquel n'assistèrent toutefois que de rares délégués et qui ne fut donc absolument pas représentatif. C'est dans l'émigration que s'accomplirent les évolutions les plus marquantes ; il y existait, depuis les années 1880, un groupe, *Libération du travail*, fondé par Georgi Plekhanov, qui, dans l'esprit marxiste et le strict refus des conceptions des *nationalistes (narodniki)*, rejetait la Russie dans la voie normale de l'évolution capitaliste. Lorsque Lénine rejoignit ce cercle, il en résulta la création de la revue *Iskra,* qui devint le point de ralliement des tendances marxistes et dont les six rédacteurs préparèrent le IIe Congrès du Parti ouvrier social-démocrate de Russie, en 1903 ; celui-ci fut le véritable congrès fondateur du parti et conduisit aussitôt, dans les faits, à la dislocation du parti en deux fractions, les « bolcheviks » et les « mencheviks », ainsi qu'à la division du Bund.

Du fait de la conception léniniste du rôle dirigeant des révolutionnaires professionnels, les bolcheviks se différenciaient considérablement des partis de l'Internationale appartenant à l'Europe occidentale ou centrale, dont les mencheviks restaient beaucoup plus proches ; mais, d'un autre côté, ils dépassaient même les sociaux-démocrates allemands pour ce qui était de l'orthodoxie marxiste, Lénine n'hésitant pas à défendre l'idée que le marxisme était tout-puissant parce qu'il était juste. Ils constituèrent de la sorte, dès le début, un parti ou une fraction de parti de nature très singulière. Nous ne retracerons pas ici l'histoire des tentatives de réunification ni le rôle joué par les deux fractions au cours de la Révolution russe de 1905 ainsi que dans les parlements qui succédèrent à l'événement; il suffira d'indiquer, de manière générale, que les bolcheviks furent avant tout un parti discipliné pour qui Lénine, s'il n'était certes pas encore le *chef*, n'en était pas moins déjà le *Vieux* qui l'emportait presque toujours au Comité central. Il n'y avait donc rien de très étonnant à ce qu'un homme comme Trotski ait très tôt vu en lui le futur « dictateur » [2]. Contrastant étrangement avec cette réalité, les milieux bourgeois et intellectuels témoignaient une grande sympathie au parti se présentant comme l'adversaire le plus résolu de l'autocratie tsariste : on trouve sans arrêt cités dans les écrits du parti les noms de riches bienfaiteurs et bienfaitrices qui, par leurs dons, facilitèrent sa survie et son action [3]. En vérité, les différences sociologiques entre bolcheviks et mencheviks étaient minces et les deux fractions – partis organisés à partir de 1912 – partageaient une même difficulté fondamentale, celle de se vouloir des partis marxistes alors qu'ils se mouvaient dans un environnement pré-marxiste. Ce qui les amena tous deux à croire, dans un premier temps, que les partis ouvriers, en Russie, joueraient un rôle particulièrement important et actif dans la *révolution bourgeoise* qui se faisait toujours attendre. Dans ces conditions, en dépit de toutes les critiques des mencheviks, ce ne fut pas une inconséquence de la part de Lénine lorsque, au lendemain des bouleversements d'Octobre, il transforma la paradoxale « révolution bourgeoise sous la conduite du prolétariat » en une véritable « révolution socialiste » qui, à la vérité, en était réduite à attendre, pour ainsi dire d'heure en heure, la révolution mondiale pour que l'authenticité de son marxisme fût confirmée.

Nous ne décrirons ici dans le détail ni les discussions internes au parti après qu'il eut pris le pouvoir, ni les évolutions en matière d'organisation [4]. Nous nous attacherons bien davantage à mettre en relief quelques caractéristiques générales du parti qui, au cours de ces événements, ne cessèrent de se confirmer ou qui même se développèrent.

Le Parti communiste de la République russe, socialiste et fédérative des Soviets (bolcheviques), selon le nom qu'il adopta durant l'été 1918, était, depuis novembre 1917, le premier parti socialiste au monde disposant du pouvoir absolu. Depuis le printemps, le véritable dessein de Lénine était de prendre le pouvoir seul et c'est pour cette unique raison qu'il provoqua le soulèvement armé à la veille du IIe Congrès des Soviets, qui, c'est incontestable, aurait institué un gouvernement regroupant l'ensemble des partis socialistes. L'alliance temporaire avec les socialistes-révolutionnaires de gauche n'était que tactique et, à la fin de la guerre

2. *Cf. supra*, p. 304.
3. Adam B. Ulam, *The Bolsheviks*, Londres, 1965, p. 128 et suiv. L'une de ces bienfaitrices, Mme Popova, mourut de faim en 1921, cataloguée « ennemie de classe » (p. 129).
4. Sur les discussions internes au parti, *cf. supra*, p. 162-163.

civile, c'est à peine si l'idée de Lénine selon laquelle la véritable place des mencheviks et des socialistes-révolutionnaires était la prison rencontra encore quelques résistances au sein du parti.

Ce parti au pouvoir n'en était pas moins minoritaire et il le demeurait. Dans la période la plus favorable pour lui, lors des élections à l'Assemblée constituante, il obtint à peine un quart des suffrages et lorsque, sous le communisme de guerre, presque tous les paysans et de très nombreux ouvriers prirent une claire conscience du prix à payer pour la domination bolchevique, les mencheviks regagnèrent même la plupart des sympathisants qu'ils avaient perdus à l'automne 1917. Mais cela faisait déjà longtemps que le parti au pouvoir avait instauré un mode de scrutin ouvertement inégalitaire; il avait désormais le loisir d'emprisonner ou de faire fusiller ses adversaires comme bon lui semblait. Dans le district de Smolensk, il n'y avait, en 1921, pour une population de deux millions de personnes, que dix mille membres du parti, et des observateurs ont pu, même en dehors de l'épisode de la collectivisation, noter de manière crédible que le parti ressemblait à « une armée d'occupation en territoire ennemi » [5].

Le parti ne visait pas simplement à se maintenir au pouvoir. Ce « petit noyau », cette « poignée de gens », demeurait tenaillé par la volonté absolue de transformation totale, volonté qui, à vrai dire, était vraisemblablement la condition préalable et indispensable à la conservation du pouvoir. Dans ces conditions, il était le parti de l'anéantissement social et de la guerre civile durable. Trotski qualifia les conceptions de Lénine de « simples idées, épouvantablement, inexorablement naïves » [6], et une minorité répondait à certaines émotions fondamentales de l'immense majorité lorsqu'elle dirigeait contre les *bourjouïs* et les officiers tous les ressentiments et toute la haine qui s'étaient accumulés pendant la guerre dans la masse des soldats et des ouvriers. Le parti ne pouvait toutefois pas en rester à l'anéantissement de la bourgeoisie « avachie », selon le mot de Lénine, et à l'anéantissement des intellectuels bavards, car il y avait encore d'autres réalités *prémarxistes* dans le pays, et ce ne fut pas simplement un *trait stalinien* s'il lança à partir de 1928 la grande guerre civile contre les paysans, en parlant de koulaks alors qu'il avait en vue toute exploitation individuelle de quelque nature qu'elle soit. On ne peut même pas mettre au compte du seul Staline la grande purge, car, depuis 1921, le parti s'était infligé des purges périodiques; il s'était agi, à chaque fois, de démasquer des « éléments socialement hostiles » prétendument infiltrés dans le parti et agissant à l'encontre des mots d'ordre de la direction par le sabotage ou la critique.

---

5. Fainsod, *op. cit.* (*cf.* note 13 du chapitre II-6), p. 35, 123. (Édition française: *Smolensk*, p. 46 et 146; la version française ne parle à vrai dire que de « moins d'un millier de militants », NdT.)

6. Trotzki, *op. cit.* (*cf.* note 14 du chapitre II-1), p. 58. (Édition française: p. 74.)

Mais le parti de l'anéantissement social se considérait aussi comme le parti du progrès et, dans certains domaines, même ses ennemis les plus résolus ne pouvaient lui contester cette prétention. Il apprenait à lire et à écrire à un peuple d'analphabètes, il combattait la saleté, l'« inculture » et l'alcoolisme [7]; il ne craignait pas non plus, selon une expression de Lénine, de « laver, de nettoyer, de secouer et de battre » [8] les prolétaires comme les simples adhérents; il propageait l'« esprit scientifique » aux dépens de la superstition et il notait avec une profonde satisfaction que, même à Lyubavichi, « un centre important des Hassidim » où le « fanatisme religieux était vivace », quelques artisans ne respectaient plus le sabbat [9]. Aussi n'y a-t-il rien d'étonnant à ce que Boukharine et Piatakov se soient refusés à abandonner leur foi dans le parti, alors même qu'ils étaient victimes des pires calomnies et qu'ils étaient au seuil de la mort: se séparer du parti, c'était se couper de la meilleure part de sa propre existence et sortir du cours de l'Histoire pour tomber dans les eaux saumâtres d'une vie privée sans intérêt [10].

Mais ni la détermination dont faisait preuve le parti, ni l'enthousiasme, ni le progressisme ne lui auraient permis de conserver le pouvoir et donc ses possibilités d'action s'il n'était demeuré aussi le parti de l'organisation que Lénine avait façonné. La chaîne de commandement allait du Bureau politique, du Comité central et de son secrétariat, en passant par les comités de parti des régions *(oblasti)* et des cercles *(rayoni)*, jusqu'aux comités de ville et de village. À tous les niveaux, un « premier secrétaire » jouait le rôle le plus important, ne serait-ce que parce que c'était lui qui administrait la *nomenklatura*, la liste des postes et des noms proposés au vote des instances inférieures. Quels qu'aient été les changements intervenus dans la composition du Bureau politique, c'est de lui qu'émanaient les directives importantes et, quel qu'ait été le nombre d'ahérents exclus du parti au cours des épurations, il y avait toujours des « cellules du parti » pour se réunir dans chacune des écoles de quelque importance, dans toutes les entreprises, dans toutes les universités, dans tous les régiments de l'Armée rouge ainsi que dans l'ensemble des sous-sections de la Guépéou; elles adressaient des rapports aux directions dont elles dépendaient immédiatement et recevaient d'elles des consignes. À l'armée, des commissaires qui relevaient, sur le plan politique, d'une section centrale auprès de la direction militaire, étaient adjoints aux officiers; dans chaque « station de machines et de tracteurs », il existait une « section politique » dont faisait également partie

---

7. Dès la fin des années vingt, au demeurant, l'Union soviétique était redevenue un pays où régnait l'alcool, où il était souvent plus aisé de se procurer de la vodka que du pain.

8. W. I. Lenin, *Werke*, vol. 33, p. 209 (*Œuvres*, vol. 33, p. 227).

9. Fainsod, *op. cit.*, p. 442. (Édition française: *Smolensk*, p. 459-460.)

10. Conquest, *op. cit.* (*cf.* note 1 du chapitre III-5), p. 157 et suiv. (Édition française: p. 519.)

un délégué spécial de la Guépéou. Le parti avait donc partout des yeux et des oreilles ; ces yeux et ces oreilles se contrôlaient et se surveillaient mutuellement, en même temps qu'ils étaient à leur tour surveillés par d'autres organes relativement indépendants, par exemple la Guépéou. Contrairement à tous les autres partis du monde, ce parti ne se contentait pas d'exercer le pouvoir politique, il dirigeait aussi l'ensemble de la vie économique du pays, dont il était, d'une certaine manière, également propriétaire. Il fallait donc que ce parti fût tout-puissant et c'est cette toute-puissance qu'il appelait socialisme, un socialisme qui, en vérité, n'avait pas encore accompli son ultime mission, à savoir détruire tout pouvoir exercé par des hommes sur d'autres hommes et renverser tous les obstacles à l'épanouissement de chacun. Provisoirement, le plus puissant de tous les États, l'État de l'économie de parti, demeurait la condition préalable à la future absence d'État ; mais ses adversaires ne devaient pas être les seuls à se demander si ce parti, le plus droitier de tous les partis de gauche, n'était pas, certes, resté à gauche dans ses rêves et sa mythologie, mais n'avait pas néanmoins créé, dans le domaine du réel, la plus efficace de toutes les structures de pouvoir politique qui aient jamais existé sur terre. Tel Janus, ce parti jetait donc un regard aigu sur les réalités présentes, occupant, dans une dictature socialiste d'État d'un pays en voie de développement, la place qui, à l'intérieur d'une structure beaucoup plus lâche, revenait à la bourgeoisie économique du système libéral ; mais ce parti lançait en même temps un regard rêveur en direction d'un avenir lointain et demeurait le parti de l'universalisme militant, persuadé qu'il réussirait à balayer toutes les barrières et toutes les arriérations par le seul souffle de ses arguments.

Toutefois, qu'il ait effectivement concilié les extrêmes ou qu'il n'ait utilisé l'un que comme paravent de l'autre, le parti n'était pas dans l'obligation de se donner un *chef* ; il aurait très bien pu être dirigé par une instance centrale dont les membres seraient demeurés anonymes. Mais lorsque, en 1937, Staline compara le parti à une armée, assimilant les quelque trois mille dirigeants aux membres d'un état-major, les quarante mille responsables de rang intermédiaire aux officiers et les cent cinquante mille simples employés de l'appareil aux sous-officiers [11], il est manifeste qu'il se considérait tout naturellement comme le généralissime de cette armée. Certes, Lénine avait en vue un collectif lorsqu'il avait parlé d'une « organisation de chefs », mais il avait dès le début été le premier dans ce collectif et, dès les tout débuts, on pouvait, à l'instar de Trotski, s'interroger sur l'exactitude de cette image du *primus inter pares*. Dès 1918, des articles de journaux ou des discours tenus au cours de réunions évoquèrent, avec une grande et naturelle évidence, « le chef » *(Vojd)* du proléta-

11. Fainsod, *op. cit.* (*cf.* note 16 du chapitre III-5), p. 178.

riat russe et du prolétariat mondial ; comme dans un système féodal, on attribua également à ses plus proches compagnons le titre de « chef », avec toutefois une restriction de caractère régional : c'est ainsi que Zinoniev était le « chef de la Commune du Nord » [12]. Les congrès réservaient au « chef Ilitch » des ovations qui, simultanément, s'adressaient pourtant au « camarade Lénine ». Sa vie durant, Lénine a en effet été contraint de se créer des majorités au sein du Bureau politique et lors des congrès du parti, souvent au terme de durs combats et discussions. Mais, très tôt après sa mort, Trotski, sous les applaudissements, le nomma « le plus grand homme de notre époque révolutionnaire » [13] et aborda l'un des problèmes les plus caractéristiques du marxisme le jour où il affirma que Lénine avait été, avec Marx, le seul génie parmi les chefs de la classe ouvrière ; certes, ajouta-t-il, la classe serait venue à bout de ses missions historiques universelles même sans ces génies, « mais ce travail aurait été plus lent » [14]. Si l'on rapproche de cette déclaration de Trotski une autre du même homme, à savoir que les bolcheviks, sans l'insistance de Lénine, n'auraient jamais conquis le pouvoir car la bourgeoisie n'aurait pas tardé à « conclure la paix » et donc à modifier « radicalement les rapports de force » [15], on pourrait aboutir à la conclusion que c'est ce génie qui, à lui seul, a créé le nouvel État ainsi que la classe ouvrière russe. On peut donc avancer que le Parti communiste de Russie soviétique a été, dès ses origines, le « parti d'un chef », au sens étroit du terme, voire qu'il a développé un véritable culte du chef que même des observateurs sympathisants, au spectacle du mausolée Lénine, ont fréquemment qualifié de « culte des reliques », l'assimilant à un phénomène religieux. Mais, une fois le « chef génial » disparu, le parti pouvait-il être dirigé collectivement par des hommes ordinaires ? Lev Kamenev ne rencontra que peu d'approbation lorsque, au XIVe Congrès, il se prononça contre la « doctrine du pouvoir d'un seul homme » et contre la « création d'un chef » [16]. Staline, dans sa position de secrétaire général du parti et ayant seul le privilège d'appartenir simultanément aux quatre instances supérieures décisives – le Bureau politique, le Comité central, le secrétariat et le bureau d'organisation –, avait déjà pris, dans les faits, la succession de Lénine et, dès 1926, on trouvait des statues de lui sur de nombreuses places de l'Union soviétique. Bientôt il devint courant de parler du « parti et de son chef Staline », et aucun discours public n'omit désormais de souligner, sous de vifs applaudissements, la grandeur de la direction stalinienne. Trotski retourna d'ingénieuse manière le reproche qui lui avait

12. *Severnaïa Kommuna* du 19 septembre 1918.
13. Trotzki, *op. cit.*, p. 142. (Édition française : p. 229.)
14. *Ibid.*, p. 146. (Édition française : p. 242.)
15. *Ibid.*, p. 67 et suiv. (Édition française : p. 88.)
16. Shapiro, *op. cit.* (*cf.* note 28 du chapitre III-1), p. 315. (*De Lénine...*, *op. cit.*, p. 338.)

été adressé jadis et accusa le *stalinisme* d'être un régime bonapartiste, mais en oubliant que Martov avait, dès avant la guerre, formulé le même reproche à l'encontre de Lénine [17]. Il était donc dans la nature du parti qu'un seul homme fût à sa tête, disposant du pouvoir dans des proportions inhabituelles. Néanmoins, Lénine, puis Staline, ne furent jamais considérés autrement que comme des personnifications du parti et, formellement même, comme des personnifications de la classe, aussi curieuse que fût cette deuxième qualification, compte tenu de l'origine et des précédents des deux hommes. S'il est certain que l'ampleur de la grande purge releva du hasard, il n'en reste pas moins que la définition même de ce parti impliquait qu'il finît par s'appliquer à lui-même – c'est-à-dire à ceux de ses membres qui se dressaient contre le chef – ses intentions exterminatrices élémentaires. Mais que, à partir de 1937, Staline n'eût finalement plus besoin pour ses décisions de l'approbation autre que formelle de quelque instance que ce soit et que, vers la fin de sa vie, il ne jugeât souvent même plus nécessaire ne serait-ce que de convoquer le Bureau politique, ne relève toutefois pas d'un ordre de choses identique. Cette pratique contrevenait à la mentalité du parti qui demeurait collectiviste, quand bien même il se soumettait à la volonté d'un chef. La pensée du parti national-socialiste était pourtant, elle aussi, collectiviste, en dépit de ce que ce parti se situait sur le terrain d'une tradition tout à fait autre et de ce qu'il était, lui aussi, un *parti de chefs*, mais dans un sens bien différent.

La fraction la plus importante et la plus influente du mouvement ouvrier s'était implantée dans une tradition dont les origines remontaient à la Révolution française, en particulier à sa phase jacobine. La tradition opposée était celle de la droite, qui percevait avant tout dans la Révolution française la décomposition, la désagrégation et le chaos. On est certes tenté de ne considérer la théorie de la conspiration de l'abbé Barruel, la défense de l'évolution organique prônée par Edmund Burke, les idées de Joseph de Maistre qui qualifiait la Révolution de « satanique » ainsi que les attaques d'Adam Müller contre la notion de propriété privée et de religion privée empruntées au droit romain, que comme une défense du *féodalisme* et donc des intérêts de la noblesse contre la *modernité*. Mais, si la révolution industrielle, bien qu'elle ne fût pas sans racines, avait principalement représenté ce nouveau, la Révolution française était plutôt quelque chose d'*ancien et de nouveau à la fois (etwas Altneues)* ; d'ailleurs, dès 1793, quelques libéraux, pour la caractériser, utilisèrent des termes qui s'étaient auparavant appliqués à de tout autres adversaires, par exemple « synode despotique », « missionnaires » et « tribunaux de l'Inquisition ». Était donc rétrograde à leurs yeux ce qui se prétendait progressiste et, à l'inverse, les auteurs conservateurs apprirent vite à

17. Ulam, *op. cit.*, p. 199.

recourir aux libelles et aux attaques démagogiques. La réalité historique européenne ignorait le *pur progrès* qui se serait incarné dans des personnages concrets, de même qu'elle ignorait la *pure réaction* qu'auraient caractérisée des noms précis ; ce qui la définissait, au contraire, c'étaient les chevauchements, les polyvalences, les formes hybrides, les emprunts et la mobilité intellectuelle, et elle ne pouvait par conséquent se prévaloir, Révolution française incluse, que de révolutions inachevées ainsi que de périodes de réaction incomplètes. Qui, au XIXe siècle, pourrait avoir accompli des actes *objectivement plus progressistes* que les *réactionnaires subjectifs* que furent Robert Peel, Louis Bonaparte, Otto von Bismarck et Benjamin Disraeli ? L'antisémitisme de l'époque wilhelminienne fut une modernisation de la théorie traditionnelle de la conspiration ; les idées socio-darwinistes du tournant du siècle ne furent pas qu'un simple instrument de défense de la bourgeoisie nationaliste et libérale ; elles s'appuyaient aussi sur des découvertes récentes de la science, comme la théorie de Galton sur le caractère héréditaire des qualités. Pourtant, de même que la gauche, à travers toutes ses mutations et sous ses divers avatars, était constamment reconnaissable à son affinité avec la doctrine voulant libérer les individus pour fonder une humanité *pure*, non structurée, de même la droite était-elle en permanence marquée par sa peur possible du *chaos* social et du despotisme qui finirait par en résulter. Cette peur était le pendant de la conviction que l'ordre lié à la tradition et que la hiérarchie institutionnalisée qui en découlait, constituaient le fondement le plus élémentaire de la vie de l'homme en société. C'est pourquoi la droite a eu très tôt, sous forme tendancielle, une intention exterminatrice, la volonté d'éliminer les « conspirateurs » ou les responsables de la décomposition sociale et, chez un homme comme Eugen Dühring, elle s'exprima sans fard, autour de 1900, lorsqu'il s'en prit aux Juifs en tant que race nuisible. Mais Dühring, lui, venait précisément de la gauche, et plus la droite prenait de l'âge, plus elle reprenait à son compte des traits originellement de gauche. Néanmoins, au-delà de ses transformations, elle restait identique à elle-même, tant que l'*ordre*, pour elle, passait avant la *libération*. Bien entendu, l'idée de l'ordre n'a jamais pu être une idée porteuse d'humanité au même titre que l'idée de libération de la guerre et de l'oppression, parce que le concept était loin d'être aussi intemporel et qu'il devait toujours se rattacher à un ordre existant ; il fut néanmoins virulent dans chacune des périodes historiques où un grand nombre de gens trouvaient insupportable l'ébranlement de l'ordre établi et où la peur de voir la société se décomposer gagnait du terrain. On pouvait présumer que cette idée ne trouverait, au XXe siècle, de portée de masse que si l'on parvenait à l'associer tout de même à celle de libération.

C'est ainsi qu'après le grand catalyseur que fut la Première Guerre mondiale s'ouvrirent des possibilités inattendues pour un *parti à la gauche de la droite* dans les pays où l'ordre établi n'était pas aussi largement discrédité que l'était l'autocratie en Russie et où il n'était pas aussi solide et intangible que dans les puissances occidentales victorieuses. Dans un premier temps, c'est en Italie, où l'on déplorait une « victoire tronquée », que s'imposa un type nouveau de parti : un parti porté par de larges fractions des classes moyennes, soutenu par la grande bourgeoisie et fondé par d'anciens marxistes ou gens de gauche, le fascisme. En se dénommant tel, le national-socialisme allemand signalait déjà sa tendance de gauche, tandis que, dans son programme, il réclamait « l'abolition des revenus non fondés sur le travail et la peine » ; il faisait également sienne la revendication, anciennement d'extrême gauche, de l'homogénéité du peuple, tout en adoptant, avec l'idée du libre jeu des forces, les positions du libéralisme extrême. Mais la trame de base, trame droitière, apparaissait beaucoup plus forte et crédible : la croyance dans le coup de poignard des ennemis et des conspirateurs, la haine des apôtres incendiaires de la gauche marxiste, l'attachement à des valeurs passées, l'idée que la Révolution française avait été une « épouvantable éruption volcanique », la ferme volonté de conserver son *être propre*. Dans ces conditions, le Parti national-socialiste était, du point de vue typologique, un parti fasciste, plus exactement un parti fasciste radical. Mais il serait vraisemblablement demeuré un groupe parmi d'autres, déchiré par les luttes fractionnelles, si n'en avait pas pris la tête un homme qui, dans ses conversations avec ses familiers les plus proches, faisait aller le socialisme de « Moïse à Lénine » [18] et qui rejetait tout compromis, même avec les « étudiants nationalistes itinérants » [19], de manière aussi résolue que Lénine l'avait fait à l'encontre des mencheviks et des socialistes-révolutionnaires. Pas plus que Lénine n'avait fondé l'idéologie de son parti, il ne fonda celle du sien, mais c'est aussi lui qui apporta les infléchissements décisifs et les formulations les plus déterminantes. Avant tout, c'est lui qui gagna à ce parti les anciens combattants, qui s'identifiaient à leur passé et qui voulaient libérer l'Allemagne en anéantissant les *ennemis du peuple*, soit d'emblée une position différente de celle que Lénine pouvait et voulait adopter dans son parti d'exilés et de soldats las de la guerre.

Adolf Hitler, dans la hiérarchie sociale, était parti de deux étages plus bas que Lénine et il n'avait jamais fréquenté d'université ou d'école supérieure ; pour ce qui est de son origine et de son niveau culturel, il présentait plutôt des analogies avec Staline, abstraction faite de ses goûts et de ses talents artistiques. Mais le Parti ouvrier allemand auquel il adhéra en 1919 était très éloigné du caractère conspiratif qu'avait le parti bolchevique ; il offrait d'emblée à un tribun populaire des chances

18. Nolte, *op. cit.* (*cf.* note 20 du chapitre II-4), p. 404-408.

19. Les *Wanderscholaren* dont il est ici question étaient des étudiants qui, au Moyen Âge, allaient d'université en université (NdT).

plus grandes, puisqu'il naissait dans une société qui, par comparaison, était une société libre et libérale. Mais, d'un autre côté, il se caractérisait par sa proximité avec les Corps francs, les principes de ces derniers n'étant pas uniquement militaires ; impliquant au contraire un lien personnel et direct d'un nombre relativement peu élevé d'hommes avec leurs chefs respectifs, ils étaient beaucoup plus archaïques. Dans un premier temps, donc, coexistaient, côte à côte, le principe démocratique de la décision prise au cours d'assemblées d'adhérents et le principe du commandement ; l'histoire de Hitler, qui n'était initialement, en sa qualité de « responsable de la propagande », que le septième membre de l'instance dirigeante, est l'histoire de l'élargissement des pouvoirs d'un chef, semblable à celle de Mussolini.

Dès que lui furent conférés, en 1921, les « pleins pouvoirs dictatoriaux », Hitler, en totale opposition à la situation de Lénine, ne fut plus lié à une quelconque espèce de Comité central ; au contraire, le principe du commandement triompha très tôt du principe démocratique de l'élection et de la discussion. Il eut certes encore, tout au début, des mentors et des compagnons d'un rang égal au sien ; pourtant, c'est lui seul déjà qui organisa le putsch de novembre 1923 ; celui-ci ne fut ni décidé, ni même seulement approuvé par quelque instance dirigeante que ce soit. Après la refondation du parti, Hitler connut bien des difficultés avec l'aile implantée en Allemagne du Nord, mais il gagna à sa cause, dans les rangs de cette *gauche*, celui-là même qui allait être le protagoniste du culte du Führer, Joseph Goebbels. Jusqu'en 1930, le « chef suprême de la SA », Franz Pfeffer von Salomon, conserva une position relativement indépendante ; puis Hitler prit personnellement en main la direction de la structure du parti de loin la plus importante. Autour de 1930, le NSDAP avait déjà les traits d'un État dans l'État, à un degré bien supérieur à celui d'aucun autre parti allemand, bien davantage que ce n'avait été le cas des bolcheviks avant leur arrivée au pouvoir ; le culte du Führer fut le plus grand facteur d'intégration d'un parti dans lequel coexistaient des tendances très différentes. Mais, continuellement, se manifestait la supériorité objective de Hitler, auquel des hommes comme Hess, Himmler et Goebbels vouaient un attachement sans bornes, tandis qu'à l'extérieur il apparaissait encore bien souvent comme la « pâle copie » de Mussolini [20].

Hitler, qui n'était pas membre du Reichstag, fut ainsi appelé, le 30 janvier 1933, à occuper les fonctions de chancelier du Reich, en sa qualité de chef du mouvement national-socialiste. D'emblée, en dépit du serment qu'il prêta à la Constitution, il ne fut donc pas simplement un facteur parmi d'autres ; le fait qu'il était le leader incontesté du mouvement de masse national-socialiste et qu'il dirigeait, derrière l'écran de

---

20. C'était encore le cas, en 1934, pour un Arthur Rosenberg (*Historicus. Der Faschismus als Massenbewegung. Sein Aufstieg und seine Zerstörung*, Karlsbad, 1934, p. 5).

l'État, la révolution entreprise par ce mouvement, essentiellement une contre-révolution de par ses intentions, lui conférait une suprématie déterminante. Au plus tard après août 1934, la volonté du Führer était devenue la loi suprême et c'est ainsi qu'il était de la seule compétence d'Adolf Hitler de décider de la guerre ou de la paix, décision pour laquelle, dans la Constitution de Weimar, le vote d'une loi était indispensable. Lénine était très loin de disposer d'un tel pouvoir absolu ; Staline, après 1937, oui, mais tout au plus dans les faits. Voilà pourquoi il ne put, en 1939, y avoir le moindre doute sur l'entière responsabilité de Hitler dans le déclenchement de la guerre contre la Pologne et pourquoi c'est autour de son seul front que l'on tressa les lauriers de la victoire.

La façon dont les juristes nationaux-socialistes caractérisèrent le pouvoir du Führer relevait pour une bonne part d'une quasi-théologie et du mysticisme. À les en croire, le Führer est l'incarnation de la véritable volonté du peuple ; il est donc le champion de « l'idée objective de la nation contre l'arbitraire subjectif d'un esprit public dévoyé ». Sa fonction est indivisible, son pouvoir n'est « entravé ni par des systèmes de sécurité et des contrôles, ni par des domaines protégés autonomes ou des droits individuels acquis ; ce pouvoir est au contraire libre et indépendant, exclusif et illimité ». Il n'est pas pour autant arbitraire, puisqu'il est lié au destin et à la mission de son peuple. Mais c'est le Führer qui, seul, détermine *ce que sont* le destin et la mission du peuple, c'est lui qui oriente « l'intervention des forces politiques du peuple rassemblées en vue d'atteindre les grands objectifs communs ». Les consultations populaires ne déterminent pas ses décisions, elles n'ont pour fonction que de les confirmer, d'exprimer une adhésion confiante aux choix du Führer[21].

Dès avant le début de la guerre, le principe de l'État du Führer était totalement établi. Göring put déclarer à ce propos que, sur les grandes questions, lui et les autres dirigeants de l'État et du parti ne détenaient pas plus de pouvoirs de décision que les pierres sur lesquelles ils se trouvaient[22]. On sait depuis les toutes premières années de l'après-guerre, grâce aux mémoires des acteurs de cette époque, qu'au-dessous de ce niveau se déroulaient d'innombrables conflits de compétence entre les chefs de rang inférieur ; mais cet état de fait était justement la condition indispensable pour que les décisions de Hitler dans le domaine de la politique mondiale fussent libres de toute entrave. Les juristes nationaux-socialistes avaient par conséquent raison lorsqu'ils repoussaient l'idée que l'on pût identifier l'État du Führer à une dictature ou même à une monarchie absolue. Effectivement, jamais un dictateur ou un monarque absolu n'avaient eu autant de pouvoirs que Hitler. Même la volonté de

21. Ernst Rudolf Huber, *Verfassungsrecht des Großdeutschen Reiches*, Hambourg, 1939, p. 196, 230, 223, 202.

22. Sir Neville Henderson, *Failure of a Mission*, New York, 1940, p. 297.

l'empereur militaire que fut Napoléon Ier ne s'identifiait pas directement à la volonté de l'État. Si l'objectif visé par ce régime n'avait été que de retrouver le statut de grande puissance ou encore de fonder une Grande Allemagne, de telles particularités n'auraient pas été nécessaires, le croire est totalement sans fondements. Il s'est sans doute agi de la seule « Constitution » qui permette à un pays vaincu, faisant fi de toute vraisemblance et de toutes les réserves émises par les spécialistes, de chercher à établir son « hégémonie sur le monde ». Elle unissait la simplicité archaïque avec laquelle se formait la volonté dans les tribus guerrières et l'efficacité moderne d'un État dans lequel régnait la division du travail. Mais c'était également l'unique forme d'État permettant qu'un seul homme fût en mesure d'entraîner une nation entière dans la défaite totale et même à sa perte physique. Dans une perspective philosophique, il s'agissait de la forme la plus extrême de théologie pervertie : le Führer avait le rang d'un Dieu ou, au moins, d'un sauveur semi-divin et c'est là que résidait, d'un point de vue historique, la plus brutale opposition entre la tradition allemande et la tradition européenne.

Mais les considérations juridiques sur la situation, au regard du droit public, d'un Führer du peuple aux pouvoirs sans limites, n'autorisent pas à conclure que ce Dieu ou ce demi-Dieu était en même temps le pionnier d'une *Weltanschauung* qui entendait s'adresser à des gens allant bien au-delà des seuls Allemands : *les Germains*, au moins, et peut-être même *tous les Aryens*. Et la réalité était loin d'être conforme aux concepts et aux postulats. Le peuple allemand n'était pas un groupe généalogique restreint levant des regards pleins de confiance vers son patriarche, il constituait tout au contraire une société moderne, très complexe et aux multiples différenciations historiques. Le Führer avait par conséquent besoin d'un organe qui, précisément, ne s'identifiât pas au peuple et il fallait que sa *Weltanschauung* fût enracinée dans cet organe et qu'elle l'irriguât tout autant en retour. Si le NSDAP de Hitler était sa créature première et éminente, lui-même en était pourtant, à son tour, d'une certaine manière le fils. Le Troisième Reich a donc été tout autant un État-parti qu'un État-Führer, et la loi visant à assurer l'unité du parti et de l'État, loi du 1er décembre 1933, inscrivit déjà cet état de fait dans le droit formel en définissant le parti comme « la force motrice et dirigeante de l'État national-socialiste ». S'il est permis d'interpréter le caractère de l'État-Führer comme la levée des limitations mises au pouvoir monarchique traditionnel, le caractère de l'État-parti était, sur le plan historique, quelque chose de totalement nouveau : il est encore plus difficile de déduire ce caractère des traditions de la droite que des traditions du socialisme. Mais la Russie soviétique avait en l'occurrence quinze ans d'avance sur l'Allemagne.

Dès ses débuts, le NSDAP ne fut pas un parti de notables mais un parti de masse bien organisé, comme seuls l'avaient été jusqu'ici, en Allemagne, le SPD ainsi que, après 1920, le KPD. Pourtant, par comparaison avec le SPD et le PCUS, il n'y avait pas que les pouvoirs du Führer qui fussent plus marqués ; les effectifs, eux aussi, connaissaient un développement plus puissant. Au moment de la prise du pouvoir, le NSDAP comptait plus de sept cent mille adhérents, tandis qu'ils n'étaient guère plus de deux cent mille dans le Parti bolchevique, à l'automne 1917 ; en 1935, les adhérents nationaux-socialistes étaient, avec un chiffre de deux millions et demi, aussi nombreux que ceux du PCUS, candidats compris. Le NSDAP était donc beaucoup moins un parti élitiste que le PCUS et, à aucun moment, on n'entreprit d'épurer le parti sur une grande échelle. Hitler n'a jamais comparé son parti à « un nouvel ordre communiste de samouraïs » ou à un « ordre de chevaliers Porte-Glaive », comme le firent Trotski ou Staline à propos du PCUS [23]. Mais, à la différence du PCUS, le NSDAP avait une organisation proche de celle de l'État dès avant son arrivée au pouvoir, et la direction nationale du parti, à Munich, ressemblait depuis 1930 à un gouvernement. L'armée du parti, la SA, avec ses états-majors et sa hiérarchie comparable à celle de l'armée régulière, était numériquement beaucoup plus importante que ne l'avait été la Garde rouge de Petrograd en 1917. Ce parti et son armée n'eurent toutefois pas à faire leurs preuves au cours d'une véritable guerre civile et, s'ils anéantirent certes les autres partis, ils n'anéantirent en aucune façon des classes sociales entières ; en ce qui concerne l'« ennemi principal », les Juifs, il ne mit en œuvre que très progressivement son intention de le chasser. Dans ces conditions, la SA ne devint pas l'armée de l'État, contrairement, dans une certaine mesure, à la Garde rouge ; et si le parti exerça une grande influence, il demeura pourtant toujours un État dans l'État ; pendant de longues années, il fut bien loin de pouvoir même songer à se soumettre l'économie ou tout simplement à se l'approprier, comme l'avait fait le Parti communiste en Russie soviétique. À la différence de la Russie de 1917 et, à plus forte raison encore, de celle de 1920, l'Allemagne possédait une économie qui connaissait, bien sûr, un certain marasme, mais qui était néanmoins très performante et qui fonctionnait très bien ; elle était intégrée au marché mondial par des voies multiples et elle dépendait de lui pour une bonne part. Tenter de l'exproprier et de la réorganiser sans l'accord exprès d'une majorité écrasante d'électeurs, aurait provoqué le chaos et le déclin qui avaient succédé, en Russie, à la guerre et à la guerre civile. C'est précisément la raison pour laquelle, en Allemagne, le pouvoir du parti demeura beaucoup plus limité, un pluralisme social subsistant dans une large mesure, à l'inverse de ce qui se passait au niveau politique. Quelques chefs d'organisations du parti parvinrent néanmoins, tel Goebbels, à franchir le pas les séparant des institutions d'État correspondantes, mais Alfred Rosenberg

23. Heller-Nekrich, *op. cit.* (*cf.* note 21 du chapitre III-1), p. 75, 123. (*L'utopie...*, *op. cit.*, p. 68, 108.)

réussit aussi peu à mettre la main sur le ministère des Affaires étrangères que Ernst Röhm sur le ministère de la Reichswehr. Plus tard, certes, on assista de plus en plus souvent à l'attribution à une même personne de fonctions partisanes et de fonctions publiques, mais, en principe, parti et État demeurèrent séparés. Dans les faits, la situation consista en une compétition acharnée entre les divers chefs du parti ou les chefs de certaines structures pour conquérir des parts du pouvoir d'État ; cela aussi provoqua une juxtaposition de prétentions et de compétences qui était un élément de confusion, mais qui ne représenta à aucun moment une *polycratie*, car tout le monde savait très bien à qui revenait de prendre les *grandes* décisions. Hitler encouragea d'ailleurs expressément un certain désordre, tout comme Staline, et Lénine avant lui, avait lui aussi encouragé la concurrence et la juxtaposition de divers organes. Bien entendu, demeuraient en Allemagne des vestiges beaucoup plus forts de l'individualisme traditionnel et une plus grande latitude pour des initiatives personnelles, tandis qu'en Union soviétique la multiplicité des compétences servait bien davantage à l'exercice d'un contrôle mutuel, permettant une domination du sommet plus effective encore, et qui s'exerçait jusque dans les plus petits détails. Il existait donc une différence fondamentale entre le PCUS et le NSDAP : le premier devait d'abord, au prix d'une activité acharnée nécessitée par les dévastations du conflit mondial et de la guerre civile, engendrer une société industrielle, capable de mener une nouvelle guerre, tandis que le second avait pour tâche plus facile, sortant d'une crise surmontée pacifiquement, de préparer une société déjà hautement industrialisée à des hostilités ou, du moins, de rendre ses menaces de guerre crédibles. De la sorte, le NSDAP partageait la plupart des caractéristiques formelles du PCUS, par exemple son activisme et sa volonté d'anéantissement, mais, jusqu'au déclenchement de la guerre, sous une forme beaucoup moins prononcée.

Il était déjà symptomatique qu'il y eût aussi, à côté des structures propres au parti national-socialiste – la SA, la SS, le NSKK (Corps des automobilistes nationaux-socialistes), la HJ (Jeunesse hitlérienne), la NSDStB (Ligue nationale-socialiste des étudiants allemands) et la *Frauenschaft* (organisation des femmes) nationale-socialiste – des *associations affiliées*, comme la Ligue des médecins, la Ligue des juristes allemands nationaux-socialistes, la Ligue des enseignants et la Ligue nationale des fonctionnaires allemands, qui illustraient concrètement la persistance du pluralisme social.

La haute hiérarchie du parti reflétait la répartition des fonctions au sein de la direction, qui avait toujours son siège à Munich, la « capitale du mouvement ». Mais Rudolf Hess, que l'on pourrait comparer au secrétaire général du PCUS, avait, dans les faits, beaucoup moins de possibilités d'intervention dans le domaine de l'État, bien qu'il disposât de droits considérables lui permettant de dire son mot dans le domaine législatif ou dans la nomination de tous les fonctionnaires. Lors de son séjour à

Berlin, les 13 et 14 novembre 1940, Molotov rendit également visite à Hess et il se pourrait qu'ils aient eu à cette occasion des discussions portant sur les problèmes d'organisation des deux partis [24]. Si cette information est exacte, il se serait alors agi de l'unique « entretien au sommet » qui ait jamais eu lieu entre le PCUS et le NSDAP. La question n'est pas encore tranchée de savoir si, sous Martin Bormann qui devint, après l'envol mystérieux de Hess pour l'Angleterre, l'un des hommes les plus puissants du Troisième Reich en sa qualité de « chef de la chancellerie du parti », des « entretiens au sommet » d'une tout autre nature ne se sont pas déroulés [25].

Au-dessous de Hess, puis de Bormann, il y avait les *Reichsleiter*, des espèces de ministres, au nombre desquels, par exemple, Robert Ley, le chef du Front allemand du travail, mais également les chefs des grandes structures du parti, comme Heinrich Himmler et Baldur von Schirach. Les divers services du parti ne dispensaient pas d'« instructions » à des secteurs entiers de l'État, contrairement à la pratique des départements du Comité central en Union soviétique ; en revanche, chacune des associations affiliées était subordonnée à l'un des services de la direction nationale du parti. Du haut en bas de l'appareil du parti, on rencontrait, dans l'ordre, les directions des provinces *(Gau)*, des districts *(Kreis)*, des groupes locaux et des cellules, avant d'arriver à l'unité inférieure, le *bloc (Block)*, qui englobait de quarante à soixante foyers. Tous les membres du parti chargés d'une fonction portaient des uniformes avec l'insigne de leur grade, qui toutefois, contrairement aux uniformes et aux grades de la SA et de la SS, ne furent jamais très connus, et encore moins populaires.

Les chefs de bloc étaient chargés, *à la base de la pyramide sociale*, d'encaisser les cotisations, mais aussi de conseiller, de surveiller, de faire la propagande de bouche à oreille, toutes actions tournées aussi, bien sûr, vers les simples « concitoyens ». Dans chaque immeuble collectif, il y avait un « tableau mural du NSDAP » : « Ici s'exprime le NSDAP. Concitoyens, si vous avez besoin de conseils ou d'aide, adressez-vous au NSDAP. » Puis venaient le nom du chef de bloc et l'adresse du siège du parti. Dans la partie inférieure du tableau, on affichait les communiqués du parti.

Il y avait bien entendu déjà eu, avant le déclenchement de la guerre civile en 1918, une présence du parti au pouvoir en plein cœur de sa base sociale, à Petrograd, à Moscou ainsi que dans d'autres grandes villes de la

---

24. Hilger, *op. cit.* (*cf.* note 12 du chapitre I), p. 301.

25. Il semble que Reinhard Heydrich, déjà, ait nourri le soupçon que les Soviétiques avaient les moyens de faire chanter Bormann en raison d'un événement intervenu alors qu'il était membre des Corps francs, soupçonnant aussi qu'il leur servait d'agent (Schellenberg, *op. cit.* [*cf.* note 3 du chapitre III-5], p. 256 et suiv.) ; ultérieurement, c'est le général Gehlen qui affirma la même chose (*Der Dienst*, Mayence-Wiesbaden, 1971, p. 48 et suiv.). Mais aucune preuve concluante n'a été apportée à l'appui de ces dires.

Russie. On y avait constitué des « comités d'immeubles » qui se composaient en général du personnel des immeubles en question ou de leurs habitants les plus pauvres ; très vite, ils se fixèrent pour tâche d'expulser les familles aux opinions hostiles, de redistribuer les appartements ainsi libérés et, au minimum, d'exercer une surveillance extrêmement stricte de tous les *bourjouïs*. Pendant de longues années, l'équivalent n'exista pas dans l'Allemagne nationale-socialiste, même pas à l'encontre des corésidents juifs, quel qu'ait pu être, par ailleurs, l'aspect désagréable des contrôles et, trop souvent, des brimades qu'infligeaient à ces derniers les responsables subalternes du parti. Le système allemand était bien davantage un système de contrôle qu'un système destiné à modifier l'ordre des choses, il était un système capillaire capable de réprimer tout mouvement spontané mais représentant aussi un dispositif d'activation et de *démocratisation*. De nombreux chefs de bloc, de même qu'un certain nombre de chefs de cercles et quelques Gauleiter, étaient des ouvriers, d'anciens ouvriers, ou étaient issus de milieux très modestes, et un vaste champ s'ouvrait de la sorte à leur soif de titres et de distinctions. Mais, même si le gros commerçant ou le haut fonctionnaire pouvaient se sentir parfaitement mal à l'aise sous les regards suspicieux de leur chef de bloc, qui n'était parfois tout bonnement qu'un simple employé de bureau, ils demeuraient ce qu'ils étaient, c'est-à-dire de gros commerçants et de hauts fonctionnaires qui pouvaient se plaindre devant des tribunaux d'éventuels mauvais traitements dont ils auraient été victimes, dans la mesure, du moins, où ils ne risquaient pas d'être dénoncés à la Gestapo comme membres actifs de partis dissous. À Moscou et à Petrograd, en revanche, les comités d'immeubles étaient presque souverains pour gouverner et modifier les choses dans leur petit domaine, et il n'était pas rare que des cas assez graves d'insubordination fussent punis sur-le-champ.

Il semble que l'on appréhende le mieux ce qui constitue la différence fondamentale entre les deux partis bien en dessous de la sphère des hautes directions, plus bas même que les responsables subalternes ; le PCUS était en effet un parti du prolétariat ayant pour objectif d'anéantir toutes les différences de classe, tandis que le NSDAP était un parti de petits-bourgeois qui, en dépit de tout l'activisme dont il faisait preuve, aspirait justement à maintenir en l'état les rapports sociaux.

Mais cette thèse, dans sa simplicité, est discutable pour la bonne raison que le NSDAP, au moment de la prise du pouvoir, était cinq fois plus important que le parti des bolcheviks, si l'on rapporte le chiffre des adhérents à celui des populations. Certes, on manque de données précises et fiables concernant les débuts de ce qui sera plus tard le PCUS, mais on a calculé qu'en août 1917 c'étaient tout au plus 5 % des ouvriers d'industrie qui étaient adhérents du parti. Des cent soixante et onze délégués au VIe Congrès qui remplirent les questionnaires qui leur avaient été remis, quatre-vingt-douze étaient des Russes et vingt-neuf des Juifs, quatre-vingt-quatorze avaient une formation universitaire, soixante-douze étaient des ouvriers et des soldats. L'âge moyen était de vingt-neuf ans environ [26]. On avait donc affaire à un parti d'intellectuels et d'ouvriers ainsi que de paysans habillés en soldats. On ne peut dire combien d'*ouvriers* étaient employés dans des entreprises artisanales ou dans la petite industrie et présentaient par conséquent des caractéristiques *petites-bourgeoises* ; il ne fait pas de doute qu'à Petrograd une proportion considérable d'ouvriers provenait des usines Poutilov et relevait de la grande industrie. Mais ce qui est particulièrement remarquable, c'est bien sûr la forte proportion des « non-nationaux » *(fremdvölkisch)*, pas seulement des Juifs, mais aussi des Lettons, ainsi que l'âge moyen peu élevé au sein du parti. Lors du IIe Congrès, à Londres, les Juifs avaient certes représenté la moitié des délégués et il y avait eu largement plus que 50 % d'intellectuels. On décèle nettement ici l'origine du discours sur le « bolchevisme juif ». Un des traits fondamentaux de la révolution russe consiste justement en ceci qu'elle fut pour une bonne part un soulèvement des « non-nationaux » opprimés ou qu'elle fut, du moins, sa contemporaine : le soulèvement des Juifs, des Lettons, des Lituaniens, des Finlandais, des Géorgiens et de bien d'autres encore. Sur cette moitié de délégués juifs, une bonne partie était, de plus, des membres du Bund ou des mencheviks ; par ailleurs, chacun des bolcheviks juifs aurait répondu, à une question sur ses origines, de la même manière que le ferait plus tard le commissaire du peuple Mechlis en réplique à une remarque antisémite de Staline : il n'était pas juif mais communiste [27]. Il faut accorder un fort degré de vraisemblance à la thèse selon laquelle les Juifs des provinces occidentales russes – un « peuple » qu'il était encore possible de distinguer nettement même s'il était sur le point de se détacher de la foi qui lui semblait constitutive – représentaient le plus grand réservoir d'énergies et de dons qui aient jamais été concentrés dans un espace aussi restreint et qui se voyaient soudain ouvrir un champ presque illimité de possibilités. Ainsi s'expliquerait qu'il y ait eu, dans un premier temps, une proportion aussi extraordinairement forte de Juifs occupant les plus hautes fonctions de direction ; mais cela ne prouve en aucune façon que le bolchevisme en tant que tel ait été *juif*, cela montre simplement, avec beaucoup de net-

26. Pour des données statistiques sur le parti, *cf.* les chapitres qu'y consacre Schapiro, *op. cit.*

27. On trouve une contribution aussi émouvante qu'éclairante à cette étude des rapports entre judaïsme et bolchevisme au tout début des mémoires de Walter Krivitsky, qui s'appelait d'ailleurs Ginsburg : « À treize ans, j'avais adhéré au mouvement révolutionnaire. C'était à la fois l'acte d'un homme et celui d'un enfant. J'entendais les plaintes de ceux de ma race qui se mêlaient aux chants nouveaux de liberté. Mais en 1917 j'étais un jeune homme de dix-huit ans : la révolution bolchevique m'apparut comme la solution radicale de tous les problèmes de la misère, de l'inégalité, de l'injustice. J'adhérai au parti bolchevique de toute mon âme. Je fis de la foi marxiste et léniniste une arme pour attaquer les maux contre lesquels se révoltait mon instinct. » (Krivitsky, *op. cit.*, [*cf.* note 8 du chapitre III-2]), p. 8. (Édition française : p. 8.)

teté, combien, à la veille de prendre le pouvoir, le parti bolchevique était peu conforme au schéma marxien qui opposait l'immense majorité des prolétaires à l'infime minorité des magnats du capital. Aucune étude sociologique, aucun calcul de pourcentages ne viendront infirmer le résultat auquel parvient l'examen historique : le Parti bolchevique était, en 1917, un parti encore tout à fait sous-développé, relativement petit, composé d'intellectuels, d'ouvriers et de « non-nationaux », qui, dans la situation d'une défaite militaire non encore consommée, se plaça à la tête de revendications de masse – l'aspiration à la paix de presque tous les soldats et l'aspiration à la terre de presque tous les paysans. Mais, s'étant depuis ses origines proclamé marxiste, il ne pouvait, une fois installé dans un pouvoir absolu, se contenter de simplement conclure la paix et de partager, comme le réclamaient les socialistes-révolutionnaires, les terres des grands propriétaires fonciers ; il lui fallut, au contraire, exproprier aussi l'industrie et anéantir socialement la bourgeoisie constituée des simples propriétaires privés et des intellectuels traditionnels. Il fut donc le parti d'un total bouleversement social et, si l'on est en droit de donner le nom de révolution à toute espèce de changement essentiel et si ce changement se justifie en même temps du point de vue du progrès et de l'histoire, ce parti fut donc, dans les faits, un parti révolutionnaire et progressiste, à l'unisson de l'évolution historique. Mais *il n'était pas* le parti correspondant au concept marxien de base.

À plus forte raison encore, les travaux sociologiques portant sur les années suivant la prise du pouvoir et la guerre civile ne sauraient être que décevants, puisque c'est désormais le parti lui-même qui façonne la réalité sociale et qu'il est en mesure de manipuler sa propre composition, n'ouvrant ses rangs, temporairement peut-être, qu'aux ouvriers et aux paysans pauvres tout en se débarrassant de nombreux employés et de membres de l'ancienne intelligentsia. Mais, comme il fallait que ce soient des adhérents du parti qui occupent, à de rares exceptions près, tous les postes de direction essentiels de cet État gigantesque, le parti s'identifia quasiment à l'élite dirigeante du pays, bien que, en 1919 encore, il se composât à presque 90 % de gens n'ayant qu'une instruction élémentaire, voire d'analphabètes. Quant au nombre d'ouvriers et de paysans effectuant réellement un travail manuel, il ne devait représenter guère plus d'un dixième du total des adhérents. Compte tenu de l'absence d'une sociologie scientifique à l'époque, on ne peut répondre avec certitude à la question de savoir si, sous le couvert de la notion bien vague d'employés ou d'intellectuels nouveaux, ne se cachaient pas des différenciations très profondes et si une classe nouvelle, voire une caste, n'était pas en voie de constitution.

On dispose en revanche, pour ce qui est du NSDAP, d'une multitude de matériaux ; ce dernier s'est en effet développé, quatorze années durant, au sein d'une société qu'aucune particularité sociale fondamentale ne distinguait d'autres sociétés européennes. On peut caractériser toutes ces sociétés comme des sociétés petites-bourgeoises, c'est-à-dire comme ne se composant pas très majoritairement de paysans et d'ouvriers, mais comportant au contraire une classe moyenne, très large par comparaison, s'adonnant à des activités intermédiaires et d'organisation. Si l'on y ajoute les classes traditionnelles de la bourgeoisie cultivée et de la petite noblesse, elle n'est pas loin de constituer, au-dessous de la grande bourgeoisie et de l'aristocratie, la moitié de la population, et elle représente moins une classe qu'une atmosphère qui imprègne tout, le bassin filtrant de la nation et de la société en quelque sorte ; ne prenant jamais de position politique homogène, elle est aussi étroitement liée à la couche supérieure de la classe ouvrière qu'à la partie « active » de la grande bourgeoisie. En raison de ce caractère multiple et divers, la classe moyenne n'a jamais donné d'elle-même une image héroïque ; elle s'est bien davantage continuellement critiquée, introduisant de la sorte dans la société une mobilité aussi étrangère à une société de noblesse de guerre qu'à un État de petits paysans. On se demandait, en 1870 et en 1920 encore, si cet élément fondamental de toutes les sociétés occidentales connaissait le recul ou l'essor, et Karl Marx lui-même a soutenu à ce propos l'une et l'autre thèses. Pour pimenter un peu le débat, on pourrait même avancer l'idée que le concept de prolétariat révolutionnaire fut, tout comme de manière plus générale le socialisme, une invention de la petite-bourgeoisie, parce qu'il est né de l'aversion qu'éprouvaient des hommes d'origine petite-bourgeoise pour certains traits, effectivement souvent obsolètes, du monde de leur jeunesse. En tout cas, ce n'est pas une contribution substantielle au débat que de qualifier le NSDAP de mouvement petit-bourgeois et de continuellement confirmer, ou de ne modifier que de manière infime, des constatations que l'on pouvait déjà trouver dans les « statistiques du parti » officielles de 1935 ; elles indiquent que les ouvriers sont sous-représentés dans le parti, puisqu'ils ne regroupent que 32 % des effectifs alors qu'ils constituent 47 % de la population, et que leur pourcentage baisse jusqu'à 8 % chez les chefs de district *(Kreisleiter)* [28]. On trouve des phénomènes comparables, c'est-à-dire des écarts par rapport à une égalité de représentation que l'on s'imaginait ou que l'on postulait, dans tous les États et tous les partis, où l'idée de *représentation* a une signification réelle. Ce qu'il y a de caractéristique dans le national-socialisme, c'est exclusivement la proportion comparativement très forte d'ouvriers au sein d'un *mouvement des classes moyennes* [29]. C'est une contribution tout aussi peu sub-

28. *Cf.* Michael Kater, *The Nazi Party. A Social Profile of Members and Leaders 1919-1945*, Oxford, 1983.

29. Sur cette question il faut en particulier se reporter aux travaux de Jürgen W. Falter, notamment Jürgen Falter, Thomas Lindenberger et Siegfried Schumann, *Wahlen und Abstimmungen in der Weimarer Republik. Materialien zum Wahlverhalten 1919-1933*, Munich, 1986, ainsi que Jürgen W. Falter, *Hitlers Wähler*, Munich, 1991.

stantielle au débat qu'apporte la thèse des « déclassés », qui est pertinente, jusqu'à un certain point, pour chaque parti extrémiste. Par ailleurs, le « déclassement » est plus fréquemment, dans ces cas-là, la conséquence de l'activité d'un parti que l'explication de cette activité ; et tel est bien ce qui s'est produit dans le NSDAP. Le nombre relatif des adhérents dans telle ou telle région dépendait beaucoup moins de la composition sociale de cette dernière que de facteurs extra-sociologiques, comme la proximité de la frontière, la Confession dominante et la proportion d'engagés volontaires pendant la guerre. Que le NSDAP, comme le PCUS, fût un parti de jeunes n'était pas la caractéristique la moins importante. Un propos déjà ancien de Clara Zetkin, puisque tenu en 1923, est beaucoup plus éclairant que des considérations statistiques sur les proportions de telle classe ou de telle couche, notions qu'il convient d'ailleurs de préalablement définir : elle indiqua cette année-là que les partis fascistes se composaient tendanciellement des « éléments, issus de toutes les classes », les plus forts, les plus déterminés (et, devrait-on ajouter, les plus excitables)[30]. On pourrait à tout aussi bon droit dire que le Parti bolchevique se composait, en 1917, des éléments les plus énergiques et les plus actifs de l'intelligentsia russe et non-russe ainsi que du monde ouvrier. Mais ce n'est pas la sociologie, c'est uniquement l'histoire qui peut fournir une réponse à la question décisive : pour quelles raisons ces éléments se sont-ils constitués en parti, en Russie et en Allemagne respectivement ? Certes, des données sociologiques et historiques peuvent, dans une certaine mesure, permettre de mieux comprendre le caractère différent de chacun des deux partis ; il n'empêche que leur évolution et, surtout, le fait qu'ils aient pu s'emparer du pouvoir résultent de situations et d'événements très spécifiques.

Bien que ces deux prises de pouvoir n'aient été ni de simples coups de force, ni les fruits d'intrigues ou d'un banal hasard, les nouveaux partis d'État ont néanmoins rencontré dans toutes les couches de la société tant de résistances qu'ils n'auraient pas pu se sortir d'affaire sans de puissants organes leur permettant d'asseoir et de garantir leur domination. À côté des partis, de tels organes furent l'élément structurel le plus important de cette forme d'État, pour laquelle, dès avant 1933, on utilisait le terme de *totalitaire*.

---

30. Ernst Nolte (éd.), *Theorien über den Faschismus*, Königstein/Ts., 1979, p. 92.

IV-2

Les organes de la sûreté intérieure de l'État et de la terreur

Les premières formations armées qui furent chargées d'assurer la sécurité du « gouvernement provisoire des ouvriers et des paysans », à Petrograd et ensuite à Moscou, étaient les mêmes que celles qui avaient conquis le pouvoir pour lui : les unités en révolte de l'ancienne armée, en particulier des groupes de marins de la flotte de la Baltique et des détachements de la Garde rouge. Elles montèrent la garde devant l'Institut Smolny, s'attendant, dans un premier temps, à une attaque des troupes contre-révolutionnaires, puis elles protégèrent dans un deuxième temps le Kremlin, à Moscou. La dissolution de l'ancienne armée et la création d'une nouvelle se firent de concert à partir de décembre 1917 ; la différence fondamentale fut d'abord la suppression de tous les grades ainsi que de tous les ordres et distinctions ; l'armée révolutionnaire de la République russe devait regrouper, dans une obéissance volontaire, des citoyens libres et égaux – des prolétaires, conformément à leur origine sociale – qui avaient à se commander eux-mêmes par l'entremise de comités de soldats. Il fut bien vite évident que cette armée ne méritait pas ce nom et n'avait pas la moindre chance de s'imposer face à la résistance de ce qui subsistait de l'ancienne armée, sans même parler des troupes allemandes. C'est pourquoi, à partir de mars 1918, sous la direction du commissaire à la guerre Léon Trotski, l'Armée rouge se constitua davantage sur le modèle de l'armée tsariste que sur celui de la Garde rouge ; bientôt, la majorité de ses chefs furent d'anciens officiers. Mais ce sont quelques régiments lettons composés de bolcheviks convaincus qui, en juillet 1918, sauvèrent le gouvernement de Lénine confronté au soulèvement des socialistes-révolutionnaires de gauche et, au total, l'armée conserva son caractère partisan d'origine. Durant un certain temps, face aux aléas de la guerre civile, il fut de toute façon à peine possible d'établir une distinction claire entre *l'intérieur* et *l'extérieur*, entre forces armées et forces spéciales de sécurité. Quasiment tous les chefs de haut rang étaient des membres du parti et nombreux étaient parmi eux ceux qui, comme le fils de paysans lituaniens Hiéronyme Ouborevitch, avaient participé à l'organisation de la Garde rouge ; on avait institué, aux côtés des anciens officiers, des commissaires à la guerre mandatés par le parti et ce furent des membres du parti n'ayant jamais reçu de formation militaire, Trotski ou Staline par exemple, qui occupèrent les postes de commandement supérieurs. C'est Trotski qui, en août 1918, ordonna d'ouvrir les premiers camps de concentration et qui, dans l'espoir de dissuader par là les anciens officiers tsaristes de passer chez les Blancs, traita leurs femmes et leurs enfants comme des otages, les faisant fusiller à l'occasion. Il fallut néanmoins opérer une distinction entre sûreté intérieure et sûreté extérieure, même pendant les premiers mois qui suivirent la prise du pouvoir, dans la mesure où, durant les mois de novembre et de décembre 1917, la grève des fonctionnaires ministériels et des employés de banque menaça beaucoup plus le gouvernement des commissaires du peuple que les actions militaires du moment. Personne ne contribua autant que Feliks Edmoundovitch Dzerjinski, le cofondateur de la social-démocratie du royaume de Pologne et de Lituanie, à faire cesser cette grève. Dévoué partisan de l'Église catholique lorsqu'il était jeune homme, ce fils de nobles polonais avait reporté toute la ferveur de sa foi religieuse sur le mouvement révolutionnaire et, comme Rosa Luxemburg, il avait écrit, en prison ou d'exil, des lettres très belles, toutes empreintes de sensibilité ; mais n'aimant, en dehors des enfants, que l'humanité, il ne fut surpassé par personne, même pas par Lénine, dans sa détermination à défendre la révolution prolétarienne contre tous ses ennemis. Le Conseil des commissaires du peuple fut donc bien inspiré lorsque, créant le 7 décembre 1917 (selon le calendrier julien, NdT) la Commission extraordinaire de lutte contre la contre-révolution et le sabotage, il plaça Dzerjinski à sa tête. Appelée Tcheka ou Vetcheka conformément à ses initiales [1], la nouvelle autorité se fit tout d'abord un nom en arrêtant un grand nombre de socialistes-révolutionnaires de droite et en éliminant par la force des centres anarchistes à Moscou. Elle avait besoin, pour cela, de troupes et d'un pouvoir exécutif propres. Elle se vit accorder l'un et l'autre attributs et ne les restitua jamais. Jusqu'en juillet 1918 pourtant, elle se contenta de faire fusiller des criminels par la voie administrative, car plusieurs des membres de l'instance dirigeante étaient des socialistes-révolutionnaires de gauche qui étaient opposés à la peine de mort pour des motifs politiques. Effectivement, c'est à peine si le journal de Maxime Gorki, *Novaïa Chisnï*, qui contient pourtant de si nombreuses accusations et plaintes, évoque la Tcheka avant son interdiction de paraître, en juin 1918. Mais ce sont justement les socialistes-révolutionnaires de gauche au sein de la Tcheka qui fomentèrent l'assas-

1. Tchrezvytchaïnaïa komissia ou Vserossiskaïa Tch. K. Il y eut un grand nombre de « commissions extraordinaires » et donc de « tchekas », mais l'importance de celle de Dzerjinski était tellement plus grande que chacun savait quelle commission cette abréviation désignait.

sinat de l'ambassadeur allemand Mirbach et certaines troupes de la Tcheka prirent également part au soulèvement des 6 et 7 juillet, arrêtant même pour une courte période Dzerjinski en personne ; il manqua cependant à ces gens la volonté de voir leur parti s'emparer du pouvoir. Dans ces conditions, on peut ne faire débuter l'histoire proprement dite de la Tcheka qu'au moment où s'établit le pouvoir absolu de Dzerjinski et de ses collaborateurs internationaux, les Lettons Latsis et Peters, les Juifs Unschlicht et Iagoda, le Russe Kedrov et l'Allemand Roller ; il demeure pourtant symptomatique que le premier criminel exécuté l'ait été, sans autre forme de procès, en compagnie de sa maîtresse[2]. Il est donc logique que, au lendemain des attentats contre Ouritzki et Lénine, le 30 août, la Tcheka n'ait par exemple pas cherché, en tant qu'autorité chargée de l'enquête, à découvrir les complices de Leonid Kanegisser et de Fanny Kaplan parmi les socialistes-révolutionnaires, mais que, au contraire, par les exécutions d'otages auxquelles elle procéda, elle figura la pointe extrême d'une sauvagerie primitive telle qu'elle s'exprime dans l'appel que voici d'un comité de l'armée, notamment signé par Smilga : « Nous en appelons aux ouvriers de Petrograd : camarades, frappez sans pitié les socialistes-révolutionnaires de droite ; on n'a pas besoin pour cela de cours de justice ou de tribunaux. Il faut que sévisse la colère des ouvriers, il faut que coule le sang des socialistes-révolutionnaires de droite et des Gardes blancs ; anéantissez physiquement nos ennemis[3] ! » Lorsque la Tcheka exécutait par la voie « administrative », elle ne faisait que poursuivre dans l'esprit de cet appel qui permet d'imaginer le nombre et l'ampleur des actes de violence qui se déroulaient dans les profondeurs de la Russie, actes illégaux mais entérinés et encouragés d'en haut. Et lorsqu'elle ne se contentait pas de diriger ses coups contre le seul parti des socialistes-révolutionnaires, dont il est possible qu'il ait été responsable de l'attentat, mais aussi contre l'« ennemi principal » supposé se dissimuler derrière cet acte, à savoir « la bourgeoisie », la Tcheka ne faisait que matérialiser la pensée spécifique et collective du parti. C'est par conséquent la conception fondamentale du parti qu'exprimaient de manière particulièrement abrupte ces lignes de M. Latsis : « Nous sommes en train d'exterminer la bourgeoisie en tant que classe. Vous n'avez pas besoin de prouver qu'un tel ou un tel a agi, de la voix ou du geste, à l'encontre des intérêts du pouvoir soviétique. La première chose que vous ayez à demander à un prisonnier est de savoir à quelle classe il appartient, quelles sont ses origines, quelle éducation il a reçue et quelle profession il exerce. Ce sont ces questions qui décideront du sort de l'accusé. Telle est la quintessence de la Terreur rouge[4]. » Si, donc, la

---

2. George Leggett, *The Cheka : Lenin's Political Police*, Oxford, 1981, p. 58.
3. *Severnaïa Kommuna* du 4 septembre 1918.
4. David Shub, *Lenin*, Wiesbaden, 1957, p. 377. On rencontre aussi cette citation chez Scheibert, *op. cit.* (*cf.* note 19 du chapitre II-1), dans une traduction quelque peu différente et

Tcheka avait pour caractéristique propre de s'en prendre à l'être social plutôt qu'à l'acte individuel, ce n'était pas seulement sur le plan technique et Staline avait de bonnes raisons, en 1927, de célébrer en elle le « glaive du prolétariat » [5]. Si le mot d'ordre « Mille [des leurs] pour un [des nôtres] » ne dépassa pas le stade des mots, la proportion de un pour cent cinquante fut en revanche bien réelle [6], et c'était quasiment en revenir, dans un esprit de conciliation, au principe de la culpabilité que de fusiller un prêtre pour avoir célébré un office religieux à la mémoire de « Nikolaï Romanov » [7]. Les actes de Dzerjinski et de ses plus proches collaborateurs n'étaient cependant pas dictés par une cruauté personnelle ; ces derniers croyaient au contraire, fidèles à l'esprit de la citation de Zinoviev citée plus haut [8], servir un humanisme pratique et les objectifs supérieurs de l'humanité. Si l'on s'en tient à toutes les définitions traditionnelles, ils furent des criminels et des auteurs de massacres massifs, mais, pour eux, ces crimes et ces massacres étaient précisément ce qu'exigeait une morale supérieure, la morale « révolutionnaire » qui établirait définitivement le règne de la justice et de la moralité. Rien ne put les détourner de cette voie, pas même le fait que, de leur propre aveu, des sadiques et des criminels se pressaient dans leurs rangs et que, pleinement conscients de leur pouvoir illimité dont Lénine expliquait qu'il était l'essence de la dictature prolétarienne, ils accomplissaient des actes d'une cruauté indescriptible, à côté desquels les pires excès de la Terreur blanche faisaient pâle figure. Le sang a dû se figer dans les veines de toute personne lisant en 1924, à l'Ouest, le livre de S. P. Melgounov, un historien socialiste-populaire de bonne réputation, sur la « Terreur rouge » entre 1918 et 1923 [9]. Mais les lieux de torture et d'exécutions des provinces reculées ne furent pas les seuls à bientôt se transformer en théâtres de l'épouvante ; ce fut aussi le cas des bâtiments de la centrale de la Tcheka, dans la Loubianka, en plein cœur de Moscou, au sujet desquels, dès le début des années vingt, des récits se mirent à circuler qui correspondaient dans une large mesure aux descriptions que fera Soljenitsyne bien plus tard. La guerre civile terminée, la Tcheka, loin de disparaître, s'institutionnalisa solidement et prit une ampleur nouvelle. Le régime du pouvoir bolcheviste était certes confronté à des ennemis nombreux et actifs, après 1920 encore, et la Tcheka découvrit toute une série d'organisations hostiles ; elle mit néanmoins fin par la force à un grand nombre de grèves sous

---

avec une légère variante dans la date. La source se trouve manifestement dans le premier numéro de la revue *Krasniï Terror*, paru à Moscou le 1er octobre ou le 1er novembre (et dont je n'ai pu retrouver la trace).

5. *Stalin Werke*, vol. 10, p. 204.

6. Leggett, *op. cit.*, p. 113.

7. *Ibid.*, p. 112.

8. *Cf. supra*, p. 90.

9. *Cf. supra*, p. 142-143 (note 24).

le prétexte que des « ennemis » en étaient les instigateurs cachés. Mais ce qui était né durant les années de guerre civile devint de plus en plus une fin en soi, qui n'avait plus rien d'*extraordinaire* mais qui se transformait en un élément habituel et omniprésent de la vie quotidienne : les services de renseignement avec leurs sections spécialisées en fonction de chacun des adversaires, les gardes-frontières, les troupes « intérieures » constituant une armée parallèle à l'Armée rouge et, finalement, les sections spéciales ; ce sont certainement ces dernières qui composaient « l'expédition punitive itinérante de la Tcheka », dont on dit qu'en l'espace de trois mois, à Nikolaïevsk, sur l'Amour, elle exécuta six mille « ennemis »[10]. On ne se contentait désormais plus de découvrir des complots, on les provoquait ; en collaboration étroite, non dépourvue de jalousie, avec le Komintern, les services secrets de l'armée et les commissariats industriels, on envoyait des agents et des espions dans le monde entier ; on ferma de manière hermétique les frontières de l'Union soviétique et l'on arrêta des résidents étrangers afin de les accuser de sabotage ou de les échanger contre des révolutionnaires emprisonnés en Allemagne et ailleurs ; entretenir toute espèce de relations avec des étrangers indépendants était, pour un ressortissant national, considéré comme un crime ; on couvrit le pays tout entier d'un réseau si dense d'indicateurs et d'informateurs que même des membres du parti n'osaient plus prononcer un mot à la légère. En 1921 déjà, la Tcheka avait autorité sur plus de cent camps de concentration, avec environ soixante mille détenus. Une fois la collectivisation commencée, les *camps d'amélioration par le travail* acquirent une importance économique de plus en plus déterminante et ce ne sont pas seulement des komsomols enthousiastes qui firent alors faire un grand bond en avant à l'industrialisation ; des millions de personnes contraintes aux travaux forcés payèrent aussi de leur personne. Au demeurant, l'autorité répressive avait changé de nom. Un nombre relativement grand de membres du parti avaient laissé s'exprimer leur malaise à constater qu'une prétendue institution de guerre civile ne voulait pas disparaître la victoire obtenue ; lorsque le commissaire du peuple à la Culture, Anatolii Lounatcharski, déplora que le Parti communiste semblât s'être métamorphosé de parti ouvrier en parti guerrier de soldats[11], il y en eut certainement plus d'un pour franchir un pas supplémentaire et redouter de voir le parti se transformer en simple instrument de la police

10. Georg Popoff, *Tscheka der Staat im Staate*, Francfort/M., 1925, p. 277. L'ouvrage original, auquel Popoff se réfère, donne une image quelque peu différente en ceci que des forces variées, par exemple des partisans, participèrent aux massacres perpétrés dans cette petite ville de l'Extrême-Orient qui ne fut occupée que trois mois par des troupes soviétiques (A. Ja. Gutmann, Anatoly Gan, *Gibel' Nikolaïevska na Amour. Strnicy iz istorïi grazdanskoï voïni na dal'nem vostoke*, Berlin, 1924).

11. Fainsod, *op. cit.* (*cf.* note 16 du chapitre III-5), p. 124 (citation que nous n'avons pu retrouver dans l'édition française, *Comment l'URSS...*, NdT).

secrète. C'est dans ces conditions que la Tcheka se transforma en « GPU »[12] (Guépéou) en 1922, puis en « OGPU » après la fondation de l'Union soviétique, et qu'elle se vit retirer le droit de procéder à des exécutions administratives. Presque tous les récits d'époque s'accordent néanmoins pour montrer que, dans la réalité, pratiquement rien n'avait changé, parce que la Guépéou s'entendait à contourner les limitations. Bien plus, à la suite des luttes de fractions momentanées, de nouvelles missions lui furent confiées ; les camarades du parti eurent en effet le devoir de faire des rapports à la Guépéou ainsi qu'au Comité central sur toutes les activités fractionnelles dont ils auraient eu connaissance. Mais, dans ce domaine aussi, la Guépéou savait fabriquer ce qu'elle souhaitait découvrir et, en 1928, Trotski se plaignit amèrement de ce qu'un agent de la Guépéou avait pris contact avec l'opposition avant d'être démasqué comme « officier de Wrangel »[13].

En 1934 intervint finalement une fusion entre l'OGPU et le commissariat à l'Intérieur (« NKVD »), mais ce rapprochement avec la police normale et l'administration intérieure se fit au profit de la police politique secrète, puisque c'est son chef, Iagoda, qui prit la direction de la nouvelle institution. La grande purge anéantit pour ainsi dire intégralement la vieille garde des tchékistes, de même que les services secrets de l'armée, la GRU, leurs rivaux à l'étranger. Pourtant, bien que les épurateurs, les hommes de Iejov, aient à leur tour presque totalement été exécutés, le NKVD, avec son nouveau chef, Lavrenti Beria, le compatriote géorgien de Staline, resta aussi puissant qu'auparavant. Le « Département d'investigations » rebâtit à l'étranger son réseau de représentations légales et clandestines ; l'« Administration politique secrète » assura la surveillance de toute la vie interne de l'Union soviétique et c'est elle aussi qui organisa les amples déportations de populations originaires des régions récemment conquises en Pologne ou dans les pays limitrophes. C'est le Département du Goulag qui gérait l'armée de plus d'un million de condamnés aux travaux forcés ainsi que d'autres détenus, armée disséminée aux quatre coins du territoire de l'Union soviétique, répartie en quelque quatre-vingt systèmes de camps, chacun de ces systèmes comptant entre vingt et cent camps de concentration proprement dits ; à la veille de la guerre, Beria avait sous sa responsabilité non seulement les gardes-frontières et les troupes des transports ainsi que de nombreuses écoles du NKVD, mais aussi les « formations de bouclage » qui avaient pour mission d'opérer en arrière du front et d'abattre tout soldat fuyant le champ de bataille. Mais il n'était apparemment plus resté grand-chose, dans les rangs supérieurs, de la foi ascétique d'un Dzerjinski : au début des années trente déjà, il était beaucoup question du luxe avec lequel étaient aménagés les bureaux des hauts dirigeants de la Guépéou et lorsque, après

12. Glavnoe polititcheskoe upravlenie = Administration politique principale.
13. Leo Trotzki, *Die wirkliche Lage in Rußland*, Hellerau, sans date, p. 8.

l'exécution de Beria en 1953, des publications soviétiques le qualifièrent de « monstre », il semble bien que le terme s'appliquait aussi à sa vie privée. Quoi qu'il en soit, la « Commission extraordinaire » s'était transformée en 1934 en un gigantesque appareil de policiers professionnels et de soldats spéciaux, et un tel phénomène ne pouvait que déconcerter tout lecteur de *L'État et la révolution* de Lénine, ouvrage dans lequel le socialisme s'identifiait encore de manière tout à fait traditionnelle à la suppression de l'armée (de métier) et du corps des fonctionnaires.

La police de l'Allemagne nationale-socialiste était elle aussi en relation particulièrement étroite avec le parti, plus exactement avec l'une de ses structures, la SS, et elle constituait, en 1939, un puissant appareil; mais cette réalité n'était pas inconciliable avec les prémisses idéologiques de base du national-socialisme. L'Office central de sûreté du Reich *(Reichssicherheitshauptamt)*, créé en septembre 1939, au sein duquel étaient réunis, sous la direction de Reinhard Heydrich, essentiellement la Police de sûreté ou *Sicherheitspolizei* (c'est-à-dire la police politique secrète, ou Gestapo, et la police criminelle) ainsi que le Service de sécurité ou *Sicherheitsdienst* (c'est-à-dire l'organisation du renseignement), ne constituait en revanche pas, contrairement à la Guépéou des débuts, la partie la plus importante du ministère de l'Intérieur; ce dernier conservait son indépendance et avait même, d'un point de vue formel, le pouvoir de donner des instructions à Heinrich Himmler, en sa qualité de « chef de la police allemande ». À la différence de ce qui était le cas en Union soviétique, la Wehrmacht n'était pas une armée de parti et, à aucun moment, il n'y eut des appels « du front », sur le modèle, parmi d'autres, de celui de Smilga aux ouvriers de Petrograd que nous venons d'évoquer. La Wehrmacht a, bien au contraire, d'emblée été placée au service exclusif de la sécurité extérieure de l'État et, en 1937 encore, il était plus d'un général pour garder l'opinion que le mouvement national-socialiste avait l'intention de garantir la sécurité de la Wehrmacht, en d'autres termes de rétablir la liberté d'assurer la défense du pays, liberté dont Versailles avait privé l'armée, en son temps la meilleure du monde. Même la victoire sur la France, dans une large mesure un triomphe personnel de Hitler, ne changea rien au fait que la Wehrmacht était étonnamment libre d'influences directes en provenance du parti et, à plus forte raison encore, de la SS, et ce en dépit de ce que de nombreux jeunes officiers se sentaient étroitement liés au parti.

En revanche, l'existence de la SS avait pour fondement la relation de cette dernière avec celui qui était le chef du parti et le protagoniste de l'idéologie; ni la Russie ni l'Union soviétique, avant ou après 1917, n'offrent de phénomène parallèle. C'est en 1923 que le « groupe de choc Hitler » fut créé, espèce de garde du corps et troupe de choc à la fois, et, une fois Hitler sorti de prison, on fonda sous le commandement de Julius Schreck une *Stabswache*, une garde composée de quelques personnes d'une totale confiance. Peu après, se constituèrent des troupes comparables dans d'autres endroits du pays et on utilisa le terme d'« escadrons de protection » (*Schutzstaffeln* ou SS) pour les désigner. Ces « escadrons » étaient prioritairement chargés d'assurer la sécurité des leaders du parti et, après le prononcé du jugement intervenu au procès leipzigois de la Tcheka déjà évoqué ainsi qu'après d'autres révélations sur l'appareil militaire et terroriste du KPD, de pareilles mesures de protection n'apparaissaient que trop nécessaires. Les frontières de l'opportunité pragmatique ne tardèrent toutefois pas à être franchies. C'est Heinrich Himmler qui, à partir de janvier 1929, prit, en tant que « Reichsführer SS », la direction de cette organisation à laquelle il donna rapidement un visage particulier, en accentuant en son sein les idées d'élite, de race et d'implantation de colonies. L'objectif était de bâtir une communauté de « familles *(Sippen)* germaniques saines », objectif auquel ce qu'on a appelé l'« obligation matrimoniale » *(Heiratsbefehl)* devait servir de base. Contrairement à ce qui était le cas chez les socialistes marxistes, ce n'était pas prioritairement l'économie, mais la reproduction de l'espèce qu'il fallait arracher à l'arbitraire subjectif et transformer en objet d'une planification réfléchie ; on pensait en effet qu'il n'était pas possible, en procédant autrement, d'éliminer les méfaits et les dépravations de la civilisation ; pour Himmler, comme le montrent de nombreuses déclarations de sa part, le sommet de cette dégénérescence avait indéniablement été atteint lors de la révolution de 1918, avec ses conseils de soldats typiquement « de mauvaise race ». Après l'automne 1931, Reinhard Heydrich, un ancien officier de marine, édifia, avec des moyens initiaux extrêmement modestes, un « Service de contre-espionnage » *(Abwehrdienst)* qui, après la prise du pouvoir, reçut le nom de « Service de sûreté du Reichsführer de la SS » (*Sicherheitsdienst* ou SD). Hitler, une nouvelle fois, en tant que chancelier du Reich, se constitua une troupe de protection tout à fait personnelle, appelée ensuite la « Leibstandarte Adolf Hitler ». Ce qui contribua toutefois plus que tout à ce que la SS reçût ultérieurement tant de pouvoirs, ce fut de réussir, contrairement à la SA, à très tôt s'introduire dans le domaine de l'État, c'est-à-dire, ce qui était logique, dans la police. La SA aurait dû, pour faire de même, compte tenu de sa taille et de son importance plus grandes, englober la Reichswehr et cela aurait représenté, ne serait-ce qu'en raison de la terminologie traditionnelle, une véritable révolution ; la voie beaucoup moins voyante qu'emprunta la SS correspondait donc beaucoup mieux au type nouveau de révolution qu'était la révolution fasciste. Notre propos n'est pas de décrire ici les diverses étapes de cette prise de pouvoir de la SS au sein de la prise de pouvoir plus générale [14]. Quoi qu'il en soit, Himmler était dans les faits,

14. *Cf. Der Faschismus in seiner Epoche*, p. 472-482 (dans l'édition française : vol. III, p. 320-330). Si l'on souhaite de plus amples détails encore, de nombreux travaux permettront de satisfaire ce désir, notamment ceux de Gerald Reitlinger et de Heinz Höhne.

depuis juin 1936, en sa qualité de « Reichsführer SS et chef de la police allemande au sein du ministère de l'Intérieur », le ministre de la Police du Troisième Reich ; au-dessous de lui, c'était Heydrich qui, en tant que commandant en chef de la police de sûreté ainsi que des services de renseignement, disposait des plus grands pouvoirs. De la sorte, la tendance à la centralisation qui se manifestait déjà sous Weimar était donc parvenue à un point de développement ultime, certes logique mais inimaginable dans le régime précédent ; d'autre part, il était intervenu, ne serait-ce qu'en raison du nom des services, une fusion entre les administrations du parti et celles de l'État, qui n'avait pour équivalent que celle intervenue entre les fonctions de « Führer et chancelier du Reich ». La question qui se posait alors était la suivante : la SS deviendrait-elle un organisme public ou bien serait-ce la police qui deviendrait un organisme du parti ? La manière dont les camps de concentration se sont développés après 1933 suffit à prouver que la deuxième hypothèse était la plus vraisemblable. En tant que commandant du camp de Dachau, institution pourtant officiellement publique, Theodor Eicke se voyait manifestement avant tout dans la peau d'un chef SS et, lorsqu'il cherchait à susciter chez ses hommes une haine inextinguible contre les « ennemis de l'État » qu'étaient les détenus, ces ennemis de l'État étaient pour lui, en premier lieu, des ennemis du parti. Ayant abattu, le 1er juillet, sur ordre direct de Hitler, le chef d'état-major de la SA, il était en quelque sorte devenu un « assassin public » pour avoir exécuté un ordre « extra-public » du Führer ; il est permis de voir dans cet acte un équivalent caractéristique du mot d'ordre « ni cours de justice ni tribunaux » que nous avons à l'instant cité [15], acte se différenciant toutefois absolument de la « terreur de masse » soviétique. Dès lors structure indépendante du NSDAP, la SS obtint, après le 30 juin 1934, l'autorisation de constituer des unités armées qui, en tant que « troupes disponibles », devaient jouer le rôle d'une police politique armée, correspondant dans une large mesure aux *troupes intérieures* de la Guépéou, puis du NKVD, même si, par égard pour la Wehrmacht, elles ne disposaient pas d'armes lourdes. Une partie de cette police politique était constituée par les formations qui furent placées, en avril 1936, sous le commandement de Theodor Eicke, en sa qualité de « chef des unités SS à tête de mort et des camps de concentration » ; elles comptèrent dans un premier temps cinq *Sturmbanne* (ou bataillons). À vrai dire, y compris en 1939, ni par le nombre des troupes de surveillance, ni par celui des détenus, ni encore par l'importance économique, le système du NKVD ne pouvait être, de près ou de loin, comparé au système allemand de camps de concentration dans son ensemble ; c'est seulement le déclenchement de la guerre qui entraîna une modification essentielle. Jusqu'au début de la campagne de Pologne,

15. *Cf. supra*, p. 393.

la future Waffen-SS était elle-même encore relativement faible : elle comprenait la « Leibstandarte Adolf Hitler », avec la « Standarte Germania » à Hambourg, la Standarte « Der Führer » à Vienne, Graz et Klagenfurt ainsi que divers *Sturmbanne* spéciaux et les *Junkerschulen* (écoles d'officiers SS, NdT) de Tölz, Brunswick et Klagenfurt. Au total, par conséquent, il s'agissait tout au plus de deux divisions et, au début des hostilités, à l'unique exception des gardiens des camps, toutes les unités de la SS furent intégrées à la Wehrmacht pour y accomplir des missions combattantes.

L'importance de la SS générale, à proprement parler une structure du parti, n'avait rien de comparable à celle de la police et de la Waffen-SS, si bien que la SS dans son ensemble offrait, en 1939 déjà, un tableau très diversifié. C'étaient les conceptions idéologiques de base qui assuraient néanmoins son unité : le Führer comme souverain absolu, « le Reich » comme objectif, l'anéantissement des ennemis comme mission, l'entretien du « bon sang » comme contenu de la vie. Heydrich, ainsi que Himmler, concevait ces idées essentiellement comme une contre-idéologie au bolchevisme. Dans un écrit datant de 1935, « Notre combat et ses métamorphoses », il choisit les formulations suivantes : « Comme partout dans la vie de la nature, la vie des peuples est elle aussi faite d'un combat éternel opposant ce qui est le plus fort, ce qui possède noblesse et haute qualité raciale, à ce qui est bas et relève de la sous-humanité. [...] Le combat de notre Führer et du mouvement a débuté à l'époque de la domination masquée de la sous-humanité qui était sur le point, par l'intermédiaire du bolchevisme, d'établir une domination ouverte, brutale et destructrice. [...] Les forces motrices de l'adversaire demeurent éternellement les mêmes : juiverie mondiale, franc-maçonnerie mondiale et un fonctionnariat de prêtres politisés pour la plus grande partie d'entre eux. [...] Quelle que soit la variété de leurs ramifications ou des formes qu'elles empruntent, elles persistent à avoir pour objectif d'anéantir notre peuple. [...] Comme dans tout combat véritable, il est très clair qu'il n'existe que deux possibilités : soit nous viendrons définitivement à bout de l'adversaire, soit nous périrons [16]. » En dépit de l'expression sans fard d'un sentiment de force et de la prétention à la supériorité, ce qui apparaît ici, c'est l'arrière-plan défensif de l'expansion nationale-socialiste ainsi que l'opposition de fond avec la doctrine bolchevique, voire la doctrine marxiste, même si les similitudes sont fortes au plan de la forme : sauvegarde, protection, conservation, ordre ; il y a certes, dans ces objectifs, l'élan du « tout ou rien » qui s'était jusqu'ici manifesté tout au plus verbalement dans les opinions conservatrices et qui fait bien davantage songer au « Qui vaincra qui ? » de Lénine. Il est manifeste que cette conception a tendance à appréhender de manière essentiellement néga-

16. Reinhard Heydrich, « Wandlungen unseres Kampfes », in *Das Schwarze Korps*, 1er mai 1935, p. 9.

tive la révolution industrielle et à assimiler « vie saine » et « vie rurale » ; on ne peut pour autant considérer que la caractériser à l'aide du terme *réactionnaire*, soit suffisant. Adolf Hitler a, une fois de plus, en septembre 1940, dans un propos relatif à la Waffen-SS, laissé libre cours à une émotion fondamentale toute simple lorsqu'il déclara : « Une formation de ce type [en tant que troupe de police d'État], fière de sa propreté, ne fraternisera jamais avec le prolétariat et le monde interlope qui sape l'idée porteuse » ; cette phrase exprimait aussi la perte de sens du mot « prolétariat » qui s'était entre-temps imposé dans l'ensemble du monde occidental, même là où on le réutilisait au prix d'un retour en arrière sentimental. Hitler, en effet, n'identifie pas « prolétariat » et « monde du travail », et sa troupe de police d'État n'aurait pas pu être mise sur pied sans une profonde « démocratisation » préalable. C'est pourquoi il est plus plausible d'imaginer que deux phénomènes se sont opposés avec une égale détermination et une égale hostilité, deux phénomènes aussi éloignés l'un que l'autre de l'idée marxiste de base d'une « majorité écrasante » entraînée vers le socialisme. En tout cas, lorsque Himmler, dans son discours de 1935, qualifia la SS d'« impitoyable glaive de la justice » qui anéantirait la « révolution judéo-bolcheviste du sous-homme » si elle s'avisait jamais de se déchaîner à nouveau en Allemagne, depuis l'extérieur ou depuis l'intérieur [17], il s'agissait d'un pendant aussi exact qu'hostile au propos analogue de Staline que nous avons déjà cité.

Ainsi, avant même le déclenchement de la guerre germano-soviétique, c'étaient en quelque sorte les deux émotions fondamentales nées de la Première Guerre mondiale, l'expérience négative de la guerre et la positive, qui s'opposaient sous la forme de gigantesques appareils de sûreté et de terreur, et le problème était de savoir si l'une et l'autre avaient connu un développement d'une égale conséquence par rapport aux institutions en question. Mais, comme appareil, l'institution soviétique était plus ancienne et, selon toute vraisemblance, plus originelle aussi, car elle s'offrait à la vue de ses ennemis allemands en tant que réalité et, d'une certaine manière, en tant que modèle. Dans un discours de janvier 1937, Himmler invoqua sa « connaissance très précise du bolchevisme » [18] ; lorsque Walter Schellenberg fut chargé, en avril 1938, d'assurer la sécurité de Hitler à l'occasion de son voyage en Italie, il choisit pour ses agents des services secrets le « système russe de la coopération de groupes de trois personnes » et, en juillet 1941, Hitler lui fit donner l'ordre de bâtir en Russie un fort système de renseignement « qui ne le cédât en rien à celui du NKVD » [19].

Les reportages sur le bolchevisme ou l'Union soviétique que l'on

---

17. Heinrich Himmler, *Die Schutzstaffel als antibolschewistische Kampforganisation*, Munich, 1939, p. 29.

18. « Rede über Wesen und Aufgabe der SS und Polizei », IMG, vol. XXIX, p. 217.

19. Schellenberg, *op. cit.* (*cf.* note 3 du chapitre III-5), p. 55, 199.

pouvait lire, jusqu'en 1933, dans la presse de droite et dans les livres à grands tirages que publièrent, après la prise du pouvoir par les nationaux-socialistes, les éditions de l'« Antikomintern » étaient des écrits de pure propagande, des écrits unilatéraux ; mais ils s'écartaient moins de la réalité que ne le faisaient la plupart des récits dus à la plume des *compagnons de route*. Dans leurs grands traits, ils concordaient avec un nombre considérable d'écrits non inspirés, eux, par un anticommunisme prononcé[20]. Entre 1939 et 1941, il s'établit également une collaboration directe entre les organismes de sûreté de l'Union soviétique et de l'Allemagne, et rien n'indique que la Gestapo, à cette occasion, se soit sentie l'organisation la plus ancienne et la plus expérimentée[21].

Il serait effectivement inexact d'affirmer que la SS et le *Reichssicherheitshauptamt* contrôlaient l'Allemagne en 1939, ou même encore au début de 1941, aussi totalement que le NKVD contrôlait l'Union soviétique pour le compte de Staline. Non seulement le niveau de vie moyen de la population était considérablement plus élevé, mais, en outre, il subsistait en Allemagne, en quantité non négligeable, des éléments importants du système libéral : une économie certes réglementée mais encore relativement libre, offrant refuge à de nombreux opposants au régime ; une Wehrmacht dans laquelle il n'y avait pas de cellules du parti et surtout pas de « sections spéciales » de la police politique ; une justice dont il n'était pas rare qu'elle manifestât encore un degré considérable d'indépendance ; des Églises qui avaient assez souvent en vue le régime de leur propre pays lorsqu'elles prêchaient contre les camps de concentration de l'Union soviétique. Quelque *totalitaire* qu'apparût l'Allemagne à côté de l'Angleterre et de la France en 1939, elle ne devait pas moins sembler *libérale* aux yeux de quiconque était en mesure de vraiment la comparer à l'Union soviétique. L'observation vaut aussi pour les camps de concentration et non pas du seul point de vue quantitatif. Lorsque l'ancien communiste et commissaire du peuple adjoint Karl Albrecht fut expulsé vers l'Allemagne par la Guépéou en 1934 et aussitôt replacé en détention par la Gestapo, ce qui le frappa avant tout, ce furent

20. En guise d'exemple : *Und du siehst die Sowjets richtig. Berichte von deutschen und ausländischen « Spezialisten » aus der Sowjetunion*, publié sous la direction du Dr et ingénieur A. Laubenheimer, Éditions Nibelungen, Berlin-Leipzig, 1935.

21. La question suivante mériterait d'être étudiée : au lendemain du 22 juin 1941, des policiers français et allemands découvrirent dans l'ambassade soviétique à Paris une cave secrète utilisée pour assassiner des personnes indésirables (parmi elles, vraisemblablement le général « blanc » Miller) et faire disparaître leurs corps sans laisser de trace, par incinération et décomposition chimique. La presse allemande publia des photographies de ces « crématoriums ». Cette découverte a-t-elle provoqué chez les membres de la police de sûreté l'horreur, comme Schellenberg le suggère (p. 298 et suiv.), ou bien n'a-t-elle fait que confirmer une opinion déjà établie, ou bien encore s'est-il agi d'une manipulation pour préparer l'opinion publique allemande à la déportation des Juifs et à la « solution finale » ?

« l'hygiène et la propreté exemplaires », et ce fut pour lui la disparition d'un cauchemar de ne plus avoir à entendre « la nuit, les cris d'agonie »[22]. Et Margarete Buber-Neumann, la femme de Heinz Neumann, qui, en 1939, fut livrée à la Gestapo par le NKVD en compagnie de nombreux autres anciens communistes, se demanda avec incrédulité : « Ça, un camp de concentration ?! », lorsqu'elle fut amenée au camp de concentration de Ravensbrück et qu'elle vit les massifs de fleurs qui avaient été disposés immédiatement derrière les portes du camp[23]. Elle s'aperçut certes bien vite qu'elle n'avait pas atterri dans une maison de repos ni même dans quelque chose de comparable à la prison-modèle du NKVD de Moscou, la prison Sokolniki ; mais, d'après elle, les « conditions sibériennes » dans lesquelles elle avait vécu en Union soviétique étaient largement pires.

Elle aurait pourtant pu ajouter qu'elle ne vit nulle part une affiche avec un mot d'ordre qui aurait correspondu à l'inscription que l'étudiant allemand Kindermann avait aperçue, quinze années auparavant, dans la Loubianka : « Vive la Guépéou, l'avant-garde de la révolution mondiale[24] ! » Il est symptomatique que, ni pour Hitler ni pour Himmler, cette permanence de libéralisme dans l'existence allemande ne représentait un avantage, mais qu'elle n'était à leurs yeux que faiblesse et imperfection. Elle résultait en effet, pour une large part, de la paix qui régnait encore en Allemagne, même après 1933. Or les années de paix ne représentent que la moitié de l'existence du régime national-socialiste et il est vraisemblable qu'elles sont les moins caractéristiques. Le régime national-socialiste n'avait pas été obligé de s'imposer au cours d'une guerre civile tranchée par le sort des armes, ce qui n'empêcha pas Hitler de déclarer sans ambages à ses généraux, en 1939, qu'il n'avait pas mis sur pied la Wehrmacht pour *ne pas* frapper ; en dépit de toutes ses protestations pacifistes, il est patent que, dès les années 1933-1937, il avait en vue une guerre à venir. Au demeurant, les bolcheviks ne croyaient pas,

---

22. Karl I. Albrecht, *Der verratene Sozialismus. Zehn Jahre als hoher Staatsbeamter in der Sowjetunion*, Berlin-Leipzig, 1939, p. 625. C'est aussi la maison d'édition Nibelungen qui publia ce livre et cela prouve bien que l'Antikomintern ne se livrait pas plus que le Komintern lui-même « simplement à de la propagande ». Albrecht a certes déclaré après la guerre que l'éditeur avait de son propre chef procédé à des coupures et des rajouts non autorisés – vraisemblablement de nature antisémite comme dans d'autres ouvrages. (Institut für Zeitgeschichte, Zeugenschrifttum, ZS 804). Un autre propos du même auteur ne manque pas d'intérêt, lorsqu'il rapporte avoir travaillé quelque temps, après mai 1941, en compagnie des anciens présidents du groupe parlementaire communiste au Reichstag ou au Landtag de Prusse, Torgler et Kasper, au département pour les questions orientales du ministère de la Propagande.

23. Margarete Buber-Neumann, *Als Gefangene bei Stalin und Hitler*, Munich, 1949, p. 180. L'ouvrage a donné naissance, en France, à deux livres : *Déportée en Sibérie*, La Baconnière et Éditions du Seuil, 1949, réédité en 1986 par Le Seuil, et *Déportée à Ravensbrück* (Le Seuil, Paris, 1988, le passage cité se trouvant p. 8).

24. Kindermann, *op. cit.* (*cf.* note 6 du chapitre II-7), p. 50.

eux non plus, qu'il leur serait possible d'atteindre leurs objectifs ultimes sans guerre ; on avait de bonnes raisons de voir dans leur « socialisme » la continuation, par d'autres moyens, de l'économie de guerre. Ce n'est que pendant la guerre que les deux régimes deviendront pleinement comparables et qu'ils s'avéreront peut-être dissemblables, mais sur un autre plan. S'il est donc permis de comparer les structures et la situation telles qu'elles se présentaient en 1939, cette comparaison ne peut épuiser le sujet. Il n'était toutefois que trop évident, dès 1939, que la recherche d'une foi contraire à la foi bolcheviste, la tentative donc d'imputer la responsabilité de toutes les guerres et de tous les conflits aux manigances d'une « juiverie internationale », alors même que l'on voyait dans ces guerres et conflits l'essence même de la vie, avait un caractère artificiel. Mais Hitler et Himmler attribuaient à la permanence de la *réaction* les difficultés qu'ils rencontraient dans la réalité et ils plaçaient leurs espoirs dans la jeunesse. Ce ne fut donc pas un hasard s'il y eut des relations particulièrement étroites entre la SS et la Jeunesse hitlérienne. Lénine lui aussi, dans les dernières années de sa vie, avait pratiquement abandonné l'espoir que sa génération assistât à la « victoire du prolétariat mondial » et, en Union soviétique, l'organisation de jeunesse du parti « parraina » certains secteurs de l'Armée rouge. À côté des organes de sécurité, les organisations de jeunesse furent les sous-structures les plus importantes du PCUS comme du NSDAP.

IV-3

Les associations de jeunesse

Groupement clandestin, le Parti ouvrier social-démocrate de Russie ne disposait évidemment pas, jusqu'à la révolution de Février, de sa propre association de jeunesse. Pourtant, dès le début des quelques mois que l'on peut comparer à « l'époque des combats » du NSDAP pendant les quatorze années de la République de Weimar, il se constitua dans les usines Poutilov de Petrograd le premier groupement de jeunesse bolchevique, dirigé par le jeune communiste W. Alexeïev, qui se dénomma Ligue socialiste de la jeunesse ouvrière. Un an après la prise du pouvoir, se déroula le congrès de fondation du « Komsomol » [1]. D'après les statuts, il s'agissait d'une « organisation indépendante, placée sous la direction du parti », qui s'étendait sur toute la Russie, plus tard sur toute l'Union soviétique, en même temps qu'elle était une section de l'« Internationale de la jeunesse ». Le terme de « jeune » était pris dans une acception généreuse et ne tarda pas à être valable jusqu'à vingt-huit ans, si bien que l'association tendit à devenir, à côté de l'organisation de l'élite qu'était le parti, une organisation de masse cherchant à englober le plus grand nombre possible de représentants de la nouvelle génération pour les mettre sous le contrôle du parti. C'est pourquoi les membres du parti étaient minoritaires au sein du Komsomol, mais la règle de la limite d'âge ne s'appliquant pas aux postes de direction, le rôle dirigeant du parti fut bientôt incontesté.

La structure d'organisation était parallèle à celle du parti : au niveau des provinces, des districts, des arrondissements et des villes, c'étaient les comités qui, entre les congrès, étaient toujours l'instance décisive, tandis que, au niveau de l'Union dans son ensemble, l'organe correspondant était le Comité central du Komsomol. Tous les comités élisaient pour leur domaine de compétence un bureau ainsi qu'un secrétariat qui avait à sa tête un Premier secrétaire. Lors de la violente polémique qui l'opposa à ses débuts aux associations de jeunesse bourgeoises,

---

1. Kommunistitchekii Soïouz Molodezi. À propos de ce qui suit, on consultera Laszlo Révész, *Organisierte Jugend. Die Jugendbewegung in der Sowjetunion*, Berne, 1972.

notamment les Éclaireurs dont la discipline était prétendument militaire puisque leurs membres n'avaient pas le droit de vote, le Komsomol invoqua sa structure démocratique. Comme on accusait en outre les Éclaireurs d'avoir des sympathies pour les « Blancs », l'interdiction des associations de jeunesse concurrentes ne se fit pas attendre ; mais, sur le modèle de ce qui s'était passé dans le parti, le « droit de vote des adhérents » fut bientôt aussi considérablement restreint dans le Komsomol, toutes les élections étant soumises à l'approbation des instances supérieures et l'établissement de la liste des candidats étant réservé aux *fractions communistes*, qui constituaient la véritable ossature d'une association formellement toujours indépendante.

Pendant les premières années, toutefois, on eut tendance à faire jouer à la jeunesse et donc au Komsomol le rôle d'une avant-garde et à lui reconnaître des intérêts de classe propres. C'est ainsi que, à l'occasion des premiers congrès, on formula avec beaucoup d'insistance les objectifs et les espoirs des communistes : une société future d'hommes et de femmes coexistant dans l'amitié, sans chefs et sans maîtres, sans gros propriétaires fonciers et sans capitalistes, sans oisifs et sans parasites, et Moscou comme centre de la république communiste mondiale ; Preobrajenski souleva un grand enthousiasme lorsqu'il apostropha les komsomols, disant qu'ils étaient les membres d'une « grande classe » qui, dans son intégralité, devait vaincre et vaincrait, même si, pour cela, elle devait demander le sacrifice de leur vie à de très nombreux d'entre eux [2].

Le parti ne tarda certes pas à tempérer cet avant-gardisme et l'accent principal des mots d'ordre fut désormais moins mis sur la protection de la jeunesse que sur l'augmentation de la production ; pourtant, même au lendemain de la guerre civile, les komsomols se distinguèrent non seulement par la force particulière de leur engagement mais également par leur inclination à l'esprit critique qui, parfois, pouvait les mener à établir une comparaison négative entre les dépenses engagées par le gouvernement soviétique pour l'éducation et les dépenses correspondantes du gouvernement tsariste [3]. Il n'est pas étonnant que les affrontements fractionnels au sein du parti aient trouvé un fort écho au sein du Komsomol et que Trotski y ait eu de nombreux partisans. Les bases mêmes de l'engagement de la jeunesse demeurèrent néanmoins intangibles : le Komsomol devait entreprendre, au village tout particulièrement, un travail d'*explication politique* et combattre la lourdeur d'esprit de la génération parentale ainsi que l'influence des popes, par exemple en organisant des « Noëls et des Pâques rouges » ; il devait impulser le processus d'alphabétisation et lutter contre le préjugé voulant que les filles n'aient

2. Ralph Talcott Fisher, jr., *Pattern for Soviet Youth. A Study of the Congresses of the Komsomol, 1918-1954*, New York, 1959, p. 41.

3. *Ibid.*, p. 94.

pas besoin d'étudier. Durant les premières années, le Komsomol avait été aux avant-postes du combat pour une nouvelle morale sexuelle et, partant de la théorie du « verre d'eau », on en était bien souvent arrivé à ce qu'on appelait les « nuits africaines » [4], mais Lénine en personne s'était déjà opposé à de telles tendances ; durant la seconde moitié des années vingt, on combattit non seulement l'abus d'alcool mais aussi la « licence sexuelle ».

En dépit de toute l'hostilité que le régime éprouvait envers les organisations d'Éclaireurs, il leur avait emprunté l'objectif de l'« endurcissement corporel » et l'instruction prémilitaire devint rapidement une mission centrale du Komsomol. En décembre 1929, le Comité central du Komsomol adopta la résolution suivante : « Le Komsomol participe à la formation de la jeunesse qui va être appelée sous les drapeaux. Il a pour mission de former les futurs cadres de l'Armée rouge, avant le service militaire, en dispensant une éducation physique ainsi qu'un enseignement prémilitaire, de propager et d'organiser parmi la jeunesse la formation prémilitaire, d'accomplir un travail d'explication politique auprès des futures recrues et de leur donner l'exemple de ce que signifient l'esprit de discipline ainsi que l'accomplissement du devoir [5]. »

À l'époque de la guerre civile, le Komsomol avait déjà entretenu des rapports particulièrement étroits avec certains détachements de l'Armée rouge en les « parrainant » et, en 1930, il put se féliciter de ce que les membres du parti et du Komsomol ne constituaient pas moins de 70 % du personnel des forces aériennes [6]. Mais, plus encore que la formation prémilitaire et le service dans l'armée, ce sont les gigantesques projets du premier plan quinquennal qui soulevèrent l'enthousiasme et qui, plus que tout, contribuèrent à amener d'anciens trotskistes dans le camp de Staline. Par milliers et par milliers, les komsomols furent invités à collaborer à la construction de l'usine de tracteurs de Stalingrad ou bien à celle de l'immense « station électrique » de Dniepropetrovsk. Ils étaient employés comme « travailleurs de choc » *(oudarniki)* et comme animateurs de l'« émulation socialiste » ; c'est en leur honneur qu'un centre industriel récemment édifié sur les bords de l'Amour se nomma « Komsomolsk » [7]. Un ingénieur des travaux publics, Avranï Savenyaguine, partit en 1930 pour l'Oural, à l'âge de vingt-neuf ans ; en compagnie de milliers de komsomols enthousiastes, qui, mal vêtus et devant travailler par des températures de moins 60°, furent nombreux à mourir de froid. Il y édifia le combinat métallurgique de Magnitogorsk sur d'immenses gisements

---

4. Les deux expressions désignent respectivement un acte sexuel sans lendemain et des orgies (NdT).

5. Révész, *op. cit.*, p. 74 et suiv.

6. Fisher, *op. cit.*, p. 175.

7. Fainsod, *op. cit.* (*cf.* note 11 du chapitre IV-1), p. 283-306. (Édition française : *Comment l'URSS...*, p. 211-230, ici p. 216.)

8. Michael Morozow, *Die Falken des Kreml*, Munich, 1982, p. 93.

de magnétite [8].

Le Komsomol prit aussi une part importante à la campagne de collectivisation et, si Boukharine avait jadis déclaré à l'un des congrès que la plus haute maxime de la morale nouvelle était d'éprouver une haine passionnée contre l'ennemi de classe, voilà que le même homme était maintenant l'objet d'attaques particulièrement violentes au sein du Komsomol justement, où on lui reprochait de vouloir tempérer cette haine et vivre « en paix avec tout le monde » [9]. L'enthousiasme et la haine habitaient aussi la jeunesse de la jeunesse, l'association des Jeunes pionniers, et les Octobristes, plus jeunes encore ; ainsi Pavel Morosov, à l'âge de quatorze ans, devint-il un héros national pour avoir porté à la connaissance des autorités des actes contre-révolutionnaires de son père et avoir été par la suite victime de la vengeance familiale. La *grande classe* triomphait de la sorte de toutes les loyautés autres que celles relevant de la classe, et il semblait que l'idéal des éducateurs communistes qui voulaient « nationaliser », « forger et endurcir » [10] l'ensemble de la jeunesse, fût sur le point de se réaliser.

Depuis le début des années trente, il n'était cependant déjà plus guère possible de différencier la « classe » et la « patrie socialiste », et c'est dès le jardin d'enfants que l'on inculquait aux enfants l'amour de la nation soviétique et de son chef, le grand Staline. Une impressionnante cérémonie d'accueil au cours de laquelle les Jeunes pionniers recevaient leur uniforme – chemise blanche et cravate rouge – s'imprégnait au plus profond des mémoires. Dans les « camps de pionniers », les komsomols qui officiaient en qualité de chefs de brigade leur transmettaient derechef le patriotisme et la conscience communiste et, pour finir, les meilleurs d'entre eux adhéraient au parti en tant que candidats. La boucle était ainsi refermée et l'*homme nouveau* se perpétuait au travers des générations tout en conduisant le peuple soviétique toujours plus homogène vers des victoires toujours plus grandes. En même temps, il devenait de plus en plus difficile de s'imaginer que cet homme nouveau se diluerait dans la future société mondiale, lui, sa langue russe et son État. N'était-ce pas plutôt une prétention traditionnelle à l'hégémonie mondiale que l'on entendait lorsqu'un Lazar Kaganovitch lançait à un congrès du Komsomol : « Vous serez les maîtres du monde entier » [11] ?

La Jeunesse hitlérienne chantait à vrai dire elle aussi, dans toutes les rues d'Allemagne, à voix haute et avec confiance, ces paroles : « Et aujourd'hui l'Allemagne nous appartient, demain ce sera le monde entier » ; en 1937, devenue Jeunesse d'État, elle ne se contentait pas d'englober, comme le Komsomol – qui, en 1940, comptait quelque dix

9. Fisher, *op. cit.*, p. 82, 147.

10. Heller-Nekrich, *op. cit.* (*cf.* note 21 du chapitre III-1), vol. I, p. 171 (*L'utopie...*, *op. cit.*, p. 141-142).

11. Fisher, *op. cit.*, p. 178.

millions d'adhérents – un pourcentage considérable de la jeunesse du pays, mais pratiquement tous les jeunes entre dix et dix-huit ans, à la seule exception des jeunes Juifs. Si le Komsomol exigeait de ses directions une « composition sociale absolument pure » [12], la pureté de la composition raciale de la Jeunesse hitlérienne était beaucoup moins exclusive ; ce qui était précisément et certainement symptomatique d'une société dans laquelle il aurait été tout simplement impossible d'imaginer une exclusion des *petits-bourgeois* et des *gros paysans*. Le caractère général de l'organisation offrait un paradoxe analogue. Dans une beaucoup plus large mesure que le Komsomol, la Jeunesse hitlérienne s'appuyait sur les traditions des « mouvements de jeunesse » et, s'il avait existé des Éclaireurs en Russie aussi, il n'en est pas moins vrai que le mouvement de jeunesse en tant que tel était quelque chose de spécifiquement allemand.

Fondé par les élèves d'un lycée berlinois, il était d'une part un mouvement d'émancipation typique : la révolte de la jeunesse contre l'hypocrisie wilhelminienne, contre des conventions dépassées, contre la rigidité de la société de classes allemande ; en ceci, il représentait sans nul doute un phénomène d'une très grande modernité. Mais, par ailleurs, il recherchait son idéal de vie dans la chevalerie du Moyen Âge ainsi que dans une saine existence rurale ; en quoi on pouvait aussi le considérer comme réactionnaire [13]. Il est toutefois vraisemblable qu'une société est d'autant plus développée, c'est-à-dire d'autant plus complexe, que s'accomplissent en son sein davantage de synthèses entre le progrès le plus pur qui soit et la réaction la plus pure qui soit, car une culture sans contradictions est pauvre, aussi sympathique et vertueuse qu'elle puisse être.

Ce qui pourtant caractérisait vraiment la Jeunesse hitlérienne, ce n'était justement pas ce qu'elle avait de commun avec le mouvement de jeunesse, mais son intégration résolue dans la lutte politique de masse : elle n'avait pas pour mot d'ordre de s'envoler tel l'oiseau migrateur (*Wandervogel* en allemand, qui est aussi le nom du scoutisme, NdT), mais de défiler devant le Führer ; son idéal n'était pas l'amitié d'élus autour de feux de camp à la scout, mais la « camaraderie » d'une organisation de masse. Il suffit pourtant de mettre le Komsomol en arrière-plan de l'examen pour que sautent de nouveau aux yeux, avec force, les analogies que la Jeunesse hitlérienne présente avec le mouvement de jeunesse : par exemple, le principe qui veut « que ce soient des jeunes qui dirigent les jeunes », les chants, le caractère souvent encore très ludique des exercices de plein air qu'il n'est guère possible de sérieusement considérer, durant les années d'avant la guerre, comme ceux d'une « ins-

---

12. *KPdSU über den Komsomol und über die Jugend*, Berlin, 1958, p. 56 et suiv.
13. Walter Z. Laqueur, *Die deutsche Jugendbewegung*, Cologne, 1962.

truction prémilitaire ». Quel que fût son mépris à l'égard des *différences sociales*, la Jeunesse hitlérienne ne mettait pas une seconde en doute leur existence et, au total, l'image qu'elle offrait n'était guère moins éloignée de celle du « mouvement de jeunesse ouvrier » que de celle du Komsomol.

Il existait, dès avant 1923, de premiers groupes de jeunes du NSDAP et en 1926 fut fondé à Plauen, dans le Vogtland, le Mouvement de jeunesse panallemand [14]. Le congrès national-socialiste de Weimar le reconnut officiellement comme l'organisation de jeunesse du NSDAP et, sur proposition de Julius Streicher, le rebaptisa Jeunesse hitlérienne – Ligue de la jeunesse ouvrière allemande. Dans un premier temps, il est manifeste qu'on la considéra essentiellement comme l'organisation de jeunesse de la SA et c'est pour cette raison qu'elle fut placée sous l'autorité de la direction suprême de cette dernière. En 1929, fut créée la Ligue des élèves nationaux-socialistes dirigée par Adrian Renteln ; en 1930, ce fut le tour de la Ligue des jeunes filles allemandes. Mais c'est la Ligue nationale-socialiste des étudiants allemands qui joua le rôle politique le plus important ; par ses actions et ses manifestations, elle rendit très sensible sa présence dans un grand nombre d'universités et, dès 1931, au terme d'élections libres, elle opéra une sorte de prise de pouvoir au sein de l'Association générale des étudiants allemands. Son chef, Baldur von Schirach, le fils d'un directeur de théâtre, fut nommé, en octobre 1931, « Reichsführer de la jeunesse du NSDAP » ; en mars 1932, suite à l'interdiction de la SA promulguée par Brüning et Gröner, sa subordination à la SA prit fin. Lors du congrès de la jeunesse du Reich, les 1er et 2 octobre 1932, à Potsdam, pendant plus de sept heures, Hitler salua, bras tendu, le défilé d'environ cent mille jeunes.

Par son activité d'agitation et de masse, la Jeunesse hitlérienne offrait un contraste frappant avec les associations de jeunesse *bourgeoises* et, effectivement, la proportion de jeunes ouvriers et apprentis dans ses rangs était remarquablement élevée, 70 % environ. Au total, pourtant, la Jeunesse hitlérienne ne constituait qu'une petite minorité à l'intérieur des associations de jeunesse allemandes, le Comité national des associations de jeunesse allemandes comptant entre cinq et six millions d'adhérents. Au lendemain du 30 janvier 1933, il y eut néanmoins un coup de force analogue à celui dont les syndicats firent l'objet. Le 5 avril, les bureaux furent occupés et l'on s'empara de la direction sans rencontrer de résistance sérieuse. On procéda à la dissolution et à l'interdiction des organisations de jeunesse à caractère politique, en même temps qu'à celles des partis correspondants, les groupes de droite, comme la Jeunesse de Bismarck et de Hindenburg, étant en partie rattachés à la Jeunesse hitlé-

14. Les développements qui suivent s'appuient sur Hans-Christian Brandenburg, *Die Geschichte der HJ*, Cologne, 1968.

rienne. Les problèmes furent plus difficiles à résoudre avec les divers groupes confédérés au sein du mouvement de jeunesse traditionnel *(bündische Jugend)* ; dans un premier temps, ils rejoignirent la Ligue de la jeunesse panallemande dirigée par l'amiral von Trotha. On ne peut toutefois parler de conflit fondamental, car l'aile droite du mouvement de la jeunesse était d'idéologie *ethnico-nationaliste (völkisch)* depuis 1919. Von Schirach caractérisa ainsi, ultérieurement, la différence entre les organisations : « Ce qui me répugnait surtout, c'était l'idéologie de leur Ligue. Ils se considéraient comme l'élite et nous comme la masse. Nous étions pour eux la "jeunesse populaire" et, eux, ils étaient "la jeunesse d'élite". L'État national-socialiste ne pouvait supporter pareille conception [15]. »

Cette fois, on eut recours au pouvoir d'État. Le 17 juin 1933, Hitler nomma Schirach « chef de la jeunesse du Reich allemand » et le premier acte officiel de ce dernier fut de dissoudre la Ligue panallemande. Parmi toutes les autres associations, seule la Ligue des Artamans [16] fut absorbée en bloc par la Jeunesse hitlérienne et transformée en son Service rural *(Landdienst)*. À la suite d'un accord avec l'évêque du Reich Müller, la Jeunesse évangélique fut rattachée à la Jeunesse hitlérienne, fin 1933, sans perdre totalement son identité ; elle dut néanmoins se limiter au seul domaine de l'assistance spirituelle. Les organisations de jeunesse catholiques, comme par exemple la Ligue des élèves Allemagne nouvelle *(Neudeutschland)*, se montrèrent beaucoup plus coriaces ; elles étaient en effet protégées, jusqu'à un certain point, par le Concordat, mais de multiples pressions et mesures de censure les mirent hors de combat en l'espace de quelques années.

Pendant un certain temps, le samedi fut réservé à l'organisation hitlérienne en tant que « journée nationale de la jeunesse ». Le 1er décembre 1936 fut promulguée la « loi sur la Jeunesse hitlérienne », qui faisait de cette dernière la responsable de toute l'éducation corporelle, intellectuelle et morale en dehors de l'école et du foyer parental. À partir de ce moment-là, l'organisation hitlérienne servit principalement de système d'encadrement, strictement hiérarchisé et destiné à une instruction prémilitaire qui ne se limitait pas au seul aspect technique. La Jeunesse hitlérienne de la marine, la Jeunesse hitlérienne motorisée et les unités aériennes étaient caractéristiques de cette orientation. En 1938, l'organisation fut même dotée de son propre « service de patrouille » *(Streifendienst)*, une espèce de police de sécurité comportant une *Gefolgschaft* (cent cinquante personnes) au sein de chaque *Bann* (voir ci-après, NdT). Un accord entre von Schirach et Himmler permit d'établir des rapports

15. Baldur von Schirach, *Die Hitlerjugend. Idee und Gestalt*, Berlin, 1934, p. 34.

16. Cette association avait notamment pour objectif de recultiver des terres, un peu à la manière de ce que feront plus tard les premiers kibboutzim (NdT).

particuliers avec la SS : la relève des unités SS devait en premier lieu se faire à partir de ce *Streifendienst*, le Service rural de la Jeunesse hitlérienne devant, lui, constituer le réservoir principal des « paysans en armes » *(Wehrbauern)*.

La structure d'organisation correspondait à celle des autres organisations nationales-socialistes et, l'idée d'instances prenant des décisions et se livrant à la discussion étant rejetée, cette structure se fondait totalement sur les principes de la hiérarchie et du commandement : la chaîne de commandement partait du chef suprême de région *(Obergebietsführer)*, passait dans l'ordre descendant par les chefs des régions *(Gebiete)*, les chefs des *Banne*, des *Stämme*, des *Gefolgschaften* et des *Scharen* pour arriver enfin aux chefs des *Kameradschaften*, ces derniers équivalant à peu près à des sous-officiers. Les postes de commandement, jusques et y compris les chefs de *Bann* (grade correspondant à celui de colonel ou lieutenant-colonel commandant un régiment), étaient occupés par des permanents ; on échappa néanmoins dans une large mesure au danger de la bureaucratie. Il n'existait, en vérité, pas de structure analogue à celle de la « cavalerie légère » du Komsomol qui avait pour mission de lutter contre la bureaucratisation de l'État, et encore moins de structure analogue à celle des comités, bureaux et secrétariats. La Jeunesse hitlérienne ne fut, de même, ni engagée dans des « batailles de la production » ni appelée à construire de nouvelles entreprises industrielles. En revanche, elle fut bien associée, pendant la guerre, aux campagnes de récoltes agricoles et aux activités de protection anti-aérienne ; elle apportait son aide dans les services de la poste, de la police et des chemins de fer ainsi que, principalement d'ailleurs, dans les services organisant le déplacement à la campagne des enfants des villes bombardées. Ce n'est qu'à partir de 1941 que les jeunes de l'organisation hitlérienne furent utilisés comme auxiliaires de la « Flak » (défense anti-aérienne, NdT) ; c'est la même année que Artur Axmann remplaça von Schirach à la tête de la Jeunesse hitlérienne nationale, ce dernier devenant Gauleiter de Vienne.

Au total, l'activité de l'organisation présentait un caractère très différent d'un niveau de structure à l'autre.

C'est dans le *Deutsches Jungvolk* (l'organisation des jeunes garçons, NdT) que l'on rencontrait le plus de réminiscences des « mouvements de jeunesse » traditionnels : voyages, camping, jeux de plein air. Mais, ici aussi, la randonnée n'était plus le fait de « hordes » qui se caractérisaient jadis par la spontanéité individuelle ; c'était à présent en colonnes que l'on marchait, que l'on se mettait en rang et que l'on se soumettait aux « appels ». Sur le couteau scout que chaque *Pimpf* portait sur lui était gravé le mot d'ordre « Sang et honneur ». Un Américain qui aurait vu côte à côte un groupe du Jungvolk et un groupe des Jeunes pionniers aurait eu du mal à les distinguer au premier coup d'œil. Mais il aurait été totalement impossible, au sein du Jungvolk, d'enrôler les enfants dans la lutte des classes, comme avait tenté de le faire le « mouvement révolutionnaire des enfants » d'Allemagne durant l'époque de Weimar [17].

L'âge d'accueil dans la Jeunesse hitlérienne proprement dite se situait entre quatorze et dix-huit ans, et elle était de ce fait, dans une beaucoup plus large mesure que le Komsomol, un groupement d'adolescents. Les « camps d'entraînement militaire » et les « concours nationaux de tir » étaient au centre de ses activités, mais elle ne pouvait, bien entendu, pas plus entretenir de sections au sein de la Wehrmacht elle-même qu'elle ne pouvait accepter de cellules du parti en son sein ; de très nombreux jeunes hitlériens devinrent simultanément des adhérents du parti et des soldats, tandis qu'un membre du Komsomol pouvait être un adhérent du parti ayant fait ses preuves et un soldat blanchi sous le harnais. La formation idéologique n'y prenait pas une aussi grande place qu'au Komsomol ; les thèmes importants en étaient les légendes héroïques du Nord, les raisons de l'effondrement allemand lors de la dernière guerre, les mesures pour maintenir la pureté du sang allemand, Hitler et ses compagnons de lutte, le peuple et son espace vital. Mais il y avait indiscutablement des traits socialistes aussi, par exemple le fait de brûler les casquettes scolaires (signes distinctifs de certaines écoles réputées, NdT), la propagande en faveur de vacances pour les jeunes ouvriers, les « concours professionnels nationaux ». Les cliques musicales et les groupes de chant et de théâtre *(Spielscharen)* se situaient dans le prolongement des mouvements traditionnels, mais ce fut aussi le cas, dans les débuts, d'un travail culturel plus exigeant, tel qu'il se pratiquait au cours de « journées théâtrales nationales de la Jeunesse hitlérienne ».

Les équivalents féminins du Jungvolk et de la Hitlerjugend étaient le Jungmädel et la Ligue des jeunes filles allemandes (*Bund deutscher Mädel* ou BDM), ouverte aux jeunes filles de moins de vingt et un ans. Une organisation affiliée était l'Œuvre-BDM pour la foi et la beauté. À plus d'un égard, il s'exprimait au sein de ces associations la poursuite des traditions de randonnées féminines (le *Mädchenwandern*) entretenues par les mouvements de jeunesse d'antan ; mais, d'un autre côté, elles étaient très fortement placées sous le signe et le modèle de la « mère allemande ».

S'agissait-il aussi, au sein de la Jeunesse hitlérienne, d'une *éducation totalitaire* ? Le fait que, apparemment, elle limitait ses prétentions sur un plan qualitatif – l'école et le foyer parental étant expressément reconnus comme des *pouvoirs éducatifs* d'égale valeur –, prétentions qui sur un plan quantitatif étaient totales, semble plaider en faveur d'une réponse

17. *Cf.* par exemple cette strophe d'un poème reproduit dans un « livre illustré pour enfants d'ouvriers » : « Très tôt un enfant pauvre saute du lit avec les petits pains chauds. L'enfant de bourgeois est encore couché, il dort, rond, gros et gras. » (*Seid bereit für die Sache Ernst Thälmanns. Eine Auswahl von Dokumenten zur Geschichte der revolutionären Kinderbewegung in Deutschland*, Berlin, 1958, p. 149.)

négative. Cela présupposait, certes, que ni l'école ni le foyer parental ne fussent hostiles au national-socialisme, mais on n'exigeait pas non plus qu'il y eût accord positif: d'innombrables foyers, en Allemagne, nourrissaient des réserves considérables à l'égard du régime, tandis que, dans de nombreuses école allemandes, si les professeurs de gymnastique et de biologie étaient à la rigueur des nationaux-socialistes, la grande majorité de leurs collègues cherchaient plutôt à maintenir l'esprit du *sursaut national*. Dans ces conditions, subsistait ici aussi le pluralisme social et, jusqu'à la fin du Troisième Reich, ce fut en Allemagne quelque chose d'inconcevable qu'un enfant de douze ans pût, comme en Union soviétique, réclamer pour son propre père, dans le cadre d'une purge, la peine de mort [18]. Pourtant, même si l'on n'éleva pas ici de Pavlik Morosov au rang de héros national, il n'en reste pas moins que de nombreux parents n'osaient pas tenir des propos hostiles au régime en présence de leurs enfants fanatisés; il y eut aussi, en matière d'organisation, des domaines d'intrusion partisane. Ainsi la Jeunesse hitlérienne eut-elle la responsabilité des « écoles Adolf Hitler », qui ne relevaient donc pas de l'autorité du ministère pour la Science, l'Éducation et la Formation populaire, mais de celle de la direction de la Jeunesse *(Reichsführung)* au sein du parti. L'envoi des enfants à la campagne n'était pas qu'une mesure d'urgence, elle était également dirigée contre l'influence du foyer parental. En outre, il apparaît bien que même la notion d'éducation dut céder la place au principe de la direction des jeunes par les jeunes en personne. L'objectif n'était toutefois pas de créer un quelconque *monde de la jeunesse*, mais bien de préparer au service militaire; objectif tenant davantage compte de nécessités intérieures que de nécessités extérieures ou techniques.

Adolf Hitler avait décrit avec beaucoup de clarté, dans *Mein Kampf*, son idéal éducatif: « L'ensemble du travail éducatif de l'État raciste doit trouver son couronnement dans sa capacité à implanter, par l'instinct et la raison, dans le cœur et le cerveau de la jeunesse qui lui est confiée, le sens et le sentiment de sa race. [...] L'État raciste, conscient de cette vérité, ne croira pas que sa tâche éducatrice se borne à faire entrer dans les cerveaux la science à coups de pompe; il s'attachera à obtenir, par un élevage approprié, des corps foncièrement sains. La culture des facultés intellectuelles ne viendra qu'en seconde ligne [19]. » En réalité, ce développement, loin d'intervenir « en seconde ligne », n'intervenait pas du tout. Car il demeurait l'apanage d'une école qui n'avait pas changé de nature profonde et il était conçu, au moins dans le domaine de responsabilité de la Jeunesse hitlérienne, comme une préparation aux épreuves du « concours professionnel national ».

18. Heller-Nekrich, *op. cit.*, vol. I, p. 198. (*L'utopie...*, *op. cit.*, p. 171.)
19. *MK*, p. 452. (Édition française: *op. cit.*, p. 406.)

Tendanciellement, il s'agissait donc d'une riposte radicale à l'« intellectualisme » de l'éducation que Hitler tenait manifestement pour un produit de la « décomposition juive » et qui, en réalité, est à la fois la conséquence de l'évolution moderne et sa condition préalable. À cet égard, Lénine était incomparablement plus moderne lorsqu'il tentait de faire entrer dans la tête des komsomols son mot d'ordre « Apprendre, apprendre, apprendre ». Mais qu'il dût le faire était justement la preuve qu'il agissait au sein de conditions beaucoup moins modernes, dans une situation où le progrès et la modernité étaient bien loin de s'être développés au point que l'on pût entrevoir leur dangerosité potentielle. Et le mépris affiché par Lénine pour « la vieille intelligence » avait déjà montré d'assez nette manière les conséquences les plus extrêmes auxquelles pouvait mener une éducation totalitaire : ce n'est pas uniquement dans l'Allemagne nationale-socialiste, mais bien plus encore dans la Russie bolcheviste qu'avait été coupée à la racine la possibilité de se livrer à la comparaison critique et de penser par soi-même, remplacée qu'elle était par la glorification sans réserves du parti et de son chef. Mais, d'autre part, comment aurait-il pu y avoir une opposition plus grande que celle qui existait entre les exigences du Komsomol – propager la conception matérialiste des phénomènes naturels et instituer des salles de lecture dans les villages – et les propos d'un Hitler exprimant son désir d'une jeunesse « agile comme des lévriers, coriace comme du cuir, dure comme de l'acier Krupp »[20] ?

Le Komsomol et la Jeunesse hitlérienne étaient donc, tout comme la Guépéou et la Gestapo, à la fois semblables et dissemblables. On pourrait dire que les dissemblances provenaient des disparités entre, d'un côté, une société plus jeune et moins développée et, de l'autre, une société plus ancienne et plus complexe. Mais on ne saurait ignorer que l'une et l'autre organisations étaient pareillement orientées en fonction du service dans les forces armées. Et s'il y avait incontestablement dans la Guépéou et la Gestapo beaucoup de cynisme et de rigueur bornée, on ne peut non plus douter un instant que la jeunesse, en Allemagne comme en Union soviétique – à la différence de la grande masse de celle des États libéraux et démocratiques – était pour une bonne part une jeunesse *croyante* et pénétrée de l'esprit de sacrifice. Il ne suffit pas pour l'expliquer, ni chez l'une ni chez l'autre, d'invoquer l'endoctrinement aride durant les heures d'enseignement ou les soirées dans les foyers de jeunesse. Il a fallu qu'il y eût en jeu quelque chose de plus fort et de plus spirituel, quelque chose qui n'était pas propre aux jeunes gens, mais dont ils se sont saisis avec une énergie particulière parce qu'il provenait en droite ligne de l'expérience vécue et des émotions fondamentales qui avaient marqué les *Weltanschauungen* de leurs partis respectifs.

---

20. *Ibid.*, p. 393 (éd. fr. : p. 355).

IV-4

Image de soi et image des autres dans la littérature et la propagande

L'expérience vécue et les émotions fondamentales, de là procèdent les idéologies. Ces dernières ne sont pas le fruit de l'imagination de tel ou tel penseur ; c'est en elles, au contraire, que se décantent et s'articulent les vécus et les émotions qui, pour un grand nombre d'hommes, ont un caractère déterminant et qui sont en soi prédisposées à donner forme à des idées. Le sol où s'enracinent les idéologies est fait de situations dans lesquelles, le cas échéant, se retrouvent des hommes originaires de nombreux pays, de plusieurs classes et de quelques générations, situations qui peuvent néanmoins aussi, selon l'époque et le lieu, avoir des limites plus étroites. Lorsque ne se réalise pas le syndrome entre ces quatre éléments – la situation, l'expérience vécue, l'émotion et l'idéologie –, les hommes n'agissent qu'en fonction de leurs intérêts. Lorsque le syndrome se produit, il se forme des groupes et des partis qui se mettent à l'écart « des autres » et qui ont d'eux-mêmes comme de ces « autres » une image bien définie, ayant tendance à se considérer comme « les bons » et à voir dans les autres « les méchants » ou « les ennemis ».

Dans son élaboration la plus subtile, l'image de soi qu'a le groupe ou le parti, image de soi à laquelle répond toujours une image de l'autre, s'exprime sous une forme littéraire et, dans son élaboration la plus grossière, sous la forme de la propagande. Par littérature, nous n'entendons pas, dans les considérations qui suivent, la grande littérature des Shakespeare, Goethe et Dostoïevski, qui est toujours, dans son essence même, davantage que de la littérature idéologique partisane, même s'il est possible de l'interpréter en ces termes ; nous entendrons au contraire, dans un premier temps, les chants et les cérémonies au travers desquels des milliers et des centaines de milliers d'hommes se persuadent qu'ils ont quelque chose en commun et, pour finir, le genre de romans qui expriment, avec engagement mais aussi avec une relative distance, les événements et les luttes agitant une époque. À la différence de la philosophie et de la grande littérature, aucun fossé ne sépare les deux formes de cette littérature-là de la propagande et de l'agitation ; pourtant, un parti qui n'est capable *que* de propagande et n'est pas en mesure de produire des chants ou des représentations romanesques d'un certain niveau, n'est que le représentant d'intérêts ou bien n'est qu'une association visant à conquérir le pouvoir. Un État où n'existerait que cette espèce de partis ne serait pas plus un État totalitaire qu'un État relevant du système libéral ; il ne serait qu'une pure société commerciale.

Ce sont la littérature et la propagande du mouvement ouvrier qui permettent le mieux d'illustrer ces considérations ; elles mettent en même temps en évidence que ce ne fut pas exclusivement l'expérience vécue de la Première Guerre mondiale qui détermina les grands affrontements politiques de l'entre-deux-guerres, mais que ces derniers s'ancraient dans un terreau plus ancien. Le vécu fondamental du mouvement ouvrier provenait ainsi de la sphère économique et d'une société qui, à ses yeux, n'était justement que de nature économique. C'est aux « damnés de la terre » qu'en appelait le chant composé par Eugène Pottier en 1871 [1] ; il tournait le regard de tous ceux « que l'on fait encore crever de faim » vers les « corbeaux » et les « vautours » qu'il faudra chasser avant que le soleil ne brille « sans arrêt » pour les pauvres, pour « l'armée des esclaves ». Comment les « tourmenteurs » et les « oisifs » pourraient-ils longtemps encore survivre, alors que les pauvres constituent « le plus puissant des partis » et peuvent se « sortir eux-mêmes de la misère » sans avoir besoin d'un « être suprême », qu'il soit Dieu, césar ou tribun ? Le refrain ne cesse de reprendre ensuite les phrases qui expriment tout aussi clairement la revendication universelle du mouvement ouvrier que son caractère militant et tout entier tourné vers l'avenir :

C'est la lutte finale,
Groupons-nous et demain
L'Internationale
Sera le genre humain.

Des dizaines d'années durant, « L'Internationale » a retenti, en Europe ou en Amérique, partout où, dans telle ou telle circonstance solennelle, se rassemblaient de grandes masses de travailleurs. Elle répandait la terreur chez les adversaires et l'espoir chez les sympathisants. Pour celui qui avait quelques connaissances historiques, l'affirmation que ceux qui n'étaient « rien » encore seraient bientôt « tout », représentait un élément de confiance supplémentaire, car le mouvement ouvrier établissait de la sorte un lien avec l'écrit polémique le plus célèbre de la Révolution française.

La confiance dans l'histoire et la foi dans l'avenir étaient, en effet, les

---

1. *Lieder der Partei*, recueillis par Inge Lammel et Günter Hofmeyer, Leipzig, 1961, p. 7 et suiv.

traits dominants du mouvement ouvrier d'avant la Première Guerre mondiale ; rien n'a plus joliment exprimé ces émotions qu'un chant, né en 1897 dans la cellule d'une prison moscovite ; il ne fut connu en Allemagne, il est vrai, qu'après 1918 dans l'adaptation qu'en donna Hermann Scherchen :

Frères, montons vers le soleil, vers la liberté
Frères, montons vers la lumière.
Surgissant du passé obscur,
L'avenir brille, radieux [2].

La conscience d'être les créateurs de toute richesse et de devoir pourtant endurer la plus noire des misères trouve son expression la plus impressionnante dans un chant, écrit par Johann Most et publié pour la première fois en 1871, « Les travailleurs » :

Qui met au jour l'or ?
Qui martèle l'airain et la pierre ?
[...]
Qui donne aux riches tout leur pain
et vit pourtant dans une noire misère ?
Ce sont les travailleurs,
Le prolétariat.

Rassemblez vos forces
Et prêtez serment au drapeau rouge
[...]
Hâtez la chute des despotes !
Apportez ensuite la paix à l'univers !
Luttons, travailleurs, mes frères !
Prolétariat, debout ! [3]

Il saute aux yeux que la Première Guerre mondiale représenta nécessairement, pour cette confiance en soi et cette conscience de ses propres forces, la plus éprouvante et néanmoins la plus stimulante de toutes les expériences vécues. Les « travailleurs » d'Europe ne s'étaient-ils pas entretués au lieu de se donner la main ? L'avenir radieux n'apparaissait-il pas plus lointain encore qu'avant ? Comment avait-il été possible aux « vautours » et aux « corbeaux » de précipiter ainsi le prolétariat international uni dans un pareil malheur ? Si l'on se refusait à l'aveu foudroyant que le prolétariat n'était ni uni, ni internationaliste et qu'il était loin de constituer la grande majorité de la population, on était obligé d'élever considérablement le ton, on était obligé de se livrer à des reproches beaucoup plus durs, on ne se trouvait désormais plus face à quelques simples

2. *Ibid.*, p. 9 et suiv.
3. *Ibid.*, p. 26 et suiv.

« corbeaux », à quelques simples « vautours » ; on se trouvait bel et bien en présence d'un ennemi puissant et malveillant qu'il fallait haïr avant toute autre chose.

C'est ainsi que, dans les *Poésies et chants rouges* parus en 1924, à Berlin, l'expérience de la guerre et de ses conséquences s'exprime plus fortement encore que les récriminations contre la monotonie du travail en usine, plus fortement que l'opposition entre « les fourrures, les bijoux, les habits de soie » des bourgeois et « la faim, le chômage » des prolétaires. On peut lire dans une poésie « Aux soldats » :

Toi, le soldat à la vareuse bigarrée, il faut maintenant choisir,
Soit tu es du côté des brigands, soit tu es des nôtres, nous qui souffrons.
Nous combattons avec acharnement les brigands dans ce monde
Et tous ceux qui s'opposent à nous.
Mais si tu nous rejoins, nous, les prolétaires affamés,
Tu devras combattre avec nous, nous qui voulons abattre les brigands [4].

L'*Orgesch*, c'est-à-dire les Corps francs, et « Hitler » également jouent déjà dans ces chants un rôle considérable ; si Hitler, Dietrich Eckart et leurs « nazis » font encore figure de personnages ridicules, c'est à l'*Orgesch* que s'adressent ces paroles on ne peut plus sérieuses :

Fusiller des millions,
Orgesch, tu ne le pourras ;
De notre sang surgira
Le tribunal du prolétariat [5].

Mais c'est le chant de « La Jeune garde » qui résonne des accents de la plus grande détermination :

Nous sommes au premier rang,
Nous tombons et mourons,
Nous sommes la Jeune garde,
Nous attaquons, nous attaquons.

Le labeur, nos fronts pleins de sueur,
L'estomac vide, oui, vide,
Nos mains calleuses et noires de suie
Serrent le fusil.

La Jeune garde à livrer le combat de classe
Se tient prête,
Il faut que coule le sang des bourgeois
Pour que libres nous soyons.

4. *Rote Gedichte und Lieder*, Berlin, 1924, p. 31.
5. *Ibid.*, p. 77.

[...]
Vive la Russie soviétique,
Écoutez ! Nous sommes en marche,
Nous donnons l'assaut au nom
De la révolution des peuples !

Bondissez sur les barricades,
En avant pour la guerre civile, oui, la guerre,
Plantez les drapeaux soviétiques
Pour une victoire rouge de sang [6].

Tous ces appels à la guerre et à la guerre civile n'en demeuraient pas moins associés, en définitive, à l'idée d'une vie pacifique, harmonieuse, naturelle et sans complications, qui paraissait si proche et que, pourtant, une force mystérieuse, dénommée « les brigands » ou « la réaction », repoussait dans un avenir si lointain :

Démolissez les Bourses !
Les banques aussi,
Ainsi que tout ce dont nous souffrons.

Faites sauter toute cette horreur.
Ne vous demandez pas ce qui restera ;
Il nous restera à coup sûr
La terre et ses richesses.

Elle produit assez
Pour que tout être humain
Profite de la vie !
Pain comme raisin.

[...]
Nous savons ce que nous faisons,
Quand nous anéantissons.
C'est une œuvre ardente
De sainte justice.

6. *Ibid.*, p. 76. (Ce chant de la Jeune garde, postérieur à la révolution d'Octobre, n'a donc rien de commun avec celui des Jeunes gardes, écrit par Montéhus en 1912 : « Nous somm's la jeune France, Nous somm's les gars de l'avenir, El'vés dans la souffrance, Oui, nous saurons vaincre ou mourir ; Nous travaillons pour la bonn' cause, Pour délivrer le genre humain, Tant pis si notre sang arrose Les pavés sur notre chemin. Prenez garde ! Prenez garde ! Vous les sabreurs, les bourgeois, les gavés, V'là la jeune garde, V'là la jeune garde Qui descend sur le pavé. C'est la lutte final' qui commence, C'est la revanch' de tous les meurt-de-faim, C'est la révolution qui s'avance, C'est la bataille Contre les coquins, Prenez garde ! Prenez garde ! V'là la jeune garde ! etc. », *cf.* Robert Brécy, *Florilège de la chanson révolutionnaire de 1789 au Front populaire*, Éditions Hier et Demain, Paris, 1978, p. 204, NdT).

C'est la guerre la plus claire qui soit
Pour le plus pur de tous les droits.
Hourra ! Que, triomphant, claque le mot d'ordre :
Ni maîtres, ni valets ! [7]

Pour cette première période, on peut sans scrupules citer des chants allemands afin de donner à comprendre l'esprit de la révolution russe, esprit qui, lui aussi, s'élevant au-dessus de l'aspiration élémentaire à la terre et à la paix, était tout empreint d'internationalisme et dont les champions, la veille du 8 novembre, mêlés aux délégués du deuxième congrès des Soviets, saisis d'une émotion profonde, avaient entonné « L'Internationale ». Ensuite, consciente d'avoir franchi un pas historique d'importance universelle, la révolution put continuellement se mettre elle-même en scène à l'occasion de ses grandes cérémonies [8]. Plongées dans la faim et la misère, Petrograd et Moscou, au début des années vingt, étaient encore des villes très animées, dans lesquelles s'exprimait une immense spontanéité, même s'il est bien certain que le parti, son rôle dirigeant et son contrôle, était déjà omniprésent. Certains observateurs ont cru reconnaître un trait élémentaire de l'homme russe lorsque des scènes improvisées, dans la rue, ont permis qu'acteurs et spectateurs se mettent tout naturellement à dialoguer et à jouer ensemble. La foule des présents participant vivement au spectacle, on vit les ouvriers d'une fabrique de fourrures disposer dans une grande cage des poupées travesties en Mussolini, Lloyd George ainsi qu'en d'autres personnalités politiques du monde capitaliste et les promener en ville avec cette inscription : « Peaux des bêtes de proie du monde entier, tannées et travaillées par la fabrique de fourrures Sorokoumoff. » Dans une autre cage, on pouvait voir une araignée énorme avec cette inscription : « Le Capital ». La foule cria sa joie lorsqu'on sortit l'araignée de sa cage et qu'on la brûla. Mais de grandes foules se rassemblaient aussi lorsqu'on mettait en scène des procès contre des criminels en leur absence, par exemple le procès des assassins de Rosa Luxemburg ou le procès contre Wrangel.

Tout ceci relevait bien davantage de la fête que de la simple propagande, parce que les barrières entre les acteurs et les spectateurs avaient été levées. Mais ces festivités culminèrent ensuite dans de grandioses cérémonies de masse au cours desquelles la Révolution ne cessait de se répéter et de s'auto-célébrer, elle-même et ses acteurs. On construisit ainsi devant le Palais d'hiver de Petrograd une scène gigantesque sur laquelle, dans une lumière crue, festoyaient de gras bourgeois en compagnie de leurs maîtresses, tandis que, sur la place, devant eux et au-dessous d'eux, une foule sombre qu'on ne pouvait distinguer du public commen-

7. *Ibid.*, p. 67.

8. Le développement suivant s'inspire de René Fülop-Miller, *Geist und Gesicht des Bolschewismus*, Zurich-Leipzig-Vienne, 1926, p. 182-196.

çait à se mettre en mouvement. Des coups de feu claquaient, il se formait des détachement de la Garde rouge, des voitures blindées faisaient leur apparition. De terreur, les *bourjouïs* restaient interdits, puis ils se levaient et s'enfuyaient, tandis que des formations révolutionnaires arrivaient en masse, au milieu des cris et des détonations. Le grand mur en arrière-plan s'écroulait, laissant paraître l'arbre de la liberté, décoré de rubans rouges ; la foule des hommes en uniforme se pressait dans sa direction, ils échangeaient leurs armes contre des faux, des fourches et des marteaux : l'affrontement armé cédait la place à la grande fraternisation de l'humanité entière occupée à des travaux pacifiques, « L'Internationale » retentissait, un feu d'artifice illuminant l'ensemble de la scène sur laquelle acteurs et spectateurs se fondaient en un tout indissociable. Les individus se trouvaient ainsi projetés hors de leur isolement et de l'étroitesse de leur condition, accédant à la force illimitée des masses. La grisaille quotidienne et la division du travail avaient disparu ; mais ce jeu, qui était une anticipation du *monde nouveau* et de *l'homme nouveau*, était à la fois post-lude et pré-lude.

Le cérémonial se transforma en culte lorsque, après la mort de Lénine, le cadavre embaumé du fondateur de l'État trouva sa dernière demeure dans le mausolée de la Place rouge et que, jour après jour, des milliers et des milliers de personnes se mirent à attendre patiemment, rangées en d'interminables queues, de pouvoir jeter un regard sur l'unique et suprême relique de l'Union soviétique.

C'est dans cet environnement que *se faisaient entendre* les chants et les poèmes de Demian Biedny, qui se flattait d'être inconnu et inculte et par cela même apte à reproduire la réalité des masses :

Des millions de pieds : un seul corps. Le pavé claque. [...]
Des masses, des millions : un seul cœur, une seule volonté, un seul pas !
Au pas ! Au pas !
Ils arrivent au pas cadencé.
Marche, marche [...] [9]

Festivités et propagande se recoupaient donc, s'entremêlaient et, plus se précisait et s'amplifiait l'effort de certains individus ou de certains groupes pour agir sur autrui à distance et transmettre les opinions correctes, plus la propagande apparaissait avec une grande netteté. Pour de longues années, l'Union soviétique se transforma en un véritable tableau noir couvert, de haut en bas, de mots d'ordre, de dessins, d'avertissements et d'accusations ; ces slogans, qu'ils aient été effectivement placardés aux murs ou aux colonnes Morris ou qu'ils aient été publiés dans des brochures ou des livres, indiquaient tous la même direction. Il y avait là « l'ennemi, le capital », représenté sous les traits d'un gros homme au visage antipathique, assis au milieu d'innombrables pièces

9. Demjan Bedny, *Die Hauptstraße*, Vienne, 1924, p. 11 et suiv.

d'or ; il y avait là la Société des Nations, incarnée par trois hommes, coiffés d'un haut-de-forme et dotés du ventre des nantis, désignés par leurs couleurs nationales comme étant la France, l'Angleterre et les États-Unis, qui trônaient sur une scène élevée, sous l'inscription « capitalistes de tous les pays, unissez-vous », devant une masse de gens miséreux et accablés ; mais il y avait là aussi un ange lançant, du haut des airs, des fleurs sur une foule immense de gens rassemblés pour célébrer le « jour de fête des travailleurs de tous les pays ».

Les affiches datant de la guerre civile montrent Wrangel sous les traits d'un personnage mi-homme mi-bête, avec une mâchoire d'animal et un poignard ; elles montrent des ouvriers traînant un obus gigantesque, un « cadeau pour le Pan blanc » (les capitalistes et les propriétaires fonciers polonais) ; elles montrent une carte du monde où le drapeau rouge flotte déjà sur l'Europe entière [10]. Les récits et les descriptions ressemblent à s'y méprendre à ceux des Blancs : caves remplies de cadavres, têtes coupées, exécutions de masse ; ces récits n'évoquent pas plus que les récits adverses la terreur imputable à leur propre camp. Lorsqu'il est prétendu, dans de tels écrits, que les Blancs exécutaient, sans autre forme de procès, parmi les prisonniers arrêtés dans des circonstances suspectes, tous ceux dont les mains calleuses trahissaient qu'ils étaient des travailleurs, on se trouve pourtant en présence d'une affirmation qui établit une analogie, étrange et non crédible à vrai dire, avec ses propres procédés. La seule différence authentique apparaît dans les images qui montrent des flagellations : seuls les Blancs semblent en effet s'être rendus coupables de ce genre de supplice [11]. Par ailleurs, un étranger ne pouvait accorder foi à la propagande soviétique lorsqu'elle faisait état d'exécutions massives de femmes prolétaires allemandes et de terribles tortures infligées à des prisonniers communistes en Allemagne [12].

À la fin des années vingt, la propagande changea de visage : désormais, de grands panneaux décorés ne montraient plus que l'Union soviétique et, reproduits en de nombreux endroits, illustraient les grands projets du plan quinquennal ; partout, on essayait de faire entrer dans la tête des gens la résolution de la XVe Conférence du parti, selon laquelle on allait, dans de courts délais, « rattraper et dépasser » le niveau de développement industriel des pays capitalistes les plus avancés. Mais la propagande, c'étaient aussi les voyages, soigneusement préparés, de délégations étrangères souhaitant rencontrer le peuple et qui n'étaient accueillies que par des agents de la Tcheka ou de la Guépéou [13] ; la propagande, c'étaient

10. Harrison E. Salisbury, *Bilder der russischen Revolution 1900-1930*, Berlin, 1979, p. 69, 133, 233, 265, 261.

11. Annelie et Andrew Thorndike, *Das russische Wunder*, Berlin, 1962, p. 108, 122 et suiv., 109.

12. *Cf.* Kindermann, *op. cit.* (*cf.* note 6 du chapitre II-7), p. 32.

13. *Cf.* les récits de Tamara Solonewitsch, *Hinter den Kulissen der Sowjetpropaganda. Erlebnisse einer Sowjetdolmetscherin*, Berlin, 1937.

encore les consultations données par Mikhaïl Kalinine, le « président de l'Union », dénué de tout pouvoir. « L'agitation et la propagande » constituaient d'ailleurs la tâche exclusive de l'un des plus importants départements du Comité central du PCUS. En 1941 encore, l'Union soviétique était le pays de la propagande ; pourtant, même dans ses formes les plus routinières et les plus grossières, elle conservait quelque chose de l'esprit des chants et des fêtes d'antan, dans lesquels s'exprimaient les émotions et les conceptions fondamentales d'un grand mouvement international.

La tradition dans laquelle s'enracinaient les chants du mouvement national-socialiste était totalement différente. Elle aussi remontait à la période de l'avant-guerre. Certes, il n'était nulle part sérieusement question de « science » dans les chants du mouvement ouvrier, mais, jusqu'en 1914 au moins, ils étaient essentiellement empreints de l'esprit optimiste de l'ère du progrès. D'importants philosophes avaient pourtant depuis longtemps sévèrement critiqué un concept de progrès par trop banal et superficiel, tandis que la littérature et la science découvraient l'importance du mythe et du culte dans l'Antiquité et que le mouvement de jeunesse *Wandervogel* retrouvait et chérissait à nouveau le pays natal et ses traditions :

Il n'est pas en ces temps, où que le regard porte,
De plus beau pays que le nôtre,
Où nous aimons, le soir venu,
Nous retrouver sous les tilleuls [14].

La tradition dont s'est inspiré le national-socialisme ne pouvait avoir ressenti la guerre d'abord comme l'effondrement d'espoirs ni comme l'œuvre d'une minorité malfaisante, la classe dominante. Des millions d'Allemands avaient bien plutôt vécu la guerre comme une libération de la routine quotidienne, comme un appel au sacrifice héroïque et comme la confirmation d'anciennes convictions ; même pour la grande masse des sociaux-démocrates, en août 1914, il était d'une totale évidence que l'Allemagne, pays cultivé et hautement développé, ne pouvait faire autrement que se défendre contre la menace, très ancienne déjà mais devenue désormais aiguë, que faisait planer sur elle la Russie tsariste. Et, au lendemain de la défaite, il s'avéra que, précisément dans cette situation difficile, les sentiments auxquels la religion avait jadis fourni refuge pouvaient s'allier au patriotisme et donner ainsi naissance à quelque chose équivalant presque à l'antique unité du service de la patrie et de Dieu. On peut citer comme exemple de cette rencontre le « Serment allemand » de Rudolf Alexander Schröder :

14. On trouvera les chants et les poèmes allemands dont il est ici question dans de nombreux recueils ; le chant de la « Jeune garde », repris et modifié par la SA, se trouve dans le *Liederbuch der schlesischen SA*.

Sainte patrie, dans les dangers
Tes fils se dressent pour te protéger,
Cernée de dangers, vois, sainte Patrie,
Les armes étinceler dans les mains de chacun.

[...]
Nous prenons les étoiles à témoin,
Le guide des étoiles nous entendra,
Avant que l'étranger te dérobe ta couronne,
Ô patrie, nous tomberons tête contre tête.

Sainte patrie, l'heure venue, lève les yeux
Et regarde sans peur à la ronde,
Vois tes fils, côte à côte, aux cœurs embrasés,
Ô pays, toi, tu vivras, nous, nous mourrons.

On peut bien sûr, connaissant les horreurs des guerres mécaniques modernes, se moquer du lyrisme solennel de ces vers ; on peut certes contester que ce pays d'usines, de banques et d'horaires de travail interminables mérite un tel hymne. Mais si l'Allemagne n'avait véritablement été qu'un exemple parmi d'autres d'une société faite de quelques rares exploiteurs et d'innombrables exploités, un pareil poème n'aurait pas pu rencontrer d'écho. On peut aussi estimer que ses effets restèrent circonscrits à certains *milieux bourgeois*, mais cela soulève alors la question de savoir quelle était la taille réelle de ces milieux dont les manières de ressentir et de penser ne tournaient pas simplement autour de l'universelle « opposition entre le capital et le travail ». En tout cas, le social-démocrate Karl Bröger ne disait, pour l'essentiel, pas autre chose que Rudolf Alexander Schröder lorsque, pendant les combats de la Ruhr, il soulignait lui aussi avec force le devoir de « façonner » son pays :

Rien ne peut nous enlever notre amour et notre foi
En notre pays ; nous avons mission
De le préserver et de le façonner.
Nous pouvons mourir, à nos héritiers
Il reviendra le devoir de le préserver et de le façonner,
L'Allemagne ne périra pas.

Ce ne sont pas des nationaux-socialistes qui ont écrit ces chants. Les émotions sur lesquelles ils reposaient n'étaient ni artificielles, ni limitées à des milieux restreints. Elles constituaient bien davantage le plus vaste des réservoirs d'où le mouvement nouveau pouvait puiser sa force et, si ce terrain irrigué n'avait pas existé, tout le « ressentiment social de petits-bourgeois déclassés » n'aurait pas donné naissance à quoi que ce soit d'autre qu'un nouveau parti des couches moyennes, voué à défendre les intérêts économiques de l'artisanat ou de la petite industrie. Mais ce qui a caractérisé de prodigieuse manière le national-socialisme, ce fut sa capacité à emprunter ses chants au mouvement ouvrier tout en leur donnant un ton nationaliste et antisémite. (À la vérité, l'autre camp a également su transposer des chants populaires et des chansons de soldats pour les utiliser dans son propre répertoire). C'est ainsi que la Jeunesse hitlérienne chantait « Frères, montons vers le soleil, vers la liberté », lui ajoutant une strophe supplémentaire :

Hitler est notre Führer, il ne touche pas, lui, à cet or
Qui roule à ses pieds depuis les trônes juifs.

Et la SA de Silésie modifia en ces termes le chant de la « Jeune garde » :

Nous sommes les colonnes d'assaut, Nous tombons et mourons,
Nous sommes aux premiers rangs, Nous attaquons avec courage !
Le labeur, nos fronts pleins de sueur, l'estomac dans les talons,
Nos mains calleuses et noires de suie serrent le fusil.

[...]

La grenade à main au ceinturon, le fusil à l'épaule,
Les colonnes d'assaut arrivent dans l'ivresse de la victoire !
Le Juif se met à trembler, ouvre à la hâte son coffre-fort,
Paye jusqu'au dernier pfennig la note que lui présente le peuple.

Cela aurait été du dernier ridicule si ces chants n'avaient été chantés que par des « fils-à-papa » ou par des « snobs », comme tentait de le présenter, de manière simplificatrice, la contre-propagande. La Jeunesse hitlérienne était de composition majoritairement prolétarienne et il en allait de même de la SA. Et s'il fallait absolument que quelqu'un payât les pots cassés, il était on ne peut plus tentant de mettre les Juifs, qui étaient facilement reconnaissables et pas trop nombreux, à la place des *bourgeois* dont personne ne savait très bien s'il ne s'agissait que des financiers, des patrons ou de tous les « bouffeurs de plus-value », ou bien s'il fallait en fin de compte leur ajouter les ouvriers qualifiés aussi. Et « Rothschild » n'avait-il pas été le nom dans lequel s'était incarné, aux débuts du mouvement ouvrier, tout ce que le système avait de haïssable ?

Mais, au lendemain de la victoire, la solennité apaisée et sentimentale que l'on ne retrouve sous cette forme dans les chants d'aucun autre pays revint au premier plan, assortie, certes, du ton plus dur et plus nerveux de la joie que procure le combat pour le combat et des menaces d'anéantissement proférées à l'encontre de l'« ennemi mondial » :

Vois-tu, à l'est, l'aurore annonciatrice
de liberté et de soleil ?
Solidaires nous sommes, par-delà la vie et la mort,
Quoi qu'il arrive,
pourquoi douter encore, cessez les querelles,
c'est encore du sang allemand qui coule dans nos veines,

Peuple, aux armes, peuple, aux armes ! – [...]
Jeunes et vieux, tour à tour, chacun enserre
la bannière à croix gammée,
chacun, qu'il soit bourgeois, paysan ou ouvrier,
brandit l'épée et le marteau.
Pour Hitler, pour la liberté, pour le travail et pour le pain.
Allemagne, debout, à mort le Juif !
Peuple, aux armes, peuple, aux armes !

Mais il n'était pas rare que l'on remonte du présent à un passé très éloigné :

Longue fut la nuit et longue la peine, nous étions las et délaissés.
La peste et la mort aux visages gris ne rôdaient-elles pas par les rues ?
Tambour, frappe fort, roulements d'allégresse, crépitements des drapeaux !
Tambour, c'est Dieu qui nous exhorte, peuple, en route !
Dressez-vous, rassemblez-vous, obéissez au roulement du tambour,
Libres et heureux, tels les Vikings, de vaincre ou de mourir [...]
Victoire dans la peine, montrez votre courage, qui hésite est déjà perdu
Dieu, c'est le combat et le combat, c'est notre sang,
c'est pour lui que nous vivons [...]

En pleine ère industrielle, on invoquait donc l'unité originelle et mythique de Dieu, du combat et du sang. Si l'on veut qualifier cela de *réactionnaire*, il faut alors redéfinir le concept et le purifier des représentations anodines qu'on s'en faisait au XIXe siècle. Mais les *révolutionnaires* ne se définissaient-ils pas, eux aussi, par rapport à un passé plus lointain et plus insaisissable encore ?

Les chants qui caractérisaient le mieux le national-socialisme étaient pourtant ceux qui avaient le Führer pour objet. Chez Will Vesper, cela prenait cette forme :

Que revive la coutume de nos aïeux : le Führer vient des rangs du peuple.
Führer du Reich, comme nous le pensons, voici longtemps déjà
que tu l'es dans le cœur des tiens.
Voici des siècles, ils ne connaissaient ni couronne ni trône.
C'est le meilleur d'entre eux qui conduisait les hommes [...]
On appelait duc celui qui conduisait l'armée.
Duc du Reich...

Si l'on veut user de concepts, des poèmes comme celui-ci témoignent d'un collectivisme césariste et populiste. Les conservateurs « chrétiens-germains » du XIXe siècle n'auraient pu imaginer quoi que ce soit de plus révolutionnaire et de plus abominable. Et, en Union soviétique, depuis 1936, il n'était plus question de classe, mais uniquement de peuple qui, en tant que peuple de l'Union soviétique, avait bien entendu encore à accomplir sa mission révolutionnaire universelle. Les chants nationaux-socialistes mettaient toujours en place centrale la libération du peuple allemand. Ils étaient, dans cette mesure, marqués du sceau du particularisme.

De la sorte, ces chants conduisirent à une espèce de cérémonie bien définie qui prit rapidement un caractère cultuel : la célébration de la patrie et le culte de la personnalité qui l'incarnait, le Führer, envoyé de Dieu, lorsqu'il n'était pas le Dieu en personne. C'est la parade qui représentait l'objet même de la cérémonie ; le bruit des bottes frappant le sol à l'unisson constituait l'accompagnement ; l'environnement était donné par les drapeaux, les étendards et les arcs de triomphe ; en coulisse, retentissait le cri de *Heil* poussé par des milliers de gorges. Il est flagrant que les cérémonies religieuses servaient de modèle, mais aussi « les fastes de l'Empire ». Le Troisième Reich était un Reich de cérémonies, où il était lui-même sa propre fin et où il s'auto-représentait, ce qui déclencha les critiques acerbes d'Oswald Spengler. Mais c'est aussi dans ces cérémonies que s'exprimait une opposition abrupte avec la République de Weimar au visage gris et terne, et on ne peut exclure que ces cérémonies aient été destinées à engendrer la force et les succès qui, selon l'avis de Spengler, auraient dû en être les conditions préalables. Le calendrier des cérémonies nationales-socialistes se lit comme celui de l'Église catholique :

Le 30 janvier de chaque année était le « Jour de la prise du pouvoir », avec la marche traditionnelle des porteurs de flambeaux à travers la Porte de Brandebourg ; en mars, l'événement central était le « Jour anniversaire des héros », nouveau nom du « Jour national de deuil » de la République de Weimar ; le 20 avril, l'« anniversaire du Führer » donnait très généralement lieu à une gigantesque parade ; le 1er mai, « Jour national du travail », toute l'Allemagne se couvrait de vert et de drapeaux et, dans le seul Berlin, défilaient un million et demi d'ouvriers et d'employés en direction du Champ de Tempelhof ; le 21 juin, de nombreux chefs du parti prononçaient des discours aux quatre coins du pays, devant des brasiers, en l'honneur du « solstice d'été » ; septembre était le mois des congrès annuels du parti qui, même pour des étrangers, étaient des spectacles très impressionnants, tant les sensations qu'ils provoquaient sollicitaient l'ensemble des sens et apaisaient des terreurs ancestrales ; début octobre, le mont Bückeberg, près de Hameln, accueillait la « Fête d'action de grâces pour la récolte » ; le 9 novembre, on célébrait la mémoire des victimes du Mouvement, cérémonie à l'occasion de laquelle, à Munich, on transportait au son des tambours, de la Feldherrnhalle à la Place royale, les seize cercueils des nationaux-socialistes tombés le 9 novembre ; suivant l'exemple du fascisme italien, on appelait alors les morts par leur nom et de jeunes membres de la Jeunesse hitlérienne répondaient à haute voix « Présent ! » ; le mois de décembre restait dominé par les fêtes de Noël, mais il était prévu de les transformer, après la guerre, en fêtes du « solstice d'hiver ».

Tout ceci n'était pas que du *cinéma* et l'expression *panem et circenses* rend également mal compte du phénomène. Ces cérémonies avaient en elles-mêmes leur propre fin et elles cherchaient de manière exclusive à s'adresser aux forces irrationnelles dans l'homme ; de la sorte, la distance entre le contenu émotionnel et le caractère rationnel de la mise en scène ou de l'organisation, était beaucoup plus frappante qu'en Union soviétique ou chez les communistes allemands [15]. La propagande n'était par conséquent pas un simple prolongement des chants et des festivités. Aussi longtemps qu'elle consista d'abord en une polémique contre « Versailles » et ne cessa de montrer les « frontières sanglantes de l'Allemagne », il fut possible, à l'école et de manière publique, de la rattacher à bon nombre d'activités de la République de Weimar. Mais aucun responsable de la Centrale pour le service civil national *(Reichszentrale für Heimatdienst)* n'aurait jamais pu s'exprimer sur la nécessité du mensonge, du simplisme et de la répétition comme moyen indispensable de la propagande, avec autant de détachement et de cynisme que ne l'avait fait Hitler dans *Mein Kampf.* On s'imagine tout à fait Joseph Goebbels dans la peau d'un PDG d'une grande firme publicitaire et l'on peut supposer qu'il aurait très bien réussi dans l'emploi. Il décela aussitôt les possibilités extraordinaires qu'offrait la radio et il en tira profit avec habileté ; en 1938, il fit même installer dans les rues des « colonnes pour haut-parleurs du Reich ». Tous les postes émetteurs allemands retransmettaient régulièrement les discours du Führer et, même par ce canal, ils avaient un réel effet, bien qu'il fût plus facile, la voix étant isolée, d'en distinguer les faiblesses que dans le contexte plus varié des manifestations de masse. Goebbels était passé maître dans l'art d'orienter la presse, mais même lui ne put faire mieux que d'imposer à la presse allemande un ton général et il subsista des traces considérables de son ancienne diversité, à la différence de l'Union soviétique où la propagande du parti pénétrait la vie jusque dans les derniers recoins. Les films mettaient fortement en relief les grands événements de l'histoire allemande, mais, en revanche, non l'antisémitisme et, lorsque Goebbels, pendant la guerre, fit produire par Veit Harlan « Le Juif Süss », ce fut plutôt une exception qu'autre chose. On pouvait certes trouver le *Stürmer* de Julius Streicher dans d'innombrables vitrines, mais même de nombreux membres du parti le tenaient pour une honte culturelle. Pendant la guerre, il est frappant de constater combien la part du divertissement de nature apolitique demeura encore grande dans les médias, non seulement au cinéma, mais aussi dans les journaux illustrés.

En cet endroit de l'exposé, nous voudrions maintenant, en recourant au miroir distancié qu'offrent des romans d'époque, illustrer plus concrètement les expériences vécues et les émotions fondamentales du moment, non les seules certes, mais les plus importantes, celles qui avaient trait à la révolution russe. Nous utiliserons à cet effet trois romans et un journal

---

15. L'ouvrage de Willi Münzenberg, *Propaganda als Waffe*, Paris, 1937, constitue une très instructive polémique du principal propagandiste du KPD avec la propagande nationale-socialiste. (Sebastian Brant a donné de l'ouvrage une édition abrégée en 1938, à Paris, sous le titre : *La propagande hitlérienne, instrument de guerre,* NdT.)

personnel, tous écrits avant 1933 et, par conséquent, encore nullement influencés par l'existence du Troisième Reich : un de ces ouvrages se range dans le camp bolcheviste sans être pour autant de la simple littérature partisane, les trois autres sont de la main d'auteurs de l'autre camp, le camp antibolcheviste, sans être d'orientation nationale-socialiste ; nous choisissons un seul exemple dans un cas, parce que les conceptions y sont simples et sans équivoque, trois dans l'autre parce que nous souhaitons mettre en évidence, au moins sous forme d'esquisse, la complexité et l'ambivalence caractérisant l'autre camp.

Mikhaïl Cholokhov a écrit les premières parties de sa suite romanesque, *Le Don paisible*, autour de l'année 1930 et, dans le cadre de notre étude, c'est surtout le tome II, *Guerre et révolution*, qui retiendra notre intérêt. Le récit commence, en octobre 1916, dans une unité cosaque de l'armée russe sur qui pèsent déjà les ombres de la défaite. La lassitude de la guerre a partout gagné du terrain, le tableau se caractérise par une lassitude mortelle ; mais, aux yeux des officiers, tous les serveurs des mitrailleuses sont « contaminés » parce que circulent parmi eux des tracts bolcheviques appelant à mettre fin à la guerre et à supprimer par le feu et l'épée les responsables du grand massacre : le tsar, les nobles, les magnats de l'industrie internationale, les *bourjouïs* russes, et même les officiers, ces « chiens » qui ont donné ou exécuté les ordres pour des attaques inconsidérées ayant coûté tant et tant de sang. L'un des officiers cosaques pourtant, l'aspirant Bountchouk, est dans les mêmes dispositions d'esprit que les soldats, si bien qu'il déserte et rejoint une organisation bolchevique clandestine. Les autres sont emplis d'une fureur impuissante contre les « bacilles du choléra », les bolcheviks, qui veulent livrer la Russie à l'ennemi allemand. Cependant, l'abattement et le défaitisme se répandent à l'arrière, au pays natal, et le riche commerçant sent le sol vaciller sous ses pieds, dans le village cosaque, alors qu'il n'avait jamais réussi à étouffer en lui un sentiment de mauvaise conscience dû à son activité d'exploiteur. Les officiers, lorsque leur unité est transférée à Petrograd pour y protéger le gouvernement, sentent de la même manière que leurs soldats cosaques leur échappent : bien qu'à présent disposés à s'engager dans des discussions, ils ne savent que répondre aux opinions « terriblement simples » des soldats qui jugent nécessaire de faire la paix et de châtier les coupables. Dans ces conditions, ce n'est pas le commandant en chef Kornilov qui l'emporte, lui qui exige d'éliminer impitoyablement tous les bolcheviks parce qu'ils sont porteurs de bacilles mortels, mais c'est l'ancien aspirant Bountchouk qui fait sa réapparition comme agitateur dans l'unité et qui, de son côté, formule cette exigence non moins impitoyable : « C'est eux ou c'est nous ! Il n'y a pas de milieu. [...] On ne fait pas de prisonniers. [...] Des gens comme Kalmykov, il faut les détruire, les écraser comme des vipères. » Ensuite, après la prise du pouvoir par les bolcheviks, « le front s'écroule [...] et les soldats pillent les magasins, fusillent leurs officiers [...] et roulent en avalanches sur les routes qui les ramènent dans leur pays». L'unité cosaque rentre elle aussi au village et les hommes ne soupçonnent pas «que des peines et des misères plus amères que celles qu'ils avaient éprouvées à la guerre les guettaient au seuil de leurs maisons». Bien vite, les cosaques aisés mais bien considérés qui veulent imposer l'indépendance de la région du Don par rapport à la Grande Russie font appel à eux, mais les agitateurs bolcheviques s'emploient eux aussi à gagner leurs âmes. Bountchouk se bat dans la région de Rostov: aucun des deux camps ne fait de prisonniers. Finalement, l'ataman Kaledine se tire une balle dans la tête de désespoir et un cortège de cinq mille Blancs, avec parmi eux l'ancien président du Parlement, Rodsïanko, tente, à marche forcée, d'atteindre la région du Kouban. «La Russie gravit son Golgotha. [...] La fleur de la Russie, pensa Listnizk. [...] Chacun de ces cinq mille hommes condamnés à l'exil est chargé comme moi de haine et de colère sans limites.» Mais l'autre camp n'est pas habité par une haine moindre ni par une fureur moins exacerbée. Bountchouk est nommé au tribunal révolutionnaire: «Presque quotidiennement, à minuit, un camion emmenait les condamnés hors de la ville, on leur creusait leurs fosses à la hâte – ils participaient eux-mêmes à ce travail, avec une partie des gardes rouges.» Souvent, Bountchouk est déprimé, mais il se console en pensant: «Avant de planter les fleurs et les arbres, il faut nettoyer.» Pourtant, parmi cette «saleté», il y a aussi beaucoup de travailleurs et de simples cosaques, et il n'arrive pas à se débarrasser de cette découverte. À la fin, son détachement de gardes rouges subit une sévère défaite en pays cosaque et tous sont passés par les armes, Bountchouk y compris, ainsi que le plus fervent des bolcheviks parmi ses camarades, le fils d'un pope [16].

Edwin Erich Dwinger évoque des combats beaucoup plus importants et un cortège beaucoup plus imposant de gens voués à la mort dans son roman *Zwischen Weiß und Rot* (Entre Blanc et Rouge) – les combats sont ceux que livrent les troupes de l'amiral Koltchak, auxquelles se sont joints des officiers allemands faits prisonniers pendant la guerre; le roman décrit leur avancée victorieuse jusqu'aux abords de la Volga, mais aussi, après la prétendue trahison des Tchèques et des Alliés, la terrible retraite à travers la Sibérie, en plein hiver, au cours de laquelle un million d'hommes trouvent la mort, officiers, soldats, femmes, enfants – la fine fleur de la bourgeoisie russe, selon les termes de l'auteur. Le récit n'est pas avare d'amples descriptions des atrocités commises des deux côtés: les exécutions au hasard de simples suspects commises par les Blancs, les commissaires politiques battus à mort, les sélections de prisonniers, mais aussi les castrations et les «épreuves du rat» auxquelles se livre

16. Michail Scholochow, *Der stille Don*, Gütersloh, sans date, p. 493, 509, 516, 611, 621, 623. (Édition française: *Le Don paisible*, Julliard, Paris, 1965; ici, vol. I, p. 677, 699 et, vol. II, p. 13, 136-138, 152, 153.)

l'autre camp. Ici également, c'est une philosophie simple qui permet aux Blancs de tenir le coup : le combat à mener contre le « chaos asiatique », l'affirmation de ses propres valeurs face au « moloch », la « croisade pour la culture de l'Occident ». Mais le plus frappant est que les bolcheviks sont dépeints comme des croyants qui veulent faire en sorte que « la terre accouche d'un monde nouveau » et qui chantent avec ferveur et conviction : « Le monde a changé de base. Les esclaves ont pris le pouvoir. » Dans un tel contexte, de nombreux officiers blancs se mettent à douter profondément d'eux-mêmes : « C'est donc comme ça que nous sommes censés vaincre ? Et vaincre des gens qui proclament des idéaux ? » – « Et ont-ils totalement tort, les Rouges ? » – « Nous sommes dépourvus de naturel et nous sommes décadents, nous avons le corps et l'âme corrompus. [...] Allons, débarrassons le plancher ! » Dans ces conditions, tenter d'avoir des idées personnelles semble ne plus être qu'un vœu pieux, un cri de désespoir. Ce qui l'emporte de loin, c'est, y compris chez les simples soldats allemands, le désir impérieux de revoir la patrie, de rentrer chez soi, de retrouver l'ordre, un endroit où le fanatisme et l'horreur russes seraient très loin et resteraient très loin [17].

C'est un modèle réduit d'Allemagne que Siegfried von Vegesack décrit : le monde des Allemands des pays baltes et en particulier de Livonie ; plus exactement, le modèle réduit d'une Allemagne du passé. Pour lui aussi, les tours de Riga sont « des témoins et des gardiens de la culture nationale dans l'extrême Est européen ». Il dépeint ce monde avec affection et amour : noblesse qui mène dans ses grandes propriétés une existence proche de la nature et empreinte de culture, rapports conviviaux et le plus souvent de type familial entre les gens, loyauté féale témoignée au tsar en dépit de toutes les tentatives de russification auxquelles se livrent les autorités, profond attachement des serviteurs et fermiers lettons aux « Messieurs » allemands et à leurs « Dames », car, ainsi que le formule l'une des servantes, « la terre n'appartient qu'aux seigneurs, de même que le ciel n'appartient qu'à Dieu. Il en a toujours été ainsi ». Mais l'auteur décrit aussi et surtout l'ébranlement qui touche tout ce qui allait jusqu'ici de soi : le mécontentement et la révolte des ouvriers des villes pendant la révolution de 1905, alors que, au début de la guerre avec le Japon, on avait encore fait circuler à travers toute la Russie, par train spécial, la mère de Dieu de Kazan, protectrice de l'Empire ; partout la population s'agenouillait au passage de l'icône. Il décrit également comment l'effronterie gagne alentour et, finalement, comment l'on incendie les bâtiments de nombreux domaines et comment l'on assassine justement ceux qui, parmi la petite couche d'intellectuels lettons, étaient les plus aimés, ceux qui se sentaient appartenir à la culture allemande.

---

17. Edwin Erich Dwinger, *Zwischen Weiß und Rot. Die russische Tragödie 1919-1920*, Iéna, 1930, p. 474, 96, 126, 440.

En réaction à ces événements, se développe parmi les Allemands les plus jeunes une morale nouvelle ; ils veulent exercer une contre-terreur résolue en réponse à la terreur et remplacer les ouvriers agricoles lettons par des Allemands venus de la Wolhynie, tandis que la « Dame » de l'ancienne génération n'en est que plus obstinément fidèle à ses anciennes maximes chrétiennes : « Si devait vraiment triompher chez nous votre nouvelle morale professant l'existence de deux sortes de Droit, l'un pour les Lettons et l'autre pour les Allemands, alors nous aurons nous-mêmes fait ici notre temps. Car le Droit reste le Droit et le non-Droit reste le non-Droit. » Mais, chez d'autres Allemands de la nouvelle génération, grandit le doute à l'égard de la forme d'existence qui était la leur, le doute quant au sens d'une vie ainsi résumée : « On chassait, on faisait du cheval, on faisait suer le burnous et, tous les soirs, on se saoulait copieusement » ; le cri d'un jeune comte – « Comme je hais ce passé ! » – n'est plus, dans ces conditions, un fait isolé.

Puis vient le temps de la guerre, la révolution éclate et, enfin, les troupes allemandes occupent Riga jusqu'à ce qu'elles-mêmes, aux nouvelles en provenance de la révolution en Allemagne, se décomposent en bandes désordonnées. L'Armée rouge fait alors son entrée à Riga et c'est le début de la Terreur rouge : des douzaines d'Allemands traînés jusque sur la glace d'un fleuve gelé doivent s'y dévêtir avant d'être poussés dans un trou creusé à la hâte et précipités dans une mort atroce ; à Dorpat, les ducs de Courlande, déjà morts, sont arrachés de leur tombe et tués une seconde fois à coups de baïonnettes ; trois cents hommes et femmes doivent eux-mêmes creuser leur tombe collective à la pelle et se placer au bord du trou devant lequel on va les fusiller. Mais, lorsque la Landwehr balte et des troupes russes blanches libèrent Riga, sans avoir pu empêcher l'assassinat d'un grand nombre d'hommes et de femmes dans la prison centrale, la contre-terreur est à peine moins horrible : de véritables grappes de bolcheviks exécutés pendent aux arbres, on ne fait pas de prisonniers, on abat d'une balle dans la tête des gens sans défense. Et, un gouvernement letton s'étant imposé avec l'aide des Anglais, on partage les grands domaines et la justice s'avère n'être rien d'autre qu'un nivellement et un avilissement. Le héros, cependant, un anti-héros plein de doutes personnels et de scrupules, part pour le seul endroit où il puisse encore se sentir chez lui, l'Allemagne [18].

C'est également pour l'Allemagne ou, plus exactement, pour l'Autriche que part Alexandra Rachmanova, la fille de bourgeois russes, dont le journal personnel, sous le titre *Étudiants, amour, Tcheka et mort*, a rencontré un large public sous la République de Weimar. Elle aussi commence par décrire une vie riche de culture et encore pleine d'insouciance, même pendant la guerre ; il s'agit de la famille d'un médecin, dans une quelconque ville de province. Ici, la révolution débute comme

18. Siegfried von Vegesack, *Baltische Tragödie. Eine Roman-Trilogie*, Berlin, 1935, p. 216, 32 et suiv., 390, 256 et suiv.

une promesse et le futur fiancé parle avec fierté et bonheur des manifestations auxquelles il a participé en tant qu'aspirant. Très vite, pourtant, l'atmosphère se modifie du fait des bandes de soldats ivres, des déserteurs pour la plupart, qui cherchent à humilier leurs officiers de toutes les manières possibles. Mais les étudiants sont eux aussi en rébellion et exigent d'être libérés du joug de leurs professeurs. Les domestiques courent sans arrêt d'une réunion à l'autre et, partout, on se répand en insultes contre ces « cochons de *bourjouïs* » et contre les riches dont on devrait répartir tous les biens entre les pauvres.

Les bolcheviks ayant pris le pouvoir, c'est un homme à tout faire qui est nommé commissaire de l'hôpital dont le directeur médical est le père d'Alexandra. Ensuite, le tourbillon de la révolution entraîne dans l'abîme non seulement la bourgeoisie et l'Église, mais aussi les intellectuels qui l'avaient préparée avec tant d'enthousiasme. Fusiller et être fusillé fait désormais partie de la réalité quotidienne de chacun. Un commissaire demande en mariage l'épouse d'un haut fonctionnaire et cette dernière ayant répondu, terrorisée, qu'elle était tout de même déjà mariée, il lui répliqua d'un ton badin : « Bof, ce n'est pas un problème, on va le fusiller. » Pour débarrasser le peuple de ses *superstitions,* on va chercher sur l'île où il vit, un *staretz* dont la renommée s'étend au loin, on l'embroche sur un poteau, si bien qu'il connaît une fin épouvantable. On amène un pope afin qu'il prie pour le *staretz* et fasse ainsi la preuve de l'impuissance de son art, puis on le tue à coups de crosse de fusil ainsi que sa femme et ses enfants. Après l'attentat contre Lénine, on demande dans les journaux, officiellement cette fois, que la mort d'un bolchevik soit payée de celle de mille *bourjouïs.*

Finalement, la ville est conquise par les troupes blanches. Il n'est pas beaucoup question de la Terreur blanche. Il y a néanmoins, dans ce journal d'Alexandra Rachmanova, des notations qui évoquent les doutes personnels et le pessimisme déjà constatés chez Dwinger et Vegesack. Après la libération de la ville, toutes les marchandises qui manquaient si cruellement sous la domination des bolcheviks réapparaissent aussitôt en abondance et, sur-le-champ, une vie sociale débordante reprend ses droits. « La plupart des gens vivent de la même manière qu'avant, avant le règne des Rouges, et personne ne pense plus au front, tout le monde s'est tranquillisé. » N'était-il donc pas logique que, parvenue au terme de l'épouvantable retraite de l'Armée blanche, Alexandra constate que ses riches parents d'Irkoutsk n'apportent à elle-même et à sa famille aucune aide notable et qu'ils souhaitent même la fin du régime des Blancs ? Le livre d'Alexandra Rachmanova fait lui aussi se poser cette question : la bourgeoisie russe, l'intelligentsia russe n'avaient-elles pas, en fin de compte, mérité leur destin terrifiant, n'avaient-elles pas, pour le moins, une large part de responsabilité dans ce destin [19] ?

19. Alexandra Rachmanowa, *Studenten, Liebe, Tscheka und Tod. Tagebuch einer russischen Studentin*, réédition, Munich, 1978 (première édition en 1931), p. 199, 260 et suiv.

Aucun de ces quatre ouvrages n'est un simple écrit partisan. Fondamentalement, les quatre auteurs, y compris Cholokhov, dessinent un tableau concordant des horreurs de ce grand chambardement, mais également de ses causes profondes. Il est frappant que les Juifs n'apparaissent presque jamais, à l'exception de quelques scènes chez Cholokhov ; aucun des livres n'estime manifestement que de tels événements puissent s'expliquer par les actions de tel ou tel groupe ethnique [20].

Essayer d'avoir une vue d'ensemble de toutes ces expériences et émotions fondamentales, amène obligatoirement à faire cette constatation : l'expérience vécue qui fondait l'existence du mouvement ouvrier et que l'Union soviétique, au travers des mutations imposées par la guerre, avait reprise ou s'était appropriée, influença un grand nombre d'êtres humains plus fortement et plus durablement qu'une quelconque autre expérience de l'époque. La *situation de classe* des simples travailleurs était une réalité écrasante et le caractère logique de l'« appel à la lutte des classes » pouvait paraître s'imposer, bien que cet impératif n'ait pas été sans alternative. Si le fait d'*être bourgeois* consistait à ne pas partager, ou à seulement commencer à le faire, cette situation de classe que caractérisaient un travail manuel physiquement épuisant, une rétribution insuffisante et l'exclusion de l'univers de l'instruction et de la culture, il ne pouvait alors se développer parmi la bourgeoisie des émotions fondamentales aussi fortes et aussi répandues que celles qui s'emparèrent des ouvriers ; la politique de l'époque wilhelminienne le prouve de manière très concrète.

Mais la réalité puissante que constituait cette situation de classe n'était justement pas, dans la *société bourgeoise*, quelque chose d'immuable et de suprahistorique, en dépit de toute la lenteur que peuvent revêtir les changements ; ces émotions ne pouvaient pas ne pas être modifiées par le fait que *la faim* devenait tout au plus une métaphore pour de très nombreux ouvriers, que la loi limitait le temps de travail et que s'ouvraient d'innombrables possibilités d'accéder au savoir et à la culture. Il devenait alors inévitable que les révolutionnaires qui s'accrochaient aux anciens schémas de pensée, adoptent un ton beaucoup plus acerbe dans leur polémique avec les réformistes et que les bourgeois conçoivent des craintes beaucoup plus profondes ; c'est d'autant plus vrai qu'une guerre mon-

---

20. L'appréciation ne vaut toutefois pas pour l'ensemble de la littérature que l'on peut prendre au sérieux ; c'est ainsi que par exemple à la fin de *Budjonnys Reiterarmee* d'Isaac Babel, paru pour la première fois en allemand, en 1926, apparaît une prophétie qui permet en même temps de voir combien certaines manières fondamentales de ressentir les choses avaient un caractère peu *national* : « Le moujik me fit allumer une cigarette au mégot de la sienne. – "Le youpin est coupable pour tout le monde", dit-il, "pour vous comme pour nous. Après la guerre il n'en restera qu'une toute petite quantité. Combien de youpins est-ce qu'on compte dans le monde ?" – "Une dizaine de millions", répondis-je, et je me mis à harnacher mon cheval. – "Deux cent mille il en restera", cria le paysan et il me toucha le bras, craignant que je parte. Mais je montai en selle et je galopai vers l'endroit où était l'état-major. » (Réédition, Olten, 1960, p. 146. Édition française : *Cavalerie rouge*, suivi de *Journal de 1920*, Actes Sud, Arles, 1997, p. 182.)

diale et une révolution éclatant dans un pays voisin, jusqu'ici aussi bien redouté que méprisé, créaient une situation complètement nouvelle.

Même si l'on admet que la bourgeoisie et le monde intellectuel russes se sont eux-mêmes précipités dans leur destin fatal et qu'ils l'ont donc mérité, était-il écrit que, nulle part à l'intérieur de cette bourgeoisie allemande si étendue et si diverse, il ne se soit trouvé la ferme volonté de développer une résistance préventive et qu'elle n'ait nulle part rencontré d'amples sympathies ? Ce qui pouvait *a priori* sembler tout à fait différent aurait pu aussi, à un moment, présenter beaucoup plus de ressemblances ; des émotions fortes et homogènes auraient pu devenir la proie de la division, et des émotions opposées, faibles et dispersées, se rassembler. Il aurait pu se faire qu'une contre-croyance s'opposât aux croyances du mouvement ouvrier qui avaient été affectées par les évolutions et les événements au point qu'elles apparaissent, aux yeux de beaucoup, être le propre d'un parti ouvrier *russe*. Il aurait de même pu se faire qu'une contre-cérémonie s'opposât à la cérémonie, qu'une autre image de soi-même et des autres, celle de l'adversaire, s'opposât à l'image qui triompha. Admettre cette éventualité rend possible d'expliquer la suprématie d'une certaine croyance en Russie par le caractère arriéré des conditions qui y prévalaient et la puissance de la contre-croyance en Allemagne par le caractère progressiste du pays. Que les lignes claires s'entremêlent et que les situations s'inversent devenait dès lors inéluctable.

Une différence est toutefois toujours demeurée nettement visible et elle était essentielle : la littérature nationale-socialiste a attaqué et combattu l'adversaire communiste et soviétique, mais ne l'a jamais tourné en dérision, parce que ce dernier jouissait d'un trop fort respect, fruit de la crainte, même lorsque le fait de voir un nombre considérable d'Allemands proclamer que l'Union soviétique était leur patrie provoquait colère et perplexité. Différent fut le sort réservé au national-socialisme et au Troisième Reich par les écrivains et les propagandistes communistes et même par ceux de la gauche libérale, qu'ils fussent alors en Allemagne, en exil ou en Union soviétique : pendant longtemps, Hitler et le Troisième Reich firent davantage figure de caricature que d'épouvantail. Bertolt Brecht a, de la sorte, parodié en ces termes le Horst Wessel Lied :

Au son du tambour
Voyez trotter les veaux.
Pour la peau du tambour
Ils ont donné leur peau.

Pas cadencé, à rangs serrés, l'œil fermé,
Ils suivent l'appel du grand boucher,
Et l'on croit voir passer en esprit dans leurs rangs
Ceux qui, à l'abattoir, donnèrent déjà leur sang [21].

21. *Die Gedichte von Bertolt Brecht in einem Band*, Francfort/Main, 1981, p. 1219. (Traduction d'André Gisselbrecht et Joël Lefebvre in Bertolt Brecht, *Poèmes*, L'Arche, Paris, 1967, tome VI, p. 12.)

Il restait à savoir si cette raillerie rationaliste se révélerait la plus forte face au déchaînement d'énergies irrationnelles ; une autre question sans réponse encore était de savoir si cette raillerie ne reposait pas elle-même sur un terrain irrationnel de postulats et d'espérances ; mais tout indiquait que, dans le domaine de la culture, les différences entre les deux mouvements et les deux régimes se manifesteraient avec plus de force encore.

IV-5

La culture politisée

À l'apogée de la domination de l'Europe sur le monde, entre 1875 et 1900, très peu de concepts jouissaient d'un prestige plus grand que celui de culture : la communauté des États culturels était en train d'élever à un niveau supérieur les régions du globe retardataires et Nietzsche se comptait, lui et ses semblables, au nombre des « hommes de culture exceptionnels ». La culture représentait l'ensemble des manifestations vitales supérieures qui, bien entendu, ne reposaient plus depuis longtemps, comme cela avait été le cas dans les hautes cultures mésopotamienne, grecque ou médiévale, sur une conception fondamentalement religieuse et n'englobaient plus un savoir commun ou une foi commune se rapportant à l'univers, à l'origine du monde ainsi qu'à la juste manière dont devrait vivre l'humanité. Depuis le début de l'ère moderne, elle s'était bien davantage subdivisée en un grand nombre de domaines partiels relativement autonomes, la religion par exemple, ou la philosophie, la science et l'art, chacun de ces domaines connaissant à son tour une continuelle différenciation en son sein. Phénomène qui pouvait apparaître comme un progrès pour les uns, mais qui pouvait aussi, en vérité, apparaître aux autres comme une regrettable dissolution d'une conception commune de l'existence conférant à tous les membres d'un peuple ou d'une nation leur unité. Toutefois, ni les laudateurs de la « culture contemporaine », ni ses détracteurs n'auraient admis, au tournant du siècle, qu'une forme d'expression de la culture, n'y en eût-il même qu'une seule, pût être totalement subordonnée à la politique. Or c'étaient justement les marxistes qui ambitionnaient de libérer la culture des contraintes politiques auxquelles elle était *encore* soumise, d'après eux, dans la société capitaliste.

Parmi tous les États culturels européens, la Russie se trouvait certes dans la situation la plus étrange. Les hautes manifestations de sa culture, par exemple les œuvres de Pouchkine, Dostoïevski ou Tolstoï, ne le cédaient en rien aux plus grandes œuvres occidentales et elles étaient reconnues comme telles à Berlin, Paris, Vienne et Londres. Il s'agissait pour l'essentiel d'une culture consciente de sa valeur, celle de la classe dirigeante de l'une des puissances mondiales qui se pensait même investie d'une mission et qui voulait être la « troisième Rome ». Pourtant, ses porteurs étaient, pour ainsi dire tous sans exception, imprégnés de la conscience de n'être qu'un très petit nombre ; ils avaient le sentiment qu'aux yeux de leurs partenaires occidentaux les régions rurales infinies de l'Empire russe n'étaient qu'un immense vide culturel, habitées, en d'autres termes, par des millions de paysans analphabètes. D'un autre côté, ces paysans, leur foi orthodoxe et leur fidélité envers le tsar constituaient une réalité que l'on pouvait aussi opposer avec une inflexion positive à la mécréance et à l'éparpillement *occidentaux*. La vie intellectuelle russe était par conséquent, beaucoup plus que la vie intellectuelle allemande ou même la vie intellectuelle française, conditionnée par la lutte à mener pour trouver une voie propre, conditionnée par le désespoir devant l'inculture et le retard du pays mais aussi par la conscience et la fierté de partager une existence non parcellisée, enracinée dans la religion. Il y eut toutefois un nombre non négligeable d'*occidentalistes* qui s'approprièrent la conscience missionnaire et les sentiments de supériorité de leurs adversaires, et beaucoup de slavophiles évoluèrent vers un *nationalisme* se dressant avec vigueur contre l'autocratie et la religion orthodoxe.

Mais le socialisme européen était lui aussi marqué par la critique du libéralisme, de l'individualisme, de l'isolement et de l'aliénation, si bien que d'étranges synthèses, d'étranges syncrétismes devinrent chose envisageable. Un « Occidental » comme le critique littéraire Bielinski n'hésita pas à demander que l'on se débarrassât de centaines de milliers de parasites et de réactionnaires pour assurer une vie heureuse aux millions de simples gens [1]. Des membres de la haute aristocratie comme Bakounine et Kropotkine furent les fondateurs de l'anarchisme en Europe, tout en envisageant pour la Russie un rôle éminent, en opposition à l'Occident. L'aspiration nostalgique à une vie qui fût une totalité ainsi que l'hostilité à l'atomisation et à la soif de possession individuelle de l'Occident, constituaient par conséquent un trait fondamental, commun à presque tous les intellectuels russes. Les seuls à rejeter avec détermination toute espèce de voie particulière pour la Russie semblaient être les marxistes regroupés autour de Plekhanov, mais très tôt, chez des observateurs perspicaces, naquit l'idée que le dogmatisme intolérant de Lénine ainsi que sa haine envers tout ce qui pouvait être petit-bourgeois, pourraient bien le ramener, lui et son groupe, tout près des positions d'un Bakounine, voire des slavophiles.

La culture russe d'avant la Première Guerre mondiale était donc dans une plus large mesure *politique* que ne l'étaient les cultures allemande ou anglaise par exemple ; les champs de l'*art pour l'art* et de la *science objective* étaient plus réduits ; il ne s'agissait néanmoins pas d'une culture exclusivement habitée par la nécessité de dépasser et de supprimer les

1. Nicolas Berdyaev, *The Origins of Russian Communism*, Ann Arbor, 1960, p. 41. (Édition française : Nicolas Berdiaev, *Les sources et le sens du communisme russe*, Gallimard, Paris, 1951, p. 74-75.)

éléments non modernes de la situation. Toutes les tendances de l'art européen et de la science européenne trouvaient en Russie un écho puissant et productif : le symbolisme et le futurisme, le cubisme et le constructivisme, l'empirio-criticisme et le pragmatisme, le positivisme et la philosophie de la vie étaient tout autant implantés dans les ateliers, les académies et les universités de Saint-Petersbourg et de Moscou qu'ils l'étaient dans les métropoles du monde occidental.

La révolution plaça tous les artistes et tous les hommes de science devant un choix fondamental : le choix entre l'approbation et le rejet, le choix entre participer ou s'exiler. Tout ce qui était art pour l'art ou science pure fut comme emporté par un ouragan, pour la première et simple raison que leurs représentants ne savaient plus où il leur serait possible de gagner leur maigre subsistance quotidienne. Des écrivains et des poètes combattaient dans les rangs des armées rouges, d'autres écrivains et d'autres poètes suivaient le même chemin, parallèle mais inverse, chez les Blancs ; des savants ou des professeurs optèrent pour l'un ou pour l'autre camp et ceux qui se retrouvèrent dans le camp des vaincus cherchèrent le plus souvent refuge à l'étranger. Les années qui suivirent immédiatement la guerre civile furent toutefois, pour la culture russe, une époque pleine de mouvement et de vie. Le plus célèbre des symbolistes, Alexander Blok, fit l'éloge de la révolution et le plus connu des futuristes, Vladimir Maïakovski, s'en fit même le champion – à la même époque, son modèle et maître, Filippo Tommaso Marinetti, se tournait vers le fascisme. Des constructivistes et des cubistes présentèrent leur courant comme le véritable art révolutionnaire et c'est avec la même détermination qu'ils menèrent campagne contre tout ce qui était *vieux*, *dépassé* et *bourgeois*. C'est Maïakovski, dans son poème *150 000 000* écrit en 1919 et 1920, qui exprima de la manière la plus marquante le mythe du nouveau collectivisme :

Tous !
Tous !
Tous !
Tous ceux
qui n'en peuvent plus !
Tous ensemble,

sortez
et marchez !

(signatures) :
MAÎTRE DE CÉRÉMONIE : LA VENGEANCE
ORGANISATEUR : LA FAIM
LA BAÏONNETTE
LE BROWNING
LA BOMBE

(signé :
les trois
secrétaires)

[...]
Vi-i-i-i-ite !
Vite,vite !
En avant, talonnant l'obscurité retardataire
[...]
Allon-on-ons !
Allonsmarchons !
[...]
Les poètes
qui s'appliquent à geindre vers le ciel,
oubliez-les
[...]
Nous
aurons ta peau
vieux monde romantique !
Au lieu de croyances
nous avons dans l'âme
l'électricité
et la vapeur
Au lieu d'être misérables
chipez la richesse de tous les mondes !
Tu es vieux ? À mort !
Et les crânes feront des cendriers
Quand la vieillesse sera balayée
par un sauvage saccage,
nous entonnerons le monde
d'un nouveau mythe.
Nous casserons à coups de pied
l'enceinte du temps... [2]

À cette époque, au beau milieu de la plus grande détresse matérielle, cette haleine de feu, porteuse de la volonté de dépouiller l'ancien, de conquérir le nouveau, de se fondre dans le collectif libérateur, de faire tomber toutes les barrières artificielles et de bâtir une nouvelle unité de l'existence, emplissait de nombreuses poésies, inspirait une foule de tableaux, pénétrait les plans d'une série non négligeable d'édifices monumentaux. Il devint à ce moment possible, chose qui ne s'était encore jamais produite en Europe, que l'un des hommes d'État les plus éminents, à savoir Léon Trotski, émît des avis, avec autant d'esprit que de

2. Fülop-Miller, *op. cit.* (*cf.* note 8 du chapitre IV-4), p. 215 et suiv. (Nous avons emprunté la traduction de ces extraits du poème *150 000 000* de Maïakovski à l'édition bilingue des *Poèmes 1918-1921*, tomes I à IV, Messidor, Paris, 1985-1987. Le poème figure dans le tome II, p. 287 à 392, les vers cités aux p. 297, 303, 305, 309 et 315. La traduction est de Claude Frioux, NdT.)

compétence, sur des poésies et des romans des nouveaux *poètes prolétariens* mais aussi sur les œuvres de *compagnons de route* issus de l'ancienne intelligentsia, les *Popoutchiki* : les Insulaires et les Frères Sérapion, les « Forgerons » et les futuristes, Andreï Biélyi et Alexander Blok, Vladimir Maïakovski et Boris Pilniak. Et c'est précisément dans son écrit de 1924, *Littérature et révolution*, que le commissaire du peuple à la Guerre a formulé une profession de foi qui, en raison de la confiance illimitée dans la science et de l'activisme effréné qu'elle exprime, est bien le témoignage le plus extrême et néanmoins le plus symptomatique de l'idéalisme qui sous-tend le « matérialisme historique » : « L'homme socialiste a l'ambition, et il y parviendra, de maîtriser la nature entière, y compris ses faisans et ses esturgeons, au moyen de la machine. [...] S'il rationalise son économie, c'est-à-dire s'il y fait pénétrer la conscience et s'il la soumet à ses fins, l'homme ne laissera pas pierre sur pierre dans son quotidien domestique présent, lourd et pourri de part en part. [...] Le genre humain qui a cessé de ramper à quatre pattes devant Dieu, le Tsar et le Capital, devrait-il capituler lâchement devant les lois obscures de l'hérédité et de la sélection naturelle aveugle ? [...] L'homme s'efforcera de commander à ses propres sentiments, d'élever ses instincts à la hauteur du conscient et de les rendre transparents, de diriger sa volonté dans les ténèbres de l'inconscient. Par là, il se haussera à un niveau plus élevé et créera un type biologique et social supérieur, un surhomme, si vous voulez. [...] L'homme moyen atteindra la taille d'un Aristote, d'un Goethe, d'un Marx. Et, au-dessus de ces hauteurs, s'élèveront de nouveaux sommets[3]. »

Ces espoirs enthousiastes, ces élans, ces objectifs fascinants ne disparurent jamais totalement de la culture soviétique. Mais même les œuvres les plus convaincantes auxquelles ils donnèrent naissance les premières années, étaient déjà marquées par l'énorme écart qui subsistait avec la réalité grise et misérable caractéristique des espaces infinis de la Russie, réalité qui, par comparaison avec l'avant-guerre, représentait indéniablement plutôt un recul et, dans le meilleur des cas, une stagnation. Et ni l'un ni l'autre n'était compatible avec la subtilité, la culture sociale et l'activité universitaire de chaque jour. Les esprits les plus fins, Anna Akhmatova par exemple, ou Boris Pasternak, se réfugièrent dans l'anonymat, dans la mesure où ils ne choisirent pas l'exil ; les *anciens professeurs* furent progressivement poussés sur la touche et remplacés par une relève mal formée, issue de l'Institut pour professeurs d'université rouges. Au cours de l'épuration des universités des éléments étrangers et hostiles, il put se faire que la Guépéou accusât un professeur de s'être livré à du sabotage caractérisé pour avoir consacré cinq cents roubles des finances publiques à l'achat d'un exemplaire du *Chant d'Igor*, ce

---

3. Leo Trotzki, *Literatur und Revolution*, Berlin, 1968, p. 212 et suiv. (éd. originale : Moscou,1924). (Édition française : *Littérature...*, *op. cit.*, p. 214 à 217.)

« monument du chauvinisme princier du XIIe siècle ». Un enseignant de médecine fit l'objet de critiques et fut éloigné de ses fonctions pour avoir défendu « l'opinion erronée » selon laquelle la mortalité infantile n'avait que légèrement reculé en Union soviétique et avoir avancé l'idée qu'il ne fallait pas totalement négliger le facteur héréditaire [4].

On créa, dès le début des années vingt, une institution de censure publique et l'on veilla avec une extrême attention à ce que la presse ne divulguât aucun *secret d'État* ou ne laissât s'exprimer aucune *opinion ennemie* ; l'État devint d'emblée l'unique éditeur. Il semblait absolument naturel que toutes les activités éducatives et artistiques fussent pénétrées de l'esprit de la lutte des classes et qu'il ne pût exister de science pure. Il demeura néanmoins de longues années encore possible que l'« Association prolétarienne des écrivains », par exemple, refusât une intervention directe du parti dans le domaine littéraire et que des revues aussi en vue que *Terres défrichées rouges* de Voronskii ou bien le magazine *Lef* du Front de gauche, s'opposent à ce qu'on identifie purement et simplement art et politique [5].

Mais, lorsque le plan quinquennal eut démarré, la science ne fut pas seule à perdre ses dernières possibilités de questionnement individuel et divergent ; les écoles d'artistes et d'écrivains, qui jouissaient jusqu'alors d'une véritable diversité, furent dépouillées de leur autonomie et on les limita strictement au service de la construction du socialisme. L'Association des écrivains prolétariens fut dissoute et l'on créa une association unique pour tous les écrivains ; en référence à un article de 1905 où Lénine écrivait que toute la littérature sociale-démocrate devait être une littérature de parti [6], un décret du Comité central décida que l'aiguisement de la lutte des classes ne permettait plus la moindre neutralité ; des « armées de la culture » engagées dans des « campagnes culturelles » parcoururent le pays pour abaisser le pourcentage d'analphabètes encore très élevé. Avec l'aide de Gorki, on institua le réalisme socialiste, une forme d'art nouvelle qui devait se distinguer par son esprit de parti et son caractère populaire, et prendre pour objet le typique dans le sens où elle ne dépeindrait pas le réel fortuit, mais devrait représenter le futur déjà existant dans le présent, le normal par conséquent [7].

Naquirent alors des romans comme *Terres défrichées* où Cholokhov, tout à l'inverse du *Don paisible*, opérait une distinction très précise entre héros positifs et héros négatifs. Naquirent encore *Et l'acier fut trempé* de

---

4. Fainsod, *Smolensk*, *op. cit.* (*cf.* note 13 du chapitre II-6), p. 349, 351. (Édition française, p. 386.)

5. Pour plus de détails, on consultera Robert A. Maguire, *Red Virgin Soil. Soviet Literature in the 1920's*, Princeton, 1968 et Edward James Brown, *Russian Literature since the Revolution*, Cambridge, Mass., et Londres, 1982.

6. C. Vaughan James, *Soviet Socialist Realism. Origins and Theory*, Londres-Basingstoke, 1973, p. 104.

7. Hans Günther, *Die Verstaatlichung der Literatur*, Stuttgart, 1984, p. 33 et suiv.

Nikolaï Ostrovski, dont on a comparé le type de composition à la structure des Vies des saints byzantines[8], ou bien encore *Energie* de Gladkov, roman dans lequel décrire des processus de production semble plus important que dépeindre des hommes vivants. Maïakovski se suicida en avril 1930. Toute audace, tout élément non figuratif ou tout constructivisme disparurent des tableaux : de joyeux travailleurs de choc coulent l'acier, des paysannes kolkhoziennes partent en chantant aux champs derrière un tracteur à chenilles, de solides jeunes filles participent à la construction du métro et des marins sur le pied de guerre montent fièrement la garde devant les tourelles de leurs navires. La culture dans toutes ses dimensions était donc effectivement redevenue, dans l'Union soviétique de Staline des années trente, un élément non détaché de la totalité sociale, une auxiliaire au service de la seule grande tâche qui vaille, la production ; cette dernière se voulait certes un rattrapage mais en même temps aussi un dépassement ; de fait elle transforma un pays rural et archaïque en un État industriel moderne. Pourtant, en raison d'une autoglorification exclusive de la production, l'Union soviétique se distinguait fondamentalement de tous les autres États industriels, ce qui, précisément, devait la faire paraître comme une puissance militaire d'autant plus menaçante.

La politique culturelle nationale-socialiste commença, vers la fin des années vingt, par une attaque contre ceux qui, en Union soviétique, se retrouvaient au même moment sous le feu de la critique, c'est-à-dire ceux que l'on appelait les « bolcheviks de la culture » ; elle exigeait que l'on se consacrât à ce qui, peu après, devint également l'objet de tous les soins en Union soviétique : l'art populaire plongeant ses racines dans l'histoire nationale. Bien entendu, il ne pouvait encore y avoir de pathos de la construction et l'Allemagne n'offrait pas l'occasion de « campagnes culturelles » destinées à combattre l'analphabétisme. La politique culturelle nationale-socialiste ne se distingua donc qu'à peine, jusqu'à la fin de la République de Weimar, de celle des nationaux-allemands.

En 1929, Alfred Rosenberg fonda la Ligue de combat pour la culture allemande *(Kampfbund für deutsche Kultur)*, qui entra en campagne contre le « déclin culturel » et pour une « renaissance morale » des Allemands. À cette occasion, on assimila l'avant-garde artistique, sans distinction aucune, au « chaos bolcheviste » : on appela Le Corbusier le « Lénine de l'architecture » et l'on qualifia le Bauhaus de « Bastille de l'ennemi en plein cœur de la patrie allemande »[9]. Schultze-Naumburg, un architecte et historien d'art, parla, au cours de nombreuses conférences, de la lutte des *Weltanschauungen* dans l'art, mettant en parallèle

---

8. *Ibid.*, p. 96 et suiv.

9. Hildegard Brenner, *Die Kunstpolitik des Nationalsozialismus*, Hambourg, 1963, p. 12. (Édition française : *La politique artistique du national-socialisme*, Maspero, Paris, 1980, NdT.)

des œuvres de Nolde, Barlach, Heckel et Hofer et des photos représentant des difformités corporelles et des « dégénérescences raciales ». Wilhelm Frick, en sa qualité de ministre de l'Intérieur et de l'Éducation populaire de Thuringe, publia des décrets du genre de celui-ci : « Contre la culture nègre et pour l'authenticité nationale allemande » ; contre le vœu de la Faculté, il confia une chaire d'enseignement à Iéna au « spécialiste de l'étude des races » Hans F. K. Günther.

C'est donc tout à fait logiquement qu'il fit retirer du musée du château de Weimar les œuvres des modernes : il fut interdit de montrer désormais Feininger, Kandinsky, Klee, Barlach, Kokoschka, Marc et d'autres. Un homme comme l'historien de la littérature Adolf Bartels, dont *L'histoire de la littérature allemande*, ouvrage très répandu, n'était guère qu'une chasse aux Juifs et aux « Juifs par l'esprit », jouissait d'une influence considérable sur l'ensemble du territoire. Et il n'était pas rare du tout d'entendre des appels à une « dictature nationale en matière d'art ».

En 1933, cette exigence fut, elle aussi, rapidement mise en œuvre. En de nombreux endroits on mit en place des « commissaires artistiques », notamment Hans Hinkel, le futur « gouverneur du Reich pour la Culture » au sein du ministère de l'Éducation et de la Propagande. Fut inaugurée dès le début avril, à Karlsruhe, une grande exposition, intitulée « Art gouvernemental de 1918 à 1933 », dont l'objectif était de clouer au pilori, par la seule exposition de leurs tableaux, des peintres du « Brücke » et du « Blauer Reiter » (Mouvements artistiques de l'expressionisme allemand) notamment, ainsi que les premiers expressionnistes. La section littéraire de l'Académie prussienne des arts fut soumise à une espèce de *grande purge* : Heinrich et Thomas Mann, Käthe Kollwitz, Alfred Döblin, Rudolf Pannwitz, Franz Werfel, entre autres, durent démissionner et la plupart d'entre eux s'exilèrent[10]. La « Loi sur le rétablissement de la fonction publique professionnelle » fournit le moyen de congédier la direction du Bauhaus dans sa totalité ; parmi les grands musiciens, Arnold Schöneberg, Bruno Walter, Otto Klemperer, Fritz Busch notamment quittèrent l'Allemagne. Wilhelm Furtwängler tenta de prendre la défense des musiciens juifs et écrivit en avril 1933 à Goebbels qu'il ne reconnaissait en définitive qu'une seule ligne de partage, celle séparant le bon art et le mauvais, mais le ministre répondit tout comme aurait pu le faire un Lénine : « Il ne peut y avoir d'art au sens absolu, contrairement à la conception du démocratisme libéral[11]. » Le 10 mai, de longues colonnes d'étudiants allemands convergèrent vers les places de nombreuses villes allemandes pour procéder à un gigantesque autodafé ; à Berlin, Joseph Goebbels ainsi que le nouveau professeur titulaire de la

10. Pour plus de détails, voir Hildegard Brenner, *Ende einer bürgerlichen Kunst-Institution*, Stuttgart, 1972.
11. UuF, vol. IX, p. 485.

chaire de pédagogie politique, Alfred Bäumler, stigmatisèrent, dans des discours virulents, la décomposition intellectuelle qui, selon eux, avait dominé l'Allemagne pendant quatorze ans. On brûla entre autres ce jour-là les livres de Sigmund Freud, de Friedrich Wilhelm Foerster, de Karl Marx, d'Erich Maria Remarque ; quelques-unes des « formules incantatoires » prononcées à cette occasion étaient les suivantes : « Contre la décadence et la dissolution morale. Pour la discipline et la moralité dans la famille et dans l'État ! Je livre aux flammes les écrits de Heinrich Mann, Ernst Glaeser et Erich Kästner. » – « Contre la trahison littéraire des soldats de la guerre mondiale, pour l'éducation du peuple dans l'esprit de la véracité ! Je livre aux flammes les écrits d'Erich Maria Remarque [12]. » Le germaniste Hans Naumann interpréta l'événement, à Bonn, dans les termes suivants : « Nous nous affranchissons d'un joug étranger, nous mettons fin à une occupation », et Alfred Bäumler dit à Berlin que le national-socialisme représentait, sur le plan intellectuel, « le remplacement de l'esprit cultivé par le soldat » [13].

Certes, le fait de brûler des écrits et des livres ainsi que des marionnettes représentant des personnages politiques relevait d'une longue tradition, principalement *progressiste*, non pas seulement en Allemagne, mais également en Angleterre, de Martin Luther jusqu'à la Fête de la Wartburg et jusqu'à l'incendie de marionnettes de paille symboliques à l'époque du chartisme [14]. Quelques-uns des auteurs ainsi stigmatisés étaient d'ailleurs également inaccessibles au commun des lecteurs en Union soviétique, où le Comité pour la Culture populaire avait même, au début des années vingt, mis à l'index Platon et Schopenhauer et où, dans les bibliothèques publiques, étaient aménagées de vastes sections spéciales qui renfermaient les écrits indésirables. Mais la presse internationale dans son ensemble était représentée à Berlin et ses correspondants n'étaient pas soumis à la censure préalable qui, dès 1925, avait incité les reporters occidentaux à Moscou à juger peu opportun de rapporter les déclarations tranchantes et courageuses de l'étudiant allemand Kindermann face à ses juges lors du procès dit « des étudiants ». De telle sorte que, dans le monde entier, fut dénoncé comme pratique « moyenâgeuse » ce qui, dans le fond, était une conséquence logique du totalitarisme antilibéral ; de telle sorte que l'Allemagne nationale-socialiste subit une sévère défaite sur le plan des idées parce qu'elle était encore considérablement plus ouverte et plus accessible que ne l'était l'Union soviétique à la même époque. L'indéniable conservatisme qui caractérisait le respect entourant la Wehrmacht présentait des avantages dans le domaine de l'armement et

12. *Ibid.*, p. 490.

13. Brenner, *Kunstpolitik...*, *op. cit.*, p. 188 et suiv.

14. Mouvement réformiste d'émancipation ouvrière en Grande-Bretagne, entre 1837 et 1848 (NdT).

de la préparation des esprits à la guerre ; mais il ne suscita, même chez les Anglais les plus conservateurs, que de la consternation lorsqu'il revêtit l'apparence spectaculaire et radicale des autodafés ; justement parce que l'Allemagne était incontestablement encore considérée comme partie intégrante de la communauté culturelle européenne.

Les quelques mois séparant la prise du pouvoir du début de l'année 1934 furent en fait une période de transition, essentiellement permise par la rivalité entre Goebbels et Rosenberg, le premier se montrant plus libéral ou moins dogmatique. Quelques représentants de la Ligue des étudiants allemands nationaux-socialistes tentèrent de sauver l'expressionnisme comme mouvement allemand, et il leur fut effectivement possible d'invoquer Hanns Johst qui, sur le plan artistique, s'était jadis retrouvé aux côtés de Johannes R. Becher, mais qui avait préféré ensuite militer en faveur du parti national-socialiste – Becher suivant un chemin identique, mais dans le camp adverse. Johst était en effet l'auteur de la tristement célèbre formule : « Lorsque j'entends prononcer le mot de culture, je sors mon pistolet [15]. » Ce qui subsistait de la gauche nationale-socialiste polémiquait de son côté avec vigueur contre la réaction en matière d'art et revendiquait une révolution totale, impliquant également une mutation artistique. Hitler en personne se prononça aussi bien contre le dogmatisme nationaliste que contre la modernité avant-gardiste.

C'est dès le 22 septembre 1933 que fut créé le socle le plus important pour l'organisation future de la culture nationale-socialiste : une loi instituant une Chambre de culture du Reich *(Reichskulturkammer)* transforma, au moins tendanciellement, l'exercice d'un art en une fonction de l'État ethnico-national. Les diverses chambres qui la composaient, par exemple la Chambre de littérature du Reich *(Reichsschrifttumskammer)* ou la Chambre des arts plastiques *(Reichskammer der bildenden Künste)*, étaient des associations obligatoires et imposaient à leurs membres une discipline rigoureuse ; en être exclu revenait à se voir signifier des interdictions professionnelles, voire des interdictions de tout travail ; la victime la plus célèbre de ces mesures fut Ernst Barlach. Les principales instances administratives du parti en charge des questions culturelles étaient un Bureau, placé sous la responsabilité d'Alfred Rosenberg à qui Hitler avait demandé de superviser l'ensemble de l'instruction et de l'éducation idéologiques au sein du NSDAP, et la Commission de contrôle pour la protection de la littérature nationale-socialiste, dirigée par le Reichsleiter Philipp Bouhler. On peut comparer ces deux instances au *Glavlit* soviétique et, en partie aussi, à la section Propagande et Agitation du Comité central, tandis que la Chambre de littérature du Reich correspondait à l'Association des écrivains.

15. Pour plus de détails, voir Brenner, *op. cit.*, p. 63-86.

À partir du début de l'année 1934, il n'exista donc plus officiellement, à côté du grand domaine du divertissement apolitique, que l'« art national-socialiste ». Cependant, d'innombrables maisons d'édition privées étaient toujours en activité ; beaucoup d'auteurs non conformes purent donc tout de même continuer à publier, dans la mesure où ils ne prenaient pas position contre le régime de manière trop voyante. Mais ce qui dominait incontestablement, c'était la « littérature populiste » *(volkhafte Dichtung)*, au sein de laquelle les romans ruralistes occupaient une place prépondérante. Outre la littérature « sang et sol » *(Blut-und Boden-Dichtung)*, on trouvait aussi la peinture d'une expérience positive de la guerre avec Werner Beumelburg [16], P.C. Ettighofer et Hans Zöberlein, la mythisation de l'histoire allemande avec Hans Friedrich Blunck et Wilhelm Schäfer, la lutte nationale avec Hans Grimm et Wilhelm Pleyer, la métaphysique de la germanité avec Erwin Guido Kolbenheyer [17]. Caractériser cette littérature comme « la victoire de la campagne la plus reculée » n'est pourtant pas suffisant car, par bien des points, des personnalités aussi importantes que Stefan George, Ernst Jünger et Gerhart Hauptmann s'y rattachaient. Il serait plus exact de dire qu'on mit à part l'*une* des principales tendances de la littérature allemande, qu'on la naturalisa en quelque sorte, ce qui la condamna à la stérilité et à l'isolement. Un exemple très concret en est celui de Gottfried Benn, qui avait d'abord salué le Troisième Reich et qui dut ensuite choisir l'« émigration intérieure » en s'engageant dans la Wehrmacht. En 1938, la littérature allemande éditée dans le Reich comptait aussi peu, à l'échelle internationale, que la littérature du « réalisme socialiste » : Elle *ne* voulait *plus* qu'être allemande et cet exemple démontra à son tour que la littérature en tant que telle ne peut vivre à partir d'une racine *unique*.

Une évolution identique se déroula dans le domaine des arts plastiques. L'intérêt que lui portait Hitler était beaucoup plus fort. C'est dans une intention hostile qu'il fit organiser l'exposition « L'art dégénéré », qui entendait être une « exposition de "documents culturels" engendrés par le bolchevisme » et qui suscita d'ailleurs effectivement, chez de nombreux visiteurs, beaucoup d'indignation sincère. C'est en revanche un effet positif que recherchaient les « Grandes expositions d'art allemand » de la Maison de l'art allemand à Munich, la plupart du temps inaugurées par Hitler en personne : elles montraient, outre de nombreuses natures mortes, les œuvres du romantisme ruraliste de Sepp Hilz, le naturalisme des nus d'Adolf Ziegler ainsi que la plastique monumentale de Josef Thorak et d'Arno Breker ; on pouvait y voir une manifestation étrange

16. *Cf.* Werner Beumelburg, *La Guerre de 14-18 racontée par un Allemand*, Payot, Paris, 1933, réédition : Bartillat, Paris, 1998.

17. On trouvera un tableau très détaillé chez Hellmut Langenbucher, *Volkhafte Dichtung der Zeit*, Berlin, 1941 (1re édition en 1933).

du culte de la personnalité sous la forme du « porte-bannière Hitler » de Hubert Lanzinger, un tableau représentant le Führer en armure de chevalier. Tout ce qui pouvait être difficile, compliqué et surprenant avait disparu, partout ne régnaient que des lignes simples pour un Reich millénaire en dehors du temps [18].

Dans le domaine du théâtre, il faut considérer les *Thing-Stätten* comme une tentative nationale-socialiste originale [19]. Ici aussi, comme dans les expérimentations de Meyerhold à Moscou, s'exprimait l'intention de lever les barrières entre artistes et public. C'est de cette manière que fut jouée pour la première fois, en 1933, la « Passion allemande » de Richard Euringer. Mais le passage dans le monde symbolique païen échoua et, en 1937, il fut mis un terme à l'expérimentation. Le théâtre de l'ère nationale-socialiste demeura dans l'ensemble un *théâtre cultivé et bourgeois* dont Göring était le protecteur le plus éminent et Gustaf Gründgens l'acteur le plus célèbre.

Il en alla très différemment en architecture, domaine qu'Hitler considérait comme le sien. Sur son ordre, Albert Speer élabora, en vue de remodeler Berlin, des projets gigantesques qui ne le cédaient en rien, pour ce qui est de leur caractère monumental, aux projets correspondants des débuts de l'ère soviétique ; une partie de l'espace prévu pour le déroulement des congrès du parti à Nuremberg fut effectivement réalisé. La Nouvelle Chancellerie et la Maison de l'art allemand étaient de style classique, les *Ordensburgen* [20] sombres et menaçants, tandis que le modèle des Ecoles supérieures mérite au mieux d'être assimilé à du « monumental borné ». Les projets ultérieurs, ceux de monuments aux morts dans les steppes russes par exemple, étaient de purs cauchemars d'une démesure quasi orientale. On ne peut certes comprendre le « parti architectural national-socialiste » en ignorant l'arrière-plan de la critique de la civilisation qui le sous-tendait ainsi que la volonté de supprimer l'aliénation moderne qui l'animait, mais il reste qu'il ne fit en définitive qu'obéir à la loi qui régit tous les grands régimes despotiques [21].

18. On trouvera une mise en parallèle avec le réalisme socialiste ainsi qu'un grand nombre de reproductions symptomatiques chez Martin Damus, *Sozialistischer Realismus und Kunst im Nationalsozialismus*, Francfort/Main, 1981.

19. C'étaient des spectacles en plein air dont le peuple aurait été à la fois le sujet et l'acteur ; un plan prévoyait de construire quatre cents scènes à cet effet (NdT).

20. Littéralement « châteaux abritant un Ordre », écoles destinées à la formation des futurs dignitaires du régime (NdT).

21. On trouvera de plus amples détails chez Jost Dülffer, Jochen Thies, Josef Henke, *Hitlers Städte. Baupolitik im Dritten Reich. Eine Dokumentation*, Cologne-Vienne, 1978, ainsi que chez Joachim Petsch, *Baukunst und Stadtplanung im Dritten Reich*, Munich-Vienne, 1976. *Cf.* aussi le livre de reproductions *Albert Speer : Architecture 1932-1942*, Bruxelles, 1985. Les ouvrages d'Albert Speer lui-même, on le conçoit bien, constituent la source originale la plus importante. L'un des faits les plus curieux qu'ait rapportés Speer est le suivant : Hitler aurait réagi avec beaucoup d'irritation, en 1939, lorsqu'il entendit

L'atmosphère était particulièrement paralysante pour la philosophie et la science. Mais, ici non plus, la percée ne fut pas que superficielle. Depuis le début du siècle, l'ancienne opposition de la philosophie et de la science s'était transformée en Allemagne en un antiscientisme. Le philosophe le plus important et le juriste le plus connu du pays embrassèrent la cause du national-socialisme. À vrai dire, Heidegger changea d'opinion dès 1934 et Carl Schmitt finit, lui aussi, par devenir suspect aux yeux du parti. Dans les diverses branches scientifiques, le national-socialisme disposait de toute une série de relais, bien que peu de professeurs d'université aient été des nationaux-socialistes. Pourtant, même un homme comme Eduard Spranger se félicita d'avoir été libéré du marxisme et de la psychanalyse et l'ouvrage de Karl Jaspers, en 1930, *Geistige Situation der Zeit*[22], se prêtait fort mal à détourner de jeunes lecteurs du national-socialisme, ce texte se situant dans l'esprit de la « révolution conservatrice ». Les germanistes et les historiens se rangeaient dans leur grande majorité, depuis les tout débuts de Weimar, dans le camp *national* et si, jusqu'en 1933, ils avaient plutôt constitué un contrepoids à l'avancée des sciences sociales, ils semblaient désormais contrôler le terrain sans opposition aucune. C'est dans les disciplines apolitiques comme la médecine ou les sciences de la nature que l'on trouvait la plus grande proportion de titulaires de chaires juifs, mais il en allait de même dans les disciplines non encore totalement reconnues comme la sociologie et la politologie. Les savants allemands n'opposèrent qu'une très faible résistance au renvoi ou à l'expulsion de leurs collègues juifs ou de leurs collègues de gauche, mais, dans de nombreux cas, la solidarité avait été rompue bien auparavant et cette rupture n'avait pas été unilatérale. On ne pouvait en tout cas absolument pas parler d'une *Université brune*. Il s'est certes effectivement produit une espèce de révolution universitaire, mais elle fut le fait des étudiants et, dans ce cas aussi, des mobiles plus anciens jouèrent un rôle, par exemple la lutte contre le « pouvoir des mandarins » et pour la cogestion étudiante. Une autorité stricte, du haut vers le bas, ne tarda toutefois pas à remplacer la spontanéité de la base, car le recteur et les doyens étaient entre-temps devenus des chefs et des « Führer ». Il est pourtant vrai que beaucoup d'insatisfaction continuait à régner parmi les *jeunes*, qui n'étaient pas tous jeunes par le nombre d'années, mais qui voulaient une *science nationale-socialiste*. Parmi eux, notamment, Ernst Krieck, Alfred Bäumler ou Walter Frank. L'attaque que mena Frank contre l'un des représentants les mieux considérés de la corporation,

---

dire que l'Union soviétique projetait elle aussi, en l'honneur de Lénine, de construire un centre de congrès de plus de 300 mètres de hauteur (*Erinnerungen*, Berlin, 1969, p. 170. Édition française : *Au cœur du Troisième Reich. Le bilan définitif de l'Allemagne nazie par le ministre des Armements de Hitler*, Fayard, Paris, 1971, p. 210.)

22. *Geistige Situation der Zeit.* (Édition française : *La situation spirituelle de notre époque*, Desclée de Brouwer, Paris, 1952.)

Hermann Oncken, attaque qu'il publia dans le *Völkischer Beobachter*, sous le titre « L'Incorruptible » (en français dans le texte, NdT), souleva d'ailleurs plus d'appréhensions que d'indignation. L'Institut pour l'histoire de l'Allemagne nouvelle de Frank ne devint pas pour autant l'équivalent de l'Institut des professeurs rouges de Moscou et il se limita, pour l'essentiel, à des « recherches sur la question juive ». Certes, Karl Alexander von Müller remplaça Friedrich Meinecke à la tête de la revue *Historische Zeitschrift* qui faisait autorité dans les milieux compétents, mais von Müller était lui aussi du nombre des savants reconnus et Frank ne parvint pas à pénétrer jusqu'au noyau dirigeant de la revue, où continua à prédominer l'ancienne ligne éditoriale, fondée sur les impératifs de la discipline scientifique.

Dans les faits, la contradiction entre le national-socialisme et les principes scientifiques était radicale. Lorsque le titulaire du prix Nobel, Philipp Lenard, par le titre même qu'il donna à son ouvrage : *Physique allemande*, souligna de manière particulièrement voyante cette contradiction, le fossé entre de telles conceptions et l'idée d'« objectivité scientifique » apparut plus large encore que, en Union soviétique, l'écart entre les principes scientifiques et la « science prolétarienne ». Car le prolétariat avait vocation à l'universalité, ce qui n'était pas le cas de la germanité. Et s'il était objectivement injuste que de nombreux intellectuels des démocraties occidentales ne se préoccupent guère des millions de victimes de la collectivisation et de la famine qu'elle avait provoquée et réservent leur indignation à l'Allemagne nationale-socialiste, il n'en demeure pas moins que, du point de vue de la culture, leur attitude se justifiait ou, du moins, qu'elle n'était pas incompréhensible.

Un État rural qui, en déployant toute son énergie et en recourant sans aucun ménagement à la force, s'industrialise et, ce faisant, prive la culture de toute autonomie en la mettant tout entière au service de l'objectif suprême, peut certainement être un État qui suscite des craintes et qui, pour ses voisins, représente un danger réel. Mais une nation industrielle moderne célébrant dans des *Thingstätten* les exploits guerriers et les Dieux de ses ancêtres – ne serait-ce que sous forme de vœu – est une formation sans authenticité, ne pouvant avoir d'existence temporaire que dans des conditions bien déterminées, même si elle ne recourt pas à des mesures de répression violentes et si l'on admet comme possible que la société industrielle autorise des formes d'existence non industrielles.

En dépit des analogies de la *politisation* qu'ils connaissent, la différence séparant les deux régimes dans le domaine de la culture est donc absolument manifeste, mais il se peut que les similitudes soient beaucoup plus évidentes dès que l'on aborde les bases de l'existence quotidienne, les problèmes du droit et de la privation de droits.

IV-6

Droit et privation de droits

La conception soviétique du droit et de la privation de droits a pour origines les idées maîtresses qui étaient absolument évidentes pour Lénine et ses compagnons de lutte et dont il était aisé de déduire des conséquences pratiques.

En octobre 1920, Lénine déclara devant le congrès du Komsomol : « Est moral ce qui sert à détruire la vieille société d'exploitation et à unir tous les travailleurs [1]. » Cette définition résulte elle-même des objectifs impartis au socialisme qui, selon le « décret sur l'instruction militaire obligatoire » d'avril 1918, se résument ainsi : « désarmement général, paix éternelle et coopération fraternelle de tous les peuples habitant la terre » [2]. Il fallait donc, à l'intérieur du pays, comme le formula le tchékiste Peters, mener une guerre systématique contre la bourgeoisie pour la transformer de classe parasite en communauté de travailleurs et la supprimer ainsi en tant que classe [3] ; dans le domaine de la politique extérieure, il fallait favoriser de toutes les manières imaginables le transfert des moyens de production aux mains de la classe ouvrière et faire de la sorte du mouvement communiste international le « fossoyeur de la société bourgeoise » [4]. C'est pourquoi il n'était pas possible de lier la dictature du prolétariat à des lois, même aux siennes, car le recours direct à la violence pouvait toujours se révéler nécessaire afin de permettre au « sentiment révolutionnaire du droit et de la justice » de triompher. Trotski put ainsi qualifier « l'exécution » du tsar et de sa famille de « justice rapide » destinée à montrer aux amis et aux ennemis que les chefs du prolétariat étaient déterminés à mener la lutte sans pitié et à n'accepter que l'alternative

1. Louis Fisher, *Russia's Way from Peace to War 1917-1941*, New York, 1969, p. 78.

2. Leo Trotzki, *Die Geburt der Roten Armee*, Vienne, 1924, p. 50-52. (Édition française : Léon Trotsky, *Écrits militaires*, tome I : *Comment la Révolution s'est armée*, L'Herne, Paris, 1967, p. 155)

3. Leggett, *op. cit.* (*cf.* note 2 du chapitre IV-2), p. 118 et suiv.

4. *Cf. supra*, p. 274.

« Vaincre ou sombrer totalement » [5]. Des poésies comme celle de Demian Bedny s'accordaient parfaitement à ce pathos annonçant une terre libérée de toutes les injustices et de tout le mal :

Debout ! Debout ! Peuple vengeur des souffrances terrestres.
Eveillez-vous, Dressez-vous ! Tuez ! Tuez !
Tuez-les tous, ces assassins du peuple,
Tous ces gens qui volent notre pain [6].

Ces exhortations étaient sans doute une exagération poétique, mais le droit de la révolution exigeait impérativement que ses ennemis soient privés de droits ; Lénine, dans un discours devant le Conseil central des syndicats, fit expressément mention de l'article 23 de la Constitution de la RSFSR (République soviétique fédérative et socialiste de Russie), qui disait que la République soviétique retirait à des individus et à des groupes les droits qui seraient utilisés au détriment des intérêts de la révolution socialiste, et il poursuivit en ces termes : « Nous avons déclaré ouvertement qu'à une époque de transition, à une époque de lutte forcenée, non seulement nous ne promettons pas les libertés à droite et à gauche, mais encore nous disons à l'avance que nous priverons de droits les citoyens qui entravent la révolution socialiste. Et qui sera juge ? Le prolétariat [7]. » Dans d'autres déclarations, Lénine indiqua très tôt, avec beaucoup de force, que la violence révolutionnaire devrait également s'exercer contre des éléments incertains et hésitants de la classe ouvrière elle-même. Dans de telles conditions, le droit ne pouvait être autre chose que la volonté absolue du parti et, par conséquent, de la direction du parti ; la privation de droits était donc l'état dans lequel il fallait d'office plonger tous les adversaires de cette volonté du parti. C'est la raison pour laquelle la Tcheka faisait elle aussi partie du domaine de l'administration de la justice ; les « juges du peuple » étaient de simples organes du parti qui ne disposaient d'absolument aucune indépendance ; la privation de droits frappant les ennemis n'épargnait pas non plus la femme du pope depuis longtemps disparu, privée qu'elle avait été de tous ses droits civiques et même du droit à bénéficier d'une carte d'alimentation. C'est en 1922 que fut organisé le premier des procès à grand spectacle, le procès contre vingt-deux socialistes-révolutionnaires. On y fit venir de très nombreux enfants qui, devant le siège du tribunal, criaient « Mort aux socialistes-révolutionnaires, mort aux ennemis du peuple ! » [8]. Jamais encore, l'histoire européenne n'avait vu un groupe d'hommes identifier si totalement sa propre volonté à la volonté de l'histoire et au salut de l'humanité ; jamais encore, une *classe dominante* n'avait déclaré si

---

5. Kohn, *op. cit.* (*cf.* note 11 du chapitre II-1), p. 498.
6. Fülop-Miller, *op. cit.* (*cf.* note 8 du chapitre IV-4), p. 212.
7. Lenin, *Werke*, vol. 29, p. 287. (Édition française : *Œuvres*, vol. 29, p. 302.)
8. P. E. Melgounova-Stepanova, *Gde ne slychno smecha. Tipy, nravy i bytï Tche-K*, Paris, sans date, p. 189 et suiv.

crûment que ses intérêts étaient le critère suprême de toute action, étant donné qu'elle voulait être la dernière des classes dominantes et préfigurer la fin de toute domination. C'est ainsi que les murs de la salle d'audience, lors du « procès des étudiants » à Moscou, étaient couverts de ces mots d'ordre : « Les ouvriers et les paysans rendent la justice selon les principes de la lutte des classes. » – « Le tribunal prolétarien protège les intérêts des travailleurs. » – « Le tribunal prolétarien est l'organe de la dictature révolutionnaire [9]. »

Par conséquent, il n'était pas contraire au droit que la Tcheka, en contradiction absolue avec tous les principes qui s'étaient affirmés, tout au long des siècles de l'histoire européenne, comme les principes d'un État de droit, fût à elle seule police et autorité publique, juge et bourreau. Dans un sens plus restreint, il s'est toutefois constitué un ordre juridique dans lequel les tribunaux et les parquets étaient des autorités distinctes et dans lequel les lois fondaient la procédure. Mais les dispositions du code pénal de la RSFSR de 1926 prouvent à quel point la séparation de principe ainsi introduite était de faible portée [10].

Les objectifs humanitaires étaient implicitement contenus dans l'assurance donnée que la loi avait en vue des mesures de « protection sociale et d'amélioration de nature juridique, sanitaire et médicale », qu'elle n'avait pas pour mission la vengeance ou la punition et qu'elle renonçait en conséquence à infliger des souffrances physiques ou à attenter à la dignité humaine. Mais la « mesure de protection sociale la plus lourde » était de tomber sous le feu du peloton d'exécution ou bien d'être qualifié d'« ennemi des travailleurs », ce qui entraînait automatiquement la confiscation de tous les biens. Les délits énumérés dans les quatorze paragraphes de l'article 58 étaient quasiment tous des crimes « contre-révolutionnaires », des crimes contre la sécurité de l'État, et leur définition était à ce point imprécise que même la seule tentative d'affaiblir les « conquêtes fondamentales » de la Révolution pouvait être passible de la peine de mort. Mais, en vertu de l'article 1, la même peine était prévue également pour des actes analogues « s'ils étaient dirigés contre un autre État des travailleurs, un État n'appartenant pas à l'Union des républiques socialistes soviétiques », et ce « au nom de la solidarité internationale des intérêts de tous les travailleurs ». Le paragraphe 1a) qualifiait de « trahison nationale », passible elle aussi de la peine de mort, le « passage à l'ennemi »

9. Kindermann, *op. cit.* (*cf.* note 6 du chapitre II-7), p. 224.

10. *Strafgesetzbuch (Ougolovnii Kodeks) der Russischen Sozialistischen Föderativen Sowjet-Republik (RSFSR) vom 22 November 1926 mit den Änderungen bis zum 1. August 1930*, traduit par le Dr Wilhelm Gallas, Berlin et Leipzig, 1931. Texte original : *Ougolovnii Kodeks RSFSR Redakcii 1926 goda s postateïno – sistematizirovannymi materialami na I marta 1932* g. Sostavili S. S. Askarchanov i A. N. Iodkovskii, Moscou, 1932. On en trouve des extraits dans *Der Sowjetkommunismus* (*cf.* note 6 du chapitre II-6), vol. II, p. 204 et suiv.

et la « fuite à l'étranger » ; on réprimait de la même manière, en vertu du paragraphe 3, « l'entretien, dans des intentions contre-révolutionnaires, de relations avec un État étranger ou bien avec ses divers ressortissants » et, en vertu du paragraphe 8, « la perpétration d'actes terroristes contre des représentants du pouvoir soviétique ou des dirigeants d'organisations révolutionnaires ouvrières ou paysannes ». Le paragraphe 14 menaçait même d'exécution « l'accomplissement volontairement insuffisant d'obligations déterminées », sitôt qu'il s'accompagnerait de circonstances aggravantes et de l'intention de nuire au pouvoir du gouvernement ou au bon fonctionnement de l'appareil d'État. Étaient considérés comme des crimes non seulement les actes, mais aussi les négligences et le paragraphe 1c) introduisait la responsabilité familiale en cas de fuite à l'étranger d'un ressortissant des forces armées : il prévoyait de punir de cinq années de déportation dans des régions éloignées de la Sibérie ainsi que de priver du droit de vote les membres majeurs de la parenté, même dans le cas où ils n'auraient pas été au courant du délit. Jusqu'en 1929, l'article 12 était rédigé de telle sorte qu'il rendait la peine de mort applicable aux enfants de plus de douze ans, et ce pour de simples vols. Le paragraphe en question visait manifestement les *besprisorniis*, des enfants abandonnés qui s'étaient, pour un certain nombre d'entre eux, regroupés en bandes de malfaiteurs ; cet article de loi confère une certaine crédibilité à des affirmations selon lesquelles la Guépéou aurait éliminé par voie administrative des milliers de tels enfants.

En 1926, il n'existait en nul autre endroit du monde une loi aussi inhumaine, fondée pourtant sur des motivations d'une aussi grande humanité. Peu après, elle fut complétée par la loi sur la protection de la propriété sociale, en vertu de laquelle, selon le récit qu'en a fait Soljenitsyne, six paysans kolkhoziens furent passés par les armes qui, afin de nourrir leurs propres vaches, étaient revenus faucher les coins perdus d'un pré de leur kolkhoze qui avait déjà été fauché [11]. Comment, dans un État semblable, aurait-il pu y avoir le droit de grève, bien que Lénine, dans les dernières années de sa vie, eût expressément reconnu la possibilité d'une opposition entre les intérêts des ouvriers et ceux des dirigeants de l'industrie étatisée ? Comment l'indépendance des juges aurait-elle pu exister ou comment aurait-il pu y avoir même un simple rapport de confiance entre les accusés et leurs avocats ? Où aurait-il pu, en quelque endroit que ce soit, être question d'*objectivité* du droit et de la jurisprudence lorsque le procureur général Krylenko alla jusqu'à réclamer, en 1932, que l'on mît enfin un terme à la neutralité du jeu d'échecs [12] ?

---

11. Alexander Solchenizyn, *Der Archipel Gulag*, Berne, 1974, p. 414. (Édition française : Alexandre Soljenitsyne, *L'archipel du Goulag 1918-1956. Première et deuxième parties*, Le Seuil, Paris, 1973, p. 312.)

12. Heller-Nekrich, *op. cit.* (*cf.* note 20 du chapitre III-1), vol. I, p. 251 et suiv. (*L'utopie..., op. cit.*, p. 218).

Pourtant, la Constitution stalinienne de 1936 accordait à ceux qui n'appartenaient pas, en fonction de leur origine, à une « classe ennemie » et qui s'étaient abstenus de tout acte « contre-révolutionnaire », des droits qui ne figuraient pas dans les Constitutions européennes : le droit au travail dans l'article 118, le droit au repos dans l'article 119, le droit à une éducation et une formations gratuites dans l'article 121. On est, bien entendu, fondé à se demander s'il valait la peine de procéder à une modification aussi radicale des concepts du droit et de la privation de droits, pour ne créer en définitive que quelques droits civiques qui, dans les pays occidentaux, s'imposèrent peu à peu dans la réalité au travers de la transformation de l'État en État-providence, exception faite du droit au travail qui, dans la pratique, est une obligation de travail. Les objections seraient encore beaucoup plus profondes si Trotski disait la vérité lorsque, en octobre 1936, dans le *Bulletin de l'opposition* – depuis l'étranger, cela s'entend – il décrivait comme suit la situation sociale en Union soviétique : « Les uns vivent dans des baraques et marchent avec des souliers déchirés, les autres roulent dans des voitures luxueuses et habitent des appartements somptueux. Les uns luttent pour pouvoir nourrir leur famille, les autres ont du personnel de service, une datcha aux environs de Moscou, une villa dans le Caucase etc. [13] » Si Trotski avait raison, cela signifierait qu'une classe dominante avait assuré sa domination en s'identifiant au droit, ce qui n'avait pas eu de précédent, et que la privation de droits était devenue le destin de tous les travailleurs que, depuis 1932, l'on contrôlait à l'aide de « passeports intérieurs » et que, après 1940, l'on pouvait punir de deux ans de prison pour un retard de vingt minutes au travail. Ou bien fallait-il prendre au sérieux le préambule du code pénal de 1926 et toutes les différences de niveau de vie n'étaient-elles que de nature temporaire, l'Union soviétique n'allant pas tarder à édifier l'ordre social communiste et à abattre définitivement la bourgeoisie mondiale parvenue au bout de ses forces ? Ou bien encore Staline n'identifiait-il son pouvoir au droit que parce que son État serait dans très peu de temps obligé de lutter pour simplement survivre ?

En Allemagne, l'« État de droit » avait une tradition beaucoup plus ancienne et assise qu'en Russie : le concept de l'égalité devant la loi de tous les ressortissants nationaux était associé depuis fort longtemps à ceux de l'indépendance du pouvoir judiciaire, du caractère public de l'administration de la justice, de la soumission des décisions administratives au contrôle judiciaire ainsi qu'au principe *nulla poena sine lege* ; ce concept était par conséquent entré dans la vie. Il était d'ailleurs le moyen essentiel permettant à la fois de « rendre publics » et d'« apprivoiser », c'est-à-dire minimiser et apaiser, les affrontements sociaux et politiques. Du point de vue des intentions, le concept libéral de droit ne se limitait

13. *Ibid.*, p. 271.

cependant pas à la situation intérieure de chaque État : il impliquait aussi, semblait-il, l'égalité de tous les hommes, sans distinction de race, d'origine et de confession. Mais, sous cette forme, il s'avérait plus que jamais être un concept-limite qui ne coïncidait pas avec la réalité, car nulle part au monde les étrangers n'ont les mêmes droits que les autochtones ; même à l'intérieur d'un État, il n'est pas toujours possible de traiter chacun de manière totalement égalitaire ; en effet, dans les époques troublées et *a fortiori* dans les époques révolutionnaires, chacun des États intervient de manière différente dans des situations identiques, selon que l'individu incriminé est animé de l'intention de saper ou au contraire d'asseoir le pouvoir d'État ; de même, le fait qu'il existe une justice militaire implique que soit établie une distinction essentielle entre soldats et civils. Il n'est pas non plus possible d'ignorer que le concept libéral d'État de droit conduit à un monopole juridique de l'État et, en tant que « positivisme juridique », brise le lien avec le fondement anthropologique qui est seul en mesure de légitimer quelque chose ressemblant à des « droits de l'homme inaliénables » et de mettre des barrières à un éventuel arbitraire de décisions majoritaires.

En tout cas, l'ordre juridique libéral que connaissaient tous les systèmes de droit existant après la Première Guerre mondiale était sans conteste celui qui garantissait à ses propres ennemis le plus large espace de liberté et les champs d'action les plus vastes. Cet ordre n'existait ni dans la Russie tsariste ni dans les pays islamistes où régnait la *Charia*, et la révolution du bolchevisme conserva justement ce principe du traitement dissemblable des croyants et des incroyants ; elle le renforça même dans des proportions que l'on n'avait jusqu'ici pas encore connues.

Cette situation, qui avait des répercussions dans toute l'Europe et en particulier en Allemagne, plaça le système juridique libéral devant un dilemme : fallait-il conserver le principe, bien qu'il fût évident que la réalité était devenue autre, ou bien fallait-il s'efforcer d'atteindre une nouvelle identité du droit et de la réalité en développant des principes correspondant mieux à la situation sociale et politique qui se caractérisait par le combat ? La deuxième option correspondait à la conception du national-socialisme et, avant lui, à celle du fascisme italien : on ne considérait pas le droit comme le moyen de surmonter, imparfaitement certes, les affrontements sociaux et politiques en empruntant la voie d'un règlement pacifique de conflits inévitables et en permettant donc la coexistence des différences, mais bien au contraire comme l'expression et l'instrument de ces affrontements. C'est précisément cette manière de voir qui avait de tout temps été au cœur du concept soviétique et marxiste du droit, et la théorie de Carl Schmitt – fondée sur des idées telles que l'état d'exception ou l'insuffisance de la norme ainsi que sur l'idée que le politique était, dans son essence, un rapport ami-ennemi – en était à la fois une réponse et le pendant *(Entsprechung)*. Ce qui décida du destin de la justice de Weimar, c'est qu'elle eut une perception beaucoup plus aiguë de l'attaque communiste frontale contre le *droit bourgeois* que de l'attaque nationale-socialiste qui, elle, s'effectuait à revers, semblant dans un premier temps être une opération de secours alors qu'elle procédait d'un esprit plus hostile que l'attaque frontale : le national-socialisme, en effet, ne considérait pas la privation de droits touchant des groupes déterminés comme une mesure temporaire d'urgence devant permettre d'atteindre ultérieurement une égalité de droit et d'existence plus parfaite, il y voyait au contraire l'expression même du droit éternel. Cette conception du droit ne fut toutefois élaborée et ne fut ancrée dans les institutions que progressivement ; durant tout le Troisième Reich, la conception traditionnelle et le système juridique préexistant demeurèrent présents, et Hitler ne put à aucun moment dire qu'il avait définitivement gagné le combat contre les « juristes réactionnaires ».

Il est vrai que, dès les premiers mois du Troisième Reich, de grands pas furent effectués en direction d'un système juridique dans lequel le droit et la politique seraient assimilés. Mais, si l'ordonnance du président du Reich du 4 février 1933, destinée à « protéger le peuple allemand », créait certes un droit politique d'exception qui n'avait d'autre objet que de favoriser le parti au pouvoir, elle ne se différenciait pas encore fondamentalement de mesures comparables, adoptées sous la République de Weimar, par exemple la loi sur la protection de la République. En revanche, l'ordonnance du 28 février, dite de l'incendie du Reichstag – officiellement l'ordonnance du président du Reich pour la protection du peuple et de l'État – signifia que l'on abrogeait les dispositions juridiques fondamentales de la Constitution de Weimar ; elle ne contenait en outre aucune garantie que les mesures destinées à « parer aux violences communistes portant atteinte à la sûreté de l'État » n'avaient qu'un caractère exceptionnel. De ce point de vue, l'État de droit avait donc été déjà éliminé et avait cédé la place à un état permanent de loi martiale qui ne trouvait d'autre légitimation que la nécessité d'un « ordre public sain ». Il faut accorder une tout aussi grande importance à l'abrogation du principe *nulla poena sine lege*, que le ministre de la Justice Frick, visant par là l'incendiaire van der Lubbe, réclama dès la réunion du cabinet du 7 mars, tandis que le secrétaire d'État au sein du ministère de la Justice, Schlegelberger, tenta en vain de s'y opposer en faisant valoir que ce n'était qu'en Russie et en Chine, ainsi que dans quelques petits cantons de la Suisse, que ce principe ne s'appliquait pas [14]. La loi d'avril visant au rétablissement de la professionnalisation du corps des fonctionnaires et celle de juillet destinée à protéger la jeune génération des maladies héréditaires, comportaient elles aussi, exactement de la même manière, un abandon conscient des principes fondant l'État de droit. L'instauration de

14. *Akten der Reichskanzlei. Die Regierung Hitler*, Boppard, 1983, 1re partie 1933-1934, p. 163-165.

tribunaux d'exception, le 21 mars 1933, ne fut donc qu'un pas parmi d'autres sur la voie de la mise en place d'une justice de lutte politique. La constitution de la Cour de justice du peuple *(Volksgerichthof)*, le 24 avril 1934, qui remplaçait le Tribunal du Reich *(Reichsgericht)* dans les affaires de trahison nationale et de haute trahison, ne fut pas encore l'apogée. Les actes perpétrés le 30 juin 1934 ne méritent pas d'autre qualificatif que celui d'*assassinats politiques*, mais Carl Schmitt, le plus éminent professeur de droit du Reich, alla jusqu'à justifier ces crimes en expliquant que la cécité juridique du légalisme libéral avait transformé le droit pénal en *Magna Charta* du criminel et, de la même manière, le droit constitutionnel en *Magna Charta* des coupables de trahison nationale et de haute trahison ; il ajoutait que l'action du Führer n'était pas soumise aux lois de la justice mais qu'elle était au contraire la justice suprême [15]. Par de tels propos, Carl Schmitt ouvrait la voie à une sur-conformité *(Über-Entsprechung)* avec le modèle soviétique qui le dépassait même, y compris dans le domaine des idées, de la même façon que Hitler, dans sa manière de traiter le cas Röhm, l'avait déjà dépassé dans les faits.

Mais les efforts entrepris pour réformer le droit pénal, efforts qui étaient avant tout le fait de Hans Frank, le Reichsführer pour la Justice, avaient plutôt pour objectif d'opposer à la « justice de classe » soviétique une « justice ethnico-nationale » se fixant pour objectif de « préserver la communauté nationale et ethnique concrète, d'éliminer les parasites, de réprimer les comportements anticommunautaires et d'aplanir les conflits entre les membres de la communauté » [16]. On peut déceler une tendance démocratique dans la polémique menée contre les « juristes étrangers au peuple » ainsi que dans la revendication d'une administration de la justice qui fût « plus proche du peuple et moins proche des notables ». Une telle conception était aisément compatible avec les « lois de Nuremberg », car le choix du *sang* comme donnée fondamentale et déterminante avait déjà fondé l'élaboration de la loi sur les fonctionnaires ou encore de la « loi sur l'admission au barreau et aux professions juridiques » du 7 avril 1933, qui avait réduit d'un bon tiers le nombre des notaires prussiens. La réforme du droit pénal, en tant que processus codifié, ne progressa toutefois pas véritablement ; dans le domaine de la pratique, elle s'effectua plutôt sous le manteau, la Gestapo s'efforçant de restreindre le champ d'intervention de la Justice tandis que les interne-

---

15. Carl Schmitt, *Positionen und Begriffe im Kampf mit Weimar – Genf – Versailles*, Hambourg, 1940, p. 200. Mais il ne faudrait pas oublier totalement que l'article de Schmitt n'avait pas que ces actes en vue : il condamnait aussi toutes les violences qui étaient intervenues en dehors des 30 juin et 1er juillet et qui n'avaient pas expressément reçu le feu vert du Führer.

16. *Deutsche Rechtswissenschaft*, publié sous la direction de Karl August Eckhardt, vol. I, Hambourg, 1936, p. 123.

ments en camp de concentration par la voie administrative instituaient une pratique pénale dégagée des contraintes juridiques.

Pourtant, lorsque la guerre éclata, l'« ancienne justice » n'était encore nullement éliminée ; par ailleurs, le nombre des détenus dans les camps de concentration était très loin d'approcher celui des détenus en Union soviétique ; même les Juifs n'étaient pas totalement privés de droits, ce qui n'enlève rien au fait qu'ils étaient soumis à un droit particulier et que les *aryanisations*, dans le domaine économique, s'apparentaient de plus en plus à des confiscations pures et simples.

Au contraire, jusqu'au début de la guerre, et même après, on put assister à des décisions de justice surprenantes. C'est ainsi qu'en mai 1935 fut encore affirmé le droit de contester des dispositions prises par la Gestapo et d'engager des actions contre elles. C'est à la même époque que se déroula le procès dit « de Hohnstein » contre l'Obersturmbannführer (grade correspondant à celui de lieutenant-colonel, NdT) de la SA, Jähnichen, et vingt-deux co-accusés qui avaient maltraité des détenus, au printemps 1933, dans le camp de concentration de Hohnstein. En dépit des très fortes pressions exercées par le parti, le tribunal prononça de lourdes peines de prison. Par la suite, bien sûr, les deux jurés furent exclus du NSDAP et, dès novembre 1935, Hitler fit bénéficier les condamnés d'une remise de leur peine.

Le procès de Niemöller, début 1938, se termina par une condamnation légère – sept mois d'arrêts de forteresse –, peine d'ailleurs considérée comme couverte par la détention préventive qu'il avait subie. Bien entendu, le fondateur de la Ligue de défense des pasteurs *(Pfarrernotbund)* ne fut pas libéré mais expédié au camp de concentration de Sachsenhausen, en qualité de « prisonnier personnel du Führer ».

Le ministère public avait porté plainte contre un pasteur de la Rhénanie parce que, à la fin de son sermon, il s'était écrié « Malheur à l'Allemagne ! » Mais comme ses critiques avaient porté sur le livre de Rosenberg, *Der Mythus*, le tribunal n'engagea pas d'audience au fond, sous le prétexte que l'ouvrage du Reichsleiter ne représentait qu'un travail privé.

Durant la guerre encore, il y eut refus de condamner des Juifs de Berlin accusés par le parti d'avoir fait preuve d'une attitude provocante pour avoir demandé à bénéficier d'une distribution spéciale de café [17].

Le changement qualitatif intervenu le 1er septembre 1939 le fut toutefois moins en raison de l'exceptionnelle dureté des lois qui furent alors promulguées, prévoyant même la peine de mort pour l'écoute de radios étrangères, qu'en raison du décret pris par Hitler ce même jour qui permettait d'anéantir « la vie indigne de vivre ». Hitler signalait de la sorte

17. Hubert Schorne, *Der Richter im Dritten Reich*, Francfort, 1959, p. 641 et suiv., 584, 649 et suiv.

que la guerre pour l'existence allait l'amener à traduire en actes, en fonction des circonstances, la conception qu'il avait du Droit, à savoir une forme particulière de lutte contre tout ce qui était « malade, décadent, nuisible et dangereux ». Ce n'est par conséquent que pendant la guerre – et le phénomène n'atteignit toute son ampleur qu'après le début des hostilités contre l'Union soviétique – que le Droit, entendu comme la privation de droits pour l'ensemble des ennemis et des parasites, devint la caractéristique structurelle de l'État national-socialiste. Fondamentalement, il ne s'était agi jusque-là que d'amorces et de préfigurations. Pourtant, en avril 1942 encore, Hitler, écumant de rage, prononça devant le Reichstag un discours fustigeant les juristes et les fonctionnaires, et exigeant que pleins pouvoirs lui soient donnés pour passer outre à « des droits légitimes » et destituer aussi, sans autre forme de procès, des juges qui n'auraient pas, à ses yeux, accompli leur devoir. Il suffit d'essayer de s'imaginer un instant Staline tenir un discours semblable durant l'été 1942, et même déjà en 1932, pour saisir combien les conceptions fondamentales de l'État de droit demeurèrent solidement ancrées en Allemagne jusque tard dans le conflit.

Dans ces conditions, il n'est certes pas fortuit que ce soit en temps de guerre, le 11 octobre 1942, que le chef du Bureau III du *Reichssicherheitshauptamt*, le Brigadeführer SS (= général de brigade, NdT) Ohlendorf, ait adopté une attitude fort révélatrice, engageant une polémique contre Hans Frank, gouverneur du Gouvernement général en même temps que Führer juridique du Reich *(Reichsrechtsführer)*, qui s'était posé, à l'occasion de plusieurs conférences, en champion des garanties juridiques et de l'indépendance des juges ; en principe pourtant, Ohlendorf aurait déjà pu tenir ce genre de propos en temps de paix [18].

À l'en croire, ce n'est plus en prenant position de manière isolée contre l'État, contre la communauté, mais seulement avec la communauté et en tant que membre de la communauté de son peuple que l'individu exerce ses droits. Il en résulte que celui qui ne se soumet pas aux liens de la communauté populaire sous l'effet d'une perception intérieure de ses devoirs, mais qui, au contraire, ressent ces liens comme une contrainte extérieure, est le seul à sentir ses droits menacés. Il en résulte aussi que l'on pourrait faire dans une large mesure l'économie d'une intervention de la direction politique sur l'activité du juge si « la justice » disposait « d'un corps de juges homogène, politiquement et idéologiquement uni ». De tels juges ne se caractériseraient plus par leur éloignement du peuple, mais seraient au contraire capables de puiser le Droit dans le sentiment vivant que le peuple en a, sans capituler devant la lettre de la loi ou fermer les yeux sur les nécessités politiques. Le Droit n'appartien-

18. Peter Schneider, « Rechtssicherheit und richterliche Unabhängigkeit aus der Sicht des SD », in *Vjh. f. Ztg.*, vol. 4 (1956), p. 399-422, p. 419.

drait alors plus à une caste de juristes, comme s'il était une espèce de propriété personnelle, mais, faisant siennes les exigences idéologiques et politiques du national-socialisme, il redeviendrait la chose du peuple tout entier.

Mais, parlant de la situation du moment, Ohlendorf constata en octobre 1942 qu'un corps de juges ainsi imprégnés de la *Weltanschauung* nationale-socialiste n'existait pas ; il aurait été bien plus fondé encore à faire une telle constatation en 1939. Même en regard des questions du Droit, en dépit de toutes les similitudes que présentait leur socle initial collectiviste, les deux régimes étaient, en temps de paix, plus largement différents que semblables ; pourtant, dans ce domaine, contrairement à ce que nous avons vu dans celui de la culture, la différence tenait à ce que l'Allemagne avait mieux conservé les caractéristiques qui servaient encore de critères de la modernité dans la quasi-totalité du monde d'alors. Le mérite n'en revenait toutefois pas au national-socialisme, mais à la résistance au national-socialisme que, du point de vue de son caractère, on ne pouvait pas simplement comparer à la résistance opposée au bolchevisme ou au stalinisme en Union soviétique.

IV-7

Émigration et résistance

Au sens large, il y a déjà eu émigration et résistance dans l'Antiquité classique ainsi qu'aux débuts de l'ère moderne, tandis que ces termes ne peuvent s'appliquer au Moyen Âge ; au sens plus restreint, il ne devrait toutefois être possible de parler d'émigration et de résistance qu'à partir du moment où l'État du système libéral s'est pleinement développé dans les parties du monde les plus importantes et où il s'est presque partout transformé en paradigme. C'est cet État qui accorde une protection institutionnelle à la contradiction et à la déviance, elles sont même encouragées et la critique du gouvernement n'est, de ce fait, pas de la résistance mais de l'opposition. Comme il n'y a pas de résistance, il n'existe pas non plus d'émigration pour des raisons politiques : entre 1870 et 1914, aucun groupe d'Anglais, de Français ou d'Allemands ne vivait à l'étranger après avoir quitté le pays natal en signe de protestation ; aucun de ces groupe ne combattait son gouvernement depuis l'étranger. C'est chez les seuls Russes et dans la seule Russie qu'existaient une émigration de ce type et une résistance équivalente, c'est-à-dire interdite. Mais on ne pouvait évoquer le fait à l'aide de pareils concepts qu'en appliquant à la Russie les critères de l'*Occident progressiste*. Au sens le plus étroit et le plus propre des termes, on ne devrait parler d'émigration et de résistance que lorsqu'une situation permettant l'opposition se trouve d'une manière ou d'une autre ramenée à une situation dans laquelle il n'est plus accordé aux intéressés, dans un État donné, la latitude de se forger librement et sans danger une volonté politique ; évolution résultant de l'arrivée au pouvoir d'un parti qui considère tous les autres partis comme des « ennemis » et cherche à les anéantir.

L'empire tsariste russe, selon l'image qu'il avait de lui-même, était un État patriarcal où la volonté de l'« autocrate » s'identifiait à la volonté générale ; la fidélité absolue que témoignait à ce dernier la masse des paysans était la preuve que cette idée avait de profondes racines dans la réalité. En provenance des deux principales villes et sous l'influence des idées venues de l'Europe occidentale, une remise en question de l'unité de l'État patriarcal était pourtant de plus en plus nettement perceptible. Elle fut d'abord le fait de certaines fractions de la noblesse, puis de nombreux protagonistes de la bourgeoisie et des milieux intellectuels. L'amorce d'une révolution industrielle et les progrès de la différenciation sociale faisaient que, sous le manteau de la censure tsariste, la Russie ne cessait de se rapprocher du reste de l'Europe ; après la révolution de Février, elle sembla être devenue le pays le plus libre du monde, définitivement émancipé de l'autocratie et de l'Église d'État. On ne saurait qualifier de *résistance* le mécontentement et l'opposition des représentants de l'ancien régime ; toutes les forces qui comptaient sur le plan politique, des « octobristes » et des « Cadets » jusqu'aux sociaux-démocrates, étaient unanimes à approuver la *révolution*. Elles seraient vraisemblablement demeurées d'accord sur des idées fondamentales si la situation, caractérisée par le fait que la guerre était déjà quasiment perdue, n'avait joué un aussi grand rôle dans le bouleversement intervenu et si cette situation, justement, n'avait pas rendu nécessaires des décisions si lourdes de conséquences et si éminemment contestables.

Les bolcheviks venant de s'emparer du pouvoir sous le mot d'ordre de la paix immédiate et de l'expropriation des terres des propriétaires fonciers, se constitua à Petrograd, dès la soirée du 8 novembre, un Comité de défense de la patrie et de la révolution que l'on peut considérer comme la première organisation de résistance à la « contre-révolution » bolchevique. Il était essentiellement composé des membres des autres partis socialistes contre qui, en effet, le putsch avait d'abord été dirigé. Cependant, le gouvernement des commissaires du peuple ne mit pas plus de temps pour venir à bout de ce comité par les armes qu'il ne lui en fallut pour faire échouer la tentative de Kerenski de reconquérir la capitale à l'aide de troupes loyales. La critique d'éminents bolcheviks opposés à la formation d'un gouvernement contrôlé par un seul parti est davantage à ranger sous le vocable d'opposition que sous celui de résistance. Mais le décret de 1917 déclarant « hors la loi » les Démocrates constitutionnels fut un acte gouvernemental qui créait *nécessairement*, pour un grand parti, une situation de résistance. La première action de résistance ayant entraîné mort d'hommes fut la manifestation de protestation qui suivit la dissolution de l'Assemblée constituante ; le régime avait par là non seulement franchi définitivement la frontière de la légalité, mais aussi pour la première fois versé le sang d'ouvriers que, par un acte précoce de guerre sémantique, il qualifia d'ailleurs de « petits-bourgeois ». Comment des centres de résistance militaire ne se seraient-ils pas formés après que le régime eut lui-même engagé la guerre civile, en mai 1918, en tentant de désarmer les Tchécoslovaques ? Le gouvernement de Samara, ou d'Oufa, derrière lequel on trouvait le *Komouch*, constitué de membres de l'Assemblée constituante, avait quelques titres à se considérer comme le gouvernement légal du pays, et Fanny Kaplan, arrêtée après son attentat contre Lénine, déclara que Lénine, ayant dispersé l'Assemblée constituante, avait trahi le socialisme et que toute la Russie devait se rassembler autour du gouvernement de Samara [1]. Mais le propre ministre de la guerre de ce gouvernement, l'amiral Koltchak, l'ayant renversé par un coup de force, il ne pouvait désormais plus être question de légalité, ni dans un camp ni dans l'autre, et la parole, semblait-il, était restée aux seules armes de la guerre civile.

Il y avait néanmoins encore, des deux côtés, des amorces d'opposition ainsi que diverses résistances. Les socialistes-révolutionnaires dépossédés du pouvoir prirent une part considérable à la défaite de Koltchak et, dans l'arrière-pays de Denikine, il sembla se développer un système fondé sur le pluripartisme dont seuls les bolcheviks seraient exclus. Du côté des bolcheviks, les mencheviks n'étaient pas interdits pour un certain temps encore et ils collaboraient au sein des soviets. Ils se trouvaient néanmoins exposés à une pression si forte et disposaient de si peu de chances à l'occasion des élections non secrètes aux soviets que c'était davantage à des actes de résistance qu'à des actes d'opposition que se livraient des leaders mencheviks lorsque, dans des revues ou des brochures, ils critiquaient avec une extrême violence la dictature bolchevique ; dans une lettre privée, Martov parla même d'un « système de gouvernement asiatique, monstrueux et belliciste » [2], qui ramenait la Russie dans un passé barbare, plus reculé encore que l'autocratie tsariste. Les Martov, Dan, Liber et Nikolaïevski reculèrent pourtant devant le pas décisif, passer dans le camp des Blancs ; une des raisons de ce refus, et non la moins importante, tenait à ce que les armées blanches déclenchaient assez souvent des pogromes antijuifs. En dépit de leur opposition totale et de leur résistance plus occasionnelle, les socialistes-révolutionnaires pesèrent donc au total plutôt du côté bolchevique de la balance que de l'autre, et ce n'est que la guerre civile terminée qu'on les jeta définitivement en prison ou qu'on les exila.

Ils furent le dernier groupe à rejoindre à l'étranger les milieux de l'émigration, qui représentaient une forme de résistance désormais hors d'état de se manifester dans le pays lui-même mais demeurant en relation, selon des modes très divers, avec les velléités de résistance à l'intérieur de la patrie ; la revue *Sotsialistitchesky Vestnik*, publiée à Berlin par Martov d'abord, puis par Boris Nikolaïevski, est un des exemples de ces liaisons : pendant de longues années, elle parvint en Russie à un grand nombre d'exemplaires et y trouva des lecteurs assidus [3].

---

1. *Severnaïa Kommuna* du 2 septembre 1918.

2. Israel Getzler, *Martow. A Political Biography of a Russian Social Democrat*, Cambridge, 1967, p. 195.

3. Leonard Schapiro, *The Origin of the Communist Autocraty. Political Opposition in the Soviet State. First Phase 1917-1922*, Londres, 1956, p. 201. (Édition française : *Les bolcheviks et l'opposition. Origines de l'absolutisme communiste. Premier stade 1917-1922*, Les Îles d'Or, Paris, 1957, p. 173.)

Prise comme un phénomène global, l'émigration russe fut la plus ample que le monde ait jamais connue. Au début des années vingt, elle regroupait environ un million et demi de personnes. C'est pour des motifs politiques – leur vie ayant été directement mise en danger – qu'elles avaient dû quitter leur pays, dans lequel des centaines de milliers de leurs camarades de parti ou de représentants de la même classe qu'eux avaient été tués ou bien étaient morts de faim ou de froid.

Appartenaient d'abord à cette émigration les dirigeants des partis non bolcheviques, mais également de larges fractions de leurs adhérents et sympathisants.

Les monarchistes avaient constitué en Russie l'épine dorsale des armées blanches ; ils émigrèrent presque tous sans exception, les derniers étant les officiers et les combattants de l'armée du général Wrangel qui dut évacuer la Crimée en novembre 1920 et qui, dans un premier temps, avec l'aide hésitante des Français, fut maintenue en tant que force armée à Gallipoli et dans d'autres lieux. Le destin que connurent ultérieurement ces hommes fut rude : simples réfugiés et répartis entre divers pays. Mais les conditions de vie des autres réfugiés étaient elles aussi, en règle générale, misérables : rien qu'à Berlin, en 1923, on comptait près de trois cent mille Russes réduits, pour survivre, à la charité ou bien à l'exercice des tâches les plus pénibles ; ils furent assez nombreux à mourir de faim.

En exil, les libéraux se scindèrent rapidement en une fraction de droite et une fraction de gauche, la seconde, conduite par Paul Milioukov, se rapprochant de plus en plus des socialistes-révolutionnaires de droite.

Parmi les socialistes-révolutionnaires, un certain nombre se vantaient d'avoir, par leur activité derrière les fronts des armées monarchistes, préservé la Russie du très réactionnaire « général au cheval blanc », si bien que la plupart des monarchistes haïssaient à peine moins les « socialistes-révolutionnaires traîtres » que les bolcheviks.

De très nombreux mencheviks avaient rallié les bolcheviks au cours des années 1917 et 1918, mais Julius Martov et le cercle étroit des hauts dirigeants n'avaient jamais relâché leur opposition au parti au pouvoir. D'une certaine manière pourtant, ils avaient tout de même légitimé par leur critique le régime bolchevique et, lorsqu'ils émigrèrent définitivement, une certaine ambiguïté subsista : dès 1926, le parti demanda que la Russie soviétique fût reconnue *de jure* et c'est pourquoi les monarchistes les considéraient le plus souvent comme des « semi-bolcheviks » [4].

Les monarchistes ne constituaient pas non plus une entité homogène, se divisant au contraire en une majorité, favorable à l'Entente, conduite par le grand-duc Nikolaï Nikolaïevitch à Paris, et une minorité plutôt favorable à l'Allemagne, sous la direction du grand-duc Kyril

4. Hans von Rimscha, *Der russische Bürgerkrieg und die russische Émigration 1917-1921*, Iéna, 1924, p. 114.

Vladimirovitch. À cette minorité se rattachaient les émigrés russes de Bavière, étroitement liés à Max von Scheubner-Richter et qui, plus tard, emmenés par le général Biskoupski, se rangèrent aux côtés du Troisième Reich.

Les motivations de l'émigration russe n'étaient toutefois pas prioritairement politiques mais littéraires et scientifiques. Des matières entières disparaissaient très rapidement des universités russes, l'« économie nationale bourgeoise » ou la « philosophie idéaliste » par exemple ; c'est très difficilement que, dans le domaine de l'histoire, quelques *ex* particulièrement célèbres se maintinrent jusqu'au début des années trente. En raison de leurs conceptions philosophiques, de nombreux savants furent purement et simplement expulsés, par exemple, en 1922, les philosophes Nicolas Berdiaev et Semion Frank. Parmi les poètes et écrivains importants, nombreux furent aussi ceux qui s'exilèrent, notamment Dmitri Merejkovski et le futur prix Nobel Ivan Bounine. Anna Akhmatova et Ossip Mandelstam appartenaient à l'émigration intérieure, dans une certaine mesure également Boris Pasternak ; en 1921, sur la base d'accusations invraisemblables, la Tcheka, par voie administrative, fit fusiller le grand poète lyrique Goumiliov. Cependant, en dépit de la fondation de nombreuses maisons d'édition et du lancement d'importantes revues à l'étranger, les écrivains exilés ne parvinrent pas à faire triompher leur prétention à représenter *la* littérature russe[5]. D'une part, l'opinion publique occidentale, en raison de la barrière de la langue, ne manifestait à leur égard ni une très grande sympathie, ni un très grand engagement ; d'autre part, quelques-uns des hommes de lettres les plus importants demeurèrent en Russie et se rangèrent même, pour un certain nombre d'entre eux, dans le camp de la révolution. En outre, de nouveaux écrivains apparurent en Russie qui se firent rapidement un nom à l'étranger, tels Isaac Babel et Boris Pilniak, tandis que, parmi les exilés, quelques-uns revinrent malgré tout dans leur pays, Alexeï Tolstoï par exemple, qui devint ensuite un « écrivain soviétique » hautement apprécié.

Le phénomène le plus original au sein de l'émigration russe fut ce qu'on a appelé « le changement de jalons » *(smena wech)*. C'est sous ce titre que six auteurs publièrent, en 1921, un recueil de textes dans lequel ils se livraient à une sévère autocritique. Ils écrivaient que les émigrés s'étaient jusqu'ici laissé guider par l'idée fausse que les bolcheviks étaient une bande de brigands internationaux, étrangers au peuple russe. Il s'était néanmoins avéré, entre-temps, que ce parti avait sauvé la Russie du naufrage et qu'il avait de profondes racines dans le passé russe. Ce n'était pas un hasard si le général de l'armée tsariste le plus célèbre, le général Broussilov, s'était montré disposé à se mettre au service de

5. Hans-Erich Volkmann, *Die russische Émigration in Deutschland 1919-1929*, Würzburg, 1966, p. 125.

l'Armée rouge. Ils ajoutaient qu'une doctrine internationale s'était transformée en réalité nationale et qu'il fallait en tirer la leçon logique, c'est-à-dire changer de jalons et donc rentrer en Russie [6].

Ce retour fut cependant de dimensions modestes, car le parti au pouvoir se montra beaucoup moins complaisant envers les officiers blancs qu'envers les écrivains. Il demeure que s'exprimait de la sorte, pour la première fois, une tendance lourde qui constituait un présage funeste pour la résistance ; cette dernière était certes potentiellement très forte à l'intérieur du pays, mais, une fois l'ancienne armée dissoute, l'industrie nationalisée et l'Église orthodoxe dépossédée de ses biens et de ses droits, elle ne disposait plus du noyau autour duquel elle aurait pu se cristalliser, si bien que la Guépéou put la combattre efficacement.

C'est dans ces conditions que l'adversaire le plus obstiné du bolchevisme, Boris Savinkov, jadis terroriste socialiste-révolutionnaire célèbre puis ministre-adjoint de la Guerre sous Kerenski, fut attiré en 1924 en Russie, où il espérait trouver à son arrivée des organisations de résistance. Arrêté, il avoua, au cours d'un procès spectaculaire, de multiples actions au nombre desquelles il y aurait même eu, pendant la guerre soviéto-polonaise, le projet de constituer une armée de libération avec des prisonniers de guerre russes. Peu après, il se suicida en prison, dans des circonstances non élucidées.

Il est vraisemblable que sa mort fut liée à l'existence d'une très étrange organisation de résistance en Union soviétique, nommée TRUST [7], qui était née à la suite de contacts entre un ancien officier émigré et un responsable soviétique du nom de Yakouchev. Elle était composée de nombreux officiers tsaristes et de nombreux représentants des anciens partis qui, pour la plupart, occupaient des postes importants et qui travaillaient à renverser le régime. Des relations avec des dirigeants de l'émigration furent rapidement établies et l'organisation fournit maintes preuves de son savoir et de son influence. Mais elle essayait de dissuader les exilés d'entreprendre des actions prématurées, tenant pour assurée une future prise de pouvoir. Il fallut attendre 1927 pour s'apercevoir que Yakouchev, après cette première prise de contact, avait été arrêté et que Dzerjinski en personne l'avait « retourné ». La Guépéou était de la sorte parvenue à démasquer de très nombreux ennemis intérieurs en même temps qu'à dissuader les émigrés d'entreprendre des actions. Il ne lui fallut ensuite pas beaucoup de temps pour réussir à faire enlever le plus actif des officiers émigrés, le général Koutiepov, et à l'éliminer.

Mais une tendance inverse se faisait jour au même moment : en effet, l'opposition au sein du parti, depuis son exclusion officielle en 1927-1928, revêtait le caractère d'une résistance ; un Léon Trotski, par exemple,

---

6. Von Rimscha, *op. cit.*, p. 127 et suiv.

7. Roland Gaucher, *Opposition in the USSR 1917-1967*, New York, 1967, p. 123-154. (Édition française : *L'opposition en URSS 1917-1967*, Albin Michel, Paris, 1967, p. 99-121.)

qui, auparavant, dans ses réunions, n'avait pu qu'à grand-peine faire face aux « gangs fascistes de siffleurs » comme il les appelait[8], ou bien un Christian Rakovski, continuaient à se livrer, depuis leurs lieux de bannissement, à une intense activité épistolaire, tentant même de constituer un réseau clandestin de sympathisants. Ils furent pourtant bientôt réduits au silence et des milliers de leurs partisans furent envoyés dans les camps, où ils formèrent des noyaux d'une résistance active et bruyante, du moins tant que subsistèrent pour les détenus politiques des bribes de privilèges. Pourtant, plus ou moins vite, bon nombre d'entre eux rallièrent les staliniens victorieux, de la même façon que, quelques années auparavant, nombre de mencheviks et, surtout, le Bund dans son ensemble, avaient rejoint les bolcheviks.

La résistance de quelques minorités nationales face aux tendances centralisatrices de Moscou avait un caractère différent ; cette résistance ne tarda d'ailleurs pas, sous la poigne de fer de Staline, à ne plus donner signe de vie ; différente, surtout, fut la résistance des paysans à l'expropriation et à la collectivisation de leurs biens ; elle revêtit par moments les traits d'une guerre civile, même s'il s'agissait d'une guerre civile à sens totalement unique, et elle finit par s'éteindre lorsque plusieurs millions de personnes eurent été déportées ou eurent péri de faim.

C'est Staline en personne, lorsqu'il décima le parti et l'armée au cours de la grande purge, qui provoqua ensuite dans le monde entier l'impression qu'il existait en Union soviétique une résistance puissante et résolue contre le régime. Mais ni l'attitude des officiers supérieurs ni celle des dirigeants du parti incriminés ne permettent de conclure qu'ils auraient fomenté des complots et fait des préparatifs en vue de renverser le régime. Au contraire, si l'expression « ils se sont laissé conduire comme des moutons à l'abattoir » s'applique à certains, c'est bien à eux. En quinze années, Staline avait réussi à éliminer toute espèce d'indépendance institutionnelle et, sous le prétexte des grandes tâches à accomplir, à maintenir tous les membre de la société sous une telle pression faite d'attente et d'espoir – lorsqu'ils n'étaient pas tout simplement maintenus sous surveillance – qu'il n'existait absolument plus aucun relais, ni dans le domaine de l'organisation ni dans celui de la propagande, pour une résistance de quelque efficacité. Il est toutefois fort possible que les émigrés aient eu raison lorsqu'ils prétendaient que, malgré la débauche de propagande productiviste et unitaire, un profond mécontentement et au moins un malaise diffus pénétraient la société tout entière après les expériences épouvantables de la collectivisation et de la grande purge, et qu'il en naîtrait une puissante vague de ressentiment et de haine, si jamais la poigne de fer du régime se relâchait. Au cours de la guerre de

8. Fainsod, *op. cit.* (*cf.* note 11 du chapitre IV-1), p. 153. (Édition française : *Comment l'URSS...*, p. 126.)

Finlande, des enquêtes menées parmi les prisonniers de guerre soviétiques fournirent des données instructives à cet égard[9]. On n'est pas loin d'en conclure que, dans l'Union soviétique de Staline, il n'y avait certes ni opposition ni résistance mais que toutes les conditions existaient en revanche pour qu'une guerre civile reprenne, à fronts totalement inversés cette fois-ci.

En Allemagne, il ne s'était pas produit de guerre civile au sens étroit du terme et, en 1940, personne ne croyait sérieusement qu'il pourrait survenir une guerre civile au cas où le Reich se trouverait à nouveau dans une situation militaire difficile. En 1933, il aurait pu se faire que l'appel à la grève générale des communistes débouchât sur une guerre civile si les sociaux-démocrates s'y étaient associés, mais le SPD eut manifestement le sentiment que le mouvement national-socialiste disposait déjà d'une supériorité écrasante ; les communistes, de leur côté, s'attendaient trop à une « faillite » rapide du gouvernement Hitler pour croire que leur appel connaîtrait le succès. Il est encore bien moins justifié de qualifier de résistance les dernières velléités d'opposition des autres partis, et la constatation s'impose donc qu'en Allemagne, contrairement à la Russie, l'émigration a précédé la résistance. L'émigration allemande sembla d'emblée se différencier de la russe par le fait qu'elle était non seulement motivée par des raisons politiques, mais également raciales. Pourtant, dans la toute première vague d'émigration, le facteur racial joua un rôle secondaire, car, dans l'image de l'ennemi « judéo-marxiste », l'accent fut dans un premier temps mis beaucoup plus fortement sur le « marxisme » ; la répression s'abattit donc indistinctement sur les marxistes juifs et non juifs. Le départ en exil spécifiquement juif fut, au moins pour une part, plutôt une émigration répondant à la déjà ancienne revendication du sionisme. Par conséquent, la première vague d'émigration fut d'abord, tout comme cela avait été le cas en Russie, une émigration politique et une émigration littéraire et scientifique.

On peut mesurer de manière quasiment quantitative la profondeur de l'opposition des divers partis au national-socialisme en observant le pourcentage des groupes dirigeants qui émigrèrent ou qui furent victimes de la répression.

Les dirigeants communistes prirent presque tous la route de l'exil dans la mesure où ils n'avaient pas été arrêtés, comme Ernst Thälmann, ou, comme John Schehr, n'avaient pas trouvé la mort en tentant d'entreprendre une activité clandestine. Dans un premier temps, les événements n'entraînèrent ni crise ni reconversion ; on continua à parler de la « situation révolutionnaire » et de la responsabilité des « sociaux-fascistes » ; il ne fut pas rare que des publications communistes donnent l'impression que rien n'avait changé par rapport au fascisme de Brüning ou à celui de von Papen.

9. Nikolaj Tolstoy, *Stalin's Secret War*, New York, 1981, p. 150 et suiv.

Vers la fin du printemps 1933, les sociaux-démocrates semblaient au bord d'une scission entre le Comité directeur du parti en exil *(Parteivorstand)* et les élus demeurés sur place ; puis l'interdiction du parti interrompit cette évolution et de très nombreux adhérents allemands se résignèrent ou choisirent de tenter de « survivre ». Le Comité directeur en exil à Prague crut, par un retour au marxisme révolutionnaire, parvenir à surmonter une crise intellectuelle qu'il ne lui était possible ni d'ignorer, ni de contourner ; mais le fait que son Manifeste si optimiste du 18 juin 1933 ait en même temps déclaré que le communisme avait été une trahison de la classe ouvrière allemande, projetait une lumière crue sur la difficulté essentielle qui subsistait. C'est davantage au sein d'une *jeune gauche* que l'on pouvait déceler des tendances non conventionnelles au renouvellement ; cette jeune gauche visait à jeter un pont entre KPD et SPD et voulait changer les deux partis dans une égale mesure. En son sein, c'est le groupe *Neubeginnen* (Nouveau départ) qui émergeait le plus nettement ; il était dirigé par les deux anciens communistes Walter Löwenheim et Richard Löwenthal. Tous deux, sous les pseudonymes « Miles » ou « Paul Sering », publièrent des écrits remarquables en vue de contribuer à cette réorientation, soulevant notamment, par de nouvelles approches, la question de la nature du fascisme [10]. Les anciens réformistes se manifestèrent eux aussi dans la *Zeitschrift für Sozialismus*, le principal organe où s'opérait ce retour sur soi, et l'ancien rédacteur de politique étrangère du *Vorwärts*, Viktor Schiff, expliqua qu'il convenait de chercher les raisons du fascisme non pas dans l'esprit réformiste mais bel et bien dans l'esprit révolutionnaire [11].

Parmi les dirigeants du Zentrum, très peu choisirent l'exil. Le prélat Kaas partit certes pour Rome, mais il est difficile de le considérer comme un émigré ; Heinrich Brüning s'enfuit en juin 1934 pour échapper à une menace de mort immédiate et, même par la suite, se tint très en retrait. En ce qui concerne le parti libéral et le parti des nationaux-allemands, seuls émigrèrent quelques artistes et scientifiques qui en étaient proches.

Il y eut en revanche une émigration nationale-socialiste, de même qu'il y aura plus tard une résistance de dissidents ou d'anciens nationaux-socialistes. Le personnage central de ce mouvement fut Otto Strasser ; il partit d'abord pour la Tchécoslovaquie, où il eut pour proche collaborateur le spécialiste radio Rolf Formis, un homme qui, en février 1933, à Stuttgart, en uniforme de la SA et en sa qualité de responsable technique de l'émetteur, avait saboté un discours électoral de Hitler avant d'être

---

10. Miles, *Neubeginnen ! Fascismus oder Sozialismus. Diskussionsgrundlage zu den Streitfragen des Sozialismus in unserer Epoche*, Karlsbad, 1933. Paul Sering, « Der Faschismus », in *Zeitschrift für Sozialismus*, 2e année, n° 24-27.

11. *Loc. cit.*, 1re année (1933-1934), n° 9, p. 295, 298.

assassiné, début 1935, par des agents de la Gestapo[12]. En 1936, c'est l'ancien président national-socialiste du Sénat de Dantzig, Hermann Rauschning, qui partit pour les pays occidentaux et qui se rendit célèbre dans le monde entier grâce à son livre *Hitler m'a dit (Gespräche mit Hitler)*[13]. Immédiatement avant le déclenchement de la guerre, ce fut aussi au tour de Fritz Thyssen de partir en exil, lui qui avait longtemps été l'unique partisan de poids et le bailleur de fonds de Hitler parmi les grand industriels actifs.

Du point de vue quantitatif, dans l'émigration allemande les proportions respectives des partis étaient certes tout autres que ne l'étaient celles des partis de l'émigration russe ; au total, pourtant, dans un cas comme dans l'autre, ce sont tendanciellement tous les représentants de la *classe politique* qui furent obligés de partir, y compris même d'éminents représentants du parti au pouvoir.

La gauche n'était par conséquent pas seule dans l'émigration, de même qu'on ne trouvait pas que des gens de droite parmi les Russes exilés. L'émigration littéraire et scientifique allemande était également bien loin de ne comporter que des Juifs, quoiqu'il ne fasse pas de doute que les intellectuels juifs constituaient un contingent particulièrement fort.

Il est superflu d'énumérer tous les grands noms de cette émigration. Le plus remarquable est que, dans des proportions bien supérieures à ce que parvint à faire la fraction correspondante de l'émigration russe, pourtant plus nombreuse, elle réussit à faire triompher sa prétention à représenter aux yeux du monde *la* littérature allemande. En forçant un peu la note, on pourrait dire que l'Allemagne de gauche, l'Allemagne pacifiste bourgeoise ainsi que l'Allemagne résolument avant-gardiste, ont émigré, d'Arnold Zweig et de Willi Münzenberg à Thomas Mann et Walter Gropius. Les Allemagnes *nationale*, *provinciale* et *métaphysique* demeurèrent au pays, d'Ernst Jünger à Erwin Guido Kolbenheyer en passant par Hans Zöberlein. Un certain nombre de ces derniers ne tardèrent pas à se retirer dans l'émigration intérieure. Les choses n'étaient tout de même pas totalement simples dans le cas des écrivains restés en Allemagne, comme le montrent les exemples de Paul Ernst, Heinrich Lersch ou Karl Bröger. Le parcours de Stefan George fut, lui, de nature très particulière puisque, pourtant considéré comme l'un des hérauts du nouveau régime, il délaissa tous les honneurs et se retira en Suisse avant sa mort, en décembre 1933.

---

12. Auparavant déjà, le philosophe Theodor Lessing avait été victime, en Tchécoslovaquie, d'agents de la Gestapo ; lui aussi, tout comme le saboteur en uniforme du discours de Hitler, avait été, à sa manière, une figure paradoxale : d'origine juive, il était un adversaire résolu de la *culture judéo-chrétienne*. *Cf. supra*, note 24 du chapitre II-7.

13. Littéralement « Conversations avec Hitler ». Le livre fut publié en français en 1979, sous le titre *Hitler m'a dit*, Aimery Somogy, et réédité en 1996 chez Hachette, dans la collection Pluriel (NdT).

La science, elle aussi, fut coupée par une ligne de séparation brutale même si, bien souvent, cette frontière demeura floue. Les « Juifs nationaux », nombreux parmi les savants, connurent un destin particulièrement déchirant : dans leur majorité, ils auraient sincèrement aimé pouvoir se rallier au « sursaut national », comme le montrèrent leurs déclarations publiques. Une lettre, adressée le 20 avril 1933 par le médiéviste Ernst Kantorowicz au ministre prussien pour la Science, les Arts et l'Éducation populaire, est très symptomatique à cet égard : engagé volontaire et combattant du front pendant la guerre, puis combattant contre la Pologne et les spartakistes après la guerre, il n'était pas touché par les nouvelles mesures, mais il déclara pourtant qu'il allait cesser ses activités d'enseignement puisqu'il venait d'être stipulé qu'avoir du sang juif dans les veines impliquait d'avoir des convictions non convenables [14]. Les premiers licenciements, en avril 1933, touchèrent notamment Moritz Julius Bonn, Karl Mannheim et Max Horkheimer, mais aussi des gens qui n'étaient pas juifs, tels Paul Tillich, Günther Dehn et Wilhelm Röpke. En 1939, parmi les professeurs d'université, plus de huit cents titulaires de chaire et mille trois cent non titulaires avaient déjà émigré, soit près d'un tiers des personnels de cette catégorie en activité. Vingt-quatre d'entre eux avaient déjà reçu un prix Nobel ou allaient ultérieurement le recevoir dans le domaine des sciences physiques ou naturelles.

Bien entendu, parmi les universitaires, des savants importants et des prix Nobel demeurèrent en Allemagne : Martin Heidegger et Karl Jaspers parmi les philosophes ; Friedrich Meinecke et Otto Hintze parmi de nombreux autres historiens ; Max Planck, Werner Heisenberg, Philipp Lenard et Johannes Stark parmi les physiciens, chimistes et naturalistes ; mais certains d'entre eux devinrent d'authentiques adversaires du régime ; et, en tout cas, l'émigration représenta une énorme saignée pour la culture et la science allemandes ; elle abaissa profondément le prestige de l'Allemagne à travers le monde et contribua de manière essentielle à l'avance que prirent alors les Anglo-Américains dans le domaine des sciences physiques et naturelles et, par conséquent aussi, à leur future victoire militaire. Il n'y eut pour ainsi dire pas, dans l'émigration allemande, de phénomène analogue à celui du « changement des jalons » qu'avait connu l'émigration russe ; et ce en dépit de ce que les Allemands ressentaient leur départ du pays comme un *bannissement*, tandis que, pour les Russes, l'émigration représentait très fréquemment le salut désiré, le moyen d'échapper à un danger de mort immédiat ou bien à des conditions d'existence intolérables [15].

14. UuF, vol. IX, p. 454 et suiv.

15. Maria Reese, ancienne députée communiste au Reichstag, rentra volontairement d'exil, en 1938 ; elle publia, aux éditions de l'Antikomintern, un *Règlement de comptes avec Moscou*, texte dans lequel il semble qu'aient été ajoutés, après coup, des formules antisémites. Mais les récits qu'elle fait de la vie de Clara Zetkin, son amie intime, dans sa

Il n'est pas facile de dater très précisément le début de la résistance à l'intérieur de l'Allemagne. En tout cas, on ne devrait pas mettre au compte de celle-ci les tentatives des communistes allemands pour maintenir une organisation clandestine et se préparer à prendre eux-mêmes le pouvoir, le moment venu. En effet, on n'aurait sans doute pas parlé d'une résistance des bolcheviks s'ils avaient perdu la guerre civile en Russie, comme ils l'avaient perdue en Hongrie. Ils étaient les initiateurs et les agresseurs, ce qui les différenciait de tous ceux qui étaient prêts à coexister, au sein d'un système, avec d'autres courants. Le fait d'avoir eu, initialement, un soupçon d'approbation et donc d'avoir ultérieurement changé d'appréciation, devrait caractériser le terme de résistance ; il suffit de lire les notes de l'époque de Julius Leber pour constater qu'il existait des affinités tout à fait certaines entre sociaux-démocrates et nationaux-socialistes dans la critique que faisaient les uns et les autres du marxisme dogmatique [16]. Il est en revanche difficile de considérer comme un point d'accord comparable la polémique que menaient communistes et nationaux-socialistes contre la *démocratie formelle*, et il convient bien plutôt de tenir pour une donnée fondamentale l'hostilité tranchée et immuable entre les deux mouvements, hostilité à l'intérieur de laquelle on pourrait d'ailleurs qualifier le national-socialisme de résistance militante au communisme. La seule possibilité que l'on ait de placer les communistes dans les rangs de la résistance allemande n'est fournie que par leur ralliement à une politique de front populaire et elle dépend de la réponse que l'on donne à la question de savoir si ce ralliement provenait d'un changement de conception ou s'il n'était qu'un moyen tactique d'obtenir une victoire complète.

Il est plus aisé de répondre à une autre question, celle de savoir si la brutalité de la répression qui frappa les communistes et les sociaux-démocrates souleva, *du côté de la bourgeoisie*, une indignation telle qu'elle incita toute une série de personnalités, voire d'institutions entières, à résister. Au total, la réponse est *non* et il faut même l'étendre aux premières mesures antisémites car, manifestement, le souvenir de ce qui s'était passé entre 1917 et 1920 en Russie et en Allemagne était encore si fort que le proverbe selon lequel on ne fait pas d'omelettes sans

---

« cage dorée », sont très instructifs, de même que la déclaration de cette dernière qu'elle rapporte et selon laquelle « les Ulbricht, Florin, Heckert et Cie » auraient déjà établi une liste de ministres au début de l'année 1933 (p. 64 et suiv.).

Curt Geyer, dirigeant de la gauche de l'USPD, rapporte dans ses mémoires que, lors d'un de ses séjours à Moscou, une dame de l'ancienne bourgeoisie, vêtue de haillons, l'aurait abordé et supplié de l'épouser afin de lui permettre d'échapper à cette misère. Jusqu'au début de la guerre, l'Allemagne n'a jamais fait l'objet de récits comparables (Curt Geyer, *Die revolutionäre Illusion. Zur Geschichte des linken Flügels der USPD*, Stuttgart, 1976, p. 266 et suiv.).

16. *Cf. supra*, note 1 du chapitre III-1.

casser des œufs paraissait une explication satisfaisante ; l'indifférence fut d'autant plus naturelle que, dans un premier temps, une nette distinction fut établie entre Juifs *nationaux* et Juifs antinationaux.

Le mouvement national-socialiste eut certes dès le début, à droite aussi, des adversaires rudes et acharnés, comme Erich Ludendorff et Ewald von Kleist-Schmenzin, mais l'on pouvait qualifier de sectaire ou de réactionnaire cette hostilité et, de toute façon, quelques-uns des hommes les plus connus de la future résistance, tels Claus von Stauffenberg et Henning von Tresckow, avaient des sympathies pour le *mouvement national*, tandis que Fritz-Dietlof von der Schulenburg ou Arthur Nebe exerçaient de hautes fonctions au service du parti.

La première indignation morale rappelant celle de Martov, qui avait dit en 1918 que, devant les meurtres commis par les bolcheviks, il éprouvait de la honte envers ses anciens adversaires, les bourgeois cultivés [17], fut provoquée par les assassinats du 30 juin 1934 ; plus tard, Hans Oster parla des « méthodes d'une bande de brigands » auxquelles on aurait dû donner à temps le coup d'arrêt [18]. Tout aussi caractéristique fut le revirement qui fit de Martin Niemöller un adversaire du national-socialisme : lui, un homme et un combattant des Corps francs au nationalisme difficilement contestable, se voyait désormais contraint de prendre acte du fossé insondable séparant sa foi chrétienne et la théorie raciste du national-socialisme. La troisième grande raison qui explique comment un changement d'opinion s'opéra chez les amis du national-socialisme, ou du moins chez les sympathisants du sursaut national, fut la prise de conscience que Hitler était en train d'entraîner l'Allemagne dans une guerre mondiale et donc d'enfreindre le plus élémentaire de tous les impératifs d'un éventuel retour de la nation dans l'ensemble de ses droits : ne jamais permettre que puisse se répéter la situation de la guerre mondiale où l'Allemagne avait dû combattre sur plusieurs fronts à la fois. C'est à ce moment que se constitua autour du chef de l'état-major général, Ludwig Beck, une résistance déterminée à passer à l'action, et même un Claus von Stauffenberg déclara alors : « Ce fou va faire la guerre [19]. » Ewald von Kleist-Schmenzin et Carl Friedrich Goerdeler ne reculèrent plus devant une prise de contacts avec le gouvernement anglais, contacts que l'on pourrait qualifier de « trahison ». L'ancien combattant des Corps francs Friedrich Wilhelm Heinz forma un groupe de choc qui devait arrêter Hitler. Les groupes communistes avaient pratiquement été brisés, mais l'on pouvait considérer les sociaux-démocrates, plus prudents, qui recevaient par des canaux clandestins les Rapports sur

---

17. *Cf. supra*, p. 126.
18. *Spiegelbild einer Verschwörung. Die Kaltenbrunner-Berichte an Bormann und Hitler über das Attentat vom 20. Juli 1944*, Stuttgart, 1961, p. 451.
19. Eberhard Zeller, *Geist der Freiheit. Der Zwanzigste Juli*, Munich, 1957, p. 160.

l'Allemagne de la SOPADE (organisation sociale-démocrate en exil), comme un réseau d'auxiliaires potentiels au sein des masses. La visite de Chamberlain à Berchtesgaden, puis la conférence de Munich signifièrent la fin de cette action des adversaires de Hitler, celle devant qui s'ouvraient pourtant les plus grandes perspectives.

Le déclenchement effectif de la guerre, l'année suivante, ne se heurta pas à une résistance notable, peut-être parce que Göring en personne s'activait fiévreusement en faveur de la paix ; une autre raison probable, et elle ne fut pas la moins importante, résidait dans l'opinion, largement répandue, que le Führer bluffait cette fois encore et qu'il remporterait une nouvelle fois la mise. Ne manquait pas non plus d'importance le fait que le « corridor » polonais représentait la plus ancienne et la moins discutable des revendications du nationalisme allemand, même si, à vrai dire, elle se justifiait beaucoup moins que l'annexion de l'Autriche ou des régions des Sudètes par des considérations relevant du droit des peuples à l'autodétermination. La signature du pacte germano-soviétique intervint trop rapidement pour pouvoir susciter immédiatement une résistance sérieuse.

La victoire en Pologne, en tant que telle, ne créa pas une situation nouvelle pour les hommes de la résistance militaire, mais ses conséquences la modifièrent néanmoins sur un plan plus général. Les agissements de la SS et de la Sûreté conférèrent au mobile moral une force considérable, de nombreux membres de la Wehrmacht, depuis le commandant en chef du front Est jusqu'aux simples soldats, prenant alors pour la première fois conscience qu'ils étaient impliqués dans une guerre totalement différente de la Première Guerre mondiale. Jadis, les Juifs polonais avaient accueilli les Allemands comme des libérateurs ; cette fois, ils manifestèrent d'emblée, ou bien au bout de très peu de temps, une grande hostilité et personne n'était en droit de s'en étonner. Quand, durant la Première Guerre mondiale, un officier supérieur aurait-il jamais pu écrire qu'il avait honte d'être allemand [20] ?

Le mobile idéologique se renforça lui aussi, en d'autres termes se renforça la compréhension que la *Weltanschauung* de Hitler ainsi que sa manière d'agir étaient d'une nature étrangère et qu'elles le devenaient toujours davantage. Certes, la conclusion du traité entre Hitler et Staline plongea la plus grande partie des communistes allemands dans une confusion paralysante, mais même les communistes français ne devinrent pas pour autant des amis du *fascisme*, bien que, par ailleurs, ils aient contribué à paralyser la volonté de résistance de leur pays. En revanche, pour

---

20. *Cf. supra*, p. 350. En novembre 1914, un leader sioniste allemand connu avait dit de la guerre menée par l'Allemagne contre la Russie qu'on pourrait presque aussi l'appeler la « guerre juive » (*Dokumente zur Geschichte des deutschen Zionismus 1882-1933*, publié sous la direction de Jehuda Reinharz, Tübingen, 1981), car non seulement la grande masse des Juifs russes, mais également celle des Juifs américains, étaient animées de « sentiments pro-allemands » (Richard Lichtheim, *Die Geschichte des deutschen Zionismus*, Jerusalem, 1954, p. 212.)

les anticommunistes de la haute administration, de la Wehrmacht, du peuple et même du parti, le pacte représentait un acte tout simplement incompréhensible et immoral qui avait livré à Staline toute la partie orientale de l'Europe centrale et qui avait largement remis en cause les résultats de la colonisation allemande à l'Est. Ces gens, par l'entremise du Vatican, engagèrent des négociations durant l'hiver avec l'Angleterre ; un tel acte s'expliquant essentiellement par leur conviction qu'il fallait empêcher Hitler de tout miser sur la carte soviétique et empêcher que soient définitivement brisés les liens de l'Allemagne avec *l'Europe* ou avec *l'Occident*.

Mais le mobile qui gagna le plus en force fut celui de la volonté d'éviter la guerre, et donc d'éviter une nouvelle guerre mondiale. Jamais auparavant et jamais à l'avenir la direction suprême de la Wehrmacht ne fut davantage sur le point de refuser d'obéir qu'en ces derniers mois de l'année 1939, lorsque Hitler ne cessait de donner des ordres pour que s'engageât l'attaque à l'Ouest et de les annuler en fonction de considérations pragmatiques [21]. Il ne fait pas de doute que le souvenir de la Première Guerre mondiale et la conviction que l'armée française était d'une qualité exceptionnelle furent les éléments déterminants des réticences des généraux ; mais tout aussi forte était l'idée que l'Allemagne n'était pas en mesure de remporter une guerre mondiale dans laquelle, à plus ou moins brève échéance, les États-Unis interviendraient. Au terme des six semaines que dura la campagne de France, il fut évident pour tout un chacun que Hitler avait apprécié plus correctement que la direction de l'armée la situation militaire et psychologique, mais les préoccupations quant à la durée imprévisible de la guerre, dans une vue globale des choses, n'en avaient pas pour autant diminué. À cet égard, le départ de Rudolf Hess pour l'Angleterre est éminemment symptomatique, les conseils d'Albrecht Haushofer, homme appartenant à la résistance, ayant joué un certain rôle dans la préparation de cette entreprise.

Ce serait pourtant faire preuve de courte vue de ne prendre en considération que les officiers et les diplomates qui adoptèrent des attitudes critiques envers la politique et la *Weltanschauung* de Hitler. En fait, les origines de cette attitude critique remontaient pour une large part au *Kirchenkampf* (guerre religieuse ou persécution des Églises, NdT) et il faudrait, dans tout système totalitaire, considérer déjà comme une forme particulière de résistance le fait, pour des institutions, de simplement se maintenir, ainsi que le seul fait de penser autrement. L'affirmation de soi à laquelle procédaient les Églises était un acte de résistance et elle remporta incomparablement plus de succès que ce n'avait été le cas en Union soviétique, l'une des principales raisons étant qu'elles avaient initialement manifesté de la sympathie, sous diverses formes, envers Hitler. Ce

---

21. *Cf. supra*, p. 354.

sont les réactions, en 1940 et 1941, de certains ecclésiastiques et laïcs à la mise à mort des malades mentaux qui montrèrent le plus nettement les résultats qu'il était possible d'obtenir de la sorte. Le parti se vit contraint de cesser ces pratiques et, chez les croyants, la conviction se répandit que *cette* Allemagne n'était pas en droit de gagner la guerre. Ce qui amena certaines instances du parti à affirmer, de leur côté, que le catholicisme politique souhaitait apparemment la défaite allemande[22]. C'est un fait connu que Hitler était profondément insatisfait de la *Justice*. Mais il est permis de se demander si la Gestapo, compte tenu de la proportion considérable d'agents de la police judiciaire de Weimar qu'elle comportait, œuvrait et était en mesure d'œuvrer avec suffisamment d'efficacité dans le sens qu'escomptait Hitler. Ainsi le lieutenant Harro Schulze-Boysen, un petit-fils du grand-amiral Tirpitz, auquel Göring en personne avait servi de témoin lors de son mariage, travaillait au ministère de l'Air du Reich; jusqu'en 1933, Schulze-Boysen avait été un national-révolutionnaire et il avait publié la revue *Gegner*, dans laquelle lui et ses amis polémiquaient contre l'« Occident engourdi » et l'« envahissement américain », comme l'avait fait le jeune Georg Lukacs avant sa conversion au marxisme. Après l'arrivée des nationaux-socialistes au pouvoir, des membres de la SA lui avaient fait subir un terrible passage à tabac et, peu après, il était entré en contact avec la représentation commerciale soviétique. La Gestapo ne savait rien de tout cela ou n'avait pas correctement procédé aux rapprochements qui s'imposaient. Elle savait tout aussi peu de choses sur le Dr Richard Sorge, qui était pourtant devenu un communiste convaincu durant la Première Guerre mondiale déjà et qui avait ensuite fait paraître des articles dans des périodiques communistes. Il avait pu néanmoins entrer au NSDAP et devenir l'homme de confiance de l'ambassadeur allemand à Tokyo. Il ne faut pas non plus oublier l'économie privée, dans laquelle de nombreux adversaires de Hitler trouvèrent un refuge relativement sûr.

Hitler était arrivé au pouvoir dans un pays où la société était de type européen, en gagnant par ses manifestations publiques l'accord de larges fractions du peuple ainsi qu'un appui hésitant de la couche dirigeante. Il se retrouva de la sorte en position d'accomplir une révolution politique qui, jusqu'alors, n'avait eu de précédent qu'en Italie. Il put ensuite faire arrêter les groupes dirigeants de ses ennemis et soumettre ses amis à sa volonté ; il put procéder à la discrimination d'une petite partie du peuple, prétendument étrangère, et mettre la culture au pas. Mais, dans sa structure sociale et pour l'essentiel, la société allemande demeurait la même. Hitler était certes un autocrate, mais n'en était pas moins, en temps de paix, incapable de mettre en œuvre sur une grande échelle des mesures

22. Heinz Boberach, *Meldungen aus dem Reich. Auswahl aus den geheimen Lageberichten des Sicherheitsdienstes der SS 1939-1944*, Neuwied-Berlin, 1965, *passim*.

d'extermination physique visant des couches ou des classes puissantes et importantes de la population ; et ce pour la bonne raison, que, jusqu'en 1939, en dépit de toutes les intentions révisionnistes du Reich allemand, en dépit aussi de ce que ce Reich s'était rattaché quelque dix millions d'êtres humains, on le considérait indiscutablement toujours comme une partie intégrante de l'Europe et qu'il ne se trouvait pas exposé, de ce fait, à une hostilité marquée de la part des autres gouvernements. C'est pourquoi il existait en d'innombrables endroits, et précisément dans quelques-unes des principales institutions de la société allemande, des points de résistance potentiels ; lorsque, vers la fin de l'année 1940, les espoirs d'une paix prochaine eurent disparu et laissé la place à une profonde résignation nourrie de l'idée que la guerre serait longue, cette Allemagne était pourtant loin d'être comme de la cire dans les mains de Hitler.

Les bolcheviks avaient en revanche pris le pouvoir au moment de la défaite et de l'écroulement, et leur idéologie les avait convaincus qu'ils étaient appelés à nettoyer la terre de toute la crasse et de tous les immondices qui, à leurs yeux, étaient les phénomènes accompagnant obligatoirement le *système capitaliste*. Ils avaient mené et voulu mener une guerre civile, bien qu'ils aient eu d'autres ennemis et des ennemis bien plus nombreux que ceux qu'ils auraient dû avoir en fonction de leur doctrine, et, au cours de cette guerre civile ainsi qu'à sa suite, ils anéantirent des classes, des couches et des groupes importants de leur État multinational, pour finir par éliminer jusqu'à des centaines de milliers de leurs propres adhérents. Autour de 1930, ils rencontrèrent une résistance beaucoup plus large, mais, en même temps, déjà beaucoup plus désarmée et désorganisée que ne l'étaient, dans l'Allemagne de l'année 1935, les multiples mouvements de résistance. En 1940, selon toute vraisemblance, il n'existait plus la moindre organisation de résistance à Staline, même embryonnaire. Était par contre beaucoup plus répandue une sourde résignation de presque toute la population, qui contrastait étrangement avec la certitude de certains cercles du parti et de l'armée que l'Armée rouge était supérieure à toutes les armées du monde et remporterait bientôt une victoire définitive sur des ennemis s'affaiblissant mutuellement.

Tant qu'il s'est agi de politique intérieure seulement, le système bolchevique a provoqué incomparablement davantage de victimes que le système national-socialiste ; il est manifeste aussi que ses protagonistes n'ont pas connu de tourments de conscience et qu'ils ont effectivement bâti un système d'économie planifiée représentant une véritable alternative au système de l'économie de marché, qui passait jusqu'alors pour le seul moderne ; dans le même temps, le national-socialisme s'engageait dans une « troisième voie » qui paraissait trop capitaliste ou anarchique à certains de ses adversaires et vraiment trop socialiste ou trop dirigiste à certains autres. On n'a pas connaissance que, dans les rangs des communistes, on se soit plaint que la lutte contre les ennemis fût menée avec trop de dureté (exception faite de quelques oppositions à des mesures d'un arbitraire flagrant) ; à cet égard, un récit dont l'authenticité n'est pas assurée se situe tout à fait hors de la norme : Dzerjinski, lors d'un banquet au Kremlin, ivre, aurait supplié les présents de l'abattre pour avoir versé de tels fleuves de sang [23]. En revanche, on ne peut pas ne pas ressentir, dans presque toutes les déclarations de Himmler jusque durant la première année de guerre, un certain manque d'assurance, une certaine brutalité et une certaine apologie forcées. Les bolcheviks ont mené la lutte contre leurs ennemis intérieurs, en temps de paix, avec beaucoup plus de rigueur que les nationaux-socialistes, sur la base d'une foi plus ancienne et plus authentique. Il est pourtant vraisemblable que les uns et les autres ne purent agir de la manière dont ils agirent respectivement qu'en raison de la situation historique et sociale tout à fait différente dans laquelle ils se trouvaient. La résistance à laquelle ils se heurtèrent et que l'on doit ranger parmi les caractéristiques structurelles de chacun des deux régimes, dépendait elle aussi très étroitement de la structure des sociétés respectives. Mais s'il est vrai que les deux régimes se situaient différemment par rapport à la guerre et aux conflits inter-étatiques, il se pourrait bien, alors, que le fait d'entrer en guerre, dans une grande guerre de surcroît, ait modifié fondamentalement les données objectives au sein desquelles s'exerçaient les intentions exterminatrices. Toutefois, avant de mettre cette guerre au centre de notre étude, nous allons jeter un œil sur une autre caractéristique structurelle, la *mobilisation* à laquelle les deux régimes entendaient l'un et l'autre procéder, de manière prioritaire et dans tous les domaines, analogie qui n'enlève pourtant rien au fait que cette mobilisation se fit dans des conditions respectives fort différentes et qu'elle revêtit donc un caractère dissemblable.

---

23. Leggett, *op. cit.* (*cf.* note 2 du chapitre IV-2), p. 252.

IV-8

La mobilisation totale

C'est à bon droit que l'on voit dans la mobilisation totale la caractéristique structurelle générale commune à tous les États fondés sur un modèle totalitaire. Il ne faudrait pas pour autant méconnaître qu'un certain mode de mobilisation était déjà typique du système social libéral que, jusqu'à la guerre mondiale, on s'accordait à considérer comme le système moderne. Il s'opposait à la société traditionnelle ou statique, dans laquelle l'agriculture représente la branche productrice de très loin prédominante, le système monétaire ne joue qu'un rôle subsidiaire, les transports sont peu développés et les divers états ou couches sociales se côtoient avec, entre eux, une forte étanchéité. Ce fut la révolution industrielle qui défit progressivement cette structure traditionnelle ; si la Révolution française fut loin d'être, dans tous ses facteurs et dans toutes ses manifestations, un prolongement linéaire ou une conséquence de cette révolution plus originelle et aux effets plus profonds, elle n'en contribua pas moins essentiellement à poursuivre la mobilisation en abattant les barrières entre les catégories sociales, en développant le système bancaire, en mettant sur le marché libre les biens de la noblesse et de l'Église et, avant tout, en créant une nouvelle organisation militaire qui remplaça le recrutement de soldats de métier par le service obligatoire. L'affranchissement des paysans en Prusse s'inscrivit dans ce cadre, de même que les débuts de constitution d'un système de presse et de partis. Mais les socialistes étatistes furent les seuls à concevoir une mobilisation où l'État mettrait à son service total l'ensemble des individus et, en tant qu'entrepreneur unique, organiserait de gigantesques armées du travail pour le bien du peuple entier. Le but ultime serait bien entendu toujours la véritable liberté de l'individu, liberté promise par le libéralisme, mais qu'il n'avait jamais créée, dans la mesure où il n'avait pas dépassé un concept uniquement négatif et donc égoïste de la liberté.

Si l'on fait abstraction des objectifs ultimes et des espérances globales, la révolution russe, selon quelques déclarations non équivoques de Lénine, ne fut rien d'autre qu'une mobilisation totale, née de la nécessité ;

par concentration et « syndicalisation forcée », elle aurait rassemblé les maigres forces du pays et mis tous les individus au service de l'État, pour permettre à ce dernier de s'affirmer et de se développer [1]. Dans les tout débuts, à vrai dire, l'accent était encore entièrement mis sur l'aspect militaire. L'appel de Lénine « la patrie socialiste est en danger », du 21 février 1918, fondé sur l'idée d'une possible reprise de la guerre de la part de l'Allemagne, exigeait la mobilisation de toutes les ressources et, si nécessaire, le recours à la tactique de la terre brûlée. La menace fut bientôt écartée par la conclusion de la paix de Brest-Litovsk, mais le déclenchement de la guerre civile, peu après, ne laissa aucune place à une certaine détente ; c'est avec des moyens jusqu'ici inconnus que l'on créa, à partir des décombres de l'ancienne, une armée nouvelle qui finit par regrouper plusieurs millions de soldats. Le commandant en chef de l'Armée rouge, S. S. Kamenev, déclara ultérieurement que, pendant ces années, il était intervenu quelque chose d'absolument nouveau dans le domaine de la guerre, à savoir l'impératif « de subordonner toute la vie intérieure du pays à la guerre » [2].

Au pied de la lettre, cette affirmation n'était pas tout à fait exacte, comme un coup d'œil sur le « programme Hindenburg » et les exigences de Ludendorff qui en découlaient permet de s'en convaincre. On sait par ailleurs combien Lénine était fasciné par l'exemple de *l'économie de guerre* allemande [3]. Ce qui fut bien plutôt vraiment caractéristique et nouveau, c'est que, même la guerre civile terminée, l'Armée rouge ne fut pas réellement démobilisée dans un premier temps et que l'on maintint une économie de guerre. Sur ordre de Trotski, au début de l'année 1920, on transforma toute une série d'unités de l'Armée rouge en *armées du travail* que l'on versa en bloc dans l'économie nationale. Mais, en sens inverse, on procéda à une véritable militarisation du travail paysan, réquisitionnant quelque six millions de paysans, avec un nombre égal de

1. « Plus un pays est pauvre en forces techniquement éduquées et, de manière générale, en forces intellectuelles, plus pressante est la nécessité de décréter, le plus vite possible et avec le maximum de détermination, l'association forcée et de commencer à la mettre en œuvre dans les grandes entreprises ainsi que dans les entreprises géantes, car c'est justement cette association qui économisera des forces intellectuelles et qui permettra d'utiliser ces forces pleinement et totalement, de mieux les répartir aussi » (Lenin AW, vol. II, p. 111, fin octobre 1917).

« Tous les citoyens deviennent des employés et des ouvriers d'un "syndicat" d'État regroupant le peuple dans son ensemble. [...] La société dans son ensemble sera UN bureau et UNE usine avec le même travail et le même salaire » (*ibid.*, p. 236).

«... mettre à tout prix en œuvre notre détermination inflexible à voir la Russie cesser d'être misérable et impuissante, à la voir devenir, au plein sens du terme, puissante et riche » (*ibid.*, p. 353).

2. Peter Gosztony, *Die Rote Armee*, Vienne-Munich-Zurich, 1980, p. 97.

3. *Cf. supra*, p. 128. « Apprenez des Allemands le sens de la discipline, sinon nous sommes un peuple perdu et nous nous retrouverons en esclavage pour l'éternité. » (AW, II, p. 348).

chevaux, pour les travaux les plus divers. On mit également à contribution la population des villes par le biais des « samedis communistes », les adhérents du parti montrant l'exemple en travaillant sans rémunération.

Le caractère du PCUS, parti du changement, du progrès et de l'énergie, ne permettait pas un instant de douter que l'instauration de la Nouvelle politique économique (NEP) ne représenterait qu'une phase transitoire de détente. Dès 1920, on avait institué au sein de la bureaucratie du Comité central un département particulier (l'*Outchraspred*) ; il « présentait les propositions de nominations, d'avancement et de transfert » des membres du parti [4]. Ce genre de mobilisation s'étendit bientôt aussi aux membres du Komsomol et il pouvait tout aussi bien s'agir de l'obligation de participer à des travaux de construction en Extrême-Orient que d'assumer certaines responsabilités au sein de l'administration du parti ou de l'organisation de jeunesse. Ce qui, partout en l'Occident, avait été le résultat d'une lente évolution mettant de multiples facteurs en jeu, était ici le fruit d'ordres venant des instances centrales et de décisions volontaristes. La nouvelle législation matrimoniale était aussi un volet de cette mobilisation : rendant possible le divorce par la seule décision de l'un des époux et paraissant être une conséquence de la totale égalité des droits reconnus aux femmes, elle fut une émancipation qui fit bénéficier toutes les branches de l'économie de la force de travail féminine.

Comme dans la Turquie de Kemal Atatürk, les voiles et les harems disparurent des parties musulmanes de l'Union soviétique, par l'effet de la volonté des autorités suprêmes, puis ce fut le tour des écoles coraniques et des mosquées. Les camions remplacèrent les chameaux et les machines textiles supplantèrent les femmes fabriquant les tapis à la main. Mais ce sont la collectivisation et le premier plan quinquennal qui représentèrent la plus importante et la plus réussie de toutes les mobilisations. La vie de tous les paysans fut changée de fond en comble ; des complexes industriels et des cités poussèrent dans les steppes et les forêts vierges ; au milieu des maisons en bois des vieilles villes, des immeubles de bureaux et des rues asphaltées firent leur apparition. Pourtant, on importa aussi de l'étranger capitaliste de nombreuses installations industrielles dont des ingénieurs américains ou allemands assurèrent sur place le montage ; cela demanda des efforts inouïs de la part des ouvriers, qui durent souvent acquérir en quelques mois des aptitudes qui, en Amérique, étaient le fruit d'un travail de plusieurs années.

Il fallait néanmoins payer les importations et le revers de la médaille de l'industrialisation fut le déboisement inconsidéré d'immenses forêts, le recours impitoyable au travail forcé des koulaks chassés de chez eux,

4. Fainsod, *op. cit.* (*cf.* note 11 du chapitre IV-2), p. 211 et suiv. (Édition française : *Comment l'URSS...*, p. 146.)

les conditions de logement misérables et un rationnement qui assurait à peine, pour chacun, la satisfaction des besoins vitaux les plus élémentaires. Il faut sans doute aussi considérer comme faisant partie de ce *revers de la médaille* l'ample espionnage industriel dans les pays occidentaux. Compte tenu de ces aspects, il était permis de voir dans l'Union soviétique une dictature typique d'un pays luttant pour se développer, dictature accomplissant, grâce à un effort conscient et au prix de sacrifices très spécifiques, l'industrialisation et la modernisation qui, en Europe de l'Ouest et aux États-Unis, avaient été réalisées à l'aide d'un traitement homéopathique en quelque sorte, en tout cas d'une manière qui était loin de solliciter et de *mobiliser* toutes les énergies dans ce seul but.

Mais une chose différenciait l'Union soviétique de toutes les dictatures de pays en lutte pour leur développement : elle était l'État du monde disposant du territoire le plus vaste et elle était dirigée par un parti qui s'assignait une mission mondiale. Dans de telles conditions, la construction d'une industrie lourde était en même temps la construction d'une industrie d'armement, et il n'est pas étonnant que, aux yeux des États voisins, la concentration de tels efforts dans le domaine de l'industrie et de la mécanisation de l'agriculture fût assimilée à une politique volontariste d'armement et apparût comme une menace de guerre. En effet, la création de l'*Ossoaviachim* – Organisation de promotion de la défense, de l'aviation et des armes chimiques – remontait à 1927 déjà et chacun des membres du Komsomol en était partie prenante [5]. L'atmosphère qui régnait dans tout le pays était celle d'une pression permanente et d'ordres incessants, de haut en bas, le Kremlin étant tout au sommet de l'échelle ; mais, au travers des divers niveaux de l'organisation, ce dirigisme s'exerçait jusqu'au plus reculé des kolkhozes ; l'on exigeait de ce dernier une quantité presque inimaginable de livraisons obligatoires, si bien que, souvent, les paysans ne disposaient plus guère que du minimum nécessaire pour survivre. Tous les privilèges accordés aux dirigeants du parti, aux spécialistes ou aux ouvriers stakhanovistes n'étaient par conséquent qu'infiniment précaires ; au total, on pouvait les considérer comme des espèces de distinctions et d'avantages militaires, révocables au moindre manquement.

Il est difficile de déterminer avec certitude les moyens qui furent consacrés à l'industrie de l'armement car le rouble n'était pas convertible ; les sommes inscrites au budget de l'État pour l'armée ne représentaient par ailleurs qu'une petite partie des dépenses effectives susceptibles d'être dissimulées dans les budgets de nombreux autres ministères et, par conséquent, à l'intérieur d'autres branches de l'économie. Quoi qu'il en soit, les cinq milliards de roubles dépensés en 1935 représentaient déjà une somme tout à fait considérable, notablement supérieure au total des dépenses allemandes d'armement cette même année ; en 1938, cette

5. Morozow, *op. cit.* (*cf.* note 11 du chapitre IV-3), p. 98.

somme s'élevait à vingt-trois milliards de roubles. Certaines données sont plus significatives encore : dans une circulaire de fin juin 1937, non rendue publique et que l'on a retrouvée dans les archives de Smolensk, Staline indiqua que, depuis le début de la collectivisation, avaient été créés cinq mille six cent seize stations de machines et de tracteurs disposant au total de quarante et un mille tracteurs à chenilles, de deux cent soixante-dix mille tracteurs et de quatre-vingt-six mille moissonneuses-batteuses[6]. En 1939, l'Union soviétique était devenue le troisième producteur d'acier du monde, derrière les États-Unis et l'Allemagne, et, pour ce qui était de la production industrielle globale elle occupait la deuxième place, derrière les États-Unis, sa part représentant près de 20 % du total. Il s'agissait d'un bilan remarquable, qui suffisait à susciter une légitime fierté, à condition de faire abstraction des millions de victimes qu'il avait coûtées ; mais, pour les autres États, il représentait aussi une information alarmante, surtout lorsqu'ils étaient au courant de la doctrine militaire de ce pays, doctrine qui évoquait certes toujours les *agresseurs impérialistes*, mais se fixait pourtant comme objectif, dès 1939, de battre et d'anéantir les armées de ces agresseurs sur plusieurs fronts[7]. Objectif que même l'Allemagne nationale-socialiste ne pouvait se fixer, bien qu'elle entendît elle aussi mobiliser toutes ses forces et que, en temps de paix encore, elle eût déjà mis sur pied un équivalent de l'économie de guerre du programme Hindenburg.

Abstraction faite de ces objectifs possibles ou vraisemblables, la mobilisation de l'Union soviétique se substituait pour une part à la mobilisation *capitaliste*, mais, pour une autre part, en représentait un prolongement exacerbé : elle libéra de la terre un nombre énorme de paysans, un fort pourcentage du revenu national fut consacré aux investissements nécessaires à l'industrialisation, une couche dirigeante pensant en termes d'industrie remplaça une *classe dominante* traditionaliste. Toutefois, ce qui, comparativement, s'était déroulé en Europe lentement, s'accomplissait ici très rapidement, dans la précipitation propre aux grands rattrapages ; des classes entières, qui, en Europe, n'avaient fait que passer à l'arrière-plan et avaient continué à fournir des apports encore importants à la société, étaient anéanties en Union soviétique. Cela avait certes, simultanément, accentué davantage encore les différences essentielles entre dictature d'un capitalisme d'État à parti unique et pluralisme d'un capitalisme libéral, mais, si l'on s'en tient à un point de vue purement économique, il est pourtant permis d'interpréter la mobilisation de l'Union soviétique comme la dictature d'un pays en voie de développement.

---

6. Fainsod, *op. cit.* (*cf.* note 9 du chapitre III-5), p. 293. (Édition française : *Smolensk...*, p. 325.)

7. Gosztony, *op. cit.*, p. 123.

L'Allemagne ne pouvait emprunter ce chemin. Le Reich allemand, comme il l'avait déjà été en 1910, était encore, autour de l'année 1930, un pays industriel pleinement développé au regard de la situation mondiale de l'époque : il était la première puissance industrielle du continent et, derrière les États-Unis, extraordinairement favorisés par les circonstances, il était au deuxième rang dans le monde. Son problème, en 1930, n'était pas l'insuffisance de développement mais une insuffisance de débouchés pour son appareil productif, donc un manque d'emplois pour ses travailleurs. Dans son cas, le problème n'était pas de créer une industrie *ex nihilo* ou sur des bases de départ relativement faibles, mais de faire tourner à plein régime une industrie déjà existante. Pour atteindre cet objectif, le NSDAP croyait lui aussi qu'il fallait faire disparaître des obstacles, par exemple la multiplicité des partis, ces derniers étant, d'après lui, un frein à la nécessaire concentration de la volonté politique ; mais cet anéantissement n'était pas le prolongement exacerbé de la mobilisation originelle, il allait au contraire même dans une direction exactement opposée sur des points essentiels, comme en témoignent à eux seuls les fondements de l'antisémitisme du parti, mais aussi les concepts de race et de sang ainsi que l'exemple de la loi sur les domaines héréditaires.

Mais s'il ne voulait pas devenir un simple mouvement réactionnaire, un simple mouvement de couches moyennes et de paysans, donc un mouvement sans perspectives, le national-socialisme devait mettre en œuvre une mobilisation qui lui fût propre, qui s'opposât certes tendanciellement à la mobilisation antérieure mais qui eût en même temps beaucoup de choses en commun avec elle. On ne peut saisir sa singularité en isolant, dans l'examen, les mesures économiques. Les motifs donnés à la souveraineté absolue du Führer appartiennent à cette singularité tout autant que la « fonction capillaire » du parti, la terreur au même titre que l'éducation de la jeunesse. Ce n'est qu'au sein de ce contexte que les mesures économiques se révèlent pour ce qu'elles étaient : une préparation conséquente à la guerre qui déployait autant d'énergie que la préparation soviétique correspondante, mais qui, contrairement à cette dernière, ne disposait pas d'alternative : il ne lui était pas possible de reconvertir son économie de guerre en une économie de paix, sitôt les objectifs les plus proches atteints et certaines craintes dissipées.

En éliminant la gauche modérée et en terrorisant ses partisans, Hitler avait éliminé le noyau le plus solide de la pensée pacifiste et internationaliste ; la lutte entreprise contre l'influence religieuse ouvrit en même temps la voie au règne absolu de la mentalité qui s'exprime dans ce vers : « Dieu est le combat et le combat est notre sang et c'est pour lui que nous sommes nés[8]. » En revanche, les mesures économiques s'inscrivirent

8. *Cf. supra* p. 428.

d'abord tout à fait dans le cadre de l'ancien système, n'étant qu'un prolongement des mesures des gouvernements von Papen et von Schleicher ; ce ne fut pas un hasard si elles furent mises en œuvre sous l'autorité de Hjalmar Schacht, ancien président de la Banque nationale de la République de Weimar, devenu entre-temps ministre de l'Économie du Reich.

À la suite de la crise économique mondiale, l'Allemagne avait connu entre 1929 et 1932 un recul de sa production de 47 % et si, du fait de la diminution des prix des produits importés, la diminution du produit national n'était pas tout à fait aussi importante, elle n'en était pas moins considérable. Le remboursement de la dette extérieure avait fortement entamé les réserves d'or et de devises. Brüning avait tenté de redresser la situation en instituant une réglementation des changes ainsi qu'une politique fiscale restrictive, utilisant la déflation. Toutefois, ces mesures ne firent que renforcer le processus de récession et tendre la situation politique puisque, en raison des fortes positions qu'occupaient les syndicats, il n'était pas possible de réduire le poids relatif des salaires. Von Papen opéra un important changement de ligne. C'est avec lui que commença ce que John Maynard Keynes devait peu après rendre célèbre sous le terme de « déficit spending » : création d'emplois par des commandes d'État, primes sur salaires accordées à chaque patron embauchant un travailleur supplémentaire, bons fiscaux, etc. Toutes ces mesures furent prolongées sous Hitler et complétées par d'autres, comme la construction d'autoroutes et par le programme dit de Reinhardt, qui prévoyait des prêts aux jeunes mariés et de fortes subventions en faveur des travaux de restauration des immeubles d'habitation. Mais on n'annula pas les augmentations d'impôts instaurées par Brüning et il se dessinait manifestement une tendance à encadrer la consommation et à mettre totalement l'accent sur le soutien aux industries de biens d'investissement. C'est dans ce contexte que furent lancées en 1934 les mesures de réarmement, leur financement étant en grande partie assuré par une opération géniale inventée par Schacht, les *Mefo-Wechsel*[9]. La même année, les dépenses de ce poste étaient déjà passées à quatre milliards de marks contre sept cent cinquante millions en 1933 ; en 1935, elles dépassaient les cinq milliards et, en 1936, les dix milliards. Bien entendu, il se produisait simultanément une augmentation parallèle de la dette flottante du Reich, qui passa de trois à douze milliards. Ces dépenses d'armement s'avérèrent néanmoins précieuses pour amorcer la pompe. C'est d'ailleurs à cette époque que Keynes expliqua à l'aide d'arguments plausibles l'utilité économique de dépenses improductives comme, par exemple, la

9. Système de traites garanties et réescomptées par la Banque du Reich, prolongeables cinq ans et plus, reportant donc sur l'avenir le paiement des dépenses de réarmement ; *cf.* Gilbert Badia, *Histoire de l'Allemagne contemporaine*, Messidor, Paris, 1987, vol. I, p. 361 (NdT).

construction des pyramides ou le simple déplacement de masses de terre. Hitler, en quelque sorte, emprunta le premier une voie que Roosevelt et Léon Blum devaient à leur tour emprunter.

En 1936, l'Allemagne était à la croisée des chemins. Schacht voulut alors, manifestement, changer de cap et, en freinant les dépenses d'armement, parvenir à une *conjoncture autoporteuse*. Mais c'est précisément en 1936 que démarra le *Deuxième plan de quatre ans*, à la tête duquel fut placé Göring, en tant que « délégué » ; ce dernier devint de la sorte un dictateur économique potentiel. En août 1936, dans son mémorandum sur les missions d'un plan quadriennal, Hitler, se référant expressément au « plan géant » de l'État soviétique, demanda que, « de la même façon qu'il y a un armement ou une mobilisation militaire et politique de notre peuple », il y ait aussi une mobilisation économique, concluant par ces deux phrases : « I. L'armée allemande doit être en état d'intervenir dans quatre ans. II. L'économie allemande doit être sur le pied de guerre dans quatre ans [10]. » Sans fard, il menaçait de naufrage « quelques économistes » et, un an plus tard, c'est en des termes plus clairs encore qu'il dit que, si l'économie privée n'accomplissait pas le plan de quatre ans, l'État prendrait le plein contrôle des choses. Göring, de son côté, souligna la volonté d'autarcie qui sous-tendait le plan et ne laissa subsister aucun doute sur le fait que, compte tenu de l'ampleur de la tâche, la perspective de profits tout comme le respect des lois étaient devenus des considérations sans importance. Schacht se dressa violemment contre ce genre de conceptions et, en novembre 1937, il démissionna. Les dépenses pour l'armement s'élevèrent à onze milliards en 1937 et à vingt-trois en 1938, dix-sept seulement selon d'autres sources. La dette totale du Reich monta jusqu'à la somme de quarante-deux milliards, un chiffre énorme pour l'époque. En même temps, avec la création des « entreprises Hermann Göring » à Salzgitter, on assista aux débuts d'une économie d'État ou de parti. Toutefois, jusqu'en 1939, il n'y eut pas de *réquisitions pour travaux (Arbeitsaufgebote)* comparables à celles auxquelles procédait l'Union soviétique, même pas pour la construction de la « ligne Siegfried » [11].

Il est impossible de déterminer avec certitude quelles étaient, en 1936, les chances réelles de voir s'opérer un tournant en direction d'un État providence. Mais, pour réaliser un tel changement, il aurait en tout

10. Wilhelm Treue, « Hitlers Denkschrift zum Vierjahresplan 1936 », in *Vjh. f. Ztg.*, 3e année, 1955, p. 204-210, p. 210, p. 209 : « Soit l'économie allemande comprendra les nouvelles missions de l'économie, soit elle s'avérera incapable de subsister en cette époque moderne dans laquelle un État soviétique bâtit un plan géant. Mais alors, ce ne sera pas l'Allemagne qui sombrera, tout au plus quelques économistes. »

11. On trouvera plus de détails sur l'évolution de l'économie notamment chez René Erbe, *Die nationalsozialistische Wirtschaftspolitik 1933-1939 im Lichte der modernen Theorie*, Zürich, 1958 ou chez Alan S. Milward, *Die deutsche Kriegswirtschaft 1939-1945*, Stuttgart, 1966.

cas fallu se contenter d'obtenir la restitution des territoires nationaux et de rétablir les capacités défensives du pays. Ce tournant se serait par conséquent identifié aux objectifs de la République de Weimar et, de ce fait, il était inadmissible pour Hitler. Les événements intervenus entre mars 1938 et mars 1939, qui, du renversement de Schuschnigg jusqu'à l'occupation de Prague et du « reste de la Tchéquie » en passant par l'annexion des territoires des Sudètes, étaient pratiquement des actions de guerre sans effusion de sang, prouvaient à vrai dire que *sa* méthode était prometteuse. Mais, depuis 1936, Hitler, et l'Allemagne avec lui, en raison de l'augmentation énorme de l'endettement, avaient emprunté une voie à sens unique conduisant au conflit ou, du moins, à des succès remportés sans effusion de sang, acquis grâce à la seule menace de guerre. La contribution imposée aux Juifs et l'occupation de la Tchécoslovaquie étaient déjà des actes caractérisés d'une *économie de butin*. Les sommes dépensées pour l'armement, jusqu'en septembre 1939, représentaient un total d'environ soixante milliards de Reichsmarks. Dans ses *Propos de table*, Hitler dira plus tard qu'il avait investi dans les armes toute la fortune du peuple allemand [12]; seule une guerre rapportant des profits était par conséquent en mesure de faire fructifier cette fortune dans des proportions convenables.

Une menace de guerre suivie d'effet aurait certainement permis d'atteindre tout aussi bien, et même mieux, un objectif identique. Mais pouvait-on réellement s'imaginer que la Pologne et l'Angleterre capitulent, dans l'été 1939, pour la seule raison que, face au surprenant déploiement de la puissance allemande, il leur serait apparu inévitable d'accepter que l'État européen incontestablement le plus puissant et occupant pardessus le marché une place centrale, dirige désormais la partie non soviétique du Vieux Continent ? L'Allemagne, à l'évidence, n'était ni assez forte et, surtout, ni assez aimée des autres Européens pour qu'une telle prétention triomphe sans susciter une résistance résolue. Il y avait en outre de solides raisons de supposer que cette « direction » allemande du continent serait synonyme de domination et d'exploitation de la part d'un système qui déclarait nulles et non avenues les principales caractéristiques de l'histoire européenne et s'apprêtait à y mettre fin avec une détermination toujours plus forte. Par conséquent, en dépit de l'apparente

12. Felix Kersten, *Totenkopf und Treue. Heinrich Himmler ohne Uniform*, Hambourg, 1952, p. 326. À vrai dire, dans cette conversation du 18 décembre 1942, Hitler poursuivit son propos d'une manière qui évoquait moins l'idée d'une campagne de rapine que d'une guerre défensive, idéologique, et qui paraît annoncer la guerre froide : si l'armement allemand vient à s'épuiser, il faudra que l'Amérique et l'Angleterre prennent « notre place », car le peuple allemand ne sera plus en état de procéder à un deuxième armement. L'Amérique et l'Angleterre ne l'ont pas encore compris jusqu'ici, mais le moment viendra. Mais on consultera aussi Henry Picker, *Hitlers Tischgespräche im Führerhauptquartier 1941-1942*, Bonn, 1951, p. 136, 141 et suiv., 237.

insignifiance du prétexte, rien ne fut plus logique que la résistance polono-anglo-française aux projets hitlériens et, par conséquent encore, la guerre qui éclata en septembre 1939. Mais Hitler administra ensuite la preuve que l'Allemagne était bien la puissance la plus forte de l'Europe, et ce à un point dont personne, hormis lui, n'aurait pu se douter ; on ne pouvait l'expliquer uniquement par le fait qu'il avait dépensé pour l'armement, jusqu'en 1939, autant que la France, la Grande-Bretagne et les États-Unis réunis. Certes, ses adversaires ne s'étaient pas trompés lorsqu'ils avaient prédit qu'il déclencherait obligatoirement la guerre ; mais s'ils avaient eu raison, c'est seulement par suite de son incapacité, contrairement à ce qui se faisait en Union soviétique, à exiger de la population n'importe quels sacrifices et à abaisser le niveau de vie des plus larges masses jusqu'à un strict minimum. Si elle n'avait pas été menacée et si elle avait renoncé à ses objectifs de conquête du monde pour des motivations idéologiques, l'Union soviétique, en 1941, compte tenu de l'immensité de son espace géographique et de sa richesse en matières premières, aurait pu décider de mettre l'industrialisation qu'elle avait finalement accomplie au service de l'élévation progressive du niveau de vie de son peuple. En 1939, Hitler ne le pouvait pas. Dans les faits, il était obligé de faire la guerre et, de surcroît, une guerre de conquête en vue d'amasser du butin. La question qui se pose est de savoir s'il était toujours dans la même situation en mai-juin 1941. Ses troupes avaient atteint le Cap Nord (Norvège) et le désert de Libye, la rive du Bug ainsi que les Pyrénées, à la frontière d'un pays ami. Il disposait des ressources de toute l'Europe continentale. L'Allemagne était désormais, sans conteste possible, la puissance dominante du continent. Il n'y avait pratiquement aucun endroit où se fît sentir une résistance sérieuse, même pas en France. Bien sûr, cette Allemagne avait réduit deux nations européennes, celles des Tchèques et des Polonais, à un état quasi colonial et elle ne pouvait pas totalement compter sur le soutien que lui apportaient des régimes conservateurs et les mouvements fascistes, même pas sur celui de l'Italie fasciste. La méthode de mobilisation propre à Hitler, aussi éloignée de la méthode propre à la dictature de développement que de celle de l'État providence, l'avait conduit au sommet de sa puissance parce qu'elle avait remis en marche, pour le seul objectif possible, celui de faire la guerre, un appareil de production inemployé. Mais, une fois devenu maître de l'Europe continentale, il se trouvait en guerre avec la puissance maritime qu'était l'Angleterre et, pratiquement, avec l'Amérique. Il avait en face de lui, sur terre, l'Union soviétique, qui avait dépensé davantage que lui pour s'armer et préparer la guerre ; la neutralité de cette dernière l'empêchait de mettre un terme au conflit avec l'Angleterre par un débarquement. Même si la Russie avait été un État démocratique ou sous la domination d'un tsar, Hitler aurait été dans l'obligation de recourir contre elle à la guerre ou à la menace de guerre, dans le cas où elle n'aurait pas d'elle-même offert des garanties absolument sûres. Mais l'Union soviétique lui avait servi, durant toute sa vie politique, de repoussoir en même temps que, partiellement, de modèle, comme le montrent d'ailleurs les raisons qu'il invoqua pour justifier le plan de quatre ans. Son Reich se voulait la seule réponse appropriée à l'existence de l'Union soviétique et à son idéologie ; contre l'Union soviétique et son idéologie, il en avait appelé à l'ensemble des meilleures forces de tous les peuples aryens invités à voir dans les Juifs leur ennemi commun. Pourtant, concernant le bolchevisme et l'Union soviétique, beaucoup de ses partisans et de ses généraux avaient des opinions bien arrêtées, et il n'était pas d'emblée assuré qu'il pût tout simplement passer outre à toutes ces opinions. Lorsque Hitler, après la visite de Molotov, eut pris la décision définitive d'« abattre l'Union soviétique par une campagne rapide », il dut au fond de lui-même clairement percevoir, malgré la légèreté d'un tel propos et de plusieurs autres déclarations analogues, que cette décision pesait beaucoup plus lourd que les décisions antérieures d'attaquer la Pologne, la France ou la Yougoslavie. La manière dont il avait mobilisé le peuple allemand en vue de ce dernier objectif ne permet pas à elle seule de répondre de manière définitive à cette question importante entre toutes : cette guerre serait-elle un combat décisif entre l'Allemagne et la Russie pour la suprématie en Europe ? Serait-elle une guerre de libération antibolcheviste en alliance avec de nombreux Européens et de très nombreux Russes et Ukrainiens ? Ou bien serait-elle une guerre d'extermination en vue de conquérir des « espaces vitaux » gigantesques et d'anéantir le peuple juif, prétendument l'ennemi de tous les peuples du monde ?

V

La guerre germano-soviétique (1941-1945)

V-1

L'attaque contre l'Union soviétique : Combat décisif ? – Campagne de libération ? – Guerre d'extermination ?

Alors que la Wehrmacht allemande avait déjà franchi depuis une heure et demie, ce matin du 22 juin 1941, les frontières de l'Union soviétique sur un front qui allait de la mer Baltique à la mer Noire, l'ambassadeur allemand à Moscou remit à Molotov, le ministre des Affaires étrangères, une déclaration qui disait en conclusion que la politique étrangère de l'Union soviétique avait été de plus en plus fortement marquée par l'hostilité envers l'Allemagne et que le gouvernement soviétique avait rompu les traités conclus avec le Reich en disposant ses forces armées sur le pied de guerre aux frontières communes, dans le but de frapper dans le dos l'Allemagne engagée dans un combat pour son existence. Le Führer avait en conséquence donné l'ordre à la Wehrmacht de répliquer à cette menace par tous les moyens à sa disposition [1]. Les termes de cette déclaration suggèrent donc que Hitler concevait la campagne contre l'Union soviétique comme une guerre préventive. Molotov, au contraire, dans sa réponse, qualifia le motif invoqué de « prétexte creux » car, écrivit-il, il ne se déroulait à proximité de la frontière occidentale que des « manœuvres spéciales » auxquelles l'Union soviétique aurait renoncé si le souhait lui en avait été exprimé par le gouvernement du Reich. Il ajoutait que l'Allemagne avait par conséquent rompu, d'une manière qui n'avait pas de précédent, le pacte d'amitié et de non-agression qui la liait à l'Union soviétique. Cette phrase revenait manifestement à émettre la thèse que l'Allemagne avait délibérément déclenché une guerre offensive sans qu'il y ait eu provocation préalable. Effectivement, à l'heure où ces lignes étaient écrites, une grande partie des forces aériennes soviétiques avaient déjà été anéanties. Il était par conséquent logique que Molotov conclût ses considérations par ces mots : « Nous n'avons pas mérité cela [2]. »

---

1. *Monatshefte für Auswärtige Politik*, 8. Jg 1941, p. 551-563.
2. Hilger, *op. cit.* (*cf.* note 8 du chapitre I), p. 312 et suiv.

Dès les premières heures de la guerre, donc, les deux thèses opposées étaient officiellement et abruptement formulées, parallèles et contradictoires : l'Allemagne menait une guerre préventive ou, au contraire, conduisait une guerre offensive, l'Union soviétique représentait une menace intolérable ou, au contraire, était l'innocente victime d'une agression. Aujourd'hui encore, la question n'est pas tranchée de manière définitive [3] et, immédiatement avant le déclenchement des hostilités ainsi que durant les premières semaines de guerre, chacun des deux camps put faire état de solides arguments. Mais ni l'une ni l'autre thèses ne levaient tous les doutes.

Il n'était guère contestable que l'Union soviétique avait enfreint la lettre et l'esprit des traités en réclamant la Bukovine rattachée à la Roumanie, et en ne se contentant pas d'installer des *bases militaires* en Lituanie, mais en y concentrant un nombre considérable de divisions. Le fait que l'Union soviétique ait soutenu le putsch à Belgrade et ait immédiatement conclu un accord avec le gouvernement Simovitch était également difficilement compatible avec un pacte d'amitié. Les troupes allemandes avaient en outre trouvé dans l'ambassade de l'Union soviétique à Belgrade des documents qui témoignaient par trop clairement d'intentions hostiles envers l'Allemagne. Mais la preuve la plus forte n'allait pas tarder à être apportée par un fait qui, au bout de quinze jours de guerre, était devenu incontestable : les trois groupes d'armées du nord, du centre et du sud, sous les commandements respectifs des feld-maréchaux von Leeb, von Bock et von Rundstedt, disposaient au total de trois mille cinq cents blindés et, au cours de la bataille de Bialystok et Minsk, le groupe d'armées du centre mit hors de combat ou s'empara à lui seul de quelque six mille chars ennemis. Dans le saillant de Biélostok, on avait donc amassé un nombre de blindés beaucoup plus grand que celui dont pouvait se prévaloir l'ensemble des armées allemandes du front oriental. Le général de brigade Piotr Grigorenko, un *dissident* il est vrai, a certainement raison lorsqu'il écrit qu'une « telle disposition des troupes n'aurait pu trouver justification que dans un seul cas : si ces troupes avaient été destinées à passer brutalement à l'offensive » [4]. Au demeurant, il s'agit là, pour lui, d'une lourde erreur de Staline car ce dernier, estime-t-il, *n'avait pas* l'intention de passer à l'offensive. Il est en tout cas invraisemblable que, du côté allemand, on ait eu le sentiment d'une menace immédiate. C'est ainsi que le général de brigade Marcks, qui élabora le 5 août 1940 le premier plan opérationnel, prit comme hypothèse de départ l'idée que « les

---

3. *Cf.* à ce sujet la première contribution de Joachim Hoffmann, in *Der Angriff auf die Sowjetunion*, Stuttgart, 1983, p. 38-97 (*Das Deutsche Reich und der Zweite Weltkrieg*, vol. 4) ainsi que Ernst Topitsch, *Stalins Krieg*, Munich, 1986.

4. Pjotr Grigorenko, *Der sowjetische Zusammenbruch 1941*, Francfort/Main, 1969, p. 94. (Édition française : *Staline et la Deuxième Guerre mondiale*, L'Herne, Paris, 1969, p. 105.)

Russes ne nous feront pas le cadeau d'une attaque » [5]. Hitler lui-même affirma encore en janvier 1941 que Staline n'était pas un idiot, qu'il n'interviendrait pas ouvertement contre l'Allemagne et qu'il se contenterait de lui créer toujours plus de difficultés [6]. D'ailleurs, l'ensemble des plans et des conférences préparatoires à l'opération « Barberousse » montre que presque toutes les personnes impliquées témoignaient d'une confiance absolue dans la supériorité allemande, au point de la croire capable « d'abattre la Russie au cours d'une campagne rapide » [7]. S'il est vrai que Hitler mit à maintes reprises en garde contre une sous-estimation de l'adversaire, il est non moins vrai qu'à l'occasion il se laissait aller à des déclarations du genre : l'Armée rouge n'est rien d'autre qu'une plaisanterie [8]. Des réalités objectives ne suffisent toutefois pas à caractériser une guerre préventive ; le sentiment, chez l'agresseur, d'être directement menacé fait nécessairement partie du concept. Mais une guerre offensive n'est pas obligatoirement une agression *(Überfall)* uniquement parce qu'elle n'est pas une guerre préventive. Elle peut être une lutte décisive, objectivement fondée et inévitable. Quelques semaines plus tard seulement, le 11 septembre 1941, dans l'une de ses « causeries au coin du feu », Roosevelt compara les « sous-marins et les bateaux pirates allemands » à des serpents à sonnettes qu'il faut écraser avant qu'ils mordent, justifiant de la sorte l'ordre de tirer qu'il avait donné aux navires de guerre américains [9]. Mais les sous-marins allemands mettaient en œuvre le blocus d'un pays avec lequel l'Allemagne était en guerre et les États-Unis étaient un pays neutre, nulle part impliqué dans quelque guerre que ce soit. L'Allemagne était dans une situation tout à fait différente. Elle avait en outre de bonnes raisons de se souvenir de déclarations comme celle du chef de l'Administration politique centrale de l'Armée rouge, L. S. Mekhlis, en mars 1939, devant le XVIIe Congrès : au cours de la prévisible « seconde guerre impérialiste », l'Union soviétique porterait les opérations militaires sur le territoire ennemi et multiplierait le nombre des Républiques soviétiques [10]. De telles déclarations n'étaient chose rare ni dans les textes ni dans la vie de tous les jours, et le gouvernement allemand en était informé par de nombreux rapports. Il était inévitable de les considérer comme des actes de guerre en pensée et l'on était même autorisé à se demander si un pays si totalement fermé au monde extérieur et si fortement armé ne représentait pas, du seul fait de son existence, une menace sérieuse pour ses voisins.

---

5. Hans-Adolf Jacobsen, *1939-1945. Der Zweite Weltkrieg in Chronik und Dokumenten*, Darmstadt, 1961, p. 164.
6. *Kriegstagebuch des Oberkommandos der Wehrmacht (Wehrmachtführungsstab)*, vol. I, Francfort/Main, 1965, p. 255 et suiv.
7. *Hitlers Weisungen für die Kriegsführung*, Francfort/Main, 1962, p. 84.
8. Hillgruber, *op. cit.*(*cf.* note 28 du chapitre III-9), p. 385.
9. *The Public Papers and Addresses of Franklin Delano Roosevelt 1941*, p. 390.
10. Gosztony, *op. cit.* (*cf.* note 2 du chapitre IV-8), p. 185.

Il semble que Staline en personne ait été habité du sentiment qu'il lui fallait désormais prendre une décision et que l'Allemagne ne pouvait pas plus longtemps se satisfaire de devoir demeurer, du fait de l'attitude de l'Union soviétique, en état d'impuissance face à l'Angleterre. Mais il est encore plus vraisemblable qu'il ne pensait pas que cette décision devait obligatoirement se traduire par une guerre entre l'Allemagne et l'Union soviétique. Le comportement qui fut le sien durant les derniers mois avant le 22 juin a toujours été une énigme, suscitant une foule de tentatives d'explication. Il ne prit apparemment pas au sérieux les mises en garde qui affluaient de toutes parts et il pratiqua à l'égard de l'Allemagne une véritable politique d'apaisement. C'est de cette politique que relevait la scène, maintes fois décrite, qui le vit, à l'occasion du départ du ministre japonais des Affaires étrangères, Matsouoka, à la gare de Moscou, prendre dans ses bras l'attaché militaire allemand, le colonel Krebs, et lui dire : « Nous serons amis avec vous, quoi qu'il arrive » [11]. Mais il ne faut pas non plus oublier l'accroissement des livraisons de matières premières du côté soviétique ; il y eut au moins l'ambassadeur allemand von der Schulenburg pour interpréter le fait que Staline prît la direction du gouvernement, le 6 mai 1941, comme le signe de sa détermination à œuvrer de toutes ses forces à une amélioration des rapports avec l'Allemagne [12]. Que Staline ait rompu les relations avec les gouvernements en exil de la Yougoslavie, de la Belgique et de la Hollande entrait bien dans ce tableau. Certes, les dirigeants de l'Union soviétique n'étaient nullement plongés dans un profond sommeil durant la nuit du 21 au 22 juin, comme le montrent clairement les mémoires de Gueorgui Joukov, mais l'attaque allemande a incontestablement surpris la masse des troupes, tandis qu'une grande partie des forces aériennes se trouvait sur les aérodromes proches de la frontière, sans camouflage. Depuis les révélations de Khrouchtchev dans son rapport secret, l'attitude de Staline a par conséquent été fréquemment l'objet de vifs reproches dans la littérature soviétique. On dispose pourtant de trois sortes d'explications pertinentes.

À Téhéran, Staline dit à Churchill : « J'aurais aimé avoir six mois de plus devant moi [13]. » Propos qui pourrait confirmer la thèse allemande de la guerre préventive mais qui laisserait inexpliquée la réalité de la surprise qui fut celle des Soviétiques.

Il pourrait se faire que Staline ait voulu se poser en victime innocente d'une agression scélérate, parce que c'était à cette seule condition qu'il pouvait compter sur une aide inconditionnelle de la Grande-Bretagne et des États-Unis. Dans ce cas, il aurait très exactement prévu le cours ultérieur

11. Hermann Teske (éd.), *General Ernst Köstring*, Francfort, sans date, p. 301.

12. ADAP, D, vol. XII/2, p. 608.

13. Winston S. Churchill, *The Second World War*, vol. IV, Londres, 1951, p. 443. (Édition française : *La Deuxième Guerre mondiale*, Plon, Paris, 1965. Nous n'avons pu retrouver cette citation dans le tome 10 qui relate les entretiens de Téhéran, NdT.)

de la guerre et recherché très consciemment l'alliance avec les puissances anglo-saxonnes. Cette interprétation se heurte au fait qu'il se serait alors retrouvé en guerre contre l'Allemagne qui, au moins pour quelques mois, aurait été une guerre sur un seul front et qui aurait mis les puissances anglo-saxonnes dans la situation qu'il souhaitait pour lui-même, à savoir la situation du troisième larron finissant par prendre le dessus sur les deux adversaires épuisés. Et, apparemment, l'équipée de Hess en Angleterre l'ayant extrêmement inquiété en mai, il n'avait guère de doutes sur le fait que la principale puissance du capitalisme finirait, en toute hypothèse, par jeter tout son poids en faveur de l'État militaire, fasciste et capitaliste, contre le socialisme déjà présent sur un sixième de la surface du globe.

On devrait pouvoir déduire la troisième explication, la plus vraisemblable, de la spectaculaire fréquence que l'on constate dans l'emploi du mot « négociations », durant ces quelques semaines. Dans le célèbre démenti de l'agence Tass du 14 juin, il est dit que l'Allemagne n'a pas formulé d'exigences à l'adresse de l'Union soviétique et ne lui a pas proposé d'autre accord plus restreint et que, par conséquent, il n'a pu se dérouler à ce sujet de quelconques négociations [14]. Cela ressemble tout à fait à un appel à engager les négociations en question et cette impression est encore plus forte si l'on garde présent à l'esprit que Staline et Molotov soulignèrent, ultérieurement encore, que l'Allemagne avait envahi l'Union soviétique sans qu'il y ait eu au préalable offre de négociations [15]. On a tout à fait le sentiment que Staline, jusqu'au dernier moment, s'attendait à recevoir de la partie allemande une offre de négociations en forme d'ultimatum et qu'il était disposé à y donner suite. Il avait vraisemblablement fait présenter par Molotov, lors du voyage de ce dernier à Berlin et selon une méthode diplomatique très répandue, des exigences maximales et il était maintenant disposé à s'en départir, en d'autres termes à adhérer au bloc continental envisagé en renonçant à ses revendications européennes, à augmenter en outre ses livraisons et même, si besoin était, à retirer l'Armée rouge des régions frontalières. Plaide en faveur de cette version le fait que Staline, d'après le récit qu'a fait Khrouchtchev de la période en question, fut envahi par le désespoir lorsque la guerre éclata et qu'il s'écria : « Tout ce que Lénine avait créé, nous l'avons perdu à jamais » [16] et que, d'après sa fille, plusieurs années plus tard encore, plein de profonds regrets, il avait coutume de dire :

---

14. ADAP, D, vol. XII/2, p. 855 et suiv.

15. *Cf.* ce que Staline confia à Harry Hopkins le 31 juillet 1941 (Robert E. Sherwood, *Roosevelt und Hopkins*, Hambourg, 1950, p. 263. Édition française : *Le mémorial de Roosevelt. De la « drôle de guerre » à Pearl Harbour*, Plon, Paris, 1950, p. 214.)

16. Chruschtschow, *op. cit.* (*cf.* note 10 du chapitre III-2), p. 883. (Branko Lazitch, *Le Rapport Khrouchtchev...*, *op. cit.*, p. 109.)

« Quand même, avec ces Allemands, nous aurions été invincibles [17]. » Il *n'avait* effectivement *d'autre choix* que celui-ci, s'il voulait voir s'accomplir son idée fondamentale en matière de politique extérieure, c'est-à-dire maintenir en guerre les unes contre les autres les puissances *capitalistes* pour jouer finalement les troisièmes larrons. Dans ce but, aucun sacrifice n'était trop lourd et il est fort possible que, comme les contemporains le pensaient, il aurait même loué l'Ukraine aux Allemands pour qu'ils l'exploitent directement, car il ne fait pas l'ombre d'un doute qu'il évaluait beaucoup plus correctement que ne le faisait Hitler l'énorme potentiel productif des États-Unis et qu'il était persuadé que l'Allemagne finirait par perdre la guerre contre les puissances maritimes anglo-saxonnes, non sans leur avoir préalablement causé d'immenses pertes. Si, à l'inverse, il battait l'Allemagne en alliance avec l'Amérique en endossant la charge principale, il pouvait ensuite être vaincu et, d'après ses propres prévisions, cette défaite n'était que trop vraisemblable.

Il existe en tout cas de bonnes raisons d'admettre que Staline était tout autant persuadé que Hitler qu'il fallait nécessairement trancher dans le vif, mais qu'il n'avait pas envisagé que cela se ferait si tôt, sous la forme d'une guerre entre l'Allemagne et l'Union soviétique. Dans cette hypothèse, Hitler et l'Allemagne n'étaient pas seuls responsables de ce qu'il existait une situation qui exigeait d'être tranchée – Staline avait tout autant que Hitler contribué à un tel état de fait –, mais ils furent bel et bien à l'origine de ce qu'elle fut tranchée par une guerre germano-soviétique.

Une fois cette voie choisie, une autre alternative exigeait pourtant une réponse claire. La guerre contre la France s'était terminée par une victoire militaire et la France s'était donné un nouveau gouvernement disposé à collaborer avec l'Allemagne. Ce nouveau gouvernement avait instauré un changement de système et installé un régime autoritaire dirigé par l'homme le plus estimé du pays, le maréchal Pétain. Il était acceptable pour ce gouvernement que l'Alsace-Lorraine fût à nouveau perdue, mais il n'avait pas à craindre, au moins dans l'immédiat, d'autre affaiblissement. Une victoire militaire sur l'Union soviétique aurait, en tout cas, entraîné également un changement de gouvernement et de régime ; un Pétain russe se serait déclaré disposé à collaborer avec l'Allemagne et aurait certainement consenti à remplacer le pseudo-fédéralisme soviétique par un fédéralisme authentique. La guerre civile européenne se serait ainsi révélée la réalité décisive en dernier ressort ; elle aurait été cette réalité ultime pour ce qui est des combats inter-étatiques mais aussi pour ce qui est de leurs conséquences. Pourtant, d'un point de vue « national-allemand », la différence avec la France était immense : cette Russie nouvelle aurait été plus faible que l'Allemagne sur le plan militaire uni-

17. Svetlana Allilujeva, *Only One Year*, Londres, 1969, p. 392. (Édition française : *En une seule année*, Robert Laffont, Paris, 1970, p. 348.)

quement, elle aurait gardé la supériorité sur le plan de la population et des richesses en matières premières. Si l'on ne se fiait pas exagérément à son partenaire et si l'on n'était pas habité par un excès de confiance en ses propres capacités, il fallait envisager de procéder à un affaiblissement plus radical de la Russie. Et telle était bien l'intention d'Alfred Rosenberg, qu'Hitler avait nommé en juillet 1941 ministre pour les Territoires occupés à l'Est. Le 2 avril déjà, il avait exposé dans un mémorandum le projet de découper la Grande-Russie existante en ses diverses composantes ethniques et de « tenir en échec » la future « Moscovie » en l'entourant d'un cercle d'États indépendants, à savoir l'Ukraine, la Biélorussie, la région du Don ainsi que la région caucasienne [18]. De même que les puissances occidentales avaient constitué en 1919 un *cordon sanitaire* (en français dans le texte, NdT) autour de la Russie soviétique, constitué d'États qui avaient fait partie de l'Empire russe, intégralement ou pour une fraction de leur territoire, et de même que ces puissances victorieuses, peu soucieuses de voir renaître une Grande-Allemagne, avaient entouré l'Allemagne prussienne d'États qui lui étaient hostiles, de même Rosenberg s'efforçait-il à présent de trouver une *solution à la Versailles* pour limiter le plus possible ce qui servirait de noyau territorial au seul rival de l'Allemagne en Europe. A considérer les choses de manière abstraite, il s'agissait d'une pensée politique caractéristique des luttes décisives et elle mérite aussi peu, ou autant, le blâme moral que n'en mérite la démarche des puissances alliées en 1919. Mais cette démarche se situait d'emblée dans un rapport délicat avec un autre aspect de cet ensemble complexe de problèmes. C'est ce qui apparut très clairement lorsque Rosenberg déclara dans un discours prononcé le 20 juin 1941 : « Nous ne conduisons pas aujourd'hui une "croisade" contre le bolchevisme dans le seul but de sauver pour toute éternité les "pauvres Russes" du bolchevisme, nous entendons mener une politique extérieure allemande et asseoir le Reich allemand. [...] Remplacer Staline par un nouveau tsar ou mettre en place un chef nationaliste dans ces territoires reviendrait à mobiliser du coup contre nous, un jour, toutes les énergies. » C'est une tout autre conception de la question orientale qui prend désormais la place de l'idée d'une Russie unie, idée jusqu'alors courante à vrai dire [19]. Si, dans ce sens, la guerre était bien un combat décisif, elle ne pouvait pour autant amener même les *ci-devant* privés de droits ou les *koulaks* dépossédés ou leurs enfants à se ranger dans le camp allemand.

Il ne fait pourtant pas de doute que les responsables de cette guerre la considéraient, eux aussi, comme une reprise de la guerre civile et que toutes les émotions qui avaient jadis prédominé en Russie et en Allemagne

18. IMG, vol. XXVI, p. 547 et suiv.
19. *Ibid.*, p. 610 et suiv.

reprirent vie. Elles s'étaient peut-être atténuées jusqu'à devenir de simples tournures routinières, par exemple lorsque le ministère des Affaires étrangères déclara le 21 juin que le peuple allemand avait pour mission « de préserver la culture mondiale tout entière des dangers mortels du bolchevisme »[20] ou bien lorsque le *Bulletin d'informations diplomatico-politiques allemandes* du 27 juin affirma que le combat de l'Allemagne contre Moscou se transformait en croisade de l'Europe contre le bolchevisme et qu'il en allait de la sauvegarde et du rétablissement des grands principes à la base de toute coexistence des hommes et des nations, le rétablissement de la dignité et de la liberté de la personne humaine, la famille, la propriété privée, la liberté des croyances religieuses et l'indépendance culturelle des peuples et des groupes ethniques dans toute l'Europe[21]. Dans ce genre de propos revivait en quelque sorte l'esprit du *sursaut national* de 1933, mais Alfred Rosenberg exprima de manière beaucoup plus directe l'expérience vécue, l'amertume et la haine qui avaient été celles de l'immédiat après-guerre lorsque, dans ses « Instructions générales à l'intention des commissaires du Reich dans les territoires occupés de l'Est », il écrivit, le 8 mai, que les Allemands de l'Europe de l'Est, qui avaient si immensément œuvré au cours des siècles, avaient été dépossédés de leurs biens sans être dédommagés et qu'on avait déporté ou fait mourir de faim des centaines de milliers d'entre eux[22]. C'est toutefois Adolf Hitler qui, dans un discours prononcé le 30 mars 1941 devant les généraux, avait effectué le retour le plus profond aux émotions de l'époque de la guerre civile, affirmant que le bolchevisme n'était qu'un gangstérisme asocial et que le communisme représentait un énorme danger pour l'avenir : « Il nous faut abandonner le point de vue de la camaraderie entre soldats. Le communiste n'est un camarade ni avant ni après. [...] Il faut mener le combat contre le venin de la décomposition. [...] Les commissaires et les gens de la Guépéou sont des criminels et c'est comme tels qu'il faut les traiter[23]. » Effectivement, pendant la guerre civile, il n'était venu à l'idée de personne de voir dans l'ennemi, qu'il soit rouge ou blanc, un camarade qu'il fallait traiter dans un esprit chevaleresque. Du côté soviétique aussi, le souvenir des atrocités commises par les Blancs était toujours resté vivace et, même durant la guerre de Finlande, il est difficile de croire qu'il s'agissait de pure propagande que de dire des soldats de l'Armée rouge qu'ils seraient torturés à mort s'ils tombaient aux mains des « bouchers finlandais blancs ». L'attaman Kaledine avait, lui aussi, tenu les bolcheviks pour des « criminels asociaux » parce que leur mot d'ordre « Volez ce qui vous a été volé »

20. *Monatshefte, op. cit.*, p. 563.
21. UuF, vol. XXVII, p. 253 et suiv.
22. IMG, vol. XXIV, p. 191 et suiv.
23. Generaloberst Halder, *Kriegstagebuch*, vol. II, Stuttgart, 1963, p. 365 et suiv.

faisait appel aux instincts les plus primitifs, et c'est bien la « décomposition » qui avait arrêté le général Kornilov en route pour la capitale. Certes, Hitler ne faisait que rarement référence directe aux événements de la guerre civile et il manifestait une indéniable aversion à l'égard des émigrés russes qui, à ses yeux, avaient failli. Mais il n'est pas douteux que les principaux épisodes de cette période étaient totalement présents pour lui, et cela s'exprimait aussi au travers de quelques-unes de ses remarques accessoires et fortuites, par exemple lorsqu'il dit (à une date ultérieure, il est vrai) que « le meilleur ami du peuple ukrainien, le maréchal Eichhorn, avait été assassiné », en 1918, à Kiev, « par des Ukrainiens »[24]. Donc, lorsqu'il parlait d'un *combat d'anéantissement*, il s'agissait pour lui d'anéantir une idéologie et ses champions ; cette intention avait d'ailleurs très naturellement été partagée par tous les protagonistes de la guerre civile. C'est dans le même contexte qu'il convient de replacer l'« ordre de liquidation des commissaires », assurément un ordre « inhumain » et « contraire au droit international », mais découlant d'un présupposé qui avait été commun aux deux camps durant la guerre civile, à savoir que l'ennemi allait à coup sûr commettre des actions criminelles et contraires au droit international. Les « directives » du 8 juin stipulent par conséquent : « Il ne faut pas escompter, dans la lutte contre le bolchevisme, que l'ennemi se comportera selon les principes de l'humanité ou du droit international. Il faut tout au contraire s'attendre à ce que les commissaires politiques en tous genres, qui seront les véritables supports de la résistance, traitent nos prisonniers avec haine, de manière cruelle et inhumaine[25]. » Conformément à ces directives, il n'était donc pas possible de reconnaître la qualité de soldats aux commissaires politiques et il fallait « les liquider après les avoir isolés ».

Dans la mesure où l'on doit appréhender cet ordre dans le cadre d'une *guerre de Weltanschauungen*, il n'était pas « criminel », mais logique. C'est à un niveau beaucoup plus profond que se situe le crime, il réside dans le fait d'avoir déchaîné une telle guerre sans motif impérieux. Ce qui soulève une nouvelle fois la question de savoir s'il s'agissait d'une guerre préventive ou d'un combat décisif inévitable. Il reste que cet ordre était, dans tous les cas de figure, un ordre insensé, car les autorités dirigeantes allemandes n'avaient pas pris conscience que le gouvernement soviétique venait de franchir un pas supplémentaire et de dépasser les réalités et les émotions de la guerre civile en considérant tous les membres de l'Armée rouge tombant vivants aux mains de l'ennemi comme des déserteurs ; les membres de la famille de ces hommes

24. Alexander Dallin, *Deutsche Herrschaft in Rußland 1941-1945*, Düsseldorf, 1958, p. 171. (Édition française : *La Russie sous la botte nazie*, Fayard, Paris, 1970, p. 130.)

25. Heinrich Uhlig, « Der verbrecherische Befehl », in *Vollmacht des Gewissens*, vol. II, Francfort-Berlin, 1965, p. 287-410, p. 360 (Documents).

seraient collectivement tenus pour responsables de cet acte de lâcheté et de trahison[26]. Les commissaires se rendant à l'ennemi étaient donc, aux yeux de leur propre gouvernement, des criminels passibles de la peine de mort ; les faisant « liquider », Hitler devenait de la sorte l'exécuteur des volontés de Staline. Dans la réalité, l'ordre ne fut pour une large part pas suivi d'effets et il fut rapporté en 1942 ; ultérieurement, d'anciens commissaires politiques figureront parmi les plus proches collaborateurs de Vlassov.

Mais s'il est vrai que la guerre contre l'Union soviétique reposait sur un fond d'émotions qui avaient déjà été les émotions de la guerre civile russe et de la lutte entre communistes et nationaux-socialistes durant la République de Weimar, elle ne pouvait alors être une simple opération militaire de vengeance ; elle ne pouvait non plus être un simple « combat défensif de l'Occident », bien que l'ordre visant les commissaires politiques, d'une part, et les communiqués du ministère des Affaires étrangères, d'autre part, aient pu suggérer des interprétations de ce type. Indépendamment de la volonté de ses responsables, il fallait que la guerre, pour respecter ce caractère émotionnel, fût une guerre de libération et que de larges fractions de la population la ressentent comme telle, à moins qu'ait été exacte la thèse de la direction du parti bolchevique, selon qui la collectivisation, la grande purge et les déportations hors de la Pologne orientale et des pays baltes auraient justement *permis* d'affermir une totale unité morale et politique du peuple. Certes, toute une série de détachements de l'Armée rouge se défendirent avec un courage extrême, voire avec un fanatisme très déconcertant pour les Allemands, et il ne fut pas rare de voir les derniers défenseurs d'une position se suicider collectivement. Il demeure pourtant que, dès les premiers jours de la guerre, des centaines de milliers de soldats soviétiques se laissèrent capturer ; les troupes allemandes entrant dans les villes et les villages de Lituanie et de Lettonie y furent partout accueillies dans la liesse ; en Ukraine, dans d'innombrables endroits, elles se virent offrir le pain et le sel et, avant même qu'elles aient pénétré dans Lemberg, une autorité publique provisoire s'y était constituée, qui était de toute évidence prête à coopérer totalement avec l'Allemagne. Ici aussi, bien entendu, libération et vengeance se mêlaient étroitement. C'est ainsi que les troupes du NKVD, à Lemberg et ailleurs, avaient assassiné dans des conditions horribles pratiquement tous les occupants des prisons, de même que quelques aviateurs allemands qui étaient tombés entre leurs mains ; la population

26. Hoffmann, *op. cit.*, dans sa contribution « Die Kriegsführung aus der Sicht der Sowjetunion », p. 720. Pour illustrer et confirmer ce fait, on peut citer de nombreuses déclarations émanant d'officiers soviétiques faits prisonniers et que rapporte le comte Bossi-Fedrigotti, l'officier de liaison du ministère des Affaires étrangères auprès du haut commandement de la 2e armée (Politisches Archiv AA, département « Kultur Politik Geheim », vol. 108).

ukrainienne, de son côté, s'était livrée à une vengeance aussi épouvantable envers ceux qu'elle tenait pour responsables de ses malheurs, si bien qu'une nouvelle période de pogromes antisémites sembla s'annoncer. Mais on était en droit d'espérer que la Wehrmacht allemande mettrait fin à ce genre d'actions spontanées et que la libération deviendrait une réalité plus solide que la vengeance. C'est en tout cas dans ce sens que s'orientait la propagande de la Wehrmacht, placée sous la responsabilité du département « WPr » auprès du haut commandement : des millions de tracts et d'affiches présentèrent Adolf Hitler comme le libérateur de ceux qui avaient été jusqu'ici opprimés.

Personne n'a toutefois prouvé de manière plus concrète que Staline à quel point cette propagande tombait sur un terrain fertile. Le 3 juillet, il prononça, pour la deuxième fois de sa vie, un discours radiodiffusé et, pour la première fois, il donna du « frères et sœurs » ainsi que du « mes amis » à ses auditeurs [27]. Bien entendu, il stigmatisa d'abord le « manquement à la parole donnée » des Allemands ainsi que leur « agression », certifiant que les meilleures divisions de l'ennemi et les meilleures unités de la Luftwaffe avaient déjà été écrasées. L'Allemagne était redevenue « fasciste » pour lui et il qualifia Hitler et Ribbentrop de « monstres » et de « cannibales ». Il ne laissa pas planer le moindre doute sur le fait qu'un « danger sérieux menaçait la patrie ». Lui aussi renoua avec les émotions et avec le vocabulaire de la guerre civile lorsqu'il affirma que l'ennemi avait pour objectif de réinstaurer le pouvoir des propriétaires fonciers, de rétablir le tsarisme, de priver de leur souveraineté les peuples libres de l'Union soviétique et de faire d'eux les « esclaves des princes et des barons allemands ». Même le terme de « guerre populaire et patriotique » pouvait avoir pour référence une citation de Lénine. La nouveauté, c'est que Staline évoqua avec un « sentiment de gratitude » le discours historique du 22 juin de Churchill ainsi que la déclaration analogue du gouvernement des États-Unis, qui avaient annoncé qu'une aide allait être apportée au peuple soviétique, maintenant que Hitler s'était démasqué « aux yeux du monde entier comme un agresseur sanglant ». Le plus frappant, dans son allocution, fut toutefois la très forte insistance avec laquelle Staline parla des « défaitistes et des lâches, des paniquards et des déserteurs », invoquant à une autre reprise les « désorganisateurs de l'arrière, les paniquards, les propagateurs de faux bruits, les espions et les gens qui faisaient diversion », et appelant enfin à venir en aide aux « bataillons de la police militaire ». Il est incontestable qu'il ne plaçait pas sa confiance dans une fidélité, douteuse, de l'ensemble de la population soviétique, mais qu'il se fiait au contraire à une méthode qu'il décrira plus tard en ces termes à Churchill : chacun, en Union soviétique, était un

27. J. Stalin, *Über den Großen Vaterländischen Krieg der Sowjetunion*, Berlin, 1945, p. 5-11. (Édition française : *Sur la grande guerre de l'Union soviétique pour le salut de la patrie*, Éditions en langues étrangères, Moscou, 1946, p. 5-13.)

héros car chacun savait qu'il avait une chance de survivre s'il se lançait à l'assaut de l'ennemi, mais qu'il mourrait s'il reculait[28]. Il escomptait néanmoins un soutien suffisamment assuré de ses compatriotes pour proclamer le recours à la tactique de la terre brûlée et pour en appeler à « développer la guerre de partisans ».

Mais Hitler semble ne pas avoir perçu combien, dans ce discours, Staline montrait que le terrain, sous ses pieds, était peu sûr; Hitler ne semble pas non plus avoir pris conscience du nombre impressionnant de ceux qui ne pouvaient accorder foi aux affirmations selon lesquelles Staline les aurait menés au « travail libre et à la prospérité ». Bien au contraire, dans un entretien avec l'ambassadeur japonais Oshima, le 15 juillet, Hitler se référa uniquement à l'ordre de destruction donné par Staline, d'où il tirait la conclusion que des millions d'êtres humains allaient périr du fait de ces directives, car l'Allemagne ne pouvait pas mettre de charbon et d'aliments à la disposition de la population russe[29]. Huit jours plus tard, il fit expressément annoncer par Keitel que la troupe devait répandre la terreur, seule de nature à « enlever toute envie d'insoumission à la population »[30]. Si l'on prend en compte que, la veille, Hitler avait dit au maréchal croate Kvaternik que le peuple russe se composait apparemment de Mongols à 70-80 %[31], il devient tout à fait clair qu'il avait l'intention d'anéantir non seulement une *Weltanschauung*, mais aussi la substance biologique des « peuples orientaux », parce qu'il voulait s'emparer de leur pays comme espace vital pour des colons allemands et comme zone de sécurité en prévision de guerres futures – conformément aux postulats qu'il avait déjà exposés dans ses premiers discours ainsi que dans *Mein Kampf.* C'est tout à fait dans cette même disposition d'esprit qu'il avait parlé le 16 juillet, au cours d'un entretien avec Rosenberg, Lammers, Keitel, Göring et Bormann, du « gigantesque gâteau » qu'il fallait proprement partager pour pouvoir « premièrement le dominer, deuxièmement l'administrer et, troisièmement, l'exploiter »[32]. Il n'excluait certes pas la propagande, envisageant de dire par exemple : «Nous apportons la liberté». Mais comment les déclarations d'un homme et d'une direction auraient-elles pu trouver crédit auprès de la population soviétique, alors que ces mêmes gens se proposaient de vider la Crimée de tous ses habitants pour y installer des colons allemands, d'incorporer au Reich la Galicie, tous les pays baltes et même la colonie de la Volga, de rayer de la carte Leningrad et Moscou, de transformer les territoires autour de Bakou en une colonie militaire allemande ? Comment même

28. *Foreign Relations of the United States, 1943. The Conferences at Kairo and Tehran 1943*, p. 583.
29. ADAP, D, vol. XIII, 2, p. 829 et suiv.
30. *Hitlers Weisungen..., op. cit.*, p. 142 et suiv.
31. Hillgruber, *op. cit.*, p. 613.
32. IMG, vol. XXXVIII, p. 86 et suiv.

les émigrés les plus germanophiles et les membres de l'Armée rouge qui haïssaient Staline avec le plus de force, auraient-ils pu se mettre avec bonne conscience à la disposition de cet homme qui ne voulut « jamais » permettre « qu'un autre qu'un Allemand pût porter les armes » [33] ?

Il ne pouvait y avoir l'ombre d'un doute : l'homme qui avait donné à l'Allemagne la puissance suffisante pour mener un combat décisif en vue de conquérir l'hégémonie en Europe et qui partageait toutes les émotions anticommunistes de l'époque d'après-guerre, entendait toutefois mener avant tout une guerre d'anéantissement et d'asservissement contre les peuples slaves ; et il envisageait de mener une guerre d'anéantissement plus radicale encore contre les Juifs en tant que tels, conformément à ce qu'il avait déjà annoncé dans son discours du 30 janvier 1939.

La voie était ainsi libre pour le plus étonnant de tous les retournements de situation. Staline avait fait tuer beaucoup plus de Russes, d'Ukrainiens et de Juifs que Hitler n'avait fait assassiner d'Allemands et même, après septembre 1939, de Juifs et de Polonais ; pourtant, il était à présent inévitablement destiné à incarner la volonté de presque tous les peuples de l'Union soviétique de s'affirmer et de survivre, puisque Hitler voulait affaiblir dans leur substance biologique, voire anéantir, les Russes, les Ukrainiens et les Juifs ; Hitler qui avait certes dévasté la vie intellectuelle et politique des Allemands, les avait néanmoins menés jusqu'au faîte de la puissance ; il allait désormais être le responsable de l'autodestruction de sa nation, à condition que d'autres puissances encore interviennent dans la décision à rendre et que Staline s'inspire de son exemple.

Il n'est donc pas possible, dans ces conditions, de séparer les trois aspects de la guerre germano-soviétique ; chez Hitler, ces trois aspects étaient même à ce point indissociables que, sous l'effet de ses émotions antibolchevistes, il ne voulut reconnaître comme relevant d'un choix décisif authentiquement sien que l'anéantissement physique ou l'affaiblissement physique définitif de tous les *Asiates* rassemblés au sein de l'Union soviétique. Il ne s'agissait pas pour autant de pures abstractions, mais au contraire de tendances et d'éventualités qui, en soi, étaient variées et susceptibles d'entrer en de multiples combinaisons. Adolf Hitler lui-même n'était pas assez puissant pour que ses idées maîtresses et ses intentions se réalisent obligatoirement, indépendamment des circonstances. Il apparaît donc judicieux d'étudier le cours de la guerre et chacun de ses événements principaux de manière à mettre chaque fois en relief l'un de ces trois aspects. Avant de tirer les conclusions de cette analyse de la guerre, nous nous demanderons enfin comment le mieux caractériser la victoire finale de l'Union soviétique bolchevique et la défaite de l'Allemagne nationale-socialiste.

33. *Ibid.*, p. 88.

V-2

Nécessités, hasards et alternatives durant la guerre germano-soviétique

Nous n'entendrons pas, dans les lignes qui suivent, les termes « nécessité » et « hasard » dans un sens philosophique, mais dans un sens historique : on tiendra pour *fortuit* ce qui dépend de la décision d'un seul homme ou bien d'un petit groupe d'hommes, dans la mesure où un autre choix du même homme ou du même groupe restreint, y compris même d'un homme ou d'un groupe qui les auraient remplacés, ne se serait pas heurté à des obstacles insurmontables. On considérera aussi un événement comme fortuit même dans le cas où s'opposeraient des tendances à peu près également fortes et où la décision aurait été prise sous l'effet de circonstances particulières ou bien résulterait de l'activité d'un nombre de personnes relativement faible. Sont en outre fortuits, au sens historique du terme, les événements naturels ayant eu de grandes répercussions dans la sphère humaine, mais qu'il n'était pas possible de prévoir avec certitude ni même avec un fort degré de probabilité. Sera apprécié comme *nécessaire* ce qui n'a pas ce caractère fortuit. C'est de l'imbrication du nécessaire et du fortuit que l'on peut déduire les alternatives qui, autant qu'on puisse en juger, auraient pu se réaliser si certaines circonstances fortuites avaient été autres. Dans ce sens, la maladie qui provoqua la mort d'Alexandre le Grand fut fortuite et l'on doit en conséquence considérer comme une alternative que son armée, sous sa conduite, fût parvenue jusqu'aux rives du Gange au lieu, comme ce fut le cas, de refluer ; la défaite d'Hannibal était nécessaire après qu'il n'eut pas réussi à s'emparer de Rome lors de son premier assaut, ce qui n'empêche pas qu'elle aurait tout de même pu intervenir au bout d'un délai plus ou moins long et dans d'autres circonstances. Il faudrait aussi opérer une distinction entre le « pur hasard » et la « nécessité fortuite » d'actes ayant un caractère bien défini.

L'attaque de Hitler contre l'Union soviétique fut fortuite dans la mesure où existait probablement l'alternative d'un nouvel accord avec Staline ; mais elle possédait néanmoins le caractère d'une « nécessité fortuite », puisque Hitler n'avait jamais cessé de dire que l'« affrontement avec le bolchevisme » et la « solution du problème de l'espace vital allemand » étaient sa « véritable mission ». En revanche, le moment du déclenchement de la guerre fut bien davantage l'effet d'un « pur hasard ». La décision impulsive de Mussolini d'attaquer la Grèce avait contraint Hitler à engager la campagne des Balkans et l'avait empêché, contrairement à ses prévisions, de lancer l'offensive contre l'Union soviétique le 15 mai ou tout au moins début juin ; il lui avait fallu le faire à une date qui ne laissait même pas quatre mois jusqu'au début de la période des boues et des neiges, dans l'hypothèse d'une exceptionnelle précocité de cette dernière.

En revanche, compte tenu de toutes les prémisses, l'appel de Staline à engager la guerre de partisans (contraire au droit international) était nécessaire, tout comme le fut la promesse de Churchill, intervenue dès le 22 juin, d'aider l'Union soviétique. À vrai dire, cette promesse ne fut *nécessaire* que parce qu'elle apportait la preuve que l'Angleterre n'avait pas de l'eau jusqu'au cou, mais bien jusqu'au bord des lèvres. Personne n'aurait pu parler avec plus de détermination et en recourant à des invectives plus brutales que Churchill en cette occasion : Hitler était un « monstre d'infamie », un « voyou sanguinaire » dont « la croix gammée, un emblème diabolique », flottait au-dessus des siens, cette « clique de nazis », tandis que « des officiers prussiens tirés à quatre épingles, avec leur cliquetis d'épées et leurs claquement de talons », conduisaient « les mornes masses de la soldatesque boche qui cheminent lourdement comme un essaim rampant de sauterelles ». Churchill indiqua aussi que le « seul et immuable objectif » de l'Angleterre était de « détruire Hitler et tous les vestiges du régime nazi »[1]. Il s'agissait donc d'une promesse d'aide inconditionnelle, et si Churchill, par son discours, apportait d'une part la preuve que Lénine et Hitler n'étaient absolument pas les seuls à aimer déshumaniser leurs ennemis en les affublant de dénominations telles qu'« insectes » ou « bacilles », il était presque impossible à un de ses auditeurs, en dépit de toute cette passion, de douter que Churchill tenait pour quasiment acquise une victoire de Hitler sur l'Union soviétique et qu'il voyait avant tout dans cette guerre un répit pour l'Angleterre aux abois ; ce en quoi il ne se différenciait pas des nombreux experts anglais et américains qui s'exprimèrent à ce sujet dans les mois qui suivirent. S'il avait cru possible une victoire militaire de l'Union soviétique, un tel comportement aurait alors été tout à fait incompréhensible. L'Union soviétique était tout de même le pays qui, associé à Hitler, avait anéanti et dépecé son unique allié, la Pologne, que la Grande-Bretagne,

1. W.S. Churchill, *His Complete Speeches*, vol. VI, Londres, 1974, p. 6428 et suiv. (À notre connaissance, les discours de Churchill n'ont pas fait l'objet d'une édition complète en français. On trouvera néanmoins un extrait de ce discours, dont le passage cité ici, in *La Deuxième Guerre..., op. cit.*, tome 5, p. 393, NdT.)

par son entrée dans la guerre, avait voulu protéger des modestes revendications de Hitler ; le plus élémentaire des devoirs de fidélité envers la Pologne aurait dû être de conditionner l'aide anglaise à la restitution par l'Union soviétique des territoires volés. Churchill n'en souffla mot ; pourtant, conscient sans doute de ce que sa propre crédibilité était ainsi en jeu, il ajouta que le régime nazi ne se différenciait pas des pires manifestations du communisme et qu'il ne retirait pas un mot de ce qu'il avait dit du communisme vingt-cinq ans durant. Il n'était par conséquent que trop nécessaire que cette alliance, si rapidement conclue, fût une alliance extrêmement difficile, une alliance fragile, si elle devait à l'avenir signifier, pour la Grande-Bretagne, davantage que la prolongation d'un répit.

Mais, deux jours plus tard, Roosevelt indiquait à son tour que les États-Unis fourniraient à l'Union soviétique toute l'aide imaginable. Un tel engagement aurait, lui aussi, été incompréhensible si le président avait un tant soit peu considéré l'Union soviétique comme un adversaire de l'Allemagne de force égale. Tout Américain se souvenant de Napoléon et se déterminant du seul point de vue de ses propres intérêts pouvait en réalité difficilement adopter un autre avis que le sénateur Harry S. Truman conseillant de laisser les deux voleurs qui en étaient venus aux mains vider leur querelle entre eux et, tout au plus, de n'intervenir que dans un second temps [2]. L'ensemble de la presse américaine ne s'était-elle pas étranglée d'indignation, un an et demi auparavant, au moment de l'attaque de Staline contre la Finlande ? Ne savait-on pas, dans les milieux bien informés, que l'Angleterre, à cause de la Finlande, avait voulu, en compagnie de la France, ouvrir les hostilités contre l'Union soviétique et que des militaires anglais avaient ensuite continué de travailler à des plans prévoyant, par une attaque aérienne, de transformer Bakou en une mer de flammes [3] ? Le courant pacifiste était par ailleurs très puissant dans le pays. Les études sur le rôle des intérêts de l'industrie de l'armement dans l'entrée en guerre des États-Unis lors de la Première Guerre mondiale avaient beaucoup renforcé ce pacifisme, et on ne pouvait exclure qu'il s'alliât désormais au courant antibolcheviste, particulièrement influent, lui, chez les Américains de souche italienne et polonaise. Le 18 juillet 1941, l'ancien ambassadeur à Moscou, Joseph Davies, écrivit dans un mémorandum destiné à Harry Hopkins qu'il était conscient du fait que, aux États-Unis, « de larges couches de la population exécraient à ce point les soviets qu'ils plaçaient leurs espoirs dans une victoire de Hitler en Russie » [4]. Voilà pourquoi, poursuivait-il, il faut soutenir Staline de toutes

2. Denna F. Fleming, *The Cold War ans its Origins 1917-1960*, Norwich, 1961, vol. II, p. 135. À propos des différentes « lignes » aux États-Unis, *cf.* Nolte, *op. cit.* (note 41 du chapitre II-3), p. 97-108.

3. *Cf. supra*, p. 354.

4. Sherwood, *op. cit.* (note 15 du chapitre V, 1), p. 238 et suiv. (Nous n'avons pas trouvé trace de ce mémorandum dans *Le mémorial de Roosevelt* déjà cité, NdT.)

nos forces, car on risquerait, sinon, de voir ce dernier, en « oriental et froid réaliste » qu'il est, conclure la paix avec Hitler. Quinze jours plus tard, Roosevelt fit alors annoncer à Staline, par l'intermédiaire de Hopkins, qu'il considérait Hitler comme l'« ennemi de l'humanité » et qu'il était par conséquent résolu à aider l'Union soviétique dans sa lutte contre l'Allemagne[5]. On décèle incontestablement dans cette proposition plus que la tentative opportuniste de se procurer un *répit* et de gagner du temps. On ne peut, tout au contraire, méconnaître un authentique accent de conviction idéologique. C'est sur cette base que Roosevelt fit tout son possible pour entraîner les États-Unis dans la guerre contre Hitler et contre le Japon, n'hésitant pas à recourir à de grossiers mensonges, par exemple à affirmer qu'il disposait de cartes secrètes et de documents émanant du gouvernement allemand et contenant des plans en vue d'une partition de l'Amérique du Sud et de la suppression de toutes les religions, y compris la religion hindoue[6]. Il n'est pas incompréhensible que Hitler ait vu la « puissance de presse juive » à l'œuvre derrière Roosevelt, mais il ne réussit pas à pousser l'antibolchevisme, pourtant incontestablement présent et fort en Amérique, à revêtir les habits de l'antisémitisme. Et, s'il avait été disposé à réviser ses idées favorites, il aurait vraisemblablement été obligé de se dire qu'une Amérique *germanique*, moins qu'une autre encore, n'aurait pu tolérer la formation, en Europe, par suite d'actions de guerre, d'un empire mondial modifiant de fond en comble les rapports de force sur le globe. La raison pour laquelle Roosevelt ne pouvait suivre de ligne droite et se voyait contraint de recourir au mensonge, à la diffamation et de renoncer à la neutralité de son pays, résidait en premier lieu dans le fait que, contrairement à Hitler, il n'avait pas voulu éliminer ses adversaires sur le plan politique intérieur. En dépit des nombreux hasards qui jouèrent un rôle dans les décisions prises par les puissances anglo-saxonnes, en dépit de la dose d'insincérité qu'elles impliquaient et de l'ampleur des forces contraires auxquelles elles se heurtaient, il n'en demeure pas moins qu'en dernière analyse une profonde nécessité s'exprimait au travers de ces choix. C'est pourquoi Hitler devait s'attendre, en franchissant le Bug, à faire se ranger non seulement l'Angleterre mais aussi les États-Unis aux côtés de l'Union soviétique. Pour ce qui est de l'Angleterre et de l'Amérique, il n'existait par conséquent aucune véritable alternative, puisque quasiment personne, dans ces deux pays, ne croyait et ne pouvait croire que l'Union soviétique, réduite à ses seules forces, résisterait à l'Allemagne plus longtemps que quelques mois.

Tout autre était le cas de la dernière des cinq puissances mondiales, le Japon. Ce pays était lié à l'Allemagne par le pacte Antikomintern depuis 1937, par un pacte à trois depuis 1940. Rien n'aurait paru plus naturel

5. *Ibid.*, p. 255.
6. *The Public Papers...*, *op. cit.* (note 9 du chapitre V-1), p. 439.

que de voir l'Allemagne exprimer le souhait que le Japon attaquât l'Union soviétique par l'Est, ouvrant ainsi un *second front* qui aurait considérablement augmenté les chances de succès de l'Allemagne. Mais cela aurait présupposé qu'il n'existât qu'*une chance* de succès. Or Hitler était certain de vaincre et ne voulait pas qu'une autre puissance de même niveau que l'Allemagne prît sa part d'un succès qui devait être pour lui le plus grand et le plus important. Ce fut Hitler en personne qui incita le ministre japonais des Affaires étrangères, Matsouoka, en avril 1941, à conclure un pacte de non-agression avec l'Union soviétique et à tourner le regard en direction du Sud, dans ce qui serait à l'avenir « la sphère de prospérité de la Grande Asie orientale ». Sur ce point, Ribbentrop était d'un autre avis que Hitler et, au lendemain du 22 juin, il pressa à plusieurs reprises ses alliés de passer à l'attaque. Il existait, au Japon, des forces puissantes, dans l'armée avant tout, qui poussaient dans la même direction, même si le souvenir des sévères défaites subies lors des combats de 1939 à la frontière entre la Mongolie extérieure et le Mandchoukouo constituait un signal d'alarme. Il est hautement vraisemblable que l'Union soviétique se serait effondrée avant l'hiver et avant l'arrivée de livraisons d'armes significatives en provenance des États-Unis et de l'Angleterre, si elle avait été obligée de se battre ainsi sur deux fronts. Mais Hitler ne s'exprima pas à ce sujet de manière claire et la marine japonaise fit prévaloir son projet de tenter d'ultimes négociations avec les États-Unis pour ensuite, le cas échéant, se débarrasser du garrot des sanctions économiques américaines en se tournant vers les Indes néerlandaises et en attaquant la flotte américaine.

Dans ces conditions, Hitler n'avait pas entièrement raison lorsqu'il déclara à quelques-uns de ses généraux, le 3 février 1941 : « Quand Barberousse sera déclenchée, le monde retiendra son souffle et restera coi. [7] » Le monde, certes, assista effectivement aux événements le souffle coupé, parce qu'il eut aussitôt le sentiment que se jouait en cet instant le destin du monde, mais il se tint si peu coi que les trois grandes puissances dont les choix ne pouvaient que peser, eux aussi, sur l'issue de l'épreuve, prirent sur-le-champ des décisions tout à fait lourdes de conséquences. Pendant six mois, néanmoins, l'Allemagne et l'Union soviétique semblèrent être seules au monde et la question qui se posait était de savoir si l'Union soviétique serait encore en vie avant le début de l'hiver.

Le déroulement des combats sur les champs de bataille présentait d'indiscutables analogies avec celui que la Pologne avait connu en septembre 1939 ; il faisait toutefois apparaître une tout autre espèce de nécessité. En Pologne, l'armée de l'État industriel national-socialiste avait vaincu l'armée d'un État agraire nationaliste et cette victoire paraissait présenter un très fort degré de nécessité [8]. Dans les plaines de la

7. IMG, vol. XXVI, p. 396.

8. *Cf. supra*, p. 347.

Biélorussie et de l'Ukraine, une armée qui avait hérité des traditions militaires de la guerre mondiale était aux prises avec une armée qui avait été créée en opposition à ces traditions. La confiance que l'Armée rouge pouvait avoir en ses propres capacités se fondait sur le fait que, jadis, comme puissance révolutionnaire, elle avait vaincu ses adversaires et qu'elle était désormais sous les ordres d'un corps de *commandants en chef* dont un nombre considérable avaient déjà combattu au cours de la guerre civile, les maréchaux Vorochilov et Boudienny par exemple. L'armée allemande, en revanche, en dépit de tous les bouleversements et de tous les changements intervenus, était toujours, au fond, l'armée de l'Empire. Et il s'avéra alors que Hitler, compte tenu de ses objectifs, avait été bien inspiré de choisir le général Blomberg contre Röhm, le chef d'état-major de la SA. L'effet de surprise expliquait certes quelque peu le cours de la guerre, la large sympathie que manifestait la population envers les troupes allemandes au cours de leur avance expliquait beaucoup de choses, mais il était manifeste que la Wehrmacht allemande était mieux préparée et mieux commandée [9]. Le groupe d'armées nord atteignit Riga dès le 2 juillet et poursuivit son avance en direction de Leningrad, vers qui les Finlandais marchaient aussi, venant du nord ; le groupe d'armées centre, après les batailles d'encerclement de Bialystok et de Minsk, défit les armées du maréchal Timochenko près de Smolensk et s'empara de la ville, la *clé de la Russie*, le 16 juillet ; le groupe d'armées sud, ayant franchi le Prout et se dirigeant vers Odessa, appuyé par des troupes roumaines, s'enfonça profondément en Ukraine, avec Kiev comme objectif immédiat. Halder, le chef de l'état-major général, considéra dès le début juillet que la guerre était gagnée, mais il s'avéra ensuite qu'en maints endroits la résistance était tout de même plus forte que prévu et que, du côté soviétique, on jetait sans arrêt dans la bataille de nouvelles troupes et de nouveaux blindés ; pourtant, début août, le nombre des prisonniers de guerre soviétiques approchait le million, et plus de dix mille chars avaient été détruits. Mais il s'était avant tout avéré que les types de blindés soviétiques les plus modernes et les plus performants, essentiellement le T 34 et le KW, étaient qualitativement supérieurs aux chars allemands. Certes, un millier seulement de ces nouveaux chars étaient engagés sur l'ensemble du front, mais un bon nombre des trois mille cinq cent blindés allemands avaient également été détruits, alors que l'industrie allemande n'était pas en mesure de les remplacer à un rythme supérieur à deux cents par mois. La volonté de vaincre et la confiance des soldats allemands n'en demeuraient pas moins intactes et, en dépit de toutes les difficultés et de toutes les pertes, le groupe d'ar-

9. Concernant le cours de la guerre, on consultera la vue d'ensemble et les documents que présente Jacobsen, *op. cit.* (note 5 du chapitre V-1), ainsi que le récit détaillé qui en est fait dans *Der Angriff auf die Sowjetunion*, *op. cit.* (note 3 du chapitre V-1).

mées centre, conforté par ce premier élan victorieux, comptait bien reprendre sa marche en avant et, en l'espace de quelques semaines, couronner et terminer la campagne par la prise dc Moscou. Mais Hitler, qui s'était si souvent montré fin psychologue, apparut alors sous les traits d'un économiste surtout désireux de priver les Russes du pétrole du Caucase. En outre, il estimait que les troupes soviétiques qui résistaient encore à Kiev représentaient un grand danger, si bien qu'il ordonna au groupe d'armées centre de demeurer sur ses positions, lui enlevant même des forces destinées à la grande bataille d'encerclement de la boucle du Dniepr, qui s'acheva par un immense succès et condamna des centaines de milliers de soldats soviétiques à la captivité. Le groupe d'armées centre ne reçut l'ordre de repasser à l'offensive que début octobre et il lui fallut dès lors faire appel à ses dernières forces pour n'avancer que lentement vers Moscou. Au cours de la double bataille de Wiasma et de Briansk, il affronta victorieusement des forces ennemies considérables et ses avant-gardes parvinrent à quelques kilomètres seulement de Moscou. Du 16 au 18 octobre, la panique et presque l'anarchie régnèrent dans la capitale soviétique : des membres du parti déchiraient leur carte, des soldats se débarrassaient de leur fusil, des magasins furent pillés, le gouvernement quitta la ville et, si les récits à ce sujet sont exacts, Staline se fit lui-même conduire jusqu'à son train spécial avant de se raviser au dernier moment et de regagner le Kremlin [10]. Le nouveau commandant en chef des armées soviétiques, le général Joukov, proclama la loi martiale le 19 ; des troupes fraîches venant de Sibérie étaient en route car, depuis Tokyo, le confident de l'ambassadeur allemand, Richard Sorge, agent et membre confirmé et expérimenté du parti communiste, avait fait parvenir des informations rassurantes quant à l'attitude qu'observerait le Japon ; ensuite, ce fut le début des grandes pluies d'automne, qui transformèrent routes et chemins en bourbiers impraticables. Pendant quelques jours, le gel étant d'abord resté modéré, les troupes allemandes retrouvèrent leur mobilité, puis un très rude hiver commença exceptionnellement tôt, si bien que les Allemands n'eurent plus seulement à affronter des soldats et de mauvais chemins, mais aussi une nature inhabituellement hostile qui faisait geler l'huile des moteurs des blindés, le froid collant parfois le fusil aux mains des fantassins. Mais à Londres et Washington, à Tokyo et à Paris, c'est avec incrédulité que l'on accueillit la nouvelle que Moscou, le centre névralgique de la vie et du trafic soviétiques, n'était pas tombée aux mains de l'ennemi et que Hitler allait peut-être maintenant connaître dans les étendues désertiques et glacées de la Russie le destin de Napoléon.

C'est de la sorte que se présenta à Hitler la première alternative qui lui fût défavorable. Si les armées allemandes commençaient à refluer, il

10. Morozov, *op. cit.* (note 8 du chapitre IV-3), p. 270.

était possible qu'elles ne puissent plus s'arrêter, car il n'avait pas été prévu de positions de repli et les premiers quartiers d'hiver sûrs ne se trouvaient qu'à proximité des frontières allemandes. Certes, l'armée soviétique, du point de vue de ses effectifs, était tombée à son niveau le plus bas depuis le début des hostilités, avec deux millions neuf cent mille hommes, pour la plupart âgés ou très jeunes, mal formés de surcroît. Mais les unités d'élite sibériennes auraient peut-être pu les entraîner dans leur sillage et l'on ne pouvait exclure l'éventualité qu'une guerre de mouvement en plein hiver, sur un axe est-ouest, se terminât par une catastrophe allemande, les divisions russes parvenant, comme en 1814, jusqu'à Paris et sur les côtes de la Manche. Ce fut Hitler et, selon toute vraisemblance, lui seul qui, ayant pris en personne le commandement de l'armée le 19 décembre, déployant une force de volonté peu commune et ordonnant de tenir à tout prix, obtint que le front se stabilisât à peu près sur la ligne déjà atteinte, en dépit de ce que, en particulier sur le secteur du centre, il fallut céder du territoire et qu'au sud Rostov, qui venait juste d'être conquise, fut reperdue. Les feld-maréchaux von Bock et von Rundstedt furent remplacés, le général de corps d'armée Hoepner, qui avait donné l'ordre du repli à ses unités blindées devant Moscou, fut congédié de la Wehrmacht et le général von Sponeck, qui n'avait pas été à la hauteur de sa tâche en Crimée, fut condamné à mort, sa peine étant finalement commuée en arrêts de forteresse. (Staline, lui, avait fait fusiller en juillet plus de la moitié des généraux de ses forces aériennes, deux généraux de corps d'armée ainsi qu'un état-major d'armée au complet[11].) Il parvenait donc de Moscou des nouvelles de victoires et pas du tout d'une catastrophe allemande. Les événements n'en signifiaient pas moins pour Hitler qu'il venait d'enregistrer une première perte de confiance parmi la population allemande. On organisa, à grand renfort de publicité, une collecte de vêtements d'hiver chauds pour les troupes du front, ce qui laissa pressentir, même au plus crédule des admirateurs de Hitler, que ce dernier était peut-être celui des grands capitaines de l'histoire qui avait remporté le plus de succès, mais qu'il n'était certainement pas le plus grand, car il avait manifestement succombé à des sous-estimations extrêmement lourdes de conséquences. De mois en mois, ou presque, le peuple avait attendu une issue victorieuse de la guerre, la paix par conséquent, de même que l'élan qui avait porté les armées allemandes jusqu'aux portes de Moscou s'était pour une bonne part nourri de l'espoir que l'on serait rentré à la maison pour Noël. Maintenant, en revanche, plus personne ne pouvait se bercer d'illusions et chacun devait bien constater que c'en était fini de l'époque des guerres et des victoires éclair : une guerre longue et dure commençait.

11. *Ibid.*, p. 261.

L'hiver 1941-1942 n'en fut pas moins rempli d'annonces de victoires sensationnelles, mais il ne s'agissait plus de victoires allemandes, il s'agissait de victoires japonaises. Le 6 décembre, les Japonais avaient attaqué les escadres de la flotte américaine dans le Pacifique, à Pearl Harbor, les détruisant en grande partie. Ils s'étaient de la sorte ouvert les portes de l'Asie du Sud-Est et, quelques semaines plus tard, avaient conquis l'Indonésie, les Philippines et Singapour. Mais, ce faisant, ils avaient permis à Roosevelt de réaliser ce qu'il souhaitait et préparait depuis longtemps, entrer en guerre, et ils obligèrent Hitler à procéder au dernier choix fondamental de sa vie. Comme à l'époque où Mussolini avait attaqué la Grèce, il se retrouvait confronté à une décision prise unilatéralement par un allié, car l'attaque des Japonais s'était faite sans concertation avec lui. Certes, il les avait à plusieurs reprises incités à le faire, mais il avait par ailleurs de bonnes raisons d'être furieux que les Japonais, non seulement n'entrent pas en guerre contre l'Union soviétique, mais encore ne fassent même pas obstacle à la livraisons d'armes américaines à l'Union soviétique via Vladivostok. La lettre du pacte à trois n'obligeait pas Hitler à s'associer à une attaque. S'il s'en était abstenu, Roosevelt se serait retrouvé dans un grand embarras, car il était principalement préoccupé de faire la guerre à l'Allemagne, mais l'opinion publique (qui ne s'identifiait pas cette fois à l'opinion que véhiculait la grande presse) l'aurait obligé à diriger tous les efforts de guerre contre les auteurs de l'« infâme attaque ». Mais l'idée que la presse ne pourrait pas, de tout un hiver, publier des communiqués de victoires fut manifestement insupportable pour Hitler et il y eut sans doute aussi en lui le désir de régler enfin une bonne fois pour toutes ses comptes avec Roosevelt, après avoir dû supporter si longtemps de sa part des actes si totalement en rupture avec la neutralité proclamée. Il déclara donc la guerre aux États-Unis le 11 décembre et, dans un discours passionné devant le Reichstag, il accusa Roosevelt d'être le « principal responsable » de cette guerre, d'être celui qui, avec « une diabolique absence de scrupules », avait torpillé toute possibilité d'entente entre l'Allemagne et la Pologne, qui s'était livré à toute une série de « crimes les plus gravement contraires au droit international », qui, en tant que rejeton de ploutocrates, avait d'emblée eu en aversion son rival né dans un milieu pauvre et qui, sous l'influence de ses « partisans juifs », détournait vers l'extérieur et contre « l'Allemagne socialiste » les problèmes de son « État socialement retardataire » [12]. Pourtant, s'il est possible que Hitler ait ressenti de la satisfaction à ainsi s'opposer « au Juif », tant sous sa forme démocratique que sous sa forme bolchevique, il aurait tout de même dû se dire qu'il refaisait à plus grande échelle la lourde erreur qu'il avait déjà commise en

---

12. *Der großdeutsche Freiheitskampf*, vol. III, Munich, 1943, p. 113-148, notamment p. 130, 133, 142 et suiv.

1939 : entrer en guerre contre une puissance dont l'aide, ou du moins la neutralité, lui était nécessaire s'il voulait vaincre *le bolchevisme*. Or, il se retrouvait en guerre contre un empire mondial et contre les deux grandes puissances continentales qui avaient toutes les chances de devenir des puissances mondiales de rang supérieur, des superpuissances. Les chiffres de production que Roosevelt cita, début 1942, comme les objectifs à atteindre en 1942 et 1943 étaient si extraordinaires que l'Allemagne devait obligatoirement être balayée par la suprématie militaire américaine. Hitler avait entrepris sa campagne contre l'Union soviétique avec trois mille cinq cents chars et deux mille avions, alors que les Américains annonçaient qu'ils allaient construire quarante-cinq mille tanks et soixante-mille avions dès 1942 [13]. Il suffisait qu'un vingtième de ces appareils parvînt jusqu'en Union soviétique pour donner à Staline la supériorité matérielle qu'il était désormais incapable de conquérir par ses propres forces après les lourdes pertes subies au cours de la première année de guerre ; en outre, les raids incessants de plusieurs milliers de lourds bombardiers, décollant du véritable porte-avions qu'était l'Angleterre, allaient écraser l'industrie allemande.

On a souvent dit de décembre 1941 qu'il était le mois marquant le tournant de la guerre. On prétend que les ressources matérielles étaient si inégalement partagées, maintenant que l'Allemagne se trouvait en guerre contre l'Union soviétique, les États-Unis et l'Empire britannique, que son effondrement n'était plus qu'une question de temps. Mais on oublie, dans ce calcul, que l'Union soviétique avait été amputée d'une partie considérable de son industrie ainsi que d'environ soixante-dix millions de ses habitants, et qu'il fallait au préalable amener les ressources en question jusque sur les champs de bataille. En outre, l'Allemagne était la puissance dominante en Europe et Hitler avait, dans son discours, fortement souligné l'idée de la communauté de culture et d'intérêts de l'Europe. Le Japon, comme cela ne devait, à vrai dire, se révéler de manière indiscutable que des dizaines d'années après la guerre, n'était pas sur le seul plan militaire une puissance mondiale, il l'était aussi sur le plan industriel et il occupait presque l'ensemble de l'Asie du Sud-Est. Si l'Allemagne et le Japon parvenaient à rendre toutes ces ressources pleinement utilisables, les deux pays ne seraient pas notablement inférieurs à leurs trois adversaires au point de vue matériel. Mais il était douteux que cela leur valût pour autant le succès. Il entrait ici en jeu des facteurs qui n'étaient pas déductibles d'un simple calcul prenant en compte, pour comparer les forces en présence dans ces combats décisifs entre États, les ressources

---

13. *The Public Papers, op. cit.*, 1942, p. 37. La profonde sous-estimation par Hitler des capacités industrielles américaines fut particulièrement évidente lorsqu'il déclara à Oshima, le 15 juillet 1941, que les États-Unis auraient au moins besoin de quatre ans pour construire les huit mille tanks que l'armée allemande venait de détruire à l'Est (ADAP, D, vol. XIII, 2), p. 829 et suiv.

en matières premières et les potentiels industriels ; ces facteurs résultaient avant tout de la différence existant entre territoires *conquis* et territoires *propres*, ou occupés depuis la nuit des temps. Pourtant, Hitler ayant réussi à stabiliser le front en Russie, n'avait même pas besoin, pour 1942, d'abandonner l'objectif qui était au cœur de son combat, dans la mesure où il s'agissait d'un combat politique à mort pour le pouvoir : conquérir pour l'Allemagne, à la place de l'Union soviétique, une position de superpuissance.

Hitler pouvait toujours nourrir l'espoir d'abattre totalement l'Union soviétique. Les troupes allemandes ayant repris l'offensive en mai et ayant brisé une contre-offensive menée en direction de Kharkov et de l'Ukraine par le groupe d'armées de Timochenko, elles progressèrent irrésistiblement, du moins le semblait-il, en direction de la Volga et du Caucase. Le ton des ordres de Staline montre clairement à quel point sa situation était critique : ils ressemblaient à s'y méprendre aux ordres de Hitler l'hiver précédent [14]. Début novembre, Stalingrad était quasiment conquise et le drapeau allemand flottait sur le point culminant du Caucase, l'Elbrouz. Les champs pétrolifères de Maïkop, bien qu'endommagés, étaient aux mains des Allemands ; si la ville de Grozny, distante d'à peine 150 kilomètres encore, était atteinte et si la Volga demeurait fermée à tout transport, il ne serait même plus nécessaire de s'emparer de Bakou ou de détruire la ville par des attaques aériennes, et l'Union soviétique aurait définitivement perdu la guerre.

L'Angleterre était devenue inexpugnable, mais ce n'était le cas ni de l'Empire britannique ni de ses lignes de communication. Des troupes blindées allemandes, commandées par le général Rommel, vinrent en aide aux Italiens en Afrique du Nord et, fin juin, franchirent les frontières de l'Égypte. Toutes les couches de la population, dans une joyeuse excitation, espéraient qu'elles progresseraient jusqu'à Alexandrie et jusqu'au Caire ; il y avait parmi ces gens Gamal Abd el-Nasser, alors membre d'une organisation que l'on qualifiait de fasciste. À l'est de l'Égypte, les Arabes de Palestine attendaient l'heure décisive et leur porte-parole, le Grand mufti de Jérusalem, était directement en contact avec Hitler. Un appel de Hitler aurait peut-être soulevé l'ensemble du monde arabe contre les Anglais, mais Hitler fut trop prudent, à moins que son amour pour l'Empire britannique ait été encore trop fort. Il n'accorda pas non plus d'aide véritable à l'Indien Subhas Chandra Bose qui, plutôt que Nehru, semblait appelé à devenir le leader de la lutte de libération contre les Anglais.

L'Angleterre était elle-même toujours une île assiégée, en lutte pour sa simple survie. En mai 1942, les sous-marins et les avions allemands coulèrent cent soixante-dix navires, soit à peu près l'équivalent d'un

14. Ortwin Buchbender, *Das tönende Erz. Deutsche Propaganda gegen die Rote Armee im Zweiten Weltkrieg*, Stuttgart, 1978, p. 300-302.

million de tonneaux de jauge bruts ; en juillet, ils anéantirent presque en totalité, dans l'océan glacial Arctique, un gros convoi anglo-américain composé de trente-huit navires de commerce ainsi que d'un grand nombre de bâtiments de guerre ; en août, en Méditerranée, outre de nombreux navires de commerce, trois porte-avions furent détruits ou sévèrement endommagés.

Fin septembre, Hitler put effectivement croire que la guerre serait gagnée si ses blindés atteignaient Grozny, si Rommel entrait au Caire et si trois douzaines de nouveaux sous-marins étaient mis en service. Mais, comme l'année précédente, ces grandes victoires avaient été obtenues en mettant en œuvre les ultimes réserves. Au moment crucial, la balance pencha en faveur des Alliés parce qu'ils disposaient d'un *armement en profondeur* dont les spécialistes allemands, comme le général Thomas, avaient déploré l'absence dès 1939.

Fin octobre, les Anglais passèrent à la contre-offensive en Égypte et effectuèrent une percée à travers la position d'El-Alamein ; à peu près à la même époque, les succès des sous-marins connurent une régression notable, les Anglais et les Américains ayant développé de meilleurs moyens défensifs, et, en Russie, des troupes soviétiques brisèrent le front de la troisième armée roumaine qui avait pour mission de protéger Stalingrad. Comme un an plus tôt, on avait une nouvelle fois cherché à atteindre, avec la dernière énergie, un grand objectif avant l'arrivée de l'hiver mais, cette fois, ce n'est pas seulement un peu de terrain qui fut perdu, ce fut une armée entière, conduite par un feld-maréchal, qui capitula le 31 janvier 1943 à Stalingrad. Durant l'année écoulée, c'était une masse beaucoup plus considérable de soldats adverses qui était tombée aux mains des Allemands, mais cette capitulation fut ressentie dans le monde entier comme un acte symbolique, comme l'acte marquant le tournant de la guerre. Le débarquement des Anglais et des Américains en Afrique du Nord, en novembre 1942, fut une musique d'accompagnement bienvenue ; le fait que Roosevelt, en janvier 1943, ait pu exiger de l'Allemagne une « capitulation sans conditions » mit en pleine lumière le changement de situation, et les Alliés ne considérèrent plus que comme un épilogue la capitulation des troupes allemandes et italiennes dans la tête de pont de Tunis, en mai 1943. Il était désormais hors de doute que Hitler ne pouvait plus gagner la guerre.

Il serait pourtant injustifié d'affirmer qu'il l'avait déjà totalement perdue. Staline avait en effet, pour ce qui le concernait, déjà annoncé au début de l'année 1942 que le jour n'était « pas éloigné » où les drapeaux rouges flotteraient de nouveau, victorieux, au-dessus de la patrie soviétique libérée [15], alors que Hitler put encore, durant l'été 1943, engager en

15. J. Stalin, *Über den Großen Vaterländischen Krieg*, *op. cit.* (note 27 du chapitre V-1), p. 34. (Édition française : p. 40.)

plein cœur de la Russie, près de Koursk, la plus grande bataille de chars de toute la guerre, bataille au cours de laquelle les tout derniers modèles de blindés allemands, les Tigres et surtout les Panthères, firent la preuve de leur supériorité technique. Certes, il fallut mettre un terme à « l'opération Citadelle » sans qu'elle ait permis le succès, mais les Alliés étaient manifestement encore bien loin de pouvoir ouvrir en France le « second front » promis ; on pouvait également prévoir avec certitude que, même durant le troisième hiver de guerre, de grandes parties du territoire soviétique demeureraient sous domination allemande. C'est dans ce contexte que se produisirent, à l'automne 1943, des événements curieux. Dans les camps de prisonniers d'Union soviétique, des soldats et des officiers allemands se regroupèrent avec des communistes allemands pour constituer le Comité national Allemagne libre ainsi que l'Union des officiers allemands ; les publications que des avions lançaient au-dessus des positions allemandes étaient maintenant bordées des couleurs noir-blanc-rouge. Des généraux soviétiques confièrent à leurs partenaires allemands les réflexions auxquelles se livrait la tête de leur État, réflexions qui allaient jusqu'à envisager la coexistence d'une Allemagne maintenue dans ses frontières de 1939 et d'une Union soviétique restaurée. Dans le même temps, Moscou procéda à des sondages diplomatiques qui semblaient avoir pour but de conclure une paix séparée. On peut certainement avancer de bons arguments pour expliquer qu'il s'agissait, dans le premier cas comme dans l'autre, d'habiles tactiques de Staline, qui désirait exercer des pressions sur ses alliés. Hitler, de son côté, repoussa ces tentatives de prise de contact[16]. Toutefois, si l'on garde présents à l'esprit le pacte germano-soviétique ainsi que les événements qui l'ont précédé et qui l'ont suivi, il n'est absolument pas invraisemblable que Staline, à l'automne 1943, pour des considérations purement politiques, ait préféré une fin de guerre qui laissât sur le continent, à côté de l'Union soviétique, une Allemagne à moitié affaiblie et dirigée par des forces *nationales* plutôt qu'une Amérique surpuissante. Il fallut que Roosevelt et Churchill, lors de la conférence de Téhéran, en novembre-décembre 1943, lui fassent, aux dépens de la Pologne et de l'Allemagne, des concessions bien plus grandes que ce que le feld-maréchal Paulus ou le général von Seydlitz auraient jamais pu lui offrir pour que Staline abandonnât, semble-t-il, le projet qui lui était cher et qui visait à l'établissement d'une superpuissance germano-soviétique, dans laquelle ce serait à présent lui, contrairement à

16. Le problème de la possibilité ou de l'impossibilité d'une paix séparée entre l'Allemagne et l'Union soviétique est évoqué depuis que Peter Kleist, l'une des personnes impliquées dans les contacts, a publié en 1950 son ouvrage *Zwischen Hitler und Stalin.* (Édition française : *Entre Hitler et Staline, 1939-1945*, Plon, Paris, 1953.) Sur ce point controversé, Ingeborg Fleischhauer a apporté une importante contribution avec son livre *Die Chance des Sonderfriedens. Deutsch-sowjetische Geheimgespräche 1941-1945*, Berlin, 1986.

ce qui aurait été le cas à l'été 1941, qui aurait joué le rôle du *senior partner*. C'est dans ce sens que Téhéran a bien représenté le tournant ultime et définitif de la guerre.

Quoi qu'il en soit, l'Allemagne pouvait nourrir encore quelques espérances pour 1944. Pour Hitler et son régime, bien entendu, ces espérances étaient obligatoirement tributaires du développement d'*armes miracle*. C'est effectivement en Allemagne que furent jetées les bases de tout le développement ultérieur de la technique des fusées, de même que les premiers avions à réaction furent une invention promise au plus grand avenir. Ce n'est pourtant pas par hasard que d'éminents physiciens allemands s'étaient plaints du retard pris par la physique allemande sur la physique américaine. Hitler, en effet, n'avait pas vraiment réservé aux hommes de science, non plus qu'aux intellectuels en général, un traitement de faveur, et il était depuis le début fortement vraisemblable que les armes miracle les plus importantes seraient fabriquées aux États-Unis. Cependant, dans les milieux de la résistance allemande, on soupesait s'il valait mieux qu'une Allemagne sans Hitler, mais conservant sa position de grande puissance, *s'orientât vers l'Ouest ou vers l'Est*, tandis que, y compris au sein de la SS et dans la direction du parti, il semble qu'il y ait eu des hommes qui se mettaient, progressivement et prudemment, à caresser des pensées analogues. Il est possible que, dans le cadre contraignant pour chacun d'une inéluctable victoire des Alliés, il y ait encore eu de la place pour de dernières contingences et de dernières alternatives. La plus étrange de toutes se présenta néanmoins lorsqu'on prit conscience que cette guerre n'était en aucun cas une simple lutte entre puissances mondiales pour décider ce que serait la future carte politique du monde, mais qu'elle était aussi une guerre idéologique entre l'Union soviétique bolchevique et l'Allemagne nationale-socialiste et, par conséquent, une guerre civile au cours de laquelle des Russes prendraient parti contre « la Russie », des Allemands contre « l'Allemagne », des Italiens ainsi que des Français pour Staline, et même tendanciellement des Arabes et des Indiens pour Hitler. Au cours de cette guerre, les puissances anglo-saxonnes, au sein desquelles, en dépit d'un antisémitisme répandu et au moins latent, presque personne ne prit parti pour Hitler et contre son propre État, adoptèrent, en tant qu'ultimes bastions de la démocratie libérale, une position qui ne fut pas d'emblée clairement définie.

V-3

Guerre mondiale des idéologies ?

En 1930, une délégation de la Ligue allemande des combattants du Front rouge visita la Sibérie et son porte-parole assura au (futur) maréchal Blücher que le prolétariat allemand attaquerait la bourgeoisie dans le dos au cas où l'Union soviétique serait agressée [1]. Un an plus tard, le fondateur du Mouvement paneuropéen, Richard von Coudenhove-Kalergi, était à ce point marqué par cette idée qui n'avait cessé d'être propagée par les communistes depuis 1919 déjà, qu'il écrivit dans son livre *Staline & Cie* : « Une armée européenne qui essaierait de lutter contre Moscou aurait sur ses arrières un nombre considérable d'ennemis [2]. » En 1936, le président du Profintern, Losovski, affirmait encore avec une grande assurance que les impérialistes, c'est-à-dire l'Allemagne, la Pologne et le Japon, pouvaient être certains qu'une guerre contre l'Union soviétique signifierait aussi pour eux une guerre dans leur propre pays : « Nous savons contre qui les prolétaires de ces pays tourneront leurs fusils. Vous voulez la guerre, messieurs, allez-y. Et vous aurez la guerre dans vos entreprises, vos usines et vos colonies [3]. » Il n'est nul besoin d'autres preuves pour montrer que les partisans et les adversaires du bolchevisme étaient également persuadés, au moins jusqu'en 1939, que l'Union soviétique, championne d'une idéologie, c'est-à-dire d'une théorie universelle de l'essence du mouvement historique et de la destinée future de l'humanité, disposait, dans tous les pays, d'innombrables partisans qui n'hésiteraient pas à prendre les armes pour défendre la patrie du socialisme et l'aider à vaincre. On pensait que ces partisans se recruteraient au sein d'un groupe clairement définissable, à savoir le prolétariat, qui, en sa qualité de créateur de la plus-value, abattrait la classe exploiteuse, la bourgeoisie, pour instaurer dans le monde entier le socialisme, un état social qui ne connaîtrait

---

1. Hilger, *op. cit.* (note 12 du chapitre 1), p. 218.
2. Richard Coudenhove-Kalergi, *Stalin & Co.*, Leipzig-Vienne, 1931, p. 23. (Édition française : *Staline & Cie*, Editions paneuropéennes, Vienne, 1932, p. 22.)
3. Schulthess, 1936, p. 438.

pas de classes, où l'État ainsi que l'aliénation auraient disparu. Même Galeazzo Ciano, ministre des Affaires étrangères de l'Italie fasciste et gendre de Mussolini, mais bourgeois anglophile invétéré, se posa cette question dans son journal personnel, le 21 juin 1941 : « Si l'armée soviétique avait une plus grande force de résistance que les pays bourgeois, quelle réaction cela provoquerait-il dans les masses prolétariennes du monde ? [4] » Effectivement, le haut commandement de la Wehrmacht dut constater, dès le 16 septembre, que des mouvements insurrectionnels communistes avaient éclaté dans tous les territoires occupés par l'Allemagne, mouvements dirigés uniformément depuis Moscou et rendant nécessaires les contre-mesures les plus sévères [5].

Mais, à l'inverse, dans sa lettre de réponse à Hitler qui l'avait informé du lancement de l'attaque contre l'Union soviétique, Mussolini avait exprimé l'assurance que « tous les courants antibolchevistes du monde entier » allaient désormais se tourner du côté de l'Axe [6], et Adolf Hitler, dans son discours du 3 octobre 1941, qualifia le bolchevisme et le capitalisme d'« extrêmes », également éloignés du « principe de justice » au nom duquel les puissances de l'Axe menaient leur combat pour donner à l'Europe une forme nouvelle et meilleure [7]. Le national-socialisme exprimait lui aussi avec insistance une exigence de supranationalité, comme le montrait déjà le fait qu'il se solidarisât avec son partenaire fasciste de l'Axe, et il n'était pas rare qu'il proclamât la nécessité d'un « combat mondial » réunissant l'Europe entière dans la lutte contre le « monstre du bolchevisme » et le « moloch financier » américain. C'est, bien sûr, assez souvent aussi que l'on voyait apparaître le caractère défensif qui soustendait cette idéologie, de même que la sévérité différente avec laquelle elle s'en prenait aux uns ou aux autres, le bolchevisme se voyant sans cesse reprocher d'avoir massacré « toute l'intelligentsia nationale » [8] et de réserver le même sort à toutes les couches dirigeantes du monde, tandis que le principal reproche adressé à la *démocratie* était qu'elle ouvrait la voie au bolchevisme. De temps à autre, c'étaient même les propres déclarations de Hitler qui exprimaient un profond pessimisme, par exemple lorsqu'il prédisait à Churchill et à Roosevelt qu'un jour le bolchevisme corromprait à son tour leurs peuples [9]. Cela n'autorise pas pour autant à réduire la *Weltanschauung* de Hitler aux émotions défensives et à ses craintes : il n'était pas rare que passât au premier plan la fierté d'avoir accompli une révolution d'une autre nature que le bolchevisme, une révolution meilleure qui avait ouvert même aux plus pauvres l'accès à

4. Galeazzo Ciano, *Tagebücher 1939-1943*, Berne, 1947, p. 337.
5. ADAP, D, vol. XIII/2, p. 443 et suiv.
6. *Ibid.*, vol. XIII/1, p. 7.
7. UuF, vol. XVII, p. 388.
8. *Ibid.*, p. 407.
9. *Ibid.*, p. 463.

toutes les fonctions suprêmes de l'État, sans avoir pour autant limité la « force créatrice des anciens états de la société » ou détruit les biens de la nation [10]. Hitler était donc capable de tirer profit non seulement de craintes supranationales mais également d'espérances supranationales. Son combat était lui aussi idéologique et, tendanciellement, supranational, bien qu'il ne faille pas oublier que cette idéologie se fondait sur un nationalisme dur, qui mettait à ce point au centre de ses préoccupations le « peuple allemand », et à tout le moins le « sang nordique », que même la solidarité avec le fascisme italien semblait reposer sur une base fragile [11].

Toutefois, ce qu'avaient prédit Coudenhove-Kalergi ou Losovski ne se réalisa pas : il n'y eut pas, en Europe, de révolution prolétarienne en réponse à la guerre de l'Allemagne contre le premier *État ouvrier*. Il n'y eut pour ainsi pas de soldat allemand qui soit passé à un ennemi tentant de se faire passer pour un ami ; aucune grève ne paralysa la production d'armements ; l'industrie travaillait sans connaître de troubles, y compris dans le « Protectorat » ; pour l'essentiel, la France demeurait tranquille. Hitler pouvait, tout au contraire, être assuré que ses propos rencontreraient des millions d'échos lorsqu'il déclara, sur un ton de profond mépris, que les soldats allemands avaient désormais une connaissance approfondie du soi-disant « paradis des ouvriers et des paysans » [12].

D'un autre côté, il ne pouvait pas contester qu'il avait lui-même pactisé avec ce régime et que c'était justement lui qui avait ouvert à ce régime l'accès à Lemberg et à Riga, où l'on venait de découvrir tant de victimes du NKVD. Et c'est ainsi que, dans son discours du 8 novembre 1941, il dut avouer que, l'année précédente, sans doute, « quelque chose lui pesait sur le cœur » devant les camarades du mouvement tombés dans la lutte, mais qu'à présent il regardait leurs tombes avec « presque le sentiment d'un rachat » [13]. Après le « pacte d'amitié » de 1939, l'idéologie de Hitler ne pouvait plus avoir la fermeté et l'assurance qu'elle possédait par exemple encore lors du « congrès de l'honneur » de 1936.

Mais Staline se manifestait, lui aussi, d'étrange manière. Il s'abstint totalement d'appeler le prolétariat européen à se soulever contre ses oppresseurs et ceux qui se tenaient en fait derrière Hitler, c'est-à-dire les

10. *Ibid.,* vol. XVIII, p. 54 ; vol. XIX, p. 276.

11. Si Himmler, dans un discours devant le corps des officiers de la Leibstandarte Adolf Hitler, déclarait le 7 septembre 1940 que l'Ordre des SS devait attirer « tout ce qu'il y a de sang nordique dans le monde », il s'agissait manifestement d'une copie, transposée dans le domaine de la biologie, de l'idée communiste selon laquelle le prolétariat mondial s'engagerait en faveur de l'Union soviétique. Mais, étant donné que les partisans nationalistes étrangers, contrairement aux partisans de l'Union soviétique, ne pensaient pas en termes d'universalisme, il fallait s'attendre de manière plus certaine encore à rencontrer des résistances dans leurs rangs que ce n'était le cas à l'intérieur du mouvement communiste mondial (IMG, vol. XXIX, p. 109).

12. UuF, vol. XVII, p. 382.

13. *Ibid.,* p. 411.

capitalistes ; il se contenta, dans son discours du 6 novembre, en l'honneur du vingt-quatrième anniversaire de la Révolution, de noter avec satisfaction que les « stratèges allemands » n'avaient pas réussi, en agitant le « fantôme de la révolution » pour effrayer les milieux dirigeants de la Grande-Bretagne et des États-Unis, à mettre sur pied une coalition générale contre l'URSS ; bien au contraire, les hommes de Hitler en étaient aujourd'hui à invectiver le régime intérieur d'Angleterre et d'Amérique, le qualifiant de « régime ploutocratique » ; cette hostilité, Staline ne la considérait désormais plus comme un phénomène superficiel, il opposait bien plutôt radicalement les « libertés démocratiques » et les parlements de ces pays au « parti de la réaction moyenâgeuse et des plus sinistres pogromes » qu'était le parti de Hitler [14]. Il refusait manifestement, à présent, de mettre sur le même pied *fascisme et capitalisme*, identification qui avait si longtemps été la thèse principale des partis communistes ; il le faisait avec encore plus de détermination que depuis 1935, parce qu'une telle thèse postulait justement une coalition qui n'aurait pu qu'être mortelle pour l'Union soviétique.

Effectivement, il aurait été impossible à Roosevelt de reprendre les idées de Wilson et de proclamer que les États-Unis avaient pour objectif de « nettoyer le monde de ses maux et de ses maladies anciennes » [15], si, de son côté, Staline avait mis en avant les idées qui étaient celles de Lénine en 1918. Roosevelt aurait alors dû se dire, en effet, que ce n'était pas du tout aux seuls yeux de Hitler que lui et son Amérique étaient une maladie mondiale et un « répugnant bourbier », pour reprendre les termes que Molotov aurait, paraît-il, employés durant l'été 1940, lors d'une conversation avec le ministre des Affaires étrangères de Lituanie [16]. D'autres propos de Molotov, au cours de ce même entretien, correspondaient en tout cas extrêmement mieux aux convictions intimes des bolcheviks, par exemple lorsqu'il déclara que la bourgeoisie allemande, un jour, s'unirait à la bourgeoisie alliée contre le soulèvement de son prolétariat affamé, que l'Union soviétique interviendrait alors et que, quelque part à proximité du Rhin, se déroulerait « le combat final entre le prolétariat et la bourgeoisie dégénérée » [17]. Staline ne pouvait plus à présent se permettre de tels propos, pas plus que Roosevelt ne pouvait se permettre de les entendre : de même qu'ils avaient affaibli l'idéologie nationale-socialiste, les événements de la période avaient affaibli l'idéologie des bolcheviks et celle des internationalistes libéraux en Amérique ; les États qui menaient une lutte appelée à décider du destin du monde étaient par conséquent bien des États idéologiques, mais des États idéologiques qui avaient perdu leur vigueur toute fraîche de 1918 pour l'un, de 1933 pour l'autre.

14. J. Stalin, *Über den Großen Vaterländischen Krieg*, op. cit. (note 27 du chapitre V-1), p. 14 et suiv., 20 et suiv. (Édition française : p. 17 et suiv., p. 24 et suiv.)

15. *The Public Papers*, op. cit. (note 9 du chapitre V-1), année 1942, p. 41.

16. UuF, vol. XVII, p. 14-24, p. 22.

17. *Ibid.*

En tout cas, innombrables étaient ceux qui, en Europe et hors d'Europe, se rangeaient aux côtés de l'une de ces deux puissances, contre la politique de leurs propres gouvernements ou contre leurs propres traditions nationales. Plus exactement, ils se rangeaient aux côtés des Alliés ou aux côtés de l'*Axe*, puis, après le renversement de Mussolini en juillet 1943, aux côtés de l'Allemagne.

Il ne serait pas exact d'affirmer que les mouvements de résistance européens ne naquirent véritablement qu'après le 22 juin 1941, sous la forme d'une réaction des communistes à l'attaque contre l'Union soviétique. Les mouvements de résistance à l'Est et à l'Ouest se caractérisèrent bien plutôt par le fait que, jusqu'en juin 1941, les communistes avaient pratiquement pris le parti d'Hitler contre *les impérialistes occidentaux* et que, en maints endroits, ils négociaient encore avec les autorités d'occupation allemandes, tandis qu'à Londres le général de Gaulle était devenu la figure symbolisant la résistance française. Mais la résistance polonaise s'était, elle aussi, constituée bien avant juin 1941 et c'était l'Angleterre, avec son organisation spéciale S.O.E. *(Secret Operations Executive)*, qui soutenait et alimentait tous les mouvements de résistance en Europe occupée. Néanmoins, il n'est pas contestable que le Komintern, depuis le début de l'année 1941, avait manifesté dans de notables proportions une hostilité envers l'Allemagne de Hitler [18] et que, d'autre part, la résistance s'était brusquement renforcée, partout, au lendemain du 22 juin. Maintenant, beaucoup plus qu'auparavant, passait au premier plan le dessein de provoquer les mesures de représailles les plus rudes possible en commettant des attentats contre des soldats allemands et de susciter ainsi parmi la population une haine toujours plus grande envers la puissance occupante ; ce même dessein caractérisait aussi la lutte des partisans en Union soviétique. L'exemple le plus connu, précisément, ne fut pas un attentat communiste mais celui qui visa le Protecteur du Reich en fonction à Prague, Reinhard Heydrich ; l'attentat fut préparé par le gouvernement tchèque en exil et eut pour conséquence attendue, et au moins envisagée, la destruction du village de Lidice [19]. On sait que le

---

18. *Cf.* le rapport de Heydrich à Himmler, du 10 juin 1941, en annexe des *Notes* de Schellenberg (note 3 du chapitre III-5), p. 377-385.

19. On n'a pas, aujourd'hui encore, éclairci la totalité des dessous de l'attentat ; on a même avancé l'hypothèse osée que c'est Bormann qui aurait fait assassiner Heydrich, lequel aurait été le seul capable de démasquer l'agent soviétique introduit au sein de la haute direction de l'Allemagne et même, le cas échéant, de renverser Hitler si ce dernier était devenu un danger pour la survie du Reich (thèse qu'on trouve par exemple chez Schellenberg, p. 257). L'hypothèse qui demeure pourtant toujours la plus vraisemblable est que Beneš était moins indigné par les mesures brutales de Heydrich qu'il ne s'inquiétait des succès remarquables que remportait ce dernier auprès des ouvriers tchèques. Ce qui est mystérieux, ou alors symptomatique, c'est que Heydrich se faisait conduire tous les jours, sans escorte, dans une voiture décapotable, sur les vingt kilomètres de la même route menant de sa résidence du château de Jungfern-Breschan à Prague, si bien qu'il était une cible aisée pour des gens expérimentés en matière d'attentats.

mouvement de résistance le plus ouvertement communiste fut celui de Tito, en Yougoslavie, mouvement que les Anglais soutinrent contre le mouvement de résistance *bourgeois* de Draza Mihailovic, mais que Staline ensuite, à en croire le récit de Milovan Djilas, admonesta justement parce que ses objectifs étaient trop transparents.

La résistance allemande constituait un cas à part. Elle n'était pas dirigée contre une puissance occupante mais contre le régime de son propre État et, en partie même, plutôt dirigée contre certains objectifs de ce régime que contre le régime lui-même et ses chefs suprêmes en tant que tels. Certes, les quakers partageaient les convictions des quakers étrangers et les sociaux-démocrates qui agissaient dans la clandestinité partageaient les buts du Comité directeur en exil. Dans la mesure où il existait une résistance des ouvriers, des jeunes ou des étudiants, elle était principalement suscitée par le caractère rigoureux de ce qu'on exigeait d'eux, exigences que le régime formulait avec encore plus de fermeté en temps de guerre. Mais, dans la mesure où il s'agissait d'une résistance au sein de la couche dirigeante, la seule en état d'agir, et par conséquent essentiellement au sein de la Wehrmacht, on se trouvait avant tout en présence d'une résistance de patriotes plus ou moins nationalistes ; en d'autres termes, de gens se reconnaissant d'abord dans le principe du droit national à l'autodétermination, de gens dont le combat contre les objectifs de Hitler se fondait prioritairement sur la conviction que ces objectifs menaçaient de précipiter l'Allemagne dans le malheur. Tous ou presque, et tout particulièrement Carl Goerdeler, crurent jusqu'à une date relativement tardive qu'une paix de compromis conclue à temps pouvait permettre de conserver, une fois le dictateur renversé, les succès qu'avait obtenus le révisionnisme de Hitler, à savoir l'annexion de l'Autriche et des territoires des Sudètes, en tant que conséquences légitimes du droit à l'autodétermination. Bien sûr, Tresckow comme Stauffenberg avaient eu initialement des sympathies pour le national-socialisme, mais les événements leur avaient néanmoins fait abandonner dans une très large mesure, à eux et à leurs semblables, le nationalisme qu'ils avaient reçu en héritage et même leur éthique étatique prussienne ; c'est ce qu'avaient déjà mis en lumière les négociations avec les Anglais durant l'hiver 1939-1940, mais aussi les informations concernant les intentions agressives de Hitler que Hans Oster avait transmises à l'attaché militaire hollandais. La preuve finalement la plus évidente avait été l'attentat de Stauffenberg contre le chef suprême des armées, acte sans précédent et sans parallèle, même de très loin, dans toute l'histoire de la Prusse et de l'Allemagne. Tous, en vérité, ne se déterminèrent pas en faveur de l'une des deux *Weltanschauungen* qui étaient entrées en concurrence : Ulrich von Hassell, par exemple, se proposait, selon les circonstances, de jouer soit la carte de l'Ouest, soit celle de l'Est, et même les hommes et les femmes qui s'étaient regroupés, autour de Helmuth James von Moltke, dans le Cercle de Kreisau, n'auraient pu escompter rencontrer l'approbation des démocrates américains pour leurs projets de réformes intérieures.

Les soldats et les officiers qui fondèrent en septembre 1943, dans les camps de prisonniers soviétiques, le Comité national Allemagne libre et l'Union des officiers allemands, étaient eux aussi, dans leur immense majorité, des gens animés par le patriotisme et le sentiment national. Tous les manifestes et tous les appels que signèrent les généraux von Seydlitz, Korfes, Lattmann et de nombreux autres, dont, finalement, le feld-maréchal Paulus à son tour, tournaient autour de l'idée maîtresse que Hitler avait entraîné l'Allemagne dans une guerre contre une coalition trop puissante et qu'il fallait le renverser pour garder quelque espoir de sauver l'Allemagne. La résistance ne reposait pourtant pas exclusivement sur une idée étroite et purement politique de la patrie. Dès mai 1942, par exemple, le capitaine Ernst Hadermann, professeur dans le civil, prononça dans le camp de prisonniers de Iélabouga un discours impressionnant contre le système fondé sur le mensonge et la privation de droits, mais aussi sur l'économie dirigée et le nivellement culturel [20] ; le fait que *l'antifascisme* ait réuni un homme comme lui et les communistes allemands montre que les deux côtés acceptaient, au moins de manière tendancielle, ce qui quelques années auparavant était encore inconcevable, c'est-à-dire l'idée que le phénomène le plus déterminant de l'époque n'était pas l'opposition entre prolétaires et bourgeois. Et lorsque, immédiatement avant le 20 juillet, en Allemagne également, les sociaux-démocrates de droite Leber et Leuschner prirent contact avec des communistes, ils ne furent pas peu étonnés de constater que ces derniers semblaient avoir des conceptions moins radicales qu'ils n'en avaient eux-mêmes et qu'ils paraissaient disposés à accepter comme compagnons de combat même des grands bourgeois.

Seul le petit groupe de l'Orchestre rouge, dont les leaders étaient le petit-fils du grand amiral Tirpitz, Harro Schulze-Boysen, et le neveu du théologien le plus célèbre de l'ère wilhelminienne, Arvid Harnack, fit en Allemagne le pas menant à l'identification active et sans réserves avec les adversaires de la guerre. Mais il apparaît bien que même leur activité d'espionnage avait pour motif, et ce n'était pas le moins important, la vieille idée du mouvement national-révolutionnaire selon laquelle l'Allemagne ne saurait préserver son intégrité et son indépendance qu'en collaboration avec la Russie soviétique.

Certes, ceux des communistes qui n'eurent pas connaissance, ou de manière superficielle seulement, des instructions données par la Centrale apportèrent de manière très claire la preuve que les anciennes convictions et émotions étaient toujours vivantes. « Je meurs comme j'ai vécu, en combattant de classe », écrivit à son père, en mai 1943, peu avant d'être exécuté, le membre d'un groupe de résistance communiste, ajoutant en post-scriptum : « Mieux vaut mourir pour l'Union soviétique que vivre

20. Bodo Scheurig (sous la dir. de), *Verrat hinter Stacheldraht ?*, Munich, 1965, p. 53-73.

pour le fascisme[21]. » Un autre groupe, un an plus tard, assurait dans un tract destiné à des travailleurs forcés de l'Est et à des prisonniers de guerre soviétiques : « Les épouvantables affrontements qui opposent les puissances capitalistes et les guerres qu'elles mènent ont mis en mouvement les masses prolétariennes d'Europe et d'URSS. Le fascisme n'est que la pierre tombale qui recouvre la classe déchue[22]. » C'est en gros ce que devait vouloir dire Molotov, si le ministre des Affaires étrangères de Lituanie a correctement rapporté ses propos, et c'est ce que Roosevelt ne pouvait se permettre de savoir, s'il voulait continuer à compter Staline parmi les membres de la *famille*. Cette unité d'une nature nouvelle entre les Alliés ainsi qu'entre ceux qui se sentaient solidaires d'eux au sein de leurs nations respectives, ou contre elles, était probablement une unité illusoire.

Pourtant, quelle qu'ait été en définitive la solidité de cette alliance si extraordinairement paradoxale entre *l'État du socialisme* et *la principale puissance capitaliste*, personne ne pouvait douter que le communisme soviétique était capable de susciter une véritable identification supranationale et que Roosevelt exprimait à nouveau une conviction plus ancienne que le capitalisme et maintenue à travers tous les changements intervenus. Une identification analogue allait beaucoup moins de soi dans le camp adverse. Il existait certes, en Europe, un nombre considérable de mouvements fascistes et, au plus tard au lendemain du 22 juin 1941, ils s'étaient tous sans exception rangés aux côtés de Hitler : outre le fascisme italien, il s'agissait notamment de la Garde de Fer roumaine, des Croix fléchées de Hongrie, de la Nasjonal Samling en Norvège, du Parti populaire français en France, de la Rodobrana en Slovaquie, de l'Oustacha en Croatie. Mais tous, par leurs origines ou leurs traditions, avaient d'abord été des réactions radicales et nationalistes aux idées et réalités internationalistes, socialistes le plus souvent, des premières années de l'après-guerre. Ils ne pouvaient en conséquence pas s'accorder sur des éléments positifs, l'un rêvant de constituer une Grande-Roumanie, l'autre une Grande-Hongrie, le troisième voulant se détacher d'une fédération d'États et le quatrième, le mouvement le premier apparu, ambitionnant de recréer l'Empire romain. La seule chose qu'ils avaient en commun était un « anti-», plus précisément l'« anti-» d'un anticommunisme résolu. Bien sûr, le communisme, en ce qu'il était un anticapitalisme, avait lui aussi pour origine un « anti-» et le fait qu'il s'était soi-disant réalisé dans un grand État l'avait placé dans un rapport singulier à des réalités telles que la puissance, les structures ou l'armée professionnelle, qu'il entendait néanmoins éliminer. Plus son association avec la réalité soviétique confé-

21. *Deutsche Widerstandskämpfer 1933-1945. Biographien und Briefe*, vol. I, Berlin, 1970, p. 440-443.

22. Gertrud Glondajewski-Heinz Schumann, *Die Neubauer-Poser-Gruppe*, Berlin, 1957, p. 121.

rait au communisme un caractère menaçant et lui faisait perdre de sa force de conviction, et plus le simple « anti-» des mouvements fascistes pouvait s'enrichir d'idées sociales et finalement revendiquer d'être la « troisième voie » moderne entre les extrêmes qu'étaient le communisme soviétique d'une part et le capitalisme américain de l'autre. Le problème était de savoir si, et dans ce cas comment, la solidarité supranationale d'une idéologie pouvait l'emporter sur les prémisses d'une simple auto-affirmation, qu'elle soit nationale ou ethnique.

Une solution aisément possible à ce problème se présenta lorsque, l'attaque allemande ayant *ouvert* l'Union soviétique aux regards extérieurs, les soldats allemands, italiens, roumains et espagnols purent constater de leurs propres yeux toute l'étrangeté de l'État stalinien. L'essai le plus plat et le plus douteux pour transformer l'expérience de cette étrangeté en une idéologie fut la brochure *Le sous-homme*, publiée en 1942 par l'Office central *(Hauptamt)* de la SS. Outre la tentative aussi vile que stupide de déduire le type du *sous-homme*, voire de l'*Asiate*, des visages épuisés de quelques prisonniers de guerre, ce qui est agité ici, c'est tout simplement l'épouvantail, aussi ancien que général, du commissaire politique sanguinaire et de la pétroleuse fanatique ; on y mettait surtout en parallèle les minables cabanes en bois des paysans et les misérables logements des ouvriers russes d'un côté, de l'autre la richesse beaucoup plus grande et la culture caractérisant les conditions d'existence en Europe, et ce dans un style qui, pour un observateur averti, évoquait certes les images radieuses du réalisme socialiste mais qui, malgré sa partialité évidente, n'était pas pour autant dépourvu de crédibilité aux yeux des simples soldats de nombreuses nations européennes. C'est en tout cas comme cela que voyaient les choses les *simples soldats* allemands dont un employé du ministère de la Propagande publia les *Lettres du front de l'Est*, en 1941 ; il ne les aurait certainement pas publiées s'il les avait tenues pour de la pure propagande et s'il avait pensé que la masse des soldats allemands y verrait distorsion ou mensonge. Il était question, dans ces lettres, d'un pays « maudit » ou « miséreux » où l'on brûlait littéralement de voir ne serait-ce qu'une maison en bon état ou quelques jardins bien entretenus, d'un pays où les paysans à qui l'on avait volé la terre étaient « économiquement corvéables », une existence qui n'avait pu être pire dans les périodes les plus noires du Moyen Âge allemand. Les rues n'étaient que des chemins ensablés et les villages et les villes n'étaient faits que de petites cabanes en bois entre lesquelles se dressaient uniquement les quelques palais du parti ou des « bonzes » du régime ; un chômeur d'Allemagne vivait « comme un roi en comparaison de ces gens ». Bien sûr, il n'était pas possible de ne pas se demander pour quelles raisons la riche Allemagne avait attaqué un pays si pauvre et l'on y répondait en évoquant les « armes efficaces et modernes » que les commissaires avaient extorquées à ce peuple miséreux en le pressurant ; on rendait ces mêmes commissaires, ou bien aussi les Juifs, responsables des spectacles épouvantables que plusieurs des auteurs des lettres prétendaient avoir vus de leurs propres yeux : hommes, femmes et enfants cloués aux murs, victimes emmurées dans les caves des prisons et ayant connu une fin atroce par asphyxie, jusqu'à des chambres de torture à l'intérieur desquelles on avait installé des brûleurs à gaz qui servaient à torturer à mort les victimes [23]. La conséquence obligée de ces perceptions était l'exigence d'une solidarité européenne dans le combat contre un système inhumain et anti-européen. Qui pouvait alors savoir qu'une revue fasciste italienne s'était intitulée *Anti-Europa* et qui acceptait de voir que des camps de concentration et des chambres de torture n'existaient pas qu'en Union soviétique ? Ils n'étaient que très peu nombreux ceux qui, tel le lieutenant-colonel Helmuth Groscurth, pensaient que les Allemands étaient informés de manière totalement erronée sur l'Union soviétique et que les officiers russes qu'il avait la charge d'interroger étaient pour une bonne part d'entre eux des gens intelligents et cultivés [24].

Il se trouva en tout cas, en provenance de presque tous les États d'Europe, des volontaires pour combattre le communisme et ils furent regroupés au sein d'un assez grand nombre de formations SS non allemandes. Au Danemark se constitua le Corps franc Danemark, des volontaires wallons du mouvement de Degrelle formèrent la Sturmbrigade SS Wallonie, toute une division SS, vers la fin de la guerre, se composait de Français et portait le nom de Division Charlemagne. Un nombre considérable d'Estoniens et de Lettons rallièrent la Wehrmacht peu après le 22 juin et, plus tard, donnèrent eux aussi naissance à des divisions SS. De même que la guerre civile espagnole avait été, des deux côtés, un

---

23. Wolfgang Diewerge, *Feldpostbriefe aus dem Osten. Deutsche Soldaten sehen die Sowjetunion*, Berlin, 1941, p. 16 et suiv., 24, 37, 42 et suiv., 46. Une phrase tirée de l'une de ces lettres anticipe sur ce qu'il adviendra par la suite : « Pour ces gens-là, même la pire des morts est encore trop douce. » (p. 49).

24. Helmuth Groscurth, *Tagebücher eines Abwehroffiziers 1938-1940*, Stuttgart, 1970, p. 547 et suiv. Le propos est extrait d'une lettre que Groscurth écrivit le 19 août 1942 au général de corps d'armée Ludwig Beck.

Le comte Bossi-Fedrigotti, lors des interrogatoires auxquels il procéda, recueillit lui aussi des impressions qui, pour une bonne part, ne confirmaient pas les opinions préconçues sur le système soviétique. Un colonel, ancien officier tsariste, lui assura, apparemment avec la plus entière conviction, que les corps des officiers et des fonctionnaires étaient d'une fidélité absolue au régime car le système avait fait la preuve de sa validité interne ; quelques généraux qualifièrent de bons et d'amicaux les rapports entre officiers et commissaires, affirmant que la proportion de commissaires juifs ne dépassait pas 1 % et que Staline était très admiré et aimé. Mais Bossi relate par ailleurs la découverte de douze soldats de l'Armée rouge tués d'une balle dans la nuque, qui auraient été exécutés par leurs commissaires politiques pour avoir été en possession de tracts allemands ; il relate encore que l'on a trouvé sur les corps d'officiers soviétiques des appels qui exprimaient une très forte hostilité non seulement contre Staline, mais aussi contre la forme soviétique du socialisme qui s'identifiait au fait d'aller nu-pieds et de faire la queue pour un morceau de pain. (Polit. Archiv des AA, Kult Pol. Geheim, vol. 108 et suiv.).

conflit international, la guerre de l'Allemagne contre l'Union soviétique fut, elle aussi, une guerre internationale. Si l'Union soviétique laissa manifestement sans déplaisir l'armée polonaise qu'elle avait constituée avec les camarades des victimes de Katyn rejoindre les Alliés occidentaux, avant de former, à un stade ultérieur de la guerre, ses propres troupes auxiliaires recrutées en Pologne et en Roumanie, il est vrai également que des volontaires européens combattirent jusqu'au bout dans la Wehrmacht et dans la Waffen-SS, et l'on ne peut mettre en doute que beaucoup d'entre eux se rangèrent sous les drapeaux de l'Allemagne nationale-socialiste par conviction et non par simple opportunisme. On décelait à vrai dire, chez les plus convaincus précisément, la volonté de gagner pour leur pays, par leur participation au combat, le droit à l'indépendance au sein de l'Europe du futur « Nouvel Ordre », droit à une indépendance qu'ils ne considéraient manifestement plus comme allant de soi et intangible.

Ce qui restait justement encore à gagner, c'était, dans le futur, l'indépendance des unités turkestanes et tatares de la Waffen-SS qui, après le concept d'une race *germanique*, venaient même de faire éclater à son tour le concept de race *aryenne*, si bien que l'on pouvait parler d'une tendance à la formation d'un mouvement mondial contre le bolchevisme d'où, à l'exception des Juifs, personne ne serait exclu. (On ne rencontra, à vrai dire, ni formations anglaises ni formations américaines dans le camp allemand ou germano-italien, mais on y trouva néanmoins quelques intellectuels importants ou du moins intéressants, par exemple Ezra Pound et le fils de l'ancien ministre indien Amery.) Seule, pourtant, la question des volontaires russes peut être comparée à un papier de tournesol permettant de tester le caractère supranational d'une prétention idéologique.

Des volontaires russes, il y en eut beaucoup dans la Wehrmacht, et très tôt. Mais ils demeurèrent longtemps sans statut reconnu et leur recrutement s'effectua, dans un premier temps, de manière purement pragmatique. Durant le premier hiver de guerre, marqué par la misère et les difficultés, de nombreuses formations avaient recruté comme forces supplétives des prisonniers de guerre russes qui se déclaraient volontaires, l'expérience se révélant en général positive ; bon nombre d'entre eux se virent même confier des armes, par exemple pour surveiller des dépôts ou même pour combattre les partisans. Ce sont eux qui, en 1942, constituèrent les premières unités véritables, comme la Brigade Kamenski ; le chef de groupe au sein du secteur « organisation » de l'état-major général de l'armée, le lieutenant-colonel Stauffenberg – à l'époque déjà un homme qui se distinguait par ses dons exceptionnels et sa détermination –, mettait en œuvre tout son talent afin de rendre possible la constitution d'unités de volontaires russes. Il se heurta alors à la résistance obstinée du haut commandement de la Wehrmacht et, indirectement, à celle de Hitler, qui voulait garder les mains complètement libres vis-à-vis de la Russie. Il se heurta aussi à la mentalité de ceux pour qui, manifestement, certains événements de la guerre civile restaient très présents, en particulier le passage de régiments entiers aux côtés des bolcheviks. Si, malgré tout, à l'automne 1942, les *Hilfswilligen* russes (c'était le terme employé par les autorités allemandes pour désigner les hommes des pays occupés volontaires pour servir dans la Wehrmacht, NdT) se comptaient déjà par centaines de milliers, cela s'expliquait par le fait que les divers groupes d'armées ainsi que l'état-major général possédaient encore des champs d'action dans lesquels Hitler n'était pas en mesure d'intervenir. Au demeurant, c'est avec son plein accord que s'opéra la mise sur pied de « légions » des autres peuples de l'Union soviétique, alors qu'il était souvent difficile de définir des limites précises entre Russes et non Russes. Pour quelle raison le « général des troupes de l'Est » n'aurait-il pas eu également des Russes sous ses ordres [25] ?

Mais tous les officiers des états-majors des groupes d'armées, et parmi eux notamment le colonel Tresckow du groupe d'armées centre, de l'état-major général et du secteur propagande de la Wehrmacht, tous ces officiers qui avaient clairement conscience que la guerre risquait d'être perdue, se rendaient compte que seule la formation d'un gouvernement national russe, sous la conduite d'un homme connu de la population soviétique, pouvait encore modifier le destin et donner à la guerre un sens stimulant. Pour eux, il ne faisait aucun doute qu'il se trouvait parmi les prisonniers de guerre soviétiques assez de paysans qui, malgré l'expérience épouvantable qui avait été la leur durant le premier hiver de la guerre, haïssaient le système kolkhozien, et assez d'officiers dont des parents avaient péri dans des camps du NKVD. Mais ils savaient aussi que les succès dans cette direction resteraient très limités et que la propagande destinée aux soldats de l'Armée rouge et à la population de l'arrière-pays soviétique ne serait pas crédible aussi longtemps que cette politique ne s'accompagnerait pas d'assurances fiables sur le destin réservé à la Russie dans l'avenir. La plus haute direction du ministère de l'Est avait de plus en plus de sympathies pour ce genre d'idées, même si elle continuait à poursuivre l'objectif d'une Ukraine indépendante.

---

25. Les émigrés russes constituent à eux seuls un chapitre à part ; très nombreux étaient, parmi eux, ceux qui étaient prêts à s'associer à une *croisade contre le bolchevisme*. Mais, pratiquement, toutes les prises de position à ce sujet, du côté allemand, et en particulier celles de Hitler, manifestaient de la méfiance et de l'aversion ; elles visaient pour une part les *tendances grand-russes*, mais, pour une autre part aussi, tout simplement les idées *monarchistes et réactionnaires* dont ils étaient censés être porteurs (*cf.* le microfilm MA 246 de l'Institut d'histoire contemporaine). Les jugements négatifs visaient encore le congrès de Reichenhall et donc, implicitement, Max von Scheubner-Richter. Toute une série d'anciens officiers blancs n'en réussirent pas moins à reprendre la guerre civile, l'arme à la main, aux côtés de la Wehrmacht et à combattre au moins, comme le très célèbre général P.N. Krasnov, pour un *pays cosaque libre*. La plupart de ces officiers furent livrés en 1945 à l'Union soviétique par ceux qui avaient été leurs alliés durant la guerre civile, les Anglais. Sur ce point ainsi que sur le mouvement Vlassov, *cf.* Nikolaï Tolstoï, *Die Verratenen von Jalta. Englands Schuld vor der Geschichte*, Munich, 1977, et Joachim Hoffmann, *Die Geschichte der Wlassow-Armee*, Fribourg, 1984.

Ce fut donc un événement sensationnel lorsque, en septembre 1942, l'un des généraux soviétiques les plus connus fut fait prisonnier et qu'il ne tarda pas à faire savoir qu'il rejetait Staline, le communisme et qu'il était disposé, sous certaines conditions, à collaborer avec les Allemands. Le général de division Andreï Andreïevitch Vlassov avait commandé, selon un avis largement partagé, la meilleure de toutes les divisions soviétiques et, en octobre-novembre 1941, c'est lui qui, avec Joukov, avait apporté la plus importante contribution à la défense de Moscou. Ensuite, comme adjoint au commandant en chef d'un groupe d'armées et chef de la deuxième armée de choc, il avait tenté de mettre en œuvre l'ordre irréaliste de Staline : libérer Leningrad ; au terme de durs combats, son armée avait été anéantie sur le Volchov et lui-même, après avoir erré des semaines en état d'épuisement total, avait été capturé. Il devait sa brillante carrière, outre ses qualités personnelles, au parti auquel il avait adhéré en 1930 ; mais il était le fils d'un paysan que l'on avait forcé à entrer dans un kolkhoze et, dans sa jeunesse, il avait fréquenté un séminaire religieux. Il avait donc sans doute toujours eu certaines préventions à l'égard du bolchevisme et de Staline, mais il fallut l'épreuve de la guerre pour les transformer en haine. L'histoire de sa *découverte* par quelques officiers allemands, parmi lesquels le capitaine balte Strick-Strickfeldt et le chef du secteur « armées étrangères Est », le général de brigade Gehlen, se lit comme un roman fantastique [26]. Vlassov ne cessa d'exprimer à ses amis allemands son étonnement et sa stupéfaction de voir combien il était encore possible, dans l'Allemagne de l'époque, d'avoir des initiatives personnelles et de parler librement entre intimes. Durant le printemps et l'été 1943, il sembla effectivement parvenir à se hisser au rang de chef d'un contre-gouvernement russe : sa « Lettre ouverte » du 3 mars 1943 était une attaque des plus violentes contre Staline, l'assassin de millions de Russes, en même temps qu'un appel au peuple « à une lutte pour l'accomplissement de la révolution, pour la création d'une Russie neuve », un appel « à une union fraternelle avec les peuples d'Europe et, avant tout, à une collaboration et à une amitié éternelle avec le grand peuple allemand » [27]. Même si les données fournies par les amis de Vlassov à propos de l'augmentation massive et subite du nombre des transfuges après ce communiqué étaient certainement exagérées, il est néanmoins difficile de contester que la démarche de Vlassov fit une très profonde impression, tant dans les régions encore soviétiques que dans la partie de Russie occupée par l'Allemagne, et qu'elle provoqua une grande inquiétude à Moscou. À l'occasion d'une visite aux états-majors des groupes d'armées centre et nord engagées au

26. Wilfried Strik-Strikfeldt, *Gegen Stalin und Hitler. General Wlassow und die russische Freiheitsbewegung*, Mayence, 1970.

27. Peter Kleist, *Zwischen Hitler und Stalin*, Bonn, 1950, p. 318, 323. (Édition française : *Entre Hitler..., op. cit.*, p. 283 et 287).

front, les feld-maréchaux qui les commandaient traitèrent Vlassov presque comme un égal et la population se pressait autour de lui pour lui baiser les mains. Mais c'est justement ce qui éveilla l'attention de Hitler et de Himmler : il en résulta une interdiction stricte de continuer à mettre « ce Russe » en avant, à moins que ce fût à des fins de propagande. Néanmoins, étonnamment, les préparatifs pour la mise sur pied d'une armée nationale russe se poursuivirent et, dans une semi-clandestinité, se retrouvèrent autour de la résidence de Vlassov, à Berlin-Dahlem, et autour du camp de Dabendorf, près de Berlin, dans la personne de quelques-uns de leurs représentants, toutes les forces qui s'étaient si violemment combattues pendant la guerre civile : Vlassov, fils de paysans et général de l'Armée rouge, Chilenkov, commissaire de corps d'armée, Zykov, commissaire juif de corps d'armée et ancien collaborateur de Boukharine, le colonel Meandrov, fils d'un ecclésiastique mort en exil, le colonel d'aviation Malzev cruellement torturé par le NKVD, Sakharov, fils de l'ancien aide de camp de l'amiral Koltchak, ainsi que les généraux cosaques émigrés Krasnov et Chkouro[28]. Les tensions ne manquaient certes pas entre ces hommes, pas plus qu'elles ne manquaient au sein de la résistance allemande, elle aussi une alliance de forces différentes qui s'étaient autrefois combattues sans pitié et qui, par là même, avaient permis à Hitler de triompher. Et si l'on ne sait pas combien de gens il y avait derrière les hommes de l'attentat du 20 juillet 1944, on sait toutefois qu'il y en avait, à la même époque, près d'un million derrière les partisans et les alliés de Vlassov. Ce serait certes pure spéculation que de chercher à savoir combien de millions ils auraient été si Vlassov, au lieu de devoir attendre novembre 1944, avait reçu dès novembre 1942, ou même seulement au début de 1944, l'accord de Hitler et de Himmler pour former, sous la croix blanche et bleue de Saint-André, une « armée de libération russe » autonome et créer un Comité national pour la libération des peuples de Russie. Mais cette spéculation n'est pas pour autant illégitime, comme le prouve à lui seul le destin que connurent également, après la fin de la guerre, beaucoup de ceux qui, parmi les prisonniers de guerre soviétiques, n'avaient pourtant pas participé à l'entreprise de Vlassov. L'échec et la tragédie qui marquèrent cette dernière prouvèrent néanmoins que, pour nombre d'Allemands et d'innombrables Russes, cette guerre avait tout de même été une guerre de libération, condamnée à l'échec pour la seule raison que Hitler, en dépit de toutes les expériences qu'il faisait, s'en tenait obstinément à une conception qui impliquait obligatoirement des génocides et des *solutions finales* parce qu'une telle conception, totalement égocentrique et obnubilée par la race allemande, n'était pas encore idéologique et que, dans sa volonté d'anéantissement des Juifs, elle ne pouvait plus entrer dans le concept d'idéologie.

28. Hoffmann, *op. cit.*, p. 36 et suiv.

V-4

Génocide et « solution finale de la question juive »

Il ne suffit pas, si l'on veut comprendre la particularité du génocide et de la « solution finale de la question juive » dont l'Allemagne nationale-socialiste s'est rendue coupable, de proclamer leur *singularité* en jugeant superflu de procéder à des différenciations. Il faut justement avoir au préalable comparé pour être en droit de décréter l'incomparabilité d'un phénomène. Un concept unique masque trop souvent la diversité des choses.

Le génocide, assassinat ethnique, est étroitement lié à la guerre, mais les deux notions ne se recouvrent pas. Dans l'Antiquité classique, il était encore fréquent que des guerres entre villes ou lignées se terminent par la mort, chez les vaincus, de tous les hommes et par la déportation ou la vente, comme esclaves, des femmes et des enfants. Toutes les épopées d'Homère, sans exception, reposent sur ce caractère génocidaire de la guerre. Mais l'époque moderne en Europe, et le Moyen Âge avant elle aussi, a entrepris de civiliser la guerre, de distinguer entre combattants et non combattants. L'idée sous-jacente était qu'il n'était plus possible d'anéantir un peuple entier. Il s'est même peu à peu instauré un droit des prisonniers garantissant la vie sauve aux combattants vaincus et mis hors de combat. C'est par exemple ce à quoi visaient les conventions internationales de La Haye. Mais il fut surtout décidé que quiconque était prêt à signer un armistice ou un traité de paix se voyait reconnaître des droits, de manière à empêcher qu'on profite de la situation pour commettre des assassinats collectifs. Avant la Première Guerre mondiale, le monde civilisé considérait comme normal que les forces armées de deux ou de plusieurs États s'affrontent, en épargnant totalement la population civile de l'autre camp, jusqu'à ce que le sort penche en faveur de l'un ou l'autre et que la paix revienne grâce à des négociations. Il était indispensable, pour cela, qu'armées et population civile restent clairement dissociées. La Première Guerre mondiale, sitôt engagée, mit à mal cette condition ; une partie de la population belge, considérant à juste titre que son pays avait été agressé, recourut à la guerre de francs-tireurs, provoquant en retour des représailles allemandes, notamment des exécutions d'otages. Il devint de la sorte concevable que ce genre de représailles pût en principe viser l'ensemble de la population civile, dans la mesure où elle offrirait refuge et protection aux francs-tireurs. En poussant les choses à l'extrême, toute la population belge aurait ainsi pu être exterminée pour empêcher les attaques de francs-tireurs, en d'autres termes pour prévenir des actes contraires au droit international. Un génocide, au sens littéral du terme, aurait alors été accompli, c'est-à-dire l'assassinat de tous les habitants d'un pays. La politique allemande resta bien entendu très en deça de cette éventualité, mais si l'on prolongeait les lignes de force de cette situation, on obtiendrait un épouvantable modèle-type. Même le plus dogmatique des penseurs aurait dans ce cas trouvé évident qu'on suspendît les actes de résistance pour assurer la survie d'un peuple.

Un autre événement de la Première Guerre mondiale brouilla la nécessaire distinction à faire entre combattants et non combattants : le recours au blocus, comme arme de guerre, de la part de l'Angleterre comme de l'Allemagne. À la différence de la guerre menée contre les francs-tireurs ou les partisans, le blocus visait aussi d'emblée les femmes et les enfants ; le résultat extrême aurait pu en être que toute la population de l'Angleterre ou de l'Allemagne meure de faim et que les armées poursuivent leurs combats sur les cadavres des femmes et des enfants. Bien entendu, personne n'envisageait une telle éventualité ; il était évident pour chacun que la puissance ayant le dessous ferait la paix à temps. C'est néanmoins durant la Première Guerre mondiale que furent créées les conditions d'une *déshumanisation* radicale de la guerre, les conditions du génocide. C'est aussi en marge de cette guerre, ou à l'occasion de ses suites immédiates, que furent perpétrés les premiers génocides de l'époque moderne, qu'ils aient été bien réels ou seulement potentiels. Les tensions directement liées à la guerre, à l'intérieur d'un État multi-ethnique, provoquèrent le génocide des Arméniens par les Turcs et, peu après, Turcs et Grecs procédèrent à un échange de populations ; si ce dernier ne dégénéra pas en déportations massives accompagnées d'innombrables pertes humaines, c'est uniquement parce que les grandes puissances y veillèrent. La guerre aérienne, en revanche, en resta alors aux balbutiements. Elle portait pourtant en germe la possibilité d'une utilisation directe contre la population civile de l'élément le plus scabreux et, néanmoins, indispensable de la conduite de la guerre. Le *progrès* révélait ainsi son déconcertant visage de Janus : prolongeant l'idée humanitaire, il cherchait à circonscrire et à humaniser la guerre en même temps que, développant la technique des armes, il renversait des barrières qui avaient souvent protégé les populations non combattantes, même aux temps de la barbarie.

Mais, vers la fin des hostilités, on vit apparaître un élément dont la totale nouveauté consistait en la mise en œuvre pratique du principe de l'anéantissement de classe. Il se manifesta de manière relativement anodine lorsque les Alliés réclamèrent que leur soient livrés sept cents « criminels de guerre » allemands, exigence qui n'était pas sans liens avec la propagande menée contre les « junkers prussiens ». L'objectif n'était pas de punir des délits individuels – le gouvernement allemand s'était d'ailleurs déclaré prêt à enquêter et, éventuellement, à sévir –, mais de discréditer toute une couche dirigeante du pays, et il s'avéra vite que cette volonté provoquait en Allemagne un large élan de solidarité. Même les sociaux-démocrates, qui avaient pourtant comme objectif de briser ou de limiter la puissance des junkers, furent nombreux à s'y associer. Ce principe de l'anéantissement de classe fut en revanche appliqué de manière bien réelle en Russie. Certes, on aura tendance à dire qu'il n'y a pas génocide lorsque, au terme d'une guerre perdue, la population d'un État demande des comptes à sa classe dirigeante et brise sa résistance par la force. Pourtant, en dépit du précédent du *massacre des Arméniens*, personne ne pouvait même imaginer qu'il fût possible d'anéantir tout un peuple. C'est pourquoi le fait de s'en prendre à des couches entières, sans examen des responsabilités individuelles, fut ressenti comme quelque chose d'épouvantable et de génocidaire. Les bolcheviks proclamèrent en outre leur intention expresse de prolonger l'extermination de la bourgeoisie russe par celle de la « bourgeoisie mondiale ». Comment de semblables propos n'auraient-ils pas engendré un climat général de peur et d'inquiétude, même s'il faut bien admettre que la bourgeoisie européenne ne manifesta que rarement sa solidarité effective avec la bourgeoisie russe ? N'était-ce pas condamner un peuple à mort que d'éliminer sa classe dirigeante qui, en Europe, était loin de ne compter en ses rangs que les féodaux dont Saint-Simon, dans sa célèbre parabole, avait dit qu'ils étaient superflus ? Cette classe comportait en effet aussi les techniciens, les commerçants, les scientifiques et les financiers dont Saint-Simon, lui encore, avait prédit qu'ils supplanteraient les nobles. Très vite, dans certains milieux, l'opinion se fit même jour que les événements de Russie avaient constitué un génocide au plein sens du terme parce que, prétendait-on, c'étaient *les Juifs* qui avaient massacré la couche dirigeante, composée de Russes et d'Allemands baltes, afin de prendre leur place.

Une telle opinion a manifestement eu pour conséquence directe l'idée qu'il fallait, à titre de représailles et à titre préventif, exterminer les Juifs. Les Juifs, en particulier en Union soviétique, se considérant par ailleurs de moins en moins, ou bien pas encore, comme des gens appartenant à une confession, mais estimant qu'ils relevaient d'un peuple ou d'une nationalité, on pourrait dire de ce qu'il est convenu d'appeler la « solution finale de la question juive » qu'elle représente l'idéal-type du génocide, ce dernier se fondant sur une accusation globale contre une entité supra-individuelle. Aussi évidente que paraisse cette relation, caractériser à cause d'elle la Seconde Guerre mondiale comme une guerre d'extermination serait néanmoins peu pertinent, car les prémices du génocide sont déjà visibles pendant la Première Guerre mondiale, et avant même 1917.

En outre, il n'y eut pas que des génocides allemands et ces derniers ne frappèrent pas que les Juifs. Ils n'en eurent pas moins des caractères spécifiques, que seule la comparaison permettra pourtant de définir.

La guerre contre la Pologne commença par un génocide « virtuel » commis par les Polonais, ce qu'on a appelé le « dimanche sanglant de Bromberg », au cours duquel des Polonais, ivres de fureur, massacrèrent quelques milliers de concitoyens d'origine allemande. Pour autant, les attaques des bombardiers sur Varsovie et d'autres villes, avec les pertes qu'elles occasionnèrent dans la population civile, n'étaient pas une réponse à ce massacre, puisqu'elles étaient déjà prévues dans les plans de guerre et qu'elles constituèrent, après Guernica et Barcelone, la première mise en œuvre, à vrai dire sous une forme encore très partielle, des tendances génocidaires inhérentes à la conduite moderne des guerres.

Le blocus que l'Angleterre et l'Allemagne s'imposèrent mutuellement signifia tout simplement une reprise de la guerre mondiale. Comme pendant la précédente, le rationnement et la répartition des vivres disponibles permirent de rendre les souffrances supportables et d'envisager que, le cas échéant, la paix y mette fin à temps. En revanche, l'intention affichée par Churchill dans une lettre du 8 juillet 1940, destinée à lord Beaverbrook, était ouvertement génocidaire, puisqu'il affirmait qu'une seule chose pouvait retenir et abattre Hitler : « Une campagne d'extermination, de dévastation totale, exécutée par de très gros bombardiers, partant d'Angleterre pour attaquer le territoire nazi » [1]. Un discours prononcé par le Premier ministre en avril 1941, donc avant l'attaque allemande contre l'Union soviétique, prouve clairement qu'il ne s'agissait pas de paroles en l'air : « Il existe moins de soixante-dix millions d'abominables Huns, on peut en sauver quelques-uns, il faut tuer les autres [2]. » Et, en effet, les Anglais et les Américains menèrent une guerre d'extermination quasi exclusive jusqu'au débarquement de juin 1944, par la suite encore pour une bonne part, sous la forme d'une succession d'attaques aériennes contre la population allemande, au cours desquelles sept cent mille personnes périrent dans des souffrances et des terreurs inconcevables auparavant. Bien sûr, Hitler voulait lui aussi « rayer leurs villes de la carte ». Mais chacun estimerait aujourd'hui absurde d'apprécier ce genre de déclarations indépendamment de déclarations analogues de Churchill ou de poser en principe qu'une succession unilatérale de décisions allemandes ne suscitèrent, du côté anglais, que des réactions.

Quelques semaines après le début de la guerre, Staline fit déporter en Sibérie la population de la République des Allemands de la Volga. Il est vraisemblable que près de 20 % de ces déportés ne survécurent pas à un

1. Churchill, *op. cit.* (note 13 du chapitre V-1), tome II, p. 567. (Churchill, *La Deuxième Guerre...*, *op. cit.*, tome III, p. 347.)

2. Churchill, *op. cit.* (note 1 du chapitre V-2), p. 6384.

transport de plusieurs semaines, sous une chaleur torride. Le pourcentage fut sans doute encore plus fort en ce qui concerne les Lituaniens, les Lettons et les Estoniens qui furent emmenés vers l'intérieur de l'Union soviétique, immédiatement avant le déclenchement de la guerre, au cours d'une deuxième vague de déportations. C'est selon toute vraisemblance dès 1940 que l'état-major général soviétique avait envisagé des *mesures spéciales* contre les peuples du Caucase du Nord, essentiellement les Tchétchènes, les Ingouches et les Kalmouks. En raison de la longue résistance qu'ils avaient opposée à l'expansion russe sous les tsars, on les considérait comme peu sûrs en cas de guerre. Effectivement, de larges fractions de ces peuples rallièrent les Allemands, qui leur promettaient la liberté et l'indépendance et, en 1944, ils furent tous sans exception *déplacés*. Les Tartares de Crimée connurent le même sort et, d'après Robert Conquest, pas loin de 50 % d'entre eux périrent durant les dix-huit mois qui suivirent leur déportation [3]. La collectivisation avait déjà fait de nombreuses victimes parmi les peuples nomades de l'Union soviétique asiatique, mais Staline procédait désormais tout à fait ouvertement à des massacres ethniques à titre préventif et répressif. Il semble bien que les combats que l'Armée rouge dut livrer contre les partisans de l'ONU [4], après avoir réoccupé le pays, eurent eux aussi partiellement le caractère d'un génocide. À cet égard, il est tout à fait significatif que Khrouchtchev, dans son rapport secret, ne plaisantait qu'à moitié lorsqu'il affirmait que Staline aurait aussi déporté les Ukrainiens s'ils n'avaient été si nombreux et s'il y avait eu un endroit pour les déporter [5]. Lorsque le maréchal Mannerheim informa ses alliés allemands qu'il allait signer un armistice avec l'Union soviétique, il se justifia en expliquant que son peuple serait « à coup sûr déporté ou exterminé » s'il n'accomplissait pas à temps ce pas douloureux [6]. Le génocide caractérisait donc, plus largement encore que dans le cas de l'Angleterre, la manière dont l'Union soviétique menait la guerre, et l'on ne pourra éviter de se demander s'il ne convient pas de ranger sous la notion d'assassinat ethnique le projet de Beneš visant au *transfert* des Allemands des Sudètes. Il ne fait en tout cas aucun doute que c'est bien dans cette catégorie qu'il faut classer le plan de Churchill tendant à « déplacer la Pologne vers l'Ouest » et donc à chasser la population allemande des territoires allemands situés à l'est de l'Oder et de la Neisse.

---

3. Robert Conquest, *The Nation Killers. The Soviet Deportation of Nationalities*, Londres, 1970, p. 103, 162.

4. Organisation des nationalistes ukrainiens, dirigée par Stepan Bandera en 1941. *Cf. Russischer Kolonialismus in der Ukraine. Berichte und Dokumente*, Munich, 1962.

5. Khrouchtchev, *op. cit.* (note 11 du chapitre III-2), p. 886. (Branko Lazitch, *Le Rapport Khrouchtchev...*, *op. cit.*, p.117.)

6. Gustav Mannerheim, *Erinnerungen*, Zurich-Fribourg, 1952, p. 526 et suiv.

Malgré tout, les génocides de Hitler appartiennent à une autre catégorie. La différence n'est pas qu'ils auraient tous été plus importants sur le plan quantitatif. Si l'on considère les chiffres, il semble bien que l'on n'ait pas fusillé sensiblement plus d'anciens officiers dans le Gouvernement général que dans la partie de Pologne occupée par les Soviétiques. Mais, pour Hitler, l'extermination était un principe et c'est très tôt qu'il exigea « l'exécution de tous les représentants de l'intelligence polonaise »[7]. Et, surtout, le rapport entre fin et moyen était ici renversé. La fin n'était plus de vaincre dans une guerre défensive, alors que les attaques aériennes et les déplacements de populations étaient un moyen, commandé par les circonstances, de terminer victorieusement la guerre. La libération d'un « espace vital » était, elle, une fin et la guerre un simple moyen. L'assassinat ethnique ne cessait donc pas avec la fin de la guerre ; au contraire, la victoire le rendait possible sur une plus grande échelle. Pour les peuples menacés, capituler ne servait à rien et, s'ils se montraient prêts à se ranger aux côtés des Allemands, ces derniers y voyaient même un danger. En janvier 1941 déjà, Himmler avait dit dans un discours prononcé au château de Wewelsburg, que trente millions de personnes devaient disparaître à l'Est[8]. En 1944 encore, il s'obstinait à penser qu'il faudrait repousser de cinq cents kilomètres vers l'est les frontières de l'Allemagne[9]. Le « Plan général Est » prévoyait de déplacer trente et un millions de personnes en Sibérie et d'en « ré-ethniser » des millions d'autres. Si la mort de millions de prisonniers de guerre soviétiques durant l'hiver 1941-1942 peut en bonne partie s'expliquer par le poids des circonstances, la moindre n'étant pas les ordres d'extermination donnés par Staline lui-même, la raison essentielle n'en reste pas moins la volonté de Hitler d'affaiblir biologiquement le peuple russe, une volonté qui n'avait pas de véritable équivalent du côté de Staline, même si l'appel à « tuer » d'Ilya Ehrenbourg, en 1942 déjà, correspondait au dessein d'extermination biologique de Hitler[10]. Certes, les motifs de la politique de l'« espace vital » étaient divers et étaient loin de tous relever de la volonté de cet homme : peur de la supériorité démographique des « peuples orientaux » ; rêves d'une vie paysanne saine, seule capable d'émousser les conflits sociaux et de sauver les Allemands de la « mort de la civilisation » ; anglophilie se traduisant par le sourd désir d'une « Inde allemande » ; enfin, et ce n'était pas le moins important, le souvenir du blocus anglais de la Première Guerre mondiale et des conséquences qu'il avait entraînées. Mais, même si l'on isole l'idée hitlérienne la plus rationnelle, celle de conquérir pour l'Allemagne une position de

7. IMG, tome XXXIX, p. 428.

8. IMG, tome IV, p. 535 et suiv. (déclaration de Bach-Zelewski).

9. Heinrich Himmler, *Geheimreden 1933 bis 1945*, Francfort/Main, 1974, p. 183. (Édition française : *Discours secrets*, Gallimard, Paris, 1978, NdT.)

10. Buchbender, *op. cit.* (note 14 du chapitre V-2) p. 305.

superpuissance, on se rend compte facilement que Vlassov et ses soutiens n'avaient aucune chance de s'imposer tant que Hitler croirait encore en *sa* victoire. Car, de même qu'il estimait, semble-t-il, que la « décomposition bolchevique » se propagerait inéluctablement si l'on ne parvenait pas à mettre en place pour l'éternité des structures spéciales, de même il était persuadé que la possession d'armes mène tôt ou tard à l'indépendance et que, dans un avenir prévisible, la *Russie nationale* de Vlassov serait plus forte qu'un Grand Reich allemand se contentant des frontières de 1939. En ceci, lorsque Erich Koch menait en Ukraine une politique coloniale, « comme chez les nègres », lorsque, dans les assemblées ukrainiennes qui voulaient le saluer, il faisait sauter le pain et le sel des mains qui le lui offraient et lorsqu'il ne cessait de faire fouetter en public, c'était bien la politique de Hitler qu'il mettait en œuvre. C'était une politique d'assassinat ethnique mental, de génocide par le mépris et l'humiliation, et il lui fallut bien constater avec étonnement, parce que cela battait en brèche ses propres idées ainsi que celles de Hitler, que la population réagissait avec plus de violence et de fermeté aux humiliations et au mépris qu'aux exécutions. Selon les termes d'un mémorandum de l'époque, les bolcheviks avaient certes exécuté pas mal de monde, mais n'avaient pas fait fouetter une seule personne en public. Le Dr Bräutigam, le diplomate le plus avisé au sein du ministère des Affaires orientales, en tira, dans un remarquable rapport, la conclusion que les Russes et les Ukrainiens allaient désormais lutter contre les Allemands pour défendre leur dignité d'hommes[11]. Ainsi s'explique qu'il ne fut pas possible, en Union soviétique, de mener contre les bolcheviks et le système despotique de Staline le combat pour la liberté et la dignité individuelles, alors même que beaucoup de Russes, d'Ukrainiens et même d'Allemands y étaient disposés. Au contraire, c'est en définitive une simple guerre de conquête et d'extermination que conduisirent les Allemands ; en tant que telle, c'est-à-dire un obscur *combat ethnique*, elle n'avait aucun soubassement idéologique, mais était uniquement portée par un égoïsme national illimité. Lorsqu'une nation se déclare « supérieure » et qu'elle veut débarrasser la terre de tous les « inférieurs », y compris les malades mentaux, pour pouvoir exercer une domination prétendument appelée par la nature et, en même temps, « se refaire une santé » au sens tout à fait matériel du terme, il ne s'agit pas d'*idéologie* et la nation en question ne devra pas s'étonner si, pour finir, elle dresse contre elle toutes les autres nations et perd même les quelques amis que, sur la base de déclarations et d'objectifs de nature différente, elle gardait encore.

En revanche, ce qui s'appela la « solution finale de la question juive » semble un événement totalement tributaire de l'idéologie, car Hitler et

11. IMG, tome XXV, p. 331 et suiv.

Goebbels ont à maintes reprises et, apparemment, en toute conviction subjective, déclaré qu'éliminer le « danger juif » et « crever l'abcès juif » était « rendre service à l'humanité ». Effectivement, il est beaucoup plus facile de mettre ici en lumière le rapport avec l'antibolchevisme que pour la politique de l'espace vital. D'un autre côté, il est incontestable que l'antisémitisme national-socialiste représentait une forme extraordinairement plus étroite et aiguë de l'antibolchevisme, *a fortiori* de l'antimarxisme, car il portait beaucoup plus l'empreinte de l'interprétation que de l'empirisme [12]. Il faut donc ranger l'antisémitisme national-socialiste dans une espèce particulière d'antibolchevisme. Tous les nationaux-socialistes ne l'ont d'ailleurs pas partagé avec la même conviction. Il n'en possédait pas moins une portée internationale incontestable et on est donc en droit de le qualifier d'idéologie. Mais, nous le verrons, cette définition sommaire demande à être rendue plus opératoire.

On peut dater du 1er avril 1933, jour du lancement de la campagne de boycott, le début de mise en œuvre pratique de la *solution finale*. Il est aussi permis de se demander si la « Loi sur la prévention des maladies héréditaires dans la nouvelle génération », adoptée le 14 juillet 1933, ne préfigure pas, déjà, la politique de génocide.

Mais, autant il n'est pas niable que les tout premiers propos de Hitler annoncent déjà, ne serait-ce que sous forme allusive, une élimination physique des Juifs [13], autant il n'est pas justifié de croire que Hitler suivait depuis 1933, pour ne pas dire depuis 1923, un plan bien arrêté. Il n'était d'une part pas le seul à mener cette politique antisémite, même s'il en était sans conteste le facteur décisif ; par ailleurs, elle dépendait, comme toute politique, d'un grand nombre de circonstances extérieures. Les tentatives de certains auteurs pour reconstruire un « processus d'extermination » homogène, auquel aurait participé l'ensemble de l'administration allemande, ne sont pas suffisamment nuancées [14]. Il convient, en fait, de distinguer diverses phases et périodes qui ne répondent pas, dans un premier temps, au concept de génocide, avant que les méthodes, les intentions et les tendances à mener l'extermination jusqu'à son terme conduisent à même le dépasser.

La première phase a duré jusqu'en 1941 ; on peut l'appeler la phase de discrimination. Elle avait pour objectif principal de donner aux Juifs les caractéristiques d'un *peuple* et non d'une *confession*. Cette tendance

12. *Cf. supra*, p. 148.

13. Nolte, *op. cit.* (note 20 du chapitre II-4), p. 407 et suiv.

14. Raul Hilberg, notamment, soutient la thèse d'une large participation de la bureaucratie allemande in *Die Vernichtung der europäischen Juden*, Berlin, 1982 (Édition française : *La destruction des Juifs d'Europe*, Fayard, Paris, 1988 ; les références renverront ici à l'édition Folio, Gallimard, Paris, 1991) ; c'est surtout Uwe Dietrich Adam qui a cherché à montrer l'absence de tout plan préétabli (*Judenpolitik im Dritten Reich*, Düsseldorf, 1972).

n'avait rien de spécifiquement national-socialiste, puisqu'elle était importante chez les Juifs eux-mêmes. Elle résultait, en dernière analyse, de l'image que ces derniers avaient d'eux-mêmes, ne parvenant pas à se résoudre à ce que leur communauté millénaire soit réduite au statut d'une simple confession au sein d'un État neutre sur le plan religieux. À cet égard, les sionistes étaient les Juifs les plus authentiques et ce n'est pas seulement pour se soustraire aux attaques antisémites qu'ils revendiquaient un État juif. La lutte des sionistes contre les « assimilés » était par conséquent une lutte pour l'affirmation d'une identité menacée. La bourgeoisie cultivée, elle, était en règle générale pour la disparition de l'ethnicité traditionnelle, tout en espérant réussir à transmettre au monde moderne quelques-uns des traits fondamentaux de l'éthique juive. C'est ainsi qu'entre 1910 et 1920 les fils et filles sionistes de la bourgeoisie juive cultivée, d'une part, ses enfants socialistes ou communistes, de l'autre, se retrouvèrent aux deux extrêmes du spectre politique et s'affrontèrent vivement. Alfred Rosenberg, dans son texte *Le sionisme ennemi de l'État*, émit en 1921 l'hypothèse qu'il s'agissait en fait d'une ruse, les protagonistes se répartissant les rôles en vue d'établir la domination juive sur le monde. Dans la pratique, toutefois, le national-socialisme victorieux se rangea totalement aux côtés des sionistes et, par le traité de Haavara, en 1935, favorisa plus qu'aucun autre État la *colonisation* juive de la Palestine. Ce qui n'empêche pas la déclaration ultérieure d'Adolf Eichmann, selon qui les SS et les sionistes étaient, du point de vue des objectifs, comme des « frères » [15], de déformer grossièrement les faits. Car il ne s'est jamais agi d'une *discrimination* au sens neutre du terme, c'est-à-dire d'une séparation ou d'un partage, mais d'une discrimination négative, consistant à désavantager et à mettre à l'écart. C'était évident depuis les Lois de Nuremberg, qui transformaient les contacts sexuels entre Juifs et Allemands en actes criminels, alors que les autres non-Allemands n'étaient soumis à aucune restriction spéciale dans leurs rapports avec des Allemands. Donc, dès 1933 et 1935, il existait un génocide mental, qu'il était possible de comparer, avant la lettre, à celui d'Erich Koch en Ukraine, à la différence notable, toutefois, que le moteur principal n'en était pas encore le mépris mais la peur – de la *contagion*, de l'*empoisonnement* ou de la *désagrégation*. Une troisième composante de la discrimination consista en outre à dépouiller une minorité vivant dans l'aisance matérielle, ou, pour reprendre le vocabulaire national-socialiste, à récupérer les biens allemands que des parasites s'étaient appropriés. Sous cet aspect, la discrimination des Juifs en revenait à une forme de lutte de classe et d'expropriation d'une classe, suffisamment visible pour satisfaire les vieux ressentiments mais en même temps suffisamment

15. Rudolf Aschenauer, *Ich, Adolf Eichmann. Ein historischer Zeugenbericht*, Leoni, 1980, p. 505.

limitée pour ne pas susciter de résistances insurmontables. Un mode d'*expropriation de la bourgeoisie* très imparfait donc, mais, dans les conditions qui étaient celles de l'Europe, le seul possible. La guerre ayant commencé, l'encouragement à émigrer en Palestine céda un bref moment la place à un projet visant à faire s'établir les Juifs à Madagascar, mais le cours des événements le rendit bientôt irréaliste.

La deuxième phase, à partir de fin 1941, fut celle de la déportation *à l'Est* des Juifs allemands d'abord, puis des Juifs originaires de nombreux pays européens. Le problème posé est de savoir si ces déportations ont été, en tant que telles et dès le départ, des éléments d'un processus d'extermination. Ici encore des nuances s'imposent. Une première question mérite d'abord réponse : peut-on qualifier les Juifs de groupe *en guerre*, c'est-à-dire de groupe irrémédiablement hostile ? Il faut répondre non, sans hésitation, pour une partie considérable des Juifs allemands jusqu'au pogrome de novembre 1938. Les anciens combattants, tout particulièrement, se sentaient des citoyens allemands en dépit des Lois de Nuremberg, mais ils n'étaient pas les seuls. Et, si l'on ne pouvait attendre des Juifs allemands qu'ils fussent des partisans et des admirateurs d'Adolf Hitler, il est tout aussi certain qu'ils ne souhaitaient rien de mal à l'Allemagne, leur patrie, et rien n'atteste qu'un nombre significatif d'entre eux se soient activement engagés en faveur des Alliés. Mais on ne peut s'arrêter à cette constatation. On a déjà parlé ici de Chaïm Weizmann et de sa déclaration de septembre 1939 faisant état de la lutte *des Juifs* aux côtés des Alliés. En août 1941, une assemblée de Juifs soviétiques éminents lança un appel beaucoup plus passionné encore aux Juifs du monde entier pour qu'ils soutiennent la juste lutte de l'Union soviétique et de ses alliés [16]. En 1961, un auteur comme Raul Hilberg, qui, dans son livre *La destruction des Juifs d'Europe*, ne cesse de souligner la passivité des Juifs et la faible résistance qu'ils manifestèrent, a néanmoins écrit : « Tout au long de la Seconde Guerre mondiale, le peuple juif fit sienne la cause des Alliés [...] et contribua à la victoire finale [17]. » Si l'on se souvient que les Américains, au lendemain du 7 décembre 1941, internèrent dans des camps leurs propres concitoyens d'origine japonaise, femmes et enfants compris, et que les Anglais firent partir pour le Canada, comme « étrangers hostiles », une bonne partie des émigrés allemands antifascistes [18], on ne pourra contester sans autre forme de procès que les déportations, en tant que telles, aient pu passer pour inévitables aux yeux de la population allemande. À l'automne 1941, à Berlin seulement, vivaient encore plus de soixante-dix mille Juifs, chiffre étonnamment élevé, et, si l'on garde à l'esprit que Staline, dans son discours du 3 juillet 1941, énumérant les

16. *Ibid.*, p. 217 (maintes fois prouvé par d'autres sources).
17. Hilberg, *op. cit.*, p. 710. (Édition française : p. 903.)
18. *Cf. supra*, p. 346.

éléments dangereux au sein de la population soviétique, y incluait même les « propagateurs de faux bruits » [19], on contestera moins encore la légitimité de principe de mesures préventives. Pourtant, de même que la phase d'encouragement de l'émigration, à la suite des Lois de Nuremberg, n'avait aucunement un caractère sioniste, de même la phase suivante, celle de la déportation, était placée, même aux yeux du simple spectateur, sous de tout autres auspices que ne l'étaient les exemples américano-japonais ou anglais. On marqua en effet les Juifs de l'« étoile jaune », recourant ainsi à une méthode expressément moyenâgeuse. L'article du ministre de la Propagande publié à cette occasion par l'hebdomadaire *Das Reich*, sous le titre « C'est la faute des Juifs », rappelait donc fâcheusement le « hepp, hepp » des pogromes.

Et pas un des soldats allemands qui y combattaient, pas un des civils qui y travaillaient ne pouvait totalement ignorer la signification réelle du mot « l'Est ». Cela signifiait en tout cas « ghetto », et pas seulement en référence à Theresienstadt, en Bohême, où un certain nombre de Juifs âgés et privilégiés menaient une existence certes recluse mais somme toute supportable, du moins tant que le camp ne fut pas utilisé comme étape transitoire pour les déportés en route pour Auschwitz. Il semble certes y avoir eu un court instant le projet de réserver à proximité du Bug un territoire d'une certaine taille pour un véritable « État juif », mais il fut vite abandonné et les Juifs déportés ne purent trouver place ailleurs que dans les ghettos qui, comme ceux de Varsovie ou de Lodz, désormais appelée Litzmannstadt par les Allemands, étaient effroyablement surpeuplés, enclos de murs, et où sévissaient la faim et le typhus. La seule alternative était l'internement dans des camps spécialement installés à cet effet. Ce qui avait été au départ du destin juif à l'époque moderne redevenait sa destination finale : le *schtetl*, dont, par centaines de milliers, les Juifs avaient fui l'exiguïté moyenâgeuse pour se transformer, dans l'*Ouest cultivé,* en Allemands, en Français, en Américains ou même en sionistes, était redevenu leur lieu de résidence, mais cette fois sous la forme d'un camp de concentration, hélas par trop moderne.

Il faut aussi procéder à des différenciations là où la Wehrmacht est directement entrée en contact avec la population juive soviétique vivant dans des régions de peuplement largement homogènes encore. L'usage assez général du terme de *solution finale* dans ce cas est porteur de confusion. Il s'agit des actions des groupes d'intervention ou *Einsatzgruppen* de la SS, dont on sait qu'ils suivaient immédiatement l'avance des armées en Union soviétique. Ils « liquidèrent » des centaines de milliers de Juifs, pour reprendre le terme dont avaient coutume d'user les *rapports d'activité URSS*, rapports qui, d'ailleurs, ne contenaient pas

19. *Cf. supra*, p. 432 et suiv.

exclusivement, ni même essentiellement, les phrases toujours citées faisant avec insensibilité le constat des assassinats collectifs. Ils contenaient aussi des informations sur les exécutions auxquelles procédait le NKVD en se retirant ainsi que des analyses de la situation, de caractère informatif, qui, souvent, plaidaient en faveur d'un meilleur traitement des populations russes et ukrainiennes. Ici aussi se pose une question préalable que la littérature spécialisée ignore très souvent. En plus des *Einsatzgruppen* eux-mêmes, d'assez nombreux militaires de la Wehrmacht, jusqu'à des généraux, ont affirmé dans leurs rapports que c'étaient essentiellement des Juifs qui menaient la guerre de partisans et, pour eux, les *opérations antijuives* étaient par conséquent des représailles. Les célèbres décrets des maréchaux von Reichenau et von Manstein ainsi que d'autres communiqués officiels de même genre procédaient du même postulat : ils illustrent parfois combien le souvenir de la guerre civile allemande et des luttes entre communistes et nationaux-socialistes sous la République de Weimar était demeuré vivace. Il aurait effectivement été très étonnant qu'il ne se trouve pas de nombreux Juifs pour obéir à l'ordre de Staline de mener une guerre de partisans. Mais les opérations des *Einsatzgruppen* présentèrent justement la particularité non seulement de dépasser assez souvent la proportion de cent personnes du camp adverse fusillées pour chaque mort de son propre camp, proportion habituelle lors des guerres civiles, mais aussi d'identifier *aux Juifs*, sans plus de vérifications, les partisans ou les bataillons d'extermination de l'Armée rouge. C'est ainsi qu'un grand incendie et de nombreux attentats à l'explosif dans la ville, responsables de la mort de plusieurs centaines de soldats allemands, constituèrent les prémisses du bain de sang du ravin de Babi Yar, près de Kiev, au cours duquel trente-trois mille Juifs furent assassinés. Mais c'était un bataillon d'extermination de l'armée soviétique qui était à l'origine de ces attaques et rien n'indique qu'il ait été exclusivement ou même principalement composé de Juifs. Les avis, dans la littérature spécialisée, diffèrent quant à la part prise par ces derniers à la guerre de partisans : les ouvrages occidentaux insistent sur la passivité des Juifs qui, la plupart du temps, se seraient laissé exécuter sans résistance ; la littérature soviétique regorge en revanche de récits d'actions héroïques, y compris dans la lutte contre des « collaborateurs » et des « traîtres » juifs ; les auteurs allemands mettent, eux, l'accent tantôt sur l'un des aspects, tantôt sur l'autre [20]. Dans de nombreux cas, toutefois, il ne peut absolu-

---

20. Un exemple de littérature communiste : *Faschismus – Ghetto – Massenmord. Dokumentation über Ausrottung und Widerstand der Juden in Polen während des Zweiten Weltkrieges*, édité par l'Institut d'histoire juive de Varsovie, Francfort/Main, 1962.

Sur les affrontements entre Juifs, *cf.* Hilberg, *op. cit.*, p. 552 (Édition française : p. 432, note 71) : dans le ghetto de Varsovie, les communistes traitaient les révisionnistes sionistes de « fascistes juifs bourgeois-nationalistes ». La SS expliquait pour sa part l'absence de résistance par les vingt ans de terreur exercés par le NKVD (*ibid.*, p. 229, édition française : p. 276). Au nombre des auteurs soulignant la passivité des Juifs, si bien que l'enment pas être question de représailles. C'est ce qui ressort des *rapports d'activité* eux-mêmes. Au contraire, des milliers et des dizaines de milliers de Juifs furent rassemblés puis fusillés par des SS et parfois aussi par des forces supplétives composées d'autochtones. Gerald Reitlinger estime à plus d'un million le nombre total des victimes des *Einsatzgruppen* en URSS, Raul Hilberg à 1,3 million et Krausnick-Wilhelm à 2,2 millions [21]. Même lorsqu'on prend en compte les actes commis par le NKVD et même si l'on admet que Katyn n'a à coup sûr pas été un cas isolé, on peut et on doit conclure que les opérations des *Einsatzgruppen* furent pires que celles du NKVD [22]. Ce dernier avait tenté d'assassiner la *couche dirigeante* des Polonais, coupable à ses yeux d'être *contre-révolutionnaire*, alors que les *Einsatzgruppen* firent à l'étranger ce qu'il était impossible de faire en Allemagne : ils exterminèrent, tendanciellement, la masse de la population considérée comme *révolutionnaire*. Des contre-révolutionnaires qui, avec un esprit de suite total, prennent pour modèles les révolutionnaires, ne peuvent que commettre des méfaits bien pires parce que quantitativement plus importants. Mais communistes et nationaux-socialistes n'incarnaient pas aussi simplement l'idéal-type de la révolution ou de la contre-révolution ; car, en réalité, seule une partie

---

semble de la solution finale, y compris l'action des *Einsatzkommandos*, apparaît comme une simple succession de meurtres, il y a aussi Martin Gilbert, *Endlösung. Die Vertreibung und Vernichtung der Juden. Ein Atlas*, Reinbek, 1982.

21. Gerald Reitlinger, *Die Endlösung*, Berlin, 1961 ; Raul Hilberg (*cf.* note 14) ; Helmut Krausnick-Hans Heinrich Wilhelm, *Die Truppe des Weltanschauungskrieges*, Stuttgart, 1981.

22. Il n'est pas tout à fait exact que « pas un seul » des hauts dirigeants nationaux-socialistes n'ait esquissé une tentative de justification des mesures exterminatrices de Hitler (*cf. Der Faschsimus in seiner Epoche*, p. 484). Otto Ohlendorf a tout au contraire présenté l'activité des *Einsatzgruppen*, dont il a commandé le quatrième (« D ») pendant presque une année à partir de juin 1941, comme une impérieuse nécessité de la guerre, mais il montre en même temps combien ses convictions et préjugés idéologiques déterminaient son regard (« Thus our experiences in Russia were a definite confirmation of the Bolshevist theory and of the pratice as we had learned about it before », p. 248). Et il s'identifia aussi à un ordre du Führer dont lui, l'intellectuel, ne pouvait pas ne pas voir qu'il était impensable, à savoir « combattre également un danger qui pourrait surgir à l'avenir » (p. 284). De cette exigence de « sécurité durable » résultait obligatoirement l'exécution d'enfants, actes dont Ohlendorf ne se distancia pas (p. 356) (*Trials of War Criminals Before the Nürnberg Military Tribunal*, vol. IV, *The Einsatzgruppen Case)*. Il ne suffit pas, pour mettre en évidence le « hiatus », de s'indigner à propos du bourreau intellectuel (Michel Mazon, « Otto Ohlendorf, bourreau intellectuel », in *Le monde juif*, n° 63-64, 1971), il faut ne pas refuser d'entendre aussi les mobiles de l'accusé : « La raison en a été, vous ne devez pas l'oublier, l'horreur qui fut la nôtre devant la situation faite aux groupes ethniques. Par exemple, le village d'Allemands de souche, Friedenstal, où il n'y avait plus un seul homme entre 10 et 65-70 ans ; les bolchevistes les avaient emmenés au cours de trois actions en 1921-1922, en 1933 et en 1936-1937 ». (Interrogatoire d'Ohlendorf du 16 octobre 1947, Archives de l'Institut d'histoire contemporaine de Munich.) Si terrible que soit la liquidation d'hommes adultes, celle d'enfants se situe à un autre niveau encore.

des Juifs soviétiques eux-mêmes appartenaient à la population *révolutionnaire*, c'est-à-dire fidèle à Staline, tandis qu'à l'inverse de nombreux Russes et Ukrainiens s'identifiaient eux aussi à l'État soviétique [23]. D'un autre côté, Staline s'en est pris lui aussi à des peuples entiers, par exemple les Allemands de la Volga. Ces déportations concernaient l'ensemble de la population, « y compris tous les communistes et Komsomols sans exception » si l'on en croit Khrouchtchev [24], parce qu'il voyait en eux des auxiliaires potentiels de l'ennemi. Ce fut, là aussi, une exacerbation *(Überschießen)*, une généralisation, une mise en accusation collective, mais les Allemands de la Volga, comparés aux Juifs, étaient peu nombreux et il suffisait de *simplement* les déporter. Les opérations des *Einsatzgruppen* ont donc été l'exemple le plus radical et le plus massif d'une lutte préventive contre des *ennemis*, lutte dépassant de loin tout ce que pouvaient exiger sur le plan concret les objectifs militaires immédiats. En comparaison, Nikolaïevsk et Katyn apparaissent comme des opérations considérablement moins effroyables [25]. Mais, surtout, il faut admettre que, aussi bien dans l'intention de leur instigateur que dans la conscience qu'en avaient les principaux protagonistes, ces massacres collectifs étaient en étroite relation avec le stade ultime de la solution finale, l'assassinat collectif et quasi industriel perpétré dans des camps d'extermination comme Auschwitz-Birkenau, Treblinka et Belzec.

Bien sûr, quelques auteurs ont contesté le caractère effectif de ce stade ultime, l'assassinat dans les chambres à gaz des camps d'extermination d'environ trois millions de Juifs qui ne provenaient pas du tout des régions d'Union soviétique où se menait la guerre de partisans, alors que personne n'a encore nié la réalité des opérations des *Einsatzgruppen*. Les écrits en question ne sont pas le seul fait d'Allemands ou de *néofascistes* [26].

---

23. Les chefs des *Einsatzgruppen* n'étaient pas totalement inconscients de cet état de fait. On peut ainsi lire dans un rapport de l'*Einsatzgruppe* C, du 17 septembre 1941 : « Même s'il était possible d'éliminer totalement la juiverie, le cœur du danger politique n'en serait pas pour autant supprimé. L'action bolchevique est l'œuvre de Juifs, de Russes, de Géorgiens, d'Arméniens, de Polonais, de Lettons ; l'appareil bolchevique ne s'identifie nullement avec la population juive. [...] Dans ces conditions, nous manquerions notre objectif de sécurité politico-policière si nous placions notre tâche principale, qui est de détruire l'appareil communiste, en deuxième ou troisième position après la tâche, relativement plus facile, de l'élimination des Juifs. » Les *Einsatzgruppen* estimaient donc eux-mêmes qu'ils faisaient à la fois trop et trop peu (cité également, mais non dans son intégralité, par Hilberg, p. 244 ; édition française : p. 296).

24. Khrouchtchev, *op. cit.*, p. 886. (Branko Lazitch, *Le Rapport Khrouchtchev...*, *op. cit.*, p. 116.)

25. *Cf. supra*, p. 349-350.

26. Il est effectivement frappant de constater la présence d'assez nombreux non-Allemands parmi ces *négationnistes*, certains d'entre eux étant d'anciens détenus de camps de concentration allemands, Paul Rassinier par exemple. Leurs motivations sont variées, mais souvent honorables : aversion à l'égard d'une prétendue poursuite d'une simple propagande de guerre, critique de la politique israélienne à l'égard des Palestiniens, refus de frapper un ennemi à terre. (« Mon ennemi est vaincu. Ne comptez pas sur moi pour cracher

La démonstration, en règle générale, consiste à mettre en doute l'authenticité de documents centraux, par exemple le procès-verbal de la *Conférence de Wannsee* du 20 janvier 1942, ou à souligner les contradictions entre les témoignages ainsi que les grandes différences entre les chiffres cités par les experts. Il n'est pas rare d'entendre affirmer que les moyens techniques dont on disposait à l'époque ne permettaient pas des gazages collectifs d'une telle ampleur[27]. Mais, même si l'on réservait son jugement à propos de ces arguments, même si l'on ne prenait pas en compte de nombreux autres témoignages, par exemple ceux d'Eichmann[28], de

---

sur son cadavre », écrit Robert Faurisson, in Serge Thion : *Vérité historique ou vérité politique ? Le dossier de l'affaire Faurisson*, Paris, 1971, p. 196.) Mais, la plupart du temps, ces auteurs, en raison de thèses poussées à l'absurde, se réfutent eux-mêmes, Faurisson par exemple lorsqu'il affirme que jamais Hitler n'a ordonné ou permis que quiconque soit tué à cause de sa race ou de sa religion (*ibid.*, p. 187).

Néanmoins, la *littérature bien établie* serait en meilleure position si elle polémiquait objectivement avec les conceptions de ces auteurs, tant qu'elles ne sont pas manifestement sans fondements, au lieu de se contenter de coller à ces gens l'étiquette d'« extrême-droite ». C'est ainsi que nulle part on ne trouve examinés de manière approfondie certains doutes sérieux qui ont été émis non seulement à propos du procès-verbal de la « Conférence de Wannsee », mais aussi de son existence. Non seulement le nom du principal intéressé, Reinhard Heydrich, ne figure pas dans la liste des participants, mais il manque encore toute indication quant à l'heure du début et de la fin de la réunion. Mais, surtout, les 19 et 20 janvier furent des journées cruciales à Prague, celles d'un changement de gouvernement dont celui qui faisait fonction de *Reichsprotektor* pouvait difficilement s'absenter. Le journal *Der Angriff* a annoncé le 21 janvier 1942, sous le titre « Prague, le 20 janvier », que le *Reichsprotektor* adjoint avait reçu à 19 heures les membres du nouveau gouvernement. On ne peut exclure que Heydrich, par avion, ait pu rejoindre Prague avant 19 heures et c'est même vraisemblable, puisque Eichmann lui aussi parle de cette conférence comme d'une réalité évidente (Aschenauer, *op. cit.*, p. 50 et suiv., de même que Günther Deschner, *Reinhard Heydrich*, Esslingen, 1977, p. 25 et suiv.). Mais il demeure regrettable que la *littérature bien établie* paraisse si largement ignorer les règles scientifiques élémentaires *audiatur et altera pars*.

Les livres de l'historien américain Alfred M. de Zayas (pour l'époque d'avant 1945 : *Die Wehrmacht-Untersuchungsstelle. Deutsche Ermittlungen über allierte Völkerrechtsverletzungen im Zweiten Weltkrieg*, Munich, 1984) témoignent de manière tout à fait heureuse d'une volonté d'objectivité en provenance de l'étranger – hors du présent cadre de la solution finale. Ils permettent précisément de mieux voir en quoi consiste une différence qualitative.

27. Il est incontestable que le terme « gazer » apparaît déjà dans les premiers écrits sur les camps, s'appliquant alors à la désinsectisation, par exemple chez Walter Hornung, *op. cit.* On a depuis quelque temps accordé plus d'attention à cette question de la faisabilité technique : la réponse étant affirmative chez Werner Wegner (« Keine Massenvergasungen in Auschwitz ? Zur Kritik des "Leuchter-Gutachtens" » in *Die Schatten der Vergangenheit. Impulse zur Historisierung des Nationalsozialismus*, sous la direction de Uwe Backes-Eckhard Jesse-Rainer Zitelmann, Francfort-Main-Berlin, 1990, p. 450-476) ; négative, pour ce qui est des chiffres cités par les témoins, dans divers travaux de Carlo Mattogno (*cf. Grundlagen zur Zeitgeschichte*, sous la direction de Ernst Gaus, Tübingen, 1995). L'étude la plus détaillée, bien que le contenu ne corresponde qu'en partie au titre, le livre monumental de Jean-Claude Pressac, *Technique and Operation of the Gas Chambers*, New York, 1989, est lui aussi très critique à l'égard des chiffres avancés par les membres des commandos spéciaux.

28. Aschenauer, *op. cit.*, p. 52.

Höss, le commandant d'Auschwitz, ou de nombreux détenus de ces camps, il resterait le fait que des centaines et des centaines de milliers de personnes sont mortes et qu'un nombre étonnamment élevé d'entre elles ont été des Juifs [29]. Il demeure aussi des déclarations publiques, celles de Hitler prophétisant à plusieurs reprises ou constatant l'« anéantissement de la race juive en Europe », celles aussi de Julius Streicher, dans un numéro du *Stürmer* de 1943, affirmant que les Juifs s'approchaient à pas

---

29. La grande majorité des écrits sur la « solution finale » sont le fait d'auteurs juifs. Ils sont donc tout naturellement orientés en fonction d'un simple « schéma bourreaux-victimes », sans doute à juste titre dans la mesure où il est incontestable que c'est Hitler, ou le national-socialisme, qui eut l'initiative en la matière, et pas seulement depuis 1939, et où les « conseils juifs » firent effectivement preuve d'un grand esprit de coopération. Mais cette approche masque parfois d'autres aspects, qui n'apparaissent alors que sous la formes de remarques secondaires ou bien au travers de débats politiques entre les auteurs.

C'est ainsi que Gilbert (*op. cit.*, p. 76) note que les commandos de la mort ont trouvé une aide effective en Russie, les Juifs étant entourés d'une « population rurale extrêmement hostile », si bien qu'ils étaient parfois déjà morts avant l'arrivée des *Einsatzgruppen*, et que des « antisémites locaux », des troupes roumaines notamment, se sont livrés en outre à de nombreux pogromes. De la sorte, le caractère international de l'antisémitisme et d'une partie de la « solution finale » n'est pas totalement occulté. Reuben Ainsztein, pour sa part, souligne si fortement l'activité des résistants juifs à l'occasion de la polémique contre le concept des « moutons menés à l'abattoir », qu'il doit polémiquer avec des auteurs juifs qui ont déclaré que sa conception confortait les affirmations nationales-socialistes. Il ne faut donc pas, le terme de « bolchevisme juif » étant inexact, contester pour autant l'engagement de nombreux Juifs pour la cause du communisme pendant la guerre (*Jewish Resistance in Nazi-Occupied Europa with a historical survey of the Jew as fighter and soldier in the Diaspora*, Londres 1974, p. XVII et suiv., 913). Ainsztein ne craint pas non plus de citer une phrase de Chamberlain que l'on considère généralement comme relevant spécifiquement de la littérature d'extrême droite et qui fait pour cette raison l'objet d'un tabou, lorsque ce dernier déclare que ce sont les Américains et le judaïsme mondial qui l'ont obligé à faire la guerre (p. 873, d'après les Forrestal Diaries du 27 décembre 1945). Arno Lustiger, dans son livre *Zum Kampf auf Leben und Tod! Das Buch vom Widerstand der Juden 1933-1945* (Cologne, 1994), tranche lui aussi sur les descriptions habituelles en Allemagne, en premier lieu pour ce qui concerne la France. Il faudrait donc, certes, comparer aussi la littérature « juive » à ce qu'on appelle la littérature d'« extrême droite », dans la mesure où cette dernière ne relève pas de la simple propagande, mais on peut en même temps escompter un notable enrichissement de nos connaissances de l'examen sans complaisance de la littérature « juive » elle-même. Le numéro d'août 1964 des *Cahiers d'Auschwitz* rapporte ainsi qu'en juillet 1944 quatre cents hommes pris dans un transport de Juifs grecs auraient été chargés d'extraire les cadavres de chambres à gaz et de les brûler ; s'y étant refusés, ils auraient tous été gazés et brûlés. Mais la preuve a été apportée dans la *Voice of Auschwitz Survivors in Israel* (n° 36, octobre 1986, p. 27 et suiv.) qu'il ne s'agissait là que d'une rumeur. Même dans des revues beaucoup plus connues, par exemple la *New York Review of Books*, on trouve parfois une présentation des faits très critique envers les « conventional ethnic stereotypes – of German murderers, Jewish victims and Polish bystanders and collaborators » ainsi que sur l'« exclusive, martyrological approach », qui ne rendraient pas compte de l'« immensely complex world of Eastern Europe » (Norman Davies : « The Survivor's Voice », in *The New York Review of Books*, vol. XXIII, n° 18 du 20 novembre 1986, p. 21-23). Ce n'est que lorsque se seront généralisées les règles de l'audition des témoins et que les déclarations factuelles ne seront plus appréciées en fonction de critères politiques, que les efforts en vue d'une plus grande objectivité scientifique concernant la « solution finale » auront des effets plus assurés.

de géant de leur « extermination »[30]. Il demeure encore de nombreuses déclarations faites par Hitler au cours d'entretiens avec des diplomates étrangers ou à table, en présence d'invités. Ce sont justement ces déclarations qui éclairent le véritable arrière-plan de son *hostilité envers les Juifs*.

Le 17 février 1942, dans son quartier général, à table, Hitler dit à ses hôtes, au nombre desquels Himmler : « L'événement sensationnel du monde antique, ce fut la mobilisation de la pègre contre l'ordre établi. Cette entreprise du christianisme n'avait pas plus de rapport avec la religion que n'en a le socialisme marxiste avec la solution du problème social. [...] C'est au bout de quatorze siècles que le christianisme a atteint le sommet de la sauvagerie et de la stupidité. Aussi aurions-nous tort de pécher par excès de confiance et de proclamer notre victoire définitive sur le bolchevisme. Plus nous mettrons le Juif hors d'état de nuire, et plus nous nous mettrons à l'abri de ce danger. Le Juif joue dans le mal le rôle d'un élément catalyseur. Un peuple débarrassé de ses Juifs revient spontanément à l'ordre naturel. [...] Confiez le monde durant quelques siècles au professeur allemand – et vous aurez bientôt une humanité de crétins, composée d'hommes à grosses têtes posées sur des corps fluets[31]. »

Donc, ce qu'Adolf Hitler entendait réellement sous le terme de « Juif » n'est rien d'autre que ce que presque tous les penseurs du XIXe siècle appelaient, avec une connotation positive, le *progrès*, une maîtrise croissante de la nature accompagnée d'un éloignement de plus en plus grand de cette même nature, un mélange d'industrialisation et de liberté commerciale, d'émancipation et d'individualisme, dont Nietzsche d'abord, puis, à sa suite, quelques philosophes vitalistes comme Ludwig Klages et Theodor Lessing avaient déclaré qu'il menaçait la *vie*. Pour Hitler, cette vie s'identifie à l'*ordre naturel*, c'est-à-dire à la structure à la fois rurale et guerrière de la société qui existe encore, à ses yeux, sous sa forme classique, dans le Japon contemporain, tandis qu'en Europe l'utopie pacifiste du christianisme d'abord, puis une industrialisation démesurée avec ses crises et ses phénomènes de décomposition, l'ont mise en péril. Ce que Hitler a en vue, c'est donc le processus historique mondial qui avait été pour Marx progrès et déclin à la fois, un processus que l'on pourrait appeler l'intellectualisation du monde. En dépit de quelques premières indications en ce sens, Marx et Nietzsche, Lessing et même Klages s'étaient toujours bien gardés d'affirmer que l'on pouvait trouver une origine humaine concrète à pareil processus. Hitler, lui, osa cette démarche qui représentait le renversement

30. UuF, volume XIX, p. 490 et suiv.

31. Adolf Hitler, *Monologe im Führerhauptquartier 1941-1944*, Hambourg, 1980, p. 280. (Édition française : *Libres propos sur la guerre et la paix*, Flammarion, Paris, 1952, p. 303-305.)

total de toutes les idéologies existantes, mais que l'on ne peut appeler elle-même une idéologie au sens premier du terme, puisqu'elle confère à un groupe humain le pouvoir d'induire un processus transcendantal. Pour autant, sa thèse n'était pas absolument absurde, car il saute aux yeux que les Juifs, « peuple de l'écriture » et groupe que l'*émancipation* semblait avoir particulièrement favorisé alors qu'elle l'avait en réalité profondément affecté, étaient en fait en étroite relation avec cette intellectualisation. Mais ils n'étaient pas à l'origine du phénomène, ils n'étaient qu'une des formes sous lesquelles il se manifestait. Ce n'était donc pas sans un certain esprit de suite que Hitler, dans son plaidoyer pour la guerre en qui il voyait un élément indispensable de l'*ordre naturel*, tournait en priorité contre les Juifs les tendances génocidaires de la guerre moderne. Mais un génocide perpétré dans pareille intention n'est plus un simple génocide. Lorsqu'on ajoute à ceci la phrase qu'il prononça le 22 juillet 1941 à l'adresse du maréchal croate Kwaternik : « Si un État, pour une raison quelconque, acceptait que subsiste une seule famille juive chez lui, cette dernière deviendrait le foyer bacillaire d'une nouvelle décomposition »[32], on ne peut pas ne pas voir combien, chez lui, le renversement de la philosophie de l'histoire, la défense de l'*ordre naturel* et l'expérience révolutionnaire de 1918 allaient de pair. Certes, dans la suite de l'entretien, il évoqua Madagascar et la Sibérie comme lieux de séjour possibles pour les Juifs européens. Mais Madagascar lui était déjà inaccessible et la Sibérie allait bientôt l'être. S'il s'était contenté de faire déporter les Juifs d'Allemagne et du reste de l'Europe en Pologne pour qu'ils y vivent dans des ghettos, il n'aurait été qu'un simple bavard. Au moment où il s'entretenait avec Kwaternik, il avait déjà fait gazer les malades mentaux allemands et il est parfaitement possible que cette méthode lui soit apparue particulièrement « humaine ». Si l'on prend Hitler au sérieux, on ne peut nier ni les opérations exterminatrices d'Auschwitz et de Treblinka, ni les chambres à gaz[33]. On ne peut pas davantage mettre sur le même plan Auschwitz, Treblinka, Belzec et Sobibor, d'une part, et, de l'autre, les mesures d'extermination prises par les Oustachis croates à l'encontre de la population pravoslave de leur État. Auschwitz a été une *exacerbation* dont la signification est plus profonde encore que dans le cas de la lutte contre les partisans, qui avait pour objectif d'assurer une totale sécurité et qui présentait donc un caractère préventif, ou que l'espèce de planification ou de socialisme biologique désireux d'« extirper tout le nuisible et le mal-

32. Hillgruber, *Staatsmänner*, *op. cit.*, (note 28 du chapitre III-9), p. 614 in ADAP, D, volume XIII, 2, p. 838.

33. Cela ne signifie pas que l'historien doit prendre toutes les données chiffrées pour argent comptant, ce qui serait de toute façon impossible. À propos d'Auschwitz, la plupart des évaluations se situaient entre quatre millions et un million, jusqu'à ce qu'on retienne officiellement un chiffre compris entre un et un million et demi de victimes.

sain », dont tant de Tziganes furent victimes et qui était également dirigé contre les Slaves. La *solution finale* est singulière, et non pas seulement au sens trivial du terme. Mais elle n'échappe pas pour autant à la comparaison, car on n'a le droit de la dire singulière qu'après s'être livré à la comparaison la plus approfondie possible. On ne peut décréter son incompréhensibilité, donc arrêter de chercher, qu'au terme d'un long effort pour tenter de comprendre.

Mais il n'est pas contestable que cette extermination *transcendantale* s'est déroulée dans le plus grand secret. Penser ou chercher à suggérer, comme Hilberg, que tous les membres de l'Office principal « Administration et Economie » de la SS, voire que tous les cheminots qui s'occupaient des trains à destination d'Auschwitz étaient nécessairement informés de l'existence des chambres à gaz, revient à nier, si l'on est conséquent avec soi-même, une réalité : l'« ordre n° 1 », celui qui exigeait que personne n'en sache plus que ce qui était nécessaire pour accomplir sa tâche immédiate, établissant ainsi entre les exécutants une étanchéité plus grande encore que celle qu'opère de toute manière la division du travail dans la société moderne. Cela revient donc à nier que cent spécialistes puissent construire des chars d'assaut pendant que des milliers d'autres spécialistes croient avoir produit des pièces destinées à des tracteurs à chenilles. Hilberg rapporte lui-même d'ailleurs que l'épouse de von Schirach assista à Amsterdam, une nuit, à une rafle de Juifs et que ce spectacle l'émut tellement qu'elle en parla à son mari. Ce dernier lui conseilla, lors de sa prochaine visite au quartier général, d'attirer l'attention du Führer lui-même sur de tels « abus ». Mais Hitler l'aurait écoutée « de façon fort peu aimable » et le couple von Schirach aurait quitté la pièce au terme de cet « échange » [34]. Guderian, le plus célèbre, avec Rommel, des commandants de troupes blindées, déclara avec une sincérité manifeste, en mars 1945 encore, en présence de représentants de la presse, qu'il avait longtemps combattu sur le front oriental, mais que jamais il n'avait rien vu des « fours diaboliques, chambres à gaz et autres produits d'une imagination maladive » avec lesquels un ordre du maréchal Joukov essayait d'exciter la « haine des soldats soviétiques les plus primaires » [35].

La *solution finale* est sans conteste, de tous les actes du national-socialisme, le plus extrême et le plus significatif, mais son caractère caché en fait tout autant partie que le renversement de la philosophie de l'histoire traditionnelle qui la sous-tend et que même Hitler n'a jamais osé annoncer publiquement. Tendant à l'extermination totale d'un *peuple mondial*, elle diffère par essence de tous les génocides et constitue l'exacte image inversée de l'extermination, elle aussi tendancielle, d'une

34. Hilberg, *op. cit.*, p. 688. (Édition française : p. 875.)
35. UuF, volume XXII, p. 392.

classe mondiale par les bolcheviks. En ce sens, elle est la copie de l'original, le caractère social de ce dernier ayant fait place à un caractère biologique. Mais ainsi s'explique justement qu'elle ne soit pas une extermination simplement *biologique* ; elle représente bien plus un choix effectué en fonction du processus historique global, un choix *contre* le *progrès,* opéré sur la base de réalités progressistes, tandis que le bolchevisme était un choix *pour* le *progrès*, mais étroitement lié à des réalités retardataires. La *solution finale* n'est toutefois pas la seule perspective sous laquelle il soit possible d'appréhender le rapport entre bolchevisme et national-socialisme. Le bolchevisme et le national-socialisme ont toujours été opposés et le sont restés jusqu'au bout ; mais à aucun moment cette opposition n'a signifié contradiction et, plus la guerre approchait de son terme, plus les signes d'un « échange des caractéristiques » devinrent manifestes.

V-5

L'échange des caractéristiques et la victoire paradoxale de l'Union soviétique

Il ne faut pas entendre l'expression « échange des caractéristiques » au sens où le bolchevisme aurait, au cours de la guerre, adopté le visage de son adversaire et où le national-socialisme, à l'inverse, aurait adopté celui du bolchevisme. Il n'en demeure pas moins qu'on a pu observer, dans les deux régimes, des évolutions et des tendances qui conduisaient à un rapprochement interne réciproque entre les deux ennemis. L'hostilité entre eux n'en était pas pour autant affaiblie, elle s'en trouvait au contraire renforcée et, même si l'on prolonge les traits de chacun jusqu'à son idéal-type, on ne parvient pas à une identité entre les deux phénomènes.

Très tôt, ses ennemis et ses amis ont prétendu – ou ont craint – que le bolchevisme était en train de se « nationaliser » ou de s'« étatiser » : des émigrés et des communistes non orthodoxes s'accordèrent dès le début des années vingt pour dire que le bolchevisme était devenu le champion des intérêts traditionnels de l'État russe. Ils avançaient comme preuve à l'appui de cette idée la permanence d'une armée de cadres, avec un corps de généraux en chef professionnels ; même le terme de *commissaire du peuple* perdit rapidement son sens originel, à savoir qu'il s'agissait de fonctions seulement valables pour une courte période transitoire, uniquement destinées à « fermer la boutique », comme aurait pu dire Trotski à propos de l'ensemble de l'appareil bureaucratique [1]. La conception stalinienne du *socialisme dans un seul pays* représenta le grand pas suivant et suscita la résistance acharnée d'une partie considérable de la vieille garde du parti. Cette conception, bien entendu, n'exauça absolument pas les espoirs des émigrés ; il n'y eut pas de réconciliation entre la Russie ancienne et la Russie nouvelle, réconciliation que le parti au pouvoir ne recherchait d'ailleurs pas : le NKVD arrêta ou fusilla sur-le-champ les

1. *Cf. supra*, p. 269 (Louis Fisher, *op. cit.* [note 1 du chapitre IV-6], p. 8).

officiers qui regagnaient leur patrie et la force sociale la plus puissante qui aurait pu constituer la base d'une réconciliation, les paysans, fut anéantie en tant que classe, dans la mesure où ils furent dépouillés de leur indépendance. Même les techniciens étrangers, qui avaient pourtant joué un si grand rôle dans les débuts de l'industrialisation du pays, n'étaient pas à l'abri des persécutions. Le parti et sa conceptualisation marxiste continuaient à régner sans partage, situation qui n'était en rien modifiée par l'étrange capacité de métamorphose que possédait la langue idéologique ; cette dernière servait maintenant à combattre, comme marquée par l'« égalitarisme petit-bourgeois », la revendication traditionnelle d'une égalité aussi totale que possible, puisque l'on avait dû reconnaître que la différenciation des salaires et des activités était une condition indispensable à la poursuite de l'industrialisation. Mais avait-on encore affaire à une adaptation pragmatique à un contexte nouveau lorsque Staline, en 1934, donna, dans deux articles, le signal de la persécution et de la dissolution de l'école historique de Pokrovski [2] ? Pokrovski était tout de même le principal représentant d'une authentique démarche de pensée marxiste en matière historique ; elle s'en prenait à toutes les *classes dominantes*, et plus particulièrement à la classe dominante de l'ancienne Russie, avec une égale acrimonie et un égal mépris, ne tarissant pas de considérations, d'un côté sur des tsars despotiques, des propriétaires fonciers exploiteurs et des capitaines de guerre cruels, de l'autre sur des masses populaires exploitées et pressurées. Et voilà que Staline, bientôt suivi par de nombreux historiens, faisait valoir que l'histoire de l'Empire russe était loin de se réduire à une succession de scènes d'épouvante, qu'il avait au contraire été le théâtre d'un puissant progrès historique dont les auxiliaires, voire les pionniers, avaient souvent été les tsars et leurs collaborateurs. On dessinait à présent d'Ivan le Terrible un portrait nouveau, beaucoup plus lumineux, et même le régime de Nicolas Ier ne devait plus être exclusivement caractérisé comme celui d'une « terreur policière sanglante » [3]. On portait en particulier une appréciation désormais beaucoup plus positive sur les guerres de conquête des tsars, et il ne manquait pas grand-chose pour que cette expansion tous azimuts du berceau moscovite originel, phénomène dans lequel Marx voyait le principal danger menaçant l'Europe, fût considérée comme le paradigme du progrès en histoire. Le nouveau serment au drapeau que devaient prêter les soldats de l'Armée rouge, à partir de 1936, ne faisait plus mention des devoirs envers le *prolétariat mondial*. Depuis 1935, c'étaient des *maréchaux de l'Union soviétique* qui étaient à la tête de cette même Armée rouge. La grande purge affaiblit considérablement le caractère international de ce corps de généraux en chef et ce furent principale-

2. *Cf. supra*, p. 252.
3. Morozow, *op. cit.* (note 7 du chapitre IV-3), p. 121.

ment de jeunes Russes et de jeunes Ukrainiens qui accédèrent aux postes suprêmes ainsi libérés. En juin 1940, on réintroduisit les grades de général et d'amiral qui passaient jusqu'alors pour *bourgeois* ou *tsaristes*, et c'est de la même année que date le décret prévoyant pour soldats et gradés des catégories d'alimentation distinctes [4].

Le déclenchement de la guerre n'en apporta pas moins un nouveau changement qualitatif. Dans son discours du 6 novembre 1941, Staline accusa les fascistes allemands d'être « dépourvus de conscience et d'honneur », avant tout parce qu'ils appelaient à « anéantir la grande nation russe (!), la nation de Plekhanov et de Lénine, de Belinski et de Tchernichevski, de Pouchkine et de Tolstoï, de Glinka et de Tchaïkovski, [...] de Souvorov et de Koutousov » [5]. Cela revenait, au moins dans l'esprit sinon dans la lettre, à réconcilier et à réunir sur le plan des idées la Russie ancienne et la Russie nouvelle : les chefs de guerre féodaux, les artistes bourgeois et les intellectuels progressistes et marxistes. Effectivement, des voix nombreuses se firent entendre dans l'émigration, de Kerenski à Milioukov, pour appeler à la défense de la Russie contre l'agression allemande. Dans de telles conditions, le fait que des divisions d'infanterie aient été transformées, en septembre 1941, en divisions d'infanterie « de la garde », fut davantage qu'un simple changement de dénomination, tout comme l'apparition, les années suivantes, d'armées « de la garde ». En mai 1942 fut institué l'Ordre de la guerre patriotique, avec deux classes, et l'on distingua ensuite trois classes au sein de l'Ordre de Souvorov, la plus haute étant destinée aux « généraux et commandants en chef réussissant, par l'offensive, à anéantir des forces ennemies supérieures » [6]. Tandis qu'en Allemagne même les plus hautes classes de la Croix de fer étaient attribuées à de simples officiers, les distinctions suprêmes de l'Union soviétique étaient, elles, réservées aux généraux en chef et Vlassov, prisonnier, se plaignit de l'*égalitarisme* allemand [7], un général soviétique en visite en Grande-Bretagne en 1944 exprimant, lui, son étonnement de voir de simples soldats assis dans les mêmes compartiments que des officiers [8]. Ce ne fut donc une nouvelle fois pas un simple changement superficiel de terminologie lorsque, en janvier 1943, le « corps des commandeurs » *(Kommandeure)* fut pour la première fois appelé *corps des officiers (Offizierkorps)* [9]. La réintroduction des larges épaulettes de l'armée tsariste confirma et conforta cette évolution, qui impliquait d'opérer une stricte distinction entre officiers et hommes de

4. *Ibid.*, p. 238.

5. J. Stalin, *op. cit.* (note 27 du chapitre V-1), p. 22. (Édition française : *La grande guerre...*, p. 26.)

6. Morozow, *op. cit.*, p. 278.

7. Strik-Strikfeldt, *op. cit.* (note 26 du chapitre V-3), p. 73.

8. Tolstoy, *op. cit.* (note 9 du chapitre IV-7), p. 47.

9. Gosztony, *op. cit.* (note 2 du chapitre IV-8), p. 238.

troupe, quand bien même le dernier des soldats continuait, comme auparavant, à donner du « camarade général » à ses officiers supérieurs. Les portraits de Souvorov et de Koutousov, les généraux tsaristes qui avaient combattu et vaincu Napoléon, étaient maintenant exposés dans le bureau de Staline. Ce dernier s'attribua en personne le grade militaire suprême et ses Alliés occidentaux ne l'appelèrent bientôt plus que « maréchal Staline ».

C'est vraisemblablement aussi cette extraordinaire estime que Staline portait aux *cadres* qui s'exprima dans le célèbre propos par lequel, à Téhéran, il s'attira les protestations de Churchill : la force de la formidable armée de Hitler reposait entièrement, selon lui, sur cinquante mille officiers et techniciens environ : « Si on les rassemblait pour les fusiller à la fin des hostilités, c'en serait fini de la puissance militaire allemande [10]. » Il était très aisé de tirer d'un tel propos la conclusion que la force de l'Union soviétique ne reposait pas en priorité sur la masse de ses millions de *travailleurs* et de ses millions de simples soldats, mais sur la couche dirigeante de son corps d'officiers supérieurs et de ses spécialistes de l'armement.

Ce ne fut pourtant pas seulement dans l'armée que les traditions nationales furent remises à l'honneur. En 1943, l'Église orthodoxe fut à nouveau acceptée comme alliée : les sommités ecclésiastiques avaient prié pour la victoire de la patrie socialiste depuis les débuts de la guerre et voilà que l'on rendait maintenant des églises au culte, que l'on réouvrait des séminaires pour y dispenser une formation théologique et que, prétextant la « pénurie de papier », on réduisait le tirage des journaux et revues des *athées*, quand on ne les supprimait pas tout simplement. En septembre 1943, Staline reçut officiellement, au Kremlin, le chef de l'Église orthodoxe, le métropolite Sergueï et, un peu plus tard, ce dernier fut solennellement couronné Patriarche de l'Église russe dans la cathédrale de Moscou, alors que la fonction était restée vacante pendant presque vingt ans.

C'est la même année que Staline accomplit l'acte étonnant consistant à dissoudre le *Komintern*. Quelque vingt ans plus tôt, l'opinion était largement répandue, en Union soviétique comme en Europe, que le Komintern était l'instance dirigeante de la révolution mondiale et que le gouvernement de Moscou n'était que celle de ses filiales qui avait la première conquis le pouvoir politique. Et voilà qu'il connaissait une fin sans gloire, alors que cela faisait déjà belle lurette que plus personne ne doutait qu'il fût devenu une simple agence du gouvernement soviétique. Il ne

10. Winston S. Churchill, *op. cit.* (note 13 du chapitre V-1), vol. V, p. 330. Dans sa réponse, contrairement à Roosevelt, Churchill sauva l'honneur des traditions occidentales en repoussant avec force l'idée d'*exécutions de masse*. (Churchill, *La Deuxième Guerre*, *op. cit.*, tome 10, p. 330.)

correspondait plus à la ligne politique du moment et Staline justifia sa dissolution, à l'adresse de l'agence Reuter, à l'aide de l'argument suivant : cela permettrait de mettre en pleine lumière le mensonge des hitlériens lorsqu'ils prétendaient que « Moscou » avait l'intention de s'immiscer dans la vie des autres États et de les « bolcheviser » ; cette mesure, justement, viendrait aider les « patriotes de tous les pays » à se rassembler partout au sein d'un « seul camp de la libération nationale », indépendamment de leur appartenance politique et de leurs convictions religieuses [11]. Le *Komintern* était ainsi la victime de la *politique de front populaire* qu'il avait lui-même inaugurée en 1935 et qui maintenant, de l'avis de Staline, acquérait une importance fondamentale pour le « combat contre le danger de voir le fascisme hitlérien exercer une domination mondiale ».

À vrai dire, Staline n'avait pas non plus renoncé, même à présent, à lancer des appels supranationaux. Cependant, celui qu'il lança en cet instant ne s'adressait plus au prolétariat mondial mais aux peuples slaves. Le communiqué publié à l'occasion de l'occupation de la Pologne orientale avait en effet déjà parlé de *consanguinité* [12] ; mais voilà qu'il se créait à Moscou un Comité panslave ; voilà que, à l'occasion des habituels défilés, l'on transportait de grandes affiches appelant à l'unité des peuples slaves et que Staline déclarait lors d'une conversation avec Milovan Djilas : « Si les Slaves demeurent unis et s'ils conservent leur solidarité, nul dans l'avenir ne pourra bouger le doigt. Même pas un doigt [13]. » Ce sont des propos du même ordre qu'il tint à de Gaulle en décembre 1944 : « Les tsars faisaient une mauvaise politique en voulant dominer les autres peuples slaves. Nous avons, nous, une politique nouvelle. Que les Slaves soient, partout, indépendants et libres ! [14] »

C'est également à de Gaulle que l'on doit une description très imagée du banquet qui fut donné en son honneur au Kremlin. Montant un escalier monumental dont les murs étaient encore décorés des mêmes tableaux qu'au temps du tsar, lui-même et ses accompagnateurs accédèrent à la salle à manger dans laquelle étaient rassemblés ministres soviétiques, diplomates et généraux, « tous en brillant uniforme », pour prendre un « repas stupéfiant », sur une table étincelant « d'un luxe inimaginable » [15]. Au terme du dîner et des toasts internationaux, Staline se leva trente fois pour boire à la santé de ses plus proches collaborateurs et des officiers supérieurs. Il y mêlait louanges et menaces et, pour

11. J. Stalin, *op. cit.*, p. 85 et suiv. (Édition française : *La grande guerre...*, p. 102-103.)
12. *Cf. supra*, p. 347.
13. Milovan Djilas, *Gespräche mit Stalin*, Francfort/Main, 1962, p. 146. (Édition française : p. 127.)
14. Charles de Gaulle, *Memoiren 1942-1946*, Düsseldorf, 1961, p. 372. (Édition française : *Mémoires de guerre*. Vol. III : *Le salut : 1944-1946*, Plon, Paris, réédition 1999, p. 99.)
15. *Ibid.*, p. 367. (Édition française : p. 93.)

de Gaulle, il ne faisait pas de doutes que le destinataire du toast était paralysé d'effroi lorsqu'il était ainsi apostrophé : « Nos avions, c'est toi qui les emploies. Si tu les emploies mal, tu dois savoir ce qui t'attend[16]. » À aucun moment de son existence, Hitler n'aurait pu se conduire de la sorte, à la manière d'un despote oriental, avec ses feld-maréchaux. De nombreux autres récits – par exemple ceux de Djilas, de Svetlana Alliloueva et de Khrouchtchev – ne laissent planer aucun doute sur le fait que le « premier État ouvrier du monde » était devenu à son sommet, en tout cas pendant les dernières années de guerre, un groupe chamarré de dignitaires, ivres de victoires et bardés de décorations, qui obéissaient au doigt et à l'œil à un souverain absolu.

Il est aisé d'objecter que tout cela n'était que manifestations extérieures et moyens tactiques auxquels le parti au pouvoir pouvait à tout moment renoncer sitôt qu'ils menaceraient sérieusement les objectifs qui, eux, n'avaient pas changé, et les idées établies. La justesse de l'argument saute aux yeux en ce qui concerne le Comité panslave ; de même était-il inévitable que la mort vînt, dans un avenir plus ou moins rapproché, mettre un terme au pouvoir personnel absolu de Staline. L'Église orthodoxe était devenue un instrument docile, la loyauté des partis communistes à travers le monde ne faisait pas problème et il fallait donc s'attendre à ce que le Komintern fût à un moment ou à un autre réanimé. Pourtant, même si l'on admettait que Staline habitait toujours dans trois petites pièces, que les généraux n'attendaient qu'une chose : pouvoir abandonner leur épaulettes et leurs décorations pour se fondre dans l'anonymat de la société mondiale sans classe ; même si l'on admettait que Jdanov avait déjà rédigé le manifeste appelant le prolétariat mondial à se soulever contre les capitalistes, on ne pouvait pour autant ignorer que l'Union soviétique avait dû recourir, entre 1941 et 1945, après avoir déjà auparavant fortement commencé à le faire, aux traditions, aux forces et aux tendances sur lesquelles l'adversaire s'était appuyé depuis le début. Elle avait été obligée, pour survivre, de prendre les apparences d'un pays vivant sous un socialisme d'État ou sous un socialisme national. On avait de bonnes raisons de penser qu'elle était effectivement devenue un pays de ce type et qu'elle ne pourrait pas revenir, sans autre forme de procès, à son état originel, même si elle le voulait. Supposition qui devenait certitude pour quiconque avait sous les yeux les images des garçons du Corps des pages qui, dans des uniformes ne portant aucun signe d'une coupe juvénile, sagement rangés sous les tableaux représentant des généraux et des maréchaux, suivaient attentivement les leçons dispensées par un officier massif[17]. Et rien n'évoque davantage l'hypocrisie ou l'instrumentalisation tactique que ces propos tenus par Staline à

16. *Ibid.*, p. 368. (Édition française : p. 94.)
17. Gosztony, *op. cit.*, p. 287.

Djilas durant la guerre : « Ce qui est plus important c'est qu'il y avait quelque chose d'anormal dans l'existence même d'un forum communiste global au moment où les partis communistes auraient dû s'efforcer de découvrir un langage national et combattre dans les conditions que leur imposaient leurs propres pays [18]. » Lénine, donc, à en croire cette idée de Staline, se serait manifestement trompé lorsqu'il avait pensé, en 1917, que l'on était à la veille de *l'époque de la révolution prolétarienne mondiale.*

Peut-on tirer de cette constatation la conclusion que le national-socialisme l'emportait sur le fond alors qu'il essuyait défaite après défaite sur les champs de bataille ? Une telle conclusion ne s'imposerait que si le national-socialisme avait effectivement été un socialisme national ou un socialisme d'État. Les mots composés n'offrent un sens sans équivoque que lorsque l'accent porte réellement sur le substantif et lorsque l'adjectif qui lui est adjoint n'exprime qu'une détermination supplémentaire, fût-elle essentielle. Or, le national-socialisme n'a jamais été en priorité un socialisme, en d'autres termes un mouvement principalement motivé par les affrontements internes des classes ; il était au contraire un nationalisme social de type fasciste, dans sa manifestation la plus radicale de surcroît. Y compris dans la forme ultime qui fut la sienne, il demeura dans les traces de ses débuts, qui avaient conduit un mouvement politique révolutionnaire à réaliser une symbiose précaire avec des couches dirigeantes établies. Mais c'est justement cela qui expliquait qu'il eût en lui des tendances annonciatrices d'un type nouveau. Elles seraient parvenues à accomplissement si le national-socialisme avait moins vu dans le bolchevisme un repoussoir qu'un modèle. Il fit des pas décisifs sur cette voie durant les dernières années de la guerre, sans toutefois aller jusqu'au bout du chemin autrement que sous forme d'hypothétiques considérations.

Bien sûr, le bolchevisme et le communisme avaient d'emblée servi de modèle au national-socialisme, mais très essentiellement au seul niveau des méthodes de lutte, avant tout de la propagande. Il était toutefois difficile de distinguer vraiment méthodes et contenu dans cette remarque de Goebbels, en mars 1942, notant dans son journal personnel que le Führer témoignait d'une assez haute estime envers la manière dont les Russes menaient la guerre : « La brutale intervention de Staline a sauvé le front russe. Il nous faut user de méthodes analogues dans notre propre combat pour espérer pouvoir nous imposer face à elles. Cette dureté nous a parfois fait défaut et il nous faut essayer d'y remédier [19]. » Un an plus tard à peine, un comportement qui passait encore au début de la guerre pour une preuve de fanatisme aveugle et de bestialité inculte était en tout cas devenu un modèle à suivre : il s'agissait du suicide collectif de soldats se

18. Djilas, *op. cit.*, p. 106. (Édition française : p. 93.)
19. Goebbels, *Tagebücher 1942-1943*, édités par L. Lochner, Zürich, 1948, p. 133.

retrouvant dans une situation désespérée. Le jugement porté par Hitler lorsque lui parvint, le 1er février 1943, la nouvelle de la capitulation du feld-maréchal Paulus fut sans équivoque : « Ils se sont rendus, littéralement et absolument rendus », dit-il, « car, dans le cas contraire, on se rassemble, on forme le carré et on garde pour soi la dernière balle. Lorsqu'on s'imagine qu'une femme est assez fière pour, n'ayant essuyé que quelques paroles injurieuses, sortir, s'enfermer et se tuer d'un coup de feu, je n'ai aucun respect pour un soldat qui craint d'agir de même et préfère la captivité à cela [20]. » Hitler mettait de la sorte sur le même plan des situations extrêmement différentes, ramenant ainsi la guerre à des états primitifs que la « civilisation européenne » qu'il invoquait à de si fréquentes reprises entendait justement surmonter. C'est peu après qu'il prit Staline et le bolchevisme pour modèle de la structure interne du régime également. Dans un entretien avec les Reichsleiter et les Gauleiter, début mai 1943, il fit d'abord l'éloge de la manière dont Staline avait épuré l'Armée rouge, ayant ainsi éliminé en son sein tous les courants défaitistes et considérablement élevé sa capacité à combattre ; il prenait ainsi le contre-pied des illusions dont lui-même n'avait pas été exempt à l'origine. Puis il poursuivit en ces termes : « Par rapport à nous, Staline a de surcroît l'avantage de ne pas connaître d'opposition au sein de la société. Elle aussi, le bolchevisme l'a éliminée, durant les vingt-cinq dernières années, en ne reculant pas devant la liquidation. [...] Le bolchevisme s'est débarrassé de ce danger en temps voulu et c'est pourquoi il peut tourner toute sa puissance contre l'ennemi. À l'intérieur du pays, il n'y a pratiquement plus d'opposition [21]. » Par de semblables conceptions, Hitler, en quelque sorte, tirait un trait sur les fondements mêmes de son régime. Lui et ses partisans n'avaient-ils pas puisé leurs émotions les plus fortes et les plus durables dans l'« anéantissement de l'intelligence nationale », tel qu'il avait été pratiqué en Russie et tel qu'il avait paru menacer l'Allemagne à son tour ? Qu'est-ce qui avait été à la base de ses succès jusqu'en 1941, sinon la force intacte de l'armée et le bon fonctionnement de l'administration dont il avait hérité de la République de Weimar et, en dernier ressort, de l'Empire ? Si la source de tous les maux était l'« opposition au sein de la société », en d'autres termes l'ensemble des milieux dont il s'était toute son existence efforcé de gagner la sympathie et l'approbation, qu'advenait-il alors de ses attaques contre les « Juifs et les bolchevistes » ? La différence entre son régime et celui des bolcheviks résidait-elle alors seulement dans le fait que l'un des partis de guerre civile, en d'autres termes les Corps francs, n'aurait pas réussi aussi complètement que le parti ennemi en Russie à s'imposer en « liquidant » tous ses adversaires en même temps que tous les tièdes ? Effective-

20. *Hitlers Lagebesprechungen*, édité par H. Heiber, Stuttgart, 1962, p. 124.
21. Goebbels, *op. cit.*, p. 323.

ment, Hitler et ses plus proches partisans inclinaient de plus en plus, au-delà du fascisme radical, vers un régime qui, à l'intérieur, aurait été aussi radical que le bolchevisme à l'encontre du tissu social qui subsistait encore dans une large mesure ; à agir de la sorte, le régime se serait donné la possibilité de poursuivre aussi avec une brutalité révolutionnaire ses objectifs de politique extérieure [22]. Il n'existe pas de dénomination pour un régime de ce type, car Hitler n'a pas eu le loisir de le créer autrement qu'en germe. Le terme de « national-bolchevisme » ne convient pas pour le caractériser, car ce courant avait toujours eu pour objectif suprême une alliance entre l'Allemagne et l'Union soviétique. Il faut en outre que le terme de « nationalisme » reste le substantif car, si Hitler a bien élargi le concept jusqu'à celui de race aryenne, il ne l'a pas pour autant remis en cause, à aucun moment. Faute d'une meilleure dénomination, on pourrait parler de bolcho-nationalisme, en d'autres termes d'un système nationaliste ou d'un système biologiste racial entreprenant de *liquider*, de manière aussi radicale que l'avait fait le bolchevisme, les différenciations sociales encore existantes et tendant, avec tout autant de détermination, à l'homogénéité idéologique et sociale, même si cette homogénéité incluait d'emblée une stricte hiérarchie et une discipline absolue. Il est incontestable que des pas notables ont été accomplis, en Allemagne, sur la voie de cette sorte d'égalité. Les rapports entre la troupe et les officiers au sein de la Waffen-SS étaient beaucoup plus empreints de camaraderie et beaucoup plus libres qu'ils ne pouvaient l'être au sein de la Wehrmacht. Mais, dans la Wehrmacht aussi, les soldats, du simple homme de troupe jusqu'au feld-maréchal, recevaient les mêmes rations alimentaires, si bien que la revendication qui avait été l'un des principaux détonateurs de la révolution de 1918 se trouvait satisfaite. Lorsqu'on disait, à propos du travail des prisonniers de guerre, que les entrepreneurs agissaient désormais au nom et pour le compte du peuple allemand – une phrase qui correspondait à une exigence de Karl Marx, même si ce dernier, à vrai dire, n'avait pas parlé de « peuple » mais des « ouvriers » [23] –, le propos pouvait paraître crédible. Si le discours de Goebbels du 18 février 1943, avec son appel à mener la guerre totale, rencontra un tel écho, c'est essentiellement qu'il paraissait annoncer l'abolition de tous les « privilèges » et l'on peut dire la même chose du discours de Hitler du 26 avril 1942 qui, à en croire un compte rendu de situation du SD, avait rencontré un accueil enthousiaste, en particulier dans les « milieux les plus simples » ainsi que dans les « milieux ouvriers », en raison des violentes invectives qu'il contenait à l'encontre

22. Bormann n'était pas le seul, vers la fin de la guerre, à considérer, apparemment avec une totale conviction, le système bolchevique comme le système totalitaire le meilleur et ayant le mieux réussi ; Müller, le chef de la Gestapo, était lui aussi dans ce cas (*cf.* Schellenberg, *op. cit.* [note 3 du chapitre III-5], p. 288).

23. IMG, vol. XXV, p. 307 et suiv.

de la justice et des fonctionnaires [24]. Mais ce que Hitler et Himmler exigeaient tout d'abord, c'était du « fanatisme » et, peu à peu, le commissaire politique de l'Armée rouge devint un exemple en ce domaine. En public et en privé, Hitler s'en prenait désormais aux « couches supérieures, pourries et décadentes » ou bien à la « vermine bourgeoise » ; Himmler, de son côté, déclarait expressément que l'avantage du « Russe » était de posséder « une armée politisée jusqu'au dernier des coolies, une armée, par conséquent, imbibée d'idéologie, conduite par une *Weltanschauung* » [25]. C'est dans ces conditions que fut créé un poste d'*officier national-socialiste de direction*, et s'il est certain que ce dernier ne jouait pas le même rôle que celui joué dans l'Armée rouge par les commissaires politiques jusqu'à l'abolition définitive de cette dernière fonction, en octobre 1942, il n'est pas moins manifeste que Hitler voyait en lui le principal facteur de ce « corps idéologique totalement uni » dans lequel peuple et Wehrmacht étaient appelés à se fondre. C'est pourquoi il considérait les « intellectuels et les scientifiques » comme inutilisables dans ce rôle, voire comme « absolument sans valeur et nuisibles » [26]. Une haute estime personnelle pour Staline – à laquelle répondait, chez Staline, une haute estime analogue pour Hitler, mais aux fondements différents – s'associait, chez Hitler, à l'admiration pour la force de la *Weltanschauung* adverse : d'après lui, comme il le dit en janvier 1943 à Antonescu, il n'y avait pas d'autre explication au fait que les Russes étaient les « seuls véritables grands adversaires de l'Allemagne », la Russie ayant en effet une *Weltanschauung* et ayant à sa tête un homme sans nul doute important [27].

L'attentat de Stauffenberg du 20 juillet 1944 eut pour effet de dévoiler au grand jour la conjuration aux larges ramifications qui l'avait précédé et qui, en certains endroits (à Paris par exemple), avait eu des conséquences d'importance en dépit de l'échec fortuit de l'attentat lui-même, dans le quartier général de Hitler, la Wolfsschanze. Cela déclencha un flot de mesures répressives et d'invectives, dont des gens qui portaient les

---

24. Boberach, *op. cit.* (note 22 du chapitre IV-7), p. 259 et suiv.

25. *Deutschland im Kampf*, *op. cit.* (note 21 du chapitre III-9), n° 105/108, p. 111 ; Hitler, *Monologe...*, *op. cit.* (note 31 du chapitre V-4), p. 51 ; Himmler, *Geheimreden*, *op. cit.* (note 9 du chapitre V-4), p. 231.

26. Gerald L. Weinberg, « Adolf Hitler und der NS-Führungsoffizier (NSFO) », in *Vjh. f. Ztg.*, 1964, p. 455-456, p. 455, 446. C'est justement auprès des jeunes officiers que les exigences les plus radicales rencontraient l'approbation ; c'est ce que montre la remarque d'un lieutenant de la Luftwaffe au cours d'une conversation avec Alfred Rosenberg, disant qu'il fallait absolument créer un type d'officier de la révolution et que de nombreux « officiers nationaux-socialistes de direction » n'étaient rien d'autre que des éléments d'honorabilité bourgeoise, sans élan révolutionnaire (conversation du 23 octobre 1944 ; BA NS 8/269).

27. Hillgruber, *op. cit.* (note 28 du chapitre III-9), vol. II, Francfort/Main, 1970, p. 208.

noms les plus célèbres de l'histoire de l'Allemagne et de la Prusse ne furent pas les derniers à être touchés : Moltke et Kleist, Yorck von Wartenburg et Tresckow, von der Schulenburg et Schwerin et, au-delà d'eux, les forces sociales qui, en tant que telles ou représentées par des dirigeants, avaient survécu sous la chape du régime politique totalitaire : la haute administration et les Églises, les syndicats et les partis. Staline, après tout, avait fait fusiller les maréchaux, les commandants en chef et les généraux qui s'étaient rendus suspects à ses yeux ; Adolf Hitler fit pendre le feld-maréchal von Witzleben ainsi que les généraux von Hase, Stieff et Hoepner. Il ne se contenta pas du châtiment des coupables. Il fit au contraire instituer le principe de la coresponsabilité familiale et engagea de la sorte l'anéantissement de toute une couche sociale. Dans ce contexte, Himmler put déclarer dans le discours qu'il prononça lors de la réunion des Gauleiter de Posen (Poznan), le 3 août 1944 : « La famille du comte Stauffenberg sera anéantie jusqu'au dernier de ses membres[28]. » Staline avait certes fait périr dans des camps plusieurs membres de la famille de Toukhatchevski, mais il n'avait pourtant jamais accompli une *extermination (Auslöschung)* de ce type et, en tout cas, n'en avait pas formulé l'exigence dans un discours. Himmler se trouva alors amené à se défendre, devant les Gauleiter, du reproche que procéder de la sorte était se comporter en bolchevik : « Non, permettez-moi de vous le dire, cela n'est en rien bolcheviste, c'est très ancien et c'était courant chez nos ancêtres[29]. » Mais il n'en tira pas la conclusion, tombant pourtant sous le sens, qui aurait consisté à dire que c'était le bolchevisme qui, le premier, avait recouru à des types de comportement archaïques et que le national-socialisme ne faisait à présent que copier le bolchevisme. Et il n'osa pas, non plus, tirer de cette idée la conséquence qui s'imposait lorsqu'il prétendit que l'Allemagne avait vaincu à l'Ouest parce qu'elle avait été « révolutionnaire » en regard de ces États bourgeois[30]. Le bolchevisme, en effet, était-il en train de vaincre l'Allemagne parce qu'il était le mouvement révolutionnaire en regard du national-socialisme ? C'est en tout cas à une telle conclusion que l'on peut parvenir si l'on tire toutes les conséquences des propos tenus par Robert Ley, le 22 juillet, lors d'un discours dans lequel il se déchaînait contre les « porcs au sang bleu » et réclamait sous des applaudissements nourris « que la révolution rattrape tout ce qu'elle avait négligé de faire »[31]. On n'avait pas pris en considération la thèse de Vlassov et de ses amis allemands selon laquelle seule la Russie pouvait vaincre la Russie ; fallait-il pour autant en arriver à

---

28. Theodor Eschenburg, « Die Rede Himmlers vor den Gauleitern am 3. August 1944 », in *Vjh. f. Ztg.* 1 (1953), p. 363-394 (p. 385.)

29. *Ibid.*

30. *Ibid.*, p. 367. Hitler s'était déjà exprimé de manière tout à fait similaire le 8 mai 1943 ; *cf. supra*, note 21 (Goebbels, p. 322).

31. UuF, vol. XXI, p. 453.

présent à la conclusion que seul le bolchevisme pouvait venir à bout du bolchevisme ?

Lorsque Hitler, en février et mars 1945, eut ses derniers entretiens avec Bormann et Goebbels, entretiens qui furent ultérieurement publiés sous le titre *Le testament politique de Hitler*, il procéda pour la première fois de sa vie à une autocritique sérieuse et elle aboutit effectivement à la formulation d'une notion s'apparentant au « bolcho-nationalisme ». Il estima que la politique allemande avait été, dans une large mesure, faite par des généraux et des diplomates, « hommes d'hier » et « petits-bourgeois réactionnaires ». La tâche aurait dû consister à libérer les ouvriers français et à balayer sans pitié une « bourgeoisie sclérosée, ces types sans cœur et sans patrie ». L'Allemagne, en outre, aurait dû avoir la volonté d'appeler les peuples islamiques à se soulever et de les libérer [32]. Hitler oubliait, à vrai dire, que des propositions de ce genre avaient déjà été formulées et que lui-même les avait toujours repoussées parce qu'il voulait ménager Mussolini et Pétain. Et n'avait-il pas, d'ailleurs, pris le parti du maréchal Antonescu contre la Garde de Fer fondée par Codreanu ?

Autant Hitler avait le souci d'esquisser, au moins *a posteriori*, les contours d'une voie plus radicale et plus révolutionnaire, autant il lui était difficile de cacher, dans ses derniers propos privés et dans ses dernières déclarations publiques, que ses émotions les plus fortes étaient par conséquent demeurées identiques et qu'elles étaient toujours tournées contre les Juifs, grande force de désagrégation à ses yeux, et contre le bolchevisme, maladie contagieuse et monstruosité tout à la fois.

C'est pourquoi il continuait à s'attribuer le mérite devant l'humanité d'avoir « percé l'abcès juif », car cette guerre, plus que toute autre auparavant, avait été selon lui, « une guerre exclusivement juive » [33]. Lorsque, les Anglo-Américains ayant débarqué en 1944, lui parvinrent des nouvelles selon lesquelles des « soviets » avaient été proclamés dans le midi de la France, il dit que cette vague communiste allait se répandre sur l'ensemble du territoire français et finirait pas infecter les troupes anglaises et américaines, que des phénomènes analogues s'étaient produits

32. Hugh R. Trevor-Roper, *Hitlers Politisches Testament*, Munich, 1981, p. 73 et suiv.

33. *Ibid.*, p. 70. Autant, dans ces propos, l'influence de la *presse juive* et des groupes de pression juifs autour du secrétaire au Trésor Morgenthau, du juge au Tribunal suprême Felix Frankfurter et du rabbin Wise est absolument exagérée, autant il est certain que la crainte, du côté des gouvernements américain et anglais, qu'une telle caractérisation pût un jour s'étendre à la population de leurs propres pays constitua la principale raison du peu d'enthousiasme officiel à donner une grande publicité aux (maigres) informations concernant l'extermination des Juifs. *Cf.* Walter Z. Laqueur, *Was niemand wissen wollte. Die Unterdrückung der Nachrichten über Hitlers « Endlösung »*, Francfort/Main, 1981, et David S. Wyman, *The Abandonment of the Jews. America and the Holocaust 1941-1945*, New York, 1984. (Édition française : *L'abandon des Juifs, les Américains et la solution finale*, Flammarion, Paris, 1992.)

à Arkhangelsk, à la fin de la dernière guerre, et qu'aujourd'hui la France entière était habitée par une population totalement indisciplinée et bolcheviste [34]. Mais c'est de la plus étonnante des manières qu'il avait déjà montré, lors de l'analyse de la situation du 1er février 1943, combien ces souvenirs de la fin dc la guerre, en 1918, et de la guerre civile russe étaient demeurés en lui vivaces et décisifs. Il avait prédit ce jour-là que les officiers capturés à Stalingrad ne tarderaient pas à se manifester comme propagandistes à la radio russe et il en avait donné l'explication suivante : « Imaginez-vous un peu les choses : il arrive à Moscou et représentez-vous seulement la "cage à rats" ! Il signera alors n'importe quoi. Il fera des aveux, lancera des appels [35]. » Le passé de la guerre civile russe, qui s'était entre-temps transformé en simple souvenir chez tous les autres ou presque, n'était pas du passé pour Hitler ; le bolchevisme, qu'il se représentait pourtant avec admiration comme un modèle lorsqu'il empruntait les traits de l'État socialiste et national de Staline, il le ressentait toutefois toujours comme un repoussoir, l'image même de la décomposition et d'atrocités indicibles, l'image qu'en avaient eue tant de gens en Allemagne en 1920 [36].

---

34. Hillgruber, *op. cit.*, vol. II, p. 514 et suiv.

35. *Hitlers Lagebesprechungen*, *op. cit.*, p. 128. *Cf. supra*, p. 143. Le contexte prouve à l'évidence que la « cage à rats » ne désigne pas la Loubianka, contrairement à ce que pense Helmut Heiber qui a assuré la direction de la publication du livre. Hitler se réfère manifestement aux procédés prétendument utilisés par la Tcheka chinoise. Le fait que, à l'occasion de propos tenus librement, sans souci de propagande, devant ses plus proches collaborateurs, il revienne à deux reprises encore sur la chose, par des expressions sans équivoque (p. 130 : « ils l'enferment dans la cage aux rats... » et p. 134 : « Les voilà qui entrent dans la Loubianka et, là, ils se font dévorer par des rats »), montre à quel point il était obsédé par cette image.

En réalité, aucun des officiers et aucun des dirigeants du parti national-socialiste qui furent conduits à la Loubianka, pendant la guerre ou après, n'y furent soumis à cette torture ni à une torture s'y apparentant, même de loin. *Cf.* par exemple le récit du Gauleiter Jordan, *op. cit.* (note 15 du chapitre II-7), p. 339 et suiv.

36. *Cf. supra*, p. 134-135. Hitler, en dépit de l'inexactitude, et peut-être même en 1920 déjà, de l'irréalisme de cette image de la *cage à rats*, n'était pas uniquement victime d'une *propagande mensongère* lorsqu'il éprouvait une telle crainte devant la situation prévalant en Union soviétique ; c'est ce que montrent, sans qu'il soit besoin d'autres preuves, les récits portant sur la collectivisation et la grande purge. On dispose d'un document particulièrement éclairant à ce propos ; il s'agit de la lettre qu'écrivit pendant la guerre à Adolf Hitler un ancien communiste, Harry Tack, qui avait été accusé de complicité dans l'assassinat d'un membre des Jeunesses hitlériennes, Herbert Norkus, et qui avait été condamné à mort pour ce motif ; il demandait, dans cette lettre, sa grâce et l'autorisation d'entrer dans la Wehrmacht. On a là comme un résumé du destin que connurent beaucoup d'Allemands, à un niveau on ne peut plus subalterne, dans les années trente et quarante : «... Je voudrais, mon Führer, vous décrire ma vie passée. [...] Mon père est tombé au cours de la guerre mondiale. [...] L'environnement qui fut ensuite le mien était constitué de chômeurs et de communistes auxquels d'ailleurs je m'associai, dans l'espoir que l'Allemagne, sous la conduite des communistes, abolirait le chômage et assurerait le bien-être aux travailleurs.

Une idée tombe plus que toute autre sous le sens : seuls quelques rares proches étant disposés à voir sérieusement comme Hitler un modèle dans le bolchevisme et, par ailleurs, personne n'éprouvant simultanément, comme lui, des sensations aussi contradictoires, il connut alors, dans ces conditions, un état de solitude absolue. Hitler ne considérait pas pour autant qu'il avait tort et, fin février 1945, il invoqua, pour expliquer son échec, une raison qu'il n'avait encore jamais mise en avant : ce n'étaient plus la « trahison » des officiers de la vieille école, ni la résistance offerte par la « réaction », ni non plus le système social, qui avaient empêché jusqu'au bout de mener une guerre vraiment *totale* [37], mais ç'avait été le peuple allemand en tant que tel, inconstant et influençable comme aucun autre, qui, à tout moment de son Histoire, était passé d'un extrême à l'autre [38].

Il s'agissait là du premier des paradoxes que présentait la victoire obtenue par l'Union soviétique sur l'Allemagne : en 1917, Maxime Gorki avait adressé à Lénine et à Trotski le reproche de considérer le peuple russe comme un simple matériau en vue de leurs projets visant à libérer le monde ; Adolf Hitler, en revanche, avait, peu après, solennellement promis de se mettre au service de la patrie allemande et d'elle seule. Et voilà qu'il condamnait à présent le peuple allemand pour s'être révélé un mauvais matériau, tandis que Staline faisait l'éloge du peuple russe dont il avait finalement incarné la volonté de s'imposer, en réaction aux projets de Hitler et de Rosenberg.

[...] Je partis donc en 1932 pour la Russie. Mais, au bout de huit mois de séjour là-bas, il m'a bien fallu constater que tout ce qu'on présentait comme un paradis à l'ouvrier allemand n'était qu'un enfer. [...] Le 4 août 1933, je comparus devant le conseil de guerre de Moscou. Le 4 décembre 1933, on m'infligea cinq ans de camp de concentration et l'on m'envoya ensuite aux travaux forcés en Sibérie. De nombreux Allemands y ont été fusillés, certains aussi y sont morts de faim. [...] De là, je me suis ensuite retrouvé à Vorkouta, dans les mines de charbon, à l'ouest de l'Oural. En 1938, le 28 mars, mille huit cent personnes y furent passées par les armes ; parmi elles se trouvaient de nombreux Allemands, moi aussi j'étais dans l'antichambre de la mort. [...] Et c'est dans ces conditions que j'ai regagné le sol allemand. Et, grâce à l'expérience que j'ai accumulée durant mes années de jeunesse, je suis devenu un Allemand qui a appris à apprécier son pays natal. Je me suis présenté à la police secrète en Allemagne et je suis à l'heure actuelle en prison. [...] Veuillez prêter attention à ma requête. Je suis également marié. Ma femme est une Allemande de la Volga, son père est mort de faim dans un camp en Russie, sa mère est morte de chagrin, ses deux frères ont eux aussi été internés dans un camp... »

Hitler lut cette lettre et fit donner l'ordre au ministre de la Justice, Thierack, de renoncer à faire exécuter la peine de mort et de mettre Tack en liberté au bout de quelque temps, dès qu'il se serait confirmé que son séjour en Russie l'avait guéri du communisme. (BA, NS 26/ vol. 809, fol. 368 et suiv.)

37. *Cf.* à ce sujet le discours de Hitler du 26 avril 1942. *Cf.* aussi les remarques de Joachim Hoffmann à propos des différences de totalité entre la *guerre totale* menée en Union soviétique et celle menée en Allemagne, in *Der Angriff auf die Sowjetunion*, *op. cit.* (note 3 du chapitre V-1), p. 731.

38. *Hitlers Politisches Testament*, *op. cit.*, p. 110.

Il faut voir le deuxième paradoxe dans le fait que la victoire ne fut possible qu'avec l'aide de l'ennemi le plus ancien, les puissances anglo-saxonnes, c'est-à-dire les principales puissances capitalistes, qui n'avaient certes fourni une contribution militaire directe de poids que durant la phase finale, mais qui, néanmoins, avaient fait pencher la balance en faveur de l'Union soviétique par leurs attaques aériennes ainsi que par leurs livraisons massives de matériel de guerre.

Le troisième paradoxe fut que Staline réussit à mettre à son service, dans son propre pays ainsi que dans les pays des Alliés, toutes les forces et toutes les sympathies que Lénine avait essayé d'anéantir complètement et que Vlassov aurait représentées de manière beaucoup plus authentique que lui ; ce paradoxe, en d'autres termes, fut que Staline, dans une situation de danger extrême, engagea son régime dans la voie menant à un socialisme d'État ou un socialisme national, tandis que Hitler, sur la voie opposée, celle qui menait à une plus grande radicalité sociale, n'effectuait que quelques petits pas, parce qu'il n'y avait pas, en Allemagne, et qu'il ne pouvait y avoir, au bout de cinq années de guerre, la masse indispensable de fanatiques *bolcho-nationalistes*.

Si la guerre germano-soviétique fut bien la partie de la Seconde Guerre mondiale la plus importante et la plus décisive, ce serait la comprendre insuffisamment et se méprendre de voir en elle une guerre entre le bolchevisme et le national-socialisme, ignorant ainsi les métamorphoses que subirent les deux partis et les deux régimes. Il faut toutefois mettre à la forme interrogative une dernière constatation, parce qu'elle a trait à la plus énigmatique de toutes les décisions que prit Hitler.

L'Union soviétique, depuis l'été 1943, remportait certes victoire sur victoire, la plus grande étant la destruction du groupe d'armées centre en juin-juillet 1944. Pourtant, en décembre 1944, les armées allemandes étaient encore sur la Vistule et, en Prusse orientale, les divisions soviétiques n'avaient effectué qu'une percée temporaire ; cette dernière avait néanmoins provoqué parmi la population allemande de l'Est épouvante et désarroi, parce qu'elle avait paru faire la preuve que les Russes menaient effectivement une guerre d'anéantissement et de vengeance contre tous les Allemands en tant que tels [39]. Le point de départ d'une nouvelle offensive serait sans aucun doute la tête de pont de Baranov, au sud de Varsovie. Au même moment, les Américains et les Anglais avaient atteint les frontières occidentales du Reich. C'est alors que Hitler rassembla ses dernières réserves et qu'il déclencha une ultime offensive, non contre la tête de pont soviétique mais contre les positions alliées en Belgique. L'offensive des Ardennes, qui avait pour objectif final Anvers,

---

39. Cette épouvante était en particulier associée au nom de Nemmersdorf, celui d'un village de Prusse orientale qui était tombé pour quelques jours aux mains de l'Armée rouge, à l'automne 1944.

le grand port par où transitait l'approvisionnement allié, fut dans un premier temps un succès tel que Hitler put déclarer à ses généraux qu'il ne faisait aucun doute que l'Allemagne ne ferait qu'une bouchée de chacun de ses adversaires pris isolément[40]. Mais Eisenhower parvint rapidement à surmonter ses revers initiaux et lorsque, à la demande de Churchill et de Roosevelt, l'offensive soviétique fut lancée, dès le 12 janvier, Hitler ne disposait plus d'aucune réserve pour s'y opposer : les troupes soviétiques mirent alors à peu près aussi peu de temps pour atteindre Berlin que les armées allemandes n'en avaient mis, en 1941, pour aller de la frontière allemande jusque devant Moscou. Et les Américains et les Anglais firent alors ce que les Japonais n'avaient pas fait en 1941 : ils avancèrent eux aussi, depuis le front occidental, en direction de la capitale allemande. On a quelques raisons de penser que Hitler entreprit l'offensive des Ardennes dans l'espoir d'amener ainsi les Alliés à accepter la paix. Effectivement, jusqu'au jour où Hitler se suicida et où Berlin tomba, Staline estima toujours possible l'éventualité d'un accord contre lui, entre l'Allemagne d'une part, les États-Unis et l'Angleterre de l'autre. Durant les dernières semaines de la guerre, Himmler s'avéra très nettement être *l'Occidental (der Westler)* qu'il avait toujours été au fond de son cœur. Goebbels, en revanche, paraît avoir cherché à s'entendre avec l'Union soviétique. C'est pourquoi l'on ne sait avec certitude ce que Hitler voulait provoquer lorsqu'il prit ces ultimes décisions. Il ne fait pas de doute que l'Allemagne aurait de toute façon été divisée en zones d'occupation, même si Hitler avait pris le parti d'une offensive sur Baranov plutôt que d'une offensive dans les Ardennes. Il n'est pas vraisemblable que les Américains, qui croyaient avoir besoin de l'aide soviétique contre le Japon, auraient accédé à d'éventuels désirs de Churchill, une fois l'Allemagne totalement occupée, et accepté de violer l'accord de 1944 sur la répartition des zones d'occupation. Mais il aurait été épargné à la population allemande des territoires orientaux le terrible sort qui fut le sien, non seulement du fait des agissements de l'Armée rouge et des attaques exterminatrices alliées sur Dresde, mais aussi par suite d'erreurs et de négligences commises par les autorités allemandes et les services du parti. Néanmoins, lorsque son ministre de l'Armement, Albert Speer, tenta de lui faire rapporter l'ordre de destruction qui correspondait exactement à celui de Staline en 1941, Hitler se contenta de lui répliquer qu'il n'existait plus le moindre espace où l'on pourrait transporter quoi que ce soit : « Si la guerre est perdue, le peuple allemand est perdu lui aussi. Il est inutile de se préoccuper des conditions qui sont nécessaires à la survie la plus élémentaire du peuple. [...] Car ce peuple s'est révélé le plus faible et l'avenir appartient exclusivement au peuple de l'Est qui s'est

40. *Hitlers Lagebesprechungen*, *op. cit.*, p. 741.

montré le plus fort[41]. » Ce propos coïncide parfaitement avec des déclarations analogues, notamment celle que nous avons citée à l'instant, et il indique au minimum que, pour Hitler parvenu à la fin de son existence, l'ancien repoussoir s'était totalement transformé en modèle – désormais inaccessible –, dans le cadre, à vrai dire, d'une *Weltanschauung ethnico-nationale (völkisch)* que l'on ne saurait qualifier d'idéologie au sens strict. Il n'avait pas pour autant cessé de haïr le bolchevisme. Mais il ne s'agissait là que d'un paradoxe parmi de nombreux autres et d'une contradiction parmi beaucoup d'autres. L'époque est remplie de paradoxes et de contradictions, mais Hitler et son national-socialisme, plus fortement que toute autre figure historique ou phénomène du XXe siècle, les ont concentrés en eux.

41. Albert Speer, *op. cit.* (note 18 du chapitre IV-5), p. 446. (Édition française : *Au cœur du Troisième Reich...*, p. 578.)

Épilogue

De la guerre civile européenne (1917-1945) à la guerre civile mondiale (1947-1990)

Les époques du XXe siècle

En avril et mai 1945 se déroulèrent les derniers combats de la guerre civile européenne, mais tout le monde ne vit en eux que la résistance désespérée de la Wehrmacht vaincue, ayant pour seul objectif, devant l'avance des armées soviétiques, de mettre en relative sécurité, à l'Ouest, le plus grand nombre possible d'habitants de l'Allemagne orientale. La « coalition démocratique mondiale » fêta sa victoire après la signature, le 8 mai, par le Generalfeldmarschall Keitel et le Generaladmiral von Friedeburg, de l'acte de capitulation et l'occupation de toute l'Allemagne par les troupes des puissances victorieuses. La puissance vaincue fut souvent qualifiée de « fasciste », mais le fait d'avoir ou non appartenu à tel ou tel parti n'eut dès lors que très peu d'importance : c'est en tant que telle, et en bloc, que la population allemande des territoires à l'est de l'Oder et de la Neisse fut déplacée, nazis et non nazis indistinctement ; il en alla de même, à quelques nuances près, de la région des Sudètes. Les dirigeants du Troisième Reich, ceux du moins dont on put s'emparer, furent jugés comme criminels de guerre à Nuremberg, la plupart d'entre eux condamnés à mort et exécutés pour « crimes contre l'humanité » ; la SS fut déclarée « organisation criminelle », le NSDAP étant, lui, déjà dissous ; il paraissait évident que le national-socialisme avait perdu toute force après l'écroulement total de l'Allemagne et que seuls quelques « vestiges » restaient à éliminer.

Pourtant, dès l'automne 1945, Viatcheslav Molotov dit qu'il était nécessaire d'extirper les « racines du fascisme ». Pour ceux qui connaissaient l'idéologie soviéto-marxiste, une telle expression signifiait manifestement que, contrairement à ce que Franklin D. Roosevelt s'était semble-t-il imaginé avant sa mort, il ne suffirait pas de distinguer, au sein de la « famille » des vainqueurs, une puissance démocratique à l'Est et deux puissances démocratiques à l'Ouest : maintenant seulement, après l'intermède imprévu du fascisme, allait se produire la confrontation directe entre les deux forces mondiales, le « socialisme » et le « capitalisme », dont Lénine et Radek avaient prédit, en 1919, qu'elles se livreraient, dans un avenir proche, une lutte à mort sur le Rhin. Le système soviétique s'était-il en effet jamais considéré autrement qu'anticapitaliste, et pour quoi les Américains pouvaient-ils ressentir une haine plus grande que celle qu'ils nourrissaient envers l'économie planifiée et étatique qui transformait l'entrepreneur en fonctionnaire et qui entravait le libre jeu du marché ?

Mais l'héritage de l'époque du fascisme empêcha l'ancienne contradiction de se manifester aussitôt car, depuis 1935, dans ses principales proclamations, l'Union soviétique se déclarait « antifasciste », comme étaient antifascistes et le parti travailliste, arrivé au pouvoir en Angleterre à l'été 1945, et la coalition qui gouvernait la France sous l'autorité du général de Gaulle. Staline, de son côté, avait le plus grand intérêt à ce que se poursuive l'aide matérielle américaine en faveur d'une Union soviétique sévèrement touchée par la guerre, quand bien même elle gardait la suprématie pour ce qui est des forces militaires traditionnelles. Certes, même un ordre mondial antifasciste fondé sur des démocraties à l'Est et à l'Ouest n'aurait pas été exempt de profonds déséquilibres entre puissances ; une bonne part des frictions de l'après-guerre s'explique d'ailleurs par la lutte pour le contrôle de territoires qui ne relevaient pas encore de zones d'influence bien établies : lutte à propos des structures intérieures de la Pologne et de l'orientation de sa politique étrangère, à propos du traité de paix avec l'Italie et les autres alliés de l'Allemagne, à propos du statut de Berlin-Ouest. Il n'est jusqu'au blocus de Berlin qui ne s'explique en partie ainsi : même dans l'hypothèse absurde où le patriarche de l'Église orthodoxe aurait siégé au Kremlin et un quaker à Washington, ils n'auraient pas manqué de se quereller plus d'une fois à propos de l'enclave américaine en pleine zone d'occupation russe.

Mais, au lendemain de mai 1945, très vite, l'harmonie antifasciste fut également troublée par des dissonances du côté occidental ; ce n'était certes qu'une amorce de conflit et encore étaient-elles à demi cachées. Ces fausses notes, elles aussi, avaient des raisons plus profondes qu'une simple divergence d'intérêts. Déjà, durant l'été 1945, des généraux et des diplomates anglo-saxons avaient tenu des propos et eu des réactions qui témoignaient d'une profonde incompréhension, pour ne pas dire d'une profonde hostilité, à l'égard de leur allié soviétique pendant la guerre ; ils allèrent jusqu'à demander que toutes les forces, y compris les Allemands des zones occidentales, s'unissent afin de tenir tête à une Union soviétique « barbare » et idéologiquement hostile. En face, le mouvement communiste, en dépit de l'immense prestige de Staline, ne suivait pas toujours, hors d'Union soviétique, ses conseils : les partisans de Tito se montraient beaucoup plus radicaux que ne l'aurait souhaité Staline et les communistes grecs s'engagèrent dans une guerre civile. Mais, même là où la volonté de Staline s'exerçait sans partage, certaines évolutions qui s'y produisaient suscitaient à l'Ouest des réactions très négatives ; l'« unification forcée » entre les partis social-démocrate et communiste allemands en zone d'occupation soviétique eut notamment cet effet parce qu'elle était caractéristique de la manière dont les communistes entendaient prendre le pouvoir; exemple qui fut suivi un peu plus tard en Tchécoslovaquie ainsi que dans les autres pays d'Europe centrale. Churchill, qui, en 1919, alors qu'il était ministre de la Guerre, avait été l'un des anticommunistes les plus résolus, fit expressément référence à ces évolutions dans son discours de Fulton, le 5 mars 1946. À l'époque du discours de Fulton, il n'était certes plus Premier ministre, mais il n'en était pas moins resté une personnalité des plus influente. Parmi ses auditeurs se trouvait d'ailleurs Harry S. Truman, le successeur de Roosevelt à la présidence des États-Unis. Staline réagit très vivement. Un peu plus tôt pourtant, dans un discours du 18 février, il avait déjà laissé entendre que l'Union soviétique entrait désormais dans la deuxième phase de son affrontement avec l'ennemi séculaire.

La proclamation de la « doctrine Truman », en mars 1947, annonça le passage à un affrontement idéologique mondial, bien qu'elle n'ait eu pour objectif immédiat que d'aider matériellement le gouvernement anticommuniste en Grèce. Selon cette doctrine, deux formes d'existence se trouvaient en totale opposition dans le monde entier : l'une qui reposait sur la volonté de la majorité et se caractérisait par un système représentatif, par des élections libres, des garanties pour la liberté individuelle et l'absence de répression politique; l'autre, fondée sur la terreur exercée par une minorité, sur des élections non libres et l'étranglement des libertés individuelles. Ainsi le président des États-Unis se référait-il moins à la théorie du totalitarisme, non encore totalement élaborée, qu'à l'expérience du totalitarisme faite par de nombreuses personnes ayant fui la zone où s'exerçait le pouvoir soviétique et aux récits qu'ils en faisaient. Lénine avait théorisé la confrontation des systèmes mondiaux du capitalisme et du socialisme; Hitler avait opposé, lui, son national-socialisme, en qui il voyait le principe de la santé raciale incarnée par l'Allemagne, aux fondements destructeurs de l'universalisme bolchevique et capitaliste. Pour Truman, se déroulait désormais un conflit mondial entre la liberté offerte par les États constitutionnels occidentaux et l'asservissement terroriste pratiqué par le totalitarisme communiste.

Le nouvel affrontement avait de la sorte trouvé, du côté américain aussi, le soubassement idéologique sans lequel il serait resté une simple lutte pour la suprématie entre deux grands États. On ne retracera pas ici, même à très grands traits, la longue histoire de cette « guerre froide » qu'on a souvent, ce qui était réducteur, appelée « conflit Est-Ouest » [1]; on se contentera de quelques observations, dans le but de comparer à la guerre civile européenne de 1917-1945 cette guerre froide qui fut en

1. Voir Ernst Nolte, *Deutschland und der Kalte Krieg*, Stuttgart, 1985 (1re édition : Munich-Zurich, 1974.)

réalité une guerre civile mondiale, avec de nombreux rebondissements, des renversements, des crises et des périodes de détente.

Comme cela avait été le cas en 1917, le défi que représentait l'appel au nouveau lancé en 1947, en 1945 déjà dans une certaine mesure, découlait de l'idée du socialisme et de sa mise en œuvre révolutionnaire. Mais cette idée était considérablement affaiblie, ne serait-ce que par le souvenir du pacte germano-soviétique, et nombre d'anciens sympathisants étaient devenus des adversaires. D'un autre côté, la rampe de lancement n'était plus seulement la Russie soviétique soutenue, à l'extérieur, par un mouvement communiste qui n'était puissant qu'en Allemagne ; elle englobait désormais toute l'Europe orientale occupée par les troupes soviétiques, y compris la partie orientale de l'Allemagne, et, au-delà, les puissants partis communistes de France et d'Italie ; les événements de Chine, en 1948-1949, montrèrent eux aussi que le communisme était une force autonome et la victoire de Mao Tsé-Toung sur Tchang Kaï-Chek, à l'issue de la guerre civile, permit de donner naissance à un ensemble de taille colossale qu'en Occident on appela bientôt le « bloc sino-soviétique ». Bien sûr, de premières lézardes apparurent très vite, par exemple la « sécession » de Tito en 1948, mais les partis communistes ou socialistes qui sympathisaient avec ce bloc se renforçaient par ailleurs en de nombreux points du globe. Le sentiment d'une menace qu'éprouvaient l'« Occident » et tous les tenants de la liberté économique et intellectuelle était tout à fait authentique.

En 1919 et 1920, la Russie soviétique, en faisant intervenir des communistes locaux ou, parfois aussi, des troupes, avait réussi à susciter des excroissances en Hongrie, en Bavière et en Pologne. Partout, ces têtes de pont furent rapidement réprimées ou repoussées. L'Union soviétique se consacra alors à la « construction du socialisme dans un seul pays », même si l'on continuait à appeler Staline le « guide du prolétariat mondial ». Mais, en 1950, les troupes de la Corée du Nord communiste s'emparèrent de presque tout le sud de la péninsule et, lorsque la contre-attaque des Américains sembla sur le point de l'emporter, des « volontaires » chinois intervinrent. Finalement, on en revint au *statu quo*, mais les forces communistes s'imposèrent aux Français en Indochine, une stabilisation temporaire n'intervenant alors qu'à grand peine et au prix de mille difficultés. Le camp à l'offensive se replia donc beaucoup moins sur lui-même qu'il ne l'avait fait après 1918. De plus, son champ d'action s'étendait désormais au monde entier. Objectivement, l'Occident était sur la défensive, bien que la plus grande partie de l'Allemagne et le Japon entier fassent partie de son domaine.

Durant l'époque qui suivit la Première Guerre mondiale, le sentiment d'une menace et les révélations sur la « terreur rouge » en Russie avaient puissamment contribué à ce qu'en Italie d'abord, puis en Allemagne, arrivent au pouvoir des partis d'un type nouveau, beaucoup plus hostiles au communisme que les partis qui existaient jusqu'alors, présentant néanmoins, comme mouvements ou comme régimes politiques, des similitudes frappantes avec l'adversaire. Rien de semblable ne se produisit après 1945 dans les pays occidentaux : le maccarthysme américain fut très loin d'envisager de constituer un parti, moins encore de prendre le pouvoir, certainement aussi parce que les partis établis se montrèrent eux-mêmes fermement résolus à s'affirmer et à résister, notamment les sociaux-démocrates berlinois, sous la conduite d'Ernst Reuter, qui avait été, en 1921, le secrétaire général du Parti communiste d'Allemagne. La principale arme de ce combat, le principal ressort de l'affirmation de soi, ne fut pourtant pas la volonté politique mais une économie extraordinairement performante qui, aux États-Unis, battit tous les records de production et, en Allemagne, donna naissance à l'« économie sociale de marché ». De la sorte, à une certaine sensation de détresse très concrète se mêla bientôt, y compris chez les alliés des Américains à Berlin, qui firent preuve d'une prudence surprenante dans un premier temps, un sentiment de supériorité et de condescendance à l'égard des conditions de vie précaires « à l'Est ». On ne voulait plus rien savoir de la « crise économique mondiale » qui, en 1932, avait presque fait disparaître les différences existant déjà à l'époque.

La confiance en soi de la jeune Union soviétique avait été quelque peu ébranlée elle aussi, car la lutte contre Trotski et le trotskisme avait inévitablement provoqué, même chez les sympathisants, des questions et des critiques à l'égard de la Révolution d'octobre. Mais Staline parvint à surmonter la crise. Après 1945, le bouleversement fut beaucoup plus grand lorsqu'on assista au renversement du demi-dieu Staline, le « guide de tous les travailleurs ». La chute de l'idole commença timidement, peu après sa mort, en 1953, avant de connaître un stupéfiant point d'orgue, en 1956, à l'occasion du discours secret de Khrouchtchev devant le XXe Congrès. Ce discours confirmait presque toutes les critiques occidentales du système soviétique. Mais Khrouchtchev et le PCUS réussirent, à l'intérieur du monde soviétique, à faire diversion, à préserver le système en faisant glisser les critiques à son égard en direction du « culte de la personnalité ». Il n'est pas douteux que Khrouchtchev demeura un marxiste tout aussi enthousisaste et convaincu de la victoire finale du communisme dans le monde entier que l'avaient été ses prédécesseurs.

En 1940, presque toute l'Europe était divisée en deux zones, l'une sous la domination soviéto-communiste, l'autre sous la domination nationale-socialiste allemande ; en 1960, un tiers du globe était communiste et un tiers environ « capitaliste », tandis que le reste était constitué de zones « sous-développées » qui, comme l'Inde, avaient déjà connu le processus de « décolonisation », ou bien, comme l'Algérie ou le Congo, allaient le connaître. En 1940, Staline et Hitler avaient mené une espèce de politique d'apaisement qui, le sort de la guerre entre l'Allemagne et l'Angleterre n'ayant pas encore été décidé, aurait, selon toute vraisemblance, de toute façon débouché sur une guerre, même si Hitler n'avait pas été l'anticommuniste militant et l'annexionniste radical que l'on sait ; entre 1959 et 1962, la guerre atomique entre les « superpuissances » parut imminente au moment des crises de Berlin et de Cuba ; mais cette guerre, contrairement à celle de 1941, représentait objectivement, selon une opinion largement partagée, un danger pour l'existence physique de l'humanité, si bien que Khrouchtchev et Kennedy reculèrent devant les risques et les conséquences d'une telle décision. La confrontation des deux systèmes ennemis se stabilisa alors pour près de trente ans et ce qui avait été, entre 1939 et 1941, une impression fugitive devint une revendication et une conviction au sein de puissants courants de l'opinion publique occidentale et fit l'objet de déclarations officielles à l'Est : il fallait qu'il y eût « coexistence pacifique », voire (à en croire une opinion libérale exprimée à l'Ouest) « convergence », des deux moitiés du globe jusqu'ici ennemies.

En 1941, l'Union soviétique était soumise à une volonté unique, celle de Staline, tout comme l'Allemagne l'était à celle de Hitler. En 1963, le conflit sino-soviétique s'étalait au grand jour, tandis qu'à l'Ouest de Gaulle pouvait prendre des distances avec le leadership américain de manière beaucoup plus nette que Mussolini n'avait eu le loisir de le faire avec Hitler en 1940. Certes, l'Union soviétique enregistra de grands succès sous l'ère brejnevienne : elle obtint des Américains, qui s'acheminaient au Viêt-nam vers une sévère défaite, d'être reconnue comme une puissance atomique de même rang ; sa flotte, qui s'était extraordinairement renforcée, était visible sur toutes les mers du globe et, à l'occasion des Accords d'Helsinki, elle sembla, en 1975, avoir réussi à faire définitivement reconnaître les contours de sa zone d'influence. Mais, en contrepartie, elle avait dû faire d'importantes concessions au concept occidental des « droits de l'homme » ; à l'intérieur de ses frontières, les mêmes « dissidents » qui avaient menacé la domination soviétique, en 1956 en Pologne et en Hongrie ainsi qu'en 1968 en Tchécoslovaquie, se faisaient désormais entendre et, surtout, ce qui avait été, en 1941 encore pour Staline et d'innombrables autres communistes, une idée maîtresse était devenu objet d'incrédulité en URSS même : l'idée que « la bourgeoisie » était une classe moribonde, que « le capitalisme » n'était qu'un système stagnant et vermoulu, qu'on était à la veille du soulèvement armé des travailleurs dans la misère et que la question de savoir qui serait le « vainqueur de l'histoire » était tranchée. Certes, au début des années quatre-vingt, les voix étaient encore nombreuses à l'Ouest pour exprimer un profond pessimisme quant à l'avenir des puissances occidentales et pour estimer vraisemblable leur défaite définitive ; ce que ces gens redoutaient, pourtant, ce n'était pas que l'idéologie adverse suscitât élan ou enthousiasme. Leur crainte était surtout que la volonté fût tout entière concentrée du côté des autres puissances mondiales ; ces gens, par ailleurs, à la différence de Hitler, n'observaient pas avec haine et exaspération les partisans de l'ennemi dans leur propre pays se préparer au combat ; ils étaient en revanche préoccupés de voir de nombreux hommes de bonne volonté, très inquiets, se rassembler au sein du « mouvement de la paix » et se disposer, semblait-il, à capituler devant la puissance de l'Est et ses fusées à moyenne portée.

À la fin des années quatre-vingt donc, contrairement à 1941, loin d'un anti-communisme militant en quête d'un affrontement militaire, il n'existait qu'un ensemble incroyablement disparate, l'« Occident », surtout soucieux d'assurer la prospérité économique individuelle et n'ayant pas d'objectif plus élevé que la « détente ». Cet ensemble aspirait à se rapprocher d'un système de nature différente, encore très puissant sur le plan militaire bien qu'affaibli par son engagement en Afghanistan, toujours intransigeant, au moins formellement, sur le plan idéologique. Dans la mesure où l'on peut encore qualifier d'anticommuniste cet Occident, ce « système capitaliste », il ne s'agissait alors que d'un anticommunisme « mou », totalement différent de l'anticommunisme « dur » qui avait caractérisé la guerre civile européenne. C'est, semble-t-il, cet anticommunisme mou qui remporta la grande victoire de 1989-1990, avec la réunification de l'Allemagne et la chute des régimes communistes dans les États de l'Europe orientale non russe. Mais la victoire aurait été difficilement possible sans un reste de dureté, se manifestant principalement par la décision de Ronald Reagan de lancer, en dépit de son coût exorbitant, l'« initiative de défense stratégique » ainsi que par l'attachement de principe du gouvernement fédéral allemand à son « devoir de protection de tous les Allemands » et à la réunification du pays, en dépit des réserves formulées par de nombreux intellectuels à l'endroit d'une telle conception.

Il est très probable qu'il a existé un rapport de cause à effet, même s'il est loin de tout expliquer, entre ce reste de dureté et de fermeté de principe au sein d'un système qui tendait à être moins « libéral » que « libériste »[2], et les évolutions qui se firent jour du côté adverse, évolutions que, depuis l'arrivée au pouvoir de Mikhaïl Gorbatchev en 1985, on connaît partout sous les noms de *Glasnost* et de *Perestroïka*. Le problème inéluctable consistait, cette fois-ci, à reprendre et à approfondir ce que Khrouchtchev avait engagé et que ses successeurs avaient de nouveau enterré, c'est-à-dire la critique du « culte de la personnalité » ; mais, cette fois-ci, on ne pouvait éviter de s'interroger à propos du système qui avait rendu ce culte possible. C'était là une tâche sans précédent dans l'histoire mondiale, car l'Union soviétique n'était pas un État totalement vaincu comme l'avait été l'Allemagne après 1945 ; elle était l'une des puissances victorieuses de la Seconde Guerre mondiale ; pendant des dizaines d'années, tout au long de la « guerre froide », la guerre civile mondiale

2. Pour l'auteur, le « libérisme » est un système dans lequel les principes du libéralisme ont triomphé et sont les seuls en vigueur (NdT).

qui avait succédé au conflit, elle avait tout de même tenu tête aux États-Unis, et pas uniquement de manière défensive. À dire vrai, son système social n'avait pas tenu ses grandes promesses, notamment l'engagement de Khrouchtchev de dépasser en moins de dix ans les États-Unis dans le domaine de la production par tête d'habitant, et, depuis quelque temps, l'« Ouest doré » dont il était difficile de ne pas remarquer la présence dans le pays même, sous la forme de magasins ouverts aux seuls possesseurs de devises, était devenu l'idéal et l'objet des désirs de nombreux autochtones. Les Allemands de l'Ouest, en revanche, n'avaient pratiquement pas eu d'autre choix, après 1945, que d'adopter une position extrêmement critique envers le passé allemand et en particulier envers le national-socialisme ; l'intégration à l'Occident ne fut pas, comme le dit Habermas, une « grande réalisation intellectuelle de sa génération »[3], mais un processus qui s'est tout bonnement imposé sur les plans politique et intellectuel ; la tâche était facilitée par la possibilité que l'on avait de rattacher ce travail à des traditions allemandes et aussi par le fait qu'un tel travail comportait des avantages d'autant plus grands qu'il était effectué avec netteté et esprit de décision, sans trop « solliciter le concept ». Mais, en Union soviétique, le triomphalisme avait été plus naturel, voire imposé, si bien que, nécessairement, faire une autocritique représentait un effort beaucoup plus grand qu'en Allemagne. C'est pourquoi il vaut la peine de jeter un coup d'œil sur quelques-uns des livres dans lesquels cette autocritique s'exprima avant 1990. Je choisirai un roman qui, lorsqu'il parut, en 1988, passait pour réprésentatif de la *Glasnost* et de la *Perestroïka*, puis une description historique qui ne put être éditée qu'à l'étranger, en 1980, ainsi qu'un autre roman dont l'auteur mourut dès 1964 et que le public soviétique ne découvrit qu'en 1990, sous forme de bonnes feuilles.

De larges parties du roman d'Anatolï Rybakov, *Les enfants de l'Arbat*, pourraient relever de la littérature militante et glorificatrice qui tenait seule le haut du pavé dans les années cinquante et soixante. Pratiquement tous les étudiants du quartier moscovite de l'Arbat, un ancien quartier résidentiel chic, sont persuadés, en plein été 1934, que les grands discours enthousiastes sur la construction du socialisme qui ponctuent toute la vie sociale ouvrent la voie à un avenir grandiose et que leur pays, « avant-garde du prolétariat mondial » et « rempart de la future révolution mondiale », se prépare ainsi correctement à sa mission libératrice universelle. Pourtant, l'atmosphère générale est oppressante, atmosphère d'efforts incessants et de lutte permanente pour la réalisation des objectifs impartis, face à la foule des parasites et des saboteurs que visent les menaces habituelles : « Il faut les montrer sous leur vrai jour ! Les châtier

3. In *Historikerstreit. Die Dokumentation der Kontroverse um die Einzigartigkeit der national-sozialistischen Judenvernichtung*, Munich-Zurich, 1987, p. 75 (édition française : *Devant l'histoire. Les documents de la controverse sur la singularité de l'extermination des Juifs par le régime nazi*, Cerf, Paris, 1988, p. 57.)

impitoyablement ! Les éliminer ! Les exterminer ! Les extirper ! Effacer leurs traces de la surface du sol [4] ! » Un jeune étudiant tout à fait dans la ligne est renvoyé de l'Université, puis arrêté, parce que son journal mural, quoique inoffensif, a déplu à la direction du parti. Mais cet incident n'est qu'un aspect d'une partie qui se joue à un bien plus haut niveau et qui enchaîne plus étroitement encore l'oncle du jeune homme, directeur d'un gigantesque complexe industriel qui vient d'être construit au-delà de l'Oural, à l'homme au centre de tous ces événements, Staline. Rybakov fait de ce dernier un portrait très négatif : soupçonneux, avide de pouvoir, vaniteux, rancunier, brutal, jouant avec habileté des rivalités de ses subordonnés, il est devenu le maître absolu d'un immense empire et sa jalousie se concentre désormais sur Sergueï Kirov, secrétaire du parti de Leningrad, beaucoup plus ouvert et populaire que lui. Il lance contre lui sa Tcheka qui, sous la direction de Iagoda et de Iejov, a tissé un vaste réseau de surveillance autour de toute la population. Chacun devient, dans un tel système, un accusé potentiel, car les formulaires à remplir pour faire la moindre demande d'emploi ou la moindre requête s'intéressent à une telle masse d'activités passées, mais aussi à une telle foule de parents et d'amis, que tout le monde s'expose à faire des déclarations contradictoires ou lacunaires. Tout un chacun est ainsi livré sans défense au juge d'instruction dès que le moindre soupçon se porte sur lui. Personne n'est à l'abri de ce pouvoir dont le quartier général est à la Loubianka et qui ne dépend que du bon vouloir de Staline. Kirov lui-même en est la victime. Il a suffi de laisser un mécontent utiliser son revolver. D'Hitler, il n'est question dans le livre qu'une seule fois, lorsque tombe la nouvelle de l'assassinat de Röhm et des principaux chefs de la SA. Les anciens oppositionnels Zinoviev et Radek, qui se sont soumis depuis longtemps mais n'en seront pas moins un peu plus tard les victimes de Staline, veulent voir dans cet événement le début des « convulsions du régime nazi », mais Staline déclare qu'ils sont des bouffons, pour la bonne raison que le 30 juin 1934 signifie que Hitler se renforce [5]. Il compte se renforcer lui-même de semblable manière lorsque, six mois plus tard, il se débarrasse de Kirov et s'engage sur la voie de la sanglante et « grande purge » des années 1936-1938. Rybakov ne s'érige pas pour autant en juge moral, il n'exclut pas que Staline ait eu raison contre ses rivaux puisque, en collectivisant l'agriculture, il aurait brisé, même au prix de sacrifices monstrueux, l'instinct de propriété individualiste des paysans et qu'il aurait surtout répondu à la conviction populaire selon laquelle seule la crainte d'un monarque tout-puissant assure l'ordre indispensable, tandis que la liberté conduit à un carnage généralisé [6].

---

4. Anatolij Rybakow, *Die Kinder vom Arbat*, Cologne 1988 (éd. originale : Moscou, 1987), p. 45, 39. (Édition française : *Les enfants de l'Arbat*, Albin Michel, Paris, 1987, p. 38 et 33.)
5. *Ibid.*, p. 353 et suiv. (p. 277 de l'édition française).
6. *Ibid.*, p. 569 (p. 298-299 de l'édition française).

Le *Staline. Portrait d'une tyrannie* d'Anton Antonov-Ovseïenko n'est pas une étude historique mais un pamphlet contre Staline. Il est écrit par un auteur qui, du fait de ses liens familiaux, disposait de beaucoup de renseignements de première main sur la couche dirigeante bolchevique. Son père, Vladimir Antonov-Ovseïenko, un des « assaillants du Palais d'hiver » et membre du Comité de guerre révolutionnaire dirigé par Trotski, avait été l'un des principaux acteurs de la Révolution. C'est à des postes élevés qu'il avait servi l'État soviétique, en dernier lieu en Espagne, avant de devenir lui-même une victime de la grande purge. Son fils dut passer de nombreuses années en prison et dans des camps, notamment parce qu'il se refusait à qualifier son père d'« ennemi du peuple ». Pour lui, Staline n'est rien d'autre qu'un criminel ordinaire qui fit passer pour des actes militants ses premières attaques de banques et qui ne se distingua finalement de ses semblables que par un degré particulièrement élevé de rouerie, de brutalité et de soif de pouvoir. « Parmi les révolutionnaires s'était glissé un criminel professionnel », écrit Antonov-Ovseïenko [7]. Lui aussi parle beaucoup de l'assassinat de Kirov ; on peut difficilement imaginer détails plus repoussants : après le crime, on ne se contenta pas d'abattre tous ceux qui savaient ou pressentaient quelque chose mais aussi leurs femmes et leurs familles. Il n'est donc pas étonnant que Staline, au début des années trente, ait fait assassiner des millions de koulaks et, au-delà d'eux, des quantités de « sous-koulaks » ou d'« amis de koulaks », ni qu'il ait ensuite entrepris d'éliminer la vieille garde léniniste envers qui il nourrissait des complexes d'infériorité. Antonov-Ovseïenko n'est pas pour autant un partisan de Trotski car, à ses yeux, ce dernier pouvait rivaliser avec Staline « en matière de dictature, d'infatuation et de foi en sa propre infaillibilité » [8]. Même le jugement qu'il porte sur Lénine n'est pas absolument positif en raison de la faiblesse et de l'aveuglement incompréhensibles dont ce dernier avait fait preuve à l'égard de Staline, bien qu'il eût mis en garde contre lui dans son « testament ». Et l'industrialisation ne saurait justifier Staline puisque, pour une bonne part, il s'est agi d'une « tricherie », les chiffres invoqués étant falsifiés. La cruauté du centre gagna les limites extrêmes de la périphérie. Lorsque les Tchétchènes résistèrent, pendant la guerre, à leur évacuation forcée, on les enferma dans des granges où ils furent brûlés vifs ; à l'approche des Allemands, on poussa les cinq mille détenus de la prison du NKVD de la ville d'Oriol dans les caves que l'on inonda, si bien que tous périrent [9]. (On sait que des faits semblables se déroulèrent à Lemberg, selon certains récits.) Il est souvent dit, à propos de Hitler,

7. Anton Antonov-Ovseïenko, *Stalin. Porträt einer Tyrannei*, Munich-Zurich, 1983 (éd. originale : New York, 1980) p. 67.

8. *Ibid.*, p. 51.

9. *Ibid.*, p. 335 et suiv.

qu'il n'aurait pris le pouvoir que grâce à Staline et à la théorie du social-fascisme développée par ce dernier. La seule distinction qu'aurait véritablement méritée le généralissime soviétique serait la « Croix de fer » allemande, car la guerre, avec ses pertes énormes essentiellement imputables au commandant en chef des forces armées, n'aurait pas été gagnée grâce à Staline mais malgré lui. Tout lecteur du livre ne peut toutefois manquer de s'interroger quant à la nature d'un régime permettant qu'un « sale criminel s'incruste au Kremlin » [10], d'un régime où un « cannibale » était en mesure, à lui seul, de maintenir des millions d'hommes dans une peur constante, d'un régime ayant à sa tête un tueur, certes lié à Hitler par le nœud causal du soutien qu'il lui avait apporté, mais qui, comparé au dictateur allemand, en apparaissait comme un double « asiatique », pire donc [11] ! Cette interprétation d'Antonov-Ovseïenko, même si telle n'est pas son intention, n'en a pas moins pour conséquence obligatoire d'amener toute une génération soviétique ou russe à se condamner elle-même, selon la thèse que « tous » furent coupables [12].

Le troisième idéal-type possible permettant une confrontation avec le terrible passé s'incarne dans le livre de Vassilï Grossman, *Vie et destin*, qui fut terminé en 1960, quatre avant la mort de l'auteur, et ne fut publié à l'Ouest que vingt ans plus tard : c'est le genre de l'autocritique radicale mais soucieuse de comprendre. La grande bataille de Stalingrad et la victoire soviétique qui fut le tournant de la guerre sont au centre du livre. Grossman évoque la bravoure des soldats soviétiques encerclés, dont les chefs sont presque tous de vieux bolcheviks convaincus et ayant fait leurs preuves, tel Krymov, le commissaire du bataillon ou le défenseur du légendaire immeuble « 6 bis » que tout le pays admire pour sa résistance acharnée. Il évoque aussi sans haine, sans admiration non plus, les agresseurs allemands et leurs souffrances. Mais il parle surtout de la puissante attaque des troupes soviétiques qui, bien préparée, se termine cent heures plus tard par l'encerclement de la sixième armée allemande et que Staline, depuis Moscou, suit et dirige dans le détail. Le livre jette certes une lumière particulièrement vive sur Novikov, un commandant de blindés qui repousse de huit minutes une attaque décisive, contre l'avis de son général et de Staline en personne, parce que cela permet d'éviter d'énormes pertes que l'attaque à l'heure prévue aurait obligatoirement provoquées. Mais Grossman n'a manifestement pas l'intention de retirer aux exploits des officiers et des soldats pas plus qu'à la décision de Staline la gloire qu'ils méritent à ses yeux. La victoire de Stalingrad reste pour lui un acte héroïque, de portée mondiale, bien qu'elle ait été préparée par un homme

10. *Ibid.*, p. XVIII.
11. *Ibid.*, p. 312, 314.
12. *Ibid.*, p. XVII. L'auteur n'attribue lui-même à pareille thèse « qu'une parcelle de vérité ».

qui avait fait assassiner des millions de ses semblables en temps de paix et qu'elle ait été accomplie par des hommes qui avaient aidé cet homme à opprimer tout un peuple. Ayant été rappelé du champ de bataille, arrêté et transféré à la Loubianka parce que suspecté à tort d'avoir eu des activités antiparti, Krymov, durant les interminables interrogatoires et tortures nocturnes qu'il doit subir, revoit sa vie passée sous un jour nouveau. N'avait-il pas fait preuve de trop d'indifférence lorsque des amis ou des connaissances lui rapportaient d'horribles détails qu'ils avaient vécus en détention ou lui faisaient une remarque critique sur Staline avant de le supplier, en proie à une profonde terreur: «Je te préviens, si tu le racontes à qui que ce soit, à ta femme ou à ta mère, je suis perdu[13] ! » ? Lui aussi, autrefois, ne se gardait-il pas de «faire des manières avec les ennemis»[14] ? Avait-il seulement réfléchi une seconde, voici plusieurs années, à ce que pouvaient éprouver les mencheviks, les socialistes-révolutionnaires, les popes et les koulaks, lorsqu'il les jetait au cachot[15] ? Et voilà qu'il est interrogé par un homme sans pitié, qui n'a pas participé à la Révolution parce qu'il était encore un enfant et qui réfute froidement quelques-unes des déclarations dont lui, Krymov, est persuadé qu'elles sont exactes, compulsant un épais dossier où sont rassemblés tous les épisodes importants d'une existence, retracés à partir des déclarations de dénonciateurs, ses amis, sa famille, sa femme même. Dans celui qui l'a interrogé et lui a fait briser les reins, il reconnaît maintenant l'homme qu'il a «lui-même» été, lui, l'un des principaux acteurs d'une Révolution dont il doit dire aujourd'hui: «Peut-être aussi la révolution n'était-elle pour rien dans l'histoire? Qu'avait-il à voir avec elle, ce capitaine? La révolution, lui? Un Cent-Noir, un bandit[16] ! » C'est ainsi que, jusque dans les réflexions de l'auteur, le bien se change en mal et que la différence entre la révolution communiste et la contre-révolution fasciste s'estompe: ce que Staline a mis au monde n'est rien d'autre que ce à quoi Hitler donna naissance, c'est-à-dire le «socialisme national de l'État»[17]. Lequel socialisme national d'État est aussi monstrueux dans l'un et l'autre cas, que la question posée soit celle, prétendument justifiée, de l'origine de classe, du côté soviétique, ou celle, sanglante, de l'origine nationale, du côté allemand[18]; ce socialisme national, qui est bel et bien un «totalitarisme», a les mêmes effets épouvantables, qu'il entreprenne aujourd'hui, dans une atmosphère de haine et d'horreur,

13. Wassilij Grossman, *Leben und Schicksal,* Munich-Hambourg, 1984, p. 655 (le roman de Vassili Grossman fut publié pour la première fois en 1980, en langue française, par les éditions L'Âge d'Homme, Lausanne, sous le titre *Vie et destin* ; le passage cité ici se trouve p. 594).

14. *Ibid.,* p. 553 (p. 498 de l'édition française).

15. *Ibid.,* p. 656 (*ibid.,* p. 595).

16. *Ibid.,* p. 813 (*ibid.,* p. 738).

17. *Ibid.,* p. 423 (*ibid.,* p. 378).

18. *Ibid.,* p. 220 (*ibid.,* p. 199).

d'exterminer les Juifs ukrainiens ou que, dix ans auparavant, il ait mené sur le même sol une campagne d'extermination contre les koulaks considérés comme relevant d'une classe [19]. Grossman ne prend d'ailleurs qu'une légère distance intérieure lorsqu'il met en scène un officier SS qui appelle « maître » le vieux bolchevik détenu [20]. La dureté de ces propos ne signifie pas pour autant que le peuple russe s'auto-condamne, car Staline, contrairement à ce qui était le cas chez Antonov-Ovseïenko, n'apparaît pas comme un « criminel », mais comme une personnalité historique éminente, fût-elle terrifiante.

On pourrait bien entendu se demander si nous avons véritablement affaire ici à un auto-examen russe, à une autocritique, ou bien si Grossman ne se considère pas d'abord comme un Juif. Effectivement, ses sympathies vont manifestement et dans une large mesure aux Juifs et à leur destin, et l'un des temps forts du roman est la saisissante description d'un gazage à Auschwitz [21]. Mais à cette scène succède immédiatement celle du « camp de la faim » dans lequel périrent de nombreux prisonniers de guerre soviétiques, et l'auteur montre de manière très concrète que mourir lentement de faim est un sort beaucoup plus atroce encore que la mort rapide par asphyxie. La famine du camp allemand n'est pas isolée de tout contexte, puisque le regard revient aussitôt en Ukraine, où les communistes ont condamné, par centaines de milliers, les « koulaks » à mourir de faim [22]. On pourrait même prétendre que Grossman, en plus d'une autocritique russe, se livre à une autocritique juive, car il fait découler l'antisémitisme de trois caractéristiques juives, l'une des trois se retrouvant toujours chez d'autres minorités, mais leur combinaison étant à ses yeux singulière. L'une de ces caractéristiques serait une vaste activité, hautement productive, dans des aspects importants de la vie, notamment lors des luttes où de nombreux Juifs se révélèrent « d'éminents révolutionnaires » [23]. À un moment, Grossman dit même que « des penseurs juifs non dépourvus d'intelligence ont pu affirmer qu'il était indispensable de tuer les Juifs pour réaliser le bonheur de l'humanité » et qu'ils étaient prêts à se sacrifier eux-mêmes en toute conscience [24]. Cela correspond de manière exacte, étonnante aussi, à des conceptions qui avaient fréquemment cours dans la bourgeoisie russe [25] et que l'on ne peut

19. *Ibid.*, p. 217 (*ibid.*, p. 196-197).
20. *Ibid.*, p. 424 (*ibid.*, p. 374).
21. *Ibid.*, p. 571 et suiv. (*ibid.*, p. 519-523).
22. *Ibid.*, p. 588 (*ibid.*, p. 529-530).
23. *Ibid.*, p. 508 (*ibid.*, p. 458).
24. *Ibid.*, p. 219 (*ibid.*, p. 198).
25. Que l'on songe au personnage du « marchand repentant » de la littérature russe, mais aussi aux nombreux communistes, fils ou filles de la grande bourgeoisie d'Europe occidentale ou centrale. Il n'était, en fait, pour ainsi dire jamais expressément question d'« assassinat » ; en revanche, les termes « liquidation » ou « liquider » étaient fréquemment utilisés, *cf. ibid.*, p. 372.

certainement pas attribuer, chez Grossman, à une «haine de soi juive». Son livre est bien plutôt un remarquable exemple d'autocritique russe en même temps que juive, mais ne comportant pas d'autocondamnation.

C'est au travers des propos des protagonistes eux-mêmes – et l'on ne peut dire qu'ils annonçaient obligatoirement les événements de 1991 – qu'il fallait faire ressortir les principales possibilités immanentes qui s'offraient aux Russes pour «assumer leur passé», tâche indispensable pour eux aussi, à la fois si semblable et si dissemblable de celle des Allemands. Avec Gorbatchev, entre 1987 et 1990, il s'est esquissé une alternative historique qui aurait pu modérer les critiques du passé mais aussi les violentes révoltes contre les évolutions en cours, tout en permettant à l'Union soviétique de jouer un rôle nouveau. En instaurant une fonction présidentielle et en l'occupant, le secrétaire général du PCUS donnait un signal visible de loin. C'est en ces derniers mois de 1990 que la guerre froide se termina définitivement, une fois la réunification de l'Allemagne accomplie, après la fin de la domination exclusive des communistes dans les pays d'Europe orientale et après la signature, par Gorbatchev, de la déclaration des chefs de gouvernement de trente-quatre États membres de la CSCE sur la construction commune d'une Europe pluraliste, démocratique et dotée d'une économie de marché. Le PCUS n'aurait plus eu le loisir d'empêcher la formation d'autres partis puisqu'il avait déjà renoncé, auparavant, à sa prétention de détenir seul la vérité historique; il aurait peut-être pu, au prix de difficultés à vrai dire considérables, devenir le parti du progrès soviétique et de la tradition russe, si bien que le régime serait resté nettement différent du pluralisme occidental, sans lui opposer pour autant des prétentions universelles et sans proclamer sa future victoire finale. Pour ce qui est de l'attitude face au passé, cela aurait certainement eu pour conséquence qu'un portrait de Staline, comme celui fait par l'ancien genéral Volkogonov, qui pèse si bien le pour et le contre, se serait imposé, mais aussi que *L'archipel du Goulag* de Soljenitsyne aurait rencontré un public russe[26]. L'Union soviétique aurait pu alors devenir ce qu'on appelle un «pays libre», dans la mesure où elle aurait mis un terme à sa vieille politique d'oppression dans les pays baltes et ailleurs. Elle serait restée aussi à l'écart des dérèglements d'un «libérisme» dérivant jusqu'à l'hédonisme et, paradoxalement, à l'écart d'une tendance à faire intervenir les juridictions publiques en matière historique, tendance qui se dessine indiscutablement en Allemagne et même en France.

L'échec du putsch maladroit des traditionalistes communistes du parti et de l'armée, en août 1991, a détruit cette possibilité et l'Union soviétique s'est dissoute en ses diverses parties constitutives; la Russie, même

26. Voir R.W. Davies, *Soviet History in the Gorbachev Revolution*, Houndsmills-Londres, 1989; sur Volkogonov, *cf.* p. 41 et suiv.

si c'est sous la conduite ou derrière l'écran de fumée d'une présidence forte, s'est transformée en un État pluraliste ne disposant plus, ou pas encore, des fondements sociaux d'un tel pluralisme. De la sorte, l'antisémitisme s'est de nouveau manifesté publiquement, antisémitisme qui, à la différence profonde de l'Allemagne nationale-socialiste, était réprimé par le régime soviétique et même puni de mort, tandis qu'on encourageait l'antisionisme. Que, lors de manifestations, l'on brandisse dans la rue des portraits de Staline ou que d'anciens tchékistes se vantent ouvertement de leurs actes dans des lettres de lecteurs, n'est pas en pure opposition avec cette évolution. L'économie, « privatisée » au moyen de méthodes plus que douteuses, entra sans grande résistance dans le processus de la « globalisation capitaliste », même si les structures « mafieuses » qui s'étaient déjà manifestées sous le système soviétique semblèrent désormais devoir l'emporter sans partage. Il s'agirait, en l'occurrence, d'un pouvoir absolu qui ne serait plus totalitaire mais quasi pluraliste. L'avenir de la Fédération de Russie et des territoires de l'ex-URSS désormais indépendants est très incertain et ne permet guère de prévisions assurées. Des conditions favorables à un débat sur l'interprétation du passé existent pourtant, offrant un spectre beaucoup plus large qu'en Allemagne.

Au-delà de toutes les nuances indispensables, on peut toutefois, au terme chronologique du XXe siècle, le caractériser ainsi en ses diverses périodes :

Fille de la Première Guerre mondiale, la révolution russe des bolcheviks est l'événement du siècle qui a eu le plus d'importance et le plus de conséquences, car elle représenta une tentative de réaliser, par la violence, le socialisme, une très vieille idée de l'humanité que Marx et Engels avaient coulée dans une forme moderne. La tentative échoua, ne serait-ce que parce que Marx et Engels avaient imaginé de concilier l'inconciliable : l'unité du monde, l'univers familial, la suppression des appareils et l'objectivation. Mais elle suscita un immense espoir chez d'innombrables êtres humains et éveilla chez de nombreux autres une haine jusqu'alors inconnue. Ce qui ouvrit la voie à un contre-mouvement militant qui pouvait encore s'appuyer sur la force intacte du nationalisme et qui donna naissance à une idéologie reposant davantage sur des suppositions et des postulats que sur des espoirs ou des constats. Dans la pratique, cette idéologie se révéla être, bien que de manière différente, une « machine à exterminer des hommes » [27] tout autant que l'avait été avant elle le système bolchevique. Contrairement à ce qu'avait cru Lénine, les années 1917 à 1945 ne furent pas l'époque de la révolution prolétarienne mondiale, mais l'époque du fascisme et de la guerre civile européenne opposant un national-socialisme allemand qui était un fascisme radical et un bolchevisme soviétique au visage étatique de plus en plus marqué.

27. Lev Kopelev, *Aufbewahren für alle Zeit*, p. 176.

Peu après la fin de la Seconde Guerre mondiale, en 1947, commença l'ère de la guerre froide dans laquelle, à côté des principaux antagonistes, l'Union soviétique à l'économie planifiée et les États-Unis à l'économie de marché, les pays d'Europe ne jouèrent qu'un rôle secondaire. On peut parler d'une « guerre civile mondiale » au cours de laquelle chaque camp aurait disposé d'un « potentiel de conversion », bien qu'un pragmatisme non idéologique gagnât du terrain aux États-Unis à partir des années soixante et que l'idéologie marxiste de l'Union soviétique et de ses satellites perdît simultanément de sa force et de sa crédibilité. La liberté économique et intellectuelle, associée à un bien-être croissant, s'avéra finalement plus forte et plus attractive ; la stratégie de la détente, de l'étreinte pourrait-on dire, fut beaucoup plus efficace que la stratégie de l'affrontement ouvert qui avait prévalu au cours de la guerre civile européenne ; l'Union soviétique éclata en 1991, mais la Russie, même affaiblie, demeure un grand État. Il n'est désormais plus besoin d'exiger que le monde continue à se distancier de l'époque du fascisme et de la guerre civile européenne [28], car c'est, depuis longtemps maintenant,

28. L'expression se trouve dans l'« épilogue » de l'édition de 1987 du présent livre, p. 549. Quelques autres phrases de ce texte, qui fut écrit avant la disparition de la RDA et qui avait essentiellement pour but de résumer et d'expliciter la démarche de l'ouvrage, peuvent aujourd'hui encore être utiles et mériter examen : « C'est pourquoi, à aucun moment, il n'y a eu la "guerre civile pure" que promettait la "déclaration de guerre civile" faite par les bolcheviks et qui, avec l'apparition d'un parti de guerre civile hostile, aurait pu devenir réalité ; elle a en fait toujours été traversée de traditions et de réalités politiques, comme cela avait déjà été le cas aussi, d'une tout autre manière, au cours de la première guerre civile européenne de l'époque moderne, l'époque de la Révolution française et de Napoléon » (p. 536).

« Les années 1793 et 1794 virent le règne des combattants de Dieu sécularisés, des idéologues de l'égalité et des fanatiques de la justice. Ils ont laissé d'eux, dans toute l'Europe, une trace indélébile qui n'a pourtant quasiment nulle part fait penser qu'ils étaient soit le sel de la terre, soit la malédiction du monde » (p. 540).

« Himmler et Hitler, en rendant *les Juifs* responsables d'un processus qui les avait affolés, donnèrent une dimension nouvelle au concept d'extermination original des bolcheviks et, remplaçant le présupposé social par un présupposé biologique, dépassèrent, par l'horreur de leur forfait, les idéologues innés » (p. 545).

« Rien n'indique que des forces notables de la société allemande, y compris de larges fractions du NSDAP, aient eu autre chose en vue, avant 1933 et longtemps après encore, que la restauration des frontières de 1914 et, le cas échéant, la réunification avec l'Autriche. Toute la volonté passionnée de sauver le monde, toutes les idées extravagantes d'un État racial, germanique ou aryen, et pour toujours débarrassé de la subversion, toute la peur d'un naufrage de la civilisation, reflètent surtout ce qu'incarnaient les idéologues de l'égalité qui l'avaient emporté à Petrograd et à Moscou : l'ambition qu'ils avaient eue les premiers de sauver le monde, une aspiration plus totale à s'affranchir de toute limite, une volonté de changement plus radicale... » (p. 546).

Il en va de même pour quelques expressions extraites des notes de l'ancien « avant-propos » :

« Le titre principal est né de conversations avec l'éditeur. Il était à l'origine : "Repoussoir et modèle : le national-socialisme et l'Union soviétique". Si l'on a choisi aujourd'hui comme sous-titre "National-socialisme et bolchevisme", ce n'est pas pour remplacer le

devenu une réalité évidente. Mais il n'est pas pour autant garanti que le monde se dirige vers un avenir sans conflits ou peu conflictuel ; seule est devenue impensable et impossible pratiquement une guerre entre grandes puissances de même rang, menée avec tous les moyens techniques existants. On ne pourra porter de jugement historique définitif sur le socialisme violent qui prit le pouvoir en 1917 en Russie ainsi que sur le nationalisme violent qui l'emporta en Allemagne sous le nom de national-socialisme, que lorsque les conséquences de la « globalisation capitaliste » sans frein et de l'incessante progression du libéralisme se seront fait sentir dans toute leur ampleur. En revanche, c'est dès aujourd'hui, dans la mesure où l'on ne se livre pas à des jugements moraux et historiques, que l'on peut chercher à expliquer d'un point de vue scientifique le rapport existant entre les deux principaux totalitarismes du XXe siècle, rapport fait d'opposition contradictoire et de parallélisme, comportant un « nœud causal » entre original et copie déformée, ou bien même un rapport maître-élève, tel que Soljenitsyne et Grossman l'ont formulé ou pour le moins esquissé.

Tenter de faire rentrer les grands problèmes inédits du XXIe siècle dans le corset du XXe siècle, avec ses questionnements et ses émotions, par exemple utiliser les termes « communisme » et « fascisme », alors que les adversaires politiques en présence ne se désignent pas eux-mêmes de la sorte et que l'on peut déceler des différences essentielles entre l'objet

---

terme neutre d'*Union soviétique* par un concept plus polémique ou par un mot plus accrocheur, mais bien parce que *bolchevisme* est, somme toute, une appellation que ses partisans se sont eux-mêmes donnée. En revanche, les termes de *bolcheviks* ou bien de *Bolshies* chez les Anglo-Saxons ont des connotations expressément polémiques ; on les utilisera aussi peu par la suite que les termes opposés de *nazis* et de *nazisme*. (Le terme de "bolchevik" n'ayant pas, en français, de connotation péjorative, nous l'avons conservé dans la traduction, réservant, conformément à l'usage, "bolchevique" pour les emplois adjectivaux ainsi que, le cas échéant, « bolcheviste » dans un sens plus étroitement idéologique, NdT.)

Que l'on ait écrit *national-socialisme et bolchevisme* et non, comme la chronologie le voudrait, *bolchevisme et national-socialisme* s'explique par l'idée que le concept de guerre civile implique *deux* partis ayant en vue la guerre civile. Une simple menace d'insurrection, qui entraîne un raidissement du pouvoir et qui est déjouée par la police lorsqu'elle passe au stade de la réalisation, n'est pas encore une guerre civile. D'ailleurs, 1917 est, pour les deux partis, une date importante puisqu'elle symbolise leur première interaction, aucune figure extérieure ne s'étant montrée aussi décisive pour la victoire des bolcheviks que le général Ludendorff et personne, hormis Hitler, n'ayant joué, quelques années plus tard, de rôle aussi important que lui au sein du mouvement national-socialiste.

Le nouveau titre est, somme toute, en rapport avec le contenu de tous mes livres et le sous-titre représente *a fortiori* une restriction. Tous ont pour sujet la guerre civile européenne ou ses principales prémisses, même *Deutschland und der Kalte Krieg* (L'Allemagne et la guerre froide) qui expose comment elle est passée au stade de guerre civile mondiale avant de s'atténuer. Mais il n'y eut jamais d'opposition aussi brutale et de rapprochement aussi étonnant que ceux qu'on a pu observer dans la relation qui a uni le national-socialisme au bolchevisme, voire le Troisième Reich à l'Union soviétique... »

de référence et l'objet ainsi désigné, c'est faire injure à l'avenir. Bien sûr, l'histoire comporte continuités et renaissances, mais le bolchevisme de Lénine et de Staline et, à plus forte raison encore, le fascisme de Mussolini et de Hitler appartiennent déjà tellement au passé, après 1991, qu'il faudrait maintenant les considérer définitivement comme des objets d'examen scientifique plutôt que comme des motifs ou des prétextes à polémiques politiciennes.

Ce livre et la « querelle des historiens »

Bilan dix ans plus tard

La « querelle », le débat, dans les domaines scientifique et journalistique, est un phénomène aussi habituel qu'indispensable ; l'absence de polémique est aussi absence de « vie intellectuelle » et n'exprime, dans le meilleur des cas, que l'harmonie interne d'une secte. De temps en temps, lorsque le débat oppose, sur une durée assez longue, des tendances relativement lourdes, l'utilisation du terme revêt un poids particulier. L'histoire allemande a ainsi connu la « querelle sur les méthodes », à propos de l'essai sociologique ou « collectiviste » de Karl Lamprecht ; plus tard, en sociologie, ce fut la « querelle sur le positivisme ». Il y eut un autre débat, important et fructueux, entre historiens des années soixante ; on l'a appelé la « controverse Fischer », du nom de celui qui l'avait déclenchée ; elle portait sur le caractère et l'ampleur de la responsabilité de l'Allemagne dans la Première Guerre mondiale. Mais, aujourd'hui, le terme de « querelle des historiens » s'attache quasi exclusivement, dans le monde entier, au débat qui s'engagea en 1986 et qui, avec une grande virulence, de plus en plus unilatérale, dura au moins jusqu'à l'automne 1988. Une déclaration du président de la République fédérale d'Allemagne de l'époque, devant le congrès des historiens de Bamberg, sembla alors en marquer la fin. On publia, en 1991, une liste de 1200 articles et de quelque trois douzaines de livres parus sur le sujet jusque fin 1988 [1] ;

1. Helmut Donat-Lothar Wieland (éd.), *Auschwitz erst möglich gemacht ? Überlegungen zur jüngsten konservativen Geschichtsbewältigung*, Brême, 1991, p. 152-214.

Ce recueil contient deux contributions qui s'intéressent en priorité à mon livre et non à mon article de la FAZ. Elles sont le fait de deux scientifiques sérieux et sont, en tout cas, dénuées de la haine qui caractérise tant d'articles et d'ouvrages : Dietrich Beyrau, « Archipel Gulag und Auschwitz. Eine Auseinandersetzung mit Ernst Noltes Buch *Der europäische Bürgerkrieg 1917-1945* » (p. 104-118) et Hans-Walter Schmuhl, « Der Holocaust – Ein transzendentaler Vernichtungsprozeß ? Kritische Anmerkungen zu Ernst Noltes Interpretation des Mordes an den Juden im Zweiten Weltkrieg » (p. 119-133).

seuls l'écroulement des régimes communistes en Europe orientale et la réunification de l'Allemagne firent retomber l'intérêt. À dire vrai, ces bouleversements historiques amenèrent en fait à se demander si un lien interne ne les reliait pas à la « querelle des historiens » et si l'on n'était pas en droit d'affirmer que l'« histoire » avait rendu un jugement auquel ni les thèses ni les arguments n'avaient permis d'aboutir.

À l'origine de la querelle, il y avait eu, entre autres raisons, l'intention du gouvernement fédéral d'édifier à Berlin un musée historique allemand, projet que les « intellectuels de gauche » avaient presque unanimement et très vivement critiqué, car il semblait répondre à un désir de « se débarrasser » du passé allemand et de retrouver une image historique « normale » ; à les en croire, une telle entreprise détournerait le regard des crimes singuliers commis par le national-socialisme et repousserait à l'arrière-plan l'exigence d'un départ radicalement nouveau, exigence qui n'aurait pas pesé lourd, depuis les débuts de l'histoire de la République fédérale, face à la volonté de voir le pays reprendre sa marche en avant. En 1991, ce musée s'ouvrit réellement à Berlin, dans

---

La seule discussion menée dans une revue scientifique avec ma participation l'a été sous la forme de trois articles publiés dans *Geschichte und Gesellschaft* : Hans Mommsen, « Das Ressentiment als Wissenschaft. Anmerkungen zu Ernst Noltes *Europäischer Bürgerkrieg* » (1988, p. 495-512) ; Wolfgang Schieder, « Der Nationalsozialismus im Fehlurteil philosophischer Geschichtsschreibung. Zur Methode von Ernst Noltes *Europäischem Bürgerkrieg* » (1989, p. 89-114) ; Ernst Nolte, « Das Vor-Urteil als "strenge Wissenschaft". Zu den Rezensionen von Hans Mommsen und Wolfgang Schieder » (1989, p. 537-551).

En 1995, Gerd Koenen, dans un article, « Bolschevismus und die deutschen Intellektuellen nach Revolution und Weltkrieg 1917-1924 », paru dans les *Annales d'histoire allemande* de Tel-Aviv, vol. XXIV, 1995, p. 359-391, a abordé un sujet négligé durant des dizaines d'années, les réactions allemandes à la Révolution russe, sujet que je n'avais traité qu'accessoirement et en relation avec Hitler. Entendant procéder à l'examen d'un « nœud » particulier, il émet l'hypothèse que les répercussions du bolchevisme auraient été « beaucoup moins univoques et beaucoup plus complexes que ne le suggérerait l'idée d'un « nœud » (voire d'un nœud causal) ». Mais, concernant la Révolution russe et la réaction d'intellectuels allemands, le terme de « nœud » n'est rien d'autre qu'une tautologie et je n'ai jamais prétendu que je le considérais comme « univoque » ou qu'il n'était pas complexe. L'idée de « nœud » ne devient intéressante et ne prête à débat que si on la rapporte à Hitler et, plus encore, au « Goulag » et à « Auschwitz ». D'ailleurs, mon dernier disciple et assistant, Kai-Uwe Merz, a souligné la multiplicité et la polyvalence de ces relations, dès 1991, dans sa thèse de doctorat *Das Schreckbild. Deutschland und der Bolschevismus 1917 bis 1921*, Propyläenverlag, Berlin, 1995.

Sur ce dernier sujet, Gerd Koenen et Lew Kopelew ont fait paraître un volumineux recueil, sous le titre *Deutschland und die russische Revolution*, en 1997, à Munich. Dans un exposé que j'ai présenté lors d'un colloque sur la comparabilité des dictatures, à l'Académie européenne d'Otzenhausen, et qui doit prochainement paraître, avec d'autres contributions, aux éditions Duncker & Humblot, « "Gulag" und "Auschwitz" : Unvergleichbarkeit – Parallelität – kausaler Nexus ? », j'ai répondu à la contribution aussi remarquable que symptomatique de Dan Diner, « Zwischen Aporie und Apologie. Über die Grenzen der Historisierbarkeit des Nationalsozialismus », qu'il a publiée dans le recueil édité sous sa direction, *Ist der Nationalsozialismus Geschichte ?*, Francfort/Main, 1987.

l'Arsenal *(Zeughaus)*, sur l'avenue Unter den Linden, dans le bâtiment qui avait abrité le musée d'Histoire de la RDA. Même le camp adverse, que l'on aimait qualifier de « droitier », s'était gardé d'émettre pareille exigence ; l'eût-il fait, les vagues de l'indignation n'en eussent été que plus hautes.

En 1986, Jürgen Habermas avait parlé, sur un ton extrêmement négatif, d'une « philosophie de l'OTAN, aux couleurs du nationalisme allemand », dont il créditait le camp adverse. Il s'en prenait à une conception qui, selon lui, instrumentalisait l'« expulsion des koulaks » dans l'Union soviétique stalinienne afin de relativiser la singularité des crimes nazis et de faire de l'Union soviétique une puissance hostile « aujourd'hui encore présente à nos portes »[2]. En 1991, la satisfaction fut générale de constater que l'Allemagne réunifiée restait « ancrée » dans l'OTAN et personne ne contesta plus sérieusement que la puissance qui retirait désormais ses troupes de l'Allemagne avait vraiment été une ennemie et même une ennemie de l'« Occident » dans son ensemble.

En 1986, Hans Mommsen avait formulé des appréciations tout à fait négatives sur l'antibolchevisme, sur les « ressentiments anticommunistes » caractérisant à l'en croire ses adversaires. Ces sentiments auraient trouvé leur traduction dans la « théorie du totalitarisme », théorie tenant pour « constitutives des similitudes purement extérieures » et se refusant à voir que les systèmes de pouvoir communistes, à l'exact inverse des systèmes fascistes, n'étaient soumis à aucun processus d'autodestruction[3]. En 1991, en Europe orientale, ce furent partout des « dissidents » ne faisant pas mystère de leur anticommunisme, ou au moins de leur antisoviétisme, qui furent appelés à gouverner ; le concept de totalitarisme fut repris tout naturellement par la quasi-totalité des intellectuels, et pas seulement pour qualifier une phase « stalinienne » ; il était devenu une évidence que ces événements avaient été précédés d'une « autodestruction du communisme ». Il sembla aussi que s'affirmait de plus en plus l'idée que le XXe siècle n'avait en fait débuté qu'avec la Révolution d'Octobre des bolcheviks et avait pris fin en 1991 avec l'écroulement de l'Union soviétique.

Mais tout ceci, en vérité, n'apportait toujours pas de réponses aux questions qui, dès 1988, s'étaient révélées être au cœur de la querelle des historiens : y avait-il eu entre le communisme soviétique et l'anticommunisme militant des mouvements et régimes fascistes, en particulier le

---

2. Jürgen Habermas, « Eine Art Schadenabwicklung. Die apologetischen Tendenzen in der deutschen Zeitgeschichte », in *Historikerstreit. Die Dokumentation der Kontroverse um die Einzigartigkeit der nationalsozialistischen Judenvernichtung, op. cit.* (note 3 de l'épilogue), p. 62-76. (Édition française : p. 47-59.)

3. *Ibid.*, p. 156-195. (Édition française : p. 129-143.)

national-socialisme, ce fascisme radical qui avait pris le pouvoir en Allemagne, une relation d'action et de ré-action, de défi et de réponse, d'original et de copie ? Et, si « nœud causal » il y avait, pouvait-on dire qu'il en existait également un entre les mesures exterminatrices des deux régimes ? Ce sont justement ces problèmes que j'avais exposés dans mon article, « Un passé qui ne veut pas passer », paru dans la *Frankfurter Allgemeine Zeitung* du 6 juin 1986, avec cette question : « L'archipel du Goulag n'a-t-il pas été plus originel qu'Auschwitz ? » et ce constat : il a vraisemblablement existé entre eux un « nœud causal » [4].

Des événements historiques n'étaient pas en mesure, à eux seuls, de trancher des questions de cette nature. Mais ils permirent de les exposer de manière plus circonstanciée et de les fonder plus concrètement. C'est ce que, pour ma part, je fis dans le présent ouvrage, paru en 1987, qui, dans les faits, avait été à l'origine de mon article et non le contraire ; on est néanmoins en droit de considérer aussi qu'il en élargit le propos et qu'il en constitue en quelque sorte l'exposé « savant ». Bien entendu, ce livre ne peut pas non plus prétendre, à lui seul, réduire à néant les arguments adverses qui tendent, pour l'essentiel, à affirmer que le national-socialisme s'explique par les antécédents de l'histoire allemande et qu'il en va de même pour « Auschwitz », c'est-à-dire pour la « solution finale de la question juive », événement incomparable et privé du fondement rationnel qui aurait malgré tout existé, au Goulag, entre l'existence effective d'adversaires du régime et leur mise hors d'état de nuire. D'ailleurs, dit-on, ce n'était pas la destruction physique que recherchait le Goulag ; elle n'était, en dépit de son horreur et de son ampleur, qu'un épiphénomène. Une autre objection consiste à prétendre que la lutte de ces deux idéologies et de ces deux mouvements de masse, le communisme et le national-socialisme, n'aurait été qu'un masque cachant la lutte de deux grands États, si bien que le terme de « guerre civile européenne » ne se justifierait pas. Les deux argumentations ne s'annulent pas l'une l'autre du seul fait de leur caractère contradictoire, car il faut bien considérer qu'au moins le régime national-socialiste était un État d'une nature tout à fait particulière. On aboutirait, sinon, à la conclusion absurde que seul un hasard aurait fait que la Première Guerre mondiale ne donnât pas naissance à un « Auschwitz ». Une troisième objection ne manque pas non plus d'un certain poids : les exterminations d'ennemis réels ou supposés, le « Goulag » et « Auschwitz » donc, auraient certes été les conséquences logiques de deux « idéologies purificatrices », mais n'auraient été par ailleurs que des phénomènes parallèles, à l'exclusion de tout « nœud causal ».

Les intentions prêtées aux principaux protagonistes du débat, dont nous-même en l'occurrence, ou les suppositions quant aux résultats à attendre de leur démarche n'étaient pas du tout de la même eau que ces derniers

4. *Ibid.*, p. 39-47 ; (*ibid.*, p. 29-35).

arguments. Nous aurions eu pour objectifs de refouler les « crimes allemands » et ce dont « les Allemands portent la responsabilité », de faire l'apologie des chefs de la Wehrmacht, de « blanchir l'industrie allemande » et d'opérer une macabre comparaison chiffrée entre les crimes de masse ; nous aurions été guidé par la volonté de faire du bolchevisme, voire du marxisme lui-même, le vrai responsable de tous les crimes du XXe siècle et donc par le désir de favoriser, en « relativisant » et en « historicisant », le grand oubli qui aurait depuis longtemps fait tache d'huile en Allemagne. À notre connaissance, il n'y a pas eu, au cours de toutes ces polémiques, le début d'une réflexion pour savoir si le propos des gens incriminés n'était pas, au contraire, d'établir une mémoire plus globale et plus équitable.

On aurait néanmoins pu s'attendre à ce que au moins certains représentants de l'« autre bord », au bout d'une décennie marquée de tant d'évolutions surprenantes, s'interrogent sur le bilan qu'il convenait de tirer de cette querelle d'historiens : ne devait-on pas renoncer à quelques-uns des arguments utilisés et donner raison à l'adversaire sur tel ou tel point ? Si je ne m'abuse, cela fut le cas d'un seul des participants au débat, à savoir Heinrich August Winkler, qui, dans la *Frankfurter Rundschau* du 20 octobre 1996, publia un article sous le titre : « Examen du revers de la médaille. Dix ans plus tard : un retour en arrière sur la querelle des historiens allemands[5]. » Winkler s'y adresse le reproche d'avoir, dix ans plus tôt et dans un précédent article du même journal, fait preuve d'une assurance injustifiée en réclamant que les Allemands n'aspirent plus à l'avenir à un État national souverain et qu'ils reconnaissent donc l'existence de deux États, cette situation étant pour lui la conséquence directe du rôle néfaste joué par l'Allemagne dans les deux guerres mondiales.

5. Une version plus détaillée est parue sous le titre « Démocratie post-nationale ? À propos du regard que les Allemands portent sur eux-mêmes » dans le numéro de mars 1997 de *Merkur* (p. 171-176).

J'ai pour ma part une autocritique à formuler. Avec le recul, je regrette d'avoir livré au public *ante festum* l'une des conclusions centrales du livre, sous la forme d'un article de journal surmonté d'un titre sensationnel, dans lequel des mots aussi connotés que « Goulag » ou « Auschwitz » revenaient trop fréquemment. Mais le titre n'était pas de moi et, sans l'étrange attitude de la direction des « Entretiens du Römerberg » (colloque qui a déclenché la « querelle des historiens »), les choses en seraient restées à un exposé prononcé devant un cercle restreint d'intellectuels. Je ne peux en outre me dissimuler que la réunification de l'Allemagne se serait, selon toute vraisemblance, heurtée à une résistance beaucoup plus forte de la part d'autres États si, hypothèse absurde, une majorité d'historiens et de journalistes allemands avaient fait leurs mes idées. Les nombreuses réactions étrangères, qui furent presque sans exception négatives, ne laissent guère de doutes à ce sujet. Dans cette mesure, je reconnais sans détours que l'« autre camp » (qui, numériquement parlant, était beaucoup plus fort) a bien mérité de l'Allemagne, même involontairement. Mais le problème, pour moi, n'était pas l'« Allemagne », ni dans un sens positif, ni dans un sens négatif, il était tout simplement d'éclairer un des traits principaux de l'histoire du XXe siècle qui, pour des raisons absolument impérieuses et pas du tout incompréhensibles, avait été rejeté dans l'ombre.

Il ajoute que cette opinion reposait sur une « théologie sécularisée de l'histoire » qui avait également exercé une influence déterminante sur nombre d'autres contributions « de gauche », que l'idée de pouvoir expier les crimes nationaux-socialistes au prix de la division de l'Allemagne était devenue le « mensonge existentiel de la gauche en Allemagne fédérale » et qu'il était temps aujourd'hui de « s'interroger sur la morale de maints arguments de l'époque de la querelle des historiens, arguments d'apparence morale et se voulant tels ». Winkler fait donc preuve d'un fort esprit autocritique ; pourtant, concernant le contradicteur ayant échafaudé les thèses inconvenantes que l'on sait à propos d'un « nœud causal », il garde son ancien avis : Ernst Nolte s'est laissé guider par une « intention apologétique » car son argumentation est d'ordre nationaliste et révisionniste (au sens anglo-saxon du terme, NdT), de telle sorte que, dans la « version longue » de son article, le livre sur la guerre civile européenne de 1917 à 1945, il a certes « mis le doigt » sur le « sujet du siècle », les interactions entre communisme, fascisme et démocratie, mais, du fait de son intention apologétique, l'entreprise s'est conclue par « une débâcle analytique ».

D'autres protagonistes, pourtant, au bout de bientôt dix ans, ont fini par revenir sur les problèmes soulevés par la querelle des historiens, apportant ainsi une contribution potentielle à un bilan dont Winkler se réclame et qu'il n'a néanmoins pas encore réellement dressé. Mais ils l'ont fait de manière moins directe : l'occasion en fut donnée par la parution du livre de Daniel Goldhagen sur les *Bourreaux volontaires de Hitler*[6]. Le jeune politologue, Juif américain, a en effet poussé à l'extrême, voire jusqu'à la caricature, la conception « orthodoxe » : son travail ne met pour l'essentiel en scène que les Allemands et les Juifs, le rapport entre eux se réduisant exclusivement à l'antisémitisme d'un côté et au statut de victime de l'autre. À l'en croire, les Allemands auraient été, à quelques exceptions près, depuis le XIXe siècle déjà et au fond depuis Luther, pénétrés d'un antisémitisme « éliminationniste » qui, sous Hitler et avec on ne peut plus de continuité, se serait épanoui en une volonté « exterminationniste ». Et ce ne serait pas tellement dans les chambres à gaz d'Auschwitz et de Treblinka (dont on aurait « largement surestimé l'efficacité »[7]) que cette volonté se serait réalisée, mais bien plutôt dans les centaines de milliers d'assassinats perpétrés avec « zèle » et « plaisir » par la SS, les bataillons de police et également la Wehrmacht. Les bolcheviks et le Goulag sont aussi peu évoqués que la situation internationale des années 1939-1941 ou que l'antisémitisme largement répandu dans les pays baltes et en Ukraine. La seule chose qui importe est de lais-

6. Daniel Jonah Goldhagen, *Hitlers willige Vollstrecker. Ganz gewöhnliche Deutsche und der Holocaust*, Berlin, 1996. (Édition française : *Les bourreaux volontaires de Hitler. Les Allemands ordinaires et l'Holocauste*, Seuil, Paris, 1997.)

7. *Ibid.*, p. 23. (Édition française : p. 21.)

ser face à face les assassins allemands et les Juifs assassinés. Dans cette perspective, la thèse d'un nœud causal entre le Goulag et Auschwitz apparaît effectivement comme tout simplement absurde. Certes, à l'occasion, Goldhagen appelle les assassins les « combattants idéologiques » [8], mais une relation entre antisémitisme et antibolchevisme n'apparaît que de manière fugitive, pour, sans autre forme de procès, se trouver rangée au rang des « illusions ». Goldhagen souligne certes expressément la nécessité de « comprendre » et relève même que les coupables considéraient « l'extermination massive des Juifs comme juste » [9], mais la manière dont il « comprend » et la manière dont les coupables se « comprenaient » eux-mêmes n'ont pour point commun que le concept déjà évoqué, celui des « illusions ». Cela lui permet alors de prononcer un verdict de culpabilité absolument univoque. Goldhagen n'a apparemment pas du tout conscience, en attribuant ainsi une responsabilité collective, de procéder exactement de la façon dont procédaient les nationaux-socialistes lorsqu'ils attribuaient « aux Juifs » la responsabilité de la terreur rouge, des atrocités de la Tcheka et de « la grande extermination » du Goulag.

Aucun des protagonistes allemands « de gauche » de la querelle des historiens ne s'est identifié à cette position extrémiste, qui passe tout simplement de nombreux faits sous silence ; même pas Jürgen Habermas, qui a pourtant prononcé l'éloge de Goldhagen lors de l'attribution à ce dernier du « Prix de la démocratie », en 1997. Il déclara à cette occasion que cet homme avait écrit l'histoire en se fondant sur les agissements de la multitude des individus et non sur les contraintes imposées par des appareils bureaucratiques ou sur les décisions d'un chef charismatique [10]. C'est, en fait, surtout Hans Mommsen qui, au travers de nombreuses prises de positions et interviews, a discuté les thèses de Goldhagen. Sa propre interprétation, connue depuis longtemps et souvent qualifiée de « révisionniste » parce qu'elle retirait sa culpabilité au « faible dictateur » Hitler pour la transférer aux « couches dirigeantes » d'Allemagne, acquit alors soudain le caractère d'une véritable apologie, l'apologie des masses populaires allemandes qui apparaissent comme les véritables coupables chez Goldhagen, tant celui-ci fait preuve, par endroits, d'« intentionnalisme ».

Hans-Ulrich Wehler, lui, est d'accord pour que l'on salue comme un effet bienvenu l'étonnant écho rencontré par Goldhagen dans l'opinion publique et pour que l'on respecte son « évidente indignation morale » ; mais il relève de graves faiblesses discréditant radicalement une interprétation de faits dont l'exposé, selon lui, est par ailleurs correct ; par exemple, la manière dont il diabolise les Allemands et l'« ethnicisation » du débat qui en résulte, ou son « effrayante bonne conscience », ou

---

8. *Ibid.*, p. 321. (Édition française : p. 375.)
9. *Ibid.*, p. 28 et suiv. (Édition française : p. 26 et suiv.)
10. Ulrich Rauff, « Der lange Schrecken. Goldhagen, Habermas, Reemtsma. Ein Preis, drei Reden », in *Frankfurter Allgemeine Zeitung* (*FAZ* par la suite) du 12 mars 1997.

encore le fait qu'il taise le « terrible assassinat de millions d'êtres humains, pendant des dizaines d'années, sous la dictature de Lénine et de Staline ». À vrai dire, ce que Wehler regrette, ce n'est pas tant l'omission en tant que telle, mais le fait que Goldhagen ait manqué l'occasion d'expliquer ces crimes par une tradition de « barbarie russe » [11].

Pour sa part, Eberhard Jäckel qui, lors de la querelle des historiens, avait vu à l'œuvre, chez ses adversaires, une « misérable pratique des insinuations » et qui avait avancé l'hypothèse extrêmement hasardeuse d'une prétendue annonce publique, par Hitler, de l'assassinat de femmes et d'enfants juifs, qualifia le livre de Goldhagen de « thèse ratée et déficiente de part en part », retombée au niveau de la recherche des années cinquante et négligeant totalement l'objet premier de la recherche, c'est-à-dire « la mise en lumière du jeu d'actions et de réactions *(Zusammenhänge)* » [12].

Mais l'exceptionnel succès de librairie du livre de Goldhagen, la tournée triomphale de l'auteur dans les studios et les amphithéâtres d'Allemagne n'ont-ils pas été la preuve la plus impressionnante de ce que les Habermas et Wehler avaient eu, au moins en un certain sens, raison d'affirmer que l'on avait repoussé l'attaque du révisionnisme national-apologétique et remporté une grande victoire dans la lutte pour « surmonter le passé » allemand de manière radicale ?

Il pourrait toutefois se faire que cette « lutte contre l'oubli » n'ait profité qu'à un oubli plus grand encore, l'autoglorification allemande de l'époque nationale-socialiste n'ayant été que simplement inversée et transformée en autorépudiation allemande. Peut-être était-ce justement la prétendue débâcle révisionniste qui avait permis aux Allemands de prendre une conscience plus exacte de ce qu'ils sont et de mieux comprendre le jeu d'actions et de réactions de l'histoire du XXe siècle. Quelques publications des années quatre-vingt-dix, dues à des historiens de renom mondial, établissent en tout cas le bien-fondé d'une telle hypothèse.

Lorsque le *Hitler et Staline* d'Alan Bullock parut en 1991 dans sa traduction allemande, le souvenir de la querelle des historiens était encore assez vivace. Aussi s'étonna-t-on souvent de voir combien le problème soulevé, malgré ses grandes similitudes avec celui du « Goulag » et d'« Auschwitz », suscitait pourtant peu d'émotion. Effectivement, dès son avertissement préliminaire, Bullock se dissociait on ne peut plus clairement de la vision germanocentriste qui avait si largement marqué la discussion en Allemagne. À la recherche d'un cadre de références permettant de mieux faire comprendre le jeu des grandes actions et réactions de l'histoire européenne la plus récente, il disait s'être tourné vers « l'axe germano-russe » qui avait été négligé par l'historiographie occidentale.

11. Hans-Ulrich Wehler, « Wie ein Stachel im Fleisch », in Julius H. Schoeps (éd.), *Ein Volk von Mördern ? Die Dokumentation zur Goldhagen-Kontroverse um die Rolle der Deutschen im Holocaust*, Hambourg, 1996, p. 193-209.

12. Eberhard Jäckel, « Einfach ein schlechtes Buch », *ibid.*, p. 187-192, p. 187.

Ainsi deviendrait-il possible de comparer « les deux systèmes révolutionnaires de pouvoir, le stalinien et le nazi ». « Envisagés d'un certain point de vue, ils étaient irrémédiablement hostiles ; or, d'un autre point de vue, ils avaient beaucoup de traits communs, et chacun constituait un défi, tant idéologique que politique, à l'ordre existant en Europe. Leur apparition simultanée et l'interaction entre eux me parurent l'élément le plus frappant et le plus nouveau de l'histoire de l'Europe de la première moitié du XXe siècle ; ses conséquences continuèrent à dominer la seconde moitié du siècle pendant longtemps [13]. » Une telle démarche revient à admettre comme possible l'étude comparative de deux régimes révolutionnaires entre lesquels existaient à la fois des relations essentielles et des interactions. Une première question devrait alors se poser : « révolutionnaire » a-t-il le même sens dans les deux cas et l'une des deux révolutions s'est-elle donc trouvée, dans un premier temps seulement peut-être, en relation unilatérale avec l'autre ? Dans ces conditions, l'une aurait alors été la condition préalable à l'existence de l'autre et il y aurait ainsi eu entre elles un rapport d'action et de ré-action. Les deux régimes ont d'ailleurs admis ce rapport comme quelque chose de tout à fait naturel : l'un, le bolchevique, s'est toujours considéré comme l'incarnation de la « Révolution », à qui s'opposait la « Contre-Révolution » sous la forme des régimes fascistes, tandis que Hitler ne cessait de déclarer que son parti protégeait l'Allemagne et l'Europe du danger que représentait pour le monde la destruction bolchevique de la culture. Bullock, pourtant, n'emprunte pas cette voie de recherche ; il décrit bien plutôt, comme l'indique déjà son sous-titre, des « vies parallèles », c'est-à-dire les destinées de deux hommes qui régnèrent certes de manière quasi absolue sur leurs États, l'un douze ans, l'autre près de trente, mais dont chacun avait une relation différente avec sa propre « Révolution » ou « Contre-Révolution » : Staline était en effet le successeur du fondateur du parti, derrière lequel, au moins dans ses propos officiels, il se retranchait toujours ; Hitler, en revanche, était le fondateur de son mouvement et il faudrait alors voir en lui la figure opposée ou parallèle à celle de Lénine. Lorsque Bullock, dans ses trois premiers chapitres, étudie les « origines », les « premières expériences », la Révolution d'Octobre et le putsch hitlérien de novembre 1923, et qu'il confronte Staline et Hitler en chacune de ces circonstances, il évoque bien entendu aussi Lénine, mais il ne fait que peu intervenir l'histoire du parti bolchevique, des origines jusqu'à sa conquête du pouvoir en novembre 1917. Hitler, lui, s'identifie quasi absolument à l'histoire des débuts de son parti. De même, on ne peut absolument pas dresser de parallèle entre la tentative de putsch à

13. Allan Bullock, *Hitler und Stalin. Parallele Leben*, Berlin, 1991, p. 7 et suiv. (Édition française : *Hitler et Staline. Vies parallèles*, deux volumes, Albin Michel/Robert Laffont, Paris, 1994, ici vol. I, p. XVII et suiv.)

Munich, en novembre 1923, et la « Révolution d'Octobre ». Seule la prise du pouvoir nationale-socialiste en 1933 est parallèle à cette dernière, mais n'apparaît, chez Bullock, qu'à la page 409 (p. 331 de l'édition française).

Son livre fait donc alterner des chapitres retraçant la vie de Staline et de Hitler, avec de fortes références à l'histoire des partis russe ou allemand ainsi qu'à celle des États russe ou allemand. La révolution russe, dont les figures centrales avaient tout de même été Lénine et Trotski, n'est donc pas décrite en détail et le lecteur n'a pas l'impression que les débuts de Hitler ont été marqués de manière décisive par son rapport à cette révolution. Ce n'est qu'au 14e chapitre, consacré au pacte germano-soviétique, qu'apparaît une interaction significative et elle n'est pas traitée très différemment de ce que pourrait faire toute histoire habituelle de l'Europe au XXe siècle. Au total, donc, il y a bien mise en parallèle, mais l'interaction n'est envisagée que tardivement et Bullock n'attribue pas de rôle notable à la relation, unilatérale d'abord, entre « Révolution » et « Contre-Révolution », celle que pourtant Staline et Hitler, en sens inverse bien sûr, apercevaient eux-mêmes. Bullock, de la sorte, reste dans la ligne de la théorie structuraliste du totalitarisme, qui concevait comme fondamentalement parallèles les deux objets de son étude, le régime bolchevique et le régime national-socialiste. Ce que les deux mouvements ou régimes pouvaient avoir d'enthousiasmant ou de séduisant pour un grand nombre d'êtres humains n'est, dans l'un et l'autre cas, que fugitivement relevé ; l'horreur est en revanche fortement soulignée. D'après Bullock, Staline a infligé à son propre peuple « la mort et la souffrance sur une échelle qui est littéralement sans comparaison », et « l'empire esclavagiste nazi, placé sous le contrôle des SS » que Hitler créa à l'Est de l'Europe rivalisa « en taille et en horreur avec celui que Staline et le NKVD avaient créé en Union soviétique » [14]. Ce faisant, Bullock, à l'instar d'Hannah Arendt et de Carl J. Friedrich, met « koulaks » et « Juifs » sur le même plan. Il est certes question, ici ou là, d'une interdépendance interne des idéologies qui peut difficilement se réduire à un simple parallélisme, par exemple lorsqu'il est écrit : « Substituez “classe” à “race”, le parti communiste exerçant la dictature au nom du prolétariat à l'élite raciale, “l'individu n'existe que pour l'État” à “l'individu n'existe que pour le *Volk*” [...] – et Staline aurait trouvé peu de raisons d'être en désaccord [15]”. » Mais Bullock fait toutefois une distinction fondamentale : l'ennemi principal de Hitler, « le Juif », n'étant « qu'une invention de l'imagination obsessionnelle d'Hitler, une création satanique » [16], l'Holocauste a en définitive un tout autre caractère que l'extermination des koulaks, des ennemis

14. *Ibid.*, p. 252, 524. (Édition française : vol. I, p. 195 et 425.)
15. *Ibid.*, p. 947 (*ibid.*, vol. II, p. 175.)
16. *Ibid.*, p. 202. (*ibid.*, vol. I, p. 155.)

du parti et des officiers polonais : ici, « le meurtre de masse devint non pas un instrument, mais une fin en soi [17]. »

De la sorte, les « vies parallèles » de Staline et de Hitler ne s'achèvent pas seulement sur l'opposition radicale entre triomphe et défaite totale, mais aussi sur une opposition tout aussi radicale entre les objectifs des deux régimes, entre la rationalité, ou l'irrationalité si l'on préfère, de l'un et de l'autre. Tout à la fin, pourtant, Bullock en vient à parler des événements de 1989 et 1990 qui représentent pour lui un retournement complet de la situation de 1945, car le peuple soviétique, se retrouvant confronté à une catastrophe économique, doit demander l'aide des États occidentaux, en particulier de l'Allemagne qui a atteint, dans sa partie occidentale, « un niveau remarquable de prospérité et de stabilité » [18]. Ainsi l'époque de Hitler et de Staline est-elle révolue, mais, pour cela, soixante-dix ans auront été nécessaires, en raison de la persistance du stalinisme – il aura fallu attendre la fin des années quatre-vingt. En dépit du nombre de questions que Bullock se contente d'esquisser sans apporter de réponses, dans la logique de son propos qui était de présenter les « vies parallèles » de deux hommes, il reste que sa perspective disqualifie d'emblée, en tant qu'interprétations du XXe siècle, toutes les velléités de séparer « Hitler » de « Staline » et de faire du premier un objet d'étude en soi.

Un autre historien anglais, Eric Hobsbawm, qu'on a longtemps connu d'abord en tant que marxiste et éminent spécialiste d'histoire sociale, a publié en 1994, après ses livres sur le XIXe siècle, une *Histoire du court XXe siècle* qu'il a intitulée *L'âge des extrêmes* [19]. Il s'attache, beaucoup plus que Bullock, à la masse événementielle et il n'y a guère d'État ou de mouvement politique d'importance qui ne soit évoqué dans son ouvrage, ne fût-ce que d'une phrase. Mais il n'en perd pas pour autant le fil de son propos. Le titre paraît impliquer que les divers totalitarismes en seraient le thème principal et que Hobsbawm, comme Bullock, demeurerait dans la ligne de la théorie structuraliste du totalitarisme. Mais, d'emblée, il montre clairement qu'il attribue à la révolution russe une place prééminente, car, selon lui, ce qui s'est effondré dans les années 1989-1991 c'est un monde « façonné par l'impact de la Révolution russe de 1917 » [20]. Il fait certes débuter le « court XXe siècle » en 1914, lorsque se déclenche la guerre mondiale. Il estime d'ailleurs qu'il faudrait parler d'une

17. *Ibid.*, p. 1254 (*ibid.*, vol. II, p. 445). On se demande à vrai dire quelle est la catégorie adéquate lorsqu'on apprend que Staline reçut de Iejov quatre listes proposant l'exécution de nombreuses personnes, dont la quatrième comprenait des « épouses d'ennemis du peuple », et qu'il les approuva (*ibid.*, p. 680).

18. *Ibid.*, p. 1260 (*ibid.*, vol. II, p. 451).

19. Eric Hobsbawm, *Das Zeitalter der Extreme. Weltgeschichte des 20. Jahrhunderts*, Munich-Vienne, 1995. (Édition française : *L'âge des extrêmes. Histoire du court XXe siècle, 1914-1991*, Complexe, Bruxelles, 1999.)

20. *Ibid.*, p. 18. (Édition française : p. 23.)

« guerre mondiale de trente et un ans », le traité de Versailles ayant été marqué de tant d'injustices et de faiblesses qu'une « nouvelle guerre était pratiquement certaine » [21]. Hobsbawm ne conçoit pas pour autant l'histoire de la première moitié du siècle d'abord comme celle des guerres, déclarées et non déclarées, entre les grands États. Pour lui, au contraire, le fait que l'hostilité à la guerre et le désir d'une construction de nature totalement nouvelle l'emportent dans l'un de ces États, témoigne d'une qualité nouvelle : la Révolution d'Octobre « dans l'histoire de ce siècle est donc devenue un événement aussi central que la Révolution de 1789 dans celle du XIXe siècle » [22]. Il n'est manifestement pas négatif, à ses yeux, qu'elle se soit principalement proposé comme objectif « la destruction complète de la bourgeoisie russe et européenne » [23], et l'on se demande si Hobsbawm, en dépit de mainte autocritique, ne reste pas convaincu que Marx finira à long terme par avoir raison. Quoi qu'il en soit, son exposé présente les « Quatorze Points » de Wilson comme une première réaction à la révolution russe, dans la mesure où c'était jouer la carte nationaliste contre l'appel universel qu'elle lançait [24]. De même, l'attitude très mesurée des partis socialistes « fut largement une réaction au bolchevisme » [25]. Pour Hobsbawm, par conséquent, il y a là, à l'évidence, un « nœud causal », tout comme il en voit manifestement un aussi avec le national-socialisme, qualifié par lui de contre-révolutionnaire et de « sorte d'équivalent de droite de l'Internationale communiste où Berlin jouait le rôle de Moscou » [26]. En vérité, les choses se compliquèrent de manière extraordinaire du fait que, pour Staline, la révolution était de plus en plus une simple « rhétorique » et que les fascistes arrivaient à mobiliser les masses, ce qui amène notre auteur à les appeler les « révolutionnaires de la contre-révolution » [27]. En dépit d'inversions de ce type, les mouvements et régimes fascistes restèrent toutefois fondamentalement différents des mouvements et régimes communistes, car ils répondaient à la menace bien réelle que représentaient une puissante révolution sociale et une forte classe ouvrière. Et c'est le national-socialisme qui « plagia » dans une large mesure le régime soviétique [28]. Le meilleur moyen de comprendre l'époque en question est par conséquent de la considérer comme une « guerre civile idéologique à l'échelle

21. *Ibid.*, p. 53 (*ibid.*, p. 60).
22. *Ibid.*, p. 79 (*ibid.*, p. 86).
23. *Ibid.*, p. 88 (*ibid.*, p. 96).
24. *Ibid.*, p. 92 (*ibid.*, p. 100).
25. *Ibid.*, p. 113 (*ibid.*, p. 121).
26. *Ibid.*, p. 152 (*ibid.*, p. 162).
27. *Ibid.*, p. 98, 153 (*ibid.*, p. 106 et 164).
28. *Ibid.*, p. 129 (*ibid.*, p. 137).

internationale »[29] ; finalement, Hobsbawm en arrive à définir le « court XXe siècle » comme une « époque de guerres de religion ». Il compte au nombre des religions séculières le national-socialisme, mais aussi le socialisme[30]. Durant la deuxième moitié du siècle, pourtant, il est clair que ces guerres de religion se sont déroulées hors d'Europe et d'Amérique, par exemple dans l'environnement des « dictatures réellement meurtrières des Staline, Mao, Kim Il Sung et autres Ceausescu »[31]. Ce qui caractérisa en effet au premier chef l'évolution en Europe et en Amérique, ce furent « les années d'or » du capitalisme entre 1950 et 1973, phénomène à l'évidence difficilement compréhensible pour Hobsbawm, tant il est peu enclin à donner raison aux « théologiens de la libre économie de marché », tels Hayek et Friedman. Mais, depuis 1973, se profile une nouvelle ère de crise et, pour notre auteur, l'« extrémisme » n'a semble-t-il pas perdu de son importance, même après 1989 et la fin du « court XXe siècle ». Les horreurs extrêmes de « l'époque des guerres de religion » ne se déroulent donc qu'en Asie et en Afrique durant la deuxième moitié du siècle, alors que, dans la première moitié, à l'époque de la guerre civile idéologique proprement dite, elles avaient eu pour cadre la Russie bolchevique de Staline et l'Allemagne nationale-socialiste de Hitler. Hobsbawm évoque certes l'« Holocauste » dès le début de son ouvrage, mais l'associe à la mort de faim de plusieurs centaines de milliers d'habitants de Leningrad et aux trois millions et demi de victimes parmi les prisonniers de guerre russes. « Auschwitz », dont le nom n'apparaît pas[32], ne semble pas occuper de place totalement singulière parmi la masse des événements et, autant Hobsbawm se considère

---

29. *Ibid.*, p. 186 (*ibid.*, p. 197). Hobsbawm adhère sans restrictions à l'idée que la montée des forces d'extrême droite au lendemain de la Première Guerre mondiale fut une « réponse au danger, en fait à la réalité, de la révolution sociale et de la puissance de la classe ouvrière en général, à la révolution d'Octobre et au léninisme en particulier ». « Sans eux il n'y aurait pas eu de fascisme » (p. 162, *ibid.*, p. 172). Mais, sitôt ce constat fait, il se croit obligé de polémiquer avec « certains historiens allemands » qui auraient prétendu que la barbarie allemande n'aurait été qu'une copie de la barbarie dont aurait auparavant usé la révolution russe. Il peut effectivement être exact de dire que, sans un bien préalable, le mal qui lui succéda n'aurait pas existé. Mais seul un marxiste-léniniste orthodoxe peut professer semblable opinion, pas un historien parlant des « dictatures réellement meurtrières des Staline, Mao et Kim Il Sung » (p. 623, *ibid.*, p. 650). À moins qu'il ne veuille procéder à une coupure radicale entre Lénine et Staline, auquel cas, pourtant, le mal serait né du bien, avant même Hitler. C'est le seul endroit où en note, Hobsbawm renvoie (avec une erreur concernant le lieu d'édition) à *La guerre civile européenne 1917-1945* (p. 729, *ibid.*, p. 777).

30. *Ibid.*, p. 694 (*ibid.*, p. 723).

31. *Ibid.*, p. 623 (*ibid.*, p. 650). Étrangement, Pol Pot n'est pas évoqué ici. Mais, à un autre endroit (p. 560, *ibid.*, p. 585), l'auteur dit des « Khmers rouges » que « le maoïsme de café parisien de leur chef (...) devait former un mélange particulièrement meurtrier avec les paysans armés de la brousse ».

32. En tout cas, on ne trouve pas, dans l'index onomastique, les noms d'Eichmann ou de Höss.

comme un « antifasciste », autant il porte bien souvent un jugement distancié et dépourvu d'émotion. C'est par exemple le cas lorsqu'il attribue à l'« Allemagne nazie » le mérite d'avoir, seul État occidental entre 1933 et 1938, réussi à vaincre le chômage [33] ou lorsqu'il se montre très critique envers le sionisme [34].

François Furet, quelque temps membre du PCF dans les années cinquante, souligne, plus fortement encore que ne le fait Hobsbawm, le rôle central de la révolution russe, le « charme universel d'Octobre » [35]. Il le fait dans un livre consacré à la « fin d'une illusion » et publié en 1995. C'est, pour reprendre le propos de l'auteur, un « essai sur l'idée communiste au XXe siècle », mais il est loin de n'être que cela [36] ; Furet montre, de manière beaucoup plus concrète que ne le fait Hobsbawm, la fascination qu'a exercée cette idée. Il prend pour exemples quelques hommes éminents, tels le catholique de gauche Pierre Pascal, le petit-bourgeois juif de Russie Boris Souvarine, et le fils de la grande bourgeoisie juive de Hongrie, Georg Lukacs. Pour ces trois hommes, comme pour de nombreux autres, la révolution russe a été le « fanal » dans les ténèbres d'une époque sous le choc de la Première Guerre mondiale ; elle faisait plus appel aux passions qu'aux idées ; le sens qu'elle donnait à ce qui semblait ne pas en avoir touchait l'homme dans son intégralité et non pas seulement sa raison. Pour Pierre Pascal, le bolchevisme n'est absolument pas antichrétien, il est « la revanche des humiliés » ; Boris Souvarine est plein d'une profonde sympathie pour les petites gens de Russie que l'individualisme occidental n'a pas encore contaminés ; chez Georg Lukacs, c'est une double haine de soi qui est décisive : « la haine de soi du Juif et celle du bourgeois » [37]. Pascal et Souvarine s'éloignent au bout de quelques années du système soviétique, même s'ils s'écartent peu de l'idée du communisme qui sous-tend fréquemment leur critique des fausses routes empiriques ; Lukacs entra lui-même en dissidence en 1956, bien qu'il restât convaincu que Staline incarnait la raison de l'histoire mondiale [38]. Pour les intellectuels français, l'un des principaux attraits du communisme vint de ce que quelques historiens reconnus, comme Aulard et Mathiez, inscrivirent très tôt la révolution russe dans les pas de la Révolution française. Du coup, elle apparut comme une étape ultérieure de la marche victorieuse vers l'égalité, l'émancipation, la liberté et la fraternité. Il fallut attendre *L'archipel du Goulag* de Soljenitsyne pour briser

---

33. *Ibid.*, p. 124 (*ibid.*, p. 132).
34. *Cf.* par exemple p. 450 (*ibid.*, p. 467-468).
35. François Furet. *Le passé d'une illusion. Essai sur l'idée communiste au XXe siècle*, Calmann-Lévy/Robert Laffont, Paris, 1995. Les citations sont tirées de l'édition française.
36. *Ibid.*, p. 79.
37. *Ibid.*, p. 146.
38. *Ibid.*, p. 150.

définitivement cette fascination qui, entre les deux guerres, s'était d'ailleurs presque autant exercée en Angleterre, et même en Amérique, qu'en France.

Mais Furet ne se contente pas de décrire la disparition progressive de la foi communiste. Cette dernière avait en effet, à son apogée, suscité une autre idéologie, l'idéologie fasciste, que Furet, comme beaucoup d'autres auteurs avant lui, qualifie de « réactionnaire » et qui lui apparaît néanmoins comme « l'autre grand mythe du siècle » [39] : « Le fascisme naît comme une réaction du particulier contre l'universel ; du peuple contre la classe ; du national contre l'international. Il est à ses origines inséparable du communisme, dont il combat les objectifs tout en imitant les méthodes [40]. » Mais, quelque forme qu'il revête, il n'est pas qu'une réaction, une simple contre-révolution ; il possède une « magie du futur » propre [41] ; il exerce sur nombre d'intellectuels la même fascination que le communisme sur beaucoup d'autres ; il peut donner un sens à la vie des individus. Le fascisme apparaît ainsi, dans la « tragédie européenne », comme le pendant du communisme et son importance est presque égale. Furet ne fait pas mystère de son propre passé antifasciste, mais il n'en met pas moins au cœur de son travail l'exigence de « comprendre », impératif bien éloigné des jugements moraux hâtifs. Il importe de « comprendre le XXe siècle », d'où la nécessité d'un « travail de deuil » [42] plus que d'attaques partisanes. Il semble même parfois que Furet considère comme une erreur regrettable que l'on ait soumis, après la guerre, l'idée du fascisme à un « interdit radical » et à une diabolisation. Certes, cela lui assure une survie, mais ce genre de survie ne sert qu'à garantir aux vainqueurs la pérennité de leur triomphe et oblige l'Allemagne à payer pour tous les crimes du siècle [43]. Ce jugement n'est pourtant pas absolu ; il ne se comprend que par rapport à l'apparent triomphe de l'idée communiste, triomphe qui empêcha une prise de conscience capitale, qui empêcha de comprendre que le communisme, tout comme le fascisme, constituait « l'une des grandes réactions antilibérales et antidémocratiques de l'histoire européenne au XXe siècle » [44]. Le communisme et le fascisme sont, par là, aussi semblables que dissemblables et les mouvements ainsi que les régimes qui se réclamaient d'eux, se livrèrent un combat que l'on peut à bon droit qualifier de guerre civile européenne [45]. Mais cette

39. *Ibid.*, p. 199.
40. *Ibid.*, p. 37.
41. *Ibid.*, p. 209 et suiv.
42. En français dans le texte (NdT). L'auteur indique que la traduction littérale en allemand *(Trauerarbeit)* n'est que difficilement possible car le terme, trop souvent utilisé, a été ritualisé et a perdu de sa force.
43. *Ibid.*, p. 411.
44. *Ibid.*, p. 13.
45. À vrai dire, Furet n'emploie pas ce terme, mais il a doté son livre d'une note de bas de page exceptionnellement longue, aux pages 195 et 196, qui fait référence au

compréhension distanciée ne permet pas d'occulter les forfaits monstrueux qui constituent d'une certaine manière le paroxysme en même temps que l'autoréfutation des deux idéologies : d'une part, le grand crime contre les paysans russes et ukrainiens qui fut absolument singulier puisque, jamais encore dans l'histoire, un État ne s'était donné comme but « de tuer, de déporter ou d'asservir ses paysans » [46] ; d'autre part, dix ans plus tard, l'abomination perpétrée par le national-socialisme à l'encontre des Juifs, crime non moins singulier, bien que (ou parce que), pour l'auteur, il n'existe aucun « nœud causal » entre ce crime et le Goulag ou la collectivisation. Furet constate que l'histoire du XXe siècle se conclut par la victoire de la « troisième voie », la victoire de la voie « capitaliste », qu'on perdait souvent presque de vue durant la lutte des deux grands « régimes idéocratiques », la victoire de la propriété privée, du marché et des droits de l'homme [47]. Mais si Furet montre beaucoup plus de compréhension à l'égard du fascisme que Hobsbawm, il est, semble-t-il, loin de considérer comme ce dernier que ladite victoire pourrait n'être que provisoire.

Ni Bullock, ni Hobsbawm, ni Furet n'acceptent l'explication que Staline et de nombreux intellectuels d'Europe de l'Ouest donnèrent de l'extermination des koulaks, c'est-à-dire qu'elle aurait été indispensable à la modernisation et à l'industrialisation du pays. Tous trois prennent encore moins au sérieux l'explication avancée par Hitler et nombre de nationaux-socialistes pour justifier l'extermination des Juifs (l'objectif, dans un premier temps, étant une simple mise à l'écart) : les Juifs auraient été « tous communistes », donc responsables de la terreur exercée par la Tcheka, responsables du Goulag et, par-dessus le marché, du capitalisme occidental. Chez Furet, il ressort à vrai dire du texte même de son livre qu'un pourcentage inhabituellement élevé de Juifs occupaient de fait, en France et ailleurs, des positions dominantes dans le mouvement marxiste ou communiste. Mais Furet lui-même souscrirait sans aucun doute à l'idée suivante : quand bien même tous les reproches adressés aux koulaks par le PCUS auraient été justifiés et quand bien même toutes les affirmations proférées par le NSDAP à propos des Juifs auraient été exactes, il était moralement condamnable de tuer sans jugement des hommes et des femmes sans défense, voire des enfants, ou même de les déporter vers un destin incertain. C'est du seul point de vue historique que l'on pourrait éventuellement procéder à des nuances, car il existe une différence indéniable entre des koulaks qui refusaient d'intolérables livraisons de céréales et des Juifs allemands ou français qui ne se distinguaient d'aucune façon de leurs compatriotes allemands ou français.

Fascisme dans son époque et qui se termine par la phrase : « une œuvre et une interprétation qui sont parmi les plus profondes qu'ait produites ce dernier demi-siècle » (en français dans le texte, NdT).

46. *Ibid.*, p. 179.

47. *Ibid.*, p. 571.

Pour mieux concrétiser ces différences en même temps que les conséquences néfastes d'une « accusation collective », je me référerai au journal intime rédigé par le spécialiste des langues romanes Victor Klemperer durant les années 1933-1941 et publié, en 1995, sous le titre *Ich will Zeugnis ablegen bis zum letzten* (Je veux témoigner jusqu'au bout)[48].

Si quelqu'un devait se sentir totalement allemand, même s'il était le fils d'un rabbin, c'était bien Victor Klemperer, lui-même protestant, titulaire d'une chaire d'étude des langues et littératures romanes à l'École supérieure technique de Dresde, intellectuel et homme de culture exemplaire, soldat sur le front pendant la guerre mondiale, marié à une Aryenne. Mais, peu après le 30 janvier 1933, la campagne antijuive du NSDAP, la loi d'exclusion des fonctionnaires juifs et le boycottage des magasins juifs le frappent très sévèrement, bien qu'il soit provisoirement épargné en sa qualité d'ancien combattant du front. La haine qu'il ressent d'emblée à l'égard des nationaux-socialistes est celle du bourgeois cultivé et de l'intellectuel envers le caractère démagogique et l'irrationalisme d'un mouvement de masse ; il compte « l'américanisme, le technicisme, l'automatisme et la déification (du Führer) » au nombre des composantes du mouvement[49]. Il éprouve une répulsion analogue envers le communisme et même envers le sionisme qui, du fait de sa théorie raciale, serait une des « sources du nazisme » et qui, à Jérusalem, opérerait à l'égard des Aryens la même discrimination que celle qui frappe les Juifs en Allemagne[50]. En 1935, il est mis d'office à la retraite et ses collègues l'évitent comme un « pestiféré »[51]. Il n'existait pourtant, pour lui, absolument pas de « question juive » en Allemagne, car les frictions entre Juifs et « Aryens » étaient, à son avis, loin d'être aussi importantes que les conflits opposant protestants et catholiques, salariés et employeurs ou natifs de Prusse orientale et Bavarois du Sud. Klemperer écrit qu'il n'existe qu'une manière de résoudre la question juive en Allemagne ou en Europe occidentale, c'est de « mettre en échec ses inventeurs »[52]. Il estime par ailleurs que la « question des Juifs orientaux » est réelle et, en 1941 encore, alors qu'il est déjà obligé d'habiter dans une « maison juive » et qu'on a introduit le « brassard jaune des Juifs », il n'explique pas cette mesure par le seul arbitraire et la seule volonté de persécution, mais aussi par « la peur de la critique juive »[53]. Dans ces conditions, il apparaîtrait tout naturel qu'il condamnât dans son ensemble le peuple allemand qui

48. Victor Klemperer, *Ich will Zeugnis ablegen bis zum letzten. Tagebücher 1933-1941*, édité par Walter Nowojski avec la collaboration d'Hedwig Klemperer, Berlin, 1995.
49. *Ibid.*, p. 403.
50. *Ibid.*, p. 565, 111 et suiv.
51. *Ibid.*, p. 223.
52. *Ibid.*, p. 457.
53. *Ibid.*, p. 663.

témoignait à Hitler une obéissance aussi indéfectible. On rencontre certes dans le texte quelques expressions qui semblent confirmer la thèse de Goldhagen, par exemple celle-ci : la situation est sans issue car Hitler répond réellement à la volonté populaire[54]. Pour Klemperer, toutefois, cette volonté populaire ne repose pas sur l'antisémitisme, mais bien sur la crainte du communisme et de la Russie communiste. C'est ainsi qu'il note que toute l'Allemagne préférerait Hitler aux communistes bien que, à ses yeux, les deux mouvements soient matérialistes et conduisent tous deux à l'esclavage[55] ; il relève encore que certains Juifs eux-mêmes prennent la défense des nazis tant ils craignent les communistes[56] et chiffre à 79,5 millions les Allemands qui se sentent préservés par Hitler du danger russe[57]. Il y aurait même, dans la maison juive où il réside désormais, un homme qui, ancien officier, serait « un monomane de la chose militaire allemande et ferait preuve d'un plus grand nationalisme encore que n'importe quel nazi »[58]. Klemperer, en revanche, ne constate pour ainsi dire pas de manifestation d'antisémitisme, alors même qu'il doit déjà porter le nom de « Victor Israël » et arborer l'étoile jaune : « Je me demande souvent où se cache l'antisémitisme farouche. Pour ma part, je rencontre beaucoup de sympathie, on me donne un coup de main à l'occasion, mais, bien entendu, en ayant peur. [...] Les employés de l'administration des finances sont d'une courtoisie exemplaire. [...] Les passants témoignent de la sympathie à l'égard des porteurs de l'étoile jaune. [...] Incontestablement, le peuple ressent la persécution des Juifs comme un péché[59]. » Une voisine dit que chaque Juif a son ange gardien allemand[60] et l'on sait que Heinrich Himmler a dit exactement la même chose dans un de ses discours, à vrai dire dans un esprit critique et réprobateur. L'exclusion et la mise en accusation collective qui frappent pour une large part des gens qui, selon Klemperer, « seraient nazis s'ils n'étaient pas touchés en tant que Juifs »[61], sont au plus haut point paradoxales en même temps que lourdes de conséquences aux yeux de ce Juif allemand : Hitler est pour lui le meilleur allié du sionisme, il a lui-même littéralement engendré le « peuple juif », le « judaïsme mon-

---

54. *Ibid.*, p. 330. On trouve même à l'occasion telle ou telle phrase qui semble corroborer bien plus encore la thèse principale de Goldhagen (bien postérieure), par exemple en date de 1935 : « Dans le Troisième Reich aussi, 90 % veulent et le Führer et l'esclavage et la mort de la science, de la pensée, de l'esprit, des Juifs » (p. 178), mais les termes mis en parallèle montrent à l'évidence que la « mort » ne signifie pas l'anéantissement physique.

55. *Ibid.*, p. 69.

56. *Ibid.*, p. 353.

57. *Ibid.*, p. 430.

58. *Ibid.*, p. 532.

59. *Ibid.*, p. 672 et suiv.

60. *Ibid.*, p. 653.

61. *Ibid.*, p. 535.

dial », le Juif[62]. Mais cet étrange état de fait n'est que le résultat du national-socialisme ; son présupposé premier, tel est également l'avis de Klemperer, ne fut rien d'autre que le rapport au communisme qui, lui, à la différence des Juifs, représentait pour la grande majorité du peuple allemand une menace réelle et un motif de crainte.

Nous espérons avoir ainsi montré que *La guerre civile européenne 1917-1945*, l'article sur « le passé qui ne veut pas passer » et même déjà, à l'état d'esquisse, *Le fascisme dans son époque*, n'avaient pas pour objet de disculper ou d'incriminer, d'accabler ou d'innocenter, d'accuser ou de faire l'apologie, mais de dégager à leur tour une conception, parmi d'autres conceptions, paradigmes ou interprétations possibles, de l'histoire européenne et de l'histoire mondiale au XXe siècle ; il faut se demander si ces conceptions appréhendent le jeu d'actions et de réactions ou l'ignorent, si elles éclairent ou obscurcissent, si elles élargissent ou rétrécissent la vision. Une éventuelle réduction des condamnations politiques ou propagandistes, une autre distribution de la lumière et de l'ombre ne peuvent intervenir qu'au terme d'une telle démarche ; elles ne doivent pas, en revanche, la précéder, tant il est certain que l'historien, en tant qu'individu, a ses propres préférences et ses propres aversions. Alors que la seule aversion légitime, du point de vue scientifique, est celle que l'on éprouve envers celui qui, pour atteindre des objectifs politiques, est disposé à ignorer sans scrupules les faits qui ne lui agréent pas. Il est vrai que chaque paradigme est lui-même porteur de limites qui lui sont inhérentes. Voilà justement pourquoi ils ne doivent pas rester trop strictement isolés les uns des autres. Mais il n'existe qu'un nombre réduit de paradigmes possibles, même si l'historiographie offre pour chacun d'eux de nombreux exemples.

Le paradigme national est en droit de revendiquer une priorité pratique. Cela fait des siècles que les États, qu'il s'agisse d'États monarchiques ou d'États nationaux, sont les entités politiques les plus élevées, les plus efficaces aussi ; il est donc normal que l'historiographie s'y soit prioritairement intéressée, dès lors que des concepts et des réalités plus globaux, comme par exemple la « chrétienté », n'occupaient plus le devant de la scène. L'histoire de la « Grande rébellion » de lord Clarendon a pour objet une période importante de l'histoire de l'Angleterre ; l'histoire du siècle de Louis XIV par Voltaire, bien que tendant à être d'abord une histoire de la culture et des mœurs, est tout de même largement consacrée au développement de l'État français. Les États anglais et français étaient néanmoins antérieurs à l'historiographie qui les prit ultérieurement pour objets d'étude ; en Allemagne et en Italie, en revanche, l'historiographie précéda la formation des États et les historiens de l'École de la Petite Allemagne, comme Sybel, Treitschke et Droysen, ne

62. *Ibid.*, p. 695.

cachaient pas qu'ils entendaient, par leur travail, aider à la naissance d'un État germano-prussien. La remarque vaut aussi pour des Italiens comme Carlo Botta et Cesare Balbo [63].

L'existence, dans l'Allemagne de Bismarck, d'autres structures que celles de l'Angleterre de Gladstone ou de la France sous la Troisième République, structures constitutionnelles et non parlementaires en l'occurrence, était appréciée comme une circonstance positive. On pensait souvent que s'ouvrait ainsi une voie originale susceptible de préserver l'Allemagne des faiblesses et des phénomènes de décadence inhérents au libéralisme et au parlementarisme « occidentaux ». On voyait dans une monarchie forte le terreau de l'essor allemand et cette conception d'une voie allemande particulière culmina dans ce qu'on a appelé les idées de 1914. La défaite subie lors de la Première Guerre mondiale ne provoqua pas de changement notable et, pour les quelques nationaux-socialistes figurant au nombre des historiens allemands, l'« Allemagne » était à peine plus au centre de leurs préoccupations qu'elle ne l'était pour les « nationaux-allemands ». C'est donc tout naturellement que, après la deuxième défaite de 1945, l'accent positif fut remplacé par un accent négatif et que l'on vit dans la voie allemande particulière l'origine du national-socialisme : le fossé entre modernité industrielle et système politique prémoderne, situation différente de la situation « occidentale », aurait, dans un premier temps, empêché la bourgeoisie d'établir son pouvoir politique puis aurait fait obstacle à une évolution conduisant à la révolution démocratique ; l'État autoritaire et féodal se serait ainsi précipité en 1914 dans la guerre mondiale et, après 1918, on se serait contenté de démocratiser et de vulgariser l'éthique aristocratico-guerrière, offrant de la sorte à l'État national-socialiste, contrairement à l'esprit du temps, la possibilité de mettre en œuvre sa guerre de conquête et de pillage au détriment des autres États européens. La tâche de l'heure, après 1945, aurait donc été de mettre un terme à la voie allemande particulière et de s'associer sans restriction au système occidental ou démocratique.

Il ne fait pas de doute que ce paradigme national-allemand possède ou possédait une valeur explicative considérable, aussi bien sous sa forme négative que sous sa forme positive. Depuis 1870, c'était à Berlin, la capitale, qu'avaient été prises toutes les décisions essentielles et, toutes, elles se donnaient comme objectif le bien du peuple ou de la nation. Deux guerres mondiales dont l'Allemagne portait la responsabilité semblaient être la preuve irréfutable que ces mesures et ces évolutions n'avaient en réalité pas été mises en œuvre pour le bien mais pour le malheur de la nation. De ce fait, après 1945, on ne pouvait, dans le meilleur des cas, faire appel au nationalisme positif que dans une pers-

---

63. Ces cinq historiens ont en commun de s'être faits les champions d'un projet national que Bismarck (une unification des Allemands, mais sans l'Autriche) et le comte de Cavour (solution de la question du Piémont) finiront par mettre en œuvre (NdT).

pective historique, en vue de corriger les excès auxquels donnait lieu l'appréciation négative de la voie allemande particulière. L'interprétation nationale-socialiste était, elle, totalement déconsidérée puisqu'il n'était tout simplement plus possible de continuer à créditer Hitler des intentions pacifiques qu'il avait souvent proclamées et qu'il était bien évidemment inconvenant, en mettant en évidence l'insuffisance des préparatifs militaires, de le transformer en victime de la trahison des diplomates et des généraux. Il n'y avait sans doute qu'un seul moyen d'écrire une histoire « néo-nationale-socialiste », celui qu'esquissa un historien anglais, David Irving, plus allusivement d'ailleurs qu'expressément. D'après lui, il n'y aurait pas lieu de condamner la collaboration entre les « couches dirigeantes » et Hitler, collaboration vivement mise en cause par ceux qui considéraient comme négative la voie allemande particulière ; elle aurait même pu devenir la seule issue véritable si, en 1940, elle avait débouché sur un compromis entre l'Allemagne et l'Angleterre, ce dont Churchill et ses amis politiques ne voulurent pas. Ce compromis eût-il eu lieu, l'Holocauste ne se serait pas produit et l'Angleterre n'aurait pas perdu son Empire. Mais même si l'on reconnaissait quelque valeur à cette interprétation, elle n'aurait de toute façon aujourd'hui d'autre effet que de faire naître des regrets *a posteriori*. Hitler lui-même avait d'ailleurs largement franchi les limites du paradigme national-allemand en se considérant comme le Führer de « tous les Germains », voire de « tous les Aryens ». Après 1945, dans le cadre de référence national-allemand, seule restait donc opératoire la thèse de la voie particulière dans son interprétation négative ; elle acquit plus de force interne encore en s'associant à la tendance d'une « historiographie sociale » qui remontait à Karl Lamprecht et qui, sous la forme de l'école française des « Annales », s'était acquis de grands mérites.

Mais il existait déjà une autre historiographie sociale, une conception de l'histoire sociale plutôt, qui entendait avec beaucoup plus de détermination encore sortir des frontières nationales et qui plaçait beaucoup plus radicalement le concept de classe au centre de ses préoccupations. Il s'agit du paradigme marxiste, fondé sur une philosophie universaliste de l'histoire, qui, chez Marx déjà, avait produit des œuvres historiographiques, tel le *Dix-huit Brumaire de Louis Napoléon Bonaparte*. Ici, le point de départ n'était pas un État, quel qu'il fût, mais bien le processus général de la révolution industrielle qui avait donné naissance à un mouvement international puissant, le mouvement ouvrier. Ce dernier avait pour vocation de faire entrer dans la vie ce que la révolution libérale-bourgeoise avait postulé mais non réalisé, la liberté, l'égalité et la fraternité, et de conduire la modernité encore capitaliste à son terme ultime, une société mondiale sans classes et sans États. Dans cette perspective, la voie allemande particulière devenait sans objet, car elle ne se distinguait plus, dans son essence, de la voie des « nations occidentales ». L'objectif visé, dès lors, était bien supérieur à ce qu'on pouvait attendre d'une simple modernisation ou d'une démocratisation des structures de classe existantes. Certes, il apparut très vite que l'avenir envisagé par le marxisme n'avait rien de « moderne » et que sa vision d'une famille humaine constituée d'individus vivant en complète réciprocité, en dehors de toute aliénation et de toute objectivation, relevait plutôt de l'archaïsme. Mais le marxisme d'avant 1914 se trouvait dans une proximité si palpable avec les tendances universalistes de la modernité qu'il put à juste titre se considérer comme le « parti du progrès » et « la vague de l'avenir ». L'œuvre historiographique de Franz Mehring était elle aussi portée par cette certitude enthousiaste et lui-même, au soir de sa vie, saluait encore la révolution bolchevique comme le pas décisif menant à la réalité d'un monde socialiste.

Toutefois, les historiens de l'Union soviétique se retrouvèrent bientôt face à un grave dilemme. M. N. Pokrovski en tête, ils avaient tendance à condamner, avec une sévérité dont la voie particulière allemande n'avait jamais fait l'objet, la « voie particulière » russe pour son caractère retardataire et barbare, voie pourtant si fort glorifiée par les slavophiles ; mais des contraintes politiques auxquelles Staline fut particulièrement sensible amenèrent bientôt à célébrer des pans entiers du passé tsariste et « féodal ». Un nombre non négligeable de marxistes occidentaux trouvèrent alors que cette démarche rappelait par trop l'image nationale positive que se donnaient d'autres États au travers de leur histoire. À cet égard, les historiens de la RDA se retrouvèrent, après 1945, dans une position plus favorable, puisqu'ils étaient en mesure de tracer des démarcations beaucoup plus nettes entre, d'une part, l'État oppressif et anti-ouvrier de Bismarck, le régime réactionnaire de la République de Weimar et le Troisième Reich, barbare parce que anticommuniste, et d'autre part la RDA, dans laquelle était censé se fondre indissolublement tout l'héritage positif du passé allemand progressiste, et ce dans le cadre du monde de l'avenir que représentait le bloc socialiste sous la direction de l'URSS. À leur grande surprise, dans les années de ce qu'on a appelé la révolution étudiante de 1968, tous les historiens de la République fédérale, y compris les tenants de la thèse de la voie particulière, éprouvèrent dans leur propre chair la grande force attractive de cette conception historique à la simplicité manichéenne.

Ce qui, durant ces années, sembla définitivement relégué en marge ou même condamné à la disparition, ce fut la « théorie du totalitarisme » qui fut alors de plus en plus critiquée – le fait qu'elle partageait avec le marxisme un caractère global n'en était pas la moindre raison – en tant qu'idéologie du monde occidental aux prises, du fait de la guerre froide, avec l'Union soviétique et ses satellites. Hannah Arendt, Carl J. Friedrich, Zbigniew Brzezinski et les historiens qui suivirent leurs traces rapprochaient ce qui, aux yeux de tous les communistes, du moins de ceux qui n'appartenaient pas à des courants hétérodoxes, représentait des contraires absolus, à savoir l'Union soviétique communiste et l'Allemagne nationale-socialiste. Et il était en effet difficile de contester les traits et caractères communs qu'ils mettaient en évidence : le parti unique au pouvoir avec sa direction toute-puissante, la police secrète terroriste, l'idéologie envahissant tous les domaines de la vie, l'économie presque complètement planifiée et soustraite aux lois du marché. Un abîme séparait manifestement ces deux régimes du système de l'« État constitutionnel occidental », envers qui tous deux exprimaient sans fard leur hostilité. Il sautait en outre aux yeux que le camp soviétique polémiquait beaucoup à propos du national-socialisme, mais qu'il ne se livrait pas à une analyse et à une présentation approfondies du phénomène, vraisemblablement parce qu'il aurait été alors difficile de masquer les similitudes que la théorie du totalitarisme mettait si nettement en évidence. Le contre-argument le plus fort qu'avait à offrir le marxisme soviétique devait se contenter de renvoyer à l'irréductible inimitié, même à l'époque du pacte germano-soviétique, de deux régimes et idéologies qui avaient des objectifs contraires en dépit de certaines ressemblances et qui, pour cette raison, s'opposaient entre eux comme s'opposent l'ombre et la lumière, l'humanité et la barbarie. À l'Ouest, seuls quelques rares auteurs adhérèrent à cette conception, mais un argument ne cessa de prendre du poids, argument selon lequel le totalitarisme de l'époque stalinienne se transformait en autoritarisme et suivait ainsi une évolution dont un régime national-socialiste, s'il avait vaincu, n'aurait pas été capable.

Avant de pouvoir examiner s'il ne conviendrait pas d'attribuer une place à part entière à une autre version du totalitarisme ainsi qu'à l'historiographie qui en découle – une conception pour laquelle l'hostilité entre les deux mouvements et régimes ne serait pas superficielle mais n'attribuerait pas pour autant à l'un des deux adversaires la qualité de « vainqueur de l'histoire » ou de « vague de l'avenir » –, il nous faut parler du « paradigme juif ». Si l'on doit accorder une place éminente à ce paradigme que l'on pourrait à première vue appeler « national », « national-religieux » ou « sioniste », c'est qu'il repose sur un événement tout à fait extraordinaire, c'est-à-dire l'extermination de millions de Juifs, manifestement voulue par la direction de l'État national-socialiste. En outre, compte tenu de l'immensité des territoires soumis au pouvoir de l'Allemagne nationale-socialiste, ce destin menaçait en principe chacun des Juifs ; y échapper ne relevait en conséquence que de circonstances heureuses et fortuites. On ne peut absolument pas faire découler cette monstruosité d'une « voie allemande particulière », aussi désastreuse que cette dernière ait pu se révéler par ailleurs, car le Reich allemand, durant la Première Guerre mondiale, avait pratiqué, chez son allié turc et dans les territoires occupés de l'Est, une politique particulièrement favorable aux Juifs ; par ailleurs, les partis antisémites allemands, qui n'avaient pas plus d'influence que les groupements et tendances correspondants en France, en Russie et en Roumanie, avaient peu ou prou disparu durant les années d'avant 1914. Il faut qu'il se soit passé quelque chose de tout à fait particulier pour qu'ait pu naître une haine des Juifs aussi radicale que celle de Hitler et de Rosenberg. Certains commentateurs juifs, allemands aussi, trouvèrent naturel de tout simplement expliquer l'événement par un phénomène connu depuis des milliers d'années, l'antisémitisme, et de pousser à l'extrême la thèse de la voie particulière jusqu'à affirmer que le peuple allemand dans son entier aurait partagé l'antisémitisme de Hitler. Mais une telle interprétation peut tout au plus permettre de comprendre le « sionisme » du national-socialisme, c'est-à-dire l'exigence que les Juifs soient « éloignés », la coexistence avec eux s'étant prétendument révélée impossible. Elle ne peut rendre compte de certains faits, par exemple que Heinrich Himmler en personne ait repoussé, en 1940 encore, l'idée d'exterminer un peuple, la qualifiant de « bolchevique » et de « contraire à la germanité », ou que Joseph Goebbels lui-même ait été très surpris lorsqu'il apprit pour la première fois, en mars 1942, quelles méthodes on utilisait à l'Est contre la population juive [64]. Il ne peut y avoir qu'une explication satisfaisante : dans la tête du seul homme capable de mettre en route un processus si extraordinaire qu'aucun de ses complices subalternes ne le tenait même pour possible en 1940 encore, la conviction déjà très tôt exprimée que les Juifs étaient les instigateurs du bolchevisme et, plus encore, responsables de tous les maux de l'époque moderne, cessa de n'être qu'une « force motrice cognitive » pour se transformer, lorsque commencèrent les plans d'une guerre d'agression contre la Russie bolchevique, en une « force motrice de l'action ». La seule question encore pendante est de savoir si Hitler ne voyait effectivement dans les Juifs que des « boucs émissaires » sur lesquels il se déchargeait de ses échecs (à vrai dire tout d'abord fort minces), ou bien s'il percevait et haïssait chez eux « quelque chose », dont tous les Juifs étaient loin d'être les protagonistes, mais dont se réclamaient nombre d'entre eux : l'idée du socialisme international ou de l'humanitarisme, ou bien, comme l'exprime quelque part Victor Klemperer, « la mission éternelle, le rôle pionnier de l'esprit juif » [65]. La première hypothèse conduit aisément à affirmer que les Juifs se seraient laissé mener « comme des moutons à l'abattoir » ; la deuxième, en revanche, permet d'imaginer qu'« ils ne sont pas morts comme les victimes infortunées d'un crime abominable, mais comme les représentants de l'humanité face à l'agression la plus acharnée qui eût jamais été dirigée contre l'être humain et la transcendance qui est en lui » [66]. Savoir laquelle des deux interprétations rend aux Juifs assassinés la meilleure justice ne devrait pas faire de doute.

---

64. « Denkschrift Himmlers über die Behandlung der Fremdvölker im Osten », in *Vjh. f.Ztg.*, 1957, p. 194-198, p. 197.

Goebbels' Tagebücher aus den Jahren 1942/43, édité par Louis P. Lochner, Zurich, 1948, p. 142 et suiv. (note en date du 27 mars 1942).

65. Klemperer, *op. cit.*, p. 332.

66. Ernst Nolte, *Der Faschismus in seiner Epoche. Action française – Italienischer Faschismus – Nationalsozialismus*, Munich, 1963, p. 512. (Édition française : *Le fascisme*

Cette dernière citation provient de mon livre *Le fascisme dans son époque*, paru en 1963. Soulignant la singularité d'« Auschwitz », il adoptait d'emblée une très grande distance à l'égard du communisme, car toutes les descriptions soviéto-communistes étaient alors guidées par l'idée que le véritable combat des nationaux-socialistes aurait été orienté contre les communistes et que ceux, même non Juifs, qui mettaient l'accent sur les victimes juives procédaient à un rétrécissement nationaliste[67]. Un autre point était tout aussi important dans ce livre : le marxisme n'y était pas conçu comme une « vérité absolue », mais comme une idéologie parmi d'autres, faillible quoique exceptionnelle. Il était toutefois imputé au national-socialisme des torts plus grands encore, car nous le définissions comme un « antimarxisme qui vise à anéantir son ennemi en développant une idéologie radicalement opposée à la sienne et en appliquant des méthodes presque identiques aux siennes, non sans les avoir transformées d'une manière caractéristique[68]. »

Ces jugements se fondaient sur le concept de « système libéral », qui considère que la nature d'une société conflictuelle est justement de régler pacifiquement les conflits qui l'habitent et donc de prévenir des processus d'extermination sanglants. Le concept marxiste de « lutte des classes » est ambigu et par conséquent potentiellement intégrable à ce système ; mais, dès qu'apparaît l'aspect de guerre civile et que, de surcroît, une prise de pouvoir confère l'autonomie à cet aspect-là, un processus d'extermination se déclenche qui ne peut trouver place dans un système libéral – système qui peut aussi exister sous la forme d'un « État avec pluralisme de partis ». Semblable bouleversement ne peut intervenir que sous l'effet de processus historiques d'une exceptionnelle importance : une victoire électorale sans équivoque du « parti prolétarien » qui, d'après certaines indications de Marx et d'Engels, oblige à utiliser les anciens patrons pour répondre aux besoins de l'économie planifiée et n'entraîne donc qu'une élimination sociale et non sanglante ; mais ce peut être aussi la prise du pouvoir violente par un parti minoritaire constitué de révolutionnaires professionnels qui, pour quelque temps, réussit à

---

dans son époque : l'Action française, le Fascisme italien, le National-socialisme, Julliard, Paris, 1970, ici vol. III, p. 415.)

67. C'est sur cette idée que reposa la condamnation à mort prononcée en 1952 contre 15 membres du « Comité antifasciste juif », qui tous avaient participé aux travaux préliminaires du *Livre noir* sur le génocide des Juifs soviétiques (*cf.* Arno Lustiger, responsable de l'édition allemande : *Das Schwarzbuch. Der Genozid an den sowjetischen Juden*, éd. Vassili Grossman et Ilya Ehrenburg, Reinbek, 1994, en particulier p. 1084). (Édition française : *Le livre noir sur l'extermination scélérate des Juifs par les envahisseurs fascistes allemands dans les régions provisoirement occupées de l'URSS et dans les camps d'extermination en Pologne pendant la guerre de 1941-1945*, Solin, Actes Sud, Arles, 1995, p. 1074.) Il est difficile de nier que l'interprétation juive est aussi peu à l'abri d'éventuelles erreurs et instrumentalisations que d'autres paradigmes.

68. *Der Faschismus in seiner Epoche*, *op. cit.*, p. 51. Édition française : vol. I, p. 75.

se laisser porter par une énorme vague de passions de masse. Dans ce dernier cas, il s'ensuit très vraisemblablement une guerre civile ouverte débouchant sur l'élimination, en grande partie physique, des « ennemis de classe » et, un beau jour, la lutte violente, à visées exterminatrices, contre le groupe éminent, majoritaire dans le pays, que constitue la paysannerie indépendante. De ce point de vue, le bolchevisme représente le début des mesures d'extermination à motivations idéologiques prises par des régimes totalitaires, mesures qui ont si fortement marqué le visage de ce siècle. Mais utiliser à ce propos le terme de « culpabilité » n'est pas de mise, bien que l'on puisse, il est vrai, à meilleur droit accuser de « culpabilité » un parti et même une classe qu'un peuple ou un milieu culturel[69].

Attribuer au bolchevisme une antériorité par rapport au national-socialisme pour ce qui est des intentions et des actions exterminatrices, et interpréter les intentions et les actions exterminatrices de ce dernier comme une réponse ou une ré-action, c'est prendre beaucoup plus au sérieux la lutte que se livrèrent les deux régimes que ne le fait la théorie structuraliste du totalitarisme. Loin de glorifier l'« État constitutionnel occidental », cette démarche considère à la fois qu'il est l'opposé des régimes totalitaires et qu'il leur a servi de terreau. La version historico-génétique de la théorie du totalitarisme est donc un paradigme à part entière ; il est indéniable que cette version permet d'approcher de bien plus près que la version structuraliste le communisme et le national-socialisme, puisqu'elle appréhende ce qui est commun aux deux mouvements ou régimes, c'est-à-dire le fait que chacun d'eux se conçoit lui-même comme « action » ou « ré-action ». Elle n'a pas de conséquence plus impérieuse que la thèse selon laquelle le « Goulag » est plus originel qu' « Auschwitz ». Quiconque a besoin d'images historiques simples aura alors beau jeu d'affirmer qu'on fait ainsi des bolchevistes, voire des marxistes, les « premiers responsables » des malheurs du XXe siècle, tandis que les nationaux-socialistes, en tant que « seconds responsables », seraient proprement disculpés ou « banalisés ». Mais la « culpabilité » que l'on encourt en mettant un peuple entier au banc des accusés est histori-

---

69. Robert Conquest cite dans son *Harvest of Sorrow*, Londres, 1986 (Édition française : *La grande terreur. Les purges staliniennes des années 30* précédé de *Sanglantes moissons. La collectivisation des terres en URSS*, Robert Laffont, Paris, 1995. Une première traduction avait été publiée en 1970, chez Stock), une phrase très caractéristique extraite d'un roman soviétique de 1934, à propos des koulaks : « Not one of them was guilty of anything, but they belong to a class that was guilty of everything. » (p. 143 ; édition française : p. 156 : « Aucun d'entre eux n'était coupable de quoi que ce fût ; mais ils appartenaient à une classe coupable de tout »). Lors de crises sociales graves, de tels jugements à l'égard de l'« ennemi de classe » s'imposent pour ainsi dire aux plus défavorisés, tandis qu'en règle générale une forte réflexion constructive intervient avant qu'on élargisse à un peuple ou une culture une « inculpation collective ». En réalité, les koulaks ne furent pas victimes de la « misère villageoise » mais bien d'une décision du parti au pouvoir.

quement plus lourde que la culpabilité qu'entraîne la lutte contre une classe. C'est pourquoi j'ai évité d'employer le terme de « crime » ou de « crime de masse » à propos d'« Auschwitz », préférant parler d'« abomination » *(Untat)*. Mais la nécessité de tempérer des expressions qui ont l'apparence de l'absolu vaut aussi pour la manière dont les Juifs furent ci-dessus qualifiés de « représentants de l'humanité » (p. 620). Si le terme signifiait seulement que les Juifs furent combattus et, pour une large part, assassinés par Hitler en leur qualité de précurseurs de l'unité du monde et de précurseurs de l'idée d'humanité ou du socialisme, il s'agirait d'un simple renversement de l'« inculpation collective » au profit d'une « apologie collective ». Mais l'on doit effectivement attribuer à Grigori Zinoviev, lui aussi, une culpabilité de même ordre, dans un cadre certes plus restreint et individuel, lorsqu'il a réclamé que soient liquidés dix millions d'êtres humains – quand bien même il ne s'adressait pas en tant que Juif à des Juifs, mais à des communistes en tant que communiste [70].

Et depuis quelque temps, même de nombreux défenseurs de la tradition progressiste ne considèrent plus comme totalement positif le concept de « modernité ». Les choses sont en soi plus compliquées et soumises à des distorsions beaucoup plus fortes que ne veut bien l'admettre la lutte politique et idéologique. En conséquence, l'historien désireux d'appréhender les jeux d'actions et de réactions plutôt que de simplement décrire des processus, mène dans l'opinion publique un combat perdu d'avance ; on peut en effet toujours, à propos de certains aspects de son travail, isoler de leur contexte quelques phrases qui prêtent alors à interprétation politique, interprétation à laquelle certains commentateurs ou politiciens opposeront des affirmations contraires, quand ce n'est pas des insinuations, voire des diffamations. Mais il ne doit pas pour autant se dissimuler ses propres faiblesses, non plus que les vicissitudes de l'existence. C'est ainsi que je fus certainement le premier à avoir qualifié, dans la littérature scientifique, la guerre d'agression contre l'Union soviétique de « guerre de conquête, d'asservissement et d'extermination la plus monstrueuse qu'ait connue l'histoire moderne » [71] ; je ne nierai pas qu'en mon for intérieur je suis loin d'être satisfait de voir procéder, trente-cinq ans plus tard, de manière unilatérale et à grand renfort de propagande, à une reconversion de cette expression sous la forme d'une exposition.

Mais, quoi qu'il en soit, la version historico-génétique du totalitarisme n'est pas tributaire, pour ce qui est de ses traits essentiels, de préférences et d'inclinations individuelles. À l'avenir, elle ne cessera, expressément ou implicitement, de jouer un rôle, sous une forme ou sous une autre, dans les diverses représentations historiques ou tentatives d'interprétation du XXe siècle. Une seule chose étonne, à vrai dire, c'est qu'il

---

70. *Der europäische Bürgerkrieg 1917-1945*, *op. cit.*, p. 67, 558 et suiv.
71. *Der Faschismus in seiner Epoche*, *op. cit.*, p. 436.

ait fallu aussi longtemps pour que, compte non tenu de quelques indications ou simples essais concernant une « guerre civile mondiale », cette version existe enfin en tant que tendance historiographique [72]. On peut sans doute en trouver la raison dans son incontestable proximité avec une idée de base du national-socialisme qui est en même temps, et plus largement encore, proximité avec des idées de base du communisme soviétique. Chaque versant de cette double proximité était suspect et choquant au temps de la guerre froide ; aujourd'hui, alors que la globalisation capitaliste et un antifascisme ayant des sympathies pour le socialisme tendent à se fondre en une unité de nature nouvelle, il semble qu'un seul des deux versants demeure choquant, voire condamnable. Mais notre conception n'est en aucune façon l'invention d'un « marginal » [73] ou le fruit de ses spéculations ; comme nous l'avons montré, les ouvrages de Bullock, de Hobsbawm et de Furet se situent dans des perspectives semblables, même si l'on ne doit certainement pas se dissimuler les différences considérables qui les séparent [74].

Ce livre qui, sous la forme première d'un article, a suscité tant d'émotion et d'indignation et qui, pour ainsi dire, est resté dans l'ombre de l'article en question, se présente aujourd'hui aux lecteurs, dix ans plus

72. Certains auteurs communistes prennent à leur compte, implicitement et tout naturellement, ce concept, tout en préférant parler de « révolution mondiale » car, pour eux, les ennemis sont au fond des « agents du capital » et, en tout cas, des « petits-bourgeois » ; la « guerre civile mondiale » pèse d'un poids plus lourd chez Ernst Jünger et Carl Schmitt ; dans la littérature scientifique, ce sont Hanno Kestings et Roman Schnur qui l'utilisèrent pour la première fois (*cf.* note 2 de l'introduction.)

73. *Cf.* Martin Broszat, in *Historikerstreit*, *op. cit.*, p. 189. Édition française : p. 157.

74. Ce n'est pas moi qui (non à la lettre mais dans l'esprit) ai le premier parlé de « nœud causal » entre le Goulag et Auschwitz. En 1982, Andrzej Kaminski, lui-même ancien détenu dans des camps de concentration allemands, a écrit ceci dans l'un de ses livres : « On pourrait peut-être comprendre que la science allemande ait jusqu'ici fui cette question. La moindre allusion d'un chercheur allemand au fait que les camps de concentration nazis avaient été ouverts d'après le modèle soviétique aurait provoqué, de la part des Soviétiques ou des prosoviétiques, l'une de ces tempêtes d'indignation que l'on connaît bien, quand bien même ledit chercheur aurait évité de nourrir, voire aurait combattu l'idée que l'on pût voir dans les crimes soviétiques une excuse aux crimes du national-socialisme. » (*Konzentrationslager von 1896 bis heute. Eine Analyse*, Stuttgart, 1982, p. 88 et suiv.)

C'est beaucoup plus tôt encore qu'un « témoin oculaire » particulièrement important, je veux nommer Rudolf Höss, a évoqué ce nœud ; mais, à ma connaissance, il n'a jamais été fait mention de cette déclaration dans la littérature scientifique. Höss écrit ceci à propos de la situation au début de la « campagne de Russie » : « Le RSHA transmit au commandant [à lui, donc] un rapport volumineux sur les camps de concentration russes. On y trouvait le récit très détaillé, fait par des gens qui en étaient sortis, sur les conditions qui y régnaient ainsi que sur les installations. Il y était particulièrement souligné que les Russes y anéantissaient des peuples entiers par l'instauration du travail forcé sur une grande échelle. » (*Kommandant in Auschwitz. Autobiographische Aufzeichnungen des Rudolf Höss*, éd. par Martin Broszat, Munich, 1963, p. 139.) (Nous n'avons pu trouver trace de ce passage dans l'édition française consultée : *Le commandant d'Auschwitz parle*, La Découverte, Paris, 1995, NdT.)

tard, dans une cinquième édition qui n'a pas subi de modifications, à l'exception de l'« épilogue » et de ce « bilan » [75]. Peut-être réussira-t-il, cette fois, à susciter davantage la réflexion que le pur rejet. La correspondance entre François Furet et moi-même (parue en allemand en 1998, NdT) pourrait aussi y contribuer. J'ai, pour ma part, conscience que le cadre ici dessiné devrait prendre place au sein d'un ensemble plus vaste encore. C'est à cette tâche que je m'attellerai en m'interrogeant sur l'*Existence historique*, travail déjà bien avancé et qui sera le dernier de ma vie.

Juin 1997

75. Nous n'avons réécrit que l'épilogue car, en 1987, on ne pouvait encore prévoir comment allait concrètement se dérouler le « tournant » des années 1989-1991. Par ailleurs, nous n'avons procédé qu'à des modifications minimes ; leur objectif essentiel était de permettre une lecture faisant peut-être oublier que l'ouvrage date des années 1985-1987.

Abréviations

ADAP : Akten zur deutschen Auswärtigen Politik (Dossiers sur la politique étrangère allemande), séries C et D, Baden-Baden. Göttingen 1950-?)

BAK : Bundesarchiv (Archives fédérales), Coblence.

DBFP : Documents of British Foreign Policy, Londres 1947 et suiv.

GStA : Preußisches Geheimes Staatsarchiv (Archives d'État secrètes de Prusse), Berlin.

IMG : Procès contre les criminels de guerre devant le Tribunal militaire international de Nuremberg, du 14 novembre 1945 au 1er octobre 1946, Nuremberg 1947-1949, 42 volumes.

Inst. f. Zg. Archiv : Archives de l'Institut d'histoire contemporaine de Munich.

IWK : *Internationale Wissenschaftliche Korrespondenz zur Geschichte der deutschen Arbeiterbewegung* (Revue scientifique pour l'histoire du mouvement ouvrier allemand), Berlin.

Lenin AW : Œuvres choisies de Lénine en deux volumes, Berlin, 1955.

MEW : Œuvres de Marx et Engels, Berlin, 1956-?, 41 volumes.

MK : Adolf Hitler, *Mein Kampf*. 73e édition, Munich, 1933.

Pol. Archiv AA : Politisches Archiv des Auswärtigen Amtes (Archives politiques du ministère des Affaires étrangères), Bonn.

RF : *Rote Fahne* (quotidien du KPD).

Schulthess : *Schulthess' Europäischer Geschichtskalender* (Calendrier historique européen).

Stalin Werke : Œuvres de Staline, Berlin 1951-1955, 13 volumes.

UuF : *Ursachen und Folgen. Vom deutschen Zusammenbruch 1918 und 1945 bis zur staatlichen Neuordnung Deutschlands in der Gegenwart* (Causes et conséquences. De l'effondrement allemand en 1918 et 1945 à la réorganisation de l'État dans l'Allemagne d'aujourd'hui), publié sous la direction de Herbert Michaelis et Ernst Schraepler, Berlin, 1958-?, 23 volumes (jusqu'en 1945).

VB : *Völkischer Beobachter* (quotidien du NSDAP).

Vjh. f. Ztg. : *Vierteljahrshefte für Zeitgeschichte* (revue d'histoire contemporaine), Munich.

Index des noms

E

F

G

H

I

J

L

N

O

P

Q

R

S

T

U

Bibliographie

Ouvrages en langue française :

ALLILOUÏEVA, Svetlana, *En une seule année*, Robert Laffont, Paris, 1970.

ARENDT, Hannah, *Le système totalitaire*, Seuil, Paris, 1972.

ARENDT, Hannah, *Sur l'antisémitisme*, Calmann-Lévy, Paris, 1973.

ARENDT, Hannah, *Les origines du capitalisme. L'impérialisme*, Fayard, Paris, 1982.

AYÇOBERRY, Pierre, *La question nazie. Les interprétations du national-socialisme 1922-1975*, Seuil, Paris, 1979.

ANET, Claude, *La révolution russe. La terreur maximaliste*, Paris, 1919.

ARON, Raymond, *Démocratie et totalitarisme*, Gallimard, Paris, 1965.

BABEL, Isaac, *Cavalerie rouge*, suivie de *Journal de 1920*, Actes Sud, Arles, 1997.

BADIA, Gilbert (sous la direction de), *Histoire de l'Allemagne contemporaine*, Messidor, Paris, 1987.

BENOIST, Alain de, *Communisme et nazisme. 25 réflexions sur le totalitarisme au XXe siècle (1917-1989)*, Le Labyrinthe, Paris, 1998.

BERDIAEV, Nicolas, *Les sources et le sens du communisme russe*, Gallimard, Paris, 1951.

BESANÇON, Alain, *Les origines intellectuelles du léninisme*, Calmann-Lévy, Paris, 1977.

BESANÇON, Alain, *Le malheur du siècle. Sur le communisme, le nazisme et l'unicité de la Shoah*, Fayard, Paris, 1998.

BEUMELBURG, Werner, *La Guerre de 14-18 racontée par un Allemand*, Payot, Paris, 1933 (réédition : Bartillat, Paris, 1998).

BOLLOTEN, Burnett, *La révolution espagnole. La gauche et la lutte pour le pouvoir*, Ruedo iberico, Paris, 1977.

BRACHER, Karl Dietrich, *La dictature allemande. Naissance, structures et conséquences du national-socialisme*, Privat, 1986.

BRECHT, Bertolt, *Poèmes*, L'Arche, Paris, 1967.

BRÉCY, Robert, *Florilège de la chanson révolutionnaire de 1789 au Front populaire*, Hier et Demain, Paris, 1978.

BRENNER, Hildegard, *La politique artistique du national-socialisme*, Maspero, Paris, 1980.

BROSZAT, Martin, *L'État hitlérien. L'origine et l'évolution des structures du IIIe Reich*, Fayard, Paris, 1985.

BROUÉ, Pierre/TÉMINE, Émile, *La révolution et la guerre d'Espagne*, Paris, 1961.

BUBER-NEUMANN, Margarete, *Déportée en Sibérie*, La Baconnière/Seuil, Neuchâtel-Paris, 1949 (réédition : Seuil, 1986).

BUBER-NEUMANN, Margarete, *Déportée à Ravensbrück*, Seuil, Paris, 1988.

BUISSON, Jean-Christophe, *Héros trahi par les Alliés, le général Mihailovic (1893-1946)*, Perrin, Paris, 1999.

BULLOCK, Allan, *Hitler et Staline. Vies parallèles* (en deux volumes), Albin Michel/Robert Laffont, Paris, 1994.

CARRÈRE D'ENCAUSSE, Hélène, *Le malheur russe. Essai sur le meurtre politique*, Fayard, Paris, 1988.

CARRÈRE D'ENCAUSSE, Hélène, *Lénine, le chef de sang et de fer*, Fayard, Paris, 1998.

CHOLOKHOV, Mikhaïl, *Le Don paisible*, Julliard, Paris, 1965.

CHURCHILL, Winston S., *La Seconde Guerre mondiale*, Plon, Paris, 1965.

COEURÉ, Sophie, *La grande lueur à l'Est*, Seuil, Paris, 2000.

COLLECTIF, *Livre Brun sur l'incendie du Reichstag et la terreur hitlérienne*, éd. du Carrefour, Paris, 1933.

COLLECTIF, *Devant l'histoire. Les documents de la controverse sur la singularité de l'extermination des Juifs par le régime nazi*, Cerf, Paris, 1988.

CONFINO, Michael, *Violence dans la violence. Le débat Bakounine-Netchaïev*, Maspero, Paris, 1973.

CONQUEST, Robert, *La grande terreur. Les purges staliniennes des années trente*, suivi de *Sanglantes moissons. La collectivisation des terres en URSS*, Robert Laffont, Paris, 1995 (1re édition : Stock, 1970).

COUDENHOVE-KALERGI, Richard, *Staline & Cie*, Éditions paneuropéennes, Vienne, 1952.

COULONDRE, Robert, *De Staline à Hitler. Souvenirs de deux ambassades 1936-1939*, Hachette, Paris, 1950.

COURTOIS, Stéphane/WERTH, Nicolas/PANNÉ, Jean-Louis/PACZKOWSKI, Andrzej/BARTOSEK, Karel/MARGOLIN Jean-Louis *et alii*, *Le Livre noir du communisme. Crimes, terreur et répression*, Robert Laffont, Paris, 1997 ; réédition : coll. « Bouquins », 1998.

DALLIN, Alexander, *La Russie sous la botte*, Fayard, Paris, 1970.

DALLIN, Alexander/NIKOLAEVSKY, Boris, *Le travail forcé en URSS*, Paris, 1949.

DAVIES, Joseph E., *Mission à Moscou*, Éditions de l'Arbre, Montréal, 1944.

DJILAS, Milovan, *Conversations avec Staline*, Gallimard, Paris, 1962.

DUPEUX, Louis, *National-bolchevisme dans l'Allemagne de Weimar 1919-1933*, Librairie Honoré Champion, Paris, 1979.

EHRENBURG, Ilya, t. I : *Les années et les hommes,* 1962 ; t. II : *Un écrivain dans la Révolution*, 1963 ; t. III : *Les deux pôles*, 1964 ; t. IV : *La nuit tombe*, 1966 ; t. V : *La Russie en guerre,* 1968, Gallimard, Paris.

ELLEINSTEIN, Jean, *Histoire de l'URSS*, Paris, 1973.

FAINSOD, Merle, *Comment l'URSS est gouvernée*, Éd. de Paris, 1957.

FAINSOD, Merle, *Smolensk à l'heure de Staline*, Fayard, Paris, 1967.

FERRO, Marc (présenté par), *Nazisme et communisme. Deux régimes dans le siècle*, Hachette, Paris, 1999.

FURET, François, *Le passé d'une illusion. Essai sur l'idée communiste au XXe siècle*, Robert Laffont/Calmann-Lévy, Paris, 1995 ; Le Livre de Poche, 1996.

FURET, François/NOLTE, Ernst, *Fascisme et communisme* (correspondance), *Commentaire*/Plon, Paris, 1998.

GAFENCO, Grégoire, *Préliminaires de la guerre à l'Est*, Egloff, Fribourg (Suisse), 1944.

GAUCHER, Roland, *L'opposition en URSS 1917-1967*, Albin Michel, Paris, 1967.

GAULLE, Charles de, *Mémoires de guerre*, Plon, Paris, t. I : *L'appel*, 1954 ; t. II : *L'unité*, 1956 ; t. III : *Le salut*, 1959.

GOLDHAGEN, Daniel Jonah, *Les bourreaux volontaires de Hitler. Les Allemands ordinaires et l'Holocauste*, Seuil, Paris, 1997.

GORKI, Maxim, *Pensées intempestives 1917-1918*, L'Âge d'Homme, Lausanne, 1975.

GRIGORENKO, Piotr, *Staline et la Seconde Guerre mondiale*, L'Herne, Paris, 1969.

GROSSMAN, Vassili, *Vie et destin*, L'Âge d'Homme, Lausanne, 1980.

GROSSMAN, Vassili, *Tout passe,* L'Âge d'Homme/Julliard, Lausanne-Paris, 1984.

GROSSMAN, Vassili/EHRENBURG, Ilya, *Le Livre noir sur l'extermination scélérate des Juifs par les envahisseurs fascistes allemands dans les régions provisoirement occupées de l'URSS et dans les camps d'extermination en Pologne pendant la guerre de 1941-1945*, Solin, Actes Sud, Arles, 1995.

HELLER, Michel, *Le monde concentrationnaire et la littérature soviétique*, L'Âge d'Homme, Lausanne, 1974.

HELLER, Michel, *La machine et les rouages. La formation de l'homme soviétique*, Calmann-Lévy, Paris, 1985.

HELLER, Michel/NEKRICH, Alexandre, *L'utopie au pouvoir. Histoire de l'URSS de 1917 à nos jours*, Calmann-Lévy, Paris, 1982.

HERBETTE, Jean, *Un diplomate français parle du péril bolchevique. Rapports de Jean Herbette, ambassadeur de France à Moscou de 1927 à 1931*, édité par la « Commission des Archives » du ministère des Affaires étrangères du Reich, Berlin, 1943.

HERMET, Guy (sous la direction de), *Totalitarismes*, Économica, Paris, 1984.

HERZL, Theodor, *L'État des juifs*, suivi de *Essai sur le sionisme : de l'État des juifs à l'État d'Israël*, La Découverte, Paris, 1990.

HERZL, Theodor, *Journal 1895-1904*, Calmann-Lévy, Paris, 1992.

HILBERG, Raul, *La destruction des Juifs d'Europe*, Fayard, Paris, 1988.

HIMMLER, Heinrich, *Discours secrets*, Gallimard, Paris, 1978.

HITLER, Adolf, *Mon combat (Mein Kampf)*, Nouvelles éditions latines, Paris, sans date (1934 ?).

HITLER, Adolf, *Libres propos sur la guerre et la paix*, Flammarion, Paris, 1952.

HOBSBAWM, Eric, *L'âge des extrêmes. Histoire du court XXe siècle, 1914-1991*, Complexe, Bruxelles, 1999.

HÖSS, Rudolf, *Le commandant d'Auschwitz parle*, La Découverte, Paris, 1995.

HUILLIER, Fernand (l') (présenté par), *L'opinion publique européenne devant la Révolution russe de 1917*, Paris, 1968.

ISTRATI, Panaït, *Vers l'autre flamme. Après seize mois dans l'URSS*, Gallimard, Paris, 1987.

JASPERS, Karl, *La situation spirituelle de notre époque*, Desclée de Brouwer, Paris, 1952.

KAUTSKY, Karl, *Terrorisme et Communisme. Contribution à l'histoire des Révolutions*, Éd. Jacques Povolozky, Paris, 1920.

KAUTSKY, Karl, *La dictature du prolétariat*, UGE, coll. « 10/18 », Paris, 1972.

KERSHAW, Ian, *Qu'est-ce que le nazisme ? Problèmes et perspectives d'interprétation*, Gallimard, Paris, 1992.

KERSHAW, Ian, *Hitler. Essai sur le charisme en politique*, Gallimard, Paris, 1995.

KHLEVNIOUK, Oleg, *Le Cercle du Kremlin. Staline et le Bureau politique dans les années trente : les jeux du pouvoir*, Seuil, Paris, 1996.

KLEIST, Peter, *Entre Hitler et Staline 1939-1945*, Plon, Paris, 1953.

KRIVITZKY, Walter G., *J'étais un agent de Staline*, Champ libre, Paris, 1979 (1re édition par éd. Coopération, Paris, 1940).

LAQUEUR, Walter, *Le terrifiant secret : la solution finale et l'information étouffée*, Gallimard, Paris, 1981.

LAZITCH, Branko, *Le Rapport Khrouchtchev et son histoire*, Seuil, Paris, 1976.

LEFORT, Claude, *Un homme en trop. Réflexions sur l'archipel du Goulag*, Seuil, Paris, 1976.

LEFORT, Claude, *L'invention démocratique. Les limites de la domination totalitaire*, Fayard, Paris, 1981.

LEFORT, Claude, *La complication*, Fayard, Paris, 1999.

« Le Livre noir du communisme en débat », *Communisme*, n° 59-60, L'Âge d'Homme, Lausanne, 2000.

LÉNINE, Vladimir I., *Œuvres*, Éditions sociales, Paris et Éditions en langues étrangères, Moscou, 1961 (45 volumes).

MAÏAKOVSKI, Vladimir, *Poèmes 1918-1921*, Messidor, Paris, 1985-1987.
MALIA, Martin, *Comprendre la révolution russe*, Seuil, Paris, 1980.
MALIA, Martin, *La tragédie soviétique*, Seuil, Paris, 1995.
MANN, Thomas, *Journal 1918-1921, 1933-1939*, Gallimard, Paris, 1985.
MELGOUNOV, Serge, *La terreur rouge en Russie*, Paris, 1927.
MINCZELES, Henri, *Histoire générale du Bund. Un mouvement révolutionnaire progressiste*, Denoël, Paris, 1999.
MOHLER, Armin, *La Révolution conservatrice en Allemagne 1918-1932*, Pardès, Puiseaux, 1993.
MONNEROT, Jules, *Sociologie du communisme*, 2e éd., Gallimard, Paris, 1963.
MONNEROT, Jules, *Sociologie de la Révolution. Mythologies politiques du XXe siècle*, Fayard, Paris, 1969.
MOSSE, George, *De la Grande Guerre au totalitarisme. La brutalisation des sociétés européennes*, Hachette-Littérature, Paris, 1999.
MÜNZENBERG, Willi, *La propagande hitlérienne, instrument de guerre*, version abrégée de *Propaganda als Waffe,* publiée par Sebastian Brant en 1938 à Paris.
NEUBERG, A., *L'insurrection armée*, Paris, 1931 (réédition : Maspero, Paris, 1970).
NEUMANN, Franz, *Béhémoth. Structure et pratique du national-socialisme 1933-1944*, Payot, Paris, 1987.
NOLTE, Ernst, *Les mouvements fascistes. L'Europe de 1909 à 1945*, Calmann-Lévy, Paris, 1969.
NOLTE, Ernst, *Le fascisme dans son époque : l'Action française, le Fascisme italien, le National-socialisme* (en trois volumes), Julliard, Paris, 1970.
PÉLASSY, Dominique, *Le signe nazi. L'univers symbolique d'une dictature*, Fayard, Paris, 1983.
PIKE, David W., *Les Français et la guerre d'Espagne*, Paris, 1975.
POLIN, Claude, *L'esprit totalitaire*, Sirey, Paris, 1977.
POLIN, Claude, *Le totalitarisme*, PUF, coll. « Que sais-je ? », Paris, 1983.
RAUSCHNING, Hermann, *La révolution du nihilisme*, Gallimard, Paris, 1939 (réédition : Gallimard, 1980).
RAUSCHNING, Hermann, *Hitler m'a dit*, Aimery Somogy, 1979 (réédition : Hachette, 1996).
REED, John, *Dix jours qui ébranlèrent le monde*, Seuil, Paris, 1996.
REICHEL, Peter, *La fascination du nazisme*, Odile Jacob, Paris, 1993, rééd. coll. « Opus » : 1997.
REVEL, Jean-François, *La tentation totalitaire*, Robert Laffont, Paris, 1976.
REVEL, Jean-François, *Comment les démocraties finissent*, Grasset, Paris, 1983.
REVEL, Jean-François, *La grande parade. Essai sur la survie de l'utopie socialiste*, Plon, Paris, 2000.

ROBIEN, Louis (de), *Journal d'un diplomate en Russie 1917-1918*, Albin Michel, Paris, 1967.

ROLLIN, Henry, *La révolution russe*, t. I : *Les Soviets* ; t. II : *Le parti bolcheviste* ; t. III : *La dictature de Staline*, Librairie Delagrave, Paris, 1931.

ROUSSO, Henry (sous la direction de), *Stalinisme et nazisme. Histoire et mémoire comparées*, Complexe, Bruxelles, 1999.

RYBAKOV, Anatoli, *Les enfants de l'Arbat*, Albin Michel, Paris, 1987.

SANTAMARIA, Yves, *Le Pacte germano-soviétique*, Complexe, Bruxelles, 1999.

SCHAPIRO, Leonard, *Les bolcheviks et l'opposition. Origines de l'absolutisme communiste. Premier stade 1917-1922*, Les Îles d'Or, Paris, 1957.

SCHAPIRO, Leonard, *De Lénine à Staline. Histoire du Parti Communiste de l'Union Soviétique*, Gallimard, Paris, 1967.

SCHOENBAUM, David, *La révolution brune. La société allemande sous le IIIe Reich*, Robert Laffont, Paris, 1979.

SHERWOOD, Robert E., *Le mémorial de Roosevelt. De la « drôle de guerre » à Pearl Harbor*, Plon, Paris, 1950.

SOLJENITSYNE, Alexandre, *L'archipel du Goulag*, Seuil, Paris, 1973.

SOUVARINE, Boris, *Staline. Aperçu historique du bolchevisme*, Plon, Paris, 1935 ; 2e éd. Champ Libre, Paris, 1977 ; 3e éd. Gérard Lebovici, Paris, 1985.

SPEER, Albert, *Au cœur du Troisième Reich. Le bilan définitif de l'Allemagne nazie par le ministre des Armements de Hitler*, Fayard, Paris, 1971.

SPEER, Albert, *Architecture 1932-1942,* Bruxelles, 1985.

STALINE, Josepf W., *Sur la grande guerre de l'Union soviétique pour le salut de la patrie*, Éditions en langues étrangères, Moscou, 1946.

STALINE, Joseph W., *Les questions du léninisme*, Éditions en langues étrangères, Moscou, 1961 (réédition : Norman Bethune, Paris, 1969).

STERN, Fritz, *Politique et désespoir. Les ressentiments contre la modernité dans l'Allemagne d'avant Hitler*, Armand Colin, Paris, 1990.

TALMON, Jacob, *Les origines de la démocratie totalitaire*, Calmann-Lévy, Paris, 1970.

THION, Serge, *Vérité historique ou vérité politique ? Le dossier de l'affaire Faurisson*, La Vieille taupe, Paris, 1971.

TREPPER, Leopold, *Le grand jeu*, Albin Michel, Paris, 1975.

TROTSKI, Léon, *Littérature et Révolution*, Julliard, Paris, 1964.

TROTSKI, Léon, *Écrits militaires*, L'Herne, Paris, 1967.

TROTSKI, Léon, *Lénine*, PUF, Paris, 1970.

TROTSKI, Léon, *L'Internationale communiste après Lénine (Le grand organisateur de la défaite)*, Rieder, Paris, 1930.

TROTSKI, Léon, *Défense du terrorisme,* éditions de la Nouvelle revue critique, Paris, 1936.

TROTSKI, Léon, *Comment vaincre le fascisme ? Écrits sur l'Allemagne 1930-1933*, éditions de la Passion, Saint-Maurice, 1993.

ULAM, Adam B., *Staline. L'homme et son temps*. t. I : *La montée* ; t. II : *Le pouvoir*, Calmann-Lévy/Gallimard, Paris, 1977.

VALTIN, Jan, *Sans patrie ni frontière*, Paris, 1947.

VIATTEAU, Alexandra, *Staline assassine la Pologne*, Seuil, Paris, 1999.

VOLKOGONOV, Dimitri, *Le vrai Lénine*, Robert Laffont, Paris, 1995.

WOLTON, Thierry, *Rouge-Brun, le mal du siècle*, Lattès, Paris, 1999.

WYMAN, David S., *L'abandon des Juifs, les Américains et la solution finale*, Flammarion, Paris, 1992.

ZINOVIEV, Alexandre, *Le communisme comme réalité*, L'Âge d'Homme/Julliard, Lausanne-Paris, 1981.

Ouvrages en langues étrangères :

ADAM, Uwe Dietrich, *Judenpolitik im Dritten Reich*, Düsseldorf, 1972.

–, *Akten der Reichskanzlei. Die Regierung Hitler*, Boppard, 1983.

AINSZTEIN, Reuben, *Jewish Resistance in Nazi-Occupied Europa with a historical survey of the Jew as fighter and soldier in the Diaspora*, Londres, 1974.

ALBRECHT, Karl I., *Der verratene Sozialismus. Zehn Jahre als hoher Staatsbeamter in der Sowjetunion*, Berlin-Leipzig, 1939.

ALLARD, Sven, *Stalin und Hitler. Die sowjetrussische Außenpolitik 1930-1941*, Berne-Munich, 1974.

ANTONOV-OVSEÏENKO, Anton, *Stalin. Porträt einer Tyrannei*, Munich-Zurich, 1983 (1re édition : New York, 1980).

ARETZ, Emil, *Hexeneinmaleins einer Lüge*, Pähl/Obb., 1973.

ASCHENAUER, Rudolf, *Ich, Adolf Eichmann. Ein historischer Zeugenbericht*, Leoni, 1980.

AUGUR, *Soviet* versus *Civilization*, Londres, sans date (1926 ?).

AXHAUSEN, Günther, *Organisation Escherich. Die Bewegung zur nationalen Einheitsfront*, Leipzig/Berlin, 1921.

BACKES, Uwe/JESSE, Eckhard/ZITELMANN, Rainer, *Die Schatten der Vergangenheit. Impulse zur Historisierung des Nationalsozialismus*, Francfort/Main-Berlin, 1990.

BARTHEL, Max, *Literaturwissenschaft und Sozialwissenschaft 10. Kunst und Kultur im deutschen Faschismus*, Stuttgart, 1978.

BAUER, Otto, *Bolschewismus oder Sozialdemokratie*, Vienne, 1923.

BAUMGART, Winfried, *Deutsche Ostpolitik 1918. Von Brest-Litovsk bis zum Ende des Ersten Weltkrieges*, Vienne-Munich, 1966.

BECK, Dorothea, *Julius Leber. Sozialdemokrat zwischen Reform und Widerstand*, Berlin, 1933.

BEDNY, Demian, *Die Hauptstraße*, Vienne, 1924.

BERKMAN, Alexander, *Die Kronstadt Rebellion*, Berlin, 1923.

BERNDT, Alfred. I./WEDEL, Oberstleutnant von, *Deutschland im Kampf*, Berlin, 1939.

BIRKENHEAD, the Earl of, Halifax, *The Life of Lord Halifax*, Londres, 1965.

BOBERACH, Heinz, *Meldungen aus dem Reich. Auswahl aus den geheimen Lageberichten des Sicherheitsdienstes der SS 1939-1944*, Neuwied-Berlin, 1965.

BÖHMER, Karl, *Das Dritte Reich im Spiegel der Weltpresse*, Leipzig, 1934.

BOLLMUS, Reinhard, *Das Amt Rosenberg und seine Gegner. Zum Machtkampf im nationalsozialistischen Herrschaftssystem*, Deusche Verlags-Anstalt, Stuttgart, 1970.

BONCH-BROUÏEVITCH, M., *From Tsarist General to Red Army Commander*, Moscou, 1966.

BORKENAU, Franz, *Der europäische Kommunismus*, Munich, 1952.

BRACHER, Karl Dietrich, *Europa in der Krise*, Francfort/Main-Berlin-Vienne, 1979.

BRACHER, K. D./FUNKE, M./JACOBSEN, J. A. (sous la direction de), *Nationalsozialistische Diktatur 1933-1945. Eine Bilanz*, Bonn, 1983.

BRANDENBURG, Hans-Christian, *Die Geschichte der Hitlerjugend*, Cologne, 1968.

BRENNER, Hildegard, *Die Kunstpolitik des Nationalsozialismus*, Hambourg, 1963.

BRENNER, Hildegard, *Ende einer bürgerlichen Kunstinstitution*, Stuttgart, 1972.

BROSZAT, Martin, *Nationalsozialistische Polenpolitik 1939-1945.*

BROWN, Edward James, *Russian Literature since the Revolution*, Cambridge (Mass)-Londres, 1982.

BRZEZINSKI, Zbigniew/FRIEDRICH, Carl, *Totalitarian Dictatorship and Autocracy*, Harvard University Press, Cambridge (Mass.), 1956. 2e éd. : Harper, New York, 1966.

BUBER-NEUMANN, Margarete, *Von Potsdam nach Moskau. Stationen eines Irrweges*, Stuttgart, 1968.

BUCHBENDER, Ortwin, *Das tönende Erz. Deutsche Propaganda gegen die Rote Armee im Zweiten Weltkrieg*, Stuttgart, 1978.

BUCHHEIM, Hans, *Glaubenskampf im Dritten Reich*, Stuttgart, 1953.

BUNYAN, James/FISCHER, H. H., *The Bolshevik Revolution 1917-1918. Documents and Materials*, Stanford, 1961.

BURCKHARDT, Carl J., *Meine Dantziger Mission 1937-1939*, Munich, 1960.

CARR, Raymond (éd.), *The Republic and the Civil War in Spain*, Londres, 1971.

CARROLL, E. Malcolm, *Soviet Communism and Western Opinion 1919-1921*, Chapel Hill, 1965.

CHURCHILL, Winston, *His Complete Speeches*, Londres, 1974.

CIANO, Galeazzo, *Tagebücher 1939-1943*, Berne, 1947.

CONQUEST, Robert, *The Nation Killers. The Soviet Deportation of Nationalities*, Londres, 1970.

COVERDALE, John F., *Italian Intervention in the Spanish Civil War*, Princeton, 1975.

CZECH-JOCHBERG, Erich, *Vom 30. Januar zum 21. März. Die Tage der nationalen Erhebung*, Leipzig, 1933.

DAMUS, Martin, *Sozialistischer Realismus und Kunst im Nationalsozialismus*, Francfort/Main, 1981.

DAVIES, R. W., *Soviet History in the Gorbatchev Revolution*, Houndsmills-Londres, 1989.

DEGRAS, Jane, *The Communist International 1919-1943*, Londres, 1956.

DEGRAS, Jane, *Soviet Documents on Foreign Policy*, Londres, 1952.

–, *Der völkerrechtliche Hintergrund des russisch-finnischen Konfliktes*, Stockholm, 1940 (collectif).

–, *Die Kontroverse. Hannah Arendt, Eichmann und die Juden*, Munich, 1964 (collectif).

DESCHNER, Günther, *Reinhard Heydrich*, Esslingen, 1977.

DIEWERGE, Wolfgang, *Feldpostbriefe aus dem Osten. Deutsche Soldaten sehen die Sowjetunion*, Berlin, 1941.

DINER, Dan (éd.), *Ist der Nationasozialismus Geschichte ?* Francfort/Main, 1987.

DOMARUS, Max, *Hitler. Reden und Proklamationen 1932-1945*, Würzburg, 1962.

DONAT, Helmut/WIELAND, Lothar, *Auschwitz erst möglich gemacht ? Überlegungen zur jüngsten konservativen Geschichtsbewältigung*, Brême, 1991.

DÖSER, Ute, *Das bolschewistische Russland in der deutschen Rechtspresse 1918-1925. Eine Studie zum publizistischen Kampf in der Weimarer Republik*, Berlin, 1961.

DÜLFFER, Jost/THIES, Jochen/HENKE, Josef, *Hitlers Städte. Baupolitik im Dritten Reich. Eine Dokumentation*, Cologne-Vienne, 1976.

DWINGER, Edwin Erich, *Zwischen Weiß und Rot. Die russische Tragödie 1919-1920*, Iéna, 1930.

ECKHARDT, Karl August, *Deutsche Rechtswissenschaft*, Hambourg, 1936.

ELZBACHER, Paul, *Der Bolschewismus und die deutsche Zukunft*, Iéna, 1919.

ERBE, René, *Die nationalsozialistische Wirtschaftspolitik 1933-1938 im Lichte der modernen Theorie*, Zürich, 1958.

ERKELENZ, Anton, *Der Rattenfänger von Braunau. Die Tragödie Deutschlands*, Meißen, 1932.

ESSER, Hermann, *Die jüdische Weltpest. Judendämmerung auf dem Erdball*, Munich, 1939.

FALTER, Jürgen W., *Hitlers Wähler*, C. H. Beck, Munich, 1991.

FALTER, Jürgen W./LINDENBERGER, Thomas/SCHUMANN, Siegfried, *Wahlen und Abstimmungen in der Weimarer Republik. Materialien zum Wahlverhalten 1919-1933*, C. H. Beck, Munich, 1986.

FISCHER, Alexander, *Sowjetische Deutschlandpolitik im Zweiten Weltkrieg 1941-1945*, Stuttgart, 1975.

FISCHER, Louis, *Russia's Way from Peace to War*, New York, 1969.

FISHER, Ralph Talcott, *Pattern for Soviet Youth. A Study of the Congresses of the Komsomol 1918-1954*, New York, 1959.

FISICHELLA, Domenico, *Totalitarismo. Un regime del nostro tempo*, La Nuova Italia Scientifica, Rome, 1987.

FLEISCHHAUER, Ingeborg, *Die Chance des Sonderfriedens. Deutsch-sowjetische Geheimgespräche 1941-1945*, Berlin, 1986.

FLEMING, Denna F., *The Cold War and its Origins 1917-1960*, Norwich, 1961.

FOERSTER, Wolfgang, *Ein General kämpft gegen den Krieg. Aus nachgelassenen Papieren des Generalstabschefs Ludwig Beck*, Munich, 1949.

FOMINE, Fédor T., *Zapiski starogo tchekista*, Moscou, 1964.

FRAENKEL, Heinrich/MANVELL, Roger, *Hermann Göring*, Hanovre, 1964.

FROUNZE, M. W., *Ausgewählte Schriften*, Berlin, 1956.

FÜLOP-MILLER, René, *Geist und Gesicht des Bolschewismus*, Zurich-Leipzig-Vienne, 1926.

GAFENCO, Grigore, *Europas letzte tage. Eine politische Reise im Jahre 1939*, Zurich, 1946.

GEHLEN, Reinhard (général), *Der Dienst*, Mayence-Wiesbaden, 1971.

GESSLER, Otto/SENDTNER, Kurt (éd.), *Reichswehrpolitik in der Weimarer Zeit*, Stuttgart, 1958.

GETZLER, Israel, *Martow : A Political Biography of a Russian Social Democrat*, Cambridge, 1967.

GEYER, Curt, *Die revolutionäre Illusion. Zur Geschichte des linken Flügels der USPD*, Stuttgart, 1976.

GILBERT, Martin, *Britain and Germany between the Wars*, Londres, 1964.

GILBERT, Martin, *Endlösung. Die Vertreibung und Vernichtung der Juden. Ein Atlas*, Reinbek, 1982.

GLONDAJEWSKI, Gertrud/SCHUMANN, Heinz, *Die Neubauer-Poser-Gruppe*, Berlin, 1957.

GOEBBELS, Joseph, *Der Nazi-Sozi. Fragen und Antworten zur KPD. Kirche und Kommunismus*, Munich, 1929.

GOLDMANN, Nahum, *Mein Leben als deutscher Jude*, Munich, 1980.

GOSZTONY, Peter, *Die Rote Armee*, Vienne-Munich-Zurich, 1980.

GRANZOW, Brigitte, *Mirror of Nazism. British Opinion and the Emergence of Hitler*, Londres, 1964.

GRIGORENKO, Piotr, *Der sowjetische Zusammenbruch 1941*, Francfort/Main, 1969.

GROENER-GEYER, Dorothea, *General Groener. Soldat und Staatsmann*, Francfort/Main, 1955.

GROSCURTH, Helmuth, *Tagebücher eines Abwehroffiziers 1938-1940*, Stuttgart, 1970.

GÜNTHER, Hans, *Die Verstaatlichung der Literatur*, Stuttgart, 1984.

GURIAN, Waldemar, *Der Bolschewismus als Weltgefahr*, 1935.

HAHN, Manfred/SANDKÜHLER Jörg (éd.), *Sozialismus vor Marx*, Cologne, 1984.

HALDER, Franz, Generaloberst, *Kriegstagebuch*, Stuttgart, 1963.

HELLER, Otto, *Der Untergang des Judentums. Die Judenfrage/Ihre Kritik/Ihre Lösung durch den Sozialismus*, Vienne-Berlin, 1931.

HENDERSON, Sir Neville, *Failure of a Mission*, New York, 1940.

HILGER, Gustav, *Wir und der Kreml. Deutsch-sowjetische Beziehungen 1918-1941. Erinnerungen eines deutschen Diplomaten*, Berlin, 1955.

HILLGRUBER, Andreas (éd.), *Staatsmänner und Diplomaten bei Hitler. Vertrauliche Aufzeichnungen über Unterredungen mit Vertretern des Auslandes 1939-1941*, Francfort/Main, 1967.

HIMMLER, Heinrich, *Die Schutzstaffel als antibolschewistische Kampforganisation*, Munich, 1939.

HIMMLER, Heinrich, *Geheimreden 1933 bis 1945*, Francfort/Main, 1974.

HOFMEYER, Günter/LAMMEL, Inge, *Lieder der Partei*, Leipzig, 1961.

HOFFMANN, Joachim, *Die Geschichte der Wlassow-Armee*, Fribourg en Brisgau, 1984.

HÖHNE, Heinz, *Krieg im Dunkeln. Macht und Einfluss des deutschen und russischen Geheimdienstes*, Gütersloh, 1985.

HORNUNG, Walter, *Dachau. Eine Chronik*, Zurich, 1936.

HUBER, Ernst Rudolf, *Verfassungsrecht des Großdeutschen Reiches*, Hambourg, 1939.

INSTITUT D'HISTOIRE JUIVE DE VARSOVIE, *Faschismus – Ghetto – Massenmord. Dokumentation über Ausrottung und Widerstand der Juden während des Zweiten Weltkrieges*, Francfort/Main, 1962.

IVANOV, N. Ya., *Kornilovcina i ee razgrom. Iz istorii borby c kontrrevoluciei v 1917 g.*, Leningrad, 1965.

JÄCKEL, Eberhard/KUHN, Alex (éd.), *Hitler. Sämtliche Aufzeichnungen 1905-1924*, Stuttgart, 1980.

JACOBSEN, Hans Adolf/JOCHMANN, Werner, *Ausgewählte Dokumente zur Geschichte des Nationalsozialismus.*

JACOBSEN, Hans-Adolf, *1939-1945. Der Zweite Weltkrieg in Chronik und Dokumenten*, Darmstadt, 1961.

JAKSCH, Wenzel, *Europas Weg nach Potsdam. Schuld und Schicksal im Donauraum*, Stuttgart, 1958.

JAMES, C. Vaughan, *Soviet Socialist Realism. Origins and Theory*, Londres-Basingstoke, 1973.

JORDAN, Rudolf, *Erlebt und erlitten. Weg eines Gauleiters von München bis Moskau*, Leoni, 1971.

KAMENSKI, Andrzei, *Konzentrationslager von 1896 bis heute. Eine Analyse*, Stuttgart, 1982.

KATER, Michael, *The Nazi Party. A Social Profile of Members and Leaders 1919-1945*, Oxford, 1983.

KENNAN, George, *Russia and the West under Lenin and Stalin*, Boston-Toronto, 1960-1961.

KERSTEN, Felix, *Totenkopf und Treue. Heinrich Himmler ohne Uniform*, Hambourg, 1952.

KESTING, Hanno, *Geschichtsphilosophie und Weltbürgerkrieg. Deutungen der Geschichte von der Französischen Revolution bis zum Ost-West-Konflikt*, Heidelberg, 1959.

KILLINGER, Manfred von, *Ernstes und Heiteres aus dem Putschleben*, Berlin, 1928.

KINDERMANN, Karl, *Zwei Jahre in Moskaus Totenhäusern. Der Moskauer Studentenprozess und die Arbeitsmethoden der OGPU*, Berlin-Leipzig, 1931.

KLEMPERER, Victor, *Ich will Zeugnis ablegen bis zum letzten. Tagebücher 1933-1941*, Aufbau Verlag, Berlin, 1995.

KNICKERBOCKER, H. R., *Deutschland so oder so ?* (*German Crises* dans l'original américain), Berlin, 1932.

KOENEN, Gerd, *Der unerklärte Frieden. Deutschland, Polen und Russland. Eine Geschichte*, Francfort/Main, 1985.

KOENEN, Gerd/KOPELEW Lew, *Deutschland und die russische Revolution*, Munich, 1997.

KOHN, Richard, *Die russische Revolution in Augenberichten*, Düsseldorf, 1965.

KOOL, Frits/OBERLÄNDER, Erwin, *Arbeiterdemokratie oder Parteidiktatur*, Munich, 1972.

KOPELEV, Lev, *Aufbewahren für alle Zeit.*

KORDT, Erich, *Nicht aus den Akten...*, Stuttgart, 1950.

KRAMER, David, *Fascism and Communism in Germany : Historical Anatomy of a Relationship*, Ann Arbor, 1973.

KRAUSNICK, Helmut/WILHELM, Hans-Heinrich : *Die Truppe des Weltanschauungskrieges*, Stuttgart, 1981.

–, *Kriegstagebuch des Oberkommandos der Wehrmacht (Wehrmachtführungsstab)*, Francfort/Main, 1965.

KROUPSKAÏA, N. K., *Oktiabrskie dni*, Moscou, 1967.

KRUMMACHER, F. A./LANGE Helmut, *Krieg und Frieden. Geschichte der deutsch-sowjetischen Beziehungen. Von Brest-Litovsk bis zum Unternehmen Barbarossa*, Munich-Esslingen, 1970.

KÜHNL, Reinhard, *Die nationalsozialistische Linke 1925-1930*, Meisenheim, 1966.

LANGENBUCHER, Hellmut, *Volkshafte Dichtung der Zeit*, Berlin, 1941.

LAQUEUR, Walter, *Die deutsche Jugendbewegung*, Cologne, 1962.

LAQUEUR, Walter, *Deutschland und Russland*, Berlin, 1965.

LAQUEUR, Walter, *Mythos der Revolution*, Francfort/Main, 1967.

LAUBENHEIMER, Alfred, *Und du siehst die Sowjets richtig. Berichte von deutschen und ausländischen « Spezialisten » aus der Sowjetunion*, Berlin-Leipzig, 1935.

LEGGETT, George, *The Cheka, Lenin's Political Police*, Oxford, 1981.

LENSCH, Paul, *Drei Jahre Weltrevolution*, Berlin, 1917.

LEVERKUEHN, Paul, *Posten auf ewiger Wache. Aus dem abenteuerlichen Leben des Max von Scheubner-Richter*, Essen, 1938.

LICHTHEIM, Richard, *Die Geschichte des deutschen Zionismus*, Jérusalem, 1954.

LIEBER, Hans-Joachim/RUFFMANN Karl Heinz, *Der Sowjetkommunismus. Dokumente*, Berlin, 1963.

LOCHNER, Louis P. (éd.), *Goebbels' Tagebücher aus den Jahren 1942-1943*, Zurich, 1948.

LORENZ, Richard, *Die russische Revolution 1917. Der Aufstand der Arbeiter, Bauern und Soldaten. Eine Dokumentation*, Munich, 1981.

LUCAS, Erhard, *Märzrevolution 1920*, Francfort/Main, 1970, 1973, 1978.

LUSTIGER, Arno, *Zum Kampf auf Leben und Tod ! Das Buch vom Widerstand der Juden 1933-1945*, Cologne, 1994.

MÄDER, Erich, *Zwischen Leningrad und Baku. Was sah ein proletarischer Freidenker in Sowjetrussland ?* Windischleuba, 1926.

MAGUIRE, Robert A., *Red Virgin Soil. Soviet Literature in the 1920's*, Princeton, 1968.

MAHLMEISTER, E., *Russland und der Bolschewismus, Russland und wir*, Freiberg i. S., 1926.

MANNERHEIM, Gustav, *Erinnerungen*, Zurich-Fribourg, 1952.

MATTHIAS, Erich/MORSEY, Rudolf (éd.), *Das Ende der Parteien 1933*, Düsseldorf, 1960.

MELGOUNOVA-STEPANOVA, Praskovia, *Gde ne slychno smecha. Tipy, nravy i byti Tche-K*, Paris, sans date.

MERZ, Kai-Uwe, *Das Schreckbild. Deutschland und der Bolschewismus 1917 bis 1921*, Propyläenverlag, Berlin, 1995.

MEYER, Ernst, *Spartakus im Kriege. Die illegalen Flugblätter des Spartakusbundes im Kriege*, Berlin, 1927.

MICHALKA, Wolfgang (éd.), *Die nationalsozialistische Machtergreifung*, Paderborn, 1984.

MILES (Löwenheim, Walter), *Neubeginnen ! Faschismus oder Sozialismus. Diskussionsgrundlage zu den Streitfragen des Sozialismus in unserer Epoche*, Karlsbad, 1933.

MILWARD, Alan S., *Die deutsche Kriegswirtschaft 1939-1945*, Stuttgart, 1966.

MITCHELL, Allan, *Revolution in Bayern 1918-1919. Die Eisner-Regierung und die Räterepublik*, Munich, 1967.

MOROZOW, Michael, *Die Falken des Kreml*, Munich, 1982.

NIEKISCH, Ernst, *Das Reich der niederen Dämonen*, Hambourg, 1953.

NOLTE, Ernst, *Theorien über den Faschismus*, Cologne-Berlin, 1967.

NOLTE, Ernst, *Deutschland und der Kalte Krieg*, Munich-Zurich, 1974.

NOLTE, Ernst, *Marxismus und Industrielle Revolution*, Stuttgart, 1983.

OLBERG, Paul, *Briefe aus Sowjet-Russland*, Stuttgart, 1919.

OSTER, Hans, *Spiegelbild einer Verschwörung. Die Kaltenbrunner-Berichte an Bormann und Hitler über das Attentat vom 20. Juli 1944*, Stuttgart, 1961.

OVEN, Wilfried von, *Hitler und der Spanische Bürgerkrieg. Mission und Schicksal der Legion Condor*, Tübingen, 1978.

PAQUET, Alfons, *Im kommunistischen Russland. Briefe aus Moskau*, Iéna, 1919.

PETSCH, Joachim, *Baukunst und Stadtplanung im Dritten Reich*, Munich-Vienne, 1976.

PEUKERT, Detlev, *Die KPD im Widerstand. Verfolgung und Untergrundarbeit an Rhein und Ruhr 1933 bis 1945*, Wuppertal, 1980.

PICKER, Henry, *Hitlers Tischgespräche im Führerhauptquartier 1941-1942*, Bonn, 1951.

PLEKHANOV, G. V., *God na rodine. Polnoe sobranie stateï i recii 1917-1918 v dvuch tomach*, Paris, 1921.

POPOFF, Georg, *Tscheka, der Staat im Staate*, Francfort/Main, 1925.

POSSONY, Stefan, *Jahrhundert des Aufruhrs*, Munich, 1965.

PRINZ, Michael, *Vom neuen Mittelstand zum Volksgenossen. Die Entwicklung des sozialen Status der Angestelleten von der Weimarer Republik bis zum Ende der NS-Zeit*, Munich, 1986.

RABINOVITCH, Alexander, *The Bolsheviks Come to Power*, Londres, 1979.

RACHMANOVA, Alia, *Studenten, Liebe, Tscheka und Tod. Tagebuch einer russischen Studentin*, Munich, 1978 (1re édition en allemand en 1931).

REINHARZ, Jehuda, *Dokumente zur Geschichte des deutschen Zionismus 1882-1933*, Tübingen, 1981.

REITLINGER, Gerald, *Die Endlösung*, Berlin, 1961.

REMMELE, Hermann, *Die Sowjetunion*, Hambourg-Berlin, 1932.

RÉVÉSZ, Laszlo, *Organisierte Jugend. Die Jugendbewegung in der Sowjetunion*, Berne, 1972.

RICHARDI, Hans-Günter, *Schule der Gewalt. Die Anfänge des Konzentrationslagers Dachau 1933-1934. Ein dokumentarischer Bericht*, Munich, 1983.

RIMSCHA, Hans von, *Der russische Bürgerkrieg und die russische Emigration 1917-1921*, Iéna, 1924.

RÖHL, Klaus-Rainer, *Nähe zum Gegner. Kommunisten und Nationalsozialisten im Berliner BVG-Streik von 1932*, Francfort/Main-New York, 1994.

ROSENBERG, Alfred, *Pest in Russland. Der Bolschewismus, seine Häupter, Handlanger und Opfer*, Munich, sans date.

ROSENBERG, Alfred/WEIß, Wilhelm (éd.), *Der Reichsparteitag der Nationalsozialistischen Deutschen Arbeiterpartei, Nürnberg, 19-21 August 1927. Der Verlauf und die Ergebnisse der Beratungen*, Munich, 1927.

ROSENFELD, Günther, *Sowjet-Russland und Deutschland 1917-1933*, Cologne, 1984.

ROSENHAFT, Eve, *Beating the Fascists. The German Communists and Political Violence 1929-1933*, Cambridge, 1983.

SALISBURY, Harrison E., *Bilder der russischen Revolution 1900-1930*, Berlin, 1979.

SCHEIBERT, Peter, *Lenin an der Macht. Das russische Volk in der Revolution 1918-1922*, Weinheim, 1984.

SCHELLENBERG, Walter, *Aufzeichnungen*, Wiesbaden-Munich, 1979 (édition originale en anglais : *The Schellenberg Memoirs*, Londres).

SCHEURIG, Bodo (sous la direction de), *Verrat hinter Stacheldraht ?* Munich, 1965.

SCHILDT, S. Axel, *Militärdiktatur mit Massenbasis ? Die Querfrontkonzeption der Reichswehrführung um General von Schleicher am Ende der Weimarer Republik*, Francfort/Main-New York, 1981.

SCHIRACH, Baldur von, *Die Hitlerjugend. Idee und Gestalt*, Berlin, 1934.

SCHMID, Alex P., *Churchills privater Krieg. Intervention und Konterrevolution im russischen Bürgerkrieg, November 1918-März 1920*, Zurich, 1974.

SCHMITT, Carl, *Positionen und Begriffe im Kampf mit Weimar-Genf-Versailles*, Hambourg, 1940.

SCHMIDT, Paul, *Statist auf diplomatischer Bühne 1923-1945*, Bonn, 1950.

SCHNUR, Roman, *Revolution und Weltbürgerkrieg. Studien zur Ouvertüre nach 1789*, Berlin, 1983.

SCHOEPS, Julius H. (éd.), *Ein Volk von Mördern ? Die Dokumentation zur Goldhagen-Kontroverse um die Rolle der Deutschen im Holocaust*, Hambourg, 1996.

SCHORNE, Hubert, *Der Richter im Dritten Reich*, Francfort/Main, 1959.

SCHULZE, Hagen, *Freikorps und Republik 1918-1920*, Boppard, 1969.

SCHÜREN, Ulrich, *Der Volksentscheid zur Fürstenenteignung*, Düsseldorf, 1978.

SCHUSCHNIGG, Kurt von, *Ein Requiem in Rot-Weiß-Rot*, Zurich, 1946.

SCHWEPPENBURG, Freiherr Geyr von, *Erinnerungen eines Militärattachés, London 1933-1937*, Stuttgart, 1949.

SCHWERIN VON KROSIGK, Lutz Graf, *Staatsbankrott. Die Geschichte der Finanzpolitik des Deutschen Reiches von 1920 bis 1945*, Göttingen, 1974.

SEGER, Gerhart, *Oranienburg. Erster authentischer Bericht eines aus dem Konzentrationslager Geflüchteten*, Karlsbad, 1934.

SERAPHIM, Hans-Günther (éd.), *Das politische Tagebuch Alfred Rosenbergs aus den Jahren 1934-1935 und 1939-1940*, Göttingen, 1956.

SHUB, David, *Lenin*, Wiesbaden, 1957.

SIEMENS, Hans, *Russland Ja und Nein*, Berlin, 1931.

SINGER, Ladislus, *Raubt das Geraubte. Tagebuch der Weltrevolution 1917*, Stuttgart, 1967.

STADTLER, Eduard, *Als Antibolschewist 1918-1919*, Düsseldorf, sans date (1935 ?).

STEINBERG, J., *Gewalt und Terror in der Revolution (Oktober Revolution oder Bolschewismus)*, Berlin, 1931.

STERN, Leo, *Die Auswirkungen der großen Oktoberrevolution auf Deutschland*, Berlin, 1959.

STRIK-STRIKFELDT, Wilfried, *Gegen Stalin und Hitler. General Wlassow und die russische Freiheitsbewegung*, Mayence, 1970.

STRIEFLER, Christian, *Kampf um die Macht. Kommunisten und Nationalsozialisten am Ende der Weimarer Republik*, Francfort/Main, 1993.

TARCHI, Marco, *Partito unico e dinamica autoritaria*, Naples, 1981.

TARCHI, Marco, *La « rivoluzione legale ». Identità collettive e crollo della democrazia in Italia e Germania*, Bologne, 1993.

TESKE, Hermann (éd.), *General Ernst Köstring*, Francfort/Main, sans date.

THAMER, Hans-Ulrich, *Verführung und Gewalt. Deutschland 1933-1945*, 1986.

THORNDIKE, Annelie und Andrew, *Das russische Wunder*, Berlin, 1962.

TIRPITZ, Alfred von, *Erinnerungen*, Leipzig, 1919.

TOLSTOÏ, Nikolaï, *Die Verratenen von Jalta. Englands Schuld vor der Geschichte*, Munich, 1977.

TOLSTOÏ, Nikolaï, *Stalin's Secret War*, New York, 1981.

TOPITSCH, Ernst, *Stalins Krieg*, Munich, 1986.

TROTZKI, Leo, *Die wirkliche Lage in Russland*, Hellerau, sans date.

TRACHTENBERG, Jakow, *Tagebuch eines Sowjetbürgers*, Berlin, 1932.

TREVOR-ROPER, Hugh R., *Hitlers Politisches Testament*, Munich, 1981.

ULAM, Adam B., *Russlands gescheiterte Revolutionen*, Munich-Zurich, 1981.

ULAM, Adam B., *The Bolsheviks*, Londres, 1965.

UNGER, Aryeh L., *The Totalitarian Party. Party and People in Nazi Germany and Soviet Russia*, Cambridge, 1974.

VEGESACK, Siegfried von, *Baltische Tragödie. Eine Roman-Trilogie*, Berlin, 1935.

VOLKMANN, Hans-Erich, *Die russische Emigration in Deutschland 1919-1929*, Würzburg, 1966.

VORST, Hans, *Das bolschewistische Russland*, Leipzig, 1919.

WEBER, Hermann, *Der Gründungsparteitag der KPD. Protokoll und Materialien*, Francfort/Main, 1969.

WEBER, Hermann, *Der deutsche Kommunismus. Dokumente*, Cologne-Berlin, 1963.

WEBER, Hermann, *Die Wandlung des deutschen Kommunismus. Die Stalinisierung der KPD in der Weimarer Republik*, Francfort/Main, 1969 (2 volumes).

WEHNER, Herbert, *Zeugnis*, Cologne, 1982.

WEICHMANN, Herbert und Elisabeth, *Alltag im Sowjetstaat. Wie heute der Arbeiter in Sowjetrussland lebt*, Berlin, 1932.

WIPPERMANN, Wolfgang, *Faschismustheorien*, Darmstadt, 1980.

WOLLENBERG, Erich, *Der Apparat. Stalins fünfte Kolonne*, Bonn, 1952.

ZAGORIA, Janet D. (éd.), *Power and the Soviet Elite. « The Letter of an Old Bolshevik » and other Essays by Boris I. Nicolaevsky*, Londres, 1966.

ZAYAS, Alfred M. de, *Die Wehrmacht-Untersuchungsstelle. Deutsche Ermittlungen über allierte Völkerrechtsverletzungen im Zweiten Weltkrieg*, Munich, 1984.

ZELLER, Eberhard, *Geist der Freiheit. Der Zwanzigste Juli*, Munich, 1957.

ZINOVIEV, G., *Zwölf Tage in Deutschland*, Hambourg, 1921.

ZOLONEVITCH, Ivan L., *Die Verlorenen. Eine Chronik namenslosen Leidens*, 1934 et *Flucht aus dem Sowjetparadies*, 1937, Berlin-Essen-Leipzig.

ZOLONEVITCH, Tamara, *Hinter den Kulissen der Sowjetpropaganda. Erlebnisse einer Sowjetdolmetscherin*, Berlin, 1937.

Table des matières

III

La paix entre les États idéologiques ennemis (1933-1941)

IV

Les structures de deux États à parti unique

V

La guerre germano-soviétique (1941-1945)

Cet ouvrage composé
en Times c. 10,5 a été
réalisé par DV Arts Graphiques
à Chartres (Eure-et-Loir)
et achevé d'imprimer en juillet 2000
sur les presses de l'Imprimerie Campin
à Tournai (Belgique)

DÉPÔT LÉGAL : JUILLET 2000
N° D'ÉDITION : 0015 (1)

DEUXIÈME TIRAGE
ISBN 2-84545-013-3